HISTOIRE UNIVERSELLE

PAR

AGRIPPA D'AUBIGNÉ

IMPRIMERIE DAUPELEY-GOUVERNEUR

A NOGENT-LE-ROTROU.

HISTOIRE UNIVERSELLE

PAR

AGRIPPA D'AUBIGNÉ

ÉDITION PUBLIÉE POUR LA SOCIÉTÉ DE L'HISTOIRE DE FRANCE

PAR

Le Baron Alphonse DE RUBLE

———

TOME DIXIÈME

TABLE DES MATIÈRES

PAR

P. DE VAISSIÈRE

A PARIS
LIBRAIRIE RENOUARD
H. LAURENS, SUCCESSEUR
LIBRAIRE DE LA SOCIÉTÉ DE L'HISTOIRE DE FRANCE
RUE DE TOURNON, N° 6
———
M DCCCC IX

EXTRAIT DU RÈGLEMENT.

Art. 14. — Le Conseil désigne les ouvrages à publier, et choisit les personnes les plus capables d'en préparer et d'en suivre la publication.

Il nomme, pour chaque ouvrage à publier, un Commissaire responsable, chargé d'en surveiller l'exécution.

Le nom de l'éditeur sera placé en tête de chaque volume.

Aucun volume ne pourra paraître sous le nom de la Société sans l'autorisation du Conseil, et s'il n'est accompagné d'une déclaration du Commissaire responsable, portant que le travail lui a paru mériter d'être publié.

---

*Le Commissaire responsable soussigné déclare que la Table des matières de l'*Histoire universelle d'Agrippa d'Aubigné, *préparée par* M. P. de Vaissière, *lui a paru digne d'être publiée par la* Société de l'Histoire de France.

Fait à Paris, le 30 octobre 1909.

Signé : G. BAGUENAULT DE PUCHESSE.

Certifié :

Le Secrétaire de la Société de l'Histoire de France,

NOËL VALOIS.

L'HISTOIRE UNIVERSELLE
DE D'AUBIGNÉ.

La vie d'Agrippa d'Aubigné est trop connue, son œuvre littéraire et historique a été trop souvent appréciée, pour qu'une nouvelle étude soit nécessaire. Nous nous bornerons à donner quelques renseignements sur la présente publication et sur la table qui en forme le dernier volume.

Contemporain de Henri IV, d'Aubigné n'est mort qu'en 1630, à près de quatre-vingts ans; mais le tome Ier de la première édition de son *Histoire universelle* date de 1616, ou plutôt de 1618, et le tome III n'est que de 1620[1]. Il dit en outre que c'est le roi qui l'a poussé à écrire et également le désir de corriger ce que d'autres avaient mal fait, ce qui indiquerait que l'idée de raconter les événements dont il avait été en partie témoin lui vint assez tard. Aussi est-ce seulement dans les premières années du xviie siècle qu'il faut placer la composition de cette œuvre considérable, qui ne porte, du reste, aucune trace de patiente érudition. L'auteur attaque vivement dans sa Préface son prédécesseur La Popelinière et donne quelques éloges à du Haillan et à de Thou. Or, le président, qui était né la même année que lui, publia les vingt-quatre premiers livres de sa grande histoire

---

1. La bibliographie de Théodore-Agrippa d'Aubigné a été faite avec beaucoup de soin et d'exactitude par M. Ad. Van Bever; elle est publiée dans le *Bulletin de la Société de l'histoire du Protestantisme français*, 1905, p. 228-258.

latine en 1604; et, comme d'Aubigné y a fait de larges emprunts, il est évident qu'une bonne partie de son travail est postérieure. D'ailleurs, dans les dernières lignes de l'Appendix, en donnant à ses défauts l'excuse de « la difficulté de mettre en ordre des choses tant désordonnées », il ajoute : « Quant aux plaintifs et ceux qui disent que j'ai oublié beaucoup de choses, ils verront que c'est d'eux qu'ils se doivent plaindre et qu'eux mesmes ont oublié ce que je ne savois pas, après avoir esté sollicité par voyes honnorables et publiques depuis quatorze ans. » Ces mots, que n'aurait pas écrits de Thou, nous donnent une idée de la méthode de d'Aubigné : il a pris ses contemporains pour collaborateurs et leur a demandé des « mémoires » sur les faits qu'il ne connaissait pas bien, dont le « manquement de diversité » a causé des imperfections dont il se lave les mains.

Il y aurait une intéressante étude à faire sur les sources auxquelles l'historien a puisé ses informations. On pourrait, par les *Mémoires* qu'il a écrits sur sa vie[1], faire le départ des événements auxquels il a participé et sur lesquels il n'avait besoin que de rappeler ses souvenirs. Puis, en comparant ses récits à ceux de Jacques-Auguste de Thou, on pourrait constater dans quelle mesure il s'en est inspiré.

Enfin, nombre de plaquettes du temps nous restent, dans lesquelles se trouvent retracés par les contemporains, tant protestants que catholiques, les négociations, les batailles, les manifestes ou « déclarations » des partis. Les recueils, connus sous le nom de *Mémoires de Condé* et *Mémoires*

1. La seconde édition de l'*Histoire universelle*, également en trois volumes in-folio, a été publiée en 1675 à Amsterdam. Les *Mémoires de la vie* n'ont paru qu'en 1731. Quelques notes concernant l'*Histoire* se trouvent encore parmi les manuscrits de Théodore-Agrippa aux archives du château de Bessinges près Genève, dans la famille Tronchin.

de la Ligue en ont conservé un grand nombre : d'Aubigné devait les avoir eus sous la main, en originaux.

Quant à son intention d'être impartial, il est assurément de bonne foi lorsqu'il fait appel aux juges « æquanimes » ou « æquinames » qui le liront, et lorsqu'il veut « remplacer les effets de sa suffisance par l'effort de sa fidélité ». On doit reconnaître qu'en racontant l'histoire à laquelle il avait été si souvent mêlé, depuis le commencement même des troubles religieux et des guerres civiles jusqu'à la complète pacification du pays et la promulgation de l'Édit de Nantes, il a dû faire effort pour ne pas apprécier les hommes et les choses au seul point de vue protestant et qu'il s'est montré plus mesuré et plus calme que dans *les Tragiques* ou *le Baron de Fœneste;* mais son œuvre, mal composée, avec la prétention bien peu justifiée de traiter de « l'histoire universelle », sans vues quelconques sur la politique étrangère, pas même sur les intérêts français du moment, est très analogue aux médiocres ouvrages des du Haillan, La Popelinière ou P. Mathieu, et ne peut être mise en comparaison avec le vrai monument consacré à cette époque, l'histoire de J.-A. de Thou.

C'est surtout la mesure et la véracité qui manquent à d'Aubigné. Il accepte de toutes mains des faits qui ne sont que des légendes; il attribue à de simples épisodes une importance qu'ils n'ont eue en aucune manière; il se trompe à chaque instant sur les noms de personnes et de lieux, et l'exactitude chronologique n'est pour lui qu'accessoire. Rien n'a été si difficile pour le savant éditeur de cette nouvelle et définitive édition que de mettre une date en manchette au haut des pages, et il n'a pu le faire pour un grand nombre. L'abondance des notes qu'il a ajoutées et les rectifications nombreuses qu'il a dû proposer donnent à cette réimpression un prix inestimable et en font un véritable instrument de travail.

Mais ce que la critique la plus avisée n'enlèvera jamais à d'Aubigné, c'est la puissance, l'originalité, la réelle beauté de son style, soit qu'il trace en quelques mots le portrait d'un personnage, de Henri III, par exemple, qui « eust été digne du royaume, s'il n'eust point régné », soit qu'il reproduise avec une saisissante éloquence le tableau d'événements qu'ils a vus comme s'il les avait encore sous les yeux. Il y a ainsi dans son histoire des pages d'un français admirable, comme le célèbre entretien nocturne de Coligny avec sa femme, Charlotte de Laval, au moment de la seconde guerre civile, comme le récit de la mort de Henri IV, qu'on peut rapprocher de la fuite de la cour du jeune roi de Navarre, cédant aux exhortations d'Agrippa d'Aubigné lui-même et devenant « maître ici » de « valet qu'il étoit là ».

C'est M. le baron de Ruble qui aurait dû nous donner, sur l'écrivain qu'il avait tant pratiqué, une appréciation que personne ne pouvait fournir plus compétente. Dans son magnifique éloge de Henri IV, qu'il aurait voulu indiquer comme but suprême à son œuvre, d'Aubigné, pour relever les mérites tout personnels du roi, observe que « son matin n'a veu le soleil qu'entre les nuées qui l'ont noyé en l'espanouissant; son midi a esté effroyable de tonnerre et d'orages sans repos; sa soirée plus douce nous a donné loisir de pendre nos habillemens mouillez devant l'autel du Dieu de paix ». De ces trois périodes, M. de Ruble avait retracé la première en véritable historien dans ses beaux volumes sur *Antoine de Bourbon et Jeanne d'Albret*. Malheureusement, son récit s'arrête à la fin de la première guerre civile, au lendemain de l'assassinat du duc de Guise en 1563. Et, par une conscience exagérée, il a voulu faire détruire toutes ses notes, dont il ne trouvait pas la rédaction assez achevée. La suite de ses travaux aurait été le meilleur résumé de l'histoire de la seconde partie du xvie siècle, dont il connaissait si bien toutes les sources imprimées et manuscrites.

Quels que soient nos regrets, son commentaire et ses indications nombreuses serviront de guide aux chercheurs futurs. La table détaillée, si méthodiquement composée par M. Pierre de Vaissière, complétera très utilement l'œuvre elle-même; et la Société de l'Histoire de France pourra ainsi offrir aux travailleurs une édition complète de l'*Histoire universelle* de Théodore-Agrippa d'Aubigné, qui prendra place à côté du Monluc, du Brantôme et du La Huguerie, donnant sur la même époque un ensemble de trente volumes de textes annotés et revisés, sans parler des publications de moins grande allure, des *Mémoires du vicomte de Turenne,* des *Lettres d'Antoine de Bourbon et de Jeanne d'Albret,* des *Mémoires et lettres de Marguerite de Valois.*

G. Baguenault de Puchesse.

HISTOIRE
UNIVERSELLE

PAR

AGRIPPA D'AUBIGNÉ

TABLE DES MATIÈRES

A

Aa (l'), riv. de Hollande, VI, 324.
Aalmstadt. Voy. Halland.
Aar, Ar (l'), affluent du Rhin, en Suisse, IV, 369.
Abain (Louis Chasteigner, seigneur d'), de la Rochepozay, de Touffou, baron de Preuilly, de Malval, chevalier des ordres du Roi, conseiller en ses conseils, capitaine de 50 hommes d'armes, gouverneur et lieutenant général de la haute et basse Marche, VI, 201; VIII, 25, 231, 232, 234, 239, 241; IX, 122, 123.
Abbas Ier, le Grand, sophi de Perse, IX, 237, 395.
Abbas Mirizi. Voy. Mir-Hemzeh.
Abbeville (Somme), II, 8; VII, 227; IX, 21 et suiv.
Abdallah, frère du sultan Amurath III, V, 317.
— frère d'Aben-Humeya, élu roi de Grenade et d'Andalousie, III, 231, 239 et suiv.
Abdallah-bey, sangiac d'un canton de la Chaldée, V, 318.
Abdallah el Ghalib-bi-Allah (Moulay), fils de Mohammed-ech-Cheikh, roi de Maroc de 1557 à 1574, I, 106-110; II, 171-172, 325; III, 229, 239, 244; V, 49-52.
Abd-el-Kader (Moulay), fils du shérif Mohammed-el-Kaim-bi-amer-Allah, I, 101, 102.
— (Moulay), fils de Mohammed-ech-Cheikh, I, 105-107, 110.
Abd-el-Kérim, Adolbiquerin, prince du Maroc, VI, 123.
Abd-el-Malek (Moulay), roi de Maroc (1576-1578), fils de Mohammed-ech-Cheikh, oncle de Mohammed-el-Mesloukh, V, 52-55, 323, 324; VI, 109-123.
Abd-el-Moumen (Moulay), fils de Mohammed-ech-Cheikh, I, 109; V, 49, 53.

1

Abd-el-Quivir. Voy. Abd-el-Kader.

Abdère. Voy. Adra.

Abd-er-Rahman (Moulay), fils de Mohammed-ech-Cheikh, I, 106-107.

Abdias, prophète, I, 138, 147.

Abdil-Chirai, Abdith-Cheray, frère du roi de Tartarie, V, 322; VI, 97, 98.

Aben-Abo, cousin d'Aben-Humeya et son successeur comme roi des Morisques, III, 239 et suiv.

Aben-Farax, chef de l'insurrection des Maures, II, 229-231.

Aben-Humeya (Ferdinand de Valor, proclamé roi de Grenade et de Cordoue, par les Morisques révoltés, sous le nom d'), III, 227-231, 238-239.

Aben-Yahuar ou Aben-Jauhar (Ferdinand de Valor, dit), oncle du précédent, III, 227-229, 231.

Abergement. Voy. Herbergement (l').

Abinthon (Henri), martyr de la Réforme, I, 222.

— (Thomas), martyr de la Réforme, I, 222.

Ablèges (Robert des), évêque de Bayeux de 1206 à 1231, I, 176.

Abou-Hassoun (Moulay), le dernier des Mérinides Oatacides, I, 106-109.

Aboul-Abbas-Ahmed, bey de Tunis, appelé par d'Aubigné Amida, IV, 131, 132.

Abraham, patriarche, I, 151.

Abraham (Gérard), dit Lekkerbitken, lieutenant du gouverneur de Bois-le-Duc, IX, 437.

— (Antoine), dit Lekkerbitken, frère du précédent, IX, 437.

Abs (Jacques), martyr de la Réforme, I, 221.

Absdale, peut-être mauvaise forme de Axel, Axele. Voy. ce mot.

Abuçeva, lieutenant d'Aben-Humeya, III, 234, 235.

Académie fondée par Charles IX, V, 3.

Acevedo. Voy. Azevedo.

Achab, roi d'Israël, I, 234.

Achametès. Voy. Achmet-Pacha.

Achard, fabricant de tonneaux, à Bordeaux, pendu, VIII, 34.

Acheio, roi d'Indoustan, son accord avec les Portugais, VIII, 111.

Achille, héros grec, IX, 474.

Achmet. Voy. Ahmed.

Achmet. Voy. Arab-Hachmet.

Achmet Ier, sultan, IX, 216, 399.

Achmet-Pacha sous Soliman II, I, 94, 97, 334.

Achmet-Pacha sous Sélim II, IV, 95, 104.

Acier. Voy. Assier.

Acigné (François d'). Voy. Montejan.

Açores (îles), I, 114, 351; VI, 161, 316 et suiv., 323; VII, 213.

Acosta (Emmanuel d'). Voy. Costa (Emmanuel da).

Acquaviva (Anne d'). Voy. Atri.

— (Claude), général des Jésuites, IX, 460.

— (Ottavio), cardinal, agent de l'Espagne à Rome, IX, 198.

Acton (Rogier), Albigeois supplicié, I, 202.

Acuna (Jean d'). Voy. Buendia.

Adam, le premier homme, I, 140, 150.

Adam, hérétique supplicié à Metz, I, 210.

Adam (mont), dans l'île de Ceylan, I, 116.

Adamites, nom donné aux Vaudois, I, 169.

Adé, Addé (N., seigneur d'), gentilhomme de Bigorre, IV, 210.

Aden, ville d'Arabie, I, 94, 116; VII, 241.

Adjots, Ajeaux, Ajeols (François Alloue, sgr des), gouverneur de Saint-Jean-d'Angély, VII, 154.

Adlam (Jean), hérétique supplicié en Angleterre, I, 212.

Adlington (Henriette), hérétique suppliciée à Londres, I, 222.
Adolbiquerin. Voy. Abd-el-Kérim.
Adra, Abdère (Espagne, province d'Almeria), III, 238, 241.
Adrets (François de Beaumont, baron des), ses exploits, II, 47 et suiv.; appelé à Lyon, 49; son arrivée à Valence, 50; élu chef des réformés lyonnais, 50; ses excès à la prise de Grenoble, 51; fait transporter de l'artillerie de Grenoble à Valence, 51; assiège et prend Montélimar et s'empare de Pierrelatte, 53; s'empare de Bourg et du Pont-Saint-Esprit, 54; sa marche victorieuse à travers la Provence, 54; son expédition dans le Lyonnais et à Marols, 55; s'empare de Grenoble, 55; sa course à Lyon, Marols et Montbrison, 55; réprime une émeute à Barjols, 57; son éloignement profitable au comte de Sommerive, 57; reprend Valréas, 59; ses exploits après la reprise de Valréas, 60 et suiv.; son arrivée à Valence, 61; s'empare de Saint-Laurent, de Rochemore, du pont de Sorgues, 61; son arrivée à Cavaillon, 61; défait la noblesse d'Arles, 61; envoie des renforts à Beaudisné, 66; son arrivée au secours de Montpellier, 67; il s'éloigne de cette ville, 67; la bataille de Saint-Gilles, 68; autres exploits de lui, 70 et suiv.; est rappelé en Dauphiné par les succès du duc de Nemours, qui s'est emparé de Vienne, 70; sa retraite à Lyon, 71; son entreprise sur Beaurepaire, 71; est attaqué sous les murs de Vienne par le duc de Nemours, 72; sa présence à Lyon au retour de Pologne de Henri III, 72; son entrevue avec Agrippa d'Aubigné, 72 et suiv.; exposé des motifs de sa défection, 74; son appréciation sur Soubise et l'amiral de Coligny, 74; explication de son accommodement avec le duc de Nemours, 74; bruit de son arrivée dans la région d'Annonay, 132; ses conférences avec le duc de Nemours, 138; son arrestation à Romans, 138; dans les rangs de l'armée catholique du duc de Nevers, 262; marche à la rencontre du duc de Deux-Ponts, III, 64; battu par les réformés, 66; son fils Claude prend part aux massacres de la Saint-Barthélemy, 332; ses cruautés rappelées en Pologne par Jean de Monluc, évêque de Valence, 363; allusion par l'Electeur palatin aux allégations des ambassadeurs français en Pologne au sujet de ces cruautés, IV, 196. Voy. Beaumont (Claude de).
Adriani (Jean-Baptiste), historien florentin, II, 220; IV, 89.
Adriausen (Corneille), cordelier, supplicié à Bruges, VI, 144.
Adrien, empereur romain, I, 228.
Adrien VI, pape, I, 81, 82.
Adrien, dit La Barderie. Voy. La Barderie.
Adron, charpentier employé au siège de Nîmes, III, 152.
Aeddeink. Voy. Hedding (Lucas).
Aerschot, Arscot (Belgique, prov. Brabant), IV, 149; VI, 141, 338.
Aerschot, Arscot (Philippe III de Croy, duc d'), I, 48, 128; IV, 79; V, 332, 338; VI, 137; VII, 277.

Aerschot, Arscot (Charles de Croy, duc d'), fils du précédent, IX, 117.
Aerssen (château d'), en Gueldre, VII, 259.
Africains, I, 112 ; II, 171.
Afrikija. Voy. Faradise.
Afrique, dissensions dans les états de l'Afrique riverains de la Méditerranée, I, 101 ; usurpations du roi de Maroc en Afrique, 110 ; exploits de Dragut, 111 ; état des pays du nord de l'Afrique vers 1551, 114 ; conquêtes des Portugais en Afrique, 116 ; est l'objectif d'une expédition turque, II, 163 ; expédition des Espagnols en Afrique, 169 ; arrivée en Afrique du vice-roi de Catalogne, 170 ; citée, II, 307 ; passage projeté de Maurisques en Afrique, III, 243 ; marchands lyonnais trafiquant en Afrique, 348 ; négociations avec la Porte pour la délimitation d'une frontière française en Afrique, 361 ; les Espagnols essaient de diriger sur l'Afrique les forces de la Chrétienté, IV, 96 ; expédition des Espagnols en Afrique, 130 et suiv. ; projet d'expédition de Selim, V, 41 ; projet d'expédition de don Sébastien, roi de Portugal, 325, 326.
Aga (chef) des janissaires, exécuté par ordre de Mahomet III, IX, 224.
Aga. Voy. Morat-Aga.
Agadir-n-Irir, port du Sous, au nord de l'oued Sous et au sud du cap Guir (Maroc), I, 103.
Agde (Hérault), II, 69.
Agen (Lot-et-Garonne), hérétiques suppliciés, I, 226 ; est pris par Monluc, II, 90 ; massacres de réformés échappés à la défaite de Vergt, 95 ; entrée du roi Charles IX, 221 ; défendu par Monluc, III, 157 ; massacre des huguenots, 352 ; séjour du roi de Navarre, V, 91 ; réception des délégués des Etats de Blois auprès du roi de Navarre, 174 ; entrevue du roi de Navarre avec le duc de Montpensier, 180 ; nouvelle ambassade de Biron vers le roi de Navarre, 184 ; calomnies portées contre le roi de Navarre lors de la prise de cette ville, 200 ; au pouvoir du roi de Navarre, 221 ; voyage du roi de Navarre, 235 ; rivalités politiques, 235, 237 ; départ du roi de Navarre, 351 ; pris par Biron, 351 ; arrivée de Catherine de Médicis, 358 ; duel de Turenne et du vicomte de Duras, 361 ; passage de Biron, VI, 44 ; de Matignon, 276 ; ses envois de munitions pour le siège de Castillon, VII, 77 ; entretien du roi de Navarre et de Turenne, 335 ; députés huguenots, IX, 87, 88 ; apparition des croquants, 124 ; surpris par Favas, 150.
Agenais, Agenois (pays d'), I, 187 ; IX, 120, 124.
Agenois (les), habitants du pays agenois, au siège de Montflanquin (Lot-et-Garonne), IV, 308 et suiv.
Agenois (le comte d'), I, 177.
— (le sénéchal d'), I, 181.
Ageols. Voy. Adjots.
Ages ou Arragon. Voy. Laage.
Aggée, prophète d'Israël, I, 138, 147.
Agimont (province de Namur, Belgique), ville prise par le duc de Nevers, I, 49.
Agina (Antonio d'), lieutenant du duc de Parme, VIII, 400.
Aglan (Nièvre), V, 18.
Agneaux (Jacques de Sainte-Marie-du-Mont, seigneur d'). Voy. Sainte-Marie-du-Mont.
Agnello (col d'), dans les Alpes, IX, 332.

Agorette. Voy. La Gorette.
Agoult. Voy. Sault.
Agout (l'), le Gond, affluent du Tarn, IV, 304.
Agria (Hongrie), I, 95, 99; IX, 223, 225.
— (évêque d'). Voy. Werantz.
Agria. Voy. Agadir-n-Irir.
Aguerres (N. des), ministre de Brouage, IV, 357.
Aguiar (Ambroise d'), gouverneur de l'ile Saint-Michel, des Açores, VI, 317.
Aguila (don Juan del), capitaine espagnol, VIII, 296; IX, 177, 187, 190.
Aguilar (Alonzo d'), aïeul du duc d'Arcos, III, 242.
— (Alonzo d'), capitaine espagnol, VI, 114 et suiv.
— (Tello d'), capitaine espagnol, III, 240.
Aherar (Guillaume), ministre anglais, martyr de la Réforme, I, 221.
Ahmed. Voy. Aboul-Abbas-Ahmed.
Ahmed-el-Aaredj (Moulay), fils de Mohammed-el-Kaim-bi-amer-Allah, roi de Maroc, et frère de Mohammed-ech-Cheikh, I, 101-105, 107-109.
Ahmed-el-Mansour (Moulay), roi de Maroc (1578-1603), fils de Mohammed-ech-Cheikh, V, 53, 324; VI, 115, 118 et suiv., 303; VII, 238; VIII, 109.
Aidales. Voy. Heder-Pacha.
Aides (la cour des) de Paris, II, 191.
Aiguebelle (Savoie), IX, 153, 158, 327.
Aiguemont. Voy. Egmont.
Aigueperse (Puy-de-Dôme), II, 273.
Aigues-Mortes (Gard), I, 226; IV, 284; V, 78, 295; VI, 24, 43, 93, 146.
Aiguesole (le comte d'). Voy. Anguisciola.

Aiguière (porte), à Saintes, III, 116, 200.
Aiguillon, Esguillon (Lot-et-Garonne), I, 87; III, 157; V, 238, 242; VII, 77.
Aiguillon (Henry de Lorraine, duc de Mayenne et d'), fils de Charles de Lorraine, duc de Mayenne, IX, 336.
Aiguillon-sur-Mer, Esguillon (Vendée), V, 210.
Aillas (Gironde), VII, 41.
Ailleboust (Charles d'), évêque d'Autun, V, 147, 160, 162, 167 et suiv.
Ailly (Charles d'). Voy. Picquigny.
Ailly (Charles d'), seigneur d'Anneri, conseiller d'Etat, VII, 2.
Aimakik (Hongrie), peut-être Hajnik. Voy. ce mot.
Aimargues, Émargues (Gard), III, 164.
Aimars (Antoine Escalin des). Voy. La Garde.
Aime (Savoie), IX, 333, 335.
Aime. Voy. Deyme.
Ainaut, peut-être Avioth (Meuse). Voy. ce mot.
Ainay, Esnay (abbaye d'), à Lyon, III, 347.
Ainay-le-Château (Allier), saisi par les ligueurs, VIII, 279; repris par du Thier, 280.
Aire-sur-la-Lys (Pas-de-Calais), troubles, VI, 136.
Aire-sur-l'Adour, dép. des Landes (évêques d'). Voy. Cospéan, Foix-Candale.
Airon. Voy. Ayron.
Airvault, Ervaut (Deux-Sèvres), III, 119, 124; VII, 127.
Aisne, Eine, affluent de l'Oise, IV, 382; VIII, 217.
Aix-en-Provence (Bouches-du-Rhône), I, 227, 249, 288, 322 et suiv.; II, 63, 292; V, 77, 286, 287; VI, 237; VIII, 306, 310 et suiv.; IX, 114.
— (Parlement d'), I, 209; II, 57, 223; III, 45.

Aix (île d'), V, 264, 271, 275, 277, 286, 287.
Aix (tour d'), à la Rochelle, IV, 16, 17.
Aix (Jean-François d') à la prise de Ménerbe, IV, 208.
— (Louis d'), viguier de Marseille, IX, 114 et suiv.
Aix-la-Chapelle, III, 210; VIII, 133, 393; IX, 263, 265-266.
Aixe-sur-Vienne (Haute-Vienne), III, 70; V, 379.
Ajac-Tiphan, nom donné aux réunions extraordinaires du conseil du sultan, VI, 102.
Ajeaux. Voy. Adjots.
Aladin, frère d'Amurath III, V, 317.
Alagnac (François (?) de la Tour, sgr d'), écuyer du vicomte de Turenne, IV, 347-348; V, 224.
Alain. Voy. Allins.
Alaincourt. Voy. Alincourt.
Alais, Alès (Gard), III, 164; VI, 24.
Alamanon. Voy. Lamanon.
Alard. Voy. Allard.
Alas. Voy. Allas.
Alava, Albe (N., seigneur d'), capitaine espagnol, I, 61.
Alba (Martial), hérétique supplicié à Lyon, I, 216.
Albaïcin, quartier maure de la ville de Grenade, III, 227, 230.
Alba-Julia. Voy. Weissembourg.
Albanais, soldats de cavalerie légère, défaits par le prince de Condé près Chauny, I, 73; au service de Henri de Montmorency-Damville, en Languedoc, II, 195; au service du comte Albéric Lodrone, sur la frontière de Flandre, III, 208; défenseurs de Nicosie, 220 et suiv.; défenseurs de Famagouste, IV, 98; au service de Damville, V, 196; au combat de la Chaise (Loir-et-Cher), VI, 268; attaqués aux environs de Tournai, 335; aux ordres du duc de Mayenne, VII, 8 et suiv.; aux ordres de Lavardin, en Poitou, 16; aux ordres de Mayenne, 37, 76; chassés de Sanzay (Deux-Sèvres) par le roi de Navarre, 110; comparés aux Ecossais, 124, 125; à la bataille de Coutras, 139, 153; au service de la Ligue vers Sedan, 201; battus près de Poitiers, 333, 334; au siège de Jametz, 364.
Albanie, IV, 104.
Albe. Voy. Alava.
— (Dominique d'), tente d'empoisonner Coligny, III, 113.
—, Alve (Fernand Alvarez de Tolède, duc d'), en Piémont, I, 59 et suiv.; assiège Rome, 62; prend Anagni, Palestrina, Segni, Tivoli et Ostie, 63; retire ses troupes du territoire italien, 64; plénipotentiaire espagnol dans les négociations en vue de la paix avec la France et l'Angleterre, 80; désigné comme otage en garantie des promesses de Philippe II, 128; son arrivée à Saint-Sébastien, II, 219; sa requête au roi de France lors de l'entrevue de Bayonne, 221; ses bons mots, 222; délégué en Flandre par Philippe II, 288 et suiv.; allusion à ses prétendus accords à Bayonne avec Catherine de Médicis, 290; passe ses troupes en revue à Thionville, 338; tentative du prince d'Orange pour l'arrêter dans sa marche sur les Pays-Bas, 349; motifs de son expédition en Flandre, 351; son expédition en Flandre, 352 et suiv.; entrevue avec la duchesse de Parme à Bruxelles, 352; son message à la duchesse de Parme, 353; offre ses services à la France, 354; combattu en Artois par François de Cocqueville, 365; sa conduite

en Flandre sévèrement jugée par don Carlos, III, 206; sa campagne aux Pays-Bas en 1568, 208 et suiv.; échec d'une de ses armées en Frise, 209, 255 et suiv.; deux de ses victimes mentionnées, 210; sa campagne contre le prince d'Orange, 210 et suiv.; terribles représailles qu'il exerce aux Pays-Bas, 257, 258, 263 et suiv.; établit une inquisition sévère en Flandre, 263; essaye de négocier avec Elisabeth, 264; accable la Flandre d'impôts, 265; son panégyrique prononcé par un docteur de Louvain, 265, 266; son apologie sur le piédestal de la statue qu'il s'était érigée à Anvers, 266, 267; sa statue est abattue par son successeur, 267; ses conférences avec Catherine à Bayonne rappelées par Coligny, 274; Jean-Casimir de Bavière est sollicité de prendre le commandement de troupes qu'on veut lui opposer, 289; ses représailles redoutées par Coligny, 294; ses desseins communiqués à Coligny par Charles IX, 299; ses intelligences secrètes avec le Conseil du roi de France, 309; ses exactions dans les Pays-Bas, IV, 72 et suiv.; succès et revers de ses armées aux Pays-Bas, 76 et suiv.; projette de reprendre Mons, 78; sa lutte contre les Orangistes, 79 et suiv.; assiège Mons, 81 et suiv.; combat près de Mons contre le prince d'Orange, 83 et suiv.; fait capituler Mons, 85; nouvelles de ses succès en Flandre reçues avec joie à Rome, 86; le duc de Medina-Celi est désigné pour son successeur comme gouverneur des Pays-Bas, 92; il entre dans Mons et continue les hostilités en Flandre, 148 et suiv.; passe à Bruxelles, 149; sa tentative sur Amsterdam, 150; concentre ses troupes à Nimègue, 152; met à prix la tête d'Antoine Ollivier, peintre à Mons, 156; serre de près la ville de Haarlem, 159; sa satisfaction au sujet de la prise de Haarlem, 165; froide réception qu'on lui fait à Madrid, V, 57; il fait lever le siège de Ter-Gœs aux Zélandais révoltés, 59; fait mettre à mort les prisonniers détenus depuis la prise de Haarlem, 60; ses projets découverts par ses ennemis, 61; il donne ses instructions au comte de Boussu, en Zélande, 62; lève le siège d'Alkmaar, 64; demande un successeur dans le gouvernement des Pays-Bas, 64; quitte les Pays-Bas et se retire à Gênes, 65; appelé par Philippe II à la mort de Henri Ier, roi de Portugal, VI, 125 et suiv.; son intervention armée en Espagne, 126 et suiv.; ses trophées à Anvers, 151; sa campagne en Portugal, 312 et suiv.; sa mort, 322; cité, VIII, 120.

Albejule, Alba-Julia. Voy. Weissembourg.

Albenester (château d'), en Moldavie, VIII, 374.

Albequerin (Cid), gouverneur au Maroc, V, 328.

Albe-Royale. Voy. Stuhlweissembourg.

Albert (Edouard d'). Voy. Saint-André-d'Olérargues.

— (Honoré d'). Voy. Luynes.

Albert-Isabelle (fort d'), en Flandre, IX, 439, 441.

Albez. Voy. Almes.

Albi (Tarn), I, 174; II, 64; III, 1; V, 369.

— (évêques d'). Voy. Elbène (Alphonse d'), Strozzi (Laurent).

Albiac (Charles d'), dit du Plessis, ministre protestant, II, 21.
Albigeois, hérétiques, leur diffusion, I, 26; leur doctrine, 167; nom donné aux Vaudois, 169, 173; leur histoire, 173 et suiv.; représentés par Arnauld Hot à la conférence de Montréal, 175; abandonnés par Raymond V, comte de Toulouse, 176; leur fière attitude à Béziers, 177; leurs succès après leur inutile attaque dirigée sur Castelnaudary, 182; s'emparent de Muret, 183; leurs contingents à la bataille de Muret, 183; attribution de leurs domaines, 186; leurs succès rapides après la mort de Simon de Montfort, 187; combattus sous Louis IX, roi de France, 188; leur parti relevé par Raymond II, fils du comte de Béziers, 190 et suiv.; leur dispersion, 191 et suiv.; accueil inhospitalier de l'Angleterre, 192; histoire de ceux qui se retirèrent en Savoie, 196 et 197; édit du duc de Savoie en leur faveur, 201; leurs principaux martyrs, 202 et suiv.; promoteurs d'un mouvement antireligieux, 232.
Albigeois, pays d'Albi, II, 258; III, 387; VIII, 285 et suiv.
Albigny (Charles de Simiane, seigneur d'), lieutenant général des armées du duc de Savoie, IX, 373, 376 et suiv.
Albion (l'île d'), ou Grande-Bretagne, I, 41, 357; V, 58.
« Aboracé, » maurisque chargé de négocier la paix avec Philippe II, III, 242.
Albret (pays d'), compris dans le traité de Saint-Germain, III, 268.
Albret (Jean d'). Voy. Jean d'Albret.
Albret (Jeanne d'). Voy. Jeanne d'Albret.

Albrycht (Anne), hérétique suppliciée, I, 221.
Albunmezar. Voy. Almuñecar.
Albuquerque (Gabriel de la Cueva, duc d'), IV, 109.
— (Alonzo de la Cueva, duc d'), fils du précédent, I, 255.
— (Bertrand de la Cueva d'), cousin du précédent, IV, 109.
Alcaçar. Voy. Loukkos (oued).
Alcacarquibit. Voy. El-Ksar-el-Kébir.
Alcaçova (dom Pedro d'), membre du conseil de régence en Portugal, VI, 110.
Alcala (la tour d'), dans l'île de Velez, sur la côte du Maroc, II, 170.
Alcantara (Espagne, prov. d'Estramadure), VI, 311, 315.
Alcantara (grand maître de l'ordre d'). Voy. Requesens.
Alcazar-Quivir (Maroc). Voy. El-Ksar-el-Kébir.
Alcock (Jean), hérétique supplicié en Angleterre, I, 219.
Alcudia (Espagne, prov. d'Andalousie), III, 235.
Aldane, capitaine espagnol, I, 94.
Aldobrandini (Hippolyte). Voy. Clément VIII.
— (Jean), cardinal, frère du précédent, IV, 95, 96.
— (Cinzio Passero, cardinal), neveu des précédents, V, 116, 316; IX, 331, 340 et suiv., 355 et suiv.
— (François), frère du précédent, IX, 216.
Alègre. Voy. Laval et Millau.
Alein. Voy. Allins.
Alencastro (George de). Voy. Aveiro.
Alençon (Orne), IV, 244; V, 10, 12 et suiv.; VIII, 54, 56, 178.
— (duc d'). Voy. Anjou (duc d').
Alençon (Guillaume d'), hérétique supplicié, I, 218.
Alep, ville de Syrie, 1, 97; VI, 99, 106; VII, 235

Alep (le bacha d'), III, 224.
Aleph, première lettre de l'alphabet hébreu, par laquelle d'Aubigné se désigne lui-même dans les récits de l'*Histoire universelle*, I, 19; V, 234.
Aleran, capitaine d'une compagnie albanaise, en Poitou, VII, 11, 112 et suiv., 138, 295 et suiv.
Alès. Voy. Alais.
Alexan. Voy. Alixan.
Alexandre le Grand, roi de Macédoine, I, 11; V, 15, 154.
Alexandre III, pape, I, 168; IX, 231.
Alexandre VI, pape, I, 114, 351; VIII, 202.
Alexandre (le P.), jésuite; à l'entreprise du duc de Savoie sur Genève, IX, 376, 381.
Alexandre (le colonel), probablement Alexandre Brancaccio, au siège de Ham, IX, 65.
Alexandre, vaïvode de Valachie, V, 31; IX, 205.
Alexandre. Voy. Henri de Valois.
Alexandrie (Égypte), III, 216. Voy. Siroco (Mehemet).
Alexandrie (Antonio Ferrario d'). Voy. Ferrario.
Alexandrin (le cardinal). Voy. Bonelli.
Ἀλεξίκακος Ἥως, inscription gravée sur le piédestal de la statue du duc d'Albe à Anvers, III, 267.
Alface, nom donné aux sages du Maroc, I, 105.
Alféran (N., seigneur d'), chargé de la réception des ambassadeurs étrangers à la cour de Henri III, VI, 161, 163.
Algarve, région du Portugal, V, 328.
— (Emmanuel Elmada, prétendu évêque d'). Voy. « Emmanuel Elmada ».
Alger, Arger (vice-rois d'). Voy. Ali-el-Eudgé, Hassan.
Algier (Pomponius), hérétique napolitain supplicié à Rome, I, 221.

Alguazil (Diego d'), complice de l'assassinat d'Aben-Humeya, III, 238, 239.
Alhambra, l'un des quartiers de Grenade, III, 229, 230.
Ali, capitaine turc, vainqueur du duc de Sessa en Espagne, III, 240.
— Voy. Pertau.
Alias (Bernard d'Aymier, sgr d'Arquès et d'), capitaine catholique, VII, 358.
Ali-ben-Bubcar ou Beker, gouverneur de Merrakech, I, 109, 110.
Aliculi-Cham ou Alyculi-Cham, officier persan, VI, 99, 288.
Ali-el-Eudjé, ou le Rénégat, vice-roi d'Alger, III, 229, 231, 237, 239, 244.
Alila. Voy. Alista.
Alincourt (Charles de Neufville, sgr d'), marquis de Villeroy en 1615, gouverneur de Pontoise, ambassadeur à Rome, VIII, 67; IX, 318, 337.
Ali-Pacha, au siège d'Aphrodisium en 1550, I, 112.
— défenseur de Tergowisch, IX, 211.
— à Rhodes en 1570, III, 219 et suiv.
Ali-Pacha-Uluccali. Voy. Uluccali.
Alista (Diego-Henriquez-Guzman, comte d'Alba de Lista, ou d'), IX, 416.
Alixan (Pierre), échevin de Beaune, IX, 48 et suiv.
Alkassar-el-Kebir. Voy. El-Ksar-el-Kébir.
Alkmaar (Hollande), V, 60 et suiv., 63 et suiv.
Allah, nom de l'étendard des Ottomans à la bataille de Lépante, IV, 116.
Allamont (Meurthe-et-Moselle), soldats originaires de cette ville, II, 70.
Allard, Alard (N.), gouverneur de Parthenay, III, 105.

Allas-Bocage (Charente-Inférieure), III, 186; VI, 37.
Allemagne, état de ce pays à la mort de Luther, I, 25 et suiv.; Henri II y fait lever des troupes, 71; état de ce pays vers 1558, 80; est désignée par les princes allemands comme le pays le plus favorable pour la réunion d'un concile, 82; Trente, ville frontière d'Allemagne et d'Italie, 83; les rivalités en Allemagne font ajourner la réunion du concile de Trente, 84; des dissensions y surviennent pendant ce concile, 88; l'empereur y publie un intérim en faveur des protestants, 89; voyage de Moulay Abou-Hassoun, 107; fondement des guerres de religion en Allemagne, 162; extension du prosélytisme vaudois, 169; s'intéresse à la cause des partisans de Wiclef en Bohême, 193; Zisca et l'Allemagne, 194; influence de la Réforme en Allemagne, 195; des hérétiques y sont martyrisés, 203, 204, 205; séjour qu'y fait La Renaudie, 258; informations relatives à la conjuration d'Amboise venues en Lorraine de ce pays, 262; essai de soulèvement tenté par l'empereur Ferdinand, 332; est dans l'attente des résultats du colloque de Poissy, 333; difficultés entre l'Allemagne et la Hongrie, 334; négociations diplomatiques de Madeleine de Mailly, comtesse de Roye, II, 17, 97 et 98; levées de troupes pour les deux partis religieux de France, 33; mission de d'Andelot, 41 et 97; levées de troupes pour le parti catholique de France, 76; Jacques Spifame, abbé de Passy, y est envoyé par Condé, 97; après la bataille de Dreux, est travaillée par le pape, par Catherine de Médicis, par les partisans de Condé, 122; mission du sieur d'Oisel, 144; résultat des levées faites par les catholiques et les protestants de France, 148; querelle entre le duc de Brunswick et l'évêque de Munster, 179; messages de la cour de France, 209; levées de troupes pour les réformés de France, 250, et pour le roi de France, 290; aventures d'une femme qui se donnait pour la reine Élisabeth d'Angleterre, 298; effet produit par le siège de Malte, 324; efforts des catholiques français pour détacher l'Allemagne du parti huguenot, III, 2; levées de troupes en Allemagne pour le prince d'Orange, 113, et pour le roi de France, 117; demandes de secours en Allemagne par les réformés après leur défaite à Moncontour, 129; citée, 205; levée de troupes pour le prince d'Orange, 209; négociation entre Gaspard de Schomberg et le prince d'Orange au sujet de l'Allemagne, 212, 213; retour du prince d'Orange dans ce pays, 213; troubles à Trèves, 214; diète convoquée par l'empereur Maximilien en vue d'un accommodement entre les partis religieux, 214, 215; négociation de Gaspard de Schomberg, 289; l'alliance entre la France et les protestants d'Allemagne, dans l'opinion de Coligny, 299; message de Charles IX, expliquant la Saint-Barthélemy, 333; mission du jurisconsulte Pierre Charpentier, 365; des ambassadeurs de Pologne se rendant en France y sont arrêtés et maltraités, IV, 72; difficultés avec l'Espagne,

106; anabaptistes en Allemagne, 108; débordement des rivières, 109; mission du comte de Retz, 187, 188; levées de troupes en Allemagne alléguées dans un manifeste des réformés, 214; fuite de Condé en Allemagne, 236, 237; les Polonais reçoivent d'Allemagne la nouvelle de la mort de Charles IX, 266; message de Henri III relatif aux réformés, 303; mention d'une ambassade en Allemagne, 356, 357; citée, 370; difficultés qu'y rencontrent les menées des réformés français, 379; levées de troupes au service des deux partis religieux de France, V, 26; intolérance religieuse des souverains, 152; politique de l'Allemagne vis-à-vis de la Turquie, 304; calomnies répandues contre Jean-Casimir, duc de Bavière, 305; messages de Henri III, 307; en guerre avec la Turquie, 317 et suiv.; envoi de troupes pour le Portugal, 327; départ de Condé pour le Languedoc, VI, 43; voyage de Condé, 51, 92; conflit évité entre elle et Venise, 101; messages des états de Flandre, 136; négociations de Condé mentionnées, 146; négociations de Ségur-Pardaillan et de Turenne mentionnées, 176; citée, 297; retour de l'archiduc Mathias, 331; expulsion des réformés de l'archevêché de Cologne, 365; levée de troupes au nom du roi de Navarre, VII, 65; levée de troupes pour les réformés de France, 89; départ de troupes levées par le roi de Navarre, 132; négociations du roi de Navarre, 221 et suiv.; négociations de la Ligue, 224 et suiv.; négociations du duc de Guise, 227; plus favorable que la Suisse aux négociations de la Ligue, 228; défaite de ses armées en France mentionnée, 230; travaillée par les deux partis en France, 233; intéressée à la guerre de la Turquie contre la Perse, 235 et 236; sa part dans l'organisation de l'*Invincible Armada*, 242; négociations des divers partis de France, VIII, 90 et suiv.; négociations de Martin Schenck, 127; négociations de Turenne, 242; négociations en faveur de Henri IV rappelées, 335; ses rapports avec la France, 356; détachée de la Ligue, IX, 196; prodiges, 216; manœuvres de La Fin, 312; ses frontières menacées, 385; émoi causé par la mort du duc de Mercœur, 399; messages des cercles de Westphalie, 426; appel aux armes contre l'Espagne, 432; son intervention armée aux Pays-Bas, 433 et suiv.; importance du Milanais pour ses communications avec l'Espagne, 466; prise d'armes en faveur de Henri IV, 469.

Allemagne (princes-électeurs d'), I, 55, 128; IX, 299, 343, 431.

Allemagne (Melchior de Castellane, baron d'), IV, 208, 284; VI, 66.

Alleman (Gilles), hérétique supplicié en Angleterre, I, 208.

Allemands, mécontents de Philippe II, I, 73; désertent en foule l'armée espagnole, 73; sont en guerre avec le grand-duc de Moscovie, 122; font partie de la garnison de Zerbi, 345; leurs dissensions redoutées par Coligny, II, 13; obtiennent un sauf-conduit pour assister au concile de Trente, 152; dans l'attente des décisions du concile de Trente, 290; leur expédient pour s'emparer de Parnaw en Livonie, 334; leur coutume de baiser la terre au moment de charger l'ennemi, III, 120; battus au Quesnoy par le prince d'Orange, 212; épargnés aux Pays-Bas, 257; cités, 265; ont contribué, dans l'opinion de Coligny, au succès des Espagnols dans les Pays-Bas, 294; alliés des Espagnols en Zélande, IV, 150; au siège de Haarlem, 158; compris dans la capitulation de Haarlem, 163, 164; contrefont les Français, V, 20, 21; en Zélande, dans le camp des Espagnols et des Orangistes, 63; usage suivi dans leurs négociations, 308; au service de l'Espagne aux Pays-Bas, 334; cités, 336; leur fuite d'Anvers, 337, 338; à la bataille d'El-Ksar-el-Kébir, VI, 112 et suiv.; défenseurs de Woude (Pays-Bas), 135; défenseurs de Tournai, 332; au service de Maurice de Nassau, 369; au siège de Nuys, 262; battus par les troupes du duc de Parme, 265; leur enthousiasme pour l'Espagne, 277; à la poursuite des Turcs, VIII, 369; battus à Steenbergen, 393; aidés par Maurice de Nassau, 397; à la défense d'Agria, IX, 223; à la bataille de Turnhout, 253; leur tempérament, 428; leur campagne contre les Espagnols, 433 et suiv.; à la bataille de Nieuport, 442 et suiv.

Allemands en France. En marche sur Rouen, II, 82; leur retour en Allemagne après l'édit d'Amboise, 194; éventualité de leur révolte prétextée par Condé pour mettre fin aux hostilités, 288; sous les ordres du duc de Deux-Ponts, III, 64, 65; passent à Beaune et sous les murs de Dijon, 66; envahissent le Périgord, dans les rangs de l'armée protestante, 80; à la bataille de Moncontour, 120; en Dauphiné, lors du passage de Henri III, IV, 301; sous les ordres de Thoré, 380 et suiv.; contrefont les Français, V, 20, 21; attendus en Dauphiné, VI, 146; auxiliaires des Dauphinois, 148; leurs mutineries, VII, 179, 180; battus à Auneau par le duc de Guise, 187 et suiv.; auxiliaires de la Ligue, 197; massacrés en Lorraine, 228; alliés de Henri IV, IX, 373.

Allemands (princes), I, 82, 236; II, 19, 154-155, 250-251, 297-298; IV, 214; V, 29; VI, 237, 283, 294.

— (cardinaux), créés par Paul III, I, 84.

Allex, Allet, Allez (Drôme), IV, 220, 273.

Allier, rivière, II, 270.

Allin (Guillaume), hérétique supplicié en Angleterre, I, 220.

Allinges (Haute-Savoie), IX, 336.

Allins, Alain, Alein (Jean de Reynaud, seigneur d'), gentilhomme de Provence, capitaine huguenot, VI, 341; VII, 73 et suiv., 79, 82, 83, 129.

Alluye. Voy. Babou.

Almaçan (Francisco Hurtado, marquis d'), II, 167.

Almancour, Almancourt (N., seigneur d'). Fausse désignation, peut-être, du seigneur d'Autremencourt. Voy. ce mot.

Almanzora (prov. d'Almeria, Espagne), III, 240.

Almaric (Jean), hérétique supplicié à Paris, I, 226.

Almazan, en Castille, II, 173.

Almeida (Georges d'), arche-

TABLE DES MATIÈRES.

vêque, évêque de Lisbonne, VI, 110.

Almenara (Inigo de Mendoza, marquis d'), VIII, 381 et suiv.

Almeria (Espagne, ville et province d'), III, 229 et suiv., 234 et suiv.; VI, 126.

Almes, « Albez » (N.), contador (trésorier) de l'armée espagnole, IX, 447.

Almeyden (sgr d'). Voy. Viane.

Almuñecar (Espagne, prov. de Grenade), III, 235, 241.

Alonville (Louis d'). Voy. Reclainville.

Alost (Belgique, prov. de la Flandre orientale), II, 346; V, 72; VI, 337-338.

Alost (Pierre d'), avertit le prince d'Orange d'un projet d'entreprise des Français sur Anvers, VI, 349.

— (grand bailli d'). Voy. Chassey.

Alouette (l'), capitaine catholique. Voy. L'Alouette.

Alpen (Prusse rhénane), VII, 263; IX, 257, 265, 425.

Alpen (comte d'). Voy. Meurs.

Alpes (les), I, 229; VI, 63.

Alphonse. Voy. Ureña.

Alphonse Ier, roi de Portugal, V, 315.

Alphonse II, roi de Portugal, V, 315.

Alphonse III, roi de Portugal, V, 314, 315.

Alphonse IV, roi de Portugal, V, 315.

Alphonse V, roi de Portugal, V, 315.

Alpujarras, région montagneuse d'Espagne, dans la province de Grenade, III, 227, 229, 230, 231.

Alsace, Asachie (pays d'), IX, 212.

Altaemps (Annibal), colonel de lansquenets, II, 169.

— (Marc), évêque de Constance, cardinal, II, 325.

— (régiment d') au siège d'Albe-Royale, IX, 396.

Altoviti (Philippe), capitaine des galères du Roi, VII, 86.

Alvaro (Don), capitaine de vaisseau espagnol, II, 321.

Alve. Voy. Albe.

Alxazer. Voy. El-Ksar-el-Kébir.

Alyculi-Cham. Voy. Aliculi-Cham.

Alymes (René de Lucinge, seigneur des), député du duc de Savoie, à Chambéry, IX, 341 et suiv.

Amanzé (Pierre d'), seigneur des Feuillées, du Montet, etc..., lieutenant de la compagnie des gendarmes d'Andelot, III, 4.

Amasieh, prov. et ville de l'Anatolie, I, 96, 336; VI, 297.

Amazis. Voy. Ems.

Amazor. Voy. Azemmour.

Ambarès (Gironde), hostilités entre huguenots et catholiques, VII, 42.

Amberg (Martin de Bourgogne, seigneur d'), chef des Allemands à la bataille d'El-Ksar-el-Kébir, VI, 113 et suiv.

Ambert (Puy-de-Dôme), V, 299.

Ambès (le bec d'), IX, 148.

Ambleville (François de Jussac, seigneur d'), VII, 309; VIII, 56.

Amblise (African d'Anglure, baron de Bourlémont, seigneur de Busancy, prince d'), chambellan du duc de Lorraine, puis grand maréchal de Lorraine, VII, 366; VIII, 349.

Amboise (Indre-et-Loire), emprisonnement de Pierre des Avenelles, I, 263; lieu de détention de Mazères et de Raunay, 267; rappel d'une échauffourée où faillit périr dans cette ville le duc d'Orléans, fils de Henri II, 269; marche dissimulée de Jean de Pas, sgr de Feuquières, vers le pont d'Amboise II, 20; séjour de Charles IX à Amboise, 148; la Saint-Barthélemy à Amboise, III, 344; tumulte des huguenots rappelé, IX, 285; cité, II, 192; VIII, 41.

Amboise (Conjuration d'), I, 256 et suiv.; modifiée par le fait que la cour quitte Blois, 264; le chancelier de L'Hôpital impliqué dans le complot, 272; actes de la répression communiqués au Parlement, 273.

— (Edit et paix d'), II, 184 et suiv.; difficultés opposées à l'exécution de cet édit, 193; ses conséquences, 193 et suiv.; interprétation qu'on en donne en Languedoc, 196; le parlement de Dijon refuse de l'enregistrer, 205; plaintes des réformés touchant son inobservance, 211; la paix d'Amboise, citée, III, 294.

— (gentilshommes dits les chevaliers d') à la bataille de Dreux, II, 117.

— Voy. Clermont-d'Amboise.

Ambres (Jean de Voisins, sgr d'), capitaine protestant, III, 28, 120, 123.

— (Louis de Voisins, baron d'), capitaine catholique, neveu du précédent, VI, 69.

Ambroise, colonel au service du duc de Savoie, IX, 156.

Ambroise (saint), I, 148.

Ambuel (Pierre), capitaine, puis colonel suisse au service de France, II, 72.

Ameline (Nicolas), avocat, exécuté à Paris, VIII, 247.

Amérique (Caïn de l'). Voy. Caïn de l'Amérique.

Amérique, I, 114 et suiv., 117, 223, 352; IV, 181; VII, 247.

Amersfoort, Amersfolt (Pays-Bas, prov. d'Utrecht), IV, 152.

Amflicius (Angel), hérétique supplicié, I, 224.

Amida. Voy. Aboul-Abbas-Ahmed.

Amiens (Somme), des réformés y sont massacrés, II, 8, et III, 3; évasion du prince de Condé, IV, 237; remontrances de ses habitants à Henri III, V, 147; se déclare pour la ligue, VII, 227; sa soumission à Henri IV, IX, 23; objectif des Espagnols, 70; prise de la ville par Henri IV, 128-144, 148, 149; cette prise mentionnée, 175, 279, 280, 288; petit nombre des huguenots ayant pris part au siège de cette ville, 283, 284; reproches adressés aux réformés à cette occasion, 289.

Amiens (évêque d'). Voy. Pellevé (Nicolas de).

— (le vidame d'). Voy. Picquigny.

Amiral (L'). Voy. L'Amiral.

Amos, l'un des douze petits prophètes, I, 138, 147.

Amour (L'), capitaine catholique. Voy. L'Amour.

Amoureux (guerre des), son origine, V, 386.

Amours (Louis d'), ministre protestant, VII, 157; VIII, 161, 189 et suiv.; IX, 119.

Ampton. Voy. Hampton.

Amsterdam (Pays-Bas), II, 350; III, 263; IV, 150, 151, 158, 160, 161; V, 61; VII, 139, 142.

Amuke (Gilles et Jean), hérétiques suppliciés en Flandre, III, 257, 258.

Amurath III, sultan, V, 311, 317 et suiv., 320 et suiv.; VI, 100-108, 297; VII, 236-238; VIII, 105; IX, 206-208, 237.

Amurat-Raïs, amiral turc, III, 217.

Anabaptistes, en Allemagne, IV, 108.

Anagni, ville d'Italie, I, 63.

Anastro (Gaspard d'), banquier d'Anvers, VI, 335.

Anatolie (province d'), VII, 237.
— (bacha d'), IV, 103.
— (Beglierbey d'), défenseur de Gran, IX, 215.
Ances (les). Voy. Auzances.
Anchez, capitaine royaliste, IX, 107, 108.
Ancône (Italie), III, 219; VI, 301.
Ancone (Antoine de Pracomtal, sgr d'), capitaine catholique, III, 27; VI, 281; VII, 96.
Ancre. Voy. Humières.
Ancy-le-Franc (Yonne), mutinerie des Allemands, VII, 179.
Andalousie (prov. d'), III, 239; V, 327; IX, 233, 234.
Andance (Ardèche), IV, 221.
Andarax, auj. Laujar de Andarax, ville d'Espagne, prov. d'Almeria, III, 238.
Andelot (François de Coligny, sgr d'), frère cadet de l'amiral de Coligny, au siège de Saint-Quentin, I, 67; fait prisonnier à Saint-Quentin, s'évade et gagne Ham, 71; part qu'il prend au siège de Calais, 74; à l'assaut de Guines, 76; se réconcilie avec le prince de la Roche-sur-Yon, 243; à la conférence de Vendôme, 243; l'un des conjurés d'Amboise, 273; résigne son titre de colonel d'infanterie, 291; sa succession convoitée par Monluc, 301; présent à l'assemblée de Châtillon-sur-Loing, II, 10; arrive à Meaux avec Coligny, 13; envoyé à Orléans par le prince de Condé, 15; y arrive secrètement, 15; ses remontrances au prince de Condé, 38; sa mission en Allemagne, 41; propage en Allemagne une profession de foi qui rapproche les Calvinistes de France des Luthériens rhénans, 76; nouvelles de sa prochaine arrivée transmises par Coligny aux défenseurs de Rouen, 82; son retour d'Allemagne, 97; arrive à Baccarat, 98; prend part à la bataille de Dreux, 108 et suiv.; chargé de la défense de l'Orléanais, 121; son rôle héroïque à l'escarmouche du Portereau, 125; Andelot, le capitaine La Motte et Catherine de Médicis, 126; présent à la conférence de l'Ile-aux-Bœufs, 146; cité dans l'édit d'Amboise, 186; rappel de son rôle à Rouen, 199; reprend, après la paix d'Amboise, la charge de colonel général de l'infanterie, 207; ses démêlés, à cette occasion, avec Strozzi, Brissac et Charry, 207; présent aux conférences du château de Vallery, 230; à l'entreprise de Meaux, 232; ses conférences avec les chefs catholiques, 234; est absent de Paris, 239; sa présence à Poissy, 239, 241; son rôle à la bataille de Saint-Denis, 248; s'empare de Nogent-sur-Seine, 255; en marche contre l'armée du duc d'Anjou, 256; au siège de Chartres par les protestants, 286 et suiv.; part de Vitré pour Laval, III, 12; son arrivée à Beaufort-en-Vallée, 13; ses mouvements dans la région de Saumur, 14; combat de la Levée, 15 et suiv.; son plan de campagne en présence de Martigues et du duc de Montpensier, 20, 21; traverse la Loire, 21; s'empare de Niort, 22; au siège d'Angoulême, 25; porte secours à Pluviaud, engagé avec le duc d'Anjou, 47; à la bataille de Jarnac, 49; sa mort à Saintes, 58; peut-être empoisonné, 58, 59; surnommé le Chevalier sans Peur, 59; cité, 82; ses exploits rappe-

lés, 270; Guy de Laval, son fils aîné, mis en présence du cadavre de Coligny, III, 335; Claude de Guise, abbé de Saint-Nicaise, soupçonné d'avoir voulu l'empoisonner, IV, 299; cité, V, 240; sa conduite rappelée, VI, 263; mort de deux de ses fils, VII, 35-36.

Andelot (Anne de Salm, dame d'), seconde femme de François de Coligny, sgr d'Andelot, III, 6; VII, 36.

— (Charles de Coligny, marquis d'), sixième fils de Coligny, III, 335; IX, 11, 372.

— (Pierre d'), hérétique supplicié à Bruxelles, III, 257.

Andelys (les) (Eure), II, 85.

Andigné de Maineuf (Lancelot d'), lieutenant de M. de Bois-Dauphin, IX, 191.

— de Maineuf (N. d'), frère du précédent, IX, 191 à 196.

— de la Chasse (Lancelot ou Jean d'), gentilhomme breton habitant la Chasse, comm. d'Iffendic (Ille-et-Vilaine), oncle ou cousin des précédents, IX, 190, 191.

Andouins (Diane d'). Voy. Gramont.

Andrada, Andrade (Gilles). Voy. Villandrade.

André d'Autriche (le cardinal), successeur du cardinal Albert aux Pays-Bas, IX, 269, 432.

— (Guillaume), hérétique supplicié en Angleterre, I, 220.

— (Guillaume), hérétique supplicié en Lorraine, I, 211.

— (Hélène), femme du précédent, I, 211.

— (Jacques), chancelier et recteur de l'Université de Tubingen, I, 334; III, 215.

— (Jacques), sgr du Repaire-Martel, sénéchal de Périgord, II, 129.

Andruse, Sainte-Andruce (tour d'), à Famagouste, IV, 99, 100.

Anduze (Gard), III, 29, 389.

Anega (?), ville du Maroc, I, 102.

Anes (pertuis des), dans la Charente-Inférieure, V, 259, 262, 264.

Anet (Eure-et-Loir), II, 105; VIII, 191.

Angecourt (Ardennes), VII, 201.

Angelots, nom donné aux Anglais, III, 61.

Angely, capitaine protestant, IV, 59.

Angennes. Voy. Montlouet, Rambouillet.

Angers (Maine-et-Loire), hérétiques suppliciés, I, 207, 213, 226; sa défense confiée au maréchal de Thermes, lors de la conjuration d'Amboise, 266; massacres de réformés, II, 8; au pouvoir des réformés, 20; repris par les catholiques, 21; définitivement occupé par le duc de Montpensier, 22; exécution de Des Marets, 22; passage de Charles IX, 222; massacres de réformés, III, 3; la Saint-Barthélemy, 344; château pris par les catholiques, VI, 243 et suiv.; entreprise des réformés, 249 et suiv.; levée du siège par Condé, 259; sa garnison à la poursuite de l'armée de Condé, 261 et suiv.; sa garnison à la poursuite des huguenots, 267; nouvelle de la déroute de Condé à Angers communiquée aux assiégeants de Brouage, 273; impression à la cour de Navarre produite par l'échec de Condé devant cette ville, 275; déroute de Condé mentionnée, VII, 8, 9; déroute d'Angers, prétextée pour excuse, par d'Aubigné, 14; rappel de la déroute, 348; occupé par d'Aumont, VIII, 26; sa défection du

parti du roi, mentionnée, 28; restée royaliste, 39; entrevue de Henri IV et du duc de Mercœur, IX, 273.
Angers (évêque d'). Voy. Miron (Charles).
Angerville (Seine-et-Oise), II, 15.
Angevin (L'). Voy. L'Angevin.
Angevins, en Poitou, VII, 11; au siège de Mauléon, 369.
Anglais, leurs difficultés avec les Ecossais, I, 37; leurs difficultés avec les Français au sujet de Boulogne, 38; au nombre de 8,000 dans la grande armée concentrée à Givet, en 1557, 66; leur embarquement après la capitulation de Calais, 74; insolence d'un Français à l'égard d'un Anglais après la capitulation de Calais, 75; leur brillante conduite au siège de Guines, 75; retirés au fort de Ham, leur dernière possession en France, 76; leurs cruautés à l'égard des Albigeois retirés chez eux, 192; leurs dissensions redoutées par l'amiral de Coligny, II, 13; l'éventualité de leur descente à Rouen, cause du siège de cette ville par l'armée royale, 80; les Anglais au Havre, 81; au siège de Rouen, 81; départ de Dieppe pour Rouen d'un renfort de troupes anglaises, 83; leur fuite de Dieppe et leur retraite au Havre, 89; leur position avant la bataille de Dreux, 106; Coligny se propose de les rejoindre en Normandie, 121; à l'affaire des Tourelles, à Orléans, 125; leur jonction en Normandie avec Coligny, 139; leur colonel tué au siège de Vire, 140; leurs dissensions avec les Ecossais, 151; assiégés au Havre par l'armée royale, 197 et suiv.; déchus de leurs droits sur Calais, 197; envoyés en France par l'entremise du cardinal de Châtillon, III, 61; en désaccord avec les Espagnols, 92; à Niort, dans l'armée protestante, 129; cités dans le panégyrique du duc d'Albe prononcé par un docteur de Louvain, 266; dans l'opinion de Coligny, ont contribué aux succès des Espagnols puis sont devenus leurs ennemis, 294; les Rochelais réformés ne doivent rien attendre d'eux, IV, 10, 13; alliés des Orangistes en Zélande, 149; défenseurs de Haarlem assiégé par les Espagnols, 157; prisonniers anglais massacrés par le duc d'Albe, V, 60; défenseurs de Lochem (Gueldre), VI, 341; défenseurs d'Anvers, leur défection, 357; au service de Maurice de Nassau, 369; à la rencontre des armées françaises et espagnoles sous les murs de Gand, 339, 340; leur expédition à Saint-Domingue, VII, 247, 248; leur campagne aux Pays-Bas, 254; au siège d'Axel (Flandre), 260; à la bataille de Zutphen, 264; discrédités en Flandre et aux Pays-Bas, 265, 268, 274; fomentent habilement des révoltes en Brabant, 277; leur débarquement en Zélande, VIII, 122; leur arrivée à Dieppe au secours de Henri IV, 164; au siège de Paris, 171 et suiv.; au siège de Rouen, 250 et suiv.; à la bataille de Craon, 290 et suiv.; à Vitré, 296; au siège de Deventer, 399; au siège d'Amiens, IX, 138 et suiv.; exécutés à Rome, 199; au siège de Groningue, 243; repoussés de Venloo, 256; leurs

méfaits dans les villes hanséatiques, 263; à la cour du roi de Perse, 395.
Anglerez (Antoine d'), dit Chicot, fou du Roi, III, 321.
— (Raimond d'), frère du précédent, III, 321.
Angles-sur-Langlin (Vienne), III, 145.
Angleterre, état de ce pays au temps de Henri VIII, I, 36 et suiv.; guerre avec la France, 72 et suiv.; état des esprits à l'avènement d'Elisabeth, 81; ambassadeur d'Angleterre témoin de l'absolutisme d'un souverain russe, 121; Angleterre comprise dans le traité de Cateau-Cambrésis, 128; raisons des guerres de religion dans ce pays, 162; les Vaudois y sont persécutés, 173; assiste secrètement Raymond V de Toulouse, 174; mauvais traitements qu'y subissent les Albigeois, 192; diffusion de la doctrine de Wicleff dans ce pays, 193; des hérétiques y sont suppliciés, 203, 206; rédaction de la loi des six articles, 208; des hérétiques y sont suppliciés, 208, 212, 219-221, 224; difficultés et guerres avec l'Ecosse, 352 et suiv.; paix entre l'Angleterre et l'Ecosse au début du règne d'Elisabeth, 356; mission de Briquemaut en Angleterre, II, 41 et 80; Mongonmery et Briquemaut reviennent ensemble d'Angleterre, 89; subsides accordés au parti huguenot de France, 104; position de son armée avant la bataille de Dreux, 106; l'Angleterre sous le règne d'Elisabeth, 150; suppressions des armoiries et titres d'Angleterre à la cour de France, 151; traité de paix avec la France, 210; confirmation de cette paix, 295; retour de Laudonnière de Floride en Angleterre, 331; préjudice porté par l'Inquisition au commerce de l'Angleterre, 341; en guerre avec l'Irlande, 363; retraite du cardinal de Châtillon, III, 12; négociations et politique du cardinal de Châtillon en Angleterre, 61, 62; demandes de subsides par les réformés français, après la bataille de Moncontour, 129; envoi de troupes aux réformés de France, 129; affaires d'Angleterre pendant les années 1567 et suivantes, 249 et suiv.; retraite des manufacturiers de Flandre, 264; exécution de l'inquisiteur Jean Story ou Storius, 264, 265; négociations et mort du cardinal de Châtillon, 281; alliance avec la France, 288; cette alliance dans l'opinion de Coligny, 299; l'hôtel de l'ambassadeur d'Angleterre à Paris, refuge de Briquemaut pendant la Saint-Barthélemy, 328; message de Charles IX expliquant la Saint-Barthélemy, 333; retraite des réformés après la Saint-Barthélemy, 357; message des habitants de la Rochelle, 373; les habitants de la Rochelle proposent à La Noue de le faire mener en Angleterre, 376; mission de Languillier en Angleterre, IV, 4; plainte de l'ambassadeur de France en Angleterre au sujet d'une flotte envoyée au secours de la Rochelle, 23; Belle-Isle et l'Angleterre, 133; affaires d'Angleterre et d'Ecosse en 1570 et années suivantes, 138 et suiv.; paix entre l'Angleterre et l'Espagne, 161; allusion, par l'électeur Palatin, à des lettres de Coligny relatives aux affaires d'An-

gleterre, 195; Jacques de Lorges, comte de Mongonmery, revient d'Angleterre en France, 286; négociations du mariage d'Elisabeth avec François de Valois, V, 29, 114; intolérance religieuse de ses souverains, 152; mission de Pierre Beutterich, 307; difficultés avec l'Espagne au sujet de Marie Stuart, 315; conspiration contre Elisabeth, 316; message de don Juan d'Autriche à Elisabeth, 334; anecdote relative à un ambassadeur d'Angleterre, 364; arrivée de Condé, VI, 91; séjour du duc d'Anjou, 132, 133; hésitations d'Elisabeth touchant le procès de Marie Stuart, 133, 134; négociations du marquis d'Havré à la cour de Londres, 136; négociations de Ségur-Pardaillan et de Turenne, mentionnées, 176; prend parti pour le roi de Navarre, 237; exil de Condé, 265; résultat, pour le parti huguenot, de la fuite de Condé en ce pays, 274; séjour du duc d'Anjou, 288; exil d'Antonio, roi de Portugal, 315; le duc d'Anjou auprès d'Elisabeth, 333; messages des Etats de Flandre, 355; son expédition en représailles de l'*Invincible Armada*, 372; voyage de Condé, VII, 13; départ de Condé pour la France, mentionné, 25; négociations de Bellièvre, 232; objectif de l'*Invincible Armada*, 242; sa richesse en bœuf salé, 244; impression produite par l'*Invincible Armada*, 246; retour de François Drake, 248; ses relations avec l'Espagne tendues, 249; procès de Marie Stuart, 249; message des Etats de Flandre, 254; plaintes des villes hanséatiques, 261; retour du comte de Leicester, 266; rapprochement avec l'Espagne, 267, 274; ses négociations avec l'Espagne à Bourbourg, 276; rupture de ces négociations, 278; jugement de Sixte V sur l'exécution de Marie Stuart, VIII, 109; abordage de l'*Armada*, 116; conséquences des succès éventuels de l'*Armada*, 116, 119; ses manœuvres aux Pays-Bas, 121; retour de l'amiral Charles Howard, 122; négociations de Henri IV, 153; dessein du duc de Mayenne de faire s'y réfugier Henri IV, 156; son ambassadeur en France au combat d'Aumale, 257; en guerre avec l'Irlande, 389; captivité de Jacques, roi d'Ecosse, 390; soldat de ce pays, aux galères de Nantes, IX, 182; alliée de la France sous Henri IV, 201; ses négociations à Constantinople, 238; en guerre avec l'Irlande, 239 et suiv.; arrivée du maréchal de Biron, 351, 352; départ de Biron, 361, 365; épisode du voyage de Biron, 384; genres de supplices usités en ce pays, 389; procès et exécution du comte d'Essex, 420 et suiv.; négociation de Sully, 465, 466; projet d'expédition aux Indes, 467.

Anglois (Jean L'). Voy. L'Anglois.

Anglure (African d'). Voy. Amblise, Autricourt, Givry.

— (Jeanne d'), femme de Gabriel de Bonneval, IV, 295.

— Voy. Saint-Martin-d'Anglure.

Angones (les) (Isère), passage de Henri IV, IX, 323.

Angoulême (Charente), passage de Duras en vue de cette ville, II, 45; passage de

Charles IX, 221 ; assiégé par les réformés, III, 24 ; pris par eux, 25 ; reddition d'Angoulême annoncée au duc de Montpensier, 31 ; est l'objectif du duc d'Anjou, 44, 56 ; désigné comme retraite des jeunes princes de Bourbon et de Béarn, 56 ; le comte de Mongonmery y est envoyé avec des secours, 57 ; organisation de la défense de cette ville par les protestants, 129 ; départ de renforts pour Saint-Jean-d'Angély, 139 ; départ de Piles, 142, 143 ; stratagème pour amener la garnison de cette ville à la défense de Cognac, 144, 145 ; exploits de Congners aux environs de cette ville, 186 ; est offert aux réformés comme ville de sûreté, IV, 377 ; Ruffec refuse de remettre cette ville au duc de Montpensier, 389 ; est cédé provisoirement à Condé, V, 79 ; cité, 88 ; le prince de Genevois à Angoulême, 260 ; maladie de Nivaudière, VI, 34 ; intrigues contre le duc d'Epernon, VII, 305 ; arrivée du duc d'Epernon, 306 ; péril qu'il y court, 307 et suiv.; allusions aux faits précédents, VIII, 168 ; départ du duc d'Epernon, 283, 306 ; lieu d'origine de Ravaillac, IX, 471.

Angoulême (Charles de Valois, comte d'Auvergne, puis duc d'), VII, 393 ; VIII, 158 et suiv.; IX, 11, 352, 368, 371, 372.

— (Diane, duchesse d'), fille naturelle de Henri II, mariée à Horace Farnèse, duc de Castro, puis à François, duc de Montmorency, IV, 238 ; VIII, 18-19, 21, 38.

— (Henri d'), grand prieur de France, fils naturel de Henri II, dit le Chevalier, ou le Chevalier de France ; son passage à Bourgueil, III, 281 ; mandé au Conseil la veille de la Saint-Barthélemy, 311 ; bruits qu'il fait courir dans Paris, 312 ; son rôle à la Saint-Barthélemy, 315, 317 ; arrive devant la Rochelle, IV, 7 ; au siège de la Rochelle, 32 ; son aventure chez le prévôt des marchands de Paris, 179 ; cité, VII, 84 ; sa mort, 85.

Angoulimois, s'emparent de Bouteville, III, 205.

Angoulins, Angoulin (Charente-Inférieure), IV, 334.

Angoumois, des hérétiques y sont suppliciés, I, 220 ; organisation du parti réformé dans cette province, 260 ; troupes de l'Angoumois concentrées à Confolens par le comte de la Rochefoucauld, II, 253 ; guerre religieuse dans cette province, III, 24 et suiv. ; la Saint-Barthélemy en Angoumois, 350 ; cette province comprise dans une requête des protestants au Roi, IV, 363 ; mission de d'Aubigné en Angoumois, V, 386 ; victoire des réformés sur le capitaine de la Motte, VI, 213 et suiv.; ses troupes en marche sur Brouage, VI, 273 ; rendez-vous, assigné aux troupes catholiques, à Ruffec, VII, 134 ; passage de Condé, 162 ; son administration confiée au duc d'Epernon, 306 ; passage de Souchet, beau-frère du maire d'Angoulême, 309 ; expédition du duc d'Epernon, VIII, 166 ; députés huguenots, IX, 87, 88, 98 ; insurrection des Croquants, 120 ; sa noblesse à la défense de Saint-Yrieix, 145.

Angra, capitale de l'île de Terceire, VI, 314, 316, 322, 323 ; VIII, 388.

Angrogne, ou Angrongne (vallée d'), en Savoie, I, 196, 199, 207, 351; II, 63; VIII, 92.

Anguisciola (Jean, comte d'), capitaine italien en France et en Piémont, II, 70, 150.

Angun. Voy. Enghien.

Anhalt-Bernburg (Christian Ier, prince d'), VIII, 242, 250 et suiv., 356; IX, 196, 396 et suiv., 469.

Anholt (Jacques de Bronckhorst, seigneur d'), IV, 341.

Anici (en Velay) (?), pris par Saint-Vidal, IV, 59.

Anières. Voy. Asnières.

Anières. Voy. Asnières (Duch d').

Anjambe. Voy. Enjambes.

Anjou, martyrs de la Réforme originaires de cette province, I, 216, 223; lieu d'origine des frères Soubcelles, 249; organisation du parti réformé dans cette province, 260; exploits du duc de Montpensier, II, 41; guerres religieuses, 42; cruautés du duc de Montpensier, III, 286; envoi de troupes pour la Normandie, IV, 226; mission de d'Aubigné en Anjou, V, 386; province citée, VI, 250, 256; administration du duc d'Epernon, VII, 306; députés huguenots, IX, 87, 88, 98.

— (duché d'), accordé au duc d'Alençon, V, 76.

Anjou (César, puis François de Valois, quatrième fils de Henri II et de Catherine de Médicis, duc d'Alençon, puis duc d'), change son nom de César en celui de François, II, 217; négociation de son mariage avec Elisabeth d'Angleterre, III, 381; accompagne Charles IX dans sa visite à Coligny, 309; assiste au lit de justice tenu après la Saint-Barthélemy, 341; arrive devant la Rochelle, IV, 7; est le chef du tiers parti, dit des *Politiques*, 30; au siège de la Rochelle, avec le duc d'Anjou, son frère, 34; ses réflexions, d'après l'électeur Palatin, à la lecture des lettres trouvées dans la cassette de Coligny, 195, 196; craintes que son esprit d'intrigue inspire à Catherine de Médicis, 202, 203; ambitionne la lieutenance générale du royaume, 202, 213; son crédit auprès des protestants, 203; ses hésitations à l'appel des Flamands et des réformés, 211; frustré de la lieutenance générale du royaume, se tourne du côté des réformés, 213; difficultés qu'il rencontre dans la direction du parti des Politiques, 214; discrédité par sa mère auprès de Charles IX, 215; son indécision inquiète les réformés, 223; est retenu par sa mère auprès d'elle, lors de l'entreprise de Saint-Germain, 224; sa déclaration contre ses détracteurs, 227; d'Aubigné lui donne par anticipation le titre de Monsieur, 227; il est impliqué dans le procès du roi de Navarre et de ses complices, 229; son procès, 230 et suiv.; est mandé par Charles IX mourant, 259; cité, 275; Claude Guise, abbé de Saint-Nicaise, soupçonné d'avoir voulu l'empoisonner, 299; ses relations avec Jean de La Haye, 334; est désigné sous le nom de Monsieur depuis le retour de Henri III de Pologne, 348; sa conduite, lors du retour de Condé en France, 371; sa situation à la cour de Henri III, 372 et suiv.; ses relations avec madame de Sauves, 373; sa fuite de la cour, 373, 374; à Romorantin, 375; rejoint par le vicomte de Turenne, 375; écrit aux Rochelais, 375; conséquences de sa fuite, 375, 376; garanties que lui offre Henri III, 377; est rejoint en Berry par les troupes échappées au désastre de Dormans, 387; décidé à reprendre les hostilités contre les catholiques, 389; engagé dans le différend de Bussy et de Turenne, 390; motifs de son évasion de la Cour, V, 1; sa fuite fait craindre celle du roi de Navarre, 2; cité dans la harangue du sieur de Losses au roi de Navarre, 5; loué par la dame de Carnavalet, 6; message du roi de Navarre à son adresse, 14; la fuite du roi de Navarre comparée à la sienne, 14, 15; clause de la trêve dite de *Monsieur* relative à Saumur, 16; craintes qu'il éprouve à la nouvelle de l'évasion du roi de Navarre, 16; son entrevue avec sa mère et Condé, 18; cité, 23; ses députés à la Rochelle, 25; ses lettres aux Rochelais, 25; part de Ruffec pour Charroux, 25; échappe à une tentative d'empoisonnement, 25; secrètement encouragé à la paix, 26; négociations de son mariage avec Elisabeth d'Angleterre, 29, 30, 114, 316; faveurs à lui accordées par la *paix de Monsieur*, 76 et suiv., 84; son entrée à Bourges, 85, 114; demande de l'artillerie aux Rochelais, 92; son entourage à Bourges, 85, 114; ses négociations en Flandre, 114, 304; intrigues avec la Cour, 115; est gagné par la Cour, 115; se rend aux Etats de Blois, 115; remontrances à lui adressées par Damville, 117; aux Etats de Blois, 126, 127, 157; le roi de Navarre lui adresse un message par d'Aubigné, 127; vanté par La Noue, 128; requêtes à lui adressées par les habitants du Languedoc, 134; loué par le baron de Senecey aux Etats de Blois, 150; ses troupes en marche vers l'Auvergne, 197; cité, 205; armée qu'on lui donne pour faire campagne vers la Loire, 208; ses exploits à La Charité et à Issoire, 229 et suiv.; ses déclamations contre le concile de Constance, 230; assiège La Charité, 230 et suiv.; assiège Issoire, 232 et suiv.; en rivalité avec le duc de Mayenne, 234; il est question à la Cour de le charger de la réduction de Brouage, 285, 286, 288; exécutions par lui ordonnées à Issoire, 286; obstacles à ses desseins en Flandre, 316; mauvais état de sa santé, 359; cité, 383; à Tours, VI, 94; en Guyenne, 95; son projet d'intervention en Flandre, 89; ses messagers à la cour de Constantinople, 101; son séjour en Angleterre, 132, 133; ses messagers à Saint-Ghislain (Hainaut),142; à Anvers, 142; à Libourne, 155; intéressé à la succession de dom Sébastien, roi de Portugal, 156; requête, à son adresse, du baron de la Boulaye, 158; ses liaisons avec le s. de Beaupré, conseiller du roi de Navarre, 162; apprécié par la reine de Navarre, Marguerite de Valois, 164; par d'Aubigné, 164; essai de rupture de ses négociations avec le Portugal, 167; ses dernières négociations avec le comte de Vimioso, 168; reprend ses négociations en Flandre, 168; ses derniers jours et sa mort, 190 et suiv.; ses correspondances avec Bussy-d'Amboise, 192; soutenu par sa mère aux Pays-Bas, 284; négociations avec l'Espagne et le roi de Navarre interrompues par sa mort, 288; son séjour en Angleterre, 288; aux Pays-Bas, 289, 291 et suiv.; son entreprise sur Anvers, 293; parole injurieuse de la reine de Navarre à son adresse et en sa présence, 293; ses intrigues en Portugal, 293; son projet d'expédition aux Açores, 318; son traité avec les Etats généraux des Pays-Bas, 327, 328; s'empare de Cambrai, 328 et suiv.; son retour en France, 330; reconnu par les Pays-Bas comme souverain, 330; s'empare de Cateau-Cambrésis, 330; en Angleterre, messages à son adresse des Etats des Pays-Bas, 333; son départ d'Angleterre et sa réception à Anvers, 333 et suiv.; sa visite au prince d'Orange, blessé à la suite d'un attentat, 336; prend Alost, 337; à Bruges, 338; parcourt la Flandre, 338; attaqué par les Espagnols près de Dunkerque, 339; par le duc de Parme sous les murs de Gand, 339 et suiv.; à Dendermonde et à Anvers, 340; exploits de ses officiers, 341; état de son armée, 341; sa tentative sur Anvers, 343 et suiv.; son message aux Etats relatif à cette tentative, 346; triste résultat de cette tentative, 347; essai de réconciliation avec le prince d'Orange pratiqué par Elisabeth, reine d'Angleterre, 347; son accord avec le prince d'Orange, 348; son départ de Dunkerque pour la France, 349; consent à la capitulation de Bergues-Saint-Vinox, 350; discrédit de ses troupes en Flandre, VII, 268; ses relations avec La Fin, IX, 313.

Anjou (Nicolas d'). Voy. Mézières.

Anlezy. Voy. Menetou.

Anmon (Jean), hérétique supplicié en Angleterre, I, 221.

Anne, grand prêtre de la religion juive, I, 145.

Anne d'Autriche, fille de l'empereur Maximilien, femme de Philippe II, III, 214; V, 303; IX, 269.

Anne Boleyn, I, 36, 38, 39; II, 150.

Anne de Hongrie, femme de Ferdinand Ier, empereur d'Allemagne, I, 92.

Anne Jagellon, sœur de Sigismond II, roi de Pologne, IV, 200, 262.

Annebaut (Jean, baron d'), I, 78; II, 115, 120.

Annecy (Haute-Savoie), IX, 336, 377.

Annet. Voy. Anet.

Anneux (Nord), arrivée des troupes de secours pour Cambrai, IX, 73.

Annibal, V, 15.

Annonay, Nonnay (Ardèche), I, 208, 212; II, 132; IV, 283, 284.

Annonciation de Notre-Dame (congrégation de l') ou des Pénitents blancs, V, 343; VI, 195.

Anspach (Georges-Frédéric, margrave d'), compris dans le traité de Vervins, IX, 299.

Ante (le capitaine d'), peut-être Jacques Laurens, seigneur de la Chagnée et d'Ante, en Saintonge, III, 184.

Antéchrist (l'), I, 88, 145, 166, 253.

Antéchrist (traité de l'), I, 171.

Anthoine. Voy. Antoine.

Anthonian. Voy. Antoine (Mathieu d').

Anthony, capitaine catholique, défenseur de Castres, IV, 308.

Antibes (Alpes-Maritimes), VIII, 307 et suiv.; IX, 167, 175, 339.

Antidote (l') de Poncet, IV, 193.

Antigny (Vendée), VIII, 2.

— (Vienne), VI, 201.

Antioche (pertuis d'), entre les îles de Ré et d'Oléron, V, 256, 259, 263, 270, 275, 287; VII, 31.

Antipharmaque (l') du chevalier Poncet, pamphlet, IV, 192.

Antivari, Antivarre (Monténégro), IV, 105.

Antogny (Indre-et-Loire), VII, 127.

Antoine de Bourbon, roi de Navarre, cité, I, 23, 44; à Pau au moment de la mort de François II, 240; son arrivée à la Cour, 246; message de Catherine de Médicis au roi d'Espagne en sa faveur, 246; son retour en Béarn, 246; témoin de l'arrestation de deux personnages de sa cour, 249; ses relations avec le bailli de Saint-Aignan, 250; accompagne Elisabeth de Valois en Espagne, 255; sentiments du roi d'Espagne à son égard, 256; son discrédit auprès des réformés de France, 258; vivement impressionné par l'exécution des conjurés d'Amboise, 271; le prince de Condé l'informe de son départ de la Cour, 277; il reçoit des messages des princes protestants, 277; ainsi que des Montmorency et du vidame de Chartres, 280; fait arrêter Maligny, 281; mandé par Catherine de Médicis, 281; fortement engagé à se rendre à la cour de France, 289; son caractère, 290; il part pour Orléans, 291; arrive à Lusignan, 292; passe à Poitiers et à Blois, 292; à Orléans, 293; sa situation indécise à la Cour, 295; son entrevue avec François II, 296; son accord avec les Guises et Catherine de Médicis, 302, 309; aux États d'Orléans, 304; au colloque de Poissy, 313 et suiv.; sa correspondance avec le comte Palatin, 333; cité dans les considérants de l'Edit de Janvier, 362; son alliance avec les chefs du parti catholique, II, 5; approuve les massacres des réformés, 9; sa défection opposée par l'amiral de Coligny aux objurgations de sa femme, 12; hésitations que fait naître cette défection au sein du parti réformé, 14; cité, 15; il demande des secours en Allemagne et en Suisse, 33; son entrevue avec les chefs du parti réformé, 34; nommé général en chef des forces catholiques, 36; son entrevue avec le prince de Condé à Beaugency, 37; présent à la conférence de Saint-Simon, près de Talcy, 38, 40; au siège de Bourges, 77 et suiv.; blessé au siège de Rouen, 85; sa mort, 85; ses gens d'armes vainqueurs de Duras à Vergt, 94 et suiv.; message de Catherine de Médicis au prince de Condé à l'occasion de sa mort, 100; prétendu complot des Jésuites après sa mort, 294; au tumulte d'Amboise, IX, 286; son inconstance, 362.

Antoine de Portugal. Voy. Antonio.

Antoine l'Emballeur, huguenot de Marseille, massacré, VII, 84.

TABLE DES MATIÈRES. 25

Antoine, Anthoine, serviteur du duc de Montmorency, III, 318.
Antoine (Matthieu d'), jurisconsulte, I, 287.
Antonio, prieur de Crato, roi titulaire de Portugal, mention de son testament, V, 314; son retour en Portugal après le désastre d'El-Ksar-el-Kébir, VI, 122 et suiv.; sa cause déférée au Saint-Siège, 125; acclamé roi de Portugal, 129; son entrée à Lisbonne, 130; défections dans son parti, 131; ses messages en France, 132; sa cause soutenue par Marguerite, reine de Navarre, 160, 161; son arrivée en France, 168; occupation des colonies de son royaume par l'Espagne, 303; médiation offerte par Rome lors de ses démêlés avec l'Espagne, 309; s'empare d'Aveiro et d'Oporto, 311; attaqué par les Espagnols, 310; blessé, 311; quitte Lisbonne, 311; définitivement vaincu, 312; sa tête mise à prix, 313; blessé à Alcantara, 315; sa fuite de Portugal et ses infortunes, 315 et suiv.; message à son adresse du comte de Vimioso, 318; défaite de ses troupes aux Açores, 318 et suiv.; fortifie Angra (Açores), 322.
Antragues. Voy. Entragues.
Antraguet. Voy. Entraguet.
Antrain. Voy. Entrains-sur-Nohain.
Antroin. Voy. Entrains-sur-Nohain.
Anvers, Amvers, des hérétiques y sont suppliciés, I, 226; II, 339; cité, 341; pris par les Gueux, 344; retour du prince d'Orange dans cette ville, 345; exécutions à Anvers, 346; mouvements des troupes espagnoles et des troupes confédérées près d'Anvers, 348; émoi qu'y causent les succès des Espagnols, 348; entrée de la duchesse de Parme et de ses troupes à Anvers, 351; arrestation des principaux rebelles, 353; construction de la citadelle, 354; monument que s'y fait ériger le duc d'Albe, III, 266; cité, IV, 82; don Sanche d'Avila se replie sur Anvers, V, 58; une armée de secours pour Middelburg s'y organise, 65; est rançonné par les Espagnols, 67; coup de main du prince d'Orange, 67; pris par les Espagnols révoltés, 73, 74; cité, 329; promulgation de l'édit de paix conclu avec les Etats par dom Juan d'Autriche, 332; abandonné par les Espagnols, 332; menacé par les Espagnols, 335; perdu pour les Espagnols, 337, 338; passage de Condé, VI, 92; démantèle sa citadelle, 136; arrivée de Mathias, archiduc d'Autriche, 138; négociations du duc d'Anjou, 191; surprise manquée du duc d'Anjou, 293; objectif proposé au duc d'Anjou par le prince d'Orange, 330; élection du duc d'Anjou comme duc de Brabant, 334; messages du duc de Parme, 337; cité, 338; entrée du duc d'Anjou, 340; tentative du duc d'Anjou, 343 et suiv.; messages de France et d'Angleterre en faveur du duc d'Anjou, 347; originaires de cette ville arrêtés à Paris, 348; départ du prince d'Orange, 350; objectif du duc de Parme, 352 et suiv.; nouvelle de la mort du prince d'Orange, 353; pris par le duc de Parme, 356 et suiv.; entrée triomphale du duc de Parme, VII, 253; sa requête au prince d'Orange, 260; ca-

pitulation de cette ville, VIII, 120; ses négociations avec Maurice de Nassau, 401; entrée de l'archiduc Ernest, IX, 244; sa garnison à la défense de Lierre, 247; surprise de cette ville par le duc d'Anjou, rappelée, 313; exploit d'une galère de Dordrecht, 450.

Anvers (bailli d'). Voy. Immerselles (Jean d').

Anvers (dom d'). Voy. Oom.

Anville (Charente), III, 46.

Anville (Frédéric d'), hérétique béarnais supplicié à Paris, I, 226.

— (le maréchal d'). Voy. Montmorency-Damville (Henri de) et Montmorency (Anne de la Mark, duchesse d').

Anwerdeziel, peut-être Hennaarderadeel (Frise). Voy. ce mot.

Aod, assassin du roi de Moab, cité, VIII, 326.

Aoste (Isère), VII, 88; IX, 333.

— (val d'), en Italie, passage du duc de Savoie, IX, 152.

Aouste, Oste (Drôme, arr. de Die, cant. de Crest), IV, 273.

Apchon (Artaud ou Antoine d'), seigneur de Saint-Germain, I, 281; II, 118.

Apelles, peintre grec, cité, IX, 476.

Aphrodisium. Voy. Faradise.

Apocalyse, I, 139, 147.

Apostoliques, nom donné aux Vaudois, I, 169.

Apôtres (Actes des), I, 138, 147.

— (Symbole des), I, 148.

Appelvoisin. Voy. Tiercelin.

Apremont (Haute-Saône), pris par Henri IV, IX, 59.

Aquaviva. Voy. Acquaviva.

Aquila (Dom Juan d'). Voy. Aguila.

Aquitaine, I, 33, 35.

— (gouverneur d'), titre de Henri de Navarre, III, 137.

— (primat d'), archevêque de Bourges, aux Etats de Blois.

Voy. Semblançay (Renaud II de Beaune de).

Ar. Voy. Aar.

Arabes, combat entre eux et les habitants d'El-Rharbia, I, 102; prétendue confiance qu'ils inspirent aux chrétiens du Maroc, 102; essayent de reprendre Tunis aux Espagnols, V, 42; adversaires des Espagnols en Afrique, 42 et suiv.; sous les ordres de Sinam dans son expédition en Afrique, 44 et suiv.; au siège de Tunis, 45 et suiv.; à la journée d'El-Ksar-el-Kébir, VI, 146 et suiv.; vainqueurs des Portugais, VII, 241; combattus par les Portugais sur le golfe Persique, VIII, 111 et suiv.

— présentés à Charles IX à Bordeaux, II, 218.

Arab-Hachmet, vice-roi d'Alger, VIII, 375.

Arabie-Heureuse, V, 155.

— (roi de l'). Voy. Cérif Mutahar.

Arache (l'). Voy. Larache.

— (rivière d'). Voy. Mekhâzen (oued el-).

Aracocie. Voy. Arcos.

Arad (Hongrie), IX, 209.

Aragon (royaume d'), VII, 246; VIII, 378 et suiv., 385, 387; IX, 232.

Aragon (Catherine d'). Voy. Catherine d'Aragon.

— (Charles d'). Voy. Terra-Nova.

— (Pierre II, Pierre III, rois d'). Voy. Pierre II, Pierre III.

— (Sancie d'), femme de Raymond VII, comte de Toulouse, I, 182.

— (amiral d'). Voy. Mendoza (François Hurtado de).

— (vice-roi d'). Voy. Ximeno.

Aragonais, vainqueurs de Simon de Montfort, I, 184.

Arambure. Voy. Harambure.

Aramon (Gard), II, 65.

Aramon (Gabriel de Luetz, baron d'), I, 113.
— (Pierre de Luetz d'), viguier d'Orange, gentilhomme de la Chambre de Henri IV, fils d'Alexandre d'Aramon, maître d'hôtel du roi de Navarre, viguier d'Orange, et de Louise de Vincens de Causans, mort en 1603, IX, 157.
Arance. Voy. Saint-Cricq.
Aravalo, Arevallo, capitaine espagnol, III, 237.
Araxes, fleuve de Géorgie, V, 321.
Arban (porte d'), à Bourg (Ain), IX, 324.
Arblade (Jean de Lupé, seigneur d'), assassin du duc de Guise, VII, 389.
Arbota, montagne d'Espagne, occupée par le duc d'Arcos, III, 242.
Arc (l'), affluent de l'Isère, cité, IX, 327.
Arcène, défenseur de La Pierre (Haute-Savoie), VIII, 360.
Archecour, peut-être Réchicourt-le-Château. Voy. ce mot.
Archiac (Charente-Inférieure), III, 10, 187.
Arci. Voy. Arcs.
Arclainville. Voy. Reclainville.
Arco (Vinciguerra, comte d'), IV, 110; IX, 403 et suiv.
Arconat (François d'). Voy. Touzaine.
Arcos, Aracocie (Christophe Ponce de Léon, duc d'), III, 242, 243.
Arcs, Arci (Gaspard de Villeneuve, baron des), III, 4.
Arcueil (Seine), II, 102.
Ardelay (Jean de Bourdeille, baron d'), dernier frère de Brantôme, au siège de Chartres, II, 283 et suiv.
Ardennais, habitants des Ardennes, V, 67.
Ardenne (Vendée), VI, 226.
Ardennes (les), I, 48, 76.
Ardilliers (les), près de Sancerre, IV, 42.
Ardoise (l'). Voy. L'Ardoise.
Ardres (Pas-de-Calais), IX, 69, 71, 299.
Arelanio (Christophe de), victime de l'inquisition de Séville, I, 350.
Aremberg (Etats prussiens), III, 210.
Aremberg (Jean de Ligne, comte d'), gouverneur de Frise, II, 276, 350 et suiv., 354; III, 255 et suiv., 263.
— (Charles de Ligne, comte, puis prince d'), lieutenant du duc de Parme, VI, 352.
— (Maximilien d'), frère du précédent, aux conférences de Bourbourg, VII, 278.
Arendson, ministre protestant des Pays-Bas, III, 263 n.
Arènes, Arennes (Guillaume Dauvet, sgr d'), IV, 361, 364, 365, 366; V, 110.
Arerat, capitaine protestant, III, 185.
Ares-Chan, gouverneur en Géorgie pour la Perse, V, 322.
Arevallo. Voy. Aravalo.
Argence (Cybard Tizon, sgr d'), gentilhomme ordinaire de la Chambre du roi, III, 25, 51, 102 et suiv.; IV, 251; V, 88; VII, 313.
Argences (Calvados), cité, VII, 307.
Argenlieu (Frédéric d'Hangest d'), capitaine huguenot, V, 284.
Argentan (Orne), II, 140.
Argentat (Corrèze), III, 147.
Argenteuil (Seine-et-Oise), II, 237.
Argenton-le-Château (Deux-Sèvres), passage de d'Aubigné en marche sur Angers, VI, 252.
Argenton-sur-Creuse (Indre), pris par les huguenots, VIII, 18, 19, 137.
Arger. Voy. Alger.

Argis. Voy. Argisch.
Argisch, fleuve de Valachie, IX, 211.
Argy. Voy. Brilhac, Pons.
Argyll (Archibald, 5ᵉ comte d'), II, 356; III, 250, 251, 252; IV, 139.
— (Jeanne Carmichael, comtesse d'), fille naturelle de Jacques V d'Ecosse, et femme du précédent, II, 357.
Ariaz (Garcias), docteur espagnol, victime de l'inquisition de Séville, I, 250.
Ariens, nom donné aux Vaudois, I, 169.
Arius, hérésiarque, I, 229.
Arles (Bouches-du-Rhône), I, 180; II, 61; III, 348.
Arleux (commandeur d'). Voy. Espinay-Saint-Luc (Charles d').
Arlon (Belgique, prov. de Luxembourg), I, 77.
Armagh (ville et comté d'Irlande), VIII, 389.
— (Raimond, archevêque d'). Voy. Raimond.
Armagnac (pays d'), III, 268; V, 247, 249; VI, 18 et suiv.
Armagnac (Georges d'), cardinal, archevêque de Toulouse, I, 291, 292, 314; II, 30, 137, 213; VI, 67, 68.
— (Ysauré-Jean d'), premier valet de chambre du roi de Navarre, V, 3, 4, 9.
Armance. Voy. Hermance.
Armendarez (Martin Diaz de), capitaine espagnol, III, 263.
Arminius, chef des Chérusques, III, 39.
Armoiville. Voy. Remoiville.
Armonville (Jacques Hanapier, sgr d'), maire d'Orléans en 1590-1591, VII, 395 n.
Armuyden, dans l'île de Walcheren (Hollande), IV, 76; VIII, 120, 122.
Arnai (Fr. d'). Voy. Arné.

Arnauld (Pierre), hérétique supplicié en Flandre, I, 227.
Arnault (baron d'), cité pour le baron d'Hervaut, gouverneur de Blaye. Voy. Hervaut.
— du Halde (N.), capitaine rochelois, IV, 30; V, 261-262.
Arnay-le-Duc, Arnel-Duc, René-le-Duc (Côte-d'Or), III, 171 et suiv., 188, 189.
Arné [en Magnoac] (François de Devèze, sgr d'), gentilhomme gascon, III, 157.
Arnel-Duc. Voy. Arnay-le-Duc.
Arnheim, Arnhem, prov. de Gueldre (Hollande), IV, 152.
Aron ou Arun (Etienne), hérétique supplicié en Dauphiné, I, 208.
Arondeau (Pierre), hérétique supplicié à Paris, I, 226.
Arpajon, autrefois Chastres (Seine-et-Oise), V, 339; VIII, 65.
Arpajon (Antoine vicomte d'), capitaine protestant, II, 24, 28, 117.
Arques (Seine-Inférieure), bataille livrée par Henri IV, VIII, 156 et suiv., 184, 324.
Arques (Anne de Vienne de Bauffremont, marquis d'), capitaine ligueur, VII, 182.
Arques (baron d'). Voy. Joyeuse.
Arquès (sgr d'). Voy. Alias.
Arragon. Voy. Laage.
Arrahal (Cidius), alface du Maroc, I, 104.
Arrajahan (la Motte d'). Voy. Khandok-er-Rihân (Maroc).
Arran. Voy. Hamilton.
Arras (Pas-de-Calais), I, 49.
— (évêque d'). Voy. Moullart.
Arriens. Voy. Ariens.
Arrius. Voy. Arius.
Arros (Bernard, baron d'), gouverneur du Béarn, IV, 209, 210, 211, 339.
— (Jacques, baron d'), fils du précédent, IV, 210, 211.
Ars. Voy. Chastelier.

Arsanes. Voy. Mohammed-ben-es-Soltan-el-Hacen.
Archis. Voy. Argisch.
Arscot. Voy. Aerschot.
Arsenal (l'), à Paris, III, 323.
Arsenal (tour de l'), à Famagouste, IV, 99.
Arsy (Michel de Gouy, sgr d'), ses intelligences à la Fère, VIII, 170.
Artabalipa, Mexicain, I, 115.
Artenay (Loiret), I, 290; II, 15; IV, 176; VIII, 62.
Arthur ou Artus, prince de la Grande-Bretagne, I, 114.
Artigue et Gellenave (Antoine de Mont, sgr de l'). Voy. Lartigue.
Artigotti (Chrétien d'), capitaine ligueur, VII, 367.
Artois, campagne de Charles de Bourbon, prince de la Roche-sur-Yon, dans ce pays, I, 49; exploits de Coligny en Artois, 66; expédition du maréchal de Thermes en Artois, 78; des hérétiques y sont suppliciés, 207; exploits de François de Cocqueville dans ce pays, II, 365; traversé par Agrippa d'Aubigné, V, 118; on fait un reproche à Henri III d'après refusé de prendre ce pays sous sa protection, 125; mission de d'Aubigné en Artois, 127; projet d'expédition de Catherine de Médicis, VI, 284; présence du duc de Parme, 327; départ du comte de Fuentès, IX, 43; campagne du maréchal de Biron, 116.
Artus. Voy. Arthur.
Arun. Voy. Aron.
Arundel (Henry Fitz-Alan, comte d'), IV, 142.
— (Thomas), chancelier d'Angleterre, archevêque de Cantorbéry, I, 202, 229.
Arve (l'), rivière de Suisse, VIII, 97.

Arves (fort d'), en Savoie, VIII, 98 à 100.
Arvert (Charente-Inférieure), II, 267; V, 274.
Arzila, au S.-O. de Tanger (Maroc), I, 104; V, 328; VI, 110, 111, 118, 121, 123.
Asachie. Voy. Alsace.
Ascenbourg (Jean d'), seigneur hongrois, II, 164.
Ascoli (Italie), VI, 306.
Ascoli (don Juan de Leiva, prince d'), capitaine de l'*Armada*, VIII, 118, 120.
Asie, I, 125; III, 348; IV, 196; V, 312.
Asie Mineure, II, 297.
Asken (Joris d'), hérétique supplicié en Flandre, II, 339.
Askève (Anne), hérétique suppliciée en Angleterre, I, 212.
Asnières, Anières (Charente-Inférieure), III, 184.
Asnières (Duch d'), dit le capitaine Asnières, capitaine protestant, III, 9, 144, 185, 197, 199, 203, 204.
Asparros (André de Foix, seigneur d'), I, 35.
Aspremont (Adrien d'). Voy. Orthe.
— (René d'). Voy. Vendy.
Assam, bacha, défenseur de Tergowisch, IX, 211.
Assan, renégat corse, bouffon de Moulay Mohammed, gouverneur de Fez, V, 50.
Assanes. Voy. Hassan-Pacha.
Assenède (Belgique, prov. de Flandre orientale), IX, 438.
Assènes. Voy. Husceni.
Asserac (Jean de Rieux, marquis d'), partisan de Henri III, VIII, 27, 28, 296.
Assier ou Acier (Jacques de Crussol, sgr d'), puis duc d'Uzès après la mort de son frère Antoine de Crussol, vicomte, puis premier duc d'Uzès, fils de Charles de Crussol, vicomte d'Uzès (1573), II, 257-

260, 269; III, 27, 29, 31-33, 36 et suiv., 44, 49, 52, 59, 75, 118, 121, 128; — (duc d'Uzès), IV, 176, 186, 226, 260, 284; V, 136.

Assier. Voy. Beaudisné.

Assonleville ou Assonville (Christophe d'), conseiller aux Etats de Brabant, III, 264; V, 73, 333; VI, 354; IX, 54 et suiv.

Ast. Voy. Asti.

Astarac (comte d'). Voy. Candale, Fontrailles, Montamat.

Aster (vicomte). Voy. Gramont.

Asti, ville d'Italie, I, 127.

— (évêque d'). Voy. Panigarola.

Astoul, capitaine catholique, III, 154.

Atain. Voy. Attin.

Atayd (Nuño Fernandez de), capitaine portugais, gouverneur d'Azazi, I, 102.

Athanase (saint), I, 148; son symbole, 148.

Atholl (John, 4ᵉ comte d'), IV, 139.

Atis, Attis, capitaine huguenot, tué au siège de la Fère, VI, 52, 61 et suiv.

Atlantique (Océan), I, 100.

Atlas, chaîne de montagnes, I, 103; V, 324.

Atorgai, adversaire des Turcs, IX, 226.

Atri (Anne d'Acquaviva, demoiselle d'), comtesse de Châteauvillain, fille d'honneur de Catherine de Médicis, V, 127, 357, 363.

Attignac (Pierre de Rovorée, sgr d'), mestre de camp au service du duc de Savoie, exécuté à Genève après l'Escalade, IX, 160, 376 et suiv.

Attigny (Ardennes), I, 66; IV, 381.

Attigny. Voy. Attignac.

Attin, Atain (Nicolas de Hallwin, sgr d'), III, 317.

Attis. Voy. Atis.

Atto, l'un des onze bastions de l'enceinte de Nicosie, III, 220.

Aubandes (les), dans le Lot-et-Garonne, escarmouche entre les huguenots et les troupes de Matignon, VI, 276.

Aubenas (Ardèche), III, 164,169, 389; IV, 56, 220; VII, 100.

Aubenas (baron d'). Voy. Montlaur.

Aubert (Jean), défenseur de Bonne (Haute-Savoie), tué, VIII, 357.

Aubervilliers (Seine), II, 239, 242 et suiv.

Aubervilliers (Nicolas de Salcède, s. d'). Voy. Salcède.

Aubespin (l'). Voy. L'Aubespin.

Aubespine. Voy. L'Aubespine.

Aubeterre (Antoinette Bouchard d'), dame de Soubise, I, 254.

— (François III Bouchard, seigneur d'), I, 254; II, 131.

— (David Bouchard, vicomte d'), fils du précédent, III, 11, 74; IV, 29; VII, 45, 312, 313.

— (Louis Bouchard, chevalier d'), frère du précédent, VII, 359.

— (Charles Bouchard d'), abbé de Saint-Cybard d'Angoulême, frère du précédent. Voy. Saint-Cybard.

— (Jean d'), sgr de Saint-Martin-de-la-Couldre, cousin des précédents. Voy. Saint-Martin-de-la-Couldre.

Aubeterre-sur-Dronne (Charente), II, 131; III, 33, 56; VII, 38, 46.

Aubetière (l'). Voy. L'Aubetière.

Aubiac (N. de Lanssac, sgr d'), gouverneur de Saint-Macaire, V, 187.

Aubigné (Jean d'), seigneur de Brie, en Saintonge, père de l'historien, chef des réformés en Poitou, I, 260; mêlé à la conjuration d'Amboise, 273; le prince de Condé lui raconte un songe qu'il a eu, II, 105;

à la conférence de l'Ile-aux-Bœufs, 146.

Aubigné (Théodore-Agrippa d'), auteur de l'*Histoire universelle;* ses jugements sur les historiens de son temps, I, 3 et suiv.; son autobiographie, 15; division de son *Histoire universelle*, 17; ses états de service, 19; sonnets de lui, 21, 22; sa déclaration anticipée sur l'introduction, dans ses écrits, des mots *Papistes* et *Huguenots*, 132; son précepteur, 226; son entrevue à Lyon avec le baron des Adrets, II, 72 et suiv.; ses rapports avec François de Civile, 87, 88; ses accusations contre La Popelinière, III, 23; fait campagne dans la région de Libourne, 115; cite à tort les *Mémoires* de Jean de Serres, 168; rectifie La Popelinière et de Thou, 169; au siège de Jonzac, 185; au siège de Cognac, 200; au siège de Pons, 204; arrivé à Paris pour les noces du roi de Navarre, quitte cette ville trois jours avant la Saint-Barthélemy, 304; ses amis délégués par les Rochelais pour rallier des troupes, IV, 29; interrogé par Laski, ambassadeur de Pologne, 177; à Saint-Prix ou Saint-Priest, avec le roi de Navarre, 223; son rôle au siège de Domfront, 244 et suiv.; sa déclaration au sujet de la reddition de Domfront par Mongonmery, 247; ce qu'il dit des derniers jours de Charles IX, 256 et suiv.; origine de ses rapports avec Charles IX, 256, 257; présent à l'exécution de Mongonmery, 265; ce qu'un capitaine suisse lui dit de Montbrun, 280; ses déclarations au sujet de Saint-Nicaise, 300; témoignage qu'il rend des procédés courtois de Henri IV, 313; son entretien avec Jean de La Haye, près de Romans, 336; déclare folle une déclaration de Jarrige, 361; à la bataille de Dormans, 386 et suiv.; sa réflexion sur la disproportion des effets et des causes à la Cour, V, 1; écuyer auprès du roi de Navarre, 3; son éloge par lui-même, 3; de l'Académie fondée par Charles IX, 3; ses relations avec les ducs de Guise et de Mayenne, 3; menacé par Catherine de Médicis, 4; pressé par Fervaques d'engager le roi de Navarre à prendre la fuite, 7; ses étrennes au roi de Navarre, 7; assiste à un conciliabule tenu chez Fervaques au sujet du départ du roi de Navarre, 7, 8; chargé de se saisir de Cherbourg, 8; prend congé de Henri III, 9; ses reproches à Fervaques, 10; éloge qu'il fait du roi de Navarre, 15; ses exploits en Gâtinais, à Boiscommun, 21 et suiv.; sa mission en Normandie, en Picardie et aux Pays-Bas, 118; raisons qui lui font regagner Paris, 118; ses avertissements au roi de Navarre, 118; arrive à Blois déguisé, lors des Etats, 127; au bal à Blois, 127, 128; comment il quitte Blois, 128; son entrevue avec La Noue en Vendée, 128; au siège de Marmande, comme lieutenant de Vachonnière, 172 et suiv.; au siège de Saint-Macaire, 186; sa mission auprès du maréchal Damville, 197 et suiv.; à Agen, 200; justifie le roi de Navarre de calomnies portées contre lui, 200; son passage à Pezenas, 200, 201; son entrevue avec Mme d'Uzès, 202; avec le maréchal de Bellegarde, 202 et suiv.; s'entretient avec le maréchal de Bellegarde de la misère du roi de Navarre, 205 et suiv.; son entretien avec le maréchal Damville, 207; se dirige vers Castres, 207; son opinion sur les duels, 227; chargé par le roi de Navarre de la défense du Vivarais, 234; danger qu'il court à Agen, 237; lieutenant de Vachonnière à Casteljaloux, 238; ses exploits, 238 et suiv., 251 et suiv.; légèrement blessé, 239; laissé pour mort, 243; relevé, 243; ses conseils aux jeunes capitaines, 244; ce qu'il dit des songes, 244; reçoit les présents et remerciements des habitants de Bayonne, 253; ses réflexions sur la tyrannie des passions, 357; aux conférences de Montauban, 364; son entreprise sur Limoges, 371-379; sa maison près d'Orléans, 371; son entreprise sur Montaigu, 379; sa sincérité et sa critique d'historien, 382, 383; consulté par le roi de Navarre, 384; sa mission auprès du parti réformé, 386; à Saint-Jean-d'Angély, VI, 1; au siège de Montaigu (Vendée), 1 et suiv.; dans le Poitou, 4; à Montaigu, 4 et suiv.; son entreprise sur Blaye, 30 et suiv.; ses exploits à Montaigu, 71; prisonnier de Saint-Luc, 72; défenseur de Montaigu, 78 et suiv.; mort de son frère, 79, 81, 83; contraint de rendre Montaigu, 157; son départ de Montaigu pour Cadillac et Libourne, 158; ses querelles avec Marguerite, reine de Navarre, 159 et suiv.; sa réponse aux propositions de Marguerite de Navarre, 162 et suiv.; son entrevue avec le comte de Vimioso, 163 et suiv.; dans l'intimité du roi de Navarre, 167; envoyé au roi Henri III par le roi de Navarre, 171 et suiv.; son retour à Poitiers, 173; son entrevue avec Loto, capitaine espagnol, 183 et suiv.; son entrevue avec le roi de Navarre, 184 et suiv.; chargé d'une entreprise sur Brouage, 186; son discours à Guîtres, 209 et suiv.; son expédition en Poitou, 212 et suiv.; aux ordres de Condé dans le Poitou, 223 et suiv.; charge le comte de Brissac en Anjou, 227 et suiv.; au siège de Brouage, 234 et suiv.; au siège d'Angers, 249 et suiv.; son exploit à Sorges (Maine-et-Loire), 260, 261; ses troupes à l'abbaye de Saint-Maur, 262; ses exploits après la levée du siège d'Angers, 263-272; à la Chapelle-Saint-Martin (Loir-et-Cher), 263, 264; ses exploits lors de la déroute d'Angers, 266 et suiv.; traverse la Loire en face Saint-Dyé, 269; rencontre son ennemi, le prévôt de Blois, 270; sa retraite du Berry jusqu'en Saintonge, 272; ses relations avec Jean Salviati, sgr de Talcy, 285; ses négociations avec l'Espagne au nom du roi de Navarre, 286; sa mission en Languedoc, 286; son entrevue avec Jeanne d'Albret à Libourne, 293; ses relations avec Antoine de Portugal, comte de Vimioso, 318; son opinion sur le merveilleux dans l'histoire, 366; ses réflexions sur l'histoire, 367 et suiv.; promesses, à lui faites, par le roi de Navarre, 373; son entretien avec La Noue sur l'esprit militaire, 370;

son appréciation sur la guerre aux Pays-Bas, 371 ; sa préface au troisième tome de son histoire, VII, 1 et suiv.; publication de son histoire, autorisée, 1 et suiv.; commissaires chargés de l'examen de ses œuvres, 2 ; sa lettre au chancelier Sillery, 3 ; son impartialité, 4 et suiv.; son apostrophe à Louis XIII, 5 et suiv.; son apologie de Henri IV, 5 et suiv.; défenseur de Saint-Julien-de-l'Escap (Charente-Inférieure), 9 ; à la tête du parti réformé, 14 ; sa campagne en Poitou, 14 et suiv.; charge Malicorne, à Bois-Ragon (Deux-Sèvres), 18 ; ses exploits, 19 et suiv.; son entretien avec le marquis de Thors, 20, 21 ; en Saintonge, 21 ; opération chirurgicale subie par lui à Orléans, rappelée, 21 ; à la défense d'Oléron, 27 et suiv.; s'empare d'un fort près de Castets-en-Dorthe (Gironde), 42 ; à l'entreprise sur Brouage, 50 ; prisonnier, 51 ; échec des troupes distraites de son régiment, 53 ; fait prisonnier dans l'île d'Oléron, 57 et suiv.; embusqué à la garenne de Miseré, près Bouillé-Courdault, en Vendée, 67 ; souvenir de sa captivité à Brouage, 78 ; au siège de Talmont, 109 ; ses propos avec le duc de Joyeuse, touchant la paix de Saint-Maixent, 122 ; dans la forêt de Leppo (Maine-et-Loire), 126 ; à Fontenay et à la Châtaigneraie (Vendée), 127 ; rencontre le roi de Navarre, 127 ; à Taillebourg, 136 ; à la bataille de Coutras, 145, 147 et suiv.; ses critiques touchant la conduite du roi de Navarre, 161 ; au conseil du roi de Navarre, 223 ; ses sentiments humanitaires, 240 ; à la défense de Marans, 293 ; ses entretiens avec Villeroy, 305 ; ses desseins sur la Bretagne, 335 ; retiré en sa maison, 336 ; son entrevue avec le roi de Navarre, près de Saint-Jean-d'Angély, 336 et suiv.; au siège de Beauvoir-sur-Mer (Vendée), 339 et suiv.; son dévouement pour le roi de Navarre, 340 ; dépossédé du gouvernement d'Oléron, 344 ; défenseur de la Garnache, 377 ; à Saint-Jean-d'Angély, VIII, 2 ; à l'entreprise sur Niort, 4 et suiv.; à la prise de Maillezais, 10 ; son avis sur le secours de la Garnache, 15 ; au siège de Jargeau, 63 ; au siège de Paris, 73 ; son duel avec le sieur de l'Éronnière, 73, 89 ; auprès de Henri III mourant, 77 ; son discours au roi de Navarre, 81 ; au combat d'Arques, 165 ; au siège de Paris, 201 ; au siège de la Boucherie (Maine-et-Loire), 227 ; au siège de Montreuil-Bonnin, 232 ; menacé à Maillezais par le comte de Brissac, 241 ; au siège de Rouen, 254 et suiv.; à Saint-Denis, 314 ; à la Garnache, 323 ; déclaration à lui faite par le duc de Mayenne touchant la bataille d'Arques, 324 ; son poème *les Tragiques*, 327 ; son entretien avec Montaigne, 329 ; sa déclaration à Henri IV, relative à son changement de religion, 337 et suiv.; négociateur de la reddition de Poitiers, IX, 39 ; ses connaissances touchant le rit catholique, 48 ; au synode de Saint-Maixent, 83 ; au synode de Sainte-Foy, 86 ; au siège de la Fère, 100 ; consulté par Henri IV sur son changement de religion, 104, 464 ; son apostrophe aux Dauphinois, 163 ; exploit d'un officier de son régiment, 180 et suiv.; ses promesses touchant l'édition nouvelle de son *Histoire universelle*, 232; au synode de Saumur, 277; ses relations avec de Vaux, ministre huguenot, 282; chargé de présenter deux portraits à Gabrielle d'Estrées, 298; à Fontainebleau, 310; ses négociations relatives à Saluces, 312; s'estime incompétent pour rendre compte de la conférence de Fontainebleau, 318; ses discussions avec le cardinal du Perron, 319; sa diplomatie, 342; son antipathie pour La Popelinière, 345; ses informations relatives à la conjuration de Biron, 352, 354; discours mis par lui dans la bouche de divers chefs réformés, 357 et suiv.; préjugés de ses contemporains, 375; son esprit critique, 382, 383; ses préjugés, 393; son avis sur la fin tragique de dom Sébastien, 404 et suiv.; ses idées en histoire, 419, 420; son jugement sur le caractère des Allemands, 428; sa famille, 454; sa déclaration au lecteur, 455 et suiv.; son passage à Moncontour et son discours, 462 et suiv.; son entrevue à Paris avec Henri IV, 469; expression de sa douleur lors de l'assassinat de Henri IV, 472; son mérite, 475; historien, 476; son esprit religieux, 477; sa faveur auprès de Henri IV, 477.

Aubigny-Ville ou Aubigny-sur-Nère (Cher), IV, 38; VIII, 281.

Aubijoux (Jacques d'Amboise, comte d'), tué à Coutras, VII, 159.

Aubonne (Suisse, canton de Vaud), I, 258.

— Err. pour Arbonne. Voy. Saint-Priest.

Aubry (Christophe), curé de Saint-André-des-Arts, à Paris, VIII, 355.

Auch (Gers), V, 356; VII, 358.

— (archevêque d'). Voy. Grisinhac.

Auché, capitaine huguenot, VI, 181.

Auchy (Eustache de Conflans, vicomte d'), gouverneur de Saint-Quentin, IV, 11, 234.

Audebert (Anne), hérétique supplicié, I, 214.

Audenarde, Oudenarde (Belgique), IV, 83, 148. Voy. Wolf (Jean de).

Audencourt (N. d'), Dodancourt, capitaine protestant, III, 117.

Audibert (Jacques). Voy. Lussan.

Audot (Honorat), hérétique supplicié à Aix, I, 227.

Audou (Claude de Lévis, sgr d'), III, 160; V, 367; VI, 166-167; VII, 150 et suiv.

Auger (Edmond), jésuite, III, 351; V, 345.

Augerville-la-Rivière (Loiret), VIII, 25.

Augi (François d'), hérétique supplicié à Annonay, I, 212.

Augsbourg (Bavière), I, 107, 110.

— (cardinal d'). Voy. Cologne.

— (Confession d'), I, 54; II, 152, 155.

— (diètes d'), I, 27, 53 et suiv., 332.

Auguste, empereur romain, I, 14.

— fils du duc d'Holstein. Voy. Holstein.

Auguste-Sigismond, dit Sigismond II, roi de Pologne. Voy. Sigismond II.

Augustin (saint), I, 138.

— hérétique supplicié en Hainaut, I, 213.

Augustins (quai des), à Paris. Voy. Paris.

— (couvent des). Voy. Paris.

— leurs couvents pillés à Pa-

miers par les huguenots, II, 226.
Augustins, dans l'*Invincible Armada*, VII, 244.
Auguulne, dans les rangs de l'armée de Doria, lors de sa descente en Afrique, I, 343.
Aulezy (Gabriel d') (err. pour Anlezy). Voy. Menetou.
Aulnat (Puy-de-Dôme), IX, 110.
Aulnay-de-Saintonge (Charente-Inférieure), VII, 12, 26.
Aulx, Aux (Haute-Savoie), IX, 347.
Aumale (Seine-Inférieure), VIII, 256 et suiv.
— (Claude II de Lorraine, duc d'), prend part à la bataille de Renty, I, 51, 52; son arrivée à Santiago, 59; assiège Volpiano, 60; son retour en France, après l'expédition d'Italie, 65; quitte la cour, 241; fait sa jonction avec le duc de Bouillon, II, 33; assiège Rouen, 80; à la bataille de Dreux, 111; cité dans les considérants de l'édit d'Amboise, 186; son entrée à Paris, 215 et suiv.; son départ de Paris pour Meudon, 217; à l'affaire de Meaux, 232; s'empare du château de Buzenval, 238; à la bataille de Saint-Denis, 243; combat le capitaine La Coche, III, 63; marche à la rencontre du duc de Deux-Ponts, 64; simule une attaque contre le duc de Deux-Ponts à Saint-Jean-des-Choux (Bas-Rhin), 65; rencontre les réformés à Gilly-les-Citeaux (Côte-d'Or), 65, 66; harcèle les Allemands jusqu'à Beaune, 66; gagne la Loire à Gien, 66; à la bataille de Moncontour, 122 et suiv.; devant Saint-Jean-d'Angély, 142; impliqué dans un complot, 286; son rôle à la Saint-Barthélemy, 315, 317; arrive devant la Rochelle, IV, 7; tué au siège de la Rochelle, 13; sa mort rappelée, 175, 176.
Aumale (Charles de Lorraine, duc d'), fils du précédent. A la rencontre de Dormans, IV, 380 et suiv.; ses entreprises sur Doullens et Boulogne, VI, 197; s'empare de Doullens et de Pont-de-Rémy, VII, 168; opposé à l'armée d'invasion, 181; assiège Senlis, VIII, 47 et suiv.; rappel de sa défaite, 56; à Ivry, 186 et suiv.; accusations portées contre lui, IX, 18.
— (Claude de Lorraine, dit le chevalier d'), frère du précédent, VIII, 199 et suiv., 226.
Aumônerie ou Aumônier (L'), capitaine catholique. Voy. L'Aumônerie.
Aumont (Jean d'), maréchal de France, à la rencontre de Dormans, IV, 381; ses encouragements à Henri III, VI, 236; le duc de Joyeuse envoyé à sa place en Auvergne, VII, 101; à la journée des Barricades, 212 et suiv.; aux Etats de Blois, 384 et suiv.; retient prisonnier le seigneur de San Severino, VIII, 21, 22; devant Orléans, 24; occupe Angers, 26; attendu à Rennes, 29; sa rencontre avec le roi de Navarre, 39; défenseur de Tours contre la Ligue, 45; expulsé d'Orléans, 64; envoyé par Henri IV en Champagne, 153; dépêché au comte de Soissons, 156; à Gisors, 164; au siège de Paris, 171 et suiv.; à Ivry, 185 et suiv.; au siège de Paris, 200 et suiv., 209 et suiv.; s'empare de Morlaix, IX, 177; s'empare du fort de Crodon, 187; au siège de Comper, 189 et suiv.
Aumosnerie (L'). Voy. Aumônerie (L').
Aunac. Voy. Aulnat.

Aunac (N., sgr d'), au siège de Poitiers, VIII, 237 et suiv.

Auneau (Eure-et-Loir), II, 119, 120; VII, 186 et suiv.

Aunis, province, III, 56; IV, 363; IX, 87, 88, 98.

— Aunix (faubourg et porte d'), à Saint-Jean-d'Angély, III, 136, 137, 141.

Aunoux, Onoux (Antoine de Saint-Jean, sgr d'), mestre de camp catholique, II, 262; III, 107, 122.

— (Jean de Saint-Jean, sgr d'), peut-être fils du précédent, lieutenant de Joyeuse, VIII, 286 et suiv.

Aups (Var), pris par Lesdiguières, VIII, 319.

Aure (Antoine d'). Voy. Gramont, Larboust.

Aurélien, empereur romain, I, 228.

Auriac (Haute-Garonne), III, 160.

— (Etienne de Bonne, sgr de la Rochette, de la Bastie-Neuve et d'), vicomte de Tallard, IX, 153, 162, 170, 172.

Aurillac, Orillac (Cantal), II, 8; III, 85, 147, 167; IV, 285.

Aurore, personnage d'une pièce de vers de Henri IV, VII, 209.

Auros (Gironde), VII, 41.

— Voy. Arros.

Auroux (Barthélemy), banquier, exécuté à Paris, VIII, 247.

Aussi (Adrian d'), hérétique supplicié à Paris, I, 226.

Aussonville. Voy. Haussonville.

Austrasie (ancien royaume d'), VIII, 330.

Austrie, Austria (Jean, Juan d'). Voy. Autriche (Don Juan d').

Austruweel, près d'Anvers (Belgique), VI, 356.

Autard (Balthazard), dit Bragard, capitaine protestant, IV, 206.

Authion, Otion, affluent de la Loire, III, 15 et suiv., 20; VI, 253-254, 262.

Autièges (N., sgr d'), capitaine d'Henri IV, VIII, 215 et suiv., 223.

Autodafé, auquel Philippe II traîne don Carlos à son retour des Pays-Bas, en 1559, III, 207.

Autremencourt (N. de la Bove, sgr d'), capitaine catholique tué au siège de Sommières, IV, 49. Voy. Almancourt.

Autriche, les Vaudois y sont persécutés, 1, 173; des hérétiques y sont suppliciés, 220; « grande liaison de ceux d'Autriche, » III, 295; passage de Henri, roi de Pologne, à son retour en France, IV, 266; levée de troupes pour la Croatie, VIII, 105; indifférente à l'invasion ottomane, 106; ses subsides pour la guerre turque, 212; ses desseins sur la Suisse, IX, 351; ses négociations pour la paix, 392.

— (archiducs d'), compris dans le traité de Vervins, IX, 300.

— (empereur d'). Voy. Maximilien II.

— (maison d'), ses prétentions divisent la Chrétienté, I, 91; raison de ses droits sur le Portugal, V, 315; négociations en Allemagne de ses partisans, VII, 224; son renversement projeté par Henri IV, IX, 467.

— (Albert, cardinal d'), 6e fils de Maximilien II, gouverneur des Pays-Bas, vice-roi de Portugal; son accueil à une ambassade japonaise, VI, 304; son élévation favorisée par Philippe II, VI, 316; sa campagne en Picardie, IX, 62 et suiv.; cité, 69; sa tentative pour secourir la Fère, 100; au siège d'Amiens, 139 et suiv.; son mariage avec l'Infante d'Espagne, 201; son

arrivée aux Pays-Bas, 247;
assiège Hulst, 247 et suiv.;
vaincu à Turnhout, 251 et
suiv.; résultat pour la Hollande de son voyage en Flandre, 256; pressentiments de la
cour d'Autriche à son endroit,
263; refus opposés par lui aux
demandes de l'électeur de Cologne, 265; exécuteur de l'arrêt porté contre Aix-la-Chapelle, 266; clauses de son
contrat de mariage, 266 et
suiv.; fondé de procuration
de l'Infante d'Espagne, 267;
son retour en Espagne, 268,
269; son message aux Pays-Bas, 269; son mariage rappelé, 304; ses agents à Paris,
308; blâmé par la cour de
Vienne, 431; ses préparatifs à
l'arrivée des Hollandais en
Flandre, 439; à la bataille de
Nieuport, 440 et suiv.; sollicité par l'amiral d'Aragon,
prisonnier, d'intervenir en sa
faveur, 450; sa mort, 461;
cité, 466; ses offres à Henri IV, 468.
Autriche (Barbe d'), fille de Ferdinand Ier, empereur, duchesse de Ferrare, II, 324.
— (Charles II d'), fils de l'empereur Ferdinand Ier, IX, 269.
— (Ernest d'), l'un des fils de
l'empereur Maximilien II, IV,
65, 68, 110 et suiv.; VII,
238; VIII, 271, 408; IX, 43,
241 et suiv., 244, 245, 246,
247, 432.
— (Ferdinand, archiduc d'), fils
de l'empereur Ferdinand Ier,
mort en 1595, VIII, 126.
— (Ferdinand, archiduc d'). Voy.
Ferdinand II, empereur d'Allemagne.
— (Grégoire-Maximilienne d'),
fille de Charles II d'Autriche,
IX, 269.
— (Isabelle-Claire-Eugénie d'),
fille de Philippe II, gouvernante des Pays-Bas, VIII,
300, 339, 366; IX, 2, 3, 201,
263, 266 et suiv., 304, 415,
424, 440.
Autriche (Jeanne d'), fille de
Ferdinand Ier, empereur, duchesse de Florence, mère de
Marie de Médicis, II, 324;
IX, 318.
— (don Juan d'), fils naturel de
Charles-Quint, menacé par
don Carlos, III, 206; envoyé
par Philippe II à Grenade,
236; cité, 237; son arrivée à
Cadix, 241; rejoint à Messine
par Marc-Antoine Colonna,
IV, 91; chef de l'armée pontificale destinée à l'île de
Chypre, 96; à la bataille de
Lépante, 110 et suiv.; cité,
123; son retour à Palerme,
124; message à lui adressé
par Colonna, 125; à Leucade,
126; mécontentement de ses
troupes en Morée, 127; cité,
128; s'empare de Tunis, 131;
son retour en Espagne, 132;
mention d'un projet de mariage de don Juan dans un
mémoire de Marie Stuart,
141; ses promesses au gouverneur de Tunis, V, 42; essaye d'arrêter l'expédition
turque en Afrique, 44 et
suiv.; successeur de Requesens aux Pays-Bas, 109; sa
présence à Paris, 116; soutenu par Grégoire XIII, 312;
sa politique en Flandre, 316;
empêche l'envoi d'un secours
aux Rochelais, 317; contraint
de subir les exigences des
Etats de Bruxelles, 331; attendu à Luxembourg, 332; sa
marche triomphale à travers
les Pays-Bas, 338; sa politique aux Pays-Bas, 333; ses
messages en Allemagne et en
Angleterre, 334; son entrevue
avec Marguerite, reine de
Navarre, 335; donne le commandement d'Anvers au seigneur de Trélon, 335; ses

messages à Philippe II et à Antonio Perez, 336; défection dans son parti, 333; ses desseins sur Tunis, VI, 109; s'empare de Namur, 135; déclaré perturbateur du repos public en Flandre, 138; son activité à l'arrivée de l'archiduc Mathias en Flandre, 138 et suiv.; marche au secours de Ruremonde, 139; sa victoire à Gembloux (Brabant), 141.

Autriche (Marguerite d'). Voy. Parme.
— (Maximilien, archiduc d'), fils de l'empereur Maximilien II, VIII, 372; IX, 203, 221, 223-224, 226.
— (Rodolphe d'), fils de Maximilien II, à la bataille de Lépante, IV, 110 et suiv.

Autricourt (Jean d'), hérétique supplicié en Flandre, II, 339.
— (Valeran d'Anglure, sgr d'), capitaine protestant, III, 68, 125, 128.

Autun (Saône-et-Loire), I, 220; IX, 52.
— (évêque d'). Voy. Ailleboust.

Auvard. Voy. Aduard.

Auvergnats au siège de Villemur, VIII, 286 et suiv.

Auvergne, soulèvement royaliste dans ce pays, II, 54; troupes venues d'Auvergne au service du comte de Sommerive, 61; les comtes de Sommerive et de Suze attendent des renforts de ce pays, 67; secours envoyés d'Auvergne à Paris aux catholiques, 239; levées de troupes pour le duc de Nevers, 259; rencontre des royalistes et des « vicomtes » en Auvergne, 270; préparatifs pour le combat de Cognat-de-Gannat, en Auvergne, 273; exploits des protestants, III, 85; passage de l'armée de Montbrun, 167; ordre d'y massacrer les huguenots, 349; opérations militaires en cette province, IV, 296; place forte cédée aux huguenots, V, 79; mandement du roi de Navarre à Damville pour faire avancer ses troupes en cette province, 197; prise de Calvinet par Turenne, 221; prise d'Ambert par les huguenots, 299; pertes des réformés, 340; mort de son gouverneur le comte de Randan, VIII, 194; progrès de la Ligue, 281; siège de Vichy par le duc de Nemours, 312; députés huguenots, IX, 87, 88; hostilités, 106, 109 et suiv.

Auvergne (comte d'). Voy. Angoulême.
— (dauphin d'). Voy. Montpensier (François de Bourbon-).
— (grand prieur d'). Voy. Lastic (Louis de), Thermes.
— (Guillaume d'), hérétique supplicié, I, 218.

Auvillars (Tarn-et-Garonne), V, 221, 223.

Auvilliers. Voy. Salcède (Nicolas de).

Auwerderzil, ou Aduarderzijl, VI, 325; VIII, 408; IX, 243.

Aux. Voy. Aulx.

Auxance (l'), rivière, affluent du Clain, VIII, 237.

Auxances (Vienne), III, 37; VIII, 239.

—, Auzances (Jacques de Montberon, sgr d'), I, 294.

Auxerre (Yonne), des réformés y sont massacrés, II, 7; III, 3; garnison d'Auxerre au siège de la Charité, II, 141; passage de l'armée de Condé, 282; vente d'un cœur humain sur la place d'Auxerre, III, 83; passage de Condé près d'Auxerre, V, 18.
— (comte d'). Voy. Courtenay (Pierre de).
— (Pierre d'), avocat du Roi, III, 346.

Auxonne (Côte-d'Or), VII, 69 et suiv.
Auzais (Deux-Sèvres), IV, 289.
Auzance (l'), rivière. Voy. Auxance (l').
Auzances (Creuse), passage du seigneur de Malicorne, IX, 38.
Auzances. Voy. Auxances.
Auzasque. Voy. Osasco.
Avache (île d'). Voy. Ile-à-Vache (l').
Availles (sgr d'). Voy. Chouppes.
— (Jacques de Châtillon[-sur-le-Clain] d'), capitaine huguenot, V, 194; VII, 115, 124.
Avallon (Isère), VIII, 318.
Avalos (Alonzo d'), mestre de camp des troupes espagnoles, VIII, 400; IX, 427, 428.
— (César d'), lieutenant du duc d'Albe aux Pays-Bas, III, 212, 260-262.
— (François-Ferdinand d'). Voy. Vasto (marquis de).
Avançon (sgr d'). Voy. Saint-Julien (Florent Renard, sgr de).
— de Saint-Marcel (Guillaume d'), archevêque d'Embrun, VII, 323 et suiv.
Avantigny (Louis, ou mieux François d'), sgr de la Brenallerie et de Montbernard, capitaine protestant, III, 40; VI, 257; VII, 34.
Avaray, Avaré (N., sgr d'), capitaine huguenot, II, 104, 109.
Avaugour (Jean d'). Voy. Saint-Laurent, Vertus.
Aveiro (Portugal), prov. de Bas-Beïra, VI, 311.
— (George de Alencastro, duc d'), V, 327; VI, 117 et suiv.; IX, 406, 410.
Avellino (N. Caracciolo, prince d'), au siège de Doulens, IX, 66.
Avenelles (Pierre des), avocat, I, 262, 263.

Averton (François d'). Voy. Belin.
Avezedo-Courintho (Antoine d'), gentilhomme portugais, VIII, 111 et suiv.
Avierac (N., sgr d'), défenseur d'Issoire, IX, 110.
Avignon (comtat d'), IV, 185, 362.
— (Vaucluse), assiégé par Louis VIII, I, 188; Montbrun et Jacques-Marie Sala, évêque de Viviers, y ont une conférence, 286; Jean Parpaille y est décapité, II, 53; est l'objectif du baron des Adrets, 54; passages de cadavres charriés par le Rhône, 58; on y redoute l'approche du baron des Adrets, 60; passage de Charles IX, 213; exploits de « ceux d'Avignon », III, 164; les massacres de Lyon sont désapprouvés à Avignon, 348; cité, IV, 209; intelligence des protestants dans cette place, 221; Martinengo y rejoint Saint-Sulpice et Villeroy, 227; passage de Henri III, 274, 298, 335; compris dans la requête des protestants à Henri III, 362; cité, VI, 68; arrivée de troupes italiennes, 93; objectif de l'armée allemande, VII, 223; nonciature de cette ville, promise au cardinal de Guise, 303; compris dans la trêve de Henri III avec le roi de Navarre, VIII, 139; passage de Marie de Médicis, IX, 339.
Avignonet (Haute-Garonne), V, 367, 368.
Avila (Alonzo d'), à la bataille de Nieuport, IX, 443 et suiv.
— (Pedro Menendez d'), commande une flotte espagnole, II, 330.
— (don Sanche d'), IV, 75, 76, 84, 150; V, 58, 59, 332; VI, 312 et suiv.

Avioth (Meuse), VIII, 351 ; saisi par le duc de Bouillon, 349.
Aviré (Jean de Thevalle, sgr d'). Voy. Thevalle.
Avranches (Manche), II, 139.
Avully (Suisse), cant. de Genève, IX, 347.
Axel (Belgique, Flandre occidentale), VII, 260; IX, 250.
Axelé, fort d'Ypres, pris par les Espagnols, VI, 350.
Ayala (Alphonse d'), capitaine espagnol aux Pays-Bas, V, 62.
Aydar, bacha de Kairouan, V, 45.
Aydie. Voy. Sainte-Colombe.
Aye (Jean Harrisson d'), hérétique supplicié en Angleterre, I, 224.
Ayelle (Victoire d'), fille d'honneur de Catherine de Médicis, V, 360 n.
Aymar, comte de Poitiers, I, 175.
Aymier (Bernard d'). Voy. Alias.
Ayron (Vienne), VIII, 61 ; 227.
Aytré, Nestré (Charente-Inférieure), IV, 5, 30.
Azarias, roi des Judas, I, 167.
Azay-sur-Cher (Indre-et-Loire), II, 42.
Azay-[sur-Cher] (François Raffin, sgr d'), capitaine des gardes, III, 114 n.
Azay-sur-Thouet (Deux-Sèvres), VII, 334.
Azebez (Diego d'), évêque d'Osma, I, 175.
Azemmour, Amazor, au nord-est de Mazagan (Maroc), I, 104.
Azevedo (Juan d'), gouverneur d'Estremoz (Portugal), VI, 131.
— (don Pedro Henriquez d'). Voy. Fuentes.

B

Babelot (le P.), cordelier supplicié, IV, 289.

Babington (Antoine), partisan de Marie Stuart, IV, 134 n.; VII, 251 et suiv.
Babocsa, Babotch ?, Babotscham, Barboze (comitat de Somogy, Croatie), II, 305; VIII, 374; IX, 216.
Babou (Jean), sgr de la Bourdaisière et de Thuisseau, baron de Sagonne, maître de la garde-robe du Roi, grand maître de l'artillerie, gouverneur de François d'Alençon, ambassadeur à Rome. Voy. La Bourdaisière (Jean Babou, sgr de).
— (Georges), sgr de la Bourdaisière, chevalier des ordres du Roi, capitaine des 100 gentilshommes de sa maison, fils aîné du précédent. Voy. La Bourdaisière (Georges Babou, sgr de).
— (Jean), comte de Sagonne, gentilhomme de la Chambre du Roi, chambellan du duc d'Alençon, capitaine et gouverneur de Brest, frère puîné du précédent. Voy. Sagonne.
— (Isabeau), sœur des précédents, femme de François d'Escoubleau de Sourdis, marquis d'Alluye, VIII, 51, 221.
— (Françoise), sœur des précédents, femme d'Antoine d'Estrées, marquis de Cœuvres, IX, 113.
Babylone, I, 90.
Bac (Jeanne du), hérétique suppliciée, I, 209 n.
Baccarat (Meurthe-et-Moselle), II, 98; IV, 381; V, 17.
Baccoue. Voy. Bacoue.
Baccous. Voy. Bacou.
Bachères. Voy. Vachères.
Bachy (Thadée de), sgr de Stoblon, capitaine huguenot. Voy. Stoblon.
Bacou (N.), capitaine huguenot, exécuté à Brassac, le 16 février 1586, sur l'ordre du duc de Montmorency,

opérant aux environs de Brassac et Roquefère (Tarn), V, 352.
Bacouë (Mlle de), probablement femme de N. Bacouë, trésorier de Casteljaloux et mère des suivants, V, 244.
— (N.), capitaine huguenot, fils de N. Bacouë, trésorier de Casteljaloux, condamné à mort à Bordeaux le 6 mars 1570, mort lui-même sous les murs de Casteljaloux en 1577, V, 242, 243.
— (N.), frère cadet du précédent, V, 244.
Bacqueville (Charles Ier Martel, sgr de), capitaine catholique, puis protestant, capitaine de Dieppe, II, 89.
Bacx (Marsile), capitaine des Etats des Pays-Bas, VIII, 392; IX, 443 et suiv.
— (Paul), gouverneur de Bergen-op-Zoom, frère du précédent, VIII, 392 n.; IX, 443 et suiv.
— (Jean), en 1600 à la bataille de Nieuport, IX, 444.
Bade (Philibert, marquis de), colonel de reîtres, II, 250; III, 62, 125, 128.
Badefols-d'Ans (Dordogne), V, 223, 224.
Badorit, capitaine ligueur poitevin, VIII, 239.
Baelen-lez-Limbourg (prov. de Liège, Belgique), VI, 326.
Baffo, autrefois Paphos (évêque de). Voy. Contarini (François).
Baffon (Robert de), sgr de Chamond. Voy. Chamond.
Bagdad (Turquie d'Asie), I, 90.
Bagdet. Voy. Bagdad.
Baglione (Adriano), capitaine italien au service de la France, puis de Maximilien II, II, 300.
— (Hector), capitaine vénitien, III, 221; IV, 99, 100, 102.
Bagnères-de-Bigorre (Hautes-Pyrénées), II, 226.

Bagnols-sur-Cèze (Gard) (?), II, 70.
Baida, ville de Russie, près Kolomak (Russie rouge), I, 120.
Baifield (Richard), hérétique supplicié en Angleterre, I, 206.
Baillet (René), sgr de Sceaux, président au parlement de Paris, I, 234; II, 277.
Bailli (Jeanne), femme de Simon Mareschal, hérétique suppliciée à Langres, I, 213.
Baillœul (Adrien de), sgr d'Heverc, capitaine au service des États généraux des Pays-Bas, VI, 141.
Bain-de-Bretagne (Ille-et-Vilaine), IX, 179.
Baine. Voy. Baynes.
Bai-sur-Bais. Voy. Baix.
Bais, Baiz. Voy. Baix.
Baissé. Voy. Bessay.
Baix (Ardèche), III, 29, 170; IV, 284.
Bajamont (François de Durfort, sgr de), sénéchal d'Agenais, V, 133.
Bajautmont. Voy. Bajamont.
Bajazet, fils de Soliman II, I, 95, 98, 99, 334, 335, 336, 337, 338.
Bajourdan. Voy. Boisjourdan.
Bakhjim (Croatie), VIII, 106.
Balachar (Muley), frère de Mahomet le Noir, V, 53.
Balafré (le), surnom donné au duc de Guise à l'occasion de sa blessure, IV, 387.
Balagny (Jean de), fils naturel de Jean de Monluc, III, 362; IV, 64, 69, 275 et suiv.; VI, 328; VIII, 204, 367; IX, 72 et suiv.
— (Renée de Clermont, femme de Jean de), VIII, 367; IX, 72 et suiv.
Balaguier (Jacques de), sgr de Montsalez ou Montsalès, gentilhomme de la Chambre, capitaine catholique. Voy. Montsalez.

Balan (Ardennes), VII, 201.
Balançon. Voy. Balençon.
Balassi (Melchior), noble hongrois au service de Maximilien, II, 164.
Balazuc. Voy. Montréal.
Balba (la), galère vénitienne, III, 216.
Balbes (Louis des), sgr de Crillon. Voy. Crillon.
Balbi (Antonio), capitaine vénitien, gouverneur de Curzola, IV, 105.
Balboa (Vasco Nunez de), conquistador, I, 115.
Baldis. Voy. Valdès.
Balduini (Martin), évêque d'Ypres, III, 258-259; VI, 137.
Bâle (Suisse), I, 195; IV, 303, 361, 373.
— (concile de), I, 233.
— (évêques de), IV, 369; VII, 228. Voy. Blarer (Jacques-Christophe).
Balen (N. Van), maître de camp au service d'Espagne, aux Pays-Bas, IX, 444.
Balençon (Philibert de Rye, baron de), colonel de troupes wallonnes, VI, 339.
Balfour (Henry), colonel écossais, VIII, 127, 405.
— (Jacques), colonel écossais, III, 250; IV, 160; V, 332; VI, 353.
Ballaison (Haute-Savoie), VIII, 97.
Ballingarry (Irlande, comté de Limerick), VIII, 119.
Ballon (Nicolas), hérétique supplicié à Paris, I, 226.
Balot (Jean du Mas, dit), de Limoges, V, 371 et suiv.
Balsac ou Balzac (Guillaume de), IX, 306 n.
— (Charles de), sgr d'Entragues, des Dunes et de Graville, fils ainé de Guillaume de Balsac. Voy. Entragues.
— (François de), sgr d'Entragues, de Marcoussis, 2e fils de Guillaume de Balsac. Voy. Entragues.
Balsac (Charles de), sgr de Clermont - Soubirans, dit Clermont-d'Entragues, 3e fils de Guillaume de Balsac. Voy. Clermont-d'Entragues.
— Voy. encore Gié, Montaigu, Verneuil.
Bambrige, gentilhomme anglais supplicié comme hérétique, I, 224.
Banchereau (N., sgr de), capitaine huguenot, III, 10, 33.
Bancières. Voy. Panssières.
Bancqui (Paolo), Banck, capitaine au service des Provinces-Unies, VII, 261.
Bandas. Voy. Bagdad.
Bange (Haute-Savoie), IX, 345.
Banière (la porte Bannier), à Orléans, I, 299.
Bans (Les). Voy. Bordes (Les).
Bantam (Java), IX, 264.
Banya ou Thermes (Hongrie), II, 299.
Bapaume (Nord), I, 48.
— (Pas-de-Calais), I, 49; IX, 117.
Bapteresse (Louis de Neuchèze, sgr de), capitaine de 50 hommes d'armes, III, 144.
— (René de Neuchèze, sgr de), IV, 13; V, 267.
Bar (Henri II de Lorraine, duc de). Voy. Lorraine.
— (Thibaut Ier, comte de), en 1208, I, 181.
— (Guyon), baron de Meauzac. Voy. Meauzac.
— (Étienne de), sgr de Salles. Voy. Salles.
— (Annibal de Grasse, comte du), gouverneur d'Antibes, IV, 280, 281.
Baradix (Pierre-Jérôme de), conseiller de Sarragosse, VIII, 385.
Baraldino (N.), Portugais, VIII, 110.
Baranton (le capitaine), IX, 372.

Barbançon. Voy. Cany, Neuvy.
Barbarie, II, 307; VI, 109.
Barbarigo (André), Vénitien tué à Lépante, IV, 117.
— (Augustin), capitaine vénitien à Lépante, IV, 112 et suiv., 117 et suiv., 119.
— (Michel), capitaine vénitien, IV, 104.
Barbaro, bastion de Nicosie (Chypre), III, 220.
— (Barzotto), capitaine italien, IV, 101.
— (Marc-Antoine), ambassadeur vénitien à Constantinople et auprès de Philippe II, III, 216; IV, 124; V, 56.
Barbaste (Lot-et-Garonne).
Barbatre (arr. des Sables-d'Olonne, cant. de Noirmoutier, Vendée), IV, 134.
Barbazan (Henri de Rochechouart et de), baron de Faudoas. Voy. Faudoas.
Barbe (N.), hérétique supplicié aux Pays-Bas, II, 182.
— (N.), femme de maître Nicolas, hérétique supplicié en Hainaut, I, 213.
Barbe-d'Airain. Voy. Barberousse-Haradin.
Barbe d'Autriche. Voy. Autriche (Barbe d').
Barbéli (Georges), lieutenant du prince de Transylvanie, IX, 209, 220, 226.
Barberigo. Voy. Barbarigo.
Barberousse (Khaïr-Eddin ou Haradin dit), roi d'Alger, I, 111; V, 49.
Barbeville (Jean), hérétique normand supplicié à Paris, I, 226.
Barbezières. Voy. Chemeraut.
Barbezieux (Charente), III, 186.
— (Charles de la Rochefoucauld, sgr de), I, 266; III, 13.
Barbi. Voy. Barby.
Barbier (Gervais), sgr de Francœur. Voy. Francœur.
Barbot (Jean), candidat aux fonctions de maire de la Rochelle, V, 210.
Barby (Georges, comte de), officier de l'armée de Casimir de Bavière, II, 280.
— (Georges ou Wolfgang, comte de), officier allemand, II, 280; III, 210.
Barcelone (Espagne), II, 169, 173, 294.
Barcelonnette (Hautes-Alpes), VIII, 319; IX, 350.
Barclay (Robert), capitaine écossais, IX, 441.
Bar de Monçon (Renard de), évêque de Chartres de 1182 à 1217, I, 176, 179.
Barentson (Guillaume), navigateur hollandais, IX, 244 n.
Barets (N.), prévôt militaire d'Angoulême, VII, 309.
Baribault (N.), valet de chambre de Henri IV, IV, 318.
Barillière (la) (Vendée), VI, 80, 82, 83, 86, 89, 158; VII, 372.
Barjac (François de), sgr de Pierregourde. Voy. Pierregourde.
Barjols, Bartvelle (?) (Var), I, 323; II, 57; VIII, 319.
Barlaimont. Voy. Berlaimont.
Barles (Basses-Alpes), II, 62.
— (N. sgr de), gouverneur de Ménerbes, IV, 208.
Barnes (Robert), théologien hérétique brûlé en Angleterre, I, 208.
Baron (Louis de Guy, dit), capitaine huguenot, IV, 55 et suiv.
Baronius (César), auteur des *Annales ecclésiastiques*, I, 170; IX, 199.
— (Brocardo), neveu du précédent, IX, 199.
— (Gaspard), autre neveu de César Baronius, IX, 199.
Baronnat (Claude de), sgr de Poleymieux et Poliénas, baron de Châteauneuf-de-l'Albenc. Voy. Châteauneuf-de-l'Albenc.

Barrache. Voy. Refuge (Jean de Galardon du).
Barraux (le fort des), sur l'Isère, à 3 lieues de Chambéry et 2 de Montmélian, IX, 157, 158, 160 et suiv.
Barre (la), faubourg de Cahors, VI, 10, 15.
Barre-de-Mont (la) (Vendée), VII, 337.
Barrelles. Voy. Jean Cormero.
Barricades (la journée des), VI, 367; VII, 205, 207 et suiv., 233, 317; VIII, 94, 151.
Barrière (Pierre), dit La Barre, supplicié à Melun, VIII, 354.
Barriga (Lope), général portugais au Maroc, I, 102.
Barril (le pont), dans les faubourgs de Fontenay-le-Comte, VII, 113.
Barrodrie. Probablement La Barauderie (N. sgr de). Voy. ce mot.
Barronnière, capitaine huguenot, IV, 286.
Barry (Jean Bourdier ou Boursier, sgr de). Voy. Boursier.
— (Jean du), sgr de la Renaudie, dit la Forest. Voy. La Renaudie.
Barsac (le) (Ardèche), IV, 57.
Bar-sur-Aube (Aube), I, 226.
Bar-sur-Seine (Aube), II, 8.
— Voy. Milon.
Bartembourg (comte de). Voy. Battembourg.
Barthel (Schoblant), hérétique supplicié à Bruxelles, III, 257.
Barthélemy-Hector, hérétique poitevin supplicié, I, 223.
Barthes (les) (Tarn-et-Garonne), VIII, 282.
Barthoc. Voy. Bastock.
Bartholomeo, ingénieur italien au service du roi de Navarre, V, 236.
Bartvelle, mauvaise lecture pour Barjols (Var). Voy. ce mot.
Baruch (livre de), I, 138.
Bary. Voy. Poet.

Basile, grand-duc de Moscovie, I, 121; IV, 65, 67.
Basilowitz (Jean), fils du précédent, I, 121, 122; II, 177, 178.
Baslou, gentilhomme protestant, V, 16, 226.
Basques, III, 94, 95; IV, 378; VII, 40.
Bassac (Charente), III, 48; V, 292.
Bassau (Alvaro de). Voy. Santa-Cruz.
Bassignac, capitaine huguenot, V, 368.
Bassigny (pays de), IV, 59, 381.
Bassillon (Bertrand de Gabaston, sgr de), III, 93.
Bassompierre (Christophe, baron de), sgr d'Harouel et de Baudricourt, colonel de reitres, III, 45; VII, 224, 225 et suiv.; VIII, 91, 191 et suiv.
Basta (Georges), commandant les lanciers du duc de Parme, VIII, 218.
— (Nicolas), officier albanais, IX, 253.
Bastanes, capitaine catholique, V, 243.
Bastarderais, Bastarderaie, Bastardraye, capitaine huguenot, VI, 3, 32, 230; VII, 34.
Bastardin, capitaine catholique, IV, 338.
Bastelica (Teramo de), neveu de Sampiero Corso, II, 294.
Bastide (la), faubourg de Bordeaux, VI, 167.
— (moulin de la), près Marmande (Lot-et-Garonne), V, 239.
Bastide-des-Feuillants (la), ou la Bastide-Clermont (Haute-Garonne), abbaye d'hommes, V, 343.
Bastie (la), citadelle de Vienne, en Dauphiné, VIII, 345, n.; IX, 47.
— (la), près Genève, VIII, 100.
Bastille (la), à Paris, I, 76, 238, 280; III, 358; IV, 234;

VII, 226; VIII, 36, 148, 151, 197; IX, 17, 310, 368, 372.
Bastille (la), fort dans l'île de Marans (Charente-Inférieure), III, 178, 182.
Bastock, Barthoc, capitaine anglais, IX, 443 et suiv.
Baston, capitaine catholique, VIII, 295.
Bataille (Bertrand), Gascon hérétique supplicié à Chambéry, I, 220.
Batembourg. Voy. Bertenborch.
Bather. Voy. Nyir-Batar.
Bathori (André), vers 1560, II, 164.
— (André), cardinal, cousin de Sigismond Bathori, IX, 204, 228, 392.
— (Balthazar), oncle de Sigismond Bathori, IX, 204.
— (Christophe), prince de Transylvanie, père de Sigismond Bathori, IV, 266.
— (Etienne) de Somlyo, fils de Jean Zapolya, I, 92, 93, 95, 99; IV, 296; V, 28, 29; IX, 204.
— (Etienne), prince de Transylvanie, roi de Hongrie, I, 92, 95 et suiv., 99; IV, 107.
— (Sigismond), prince de Transylvanie, IX, 205, 209-211, 219, 221-223, 225, 226, 228, 386, 392 et suiv.
Batie-Montsaléon (la) (Hautes-Alpes), IV, 206.
Batso (Artus), hérétique supplicié à Bruxelles, III, 257.
Battavets. Voy. Bastanes.
Batteau (le), quartier de Marans (Charente-Inférieure), VII, 291.
Battembourg (Gueldre), VII, 259.
Battembourg (Guillaume de Bronchorst (?), baron de), II, 351; III, 257.
Battembourg (Théodore, baron de), frère du précédent, II, 361; III, 257.
— (le comte de), un des chefs de l'armée du prince d'Orange, frère des précédents, III, 210; IV, 162.
Batteresse. Voy. Bapteresse.
Batton (François), hérétique supplicié aux Pays-Bas, II, 339.
Battori. Voy. Bathori.
Baubigny. Voy. Bobigny.
Baudiné. Voy. Beaudiné.
Baudouin (François), d'Arras, jurisconsulte, III, 365.
— (comte), pendant la guerre des Albigeois, I, 180.
— (Jean), hérétique supplicié à Meaux, I, 212.
Bauduen (Var), VIII, 319.
Bauffremont. Voy. Arques, Sennecey.
Bauge. Voy. Bange.
Baugy (Cher), III, 150, 163.
Baumefort (Guillaume), hérétique supplicié en Angleterre, I, 220.
Bauquemare (Jacques de), sieur de Bourdeny, premier président du parlement de Normandie, VIII, 254 et suiv.[1].
Bauries. Voy. Bories.
Baux (Jean de), archevêque d'Arles de 1232 à 1258, I, 172.
Bavarois, IX, 236, 396 et suiv.
Bavière, II, 153, 162; VIII, 105, 106; IX, 212.
— (Albert, duc de), VI, 294.
— (Christophe de), fils de Frédéric III, électeur palatin, IV, 194; V, 66.
— (Ernest de), évêque de Liège, de Frisingen, d'Hildesheim, archevêque de Cologne, fils

---

1. Cité à tort par d'Aubigné comme premier président en 1591, Bauquemare était mort en 1584 et avait été remplacé par Claude Groulart, sieur de la Court (Floquet, *Histoire du parlement de Normandie*, t. III, p. 180, 210).

d'Albert, VI, 282, 294, 355; VII, 258, 276; VIII, 106, 356; IX, 257, 265, 427, 431.
Bavière (Frédéric III de), électeur palatin, II, 14, 148, 250; III, 62, 64, 209, 286, 358; IV, 55, 195; V, 303, 308.
— (Jean-Casimir de), fils du précédent, II, 250, 278, 280-281; III, 289; IV, 199, 370; V, 17, 93, 184, 304-308; VI, 92, 93, 144, 146, 237, 295; VII, 222.
— (Louis VI, duc de), électeur et comte palatin du Rhin, † 1583, VI, 203.
— (Maximilien Ier, duc de) (1598-1623), IX, 467.
— (Wolfgang-Guillaume de), comte palatin, duc de Deux-Ponts, † 1569. Voy. Deux-Ponts.
Bax. Voy. Bacx.
Bayancourt. Voy. Bouchavannes.
Bayencourt (Philippe de), sgr du lieu, lieutenant de la compagnie d'Antoine d'Estourmel, sgr de Surville, IX, 65.
Bayernel (N.), capitaine protestant, VI, 28.
Bayeux (Calvados), II, 139; IV, 238; V, 110.
— (évêques de). Voy. Ablèges (Robert des), Daillon (René de).
Baylen (Roderic, comte de), I, 349.
Baylens. Voy. Poyanne.
Bayllou (N.), chevalier de Malte, IX, 401.
Baynam (Georges), hérétique anglais supplicié, I, 206.
Baynes (N. de Montfiquet, sgr de), IX, 125.
Bayonne (Basses-Pyrénées), I, 304; II, 266; III, 353; IV, 90; V, 16, 252, 253, 254; VIII, 335.
— (évêché de), II, 221, 332.
— (entrevue de) entre Charles IX, sa mère et la reine d'Espagne en 1565, II, 209, 220, 290, 354; III, 2, 274; IV, 90.
Bayonne (le biscaïen de), bâtiment de guerre, IV, 353.
Baza de Brescia (François), capitaine italien, impliqué dans la conjuration de Salcède, VI, 289, 290.
Bazan (don Alvarez de), marquis de Santa-Cruz. Voy. Santa-Cruz.
Bazas (Gironde), II, 90; V, 190, 242; VII, 41; IX, 88.
— (gouverneur de), V, 172.
Bazin (Jean), gentilhomme blésois, III, 362; IV, 69.
Béarn (Gaston VI, vicomte de), I, 174.
Beaucaire de Péguillon (François de), évêque de Metz, II, 122.
Beauce (province de), II, 284; IV, 241, 245; V, 12; VI, 265, 266, 268, 271; VII, 130, 187; VIII, 62, 173, 219.
Beaucorps (Antoine de). Voy. Guillonville.
Beaudéan. Voy. Parabère.
Beaudiné, en Velay (château de), appartenant à la famille de Crussol, IV, 58.
Beaudiné (Galiot de Crussol, sgr de), 6e fils de Charles de Crussol, vicomte d'Uzès, II, 65, 66, 69; III, 28, 72, 163, 322.
Beauffremont. Voy. Bauffremont.
Beaufort (Gabrielle d'Estrées, duchesse de). Voy. Estrées.
— (Jean-Timoléon de). Voy. Canillac.
Beaufort-en-Vallée (Maine-et-Loire), III, 13; VI, 243 et suiv., 253 et suiv., 262.
Beaugency (Loiret), II, 19, 37, 41, 100, 120, 133, 274; III, 344; IV, 4; VIII, 42, 50.
Beaujeu (Charles de Mesnil-Simon, seigneur de), capitaine huguenot, VIII, 2.

Beaujeu (Christophe de), sgr de Jaulges, capitaine et poète, IV, 382 et suiv.
— (Guichard IV de) pendant la guerre des Albigeois, I, 176.
— (Humbert IV de), fils de Guichard IV, I, 188, 189.
— (N. de), défenseur de Sisteron, II, 57.
Beaujolais (pays de), II, 259; III, 172; VIII, 345; IX, 452.
Beaulieu (Jean de), sgr de Losses. Voy. Losses.
— (Martin Ruzé, sgr de) de Chilly et Lonjumeau, secrétaire d'État, VII, 324 et suiv.
— (N. de la Guyonnière, sgr de), III, 181.
— (N. de), capitaine huguenot, V, 284 n.
Beaulieu-sur-Ménoire (Corrèze), VII, 39.
Beaumanoir. Voy. Lavardin.
Beaumont (Meuse), VIII, 349.
— (Nord), VI, 143.
— (la maison de), en Navarre, VI, 286.
— (François de), sgr des Adrets. Voy. Adrets.
— (Claude de), fils cadet du baron des Adrets, III, 322; II, 262.
— (Jacques de), sgr de Rioux. Voy. Rioux.
— (Jean de), maréchal de camp, VI, 319, 320.
— (N.), capitaine catholique, IX, 185.
— (N.), ministre protestant, III, 88.
— Voy. Haumont.
Beaumont (le), navire français, VI, 319 et suiv.
Beaumont-de-Lomagne (Tarn-et-Garonne), V, 249; VI, 18.
Beaumont-sur-Oise (Seine-et-Oise), VIII, 69.
Beaune (Côte-d'Or), III, 66; IX, 47 et suiv., 368.
Beaune-Semblançay (Charlotte de), femme : 1º de Simon de Fizes, baron de Sauve; 2º de François de la Trémoïlle, marquis de Noirmoutiers, IV, 300, 373; V, 6, 360, 383.
Beaune-Semblançay (Renaud II de), archevêque de Bourges, primat d'Aquitaine, VII, 321 et suiv.; VIII, 55, 342; IX, 7, 80, 369.
Beaupré (Chrétien ou Christian de Choiseul, baron de), VI, 162; IX, 145 et suiv.
— (Louis-François de Choiseul, baron de), fils de Christian de Choiseul, VI, 329.
— (Gaspard Foucault, sgr de), capitaine huguenot, gouverneur d'Argenton pour le roi de Navarre, IV, 339; VIII, 18, 19.
Beaupréau (Maine-et-Loire), VI, 227.
— (Henri de Bourbon, marquis de), fils unique du prince de la Roche-sur-Yon, I, 307.
Beauraing (château de), dans le pays de Liège, I, 49.
Beauregard (Charente-Inférieure), VII, 54, 289, 290.
— (Jean de Montberon, sgr de) (?), capitaine huguenot, VII, 377.
— (N.), chevalier de Malte, IX, 401, 403 et suiv.
Beaurepaire (Isère), II, 71.
— (le sieur de), capitaine catholique, VII, 309.
— (N. de Saint-Quentin, sgr de), colonel de Wallons, IX, 14, 17.
Beausoncle ou Beauxoncle. Voy. Beauxonnes.
Beauvais (Deux-Sèvres), VII, 16.
Beauvais (Oise) (évêque de). Voy. Dreux (Philippe de), Fumée (Nicolas).
— (porte de), à Amiens, IX, 136.
— (François et Jean de), sgrs de Briquemaut. Voy. Briquemaut.
— (Louis de Goulard, sgr de),

gouverneur du prince de Navarre, secrétaire de Jeanne d'Albret, III, 72, 162, 300, 325.
Beauvais-la-Nocle. Voy. Beauvoir-la-Nocle.
Beauvais-Nangis (Nicolas de Brichanteau, sgr de), II, 116.
— (Antoine de Brichanteau, marquis de), V, 11, 271; VI, 54; VII, 6, 18 et suiv.
Beauvais-sur-Matha (Charente-Inférieure), VII, 21.
Beauveau (Louis de). Voy. Tremblecourt.
Beauvenil (Claude de Virieu, sgr de), lieutenant de Lesdiguières, IX, 162.
Beauville (Jean de Malras, sgr de), IV, 87.
Beauvilliers (Claude de). Voy. Saint-Aignan.
Beauvoir (Philippe de Lannoy, sgr de), amiral de Zélande, V, 61, 63, 68.
Beauvoir-la-Nocle (Jean de la Fin, sgr de), III, 327; IV, 361, 364, 366; VIII, 153; IX, 312, 364 n.
— (Philippe ou Prigent de la Fin, sgr de), fils du précédent, vidame de Chartres, V, 230; IX, 364, 366.
— Voy. La Fin.
Beauvoir-sur-Mer (Vendée), III, 178; VII, 116, 337-342, 378.
Beauvoir-sur-Niort (Deux-Sèvres), VII, 15.
Beauvois (N., sgr de), capitaine huguenot, IV, 243, 319 et suiv.
Beauvoisin (Jean de), ancien enseigne de la compagnie du sieur d'Aumont, capitaine huguenot, II, 64 n.; V, 241.
Beauvois-Montfermier (N., sgr de), capitaine huguenot, V, 285 et suiv.
Beauxonnes (Charles-Timoléon de), sgr de Sigongnes. Voy. Sigongnes.

Bebeck (Georges), prince hongrois, II, 301, 305.
Bec (Jean du), de la province de Brie, hérétique supplicié, I, 209.
— (Philippe du), évêque de Nantes, témoin de l'abjuration de Henri IV, VIII, 342.
— (Pierre du), sgr de Vardes. Voy. Vardes.
— Voy. Bourris et Vardes.
Becaudelle (Marie), hérétique supplicié en Poitou, I, 207.
Bec-Crespin (Charles du), sgr de Bourry. Voy. Bourry.
Beccles, Bekels (Angleterre, cant. de Suffolk), I, 222.
Bec-d'Ambès, confluent de la Dordogne et de la Garonne, V, 260.
Bécède (château de la), en Lauraguais. Voy. Labécède-Lauraguais (Aude).
Beck (Jean), hérétique hollandais supplicié, I, 205.
Beckaf (fort de), près de l'Ecluse (Hollande, prov. de Zélande), VII, 269.
Becket (Thomas), archevêque de Cantorbéry, IX, 231.
Bédarrides (Vaucluse), II, 60.
Bedford (Francis, comte de), père de Guillaume Russel, marquis de Bedford, VII, 269.
Bedford. Voy. Russel.
Beersele (Claude de), sgr de Ruysbrouck. Voy. Ruysbrouck.
Bégaudière (la), près Poitiers, IV, 335, 338.
Bégoles (Antoine de), capitaine catholique au service du roi de Navarre, V, 206, 235 n.
Begoli-Cachin, Persan envoyé par le roi de Perse à Rome, IX, 395.
Béguines (porte des), à Hulst (Pays-Bas), IX, 249.
Béguins (couvent des), à Toulouse, II, 27.
Begum (la princesse), femme du roi de Perse, VI, 98.

Beigne. Voy. Beiquet.
Beime (Liber), hérétique supplicié à Bruxelles, III, 257.
Beiquet (N. du Puy, sgr du), gentilhomme limousin, VI, 179-181.
Béja (Louis, duc de), père d'Antonio, prieur de Crato, VI, 124.
Bekels. Voy. Beccles.
Belek (Mumen), Génois, I, 104.
Belenjan (Nicolas), hérétique supplicié en Angleterre, I, 212.
Belgiojoso (Galeoto, comte de), chef des troupes romaines et milanaises, VIII, 318.
Belgrade (Serbie), I, 90; IX, 203, 226.
— (pacha de), IX, 214, 389, 391.
Bélial, III, 298.
Belin (Jean), maire de Beaune, IX, 48.
— (François d'Averton, sgr de Milly et de), maréchal de camp, chevalier des ordres du Roi, conseiller en ses conseils d'Etat et privé, gouverneur du prince de Condé, VIII, 163, 244; IX, 14, 17, 65 et suiv., 69, 70.
Bellac (Haute-Vienne), VIII, 233.
Bellarmin (Robert), cardinal, I, 164; VIII, 196 et suiv.
Bellay (Jean du), cardinal, I, 209.
— (Guillaume du), sgr de Langey, I, 7.
— (Eustache du), évêque de Paris, I, 236; II, 175.
Bellecroix (rue de), à Beaune, IX, 51.
Bellefonse (le capitaine), VII, 149 et suiv.
Bellefont (le capitaine), IX, 125.
Bellefontaine (le capitaine), III, 94.
— (N., sgr de), V, 8.
Bellefourière (Ponthus de), sgr de Cagny, gentilhomme de la Chambre de Henri III, gouverneur de Corbie, VIII, 224.
Bellegarde (Haute-Garonne), VIII, 285.
— Voy. Belgrade.
— (Roger de Saint-Lari, sgr de), maréchal de France, II, 28, 262, 266; III, 92, 158; IV, 19, 194, 274, 275; V, 202-207, 296, 353; VI, 328.
— (César de Saint-Lari, sgr de), fils du maréchal, V, 201; VI, 228; VII, 148, 159.
— (Roger de Saint-Lari et de Thermes, duc de), grand écuyer de France, neveu du maréchal, IX, 160 et suiv., 164, 337.
— (Marie de Saluces, dame de), V, 202.
— (N. de Saint-Sergue, dit), capitaine du duc de Savoie, VIII, 99.
Belle-Isle (Charles de Gondi, marquis de), VIII, 229; IX, 178.
Belle-Isle-en-Mer (Morbihan), IV, 29, 133; VI, 316.
Bellême (Orne), VIII, 280.
Bellengreville (Seine-Inférieure), VIII, 62.
Belleperche (abbaye de) (Tarn-et-Garonne), III, 387.
Belleville (Charles de), sgr de Fumel. Voy. Fumel.
— (François de), gentilhomme du Poitou, II, 45; IV, 194; IX, 51.
— (N. de), capitaine de la garnison de Beaune, IX, 51.
Belleville-sur-Saône (Rhône), II, 48; IX, 2.
Belley (Ain), IX, 323.
Bellien (Conrad de), hérétique supplicié aux Pays-Bas, III, 258.
Bellier (François de Galles, sgr du), baron de Mirabel et du Vivier, colonel des légionnaires du Dauphiné, VIII, 345.
Bellièvre (Pomponne de), su-

rintendant des finances, puis chancelier, III, 364, 389; IV, 195, 224, 266, 368, 369; V, 190; VI, 347; VII, 210, 232, 251, 304; IX, 312.
Belligny (Jacques Richard, sgr de), échevin de Beaune, IX, 48, 50, 51.
Bellomonte, hérétique supplicié, I, 230.
Belloy (Antoine (?) de), chargé de négociation par Damville, V, 116.
Belon (N.), capitaine huguenot, III, 150, 316; VI, 59 et suiv.; VIII, 230.
Belvès (Dordogne), V, 224.
Belz. Voy. Zamoyski.
Belzunce (Jean, vicomte de), conseiller et chambellan du roi de Navarre, VII, 145.
Benauge (Gironde), VII, 40.
Benauges. Voy. Candale.
Benci (Justinien), enseigne tué à Châtellerault, III, 111.
Benece (François), Valaque, I, 99.
— (Georges), fils du précédent, agitateur valaque, I, 99.
Benehart (Jacques de Maillé, sgr de), gouverneur de Vendôme, VIII, 37, 174, 175.
Benet (Vendée), IV, 295.
Bénévent (Pierre de), cardinal-légat *a latere* en 1214, I, 184, 185.
Bénivay (Drôme), VII, 88.
Benne (Louis de Costa, comte de). Voy. Beynes.
Benoît (René), curé de Saint-Eustache, à Paris, VIII, 298; IX, 79.
Benon (Charente-Inférieure), IV, 358; VII, 53.
Bentink (Philippe de), gouverneur d'Alpen (Pays-Bas), IX, 257.
Bentio. Voy. Benci.
Bentivoglio (Cornelio), Bolonais, ancien gentilhomme de la chambre de Henri II, II, 318.

Becerts (Jaunek de), hérétique supplicié aux Pays-Bas, III, 258.
Béon. Voy. Massès.
Béranger. Voy. Guast et Pipet.
Béranqueville, capitaine français au service des Orangistes, IV, 79 et suiv.
Béraud (Michel), pasteur réformé, IX, 84.
Béraudin (Gabriel), hérétique supplicié à Chambéry, I, 215.
Berbistroph, colonel allemand, VII, 178.
Berchschoot, Bergshoot (Pays-Bas), VII, 255, 256.
Berck (Pas-de-Calais), I, 78.
Bérenger (Abel de), sgr de Morges. Voy. Morges.
Bérenger (Olivier), jacobin, IX, 80.
— Voy. Béranger.
Berg (Frédéric, comte de), lieutenant de Mansfeld, VIII, 408; IX, 258, 261, 442.
— (Hermann, comte de), frère du précédent, VIII, 399; IX, 258, 269.
— (Jacobe de Saxe, duchesse de), épouse de Jean-Guillaume, duc de Berg, IX, 425.
Bergeaive. Voy. Bergeijk.
Bergeijk (Brabant hollandais), VIII, 402, 403.
Bergen-op-Zoom. Voy. Berghes (Jean de Withem, marquis de).
Bergerac (Dordogne), II, 92, 128-130; IV, 309, 339, 343; V, 219 et suiv., 224, 254, 294, 298, 357; VII, 37, 71.
— (traité de), conclu le 17 septembre 1577, V, 302, 338 et suiv., 342; VI, 68, 202; IX, 451.
Berger-Beaulieu. Voy. Verger-Beaulieu.
Bergeyck. Voy. Bergeijk.
Berghe, Bergue. Voy. Berg.
Berghes (Guillaume, comte de), beau-frère du prince d'Orange, IV, 151.

Berghes (Jean de Withem, marquis de), gouverneur du Hainaut, II, 342, 343, 351.
— (Oswald de), VII, 257.
Berghuen (Adrien de), VIII, 393 et suiv.
Bergier (Pierre), hérétique emprisonné à Lyon, I, 217.
Berg-op-Zoom (Pays-Bas), V, 338; VI, 136, 332, 349; VII, 266; VIII, 122, 125, 390; IX, 244, 248, 426.
Bergues-Saint-Vinox (Nord), VI, 350.
Beringhen (Pierre de), valet de chambre du roi, IX, 100.
Berjon (Guillaume de), capitaine huguenot, IV, 221.
— (N.), imprimeur à Lyon, I, 170; IX, 11.
Berlaimont (Hainaut), VI, 96, 138.
— (porte de), à Mons, IV, 77; à Péronne, 83.
— (Charles de), sgr de Floyon, gouverneur du comté de Namur, II, 342, 352; VI, 140, 142.
— (Gilles de), frère de Charles de Berlaymont, baron d'Hiergues, gouverneur de Gueldre, I, 142 n.; IV, 79 et suiv., 152; V, 69, 333, 337; VI, 139.
— (Ladislas ou Lancelot de), comte de Meghem, frère de Charles et Gilles de Berlaymont. Voy. Meghem.
— (comte Floris de), IX, 242, 269.
Berlaud (N.), huissier de Poitiers, VIII, 31.
Berliet (Jean-François), archevêque de Tarentaise (1600-1607), IX, 321.
Berlion. Voy. Ourches.
Bermond du Caylar. Voy. Espondeillan.
Bernard (Claude), capitaine espagnol, V, 59 n.
— (Étienne), député de Dijon aux États de Blois, VII, 401.

Bernard (Thomas), hérétique supplicié en Angleterre, I, 209.
— (le capitaine), IX, 443.
— (le père), feuillant, ancien prédicateur de Henri III, ligueur, VIII, 196.
— Voy. Salviati.
Bernardin (N.), capitaine catholique, V, 297.
Bernay (Eure), II, 140.
— (peut-être N. de Chasteigner, sgr de), fils de M. d'Abain, IV, 356.
Berne (Suisse), I, 195; II, 48, 210; IV, 367-369; VIII, 96, 356.
Bernex (Haute-Savoie), VIII, 361.
Bernins. Voy. Pipet.
Bernois, VIII, 101 et suiv., 357; IX, 316.
Bernon (régiment de), IX, 168.
Bernuë, capitaine huguenot, gouverneur de Menerbe (Vaucluse), IV, 208.
Bernuy (Jacques de), président au parlement de Toulouse, II, 28.
Berny, massacré avec Soubise à la Saint-Barthélemy, III, 322.
Béroalde (Mathieu), théologien réformé, précepteur de d'Aubigné, III, 395; IV, 45.
Berquin (Louis de), hérétique supplicié, I, 206.
Berrangé. Voy. Bérenger (Olivier).
Berre (Bouches-du-Rhône), IX, 167, 299.
Berri, capitaine huguenot, VI, 251 et suiv.
Berry (province du), I, 127, 133; III, 145 et suiv., 150, 173, 178; IV, 387, 388; V, 76, 234; VI, 200, 264, 266, 272; VII, 134, 162; VIII, 137, 219, 279, 281; IX, 87, 88, 113.
Bersaut. Voy. Bressault.

Bert. Voy. Werth.
Bertauville (N., sgr de), gouverneur de Bouteville, puis de Pons, IV, 349.
— Voy. Bretauville.
Bertelasse. Voy. Fougasse.
Berti, secrétaire des Etats de Brabant, V, 73.
Bertigny (N., sgr de), capitaine d'arquebusiers, VIII, 234; IX, 122.
Bertincourt (Pas-de-Calais), abbaye, IX, 141.
Bertoccio (Jean), capitaine vénitien, III, 222.
Bertolazzi (Pierre), capitaine vénitien, IV, 104.
Berton. Voy. Crillon.
Bertrand (Guillaume de), sgr de Villemor, fils du suivant. Voy. Villemor.
— (Jean de), président au parlement de Toulouse, archevêque de Sens, garde des sceaux et cardinal, I, 231, 242; III, 330.
— (Jean), hérétique vendômois supplicié, I, 223.
Berwick (traité de) (27 février 1560), I, 354.
Berziau (Jérôme). Voy. La Marsillière.
Besançon (Doubs), II, 340; IX, 262.
Besche (Jeanne), hérétique suppliciée à Rochester, I, 221.
Besche-Dauphin (fort de), en Savoie, IX, 348, 350.
Besme (Dianowitz, dit), gentilhomme bohémien, assassin de Coligny, III, 316, 317; IV, 349.
Besouce (Gard), I, 186; V, 296.
Bessay (Giron de Bessay, sgr de) et de la Coutancière, capitaine huguenot, II, 274; III, 190; IV, 217, 294.
Besse-sur-Issole (Var), I, 323.
Bessons (N. des), député de la Guyenne, en Allemagne, IV, 361.

Betburg (duché de Juliers), II, 351.
Bethléem (abbaye de), près Mons (Hainaut), IV, 78.
— (tour de), en Espagne, IV, 310.
— (étoile de), nom donné à une étoile apparue en 1572, IV, 94.
Béthune (Pas-de-Calais), IV, 136.
— (Florestan de), sgr de Congy, gouverneur d'Eauze et de Montflanquin pour le roi de Navarre, fils du suivant, VII, 76.
— (Oger de), VII, 76 n.
— Voy. Jouvenel des Ursins, Sully.
Betken (N.), hérétique suppliciée aux Pays-Bas, III, 258.
Bétu, capitaine placé sous les ordres du duc de Bouillon, VIII, 351 et suiv.
Bétuwe (pays de) (Gueldre hollandaise), VIII, 396.
Beuil. Voy. Bueil.
Beutterich (Pierre), capitaine et négociateur au service de Casimir de Bavière, IV, 370; V, 184, 305; VI, 43, 93, 146.
Beverlan (Jean), martyr albigeois, I, 202.
Beynac (Dordogne), V, 223.
Beynes (Basses-Alpes), VIII, 319.
— (Louis de Costa, comte de), II, 72; IV, 281.
Beyran, bacha d'Erzeroum, V, 320.
Bezancourt (N. Vauvilliers, sgr de Courgis, dit), capitaine protestant, II, 244.
Bèze (Théodore de), au colloque de Poissy, I, 311, 313, 315, 317, 320; ses spirituelles répliques, II, 4; député auprès du Roi à Monceaux-en-Brie, 9; Condé lui raconte un de ses songes à Annet, 105; instigateur de l'assassinat du duc de Guise, 142; sa justifi-

cation, 143; ses écrits sur l'apparition d'une étoile en 1572, II, 94; visité par les seigneurs de la cour de Henri IV, IX, 336.

Béziers (Hérault), I, 174, 176-178, 180, 184; II, 69, 70, 213; IV, 284; V, 351, 353; VI, 25.

— (vicomte de). Voy. Raymond-Roger.

Bialogrod (gouvernement de Vilna, Russie), V, 35.

Bianchi (René), parfumeur de Catherine de Médicis, III, 291.

— (Serafino), dominicain florentin, agent en France de Ferdinand de Médicis, VIII, 354.

Bianco. Voy. Bianchi.

Biard (Vienne), III, 106.

Biarritz (Basses-Pyrénées), VI, 184.

Bible (la), I, 138, 358; II, 154.

Bidassoa (la), II, 220.

Biella, Biela, Biesle (Piémont), I, 56.

Bienne (Suisse), IV, 369, 370.

Bigarden (la dame de), hérétique suppliciée en Brabant, I, 213.

Bigars. Voy. La Londe.

Bigorre (le), III, 268, 389; V, 254.

— (le comte de). Voy. Montfort (Guy de).

Bigot (Emery), avocat au parlement de Rouen, député du tiers état aux Etats de Blois, V, 182.

— Voy. Bouchet.

Biledulgerid ou pays des dattes, en Afrique, VIII, 377.

Billy. Voy. Prunay-le-Gilon, Robles.

Bilney (Thomas), hérétique anglais supplicié, I, 206.

Bimard (Jacques), capitaine sous les ordres de Lesdiguières, IX, 162.

Binch, Bins (Hainaut), VI, 143.

Bing (Georges), hérétique anglais supplicié, I, 220.

Bingen (grand-duché de Hesse), I, 169.

Bins. Voy. Bain-de-Bretagne.

Bioule (Tarn-et-Garonne), III, 387.

Birague (René de), chancelier de France, III, 311, 314; IV, 191, 224, 364; V, 137 et suiv., 144.

— (Charles de), frère de René de Birague, II, 261; III, 190 et suiv.; VII, 77.

— Voy. Sacremore.

Biran. Voy. Goas, Verduzan.

Biron (Dordogne), IX, 365.

— (Armand de Gontaut, baron de), maréchal de France, reçoit la compagnie d'Ossun, II, 120; assiège Sully-sur-Loire, 127; sa mission en Guyenne après l'édit d'Amboise, 194 n.; son entrevue avec les chefs du parti réformé, 234; assiste à la bataille de Saint-Denis, 243; ses négociations avec le cardinal de Châtillon, 287; assiste à la bataille de Jarnac, III, 48 et suiv.; à celle de Saint-Clair (Vienne), 118; à celle de Moncontour, 123; entre en pourparlers avec les habitants de Piles, 138; veille à la sûreté de Saint-Jean-d'Angély, 142; envoyé à Carcassonne comme négociateur de la paix, 161-162; auteur du quatrième traité de paix, 268; son retour à la cour, 279; mariage de sa fille, 324; échappe à la Saint-Barthélemy, 331; gouverneur de la Rochelle, 368-372; refusé par les Rochellais comme gouverneur, 374; son rôle pendant le siège de la Rochelle, 377; IV, 1 et suiv., 9, 19, 26, 35, 175, 203; ses agissements à Saint-Jean-d'Angély, 251; sa tentative sur Tonnay-Charente, 251;

assiste à l'engagement de Dormans, 380; député par les Etats de Blois au roi de Navarre, V, 147; au siège de Marmande-sur-Garonne, 174; ses propositions de paix aux Etats de Blois de la part du roi de Navarre, 179, 180; député de nouveau par les Etats, 184, 185; sa femme, Jeanne d'Ornezan, 228; s'empare de Villeneuve-sur-Lot et d'Agen, 351; entre à Bordeaux, 369; distribue des commissions au nom du roi, 370; adversaire du roi de Navarre en Armagnac, VI, 18 et suiv., 42, 44; se retire à Mézin (Lot-et-Garonne), 46; entre à Châteaudun, 267; campagne en Flandre dans l'armée du duc d'Anjou, 342-349; son retour en France, 350; son opinion sur la discipline militaire, 370; défait les huguenots à Dampierre-sur-Boutonne, VII, 24; sa campagne en Poitou, 51 et suiv., 53, 54, 57, 108; ses plaisanteries sur le désastre de Coutras, 167; fait entrer des troupes à Paris, 212; son séjour à Chartres, 219; sédition contre lui à Poitiers, VIII, 32; assiège Pontoise, 68 et suiv.; son entrevue avec le roi de Navarre à la mort d'Henri III, 80 et suiv.; présente les Suisses à Henri IV, 87; assiste au combat d'Arques, 158 et suiv.; au premier siège de Paris, 171 et suiv.; assiège Alençon, 178; combat à Ivry, 183 et suiv.; au siège de Paris, 200 et suiv., 206 et suiv.; son mécontentement d'être privé de l'abbaye de Marmoutiers, 211; assiège Clermont-en-Beauvaisis, 212; prend part au combat de Longueval, 217; ses succès en Normandie, 218, 219; assiège Chartres, 219 et suiv.; s'empare de Louviers, 225; assiège Rouen, 250 et suiv.; se met à la poursuite du duc de Parme, 267, 269; tué devant Epernay, 270; appuie les réclamations de Lesdiguières au conseil du Roi, 314.

Biron (Charles de Gontaut, baron, puis duc de), maréchal de France, fils du précédent, sa victoire sur les Espagnols près de Laon, IX, 32; assiège Laon, 32; s'empare de Beaune, 47 et suiv.; d'Autun, de Nuits et de Dijon, 52; prend part au combat de Fontaine-Française, 55; requête à lui adressée par les huguenots, 97; sa campagne en Artois, 116; assiège Amiens et Arras, 132-133; commencement de ses menées, 311-317; envoyé en Bourgogne et en Bresse au moment de la guerre de Savoie, 322, 323 et suiv.; soupçons du roi contre lui, 330; mène mollement les opérations, 335; sa visite à Genève à Théodore de Bèze, 336; son dessein sur Genève et sur Bourg, 342; sa déception, 344; sa mission en Angleterre, 351 et suiv., 384; en Suisse, 351; continuation de ses menées, 352-354; accusé par les réformés d'être l'un des instigateurs de la conversion du Roi, 358; suite de sa conspiration, son procès, son exécution, 361-372.

— (Jeanne d'Ornezan et de Saint-Blancard, épouse d'Armand de Gontaut, baron de), V, 228.

— (baron de). Voy. Puybeton.

Biscain, Bisquaïen. Voy. Biscayen.

Biscaye (la), II, 173, 221; V, 262.

Biscayen (le), vaisseau de guerre, V, 270; VII, 25.

TABLE DES MATIÈRES.

Biscayen de Bayonne (le), bâtiment de guerre, IV, 253.
Bisnagar (Inde), I, 117.
Bitonto (Italie, prov. de Bari), III, 314.
Bivero (Jean de), hérétique supplicié en Espagne, I, 348.
— (Blanche et Constance de), sœurs de Jean de Bivero, hérétiques suppliciées en Espagne, I, 348.
Bizerte (Tunisie), IV, 132.
Bizot, capitaine huguenot, IV, 289.
Bjelai, Blagii (Croatie), VIII, 107.
Blacons (Pierre de Forest, sgr de), capitaine huguenot, II, 55, 134; III, 27, 105, 120 et suiv., 129, 197, 198.
— (Hector de Forest, sgr de), capitaine huguenot, fils du précédent, IV, 279; VII, 90, 91, 93, 94 et suiv., 150.
Blagii (Croatie), peut-être Bjelai. Voy. ce mot.
Blagnac. Voy. Blagneux.
Blagneux (Guillaume Rivail, sgr de), capitaine huguenot, VI, 69; IX, 171.
Blaignac (Gironde), VII, 73.
Blaigneu. Voy. Blagneux.
Blain (Loire-Inférieure), VII, 348 et suiv.
— (Louis de). Voy. Poët.
Blainville (Eure-et-Loir), II, 107, 109 et suiv.
Blaise, capitaine huguenot, IV, 32.
Black-Vatter, rivière d'Irlande, IX, 240.
Blamont (Meurthe-et-Moselle), IV, 188, 194, 203, 229, 232.
Blanc (le cap), en Afrique, II, 327.
— (le) (Indre), III, 7, 67, 146; VIII, 137.
— Voy. Le Blanc.
— Voy. Mavezi-Blanc.
Blancardière (N.), maître d'hôtel de M. de Théligny, IV, 9.

Blancart (N.), capitaine de vaisseau, IX, 439.
Blanchard. Voy. Cluseau.
Blanchardière (la) (Charente-Inférieure), VI, 234, 235.
Blanche de Castille, reine de France, I, 188.
Blanchefort. Voy. Créqui.
Blanchier (Nicolas), hérétique supplicié à Valence, I, 227, 285.
Bland (Jean), hérétique supplicié en Angleterre, I, 219.
Blandin (Amadour), assesseur et lieutenant particulier au présidial de la Rochelle, II, 252; V, 92.
Blandine, femme exorcisée par Mercier, ministre huguenot, VII, 97.
Blandinière (N., sgr de), au siège de Mauléon, VII, 115.
Blandy (Seine-et-Marne), III, 300.
— (Antoine Fumée, sgr de), Voy. Fumée.
Blangy (Seine-Inférieure), VIII, 262.
Blankenberghe (Belgique, Flandre occ.), VII, 269, 272; VIII, 398.
Blanzac (Charente-Inférieure), V, 292.
Blarer (Jacques-Christophe de), évêque de Bâle, VII, 228.
Blas (Bertrand), hérétique supplicié en Flandre, I, 220.
Blaurer (Ambroise), réformateur suisse, I, 195.
Blavet (Morbihan) (auj. Port-Louis), VIII, 330, 290; IX, 176, 186, 299.
Blaye (Gironde), III, 26, 143, 197, 199, 351; V, 16, 30 et suiv.; VI, 34 et suiv.; 69, 180; IX, 147 et suiv.
Bleijenbeek, Bloiembeck, Bliembeck (Limbourg hollandais), VI, 296; VIII, 131.
Blekaire (Liévin de), hérétique supplicié en Flandre, II, 339.

Blencastro (Dom George de). Voy. Aveiro.
Bléneau (Yonne), VII, 181.
Bléraudière, capitaine huguenot, III, 172.
Bliembeck, Bloiembeck. Voy. Bleijenbeck.
Blois (Loir-et-Cher), supplice d'hérétiques, I, 213; patrie de l'hérétique Denis Peloquin, 217; séjour de François II, 251; conjuration d'Amboise formée d'abord à Blois, 259, 264, 265; défense de cette ville confiée à Vieilleville, 266; évasion des prisonniers des prisons de la ville, 274; passage du roi de Navarre et du prince de Condé, 292; massacre de réformés, II, 8; prise de la ville par les réformés, 19; départ de l'armée royale, 77; marche sur Blois de huit enseignes catholiques, 120; séjour de Catherine de Médicis, 123, 141; son départ, 142; entrée de Charles IX, 222; attaquée par les réformés, 274-275; massacre de réformés, III, 3; passage de Charles IX, 281; arrivée de Coligny, 283; la Saint-Barthélemy, 344; lieu d'origine de Jean Bazin, ambassadeur en Pologne, IV, 69; bruits sur le roi de Navarre répandus dans la ville, 212; avertissements donnés par les habitants à ceux de la Charité, 230; Pierre Beutterich dépêché à Blois par le duc Jean-Casimir de Bavière, 305; rencontre de d'Aubigné et du prévôt des maréchaux de Blois, VI, 270; convocation d'Etats promise par Henri III, VII, 220; assassinat des Guises, 386 et suiv., VIII, 26, 38, 82, 95, 325; exactions commises contre les ligueurs, 54; départ du jeune duc de Guise, 235; entrevue de Henri IV et des députés des protestants, IX, 292.
Blois (Etats de). Etats de 1576, V, 92, 115, 120, 121, 123, 127, 128, 134-170, 174, 177, 182, 188 et suiv., 196-197, 308, Etats de 1588, VII, 301, 315-327, 328, 343, 345, 379-385; 400; VIII, 55.
— (Jean), hérétique supplicié à Bruxelles, III, 257.
— (Louis de). Voy. Trélon.
Blondel (Octavian), hérétique supplicié, I, 213.
Blossay. Voy. Blosset.
Blosset (Louis de), sgr de Fleury, dit Le Bègue, gentilhomme nivernais, capitaine huguenot, II, 140, 276, 277; III, 7, 83, 84, 148; IV, 231, 235.
— (Jean de). Voy. Torsy.
Blount (Christophe), beau-père du comte d'Essex, IX, 421.
Blujon (N.), chanoine de Troyes, V, 109.
Blyembecque, Voy. Bleijenbeck.
Bobadilla (François), capitaine espagnol, V, 63.
Bobigny (Pierre ou Jean Perdrier, seigneur de), II, 106, 116.
Bobineau (Pierre), défenseur de la Rochelle, plus tard maire de la ville, IV, 24, 31; V, 210 n.
Bodavilla (Nicolas), l'un des premiers compagnons d'Ignace de Loyala, II, 173.
Bodin (Jean), jurisconsulte, député aux Etats de Blois, IV, 195; V, 182.
Boenen. Voy. Bonenburg.
Boerentange. Voy. Boerenstraat.
Boerenstraat (Hollande, prov. de Nord-Brabant), VIII, 408.
Boèce, cité, IX, 456.
Boesses (Loiret), V, 19.
Bœuf (île au), près Marans (Charente-Inférieure), VII, 298.

Bœuf, capitaine huguenot, VII, 372.
Bogdam, fils et successeur du voïvode de Valachie Alexandre, V, 31.
Bohain (Aisne), I, 48.
Bohême, I, 26, 173, 192, 194; II, 16; V, 311; VII, 237; IX, 212, 318.
Bohémiens, nom donné aux Vaudois, I, 169, 203; II, 290; IX, 213.
Boiceau, Boisseau (Louis), sgr du Marais, en Saint-Julien de l'Escap, capitaine huguenot, V, 218; VII, 27, 31.
Boidon, massacreur des huguenots à Lyon, IV, 90.
Bois (Le Bois de Mérille, dit le capitaine), capitaine huguenot, II, 141, 276; III, 7, 147, 150.
— (le capitaine), de Tonneins, V, 249.
— (N.), lieutenant général des troupes de Genève, VIII, 100-104.
— (Laurent du). Voy. Saint-Martin (Laurent du Bois, sgr de).
Boisbriand. Voy. Brenezay.
Boiscommun (Loiret), IV, 18 et suiv.
Bois-d'Annebourg (Isambert du Bosc, seigneur du), gouverneur d'Ardres, IX, 69.
Bois-Dauphin (Sarthe), IX, 191.
— (Urbain de Montmorency-Laval, sgr de), maréchal de France, VII, 394; VIII, 177, 192; IX, 60.
Bois-David (N., sgr du), gentilhomme ligueur, VIII, 239.
Boisdulis, capitaine huguenot, VI, 234 et suiv., 264, 266, 267; VII, 289 et suiv., 300.
Boisfront. Voy. Chauvigny.
Boisgiraud (N., sgr de), capitaine protestant, VI, 230; VIII, 237 et suiv., 240 et suiv.
Boisguérin (Claude du Perrier, sgr de), gouverneur de Loudun en 1589, IX, 37, 304.
Boisjourdan (Hugues de), capitaine catholique, II, 25, 96.
— (Simon de), lieutenant de la compagnie du sieur de Martigues, frère du précédent, II, 265; III, 105; IV, 19, 20.
Boislambert (Esther de), fille d'un avocat de la Rochelle, VII, 344.
Bois-le-Comte (N., sgr de), neveu de Nicolas de Villegagnon, I, 118.
Bois-le-Duc (Brabant), II, 348; VI, 136, 327, 358; VII, 255, 270; IX, 437.
Bois-Ragon (Deux-Sèvres), VII, 18.
— (N., sgr de), V, 130.
Boisrond (René de Saint-Léger, sgr de), capitaine huguenot, VI, 212 et suiv., 224 et suiv., 274.
— (René et Jacob de Saint-Léger, sgrs de), frères, VI, 40.
— (René ou Jacob de Saint-Léger, sgr de), III, 285.
Boisrozé (N., sgr de), IX, 3, 21.
Bois-Saison. Voy. Boissezon.
Boisse (peut-être Jean d'Escodéca, sgr de), capitaine huguenot et père du baron de Boisse-Pardaillan, II, 70.
Boisseau. Voy. Boiceau.
Boissec, capitaine huguenot, IV, 330.
Boisseguin (Jean Le Jay, sgr de), gouverneur de Poitiers, III, 102 et suiv.; IV, 338; IX, 39.
Boisse-Pardaillan (Pierre d'Escodéca, baron de), chargé du commandement de Bourg, IX, 344.
Boissezon (Pierre de Peyrusse, sgr de), capitaine huguenot, V, 298 et suiv.
Boissière-Brisson. Voy. La Boissière-Brisson.
Boissonnade, médecin, chef des

Croquants de Guyenne et Périgord, IX, 124.
Boissons (rue des), à Beaune (Côte-d'Or), IX, 51.
Boistaillé (Jean Hurault, sgr de), ambassadeur à Venise, II, 215.
Boisverd, capitaine huguenot, III, 15, 18.
— défenseur de Poitiers contre les protestants, III, 104.
Bokcia. Voy. Buciasch.
Bolac, capitaine protestant dauphinois, III, 171.
Bolati. Voy. Boulati.
Bolduc (Gueldre), IX, 241.
Boleyn (Anne de). Voy. Anne Boleyn.
Boliac. Voy. Bolac.
Bollène (Vaucluse), I, 286; II, 54, 58.
Bologne (Italie), I, 89; II, 160; VI, 306.
Bolswerth (Frise), IV, 151.
Bommel (Ile de), aux Pays-Bas, VII, 255; VIII, 391, 407; IX, 433, 434, 436.
Bommenède (le fort de), près de l'île Duyveland et de celle de Schoonhoven, V, 71.
Bonada (la), navire vénitien, III, 216.
Bonaventure. Voy. Bénévent (Pierre de).
Boncompagnon (Hugues). Voy. Grégoire XIII.
Bondy (Seine), VIII, 206.
Bône (Algérie), III, 244.
Bonelli (Michel), neveu de Pie V, dit le cardinal Alexandrin, III, 287-288; IV, 95, 96 n., 97.
Bonenburg, Boenen (Gueldre), VII, 256.
Bongay (Thomas de), hérétique supplicié en Angleterre, I, 203.
Bonhomme (Jean-François), évêque de Verceil, VII, 259.
Boniface (Claude), dit le capitaine Cabanes, capitaine catholique, VI, 197; VII, 84.

Boniface (N.), gouverneur des finances à Marseille, frère du précédent, VII, 84.
— Voy. La Môle.
Bonifacio (Sardaigne), I, 58.
Bonn (Prusse), VI, 295, 296; VII, 275, 277; VIII, 126.
Bonne (Haute-Savoie), VIII, 101, 102, 356, 357, 363; IX, 374.
— (Etienne de). Voy. Auriac.
— (François de). Voy. Lesdiguières.
Bonne-Espérance (cap de), I, 100; II, 327.
Bonnefoy (comm. du Cheylard, Ardèche), III, 100.
— (Ennemond de), ministre protestant de Saint-Voy (Haute-Loire), IV, 58.
— Voy. Bretauville.
Bonnelieu. Voy. Gonnelieu.
Bonnelles (Louis de la Villeneuve, sgr de), député de Paris aux Etats de Blois de 1577, V, 162.
Bonnes (Vienne), VIII, 227.
— (N., sgr de), capitaine périgourdin catholique, VII, 156.
Bonnet, capitaine huguenot, IV, 218, 313, 350; VI, 264; IV, 390.
Bonneval (Eure-et-Loir), VI, 267; VIII, 51 et suiv.
— (Haute-Vienne), IX, 146.
— (Gabriel de), gentilhomme ordinaire de la chambre du Roi, V, 356. Voy. Anglure.
Bonnevaut, attaché à la personne de Clermont d'Amboise, V, 23.
Bonnin. Voy. Cluseau.
Bonnivet (François Gouffier, sgr de), fils de l'amiral, VI, 54 n.
— (Henri Gouffier, sgr de), fils du précédent, III, 106; IV, 41; VI, 348; VIII, 48.
Bonny-sur-Loire (Loiret), III, 6, 7; VII, 190.
Bonouvrier (Pépin), maréchal

de camp du duc d'Epernon, VIII, 283, 304, 308, 310.
Bonpain (Pierre), hérétique supplicié à Paris, I, 212.
Bonrepos (N. de Saint-Pastous, sgr de), V, 249, 250.
Bons (N.), capitaine catholique, IV, 247.
Bonstetten (Jacob de), Bernois, IV, 367, 368.
— (Ulrich de), Bernois, frère du précédent ou peut-être le même personnage, VII, 180, 181.
Bontecque. Voy. Bécède (château de la).
Bonvillars (Charles de), sgr de Mézières et de Champremont, gouverneur de Montmélian, défenseur d'Evian, VIII, 364.
Boock (Hans), colonel allemand, III, 105, VI, 339.
Boos (Seine-Inférieure), VIII, 265.
Bor, agent de Henri III, VII, 108.
Borches (Cornélie, Jeanne et Marie de), hérétiques suppliciées en Angleterre, I, 350.
Bordage (N.), de Bretagne, capitaine huguenot, VI, 60.
Bordeaux, impression d'une profession de foi catholique, I, 132; hérétiques suppliciés, 227; entreprise de Duras sur la ville, II, 90; préparatifs de Monluc à Bordeaux, 130; passage de Charles IX, 217; départ de Pierre-Bertrand de Monluc pour Madère, 327; entreprise sur la ville du capitaine Romegoux, III, 115; passage du baron de la Garde, 180, 183; aventures de Dominique de Gourgue, originaire de Bordeaux, 244-249; la Saint-Barthélemy, 350; massacre de huguenots, 369; refuse ses portes au roi de Navarre, V, 89, 95; plaintes de celui-ci, 132; les Bordelais empêchent l'entrevue de Catherine de Médicis et des princes à Cognac, 161; allusion au refus opposé au roi de Navarre, 190; les marchands bordelais soutenus par ceux des Sables-d'Olonne, 210; paix avec Langoiran, 212; départ de vaisseaux de Bordeaux pour Brouage, 215; la ville menacée par le marquis de Villars, 246; condamnation à mort de trois demoiselles, 252; organisation d'une armée navale, 255, 262, 263; projet des Rochelais sur Bordeaux, 263, 264; arrivée de Catherine de Médicis et de Marguerite de Valois, 355; arrivée de Biron, 369; message des habitants de Blaye, VI, 38; propagation des doctrines du cordelier Corneille, 145; passage du roi de Navarre, 167; patrie de Gavaret, auteur d'une tentative d'assassinat sur le roi de Navarre, 178 et suiv.; retraite des troupes du maréchal de Matignon, VII, 37; les Bordelais réclament le siège de Castets, 42; arrivée du duc de Mayenne, 44; la ville soutient Matignon, 47; vaisseaux de guerre bordelais à Brouage, 58; demande de munitions pour le siège de Montségur, 71; maladie du duc de Mayenne, 71; ses envois de poudre pour le siège de Montségur, 77; entreprise des ligueurs, VIII, 31, 33; députés de Bordeaux à l'assemblée demandée des églises réformées, IX, 87, 88; Boissonnade, médecin à Bordeaux, chef des Croquants de Guyenne, 124.
Bordeaux (archevêque de). Voy. Guillaume II, Amanieu de Genève.
— (confession de), texte, I, 133-145.
— (parlement de), difficilement

contenu en l'obéissance du Roi, II, 32; arrêt relatif aux réformés, 46; son président convoqué aux petits Etats de Moulins, 283; son président aux Etats de Blois, V, 181; fidèle observateur des édits, VI, 365.

Bordeaux (François de), capitaine gascon, III, 245 et suiv.

Bordelais (le), II, 265; IV, 308 et suiv.

Borderie (la), près Montaigu (Vendée), VI, 80.

Bordes (les) (Haute-Garonne), III, 160.

— (Pierre des), gouverneur de la citadelle d'Angoulême, VII, 309 et suiv.

— (Antoine de Cormont, sgr des), maréchal de camp, VII, 185 n.

— (René de la Platière, sgr des), tué à la bataille de Dreux, II, 116.

Bordet. Voy. Bourdet.

Borel (Jean). Voy. Ponsonnas.

Borgherout, près Anvers, VI, 357, 362.

Bories (Jacques de Saint-Astier, sgr des), VII, 113 n.

— (Jean de Saint-Astier, sgr des), capitaine huguenot, fils aîné du précédent, VII, 113, 120, 143, 145, 295.

Boris Godounoff. Voy. Godounoff.

Bormola (la), ruisseau de l'île de Malte, II, 316.

Born (le), (Haute-Garonne), III, 159.

Born (Jean de Durfort, sgr de), de Saint-Just et de Vatz, conseiller d'Etat, lieutenant général de l'artillerie de France, sénéchal de Rodez, V, 289; IX, 142 et suiv.

Borne (François de), sieur de Leugières. Voy. Leugières.

Borromée (Charles), neveu de Pie IV, cardinal-archevêque de Milan, II, 325; IV, 121; VI, 94.

Borromée (Frédéric), archevêque de Milan, IX, 229.

Bort (Corrèze), III, 131.

Borussie. Voy. Prusse.

Bosc (Isambert du). Voy. Bois d'Annebourg.

Bosme, Bosves. Voy. Boves.

Bosnie, VII, 237; VIII, 107.

— (pacha de), VIII, 367 et suiv.; IX, 219.

Bosphore (le), I, 337.

Bosquere (Jean de), hérétique supplicié en Flandres, I, 227.

Bosquet (Hélie du), hérétique supplicié à Aigues-Mortes, I, 226.

Bossat. Voy. Buciasch.

Bot (Baptiste de), VI, 181.

Bothéon. Voy. Bouthéon.

Bothwel (Jacques Hepburn, comte de), mari de Marie Stuart, I, 356-357; II, 356-363; III, 250.

Botollo (Don Diègue de), commandant la garnison de Sétuval (Estramadure), VI, 130.

Botti (Matteo), négociateur du mariage de Marie de Médicis, IX, 383.

Boucart (Antoine ou Jacques), grand maître de l'artillerie des huguenots, I, 243, 289; II, 10, 230, 232; III, 7, 33, 34, 59.

Boucé. Voy. Poncenat.

Bouchage (Henry, comte du), duc de Joyeuse, capucin sous le nom de Père Ange. Voy. Joyeuse (Henry, comte du Bouchage..., duc de).

Bouchain (Nord), VI, 52.

Bouchard (Amaury), chancelier de Foix et Béarn, I, 244, 294.

— Voy. Aubeterre.

Bouchavannes (Antoine de Bayancourt, sgr de), I, 280; II, 114; III, 311, 325.

Bouchaux (N. des), VII, 307.

Bouchebec (Jacques), hérétique supplicié à Meaux, I, 212.

Boucher. Voy. Bucher.
Bouchereau. Voy. Rochemorte.
Boucherie (la) (comm. de Saint-Sauveur-de-Landémont, Maine-et-Loire), VIII, 227 et suiv.
Bouchet (René Bigot, sgr du), gentilhomme protestant de la Marche, V, 371 et suiv., 380 ; VI, 4.
— (François du). Voy. Sourches.
— (Joachim du). Voy. Villiers.
— (Lancelot du). Voy. Sainte-Gemme.
— (Tanneguy du). Voy. Puygreffier.
Bouffard. Voy. La Grange.
Bougouin (Jean de Vivonne, sgr de), V, 289.
Bougouin. Voy. Espannes.
Bouillargues (Pierre Suau, dit le capitaine), capitaine huguenot, II, 64-68, 70, 138 ; III, 28 ; V, 296, 299.
Bouillé-Courdault (Vendée), VII, 47 ; VIII, 10.
Bouillé (René de), gouverneur de Nantes, III, 57.
Bouillon (duché de), I, 43.
— (château de), I, 127.
— Voy. Bourbon (Françoise de), La Mark et Turenne.
Bouillonnière, capitaine catholique, VII, 348.
Bouilly (N. Champeaux, sgr de), conseiller du Roi, III, 343.
Bouin (Vendée), VII, 339.
Boulainvilliers (Philippe de, sgr de Rouvray). Voy. Rouvray.
Boulati ou Bolati, capitaine catholique, VII, 91, 92.
Boulen. Voy. Boleyn.
Boulennes. Voy. Boulerne.
Boulereau (Jacques), hérétique supplicié en France, I, 213.
Boulerne, capitaine huguenot, VI, 222 et suiv.
Boullac, capitaine catholique, V, 210.
Boullé (N. du), assiégé dans Ville-Maréchal (1569), III, 156.
Boulogne (comtesse de). Voy. Mathilde.

Boulogne-sur-Mer (Pas-de-Calais), I, 39, 205 ; VI, 197.
Boulonnais (pays de), I, 37.
Bourbon (princes de), présents à la réunion d'une cour de justice dite Mercuriale, I, 233 ; contre-coup en Espagne de leur emprisonnement, 300 ; leurs titres à la régence à la mort d'Henri II, 240 ; leur discrédit auprès de Catherine de Médicis, 242 ; leurs partisans après la mort de Henri II, 244 ; adversaires des Guises, 244 ; complot de leurs adversaires, 278 et suiv. ; leurs desseins dévoilés par le vidame de Chartres, 280 ; équilibre que prétend établir Catherine de Médicis entre eux et les Guises, 296-297 ; conduite de Catherine de Médicis à leur égard, 301 ; opposition à eux faite par le triumvirat et le conseil, II, 18 ; alliés de Marie de Clèves, épouse de Condé, III, 280 ; déclaration du roi de Navarre en leur faveur, IV, 232 ; discrédités à la Rochelle, V, 91 ; opposition déloyale qui leur est faite, 124 ; déclaration de d'Aubigné en leur faveur, VII, 5, 6 ; entrée du comte de Soissons dans leur parti, 130-131 ; leur héroïsme à Coutras, 154 ; écrits en leur faveur, VIII, 327.
— (Catherine de), duchesse de Bar, sœur de Henri IV, III, 291, 359 ; V, 85-86, 212 ; VI, 46, 154-155 ; VIII, 324, 378, 385 ; IX, 199, 301 et suiv. ; 308, 362, 383, 459.
— (Catherine de), abbesse de N.-D. de Soissons, sœur de Condé, II, 215.
— (Charles, dit le cardinal de Vendôme, puis de), sa déclaration lors de son emprisonnement, 1, 31 ; sa mission auprès du prince de Conti et

d'Antoine de Bourbon, 281-282, 289; reçoit le roi de Navarre et Condé, 292; présent aux Etats généraux d'Orléans, 304; au colloque de Poissy, 314; sa mère, II, 17; ses négociations avec Condé, 103; cité dans les considérants de l'édit d'Amboise, 186; son acte d'hommage à Charles IX, 203; ses négociations avec le cardinal de Châtillon, 277; mêlé au mariage du Béarnais, III, 301-302; sa visite à Coligny, 309; s'enfuit de Saint-Germain, IV, 224; sa visite au prêche de Rouen, V, 110; aux Etats de Blois, 136 et suiv.; élu chef de la ligue, VI, 174; son manifeste, 176, 177; sa requête à Henri III, VII, 219; aux Etats de Blois, 317 et suiv.; déclaré héritier de la couronne, 303, 380; emprisonné, 393; visité par Catherine de Médicis, 396; son successeur aux yeux de la ligue, VIII, 91; déclaré roi de France, 149, 199; sa mort, 227; au siège de Rouen, 264; sa mort rappelée, 297, 328, 330.

Bourbon (Charles de Vendôme, cardinal de), petit-neveu du précédent, VIII, 332, 342.
— (Charles de), fils naturel d'Antoine de Bourbon, évêque de Comminges, de Lectoure, puis archevêque de Rouen, VII, 355; IX, 302.
— (Charlotte de), fille de Louis II, duc de Montpensier, III, 285; VI, 338.
— (Marie de), fille de François de Bourbon, comte de Vendôme, I, 128.
— Voy. Antoine, Condé, Conti, Dombes, Montpensier, Rubempré, Soissons, Vendôme.

Bourbon-Montpensier (Françoise de), femme de Henri-Robert de la Mark, duc de Bouillon, puis de René de Villequier, III, 360; VI, 192.

Bourbonnais, II, 259; III, 151.
Bourbourg (Nord), VI, 332; VII, 276, 278.
Bourci, capitaine huguenot, V, 24.
Bourdeaux, capitaine catholique, VII, 155.
Bourdeilles (François Ier de), évêque de Périgueux, VII, 37.
— (Henry de), gouverneur de Périgord, IV, 339; IX, 122.
— Voy. Ardelay, Brantôme.
Bourdel (Jean), hérétique supplicié en Amérique, I, 223.
Bourdet (Guy Acarie du), dit Romegoux, capitaine huguenot, frère du suivant. Voy. Romegoux.
— (Jean Acarie, sgr de Crazannes et du), II, 91, 93, 95, 286 et suiv.
— (N., Acarie, sgr du), capitaine français, défenseur d'Haarlem, III, 163.
Bourdic (Pierre de), sgr de Villeneuve, gouverneur de Montpellier, V, 353 n.
Bourdier. Voy. Boursier.
Bourdillon (Imbert de la Platière, sgr de), maréchal de France, I, 70; II, 119, 149, 186, 198, 213.
Bourdin (Gilles), procureur général au Parlement de Paris, I, 232, 295, 370.
Bourdon (Puy-de-Dôme), V, 17.
— (Pierre), hérétique supplicié en Amérique, I, 223.
Bourg (le), forteresse de l'île de Malte, II, 307, 311.
— (Anne du), conseiller au parlement de Paris, hérétique supplicié, I, 226, 234, 235, 239, 252 et suiv.
— (Jean du), hérétique supplicié à Paris, I, 207.
— (Du), intrigant, VI, 101.

Bourg (Du), défenseur de la Bastille en 1594, IX, 17.
— (Du), mestre de camp commandant à Laon en 1594, IX, 30.
— (comte de). Voy. Brouck.
Bourgade (la) (Deux-Sèvres), VII, 16.
Bourgade (Pierre), ministre huguenot de Sancerre, IV, 181.
Bourg-Dieu. Voy. Déols.
Bourgeat. Voy. Bourjac.
Bourgeau (Jean), président du parlement de Tours, II, 8.
Bourg-en-Bresse (Ain), I, 73; II, 53, 54; III, 169, 348; IX, 323, 324, 334, 342, 344, 347, 349.
Bourgeois (Jérôme), évêque de Châlons, II, 6.
Bourges (Cher), supplice d'hérétiques, I, 213, 215; sa défense confiée au duc de Montpensier lors de la conjuration d'Amboise, 266; au pouvoir des réformés, II, 19; mission du sieur d'Yvoy, 41; objectif du sieur de la Fayette, capitaine catholique, 75; assiégée et prise par l'armée royale, 77-80; sa garnison au siège de la Charité, 141; massacre de réformés, III, 3; emprisonnement du capitaine Renty, 150; les réformés tombent dans l'embuscade préparée par la Chastre, 154-155; la Saint-Barthélemy, 345; offerte aux réformés comme ville de sûreté, IV, 377; cédée aux huguenots, V, 79; entrée du duc d'Alençon, 85; séjour du duc d'Alençon, 114; se déclare en faveur de la ligue, VII, 227; arrivée de La Chastre et son discours contre Henri III, VIII, 26; manifestation en faveur de La Chastre, IX, 8.
— (l'Académie de), V, 117.
— (archevêque de). Voy. Beaune (Renard II de), Sully (Simon Ier de).

Bourges (porte de), à la Charité, III, 84.
— (porte de), à Sancerre, III, 40.
Bourget, capitaine catholique, V, 240.
Bourgmoyen, faubourg de Blois, II, 275.
Bourgneuf, faubourg de Blois, II, 275.
Bourgogne, supplice d'hérétiques, I, 213; massacre de réformés, II, 47; retraite de Maugiron en Bourgogne devant des Adrets, 55; voyage de Charles IX, 211; sa noblesse ralliée par Philippe Strozzi, 239; levée de troupes pour le prince de Condé, III, 7; exploits des réformés, 172; menacé par le prince d'Orange, 210; la Saint-Barthélemy, 354; traversée par les troupes de Condé, V, 17; plaintes contre les reitres, 96; entre dans la Ligue, 109; ses députés aux États de Blois, 136; votent contre les mesures de rigueur à l'égard des réformés, 170; ravagée par les troupes de Casimir de Bavière, 304; exigences de Casimir, 306; exécution de l'édit de paix de 1578, 368; pays d'origine de Jacques Clément, VIII, 73; siège de Sens par Henri IV, 194; les idées des ligueurs sur l'ancien duché de Bourgogne, 330; invasion des Espagnols, IX, 43; le duc de Mayenne en Bourgogne, 48-49; députés huguenots à l'assemblée projetée des églises réformées, 87-88; arrivée du maréchal de Biron, 322; fabrication d'armes, 322; comprise dans la paix de Savoie, 346; promise à Biron, 365; convocation d'États à Dijon, prétextée par Biron, 366; nouvelle de l'arrestation de Biron, 368.

Bourgogne (maison de), VI, 292.
— Voy. Amberg, Fromont, Wacken.
— (ducs de). Voy. leurs noms.
Bourgoigne (porte), à Orléans, II, 146.
Bourgoin (François), hérétique angevin supplicié, I, 216.
Bourgoing (Edmond), prieur des Jacobins, confesseur de Jacques Clément, VIII, 73.
Bourgonnière, capitaine huguenot. Voy. La Bourgonnière.
Bourg-sur-Gironde (Gironde), III, 60; VI, 38.
Bourgueil (Indre-et-Loire), III, 20, 281; VII, 130.
Bourguet (le), faubourg de Sommières (Gard), IV, 50.
Bourguignons (soldats), I, 46; IX, 442 et suiv.
Bourjac (Félix), sgr de Touranne, sénéchal du Valentinois, chargé du gouvernement de Lyon par le baron des Adrets, II, 55.
Bourlemont. Voy. Amblise.
Bourriglès, capitaine protestant, III, 89.
Bourrouge. Voy. Halot.
Bourry (Charles du Bec-Crespin, baron de), capitaine huguenot, II, 235, 237, 282; III, 89, 90; V, 209.
— Voy. Gerzai.
Bours (Jean V de), évêque de Laon (1564-1580), V, 136.
— (Pontus de Noyelles, sgr de), commandant à Anvers, V, 337.
Bourses. Voy. Saint-Martin-Bourses.
Boursier ou Bourdier (Jean), sgr de Barry, capitaine huguenot, IV, 53.
Bousquier (François), bourgeois de Marseille, VII, 85.
Boussu (Maximilien de Hennin, comte de), gouverneur d'Amsterdam, IV, 74, 75, 79 et suiv., 160; V, 61, 62; VI, 140; VIII, 400.

Boutaud. Voy. Chesnevert.
Bouteiller, docteur catholique, II, 4.
Bouten, près Bonn (Allemagne), VII, 275.
Bouteville (Charente), III, 186, 205; IV, 218, 349; V, 212.
— (Louis de Montmorency de), VIII, 47.
— (N., sgr de), III, 156.
Bouthéon (Guillaume de Gadagne, marquis de), sénéchal de Lyon, VIII, 22; IX, 10.
Boutières (Guigues Guiffrey, sgr de Botières ou), gouverneur de Piémont, III, 168.
— Voy. Saint-Julien-Boutières.
Boutonne (la), affluent de la Charente, III, 55, 135.
Bouvans (Charles-Philibert de), IX, 335 n.
— (Jean-Anne de), sgr de Châtillon, Saint-Julien, comte de Saint-Pierre (marquisat de Saluces), gouverneur de Bourg-en-Bresse, fils du précédent, IX, 334-335.
Bouvier (Marin de), prévôt des maréchaux, I, 285; IX, 259.
Bouvines (Nord), I, 49; VI, 139, 142.
Bouyer. Voy. Bouvier.
Bouzet. Voy. Castera.
Boves, Boves, Bosme (Somme), IX, 132.
Bovinham. Voy. Rovinhan.
Bower (Thomas), hérétique supplicié en Angleterre, I, 222.
Boxtel (Brabant hollandais), VII, 270.
Boyd (Lord), abandonne le parti de Marie Stuart, IV, 139.
Bozancieux (Isère), VIII, 169.
Brabant (province de), I, 204, 208, 210, 213; III, 259; IV, 81; VI, 191, 284, 326, 330; VII, 270; VIII, 407; IX, 241, 247, 424.
— (chancelier de). Voy. Liesweld (Théodore de).
— (duc de), titre conféré au duc d'Anjou, VI, 133.

Brabant (Etats de), V, 73; VI, 143, 326; VIII, 397; IX, 241.
— (gouverneur de), titre conféré au prince d'Orange, VI, 136.
— (Grand Conseil de), IX, 267.
Brac (Jean), capitaine du château de Beaufort-en-Vallée (Maine-et-Loire), VI, 243 et suiv.
Bracamonte (Gonzalez de), commandant les troupes sardes au siège de Malte, II, 321.
Bracciano (Paolo-Giordano Orsino, duc de), VI, 308.
— (Virginio Orsino, duc de), IX, 338, 400.
Bracciolini. Voy. Le Pogge.
Bradlerig (Georges), hérétique supplicié en Angleterre, I, 220.
Bradford (Jean), ministre réformé supplicié en Angleterre, I, 219.
Bragadino (Andrea), capitaine vénitien, IV, 102.
— (Marc'Antonio), amiral vénitien, défenseur de Famagouste, IV, 98 et suiv., 101, 102; VIII, 375.
— (Filippo), amiral vénitien, IV, 120.
Bragance (Jean de Portugal, duc de), VI, 130, 131, 312.
— (Catherine de Portugal, duchesse de), V, 314.
— (Théodose de Portugal, duc de Barcellos, puis de), VI, 312.
Bragard. Voy. Autard (Balthazard).
Brahilow, Brajelovo (Valachie), V, 34.
Brais (Guy de), hérétique supplicié à Anvers, II, 339.
Brajelovo, peut-être Brahilow. Voy. ce mot.
Brakel (Prusse), VII, 276.
Brancaccio (Giulo), capitaine romain, II, 133, 150.
Brancas (Georges de), chevalier de Malte, dit le chevalier d'Oise, IX, 57 et suiv.
— Voy. Céreste, Villars.

Brande (moulin de la), près la Rochelle, IV, 16.
Brandebourg (les reitres du), IX, 226.
— (Albert de), grand maître de l'ordre teutonique, I, 42, 44; II, 179.
— (Jean-Georges, margrave de), IV, 199; V, 75; VI, 237.
— (Joachim-Frédéric de), administrateur de l'archevêché de Magdebourg, électeur de Brandebourg, III, 214; IX, 299, 469.
— (Marie de), épouse de Frédéric III de Bavière, comte palatin, II, 251.
Brandis (Jacques de Montmayeur, comte de), gouverneur et défenseur de Montmélian, IX, 330 et suiv., 332.
Branne (Gironde), II, 90; VI, 276; VII, 73.
Branqueti (N.), colonel du duc de Savoie, IX, 167.
Brantôme (Pierre de Bourdeilles, abbé de), IX, 302.
Bras-Cornu (pont du), près Jametz (Meuse), VII, 362.
Bras-de-Fer. Voy. La Noue.
Brassaud (le) (comm. de Soulignonne, Charente-Inférieure), VII, 12, 22.
Brau (fort du), aux confins du Poitou et de l'Aunis, VII, 294, 208.
Brava (Hindoustan), VIII, 110.
— sur la côte d'Ajan, près de Zanguebar, VII, 241.
Brave, capitaine huguenot, puis catholique, IV, 32, 292, 298.
Bray-sur-Seine (Seine-et-Marne), II, 255.
Bréauté (Charles de), IX, 437.
Bréchainville, capitaine huguenot, II, 238.
Bréda (Hollande, prov. du Brabant septentrional), II, 349; V, 69, 338; VI, 136, 326, 349; VIII, 130, 393 et suiv., 398.
— (Jean de), grand archidiacre

5

de l'église de Paris, député aux Etats de Blois, V, 162.

Brederode (Floris de), sgr de Clœtinghen, commandant un régiment aux Pays-Bas, VIII, 407.

— (Henry de), sgr de Viane et d'Almeyden, chef des confédérés de Flandre, II, 341, 344, 348, 350, 354; IX, 265.

— (Lancelot ou Ladislas de), IV, 164.

Brederode-Landas (Walffaert de), VIII, 130.

Bredevoort (Gueldre), IX, 259, 425.

Breedene (Belgique, prov. de Flandre occ.), IX, 439.

Breefort. Voy. Bredevoort.

Breitschivert (N.), capitaine allemand, tué dans la guerre contre les Turcs, IX, 226.

Breloux (Deux-Sèvres), VII, 19.

Brême (ville de), VII, 264.

Bremesan, Barmesan (château de), près Cavour, IX, 171.

Brenestad (?)(Angleterre), I, 222.

Brenezay (Antoine de), sgr de Boisbriand, sénéchal de Nantes, VIII, 291 et suiv.

Brentz (Jean), docteur luthérien, I, 333.

Brescia, Bresse (Hector de), capitaine vénitien, défenseur de Famagouste, IV, 102.

Brésil, I, 114, 115, 117; III, 245; IX, 264.

Bresle, erreur pour Bresse. Voy. Baza.

Bressault (René de la Rouvraye, sgr de), capitaine protestant, II, 244; III, 13, 15, 43.

Bresse (province de), II, 133; VIII, 101; IX, 43, 314, 316, 323, 345, 365.

— Voy. Brescia.

Bressieu (Aymar-François de Grolée-Mévouillon, sgr de), capitaine catholique, II, 270, 272.

Bressigny. Voy. Pressigny.

Bressuire (Deux-Sèvres), III, 188.

— Voy. Strozzi (Philippe).

Brest (Finistère), I, 117, 186.

Bretagne. Projets de descente des Anglais en 1558, I, 40; arrivée de Jean de Léry, de retour du Brésil, 119; supplice de Thomas Redon, carme albigeois, 203; organisation du parti réformé, 261; voyage du connétable de Montmorency, 273; desseins des Bourbons sur cette province, 280; débuts de la Réforme, 289; patrie de Tanneguy du Châtel, 303; séjour de d'Andelot, III, 12, 15; gouvernement de la province donné au duc de Montpensier, 140; la Saint-Barthélemy, 350; secours tirés de Bretagne par l'armée royale pendant le siège de la Rochelle, IV, 133-135; levées de troupes, 226; ses députés se prononcent aux Etats de Blois pour les mesures de clémence, V, 170, 182; surprise de Concarneau par les réformés, 187 et suiv.; projets des Rochelais de couper les communications de la Bretagne avec Bordeaux, 262; mission de d'Aubigné, 386; le château de Montaigu, l'une des clefs de la Bretagne, VI, 156; arrivée du roi de Portugal, 168; passage de Condé, 265; déroute des troupes de Condé, VII, 8; départ du duc de Rohan, 14; enlèvement de Renée de Rieux, 86; projets de d'Aubigné sur la Bretagne, 335, 338; armée contre le roi de Navarre, 342; événements militaires, 346 et suiv.; manœuvres des évêques en faveur de la Ligue, VIII, 27; échec de la Ligue à Rennes, 30; exploits du duc de Mayenne, 55 et suiv.;

aventures du comte de Soissons, 58 et suiv.; arrivée du prince des Dombes, 60; projet d'expédition de Lavardin et du marquis de Belle-Isle, 229; suite des hostilités en Bretagne, 271 et suiv., 278; bataille de Craon, 288, 290 et suiv.; titres de la maison de Bretagne à la couronne, 330; députés huguenots à l'assemblée projetée des églises réformées, IX, 87, 88; campagne du duc de Mercœur, 175 et suiv.; campagne de l'armée royale, 186 et suiv.; soumission de la province à Henri IV, 271 et suiv.; voyage de Henri IV, 280; restitution du Blavet à la France par les Espagnols, 299.

Bretagne (Parlement de), I, 259; V, 77.

— Voy. Etampes, Goello.

Bretaigne (Jean), maire d'Autun, représentant du tiers état au colloque de Poissy, I, 310.

Bretauville (Nicolas de Bonnefoy, sgr de), capitaine huguenot, III, 185, 197; IV, 218; V, 360; VI, 36, 39 et suiv.

Bretelin (André), hérétique supplicié à Annonay, I, 208.

Bretenai (Jacques), hérétique supplicié à Langres, I, 213.

Bretœuil-sur-Iton (Eure), VIII, 257.

Brethin. Voy. Normand.

Bretin. Voy. Normand.

Breton (le chevalier), capitaine piémontais, VIII, 23.

Bretonnière (la), près Montaigu (Vendée), VI, 80, 85.

— (la), faubourg de Saintes, VII, 35.

Bretons, I, 114; II, 101; III, 62; IV, 135, 242; V, 189; VI, 222 et suiv.; VII, 11, 369; VIII, 59, 278.

— Voy. Anglais.

Breuil (la tour du), à Jametz (Meuse), VII, 368.

— Voy. Chalmot, Le Breuil.

Brèves (François Savary, sgr de Maulévrier et de), ambassadeur de France à Constantinople, IX, 390, 400.

Brezai. Voy. Brenezay.

Brezé (Claude de Maillé, marquis de), tué à Coutras, VII, 128, 159.

— (Philippe de Maillé, sgr de), capitaine des gardes du roi, I, 260, 293.

— (Simon de Maillé-), archevêque de Tours, I, 260 n.

Briançon (Hautes-Alpes), II, 51, 63; IX, 200, 328.

— (François du Lude, sgr de), III, 102 et suiv.

Briandière. Voy. La Briandière.

Briare (Loiret), III, 88, 90.

Briatexte (Tarn), VI, 44.

Bribard (N.), secrétaire du cardinal Du Bellay, hérétique supplicié en France, I, 209.

Brichanteau (le capitaine), fils du sieur de Brigneux, VII, 373.

— Voy. Beauvais-Nangis, Saint-Martin-de-Nigelles.

Briçonnet (Guillaume), cardinal, III, 329.

— Voy. Yverny.

Bricqueville. Voy. Colombières.

Bridoire (la), près Rochefort, III, 186; VI, 274.

Brie (province de), I, 204, 209, 213, 261; VI, 34; VIII, 23, 56, 82, 215, 411.

Brielle (île de Voorn, Hollande), IV, 74; VII, 254.

Brienne (Charles de Luxembourg, comte de), VII, 309; VIII, 41, 45.

— (Jean de Luxembourg, comte de) et de Ligny, IV, 36.

— capitaine catholique, IV, 382 et suiv.

Brigard (François), procureur de l'hôtel de ville de Paris, VIII, 246.

Briguac. Voy. Brilhac, Brugnac.

Brigneux (N. de), gouverneur de Beaugency et colonel de gens de pied, père du capitaine Brichanteau, VII, 378; VIII, 12 et suiv., 185 et suiv.

Brignoles (Var), I, 323; II, 57; VIII, 311.

Brignolet (N.), mêlé à l'entreprise du duc de Savoie sur Genève, IX, 374 et suiv.

Brignolles, nom d'une qualité de prunes, VII, 388.

Brillaud (Jean-Ancelin), avocat au Parlement de Bordeaux, attaché à la maison de Condé, VII, 206.

Brilhac (René d'Argis, sgr de), chevalier de l'ordre, maître d'hôtel ordinaire de la reine mère, III, 11, 74.

Brillaud. Voy. Brilhac.

Brimeu. Voy. Meghem.

Brinon (Yves), espion de Catherine de Médicis, IV, 228.

Brioc. Voy. Brac.

Brion (Antoine Foucauld, sgr de), précepteur du prince de Conti, III, 323.

— (Denis), hérétique supplicié à Angers, I, 207.

— (Jean des Vieux, sgr de), lieutenant du baron des Adrets, II, 53, 54.

— (le capitaine), de la compagnie du duc de Guise, II, 53 n.

— (N.), capitaine huguenot, VI, 227.

Brion-près-Thouet (Deux-Sèvres), V, 258; VI, 218.

Briquemault (François de Beauvais, sgr de), capitaine protestant, présent à l'assemblée de Châtillon-sur-Loing, II, 10; combat la proposition de l'exil volontaire du prince de Condé, 38; délégué en Angleterre par Condé, 41, 80, 89; présent à l'assemblée des chefs huguenots au château de Valéry, 230; sous les ordres de Coligny autour de Jarnac, III, 46, 47; au combat de la Roche-Abeille, 72, 73; au siège de Poitiers, 105, 108; attaque le duc d'Anjou, 112; à Moncontour, 120 et suiv.; se retire à Bourgdieu (Indre), 146; défenseur de Vézelay, 147; de la Chapelle-Angillon, 151; à « la surprise » de Bourges, 155; passe en Bourgogne, 172; au combat d'Arnay-le-Duc, 174 et suiv.; député à la cour par les huguenots, 276; échappé à la Saint-Barthélemy, 328; son procès, sa condamnation, sa mort, 367; IV, 296, 363; VII, 372 n.

Briquemault (Jean de Beauvais, sgr de), capitaine protestant, fils du précédent, III, 71, 72, 332; VII, 372.

Briquemault. Voy. Villemongis.

Briquemault-Noyan (N. de Beauvais, sgr de), gentilhomme de la chambre du roi de Navarre, VII, 91; IX, 169.

Briqueras (Lombardie), IX, 166-172, 175.

— (le chevalier de), IX, 333.

Briqueville. Voy. Colombières.

Brisai. Voy. Trizay.

Brisgau (pays de), I, 205.

Brissac (Charles Ier de Cossé, comte de), maréchal de France, I, 56, 59, 64, 247, 296, 304; II, 121, 186, 205, 298.

— (Charles II de Cossé, comte, puis duc de), fils puîné du maréchal de Brissac, maréchal de France, VI, 227 et suiv., 244, 246, 255, 317; VII, 212 et suiv., 317 et suiv., 394, 400, 401; VIII, 26, 46, 177, 179, 236 et suiv., 241; IX, 14, 17, 18, 184 et suiv.

— (Timoléon de Cossé, sgr de), fils aîné du maréchal de Brissac, II, 104, 134, 207, 276, 301; III, 22, 32, 37, 43, 46, 50 et suiv., 55, 57, 59, 73.

TABLE DES MATIÈRES.

Brissac (le *Grand-* et le *Petit-*), bateaux corsaires, IV, 353.
Brisson (Barnabé), conseiller, puis premier président du Parlement de Paris, V, 91; VIII, 246 et suiv.
— Voy. La Boissière.
Brito (Antonio de), IX, 407.
Brive-la-Gaillarde (Corrèze), V, 221.
Broc. Voy. Brac.
Brocas (N.), gouverneur de Casteljaloux, V, 242.
— (N.), capitaine huguenot, frère du précédent, V, 242 n.
Brodeau. Voy. La Chassetière.
Broglie (Louis de), dit Le Breuil, chevalier de Malte, II, 308.
Brokenhausen (Jacques), amiral danois, II, 179.
Bronchorst (Hollande, prov. de Gueldre), VI, 335, 341.
— Voy. Battembourg.
Brooke (Guillaume). Voy. Colham.
Brossay-Saint-Gravé (Christophe de Matz, sgr de), capitaine huguenot, IV, 246.
Brosse. Voy. La Brosse.
Brossé (N. du), capitaine catholique, III, 171.
Brosses. Voy. Etampes.
Brou (Jean de), sgr de Cossesseville, gouverneur de Domfront, VIII, 279.
Brouage (Charente-Inférieure). Entreprise de La Noue, III, 181; assiégée par Rohan-Pontivy, 197; objectif du capitaine La Rivière, 198; se rend au comte de La Rochefoucauld, 198, 199, 203; envoie de l'artillerie contre le château de Saint-Jean-d'Angély, IV, 350; menacée par les catholiques, 353, 356, 357; entrée du roi de Navarre, V, 87; passage de Condé, 89; demande d'artillerie à La Rochelle pour Brouage, 92; retour de Condé, 92; préparatifs de défense contre Landreau, 119; le baron de Mirambeau, son seigneur, 171; menacée par Lanssac, gouverneur de Blaye, 215; par le duc d'Alençon, 234; par Lanssac, 255, 256; arrivée de Condé, 258, 260; projets de siège par Mayenne, 261-265; le siège et la reddition de la ville, 268 et suiv., 285, 290, 294, 317; François d'Epinay-Saint-Luc, gouverneur, VI, 74; intelligences des Espagnols dans Brouage, 183; desseins de d'Aubigné sur Brouage, 186, 190; marche du capitaine ligueur Sainte-Catherine, 218, 219; assiégée par Condé, 231 et suiv., 248, 250, 251, 279; départ de Condé et levée du siège, 251, 273 et suiv.; échec des réformés rappelés, VII, 9; fortification des places voisines par Mayenne, 12; licenciement par d'Aubigné des troupes du siège de Brouage, 14; compagnies catholiques détachées de Brouage dans Soubise, 23; détachées vers Oléron, 25; déroute de ces dernières, 33; desseins de Condé sur la ville, 48 et suiv.; rendez-vous d'honneur assigné par Saint-Luc à d'Aubigné prisonnier, 58, 59; captivité de d'Aubigné, 78; négociations de Saint-Luc et de Philippe II, 231; retraite des ligueurs expulsés de Bordeaux, VIII, 34.
Brouck [en Gueldre] (N., comte de), IX, 426.
Broue (Charente-Inférieure), V, 265.
Brouet (Pasquier), disciple d'Ignace de Loyola, II, 173.
Broun (Jean), martyr albigeois, I, 202.
— (Thomas), hérétique supplicié en Angleterre, I, 221.
Brouzils (les) (Vendée), VII, 372.
Brucht. Voy. Burcht.

Bruères. Voy. Bruyères.
Brugairolles (Aude), V, 351.
Brugère (Jean), hérétique auvergnat supplicié, I, 213.
Bruges (Belgique, prov. de Flandre occ.), IV, 92, 144; VI, 338, 346, 350; VIII, 393; IX, 245, 438, 439, 446.
— (évêque de). Voy. Drieux (Remi).
Brugnac (N., sgr de), gentilhomme agenais, V, 227.
Brühl (électorat de Cologne), VII, 258.
Brulart. Voy. Sillery.
Brulli (Pierre), hérétique supplicié à Valenciennes, I, 210.
Brumenfani, gouverneur de Châtillon, en Bretagne, IX, 186.
Brunaulieu. Voy. Brignolet.
Brune (la), fort de l'île de Marans, V, 24, 56, 57; VII, 290, 299.
Bruneau (Jean), ancien avocat du bailliage de Gien, capitaine huguenot, IV, 312 et suiv.
— (N.), contrôleur de la maison de Coligny, III, 316.
Brunet (Bernardin), ancien maire de Beaune, capitaine huguenot, IX, 51.
— (Louis). Voy. Lestelle.
Bruneti, capitaine huguenot, IV, 208.
Bruniquel (Tarn-et-Garonne), I, 180.
— (François-Roger de Comminges, vicomte de), capitaine huguenot, II, 258, 269, 271, 272; III, 44.
— (Louis-Roger de Comminges, vicomte de), lieutenant du duc de Joyeuse, VIII, 304 et suiv.
Brunsbüttel (Holstein), I, 359.
Brunswick (Eric, duc de), dit l'Ancien, I, 69 n.
— (Eric, duc de), fils du précédent, I, 68; II, 179, 344.
— (Eric de), bâtard, VIII, 192.

Brunswick (Henry-Jules de), évêque de Halberstadt, VI, 237; IX, 433.
Brunswick-Lunebourg (Henry, duc de) (1533-1598), III, 245; V, 348; VI, 352.
Brunswick-Wolfenbüttel (Henry, duc de) (1489-1568), I, 358.
Brussière. Voy. La Bussière.
Brutus, cité, IX, 465.
Bruxelles, I, 209, 222; II, 342, 352, 353; III, 211, 257; IV, 149; V, 65, 71, 72, 329, 331; VI, 324, 337, 346, 350, 355-358; VIII, 404; IX, 8, 241, 246.
— (Constantin de), hérétique supplicié à Bruxelles, III, 257.
Bruyères (N., sgr des), gentilhomme angevin, capitaine catholique, IV, 297, 356, 358; VI, 78 et suiv.
Bua (Pierre), officier tué à Lépante, IV, 119.
Buade (Antoine de), sgr de Frontenac. Voy. Frontenac.
Buarré (Hubert), hérétique supplicié en Bourgogne, I, 213.
Bucaro, fils du roi de Tunis, I, 112.
Bucaye (Corneille), hérétique supplicié en Angleterre, I, 220.
Buccleugh (Gautier Scott, sgr de), partisan de Marie Stuart, IV, 138.
Bucentaure (le), navire vénitien, IV, 268.
Buchapa (Zanguebar), VII, 241.
Bucher (Jacques), ambassadeur suisse auprès de Henri IV, VII, 184.
Buchy (Seine-Inférieure), VIII, 257.
Buci (porte de), à Paris, V, 14.
Buciasch, Bossat, Bokcia (comtat de Témès, Hongrie), IX, 203.
Buckereste. Voy. Bukarest.
Buckhurst (Thomas Sackville,

baron de), grand trésorier d'Angleterre, IX, 421.
Bucquoy (Charles de Longueval, comte de), IX, 443 et suiv.
Bucz (Jean de), hérétique supplicié en Flandre, I, 211.
Bude (Hongrie), I, 99; IX, 203, 213, 390 et suiv., 396.
— Voy. Achmet, Oroffan, Mehémet-Kihaya.
Buderich (Prusse), IX, 426.
Budoa (Dalmatie), IV, 105.
Bué (Cher), IV, 37.
Bueil. Voy. Fontaines, Racan, Sancerre.
Bueillon. Voy. La Forest.
Buendia (Jean de Acuna, comte de), gentilhomme de la chambre de Philippe II, I, 348.
Buffes, capitaine de Henri IV, VIII, 209; IX, 52.
Buffières. Voy. Pierre-Buffières.
Bugle (Thomas), martyr albigeois, I, 203.
Buhaçon (Muley). Voy. Abou-Hassoun (Moulay).
— lieutenant du roi de Fez, gendre de Mahomet, roi de Méquinez, I, 106-109.
Buhel, près Bonn, dans l'électorat de Cologne, VII, 275.
Buhy (Pierre de Mornay, sgr de), VIII, 153; IX, 73.
Buis (le) (Drôme), I, 287.
Buisson (Antoine du), sgr de Montmaur, lieutenant de Lesdiguières, IX, 163.
— (N.), capitaine de gens de pied huguenot, IV, 38.
Buissons (Jean des), hérétique supplicié en Flandre, I, 227.
Bujak (Hongrie), VIII, 373.
Bukarest (Valachie), IX, 211.
Bulgares, IX, 217.
Bulgarie, II, 300; IV, 107.
Bullinger (Henry), théologien protestant, IV, 93.
Bulter (Guillaume), hérétique supplicié en Angleterre, I, 219.

Buoncompagni (Hugues). Voy. Grégoire XII.
Buons (Antoine de Pontevez, sgr de), chevalier de Malte, gouverneur de Grasse, VIII, 316; IX, 170.
Burcht (Belgique, prov. de Flandre orientale), VI, 356.
Buren (Hollande, prov. de Gueldre), V, 69.
— (Philippe, comte de), fils du prince d'Orange, V, 332.
Burgau (Charles d'Autriche, margrave de), fils de l'archiduc Ferdinand, VIII, 126, 128.
Burick (duché de Clèves), VII, 264; VIII, 397.
Burie (Charles de Coucis, sgr de), lieutenant de roi en Guyenne, I, 266; II, 46, 47, 64, 91-94, 97.
Burin (Pierre), écrivain protestant, III, 364.
Buringes. Voy. Boringe, aux *Errata*.
Buron (Jean), hérétique poitevin supplicié, I, 224.
Burosse, capitaine royaliste, VIII, 238 et suiv.
Burrhus, commandant des troupes anglaises en Irlande, IX, 240.
Burse (Anatolie), I, 338.
Burvi (Jean), martyr albigeois, I, 203.
Burward (Antoine), hérétique supplicié en Angleterre, I, 220.
Busbecq (Auger de Ghislin, sgr de), ambassadeur de l'Empereur à Constantinople, I, 345 n.
Busebarre (Jean), hérétique supplicié à Meaux, I, 212.
Busigny, capitaine au service des Etats, aux Pays-Bas, IX, 441.
Busquet. Voy. Buis (le) (Drôme).
Bussière (bois de la), dans l'Orléanais, III, 88.

Bussière (château de la), près Grenoble, II, 54, 55.
Bussifontaine, près la Flocellière (Vendée), IX, 38.
Bussy (porte de), à Paris. Voy. Buci.
— Voy. Clermont d'Amboise.
Bussy d'Amboise (Louis de Clermont d'Amboise, sgr de Bussy, dit), fils de Jacques de Clermont d'Amboise, III, 322; IV, 33, 226, 291, 316, 352, 389, 390; V, 114, 115; VI, 94, 191, 192, 329.
Bussy-Leclerc (Jean), procureur au Parlement de Paris, VIII, 36, 148, 197 et suiv.; IX, 20.
Butterie (N. de), enseigne de gens de pied, VI, 32.
Buy (Gaspard de Heu, sgr de), beau-frère de La Renaudie, I, 277.
Buzancy. Voy. Amblise.
Buzenval (Seine-et-Oise), II, 237, 238.
— (Paul Choart, sgr de), ambassadeur en Angleterre et en Hollande, IX, 118, 385.
Buzet (Haute-Garonne), III, 388.
— (Lot-et-Garonne), VII, 47.
— (Hérard de Grossolles, sgr de), lieutenant de Monluc, II, 265.

C

Caban (le capitaine), capitaine catholique, II, 236.
Cabanes. Voy. Boniface, Montpeyroux.
Cabardez (tours de), à trois lieues de Carcassonne, I, 178.
Cabassole (N.), capitaine catholique, IV, 182.
Cabeçaseça, près Lisbonne (Portugal), VI, 310.
Cabrières (Vaucluse), II, 370.
Cacalla (le docteur), « prêcheur » de l'empereur Charles-Quint, I, 348.

Cacer (Moulay), frère de Mohammed el Ouattas, I, 106, 107.
— fils de Moulay Cacer, I, 107.
— (Moulay), fils de Mohammed el Ouattas, I, 106.
Cacherano. Voy. Caquerano.
Cadaillet (N.), sgr de Chiron, valet de chambre de Charles IX, III, 393, 394.
Cadeillan. Voy. Preissac.
Cadenet. Voy. Oraison.
Caderousse (Vaucluse), II, 60.
Cadet (Charles de Gault, sgr de Montbenoît, dit le capitaine), III, 180.
— (N.), capitaine catholique, III, 180.
Cadet-Gris (Le), assassin du comte de Schwartzembourg, IX, 394.
Cadière (la) (Var), VIII, 320; IX, 114.
Cadillac (Gironde), II, 213, 218; V, 95; VI, 146, 158, 328; VIII, 167.
Cadislequier, titre de Sinam, grand vizir, VI, 102.
Cadix (Espagne), III, 237, 241; VI, 110, 123, 372; VII, 246; IX, 233, 234 et suiv., 420.
Cadsand, ou Kadsand, île de Hollande (Zélande), VII, 269.
Caen (Calvados), II, 89, 122, 123, 139, 143; V, 110; VIII, 155, 179.
Cahors (Lot), II, 7, 23; VI, 9 et suiv.; IX, 382.
Cahuzac-sur-Vère (Tarn), I, 180.
Caïd (Moulay), fils d'Ahmed el-Aaredj, I, 105, 106.
Caignoncle (Michelle de), hérétique suppliciée à Valenciennes, I, 215.
Cailard, médecin du roi de Navarre, V, 13.
Caillebotte. Voy. Le Bris.
Caillon (Michel), hérétique supplicié à Meaux, I, 212.
Caillou (Jean), hérétique tourangeau supplicié à Paris, I, 225.

Caïphe (le grand prêtre), I, 145.
Caire (le), VI, 99.
Cajarc (Lot), VI, 10.
Cajétan (Camille), patriarche d'Alexandrie et nonce en Espagne, IX, 413.
— (le cardinal Henri), légat en France, VIII, 195 et suiv., 248.
— (Honoré), capitaine romain, IV, 118 et suiv.
Calabre, I, 173, 227; II, 326; IV, 130; IX, 412.
Calais (Pas-de-Calais), I, 72-75, 308, 355; II, 187, 332; VI, 315; VIII, 117, 125; IX, 70 et suiv., 264, 299.
Calatagirone (Bonaventure), général des Cordeliers, IX, 315, 355.
Calatayud (Espagne, prov. d'Aragon), VIII, 380.
Calatrava (ordre de). Voy. Requesens.
Calbergne (Thomas), hérétique supplicié aux Pays-Bas, I, 218.
Calcar (Prusse), IX, 426.
Calcken (Belgique, prov. de la Flandre orientale), VI, 337.
Calefato (Marc' Antonio), amiral des galères de Toscane, IX, 399.
Calicut (côte de Malabar), VI, 124.
Calignon (Geoffroy de), secrétaire de Lesdiguières, chancelier de Navarre sous Henri IV, I, 172; IX, 276, 277.
Calliste (Germain Garraut, dit), tué à la Saint-Barthélemy, III, 324.
Calloccio, de Sienne, capitaine italien en France, III, 112.
Calloo (Belgique, prov. d'Anvers), VI, 356.
Calmette (la) (Gard), VI, 24, 25.
Calokers, sorte de derviches turcs, V, 36.
Calvèse (Jean-Pierre de), II, 92.
Calvet (N.), capitaine huguenot, VIII, 284.
Calvière. Voy. Saint-Côme.
Calvin (Jean), II, 158; IX, 199.
Calvinet (Cantal), V, 221.
Calvinistes, en Flandre, II, 345.
Calvisson (Gard), III, 152, 391; IV, 47.
Cam, titre porté par les chefs géorgiens, VI, 105.
Camas. Voy. Chosmas.
Cambalu, ancien nom de Péking, I, 119.
Cambaye (royaume de Guzerate), VII, 241.
Cambel (Alexandre), jacobin, I, 206.
Camberlant. Voy. Cumberland.
Cambert (le sieur de), capitaine catholique, VIII, 284.
Cambrai (Nord), I, 48; VI, 52, 328, 342; VIII, 367; IX, 72 et suiv., 191.
Cambridge (Angleterre), I, 222.
Camène, fille de Soliman II, I, 95.
Camerarius (Barthélemy), théologien napolitain, I, 170.
Cameret. Voy. Cabardez.
Camors (N., baron de), capitaine ligueur, en Bretagne, IX, 184.
Campagnac (Bernard de Gontaut-Saint-Geniès, sgr de), II, 253, 254.
Campen (Hollande, prov. d'Over-Yssel), IV, 151, 152; VI, 139; IX, 248.
Camperveer. Voy. Veere (la) (Hollande).
Campet (Gaston du Lion, baron du), VI, 188.
— Voy. Saujon.
Campli (Italie, prov. des Abruzzes), I, 63.
Campo (Christophe de), hérétique supplicié à Valladolid, I, 348.
Campois (N.), capitaine huguenot, VI, 251 et suiv.
Camus, capitaine du duc de Bouillon, VIII, 353.
— Voy. Pont-Carré.
Canach (le), fleuve de Géorgie, V, 321, 322.
Canad (Transylvanie), IX, 209.

Canal (N.), capitaine genevois, IX, 378.
Canald (Jacques), hérétique supplicié en Écosse, I, 211.
Canano (Jules), cardinal, VI, 306.
Canaples (Jean de Créquy, sgr de), I, 48.
Canariens présentés à Charles IX, II, 218.
Canaye (Philippe), sgr de Fresne, ambassadeur à Venise, IX, 294.
Candale (la tour), à Sommières (Gard), IV, 50.
— (Frédéric de Foix, comte de), comte de Benauges et d'Astarac, II, 213, 218, 265.
— (Henri de Foix de la Valette, comte de), fils du précédent, III, 158; IV, 50.
— Voy. Epernon.
Candelai (N.), capitaine huguenot, VI, 233; VII, 21.
Candie. Voy. Chypre.
— (duc de), I, 204.
Cani. Voy. Cany.
Canis. Voy. Cany.
Canillac (Jean-Timoléon de Beaufort-Montboissier, marquis de), gouverneur de la Haute-Auvergne sous Henri III, III, 200; VII, 105; IX, 306.
Canischa, Canisa, Kanisa (Basse-Hongrie), sur la Drave, II, 299; IV, 107; V, 41; IX, 392, 394, 395, 398.
Canisy (Henri de Carbonnel, sgr de), VIII, 276, 309.
Cannibales présentés à Charles IX à Bordeaux, II, 218.
Canope (le), près du détroit de Magellan, I, 115.
Canser. Voy. Campver.
Cansson (Thomas), hérétique supplicié en Angleterre, I, 219.
Cantarac. Voy. Tharot.
Canto, capitaine gascon, VIII, 292.

Cantorbéry (Angleterre), I, 222; VI, 289, 333.
— (évêque de). Voy. Arondel.
Canus (Alexandre), hérétique normand supplicié à Paris, I, 206.
— (Melchior), théologien, de l'ordre de saint Dominique, I, 348.
Cany (François de Barbançon, sgr de), II, 247.
— (Michel de Barbançon, sgr de), gentilhomme huguenot, I, 282.
Capan. Voy. Coppau.
Çapata (Lopez), capitaine espagnol, IV, 81 n.; IX, 447.
— (Rodrigue), colonel de gens de pied espagnols, IV, 81.
Capdaillet. Voy. Cadaillet.
Cap-de-Baye. Voy. Chef-de-Baye.
Capdenac (Lot), III, 157, 388.
Capelle-en-Thiérache (la) (Aisne), IX, 62, 299.
Capène (porte), à Rome. Voy. Saint-Sébastien (porte).
Caperio. Voy. Copier.
Capigi (corps de garde des), au palais impérial, à Constantinople, IX, 206.
Capigi-Bachi. Voy. Capitzilar-Kikaïa.
Capilupi (Camille), pamphlétaire italien, IV, 88, 89.
Capitanei (Alberto Cattano, dit Alberto de'), théologien catholique, I, 170.
Capito. Voy. Kœpfel.
Capitzilar-Kikaïa, chef turc, VI, 107.
Caposvar (Hongrie), IX, 388.
Capra (Rostan de), archevêque d'Arles de 1286 à 1303, I, 172.
Capralis. Voy. Chevreaulx.
Capres (le comte de), capitaine espagnol, VIII, 408.
Capuce-Bacha, capitaine turc, V, 36, 40.
Capucins (ordre des), V, 343; VII, 218; IX, 104.
Cap-Vert (le), I, 351.

Cap-Vert (iles du), VII, 248.
Caquerano (Francisque), gouverneur du château de Pérouse, IX, 166.
Caracalla, empereur romain, IX, 166.
Caraccio (Balthazar), capitaine italien, IX, 65 n.
— (Marcel), capitaine italien, frère du précédent, IX, 65.
Caracciolo (Ferrante), comte de Biccari, IV, 115 et suiv.
— (N.), prince d'Avellino, commandant la cavalerie espagnole, IX, 66.
— Voy. Melfe.
Carachach, près Tauris (Perse), VI, 103.
Carafa (famille), I, 61, 340.
— (Carlo), cardinal, neveu du pape Paul IV, I, 62, 64.
— (Ferdinando), neveu de Paul IV, mort en 1556, I, 61.
— (Hieronimo), marquis de Monténégro, VIII, 400; IX, 135 n.
— (Jean), comte de Montorio et duc de Paliano, neveu de Paul IV, frère du cardinal Carafa. Voy. Paliano.
— Voy. Paul IV.
Caraffa, bastion de Nicosie, III, 220.
Caragioli, corsaire turc, III, 244; IV, 113 et suiv., 121.
Cara-Hemid (Mahomet, bacha de), VI, 105, 299, 300.
Carajal. Voy. Caragioli.
Caraman (Haute-Garonne), III, 160.
Caraque (la), navire vénitien, III, 180; IV, 2, 8, 23.
Caravajal (Diego de), capitaine de gens de pied espagnols, IV, 157; V, 63.
Caraval. Voy. Caragioli, Carajal.
Carberry-Hill (Ecosse, comté d'Edimbourg), II, 360.
Carbillac. Voy. Corbillac.
Carbonel. Voy. Chasseguey.
Carbonnières. Voy. La Chapelle-Biron, Plessis.

Carcano (Alonzo de), capitaine espagnol, IX, 447.
Carcassonne (Aude), I, 174-179, 184, 190; II, 8, 21, 24, 64, 214 et suiv.; III, 161; V, 199 351.
— (le capitaine), IV, 335.
Carces (Jean de Pontevez, comte de), lieutenant de roi en Provence, grand sénéchal en 1572, II, 51, 56, 63.
Cardaillac (Guillaume IV de), évêque de Cahors, I, 177.
— Voy. La Chapelle-Lauzières, Peyre, Sarlabous.
Cardé (Jacques de Saluces, sgr de), gendre du comte de Tende, I, 324.
Cardenas (Alphonse de), vainqueur des Morisques, III, 228, 234.
— (Bernardin de), tué à Lépante, IV, 119.
Cardinale (la bande), à Bordeaux; bande de massacreurs à la Saint-Barthélemy, III, 351.
Cardmaker (Jean), hérétique supplicié en Angleterre, I, 219.
Cardoino (Mario), officier italien de l'armée espagnole en Flandre, VI, 342.
Cardomi. Voy. Cardoino.
Cardona (Jean de), général des galères de Sicile, II, 312 et suiv.; IV, 110 et suiv.
Carency (prince de). Voy. La Vauguyon.
Carentan (Manche), IV, 225, 240, 241, 249, 250.
Carlat (château de) (Cantal), IX, 305.
Carles, ou Carlo, capitaine catholique, VII, 29, 32, 203.
Carlier (Vaudrue), hérétique supplicié en France, I, 220.
Carlincas, capitaine huguenot, VI, 25 et suiv.
Carlo (N.), ingénieur italien au service du duc de Mayenne, IX, 50 et suiv.

Carlo. Voy. Carles.
Carlos (Don), fils de Philippe II, I, 347; III, 206 et suiv.; VIII, 380.
Carlstadt (Croatie autrichienne), VIII, 368; IX, 205.
Carlus. Voy. Charlus.
Carmagnole (Piémont), I, 127; VIII, 94, 95.
Carmain (Gaston de Foix, comte de), II, 27.
— (Jean de Foix, comte de), I, 174.
— Voy. Nègrepelisse.
Carmes (porte des), à Nîmes, III, 152.
— leurs couvents à Pamiers, II, 226; à Castillon (Gironde), VII, 74; à bord de la flotte de l'*Armada*, 244.
Carnavalet (François de Kernevenoy, sgr de Noyen, dit de), grand écuyer et gouverneur du duc d'Anjou, II, 278; III, 123 et suiv.
— Voy. La Baume.
Carnawicz. Voy. Zarnievich.
Carné. Voy. Rosampoul.
Carnesecchi (Pierre), Florentin, secrétaire de Clément VII, II, 326.
Carniole, VIII, 106.
Carowe (Georges), colonel anglais, IX, 213 et suiv.
Carpen. Voy. Kerpen.
Carpentier (Georges), hérétique allemand supplicié, I, 205.
Carpentras (Vaucluse), II, 60.
— (le recteur de). Voy. Grimaldi.
Carragial. Voy. Caragioli.
Carrère (fort de), à Tunis, V, 46 et suiv.
Carretière (la) (Maine-et-Loire), I, 264.
Carreto. Voy. Final.
Carrolstat. Voy. Carlstadt.
Carrouges (Tanneguy Le Veneur, sgr de), comte de Tillières, gouverneur de Rouen, III, 349.
Cars (château des) (Haute-Vienne), III, 69.
Cars (François de Peyrusse, comte des), I, 244, 289; II, 214; III, 123 et suiv., 163; IV, 308; V, 86.
Carthage (ville de), V, 159.
— (concile de), I, 138.
Cartier, capitaine catholique, originaire d'Orléans, III, 88, 90; IV, 41, 44; V, 23.
Carton (Jean), hérétique supplicié en Flandre, II, 339.
Carvan. Voy. Kaïrwan, ou Kairouan.
Casal (Piémont), I, 56.
Casanova (Jeannetin de), capitaine espagnol, IX, 447.
Casanueva. Voy. Casanova.
Casaubon. Voy. Vignolles (François de).
Casbin, en Perse, dans l'Irac, près du mont Elwend, VI, 97, 98; VII, 235.
Cascaës, province de Torres-Vedras (Portugal), VI, 130, 304.
Casenauve, capitaine huguenot, III, 115.
Casenove, Agenais, aventurier, III, 245-247.
Casimir. Voy. Bavière.
Casimirie (palatin de). Voy. Firley de Dambrowitze.
Cassagnet. Voy. Saint-Orens.
Cassard (N.), lieutenant du baron des Adrets, II, 55.
Casses (les frères), capitaines huguenots, V, 190.
Cassès (Haute-Garonne), I, 181.
Cassin (N. de), neveu du comte de Brandis, gouverneur de Montmélian, IX, 332.
Cassinat, capitaine huguenot, VI, 16.
Cassiopée, constellation, IV, 93.
Cassis (Bouches-du-Rhône), VIII, 320.
Cassovie, ou Kaschau (Hongrie), IX, 226.
Castagna (J.-B.). Voy. Urbain VII.
Castain, capitaine huguenot, V, 243, 245, 251.

Castaldo (Alphonse), capitaine au service du Saint-Siège, II, 300.
— (le marquis Jean-Baptiste), lieutenant général de Hongrie, I, 93, 94.
Castanet (Haute-Garonne), III, 352.
Castel-de-Mine (Afrique), VI, 161.
Castel-Gaillard (N. de), page, V, 366.
Casteljaloux (Lot-et-Garonne), II, 90; V, 173, 238, 239 et suiv., 243-247, 250 et suiv., 253, 254, 336; VI, 186, 187.
Castellan (Jean), docteur en théologie, hérétique supplicié à Tournai, I, 204.
— Voy. Chastel.
Castellane. Voy. Allemagne, Grignan, Saint-Jurs, Senas.
Castellanne. Voy. Castille (quartier de), à Malte.
Castellet (le) (Var), VIII, 320.
Castell-de-Ferro (Espagne, prov. de Grenade), III, 231, 240, 242.
Castelloux, capitaine huguenot, I, 261.
Castelnau (N. de Balaguier, dame de), V, 245, 246.
— Voy. Clermont-Lodève, Mauvissière.
Castelnau-Chalosse (Jacques de la Mothe, baron de), I, 259, 265-269; VI, 188; VII, 150 et suiv.
Castelnaudary (Aude), II, 24, 217; III, 91; V, 199, 351.
Castelnau-de-Mesme (Gironde), V, 245, 247.
Castelnau-le-Lez (le pont de) (Hérault), V, 300, 301.
Castelpers (N.), moine de l'abbaye de Saint-Michel-en-l'Herm, III, 43.
— Voy. Panat.
Castelsarrazin (Tarn-et-Garonne), I, 183, 189; III, 385; VIII, 282.
Castens (château de), peut-être Gattem. Voy. ce mot.

Castéra (Bernard du Bouzet, sgr du), capitaine huguenot, V, 186 et suiv.
Castets. Voy. Fabas.
Castets-en-Dorthe (Gironde), VII, 39, 42, 43, 46, 47.
Castillans, VI, 314; VIII, 387.
Castille (province de), I, 54; V, 327; VI, 126, 286 et suiv., 313; VII, 244; VIII, 384-386; IX, 407.
— (armoiries de), III, 235.
— (Béatrix de), V, 314.
— (commandeur de). Voy. Requesens (Louis de).
— (connétable de). Voy. Velasco (don Ferdinand de).
— (maison de), VI, 122; VIII, 366.
— (quartier de), à Malte, II, 316.
— Voy. Ferdinand.
Castillon (Gironde), VII, 73 et suiv., 82, 129.
Castillo-Viejo (le), fort de Cadix, IX, 235.
Castres (Tarn), I, 174; II, 64; III, 1, 91, 159 et suiv., 160, 353, 370; IV, 304 et suiv.; V, 207, 298.
Castriot (Georges), dit Scanderberg, II, 314.
Castrioto (Constantin), chevalier italien, II, 312.
— (Etienne), capitaine italien, IV, 27.
Castro (don Diègue de), gouverneur d'Ebora (Portugal), VI, 131.
— Voy. Farnèse.
Catalagirone (Bonaventure), général des Cordeliers, IX, 325, 326, 342 et suiv.
Catalayud. Voy. Calatayud.
Catalogne. Voy. Pimentel.
Cataphtygiens, nom donné aux Vaudois, I, 169.
Cateau-Cambrésis (Nord), II, 350; III, 212; IV, 79; VI, 330, 342; IX, 105.
— (traité de), I, 125 et suiv., 129, 244, 350.

Câtelet (le) (Aisne), I, 72, 126; IX, 61, 299.
Catelle (La), maîtresse d'école, hérétique suppliciée à Paris, I, 207.
Cathares, nom donné aux Vaudois, I, 169.
Cathay. Voy. Cattay.
Catheline (Otto), hérétique flamand supplicié en France, I, 218.
Catherine d'Aragon, femme de Henri VIII, I, 36, 38.
Catherine d'Autriche, fille de Philippe II, femme de Charles-Emmanuel, duc de Savoie, II, 294; VII, 229; VIII, 92.
Catherine de Médicis, son autorité à la mort de Henri II, I, 239, 240; sa déclaration au Parlement relative aux Guise, 243; ses reproches au connétable de Montmorency, 245; son message à Philippe II en faveur du roi de Navarre, 246; informée de la réunion d'assemblées de huguenots à Paris, 248; causes de la débilité de son fils, 252; informée de la conjuration d'Amboise, 265; ses efforts pour sauver Castelnau, 269; ses remontrances au prince de Condé, 272; satisfaite de la nomination de L'Hôpital comme chancelier, 273; avertie de se tenir en garde contre les Guise, 274; inspiratrice de l'édit de Romorantin, 274; ses soupçons sur les Guise, 275; désire un entretien avec le pasteur de la Roche-Chandieu, 275; confiance qu'elle inspire aux réformés, 275; son entretien avec La Planche, 277; dissout l'assemblée de Fontainebleau, 279; ses efforts pour attirer à la cour Antoine de Bourbon, 281; répond de la sûreté des Bourbons à la cour, 282; accueille à Orléans les princes de Bourbon, 293; son indécision lors de la maladie de François II, 297; conseils qu'elle reçoit sur la conduite à tenir vis-à-vis des princes de Bourbon, 297; se rapproche du roi de Navarre, 298; reçoit les condoléances du connétable de Montmorency lors de la mort de François II, 299; ses promesses aux Guise relatives au prince de Condé, 299; informée des hostilités sur la frontière d'Espagne, 300; sa politique après la mort de François II, 300; sa conduite à l'égard des Guise et des Bourbons, 301; ses négociations avec le roi de Navarre, 302; sa présence aux États d'Orléans, 304, 305; son accord avec le roi de Navarre, 309; sa conférence avec Théodore de Bèze, 313; au colloque de Poissy, 316, 318; abandonnée des Guise, 321; son orthodoxie contestée à Rome, 321; organise la lutte contre les réformés provençaux, 323; convoque une assemblée des notables, 324; sa lettre au pape, 325; sa lettre à l'ambassadeur de France à Rome, 329; avis que lui donne Marillac, 332; inspiratrice de l'édit de janvier 1562, 362; louanges à lui décernées par les protestants, II, 3; sa politique jugée, 14; son influence sur le Roi, 17; son départ de Fontainebleau et son entrée à Paris, 18; ses demandes de secours à l'étranger, 33 et suiv.; son entrevue avec les chefs du parti réformé, 34; réplique des protestants à ses railleries, 35; ses négociations avec Condé au sujet de Beaugency, 37; son entrevue avec Condé, 38; son mot au

roi de Navarre et la hauteur de son caractère, 40; déclaration qu'elle fait au parlement de Grenoble par la bouche de Maugiron, 54; son message à Condé au sujet de la mort d'Antoine de Bourbon, 100; ses négociations avec Condé, 103; ses dépêches en Allemagne après la bataille de Dreux, 122; jugée par les huguenots, III, 297; ses principes en politique, 298; consent à l'élection de son fils Henri comme roi de Pologne, IV, 69; louée par le légat lors de la Saint-Barthélemy, 86; ses négociations avant la Saint-Barthélemy, 88; reçoit aux Tuileries les ambassadeurs polonais, 178; peu satisfaite de l'élection de son fils, le roi de Pologne, 182; ses adieux à ce dernier, 183; indignée de la requête des huguenots du midi, 185; ses intrigues pour retarder le départ de son fils pour la Pologne, 187; se sépare de lui à Vitry, 188; accueil fait par elle au théologien Maurice Poncet, 191; ses méfiances à l'égard de son fils le duc d'Alençon, 202, 203; charge Biron d'une entreprise sur la Rochelle, 203; assure l'élection du duc de Lorraine comme lieutenant général du royaume, 213, 215; menacée à Saint-Germain, 223; rentre à Paris, 224; ses espions, 228, 233; conjuration de La Mole et Coconat à elle révélée, 231; ses plaintes contre le roi de Navarre, 232; mande auprès d'elle les maréchaux de Cossé et de Montmorency, 233; son énergie, 234, 235; ses ressentiments contre Montgomery, 238, 241; appelle auprès d'elle le duc de Montpensier, 254; ses relations avec d'Aubigné, 257; conseillée par Charles IX de passer en Pologne, 258; assiste aux derniers moments de Charles IX, 258; premiers actes de sa régence, 259 et suiv.; sa correspondance avec le maréchal Damville, 260; difficultés à l'intérieur, 261; rappelle le roi de Pologne, 262; fait célébrer les obsèques du feu roi, 262; pamphlet contre elle, 263; ordonne l'instruction du procès de Montgomery, 263; sa régence confirmée par Henri III, 266; sa conduite à l'égard des huguenots à l'arrivée de Henri III, 269; ordonne l'exécution de Montbrun, 282; disposée à traiter avec les Rochelais, 286, 295; soupçonnée d'avoir fait empoisonner le cardinal de Lorraine, 299; anecdote à ce sujet, 300; sa confiance en Jean de la Haye, baron des Couteaux, 336, 337; reçoit les députés des huguenots, 361, 365; ses espions, 372; conseillée de se défier du duc d'Alençon, 373; se rend auprès de ce dernier en Touraine, 376; sa conduite envers le roi de Navarre et le duc d'Alençon, V, 1, 2, 4; ennemie de d'Aubigné, 4; crainte qu'elle inspire au roi de Navarre, 5; informée de son évasion, 11; son entrevue avec le duc d'Alençon et Condé, 18; ses messages en Italie en faveur du duc de Toscane, 29; s'oppose au mariage du duc d'Alençon avec Elisabeth d'Angleterre, 30; ses agents auprès des réformés et du duc de Navarre, 93; son projet d'entrevue avec les princes à Cognac, 95; ses intrigues dévoilées par Condé, 112; son message au duc d'Anjou pour le presser d'assister aux Etats de Blois, 115; présente à l'assemblée des Etats, 127 et suiv.; accusations portées contre elle, 127 et suiv.; activité de ses agents dans la convocation des Etats, 135; aux Etats de Blois, 136 et suiv.; louée par Henri III, 139; par le chancelier de Birague et l'avocat Versoris, 145, 150; opposition des Bordelais à son entrevue avec les princes à Cognac, 161; son avis sur la requête présentée au Roi par le tiers, 184; d'Aubigné se fait passer pour son envoyé, 197 et suiv.; sème des divisions à la cour du roi de Navarre, 235; jugée par le duc de Bavière, 309; obstacle involontaire aux desseins du duc d'Alençon en Flandre, 316; ses efforts pour dominer Henri III, 346; son voyage en Guyenne, 354 et suiv.; fait remettre Beaucaire à Damville, 355; ses entrevues avec le roi de Navarre à la Réole, à Auch, 355-357; son passage à Agen, 358; but de son voyage, 358 et suiv.; ses officiers témoins du duel de Turenne avec le vicomte de Duras, 361; ses protestations à cette occasion, 361; son séjour à Montauban, 362 et suiv.; à Foix, 365; en Languedoc et en Provence, 366; son entrevue avec le duc de Savoie, 366; ses intentions découvertes par les huguenots, VI, 22; ses efforts pour attirer Condé à la cour, 48; négocie à Chauny la reddition de la Fère, 50; son entrevue avec d'Aubigné, 172; ses exhortations à Henri III, 236; ses rapports avec la Ligue, le Portugal, l'Espagne, les Pays-Bas, 284; ses ennemis, 285; son entrevue avec le roi de Navarre, 288; ses négociations avec le Portugal, 315; ses gratifications à Roquemorel, 317; citée à propos de la prise de d'Aubigné, VII, 58; aux conférences de Saint-Brice, 60 et suiv.; ses négociations avec Turenne à Fontenay-le-Comte, 65; à Saint-Maixent, 67; son départ pour Paris, 68; son voyage en Poitou, 108; fait jouer le *Ballet de Circé*, 118; allusion aux fêtes données par elle aux Tuileries aux ambassadeurs de Pologne, 118; son entrevue avec le duc de Guise à Paris, 210 et suiv.; sa conduite à la journée des Barricades, 214 et suiv.; citée dans les considérants de l'édit de juillet, 281; son hôtel à Angoulême, 310; aux Etats de Blois, 318 et suiv.; informée de l'assassinat des Guise, 395; sa mort, 397; IX, 461.

Catherine-Henriette. Voy. Elbeuf.

Catholicon d'Espagne (le), VIII, 244, 325, 328; IX, 1.

Catmer (Georges), hérétique supplicié en Angleterre, I, 220.

Caton, III, 281.

Cattaro (les bouches de), III, 225; IV, 128.

Cattay, province septentrionale de la Chine, I, 120.

Cattel (Jean), hérétique supplicié en Flandre, II, 339.

Catteville-Malderé (N. de), gentilhomme normand, capitaine huguenot, III, 42.

Caturce (Jean), hérétique supplicié à Toulouse, I, 206.

Caudebec (Seine-Inférieure), II, 33; VIII, 249, 266, 267, 269.

Caumont (commune de Cazaux-sur-Saves, Gers), VIII, 304.

— (Lot-et-Garonne), VII, 48, 78.

Caunac. Voy. Conac.

Caupène (Charles de Monluc, sgr de). Voy. Monluc.
Caussade (Tarn-et-Garonne), III, 387 ; IV, 62.
Caussens (Jean de Monlezun, sgr de), mestre de camp des gardes du Roi, III, 122 et suiv., 142, 312, 313, 315 et suiv.; IV, 1, 15, 21, 176.
Caux (pays de), III, 2.
Cavagnac (N.), gentilhomme huguenot, IV, 185.
Cavagnes (Armand de), chancelier de Navarre, III, 276, 308, 328, 367.
Cavaillon (Vaucluse), II, 52, 61, 71.
Cavalcanti (Astolfe), Florentin, I, 340.
Cavalho (N.), capitaine portugais, VIII, 110.
Cavour (Lombardie), IX, 170, 171 et suiv., 175.
Caya (la), rivière de Catalogne, VI, 131.
Caylard. Voy. Espondeillan.
Caylus (Antoine de Lévis, baron de), IV, 383 et suiv.
— (Jacques de Lévis, comte de), mignon d'Henri III, IV, 194 ; V, 268.
Caylux (Tarn-et-Garonne), II, 91.
Cayrac (Tarn-et-Garonne), IV, 340.
Cazabonne (Jérôme), hérétique béarnais supplicié, I, 223.
Cazale (Alphonse de), ambassadeur d'Espagne en Suisse, IX, 329.
Cazaux (Charles), consul de Marseille, IX, 114 et suiv.
— (Fabius), fils du précédent, IX, 116.
Caze (Jean de), hérétique gascon supplicié, I, 223.
Cazi. Voy. Quasy.
Cazichieri, cam des petits Tartares, IX, 216.
Cazouls-d'Hérault (Hérault), III, 162.

Cecil, capitaine anglais aux Pays-Bas, IX, 444 et suiv.
Célestins (boulevard des), à Paris, IX, 15.
— leur couvent à Venise, III, 217.
— (prison des), à Lyon, III, 347.
Celles-sur-Belle (Deux-Sèvres), erreur évidente pour Sepmes (Indre-et-Loire). Voy. ce mot.
Cénac (Gironde), VI, 180.
Cène protestante (la), I, 160 ; II, 336.
Cènes (Jacques), hérétique normand supplicié, I, 223.
— (Philippe), hérétique normand supplicié, I, 223.
Cénevières (Lot), III, 384.
Cenis (Mont), IX, 152, 467.
Cenne. Voy. Seyne-sur-Mer (la).
Cenon (Vienne), VIII, 231.
Centale (Piémont), IX, 349.
Centom, muphti, IX, 221.
Centurion (Jules), capitaine italien, II, 261 ; III, 190 et suiv.; IV, 33.
Cepède, ou Cespède (Alphonse de), maistre de camp espagnol, III, 238 ; VII, 243.
Céphalonie (île de), IV, 104, 111, 125.
Cerbellon. Voy. Serbelloni.
Cercamp-sur-Canche (abbaye de) (Pas-de-Calais), I, 79.
Cercé, capitaine huguenot, VI, 40.
Cerchiaro (le marquis de), capitaine italien, lieutenant du vice-roi de Naples, II, 326.
Cerdano (Galacian), salmedina (magistrat commis à l'Inquisition) de Sarragosse, VIII, 382.
Céré (Philippe de Brémond, sgr de), frère de Josias de Brémond, baron du Chastelier, puis baron d'Ars, † 1621, VIII, 310.
— (René de Valsergues, sgr de), capitaine huguenot, III, 173 ; IV, 312 et suiv.; V, 216, 219, 267, 282-285.

Céré. Voy. Seré.
Céreste (Basses-Alpes), VIII, 320.
Cérif-Mutahar, roi de l'Arabie-Heureuse, IV, 120.
Cerigo (île de), autrefois Cythère, IV, 104, 125.
Ceron (Antoine), lieutenant espagnol, IV, 81.
Certon (N.), gentilhomme huguenot, III, 338.
Cervantès (Miguel de), auteur de *Don Quichotte*, IV, 119.
Cervini. Voy. Marcel II.
César (Jules), cité, I, 3, 20; II, 302; V, 15; VI, 10, 250; VII, 208; VIII, 148.
— (Louis), capitaine portugais, VI, 114 et suiv.
— (le capitaine), VII, 360; VIII, 229 et suiv.
Césarée (Afrique), I, 107.
Cespède. Voy. Cepède.
Cessac (François de Casillac, sgr de), capitaine gascon catholique, III, 53, 102 et suiv.
Cetona (Chiapino Vitelli, marquis de), capitaine italien, I, 339, 340; II, 312 et suiv.; V, 60.
Cévennes, II, 66; III, 357, 389; IV, 52, 57; V, 233, 234, 237, 298, 386; VII, 91 et suiv.
Cévenols, III, 29; IV, 51; V, 232; VIII, 286 et suiv.; IX, 112.
Ceylan, I, 116; VIII, 110.
Chabanais (Charente), III, 81.
Chabannes. Voy. Curton.
Chabeuil (Drôme), IV, 59.
Chabot (Jeanne), abbesse du Paraclet, au diocèse de Troyes, III, 285.
— Voy. Charny, Clairvaux, Jarnac, Sainte-Foy.
« Chaczéole » (Istrie, ou Carniole), VIII, 106.
Chaffardon (Claude de Roux, sgr de), gentilhomme dauphinois au service de la Savoie, IX, 382.

Chaignars, nom donné aux Vaudois, I, 169.
Chaillot, près Paris, VIII, 202.
Chaillou (le sieur de), gentilhomme du Poitou, capitaine protestant, puis catholique, III, 82, 199, 200, 382; IV, 15, 16, 289, 316.
Chailly (François de Villiers, sgr de), maître d'hôtel du Roi, III, 308.
Chaise, Chèze (la) (commune d'Autainville, Loir-et-Cher), VI, 268, 269.
Chaïtas-Bacha, gouverneur d'Eres, VI, 96.
Chaize-le-Vicomte (la) (Vendée), VII, 331.
Chal. Voy. Schal.
Chalais (Charente), III, 33; VII, 135-138, 156.
Chalançon (Ardèche), IV, 283; VII, 99.
Chalandray, ou de Fontaine-Chalandray (Louis de Montberon, sgr de), gentilhomme de l'Angoumois, IV, 251 et suiv.; V, 12.
Chalandry. Voy. Chalandray.
Chalasse. Probablement Salassa. Voy. ce mot.
Chaligny (Henri de Lorraine, comte de), prince du Saint-Empire, frère du duc de Mercœur, VIII, 257.
— Voy. Chaugy.
Challar. Voy. Cheylard.
Challier (Louis), hérétique supplicié à Bruxelles, III, 257.
Chalmot (Jean), sgr du Breuil, député de la Rochelle au synode de Saumur, IX, 84.
Chalon (Henri de), dit le bâtard de Chalon, fils de Palamède, IX, 425.
— (Palamède de), IX, 425 n.
Châlons (le capitaine), assassin du cardinal de Guise, VII, 393.
Châlons-sur-Marne (Marne), II, 8; VII, 223; VIII, 248, 288; IX, 101.

Chalon-sur-Saône (Saône-et-Loire), II, 47, 277; VIII, 23.
— (évêque de). Voy. Bourgeois (Jérôme).
Chaltrai (N.), capitaine de l'armée royale, IX, 73.
Chalus (Haute-Vienne), III, 69.
— capitaine ligueur, IX, 110.
Cham, chef des Tartares, I, 119.
Chambaud (Jacques de), vicomte de Privas, sgr de Vacherolles, gentilhomme ordinaire de la chambre du Roi, mestre de camp, II, 263, 264; VI, 23, 27 et suiv.; VII, 97-100; IX, 334.
Chamberlan (Nicolas), hérétique supplicié en Angleterre, I, 219.
Chambéry (Savoie), I, 215, 220; VIII, 169; IX, 322, 324, 333, 341, 350, 374.
— (le commandeur de). Voy. Valier (Gaspard de).
Chambes. Voy. Montsoreau.
Chambon (Jean), hérétique supplicié à Lyon, I, 217.
Chambonnet de Monistrol (N.), ministre protestant, IV, 59.
Chamborant. Voy. Droux.
Chambord (édits de), I, 255.
— (traité de), I, 29.
Chambret (Louis de Pierre-Buffière, sgr de Beaumont, de Marillac et de), gouverneur de Figeac, colonel de gens de pied, VIII, 183 et suiv., 284; IX, 77, 145 et suiv.
Chambrisé, ministre protestant, VII, 350.
Chamesson (Côte-d'Or), VII, 178.
Chamier (Daniel), controversiste protestant, IX, 277 et suiv.
Chamois (François de la Rovère, sgr de), mestre de camp de l'armée royale, VI, 349.
Champagne (régiment de), IV, 380; VI, 54 et suiv.

Champagne (Thibaut IV, comte de), I, 181.
— (le grand prieur de). Voy. Seure (Michel de).
— Voy. La Suze, Scève.
Champagné (N.), capitaine huguenot poitevin, III, 382; IV, 14, 292.
Champagny (Frédéric Perrenot, sgr de), gouverneur d'Anvers, V, 338; VI, 135 et suiv., 137, 139; VII, 278; VIII, 132.
Champarillan. Voy. Chapareillan.
Champdeniers (Deux-Sèvres), III, 134.
Champeaux. Voy. Bouilly.
Champenois, II, 98; V, 182; VIII, 350.
Champernon (Henri), capitaine anglais, III, 129; IV, 22.
Champet (canton de Genève), VIII, 99, 101.
Champ-Gaillard (N.), capitaine ligueur, IX, 184.
Champigny (Deux-Sèvres), V, 131.
— (Indre-et-Loire), IV, 376.
Champlivaut (René de Viau, ou de Vietz, sgr de), chevalier de l'ordre, capitaine de 50 hommes d'armes des ordonnances, gouverneur et lieutenant pour le Roi aux pays d'Auxerrois, Hurepoix, Puisaye, bailli d'Auxerre, VIII, 259 et suiv.
Champois (N.), gouverneur de Nemours, VIII, 216.
Champoléon (Albert Martin, sgr d'Orcières et de), capitaine de 50 hommes d'armes, III, 166 et suiv.; IV, 278, 279.
Champ-Papaut (le), près Moncontour (Vienne), III, 124.
Champremy (N. de), chevalier de Malte, IX, 403.
Champs (les) (Isère), VII, 87.
— (N. des), capitaine huguenot, V, 226.
Champ-Saint-Père (le) (Vendée), VIII, 15.

Champtocé (Maine-et-Loire), VI, 227.
Champvallon (Jacques de Harlay, sgr de), grand écuyer du duc d'Anjou, gouverneur de Sens, grand maitre de l'artillerie, VI, 159; IX, 101.
Chanaan (terre de), II, 89; VIII, 189.
Chanac (Lozère), VI, 8.
Chanay. Voy. Kanizsa (comitat de Somogy, Hongrie).
Chanaz (Savoie), IX, 347.
Chancy, Chanzy, Chauzy (canton de Genève), sur le Rhône, IX, 347.
Chandenier (Christophe de Rochechouart, sgr de), III, 53.
Chandieu. Voy. La Roche-Chandieu.
Change (pont au), à Paris, VII, 212 et suiv.
Changy (Loire), II, 273.
— (X. et Y. Frey de), frères, chefs des réformés en Dauphiné, I, 288.
— Voy. Poncenat.
Chanremi. Voy. Champremy.
Chanson (le capitaine), lieutenant de l'artillerie en Poitou, VI, 9.
— (N.), commissaire des guerres, VII, 55.
Chantérac (Guillaume de la Cropte, sgr de), capitaine huguenot, VIII, 214.
Chanterenne (le capitaine), capitaine huguenot, VII, 34.
Chantilly (Oise), I, 245; III, 304, 318; IV, 215, 230; VIII, 49.
Chapareillan, Champarillan (Isère), IX, 162.
Chapelle (la) (commune de Soulaines, Maine-et-Loire), III, 15.
Chapelle-d'Angillon (la) (Cher), III, 150.
Chapelle-Saint-Denis (Seine), II, 242, 248.
Chapelle-Saint-Martin (la) (Loir-et-Cher), VI, 263, 264, 266.

Chapernon. Voy. Champernon.
Chapitet (N. de), capitaine catholique, VII, 58.
Chaponnay. Voy. Saint-Bonnet.
Chapot (Pierre), hérétique supplicié à Paris, I, 212.
Chappes (Anne de Terrière, sgr de), avocat au Parlement, III, 329.
— (Jacques d'Aumont, baron de), gentilhomme ordinaire de la chambre, prévôt de Paris, IX, 113.
Chapus (le fort de), en face Brouage, VII, 31.
Charbonnière (commune d'Aviernoz, Haute-Savoie), IX, 154.
Charbonnières (Gabriel Prévost, sgr de), capitaine, puis colonel de gens de pied huguenots, VI, 82, 212 et suiv., 219, 220, 224; VII, 52, 112, 120, 127, 128, 143, 295, 299, 333, 334; VIII, 10, 44, 52 et suiv., 67 et suiv.
— Voy. Tour-Carbonnière (la).
Chardon (Jean de), sgr de la tour et château de Richebourg, V, 211, 279, 280.
Charente (rivière de), III, 44, 45, 56, 135, 180, 181; IV, 350; V, 194, 275, 276, 279, 286, 292; VI, 228; VII, 36, 298; IX, 279.
Charenton (Seine), II, 232; V, 11; VIII, 66, 195.
Charité (la) (Nièvre), II, 140, 141; III, 61 et suiv., 67, 68, 84, 90, 113, 146, 149, 178, 269, 344; IV, 377; V, 229 et suiv.; VI, 164; VII, 163, 179.
Charlemagne, gentilhomme poitevin, capitaine huguenot, VII, 369; VIII, 133.
Charlemont (Ardennes), V, 337.
Charles (N.), ingénieur. Voy. Carlo.
Charles-Quint, empereur, ennemi de la Réforme, I, 26; ses projets sur le concile de Trente, 29; Fernand de Gon-

zague, son lieutenant en Italie, 32, 33; diffère la restitution de la Navarre espagnole à Jean d'Albret, 34; prend Fontarabie, 35; sa tante Catherine d'Aragon, 36; sentiments que lui prête d'Aubigné à la mort de cette princesse, 38; sa guerre avec Henri II, 41; sa fuite d'Innsbruck, 42; au siège de Metz, 45; à la bataille de Renty, 49-53; son abdication, 54; ses guerres contre Henri II en Italie, 55 et suiv.; indispose Fernand de Gonzague, 59; a pour lui la faveur des Orsini et des Collini, 61; fait bloquer Rome par le duc d'Albe, 62; désigné par les princes allemands pour faire assembler un concile, 82; il en est empêché par ses guerres avec François Ier, 83 et suiv.; ses relations avec le pape à ce sujet, 84; promulgue l'*Intérim*, 89; allusions à ses prétentions à la monarchie universelle, 91; son alliance avec Buhaçon, gendre de Mahomet, 107; reçoit à Augsbourg le roi du Maroc dépossédé, 110; son accord avec François Ier à Cateau-Cambrésis, 125 et suiv.; ses derniers jours et sa mort, 129; service funèbre célébré en son honneur, 346; le docteur Cacalla, son « prescheur », 348; le duc de Ferrare veut le prendre pour arbitre, III, 205, 206; averti des cruautés des Espagnols aux Indes, IV, 136; allusion faite à sa politique religieuse aux Etats de Blois, V, 181; Marguerite, sa bâtarde, 313; ses droits sur le Portugal, 315; Corneille Hooge, soi-disant bâtard de l'Empereur, VI, 348; allusion à son rôle aux Pays-Bas, 354; son voyage en France rappelé, IX, 309; ses mortifications et sa dévotion rappelées par son fils Philippe II mourant, 415, 418.

Charles V, roi de France, IV, 189.

Charles VI, roi de France, IV, 189.

Charles VII, roi de France, II, 214; III, 298; VIII, 299.

Charles IX, roi de France, son avènement, I, 300; informé des hostilités sur la frontière d'Espagne, 300; aux états généraux d'Orléans, 304; son sacre, 308; remet au colloque de Poissy la solution de la question religieuse, 310; sauf-conduits qu'il accorde aux ministres protestants, 311; présent au colloque de Poissy, 313, 314; abandonné des Guise, 321; son orthodoxie contestée à Rome, 321; convoque une assemblée de notables, 324; plaisants anagrammes de son nom, II, 3; requête à lui adressée par les protestants, 9; projet d'enlèvement par les protestants, 14; exclut du conseil le chancelier L'Hôpital, 18; son départ de Fontainebleau et son entrée à Paris, 18; sa déclaration du 8 avril 1562, 20; déclaration faite en son nom au parlement de Grenoble par Maugiron, 54; au camp de Blois, 77; son entrée à Bourges, 79; son départ de Bourges pour Rouen, 80; le roi de Navarre mourant recommande à son fils de lui obéir, 85; sa minorité invoquée par les partisans du roi d'Espagne, 138; à Amboise, 148; son plan politique à l'égard des réformés, 160; les négociations de ses ambassadeurs à Rome et au concile de Trente, 161; ses lettres patentes en faveur des Jésuites, 175; accorde aux protestants l'édit d'Amboise, 184 et suiv.; ses ordonnances pour la réintégration des réformés en leurs charges après l'édit d'Amboise, 194; au siège du Havre, 199, 200; son entrée et son séjour à Rouen, 202, 203; « l'édit de majorité » daté de Rouen, 202; son arrivée à Paris, 204; observation du concile de Trente dans son royaume, 205; son intervention dans les démêlés de d'Andelot avec Strozzi et Brissac, 207; préparatifs d'un voyage en France, 208; son voyage à Bayonne, 209-222; attaqué par les réformés à Meaux, 232; sommation adressée par lui au prince de Condé, 237; ses négociations avec le margrave de Bade, 250; invité à peser sur le concile de Trente, 290; ses négociations avec les chefs du parti huguenot, III, 4; informé par eux des motifs de leur prise d'armes, 6; message de Jeanne d'Albret à son adresse, 11; rappel de ses édits de tolérance religieuse, 13; avertit le duc d'Anjou, son frère, de la marche du duc de Deux-Ponts vers la France, 60; sa conduite incriminée par l'électeur de Saxe et l'électeur palatin, 62; s'émeut de l'influence des réformés à Montargis, 87; informé de la victoire de Moncontour, 128; son arrivée au camp devant Saint-Jean-d'Angély, 137; recommence le siège, 139; ses négociations avec Jeanne d'Albret, 143; accorde la mise en liberté de Marie de Barbançon, dame de Neuvy, 151; fait négocier la paix à Carcassonne, 161; risque d'être enlevé pendant le siège de Saint-Jean-d'Angély, 198; envoye le maréchal de Cossé au secours du duc d'Albe, 212; envoie une ambassade au prince d'Orange, 198; son mariage avec Elisabeth d'Autriche, 214; invité par l'empereur Maximilien à rétablir la paix religieuse, 215, 245; incline vers les réformés, 276, 277; ses négociations avec Rome, 280; son passage à Blois, 281; ses conférences avec La Noue, 282; reçoit l'amiral à Blois, 283; le rappelle à la cour, 284; se bat avec Villandry, 284, 285; son entretien avec Coligny sur Montpensier, 286; s'appuie de plus en plus sur le parti réformé, 287; signe un traité d'alliance avec l'Angleterre, 288; jugé par Coligny, 290; ses négociations avec le duc d'Albe, 296; accusé de perfidie à l'égard de Coligny, 297-299; son mot sur le mariage de sa sœur avec le roi de Navarre, 301; son rôle dans l'attentat contre Coligny, 305; il en est informé, 307; sa réponse au roi de Navarre à ce sujet, 308; sa visite à Coligny, 309; réunit son conseil la veille de la Saint-Barthélemy, 311; donne ses instructions pour la journée, 312; ses hésitations, 314; sa déclaration aux princes, 325; fait suspendre les massacres, 333; veut éloigner les Guise de la cour, 340; son édit pour la justification de la Saint-Barthélemy, 342; sa réponse à Pibrac, avocat général au Parlement, 341, 342; ordres et contre-ordres donnés par lui au comte de Tende, 348; reçoit du vicomte d'Orthez le refus d'obtempérer à ses ordres, 354; ses inquiétudes et ses remords, 355,

357; assiste au supplice de Briquemaut et Cavagnes, 367; les Rochelais refusent de croire qu'il ait ordonné les massacres, 368; ses lettres aux Rochelais, 371; ses édits concernant la Rochelle, 372; ses propositions à La Noue, 375; ses lettres aux habitants de Sancerre, 392; son message à Elisabeth d'Angleterre, marraine de sa fille, IV, 4; l'abbé de Gadagne communique ses propositions au conseil de la Rochelle, 9; obtient de la reine d'Angleterre qu'elle désavoue les troupes parties d'Angleterre pour secourir la Rochelle, 23; dépêche Villeroi à la Rochelle, 33; négocie l'élection de son frère comme roi de Pologne, 64; comparé à Saül, 66; son entrevue avec Jean d'Hangest, seigneur de Genlis, 79; déclaré par le légat l'auteur de la Saint-Barthélemy, 86; ses négociations avant la Saint-Barthélemy relatées dans un pamphlet, 88; conseillé de ne pas donner audience au cardinal des Ursins, 90; complimenté sur la Saint-Barthélemy par le légat, 91; loué par Marc-Antoine Muret, 91; favorise la conclusion de la paix entre Venise et la Turquie, 124, 129; son aventure chez Nantouillet, 179; se refuse aux prières qui lui sont adressées en faveur des Sancerrois, 181; satisfait du succès des négociations de l'évêque de Valence en Pologne, 183; ses rapports avec les réformés de Guyenne, 183, 184; avec ceux de Provence, 186; sa maladie, 187; se sépare de son frère à Vitry, 188; son entretien avec Maurice Poncet, 191; conseillé par sa mère d'investir Charles de Lorraine de la charge de lieutenant général, 203; cède à ses instances, 213; requête à lui adressée par le duc de Montmorency en faveur du duc d'Alençon, 214; requête semblable de sa mère, 215; menacé à Saint-Germain, 223; rentre à Paris, 224; crée trois armées, 225; ordonne l'instruction du procès La Mole et Coconat, 227 et suiv.; danger couru par lui à Saint-Germain rappelé, 230 et suiv.; prévisions de sa mort, 233; sa mort, 254 et suiv.; ses recommandations relatives à sa femme, 259; mesures prises par Catherine de Médicis à sa mort, 261, 262; pleuré par le comte de Montgomery, 263; impression faite par sa mort en Pologne, 266; empoisonné, dit-on, 299, 300; son Académie, V, 3; ses faveurs à Condé supprimées sous Henri III, 85; cité dans la déclaration de Henri III aux Etats de Blois, 139; faveur accordée par lui à François d'Epinay-Saint-Luc, VI, 72; cité dans le manifeste du cardinal de Bourbon, 177; détail de sa mort, 194.

Charles X. Voy. Bourbon (Charles, cardinal de).

Charles VI, duc de Savoie, VIII, 93.

Charles-Emmanuel Ier, duc de Savoie, cité, VI, 173; son entreprise sur Saluces, VII, 83; violation de son territoire par François de Châtillon, 173; ses relations avec les Guise, 229; son mariage avec Catherine, fille de Philippe II, 229; ses relations avec Philippe II, 231; ses entreprises sur le marquisat de Saluces, 379, 385; se préoccupe d'agrandir ses Etats, VIII, 92 et suiv.; s'empare du marquisat de Saluces, 93 et suiv.; en guerre avec les Génevois, 97 et suiv.; ses menées en France, 245; sa campagne en Provence, 306-312; en Dauphiné, 315-319; ennemi de Henri IV, 336; allié du duc de Nemours en Dauphiné, 345; menace les Bernois, 356; s'empare de Bonne, 365; menace Genève, 357 et suiv.; sa campagne dans le pays de Gex, 361; compris dans la trêve de 1592, 366; refus opposé par lui à la Ligue, IX, 2; secours à lui demandés par le duc de Nemours, 44; sa campagne contre Lesdiguières, 152 et suiv.; ses propositions à Lesdiguières, 167; à Villefranche et à Vigon, 171; assiège Briqueras, 172; battu par Lesdiguières sous les murs de Briqueras, 173; en marche sur Cavour, 174; reprend Cavour, 175; ses partisans en Suisse, 197; ses desseins sur la Suisse, 201; ses engagements au traité de Vervins, 299; s'oppose à l'exécution du traité, 301; ses négociations avec la France au sujet du marquisat de Saluces et son voyage en France, 307 et suiv.; ses cadeaux de nouvel an à Henri IV, 311; ses négociations avec la France et ses propositions à Biron, 313 et suiv.; ses messages aux cours étrangères, 319; ses députés à Lyon auprès de Henri IV, 320 et suiv.; intelligences entretenues par lui en Provence, 322; sa guerre avec Henri IV, 323 et suiv.; ses travaux de défense au fort Sainte-Catherine, près de Genève, 329; sa campagne contre Henri IV, 333 et suiv., 340 et suiv.; son traité avec Henri IV, 345 et suiv.; sa conspiration contre Henri IV, 356, 358; complice de Biron, 363; projet de mariage d'une de ses filles avec Biron, 364; ses relations avec Biron dévoilées, 370; son entreprise sur Genève, 374 et suiv.; allié aux Espagnols et au pape contre le Turc, 402; ses projets sur le Montferrat, 411; rôle à lui assigné dans le grand dessein de Henri IV, 466 et suiv.

Charlieu (Loire), IX, 2.

Charlus (Claude de Lévis, comte de), gentilhomme de la chambre, chevalier de l'ordre, III, 132.

Charmeaux (Claude Guyot, sgr des), prévôt des marchands de Paris, II, 216.

Charmes (Ardèche), VII, 99.

Charmes-la-Côte (Meurthe-et-Moselle), IV, 370.

Charmois (commune de Mouzay, Meuse), VIII, 351.

— (Meurthe-et-Moselle), VIII, 351.

Charnières (N., sgr de), capitaine catholique, VII, 255 et suiv.

Charny (Léonor Chabot, comte de), gouverneur de Bourgogne, grand écuyer de France, III, 354.

Charon (Antoine), hérétique supplicié, II, 182.

Charpentier (Jacques), doyen de l'Université de Paris, III, 330.

— (Pierre), jurisconsulte, III, 365, 366.

Charretier (Mathurin), sgr de Saint-Benoît, conseiller du Roi et bailli de Sault, V, 195, 196.

Charrier (N.), capitaine huguenot, IV, 11.

Charron (Charente-Inférieure), III, 182; IV, 354; VII, 290, 292.

— (Jean), président à la Cour

des aides, prévôt des marchands de Paris, III, 297, 313.
Charroux (Allier), II, 271; V, 25.
Charry (Jacques Prévost, sgr de), mestre de camp catholique, II, 207, 208; III, 53.
Chars (Asie Mineure), VI, 99, 107.
Chartier (Guillaume), ministre calviniste, I, 118.
Chartiers (N.), hérétique noyée à Gien, III, 90.
Chartres (Eure-et-Loir), I, 218; II, 105, 283-288; V, 8, 346; VII, 218, 219, 227; VIII, 38, 51 et suiv., 191, 213, 219 et suiv., 222, 236; IX, 9, 87, 88.
— (évêque de). Voy. Bar de Monçon (Renard), Thou (Nicolas de).
— (vidame de). Voy. La Fin (Prégent de), Maligny (Jean de Ferrières, sgr de), Vendôme (François de).
Chartreux (les), à Bordeaux, III, 115; à Cahors, VI, 16; à Paris, VIII, 171.
Charzais (Vendée), VI, 226; VII, 112.
Chassanion (Jean de), historien, I, 170.
Chasse (La) (commune d'Iffendic, Ille-et-Vilaine), IX, 190-196.
Chassegué. Voy. Chasseguey.
Chasseguey (Jacques Carbonel, sgr de), enseigne du comte de Laval, VII, 10.
Chasselandière, cornette d'une compagnie protestante, III, 193.
Chasseneuil (Vienne), VIII, 236 et suiv.
Chassey (Benoît Charton, sgr du), grand bailli d'Alost, père du baron de Pimereul, IX, 446 n.
— Voy. Pimereul.

Chassey (N. du), capitaine suisse, VIII, 100.
Chassincourt, écuyer de la duchesse de Savoie, I, 200.
— (N. de), gentilhomme de la Chambre du roi de Navarre, VI, 204.
Chasteau-Baudeau. Voy. Château-Bodeau.
Chasteigner (Henri), baron de Malval, second fils de Louis Chasteigner, sgr d'Abain. Voy. Malval.
— (Jean), dit le baron de Preuilly, puis le baron de la Rochepozay, 3e fils de Louis Chasteigner, sgr d'Abain. Voy. La Rochepozay.
— (Louis), sgr d'Abain, de la Rochepozay, de Touffou, baron de Preuilly, de Malval, etc., frère puîné du suivant. Voy. Abain.
— (Roch), sgr de Touffou, dit le capitaine de la Rochepozay, chambellan du Roi, capitaine de chevau-légers. Voy. La Rochepozay.
Chastel (Pierre du), ou Chastellain, ou Castellan, évêque de Mâcon et d'Orléans, I, 214, 230.
— (Tanneguy du). Voy. Tanneguy.
Chastelier (Josias de Brémond, baron du), du vivant de son père Charles de Brémond, baron d'Ars, ensuite baron d'Ars (1561-1651), VIII, 234, 310.
— Voy. Céré.
Chastellain. Voy. Chastel.
Chastellier-Portault (Honorat Prévost, sgr du), guidon de la compagnie de Coligny, meurtrier de Charry, vice-amiral de la flotte de la Rochelle, envoyé par le prince de Condé auprès de Frédéric III, électeur palatin, tué à Jarnac, II, 207, 208, 250 et suiv.; III, 50 et suiv., 53, 62.

Chastellier-Portault (N.), frère du précédent, tué en Piémont par Charry, II, 208.

Chastelliers (abbaye de Notre-Dame des), à Poitiers. Voy. Daillon du Lude (René de).

Chastellux (Olivier de), sgr et baron d'Avallon, chambellan du prince de Condé, VII, 159 n.

Chastelus (N. de), capitaine catholique, VII, 159.
— Voy. Castelloux.

Chastes (Aymar de), chevalier de Malte, puis grand maître de l'ordre de Saint-Lazare, gouverneur de Dieppe, VI, 322 n.; VII, 25, 49, 66; VIII, 154, 155.

Chastres-sous-Montléry. Voy. Arpajon.

Chat (le mont du), près d'Aix-les-Bains, IV, 280.

— (la tour du), à Jametz (Meuse), VII, 363, 367.

Châtaigneraie (la) (Vendée), VII, 127; IX, 38, 272.

Château (Tours du), à la Rochelle, IV, 16.

Châteaubodeau (Gabriel de), sgr dudit lieu, chambellan ordinaire de Monsieur, IV, 231, 342.

Châteaubriand. Voy. Roches-Baritaud, Saint-Jean.

Châteaubriant (Loire-Inférieure), IX, 184.

Château-Crou, capitaine ligueur, IX, 110.

Château-Dauphin, Castel-Delphino (province de Saluces, Italie), IX, 348, 350.

Château-du-Loir (Sarthe), VI, 253.

Châteaudun (Eure-et-Loir), II, 37, 78; VI, 267; VIII, 61, 174.

Château-Ferré. Voy. Castell-de-Ferro.

Château-Gaillard (commune de Santilly, Eure-et-Loir), II, 34.

Châteaugiron (Ille-et-Vilaine), VIII, 58.

Château-Gontier (Mayenne), V, 16; VIII, 178, 296; IX, 176.

Château-Landon (Seine-et-Marne), VII, 184, 190.

Châteauneuf (Côte-d'Or), IX, 49.

— (Antoinette de), femme de Jean de Rochefort, sgr de Pleuvant, mère de René de Rochefort, sgr de la Croisette, VII, 159 n.

— (Guy de Rieux, sgr de), vicomte de Douges, gouverneur de Brest, lieutenant du Roi en Bretagne, VIII, 183, 277.

— (Renée de Rieux, dite la belle), maîtresse du duc d'Anjou, IV, 179; VII, 86.

— (N. de), capitaine français au siège de Mahomette, IX, 403.

— (le jeune). Voy. Sourdiac.

Châteauneuf-de-l'Albenc (Claude de Baronnat, sgr de), VIII, 316.

Châteauneuf-d'Isère (Drôme), VII, 97.

Châteauneuf-du-Pape (Vaucluse), II, 60.

Châteauneuf-sur-Charente (Charente), III, 48.

Châteauneuf-sur-Cher (Cher), III, 146, 150; V, 12.

Château-Renaud (N. de), capitaine catholique, VII, 152 et suiv.; 159.

Château-Renault (Indre-et-Loire), château, III, 82.

— (forêt de), I, 267.

— (ville de), VI, 253.

Châteauroux (Indre), III, 146.

Château-Thierry (Aisne), I, 49; II, 233; III, 275; VI, 194, 328; VIII, 221 et suiv.; IX, 40.

Château-Trompette (le), fort de Bordeaux, V, 16; VI, 180.

Châteauverdun. Voy. Puycalvel.
Châteauvieux (Joachim de), capitaine des gardes du corps, IV, 19; VII, 159; VIII, 45, 80.
Châteauvillain (Haute-Marne), II, 98; IV, 380; VII, 177, 178, 183.
— (Ludovic d'Adjaceto, comte de), gentilhomme ordinaire de la Chambre du Roi, V, 127.
— Voy. Atrie.
Châtel (Jean), assassin de Henri IV, IX, 24, 29, 458, 464.
— (Pierre), père de l'assassin, IX, 25, 29.
Châtel-Aillon (Charente-Inférieure), V, 286.
Châtelet (le), à Paris, I, 17, 19, 322; VII, 212 et suiv.
Châtelet-en-Berry (Cher), IX, 38.
Châtellerault (Vienne) (pays de), I, 260.
— (ville de), II, 42; III, 22, 31, 33, 80, 109, 110, 132, 145 et suiv.; IV, 292; VI, 200; VIII, 18, 137, 231; IX, 87-88, 292, 303-304.
— (Jacques Hamilton, duc de), II, 356; III, 251-252.
Châtelliers-Châtcaumur (Vendée), V, 128; IX, 38.
Châtillon (Haute-Savoie), VIII, 361.
Châtillon-en-Diois (Drôme), IV, 277, 278.
Châtillon-les-Dombes (Ain), IX, 2.
Châtillon-sur-Loing (Loiret) (château de), II, 283; III, 283, 284, 319, 366.
— (ville de), II, 10; III, 2, 83; V, 253 (?) 376, (?).
Châtillon-sur-Loire (Loiret), II, 8.
Châtillon-sur-Marne (Marne), IX, 107, 108.
Châtillon-sur-Seine (Côte-d'Or), VII, 178.
Châtillon-sur-Sèvre (Deux-Sèvres). Voy. Mauléon.
Châtillon (la maison de), ses rapports avec le roi de Navarre, I, 298; sa rivalité avec les Guise, II, 223; ses rapports avec les princes allemands, 251; ses relations avec le maréchal de Cossé, 278; instances auprès de Charles IX en sa faveur, IV, 181; crainte qu'elle inspire aux politiques, 214.
— (Odet de Coligny, cardinal de), frère de Coligny, évêque-comte de Beauvais, mandé à la cour lors de la conjuration d'Amboise, I, 263; accusé d'y avoir trempé, 271; toléré par la cour à Orléans, 291; ses bénéfices convoités par Monluc, 301; aux états d'Orléans, 304; une de ses maisons donnée en logement aux ministres protestants venus au colloque de Poissy, 312; présent au colloque de Poissy, 314; sa réunion avec ses frères à Châtillon-sur-Loing en 1562, II, 10; rend hommage au Roi en séance publique au Parlement de Rouen, 203; ses conférences avec les chefs catholiques en 1567, 234; assiste à la bataille de Saint-Denis, 244; négociateur de la paix, 276, 277; ses dures réponses à Charles IX, 278; ses négociations avec Biron, 287; sa fuite en Angleterre, III, 12; ses négociations en Angleterre, 61 et suiv., 264, 281; sa mort, 281; ses héritiers, 283; aurait été empoisonné, IV, 299.
— (François de Coligny, comte de), fils de l'amiral de Coligny et de Charlotte de Laval, massacre de son père, III, 335; stipulations en sa faveur à l'assemblée de Nîmes (1575), IV, 360; bloqué dans

Montpellier, V, 294; fait raser la citadelle de Montpellier, V, 295; sa jeunesse l'empêche d'être choisi comme chef des réformés du Languedoc, 296; défenseur de Montpellier assiégé par Damville, 297; sort de la ville et bat Damville près de Mauguio, 300-301; rentre à Montpellier, 301; informé de la paix de Bergerac, 302; Damville, après la paix, empêche ses soldats de rentrer en leurs maisons, 351; soupçonné de soulever les huguenots du Languedoc, 353; appelé par ceux de Beaucaire, 354; occupe Beaucaire, 355; projet pour le faire se retirer du Languedoc, 376; engagé à se rallier au roi de Navarre, VI, 22; approuve la levée d'armes de celui-ci, 23, 24; s'empare de la Calmette (Gard), 25; lettre à lui adressée par Henri III, 68; cesse les hostilités en Languedoc, 279; lieutenant général du roi de Navarre en Rouergue, VII, 89; lève des troupes, 89; son entreprise sur le Puy, 99; assiège Compeyre (Aveyron), 103; son arrivée en Bourgogne, 167; ses précédentes levées de troupes en Languedoc, 171; ses mouvements en Franche-Comté et Bourgogne, 171-175; traverse la Seine à Châtillon-sur-Seine, 178; attaqué par le duc d'Epernon, 179; son entreprise sur Montargis, 183; à Vimory, 181; rejoint par le prince de Condé, 185; battu à Auneau par le duc de Guise, 188, 189; sa brillante retraite, 190-192; son arrivée à Retourtour (Ardèche), 193; chargé par le roi de Navarre de secourir la Garnache (Vendée), VIII, 15 et suiv.; défend Tours, 43; victorieux à Bonneval (Eure-et-Loir), 51 et suiv.; participe à la prise d'Etampes, 64, 65; au siège de Paris, 72 et suiv.; auprès de Henri IV sous les murs de Paris, 87; au combat d'Arques, 161 et suiv.; au siège de Paris, 171 et suiv., 200 et suiv.; au siège de Chartres, 219, 220.

Châtillon (Gautier de), comte de Saint-Pol, son rôle pendant la guerre des Albigeois, I, 175.

— (le sieur de), gentilhomme normand, capitaine catholique, gouverneur de Neufchâtel en Normandie, VIII, 155.

— (N. de), député du tiers état aux Etats de Blois, V, 157.

Châtre (la) (Indre), IV, 387.

Chattes. Voy. Chastes.

Chaudet (le capitaine), VIII, 359.

Chaulnes (Charles d'Ongnies, comte de), gouverneur de Péronne, IV, 194; VI, 64 et suiv.

— (François d'Ongnies, comte de), tué à la bataille de Saint-Denis, frère aîné du précédent, II, 247.

Chaume (château de la), près des Sables-d'Olonne, V, 209 et suiv.

Chaumont (Antoine de la Rochefoucauld, sgr de), III, 12, 57, 184, 196; VI, 50.

— Voy. Guitry, La Guiche.

Chaumont-en-Bassigny (Haute-Marne), VII, 177, 223.

Chaumont-sur-Loire (Loir-et-Cher), I, 241.

Chauny (Aisne), I, 44, 73; VI, 50.

Chausseins (François de Lorraine, marquis de), frère cadet du duc de Mercœur, VIII, 278 et suiv.

Chaussère (forêt de Leppo ou de la) (Maine-et-Loire), VII, 126.

Chauveau (le D^r), IX, 80.
Chauvigny (Vienne), II, 44 ; III, 145 ; VI, 201 ; VIII, 227, 233 ; IX, 38.
— (Roland de), sgr de Boisfront, capitaine protestant, gouverneur du château de Lassay, IV, 241 et suiv.
Chauvinerie (ferme de la), près de Poitiers, VIII, 32.
Chauvirey (le baron de), IX, 154.
Chaux. Voy. Etchaux.
Chavagnac (Christophe de), gentilhomme d'Auvergne, capitaine protestant, V, 232 et suiv.
Chavignol, Chevenier (Cher), IV, 36.
Chavigny (François Le Roy, sgr de), comte de Clinchamp, capitaine des archers de la garde, I, 293 ; II, 222 ; III, 33 ; IV, 7, 250 et suiv., 296, 331 et suiv.
Chazeron (N.), capitaine royaliste, VIII, 22, 280 ; IX, 112.
Chef-de-Baye, ou Chef-de-Bois, mouillage près de la Rochelle, III, 249, 374, 381 ; IV, 8 ; V, 257, 259, 271, 277, 280, 287.
Chef-de-Caux (château de), près du Havre, II, 198.
Chelandre (pont de), à Cahors, VI, 10, 16.
— Voy. Schelandre.
Chelles (Seine-et-Marne), IX, 207, 209.
Chemaux (Guillaume Pot de Rhodes, sgr de), V, 23, 24 ; VI, 80 et suiv.; VII, 315.
Chemerault (Méry de Barbezières, sgr de), capitaine catholique, III, 139 ; IV, 12, 251, 265 et suiv.; V, 270 et suiv., 278 et suiv., 280 ; VI, 76 et suiv.; VII, 108.
— (François de Barbézières, sgr de), neveu du précédent, V, 227.
Chemillé (Maine-et-Loire), VI, 82.

Chemnitz (François), théologien protestant, II, 158.
— (Martin), recteur de la cathédrale de l'église de Kœnisberg, II, 158.
Chemousseau (N.), gentilhomme ligueur, VIII, 239.
Chenonceaux (Indre-et-Loire), I, 241.
Cher (le), rivière, VI, 272 ; IX, 63.
Cherbourg (Manche), V, 8.
Chérégat. Voy. Chiericati.
Chériffs (les), dynastie marocaine, I, 101, 102.
Chersonèse Taurique (la), VI, 297.
Cherves (Vienne), IX, 38, 39.
Cherveux (Deux-Sèvres), II, 133.
Chesne (Nicolas du), hérétique champenois supplicié, I, 221.
— (le capitaine du), capitaine protestant, VI, 77 ; IX, 36.
Chesnet (le capitaine), aventurier, II, 46 ; III, 179.
Chesnevert (Louis Boutaud, sgr de), ministre protestant, V, 90.
— (N. Boutaud, sgr de), capitaine huguenot, VII, 352.
Chessé (Robert), cordelier ligueur supplicié, VIII, 175.
Chessoy, capitaine de l'armée espagnole aux Pays-Bas, IX, 446.
Chevalerai (le capitaine), VII, 352 ; VIII, 239.
Chevalier (Paul), ministre protestant supplicié en Flandre, II, 339.
— Voy. Prunes.
Chevalier-sans-Peur (le), surnom donné à Andelot, III, 59.
Chevalleau. Voy. Tiffardière.
Chevenier. Voy. Chavignol.
Cheverny (Henry Hurault, comte de), IX, 57 et suiv.
— (Philippe Hurault, comte de), chancelier de France, IV, 269 ;

VII, 11, 304; VIII, 220, 224; IX, 7, 9, 298.
Chevet (Pierre), hérétique de Villeparisis supplicié à Paris, I, 226.
Chevreaulx (Henri de Vienne, baron de), capitaine espagnol, IV, 79 et suiv., 159.
Chevrelières (le capitaine), VI, 215.
Chevreuse (Seine-et-Oise), VIII, 65.
Chevrières (Jacques Mitte, comte de Miolans, sgr de Saint-Chamond et de), lieutenant général au gouvernement de Lyonnais, IX, 10.
Cheylard (château du), près Saint-Julien-Boutières (Ardèche), IV, 52.
— (Ardèche, arrondissement de Tournon), II, 263, 264; III, 391; IV, 52 et suiv.
— (Antoine Sauvain, sgr du), près Eygluy (Drôme), capitaine huguenot, III, 27, 120, 166, 167; IV, 361, 366.
— (Pierre de Sauvain, sgr de Piedgros, puis du), maréchal de camp, fils du précédent, III, 166; IX, 47.
Chezay. Voy. Chezery.
Chèze, près Marchenoir (Loir-et-Cher), VI, 267 et suiv., 271.
— Voy. Chaise (la).
Chezery, Chezay (Ain), IX, 346.
Chialder (Perse), V, 320; VI, 103.
Chiapino Vitelli. Voy. Cotessa.
Chiarald. Voy. Karaatly.
Chiché (Deux-Sèvres), VI, 251.
Chicot (Antoine d'Anglerez, dit), fou du Roi, III, 321; VIII, 257.
Chien (le), bateau corsaire, IV, 352.
Chiéri, Cléri (Piémont), I, 127; II, 149; IX, 363.
Chiericati (Francesco), nonce apostolique en Allemagne, I, 82.
Chillon, près Genève, VII, 229.
Chilly. Voy. Beaulieu (Martin Ruzé, sgr de).
Chilly-Mazarin (Seine-et-Oise). Voy. Beaulieu (Martin Ruzé, sgr de).
Chimay (Belgique), I, 43; VI, 143.
— (Charles de Croÿ, prince de), fils du prince d'Arschot, V, 332, 335, 337; VI, 332, 351; VII, 277; VIII, 127.
Chine, I, 119 et suiv.; IX, 244.
Chinois, VIII, 110.
Chinon (Indre-et-Loire), II, 19, 43; III, 39, 113.
Chinsky, capitaine au service des États, aux Pays-Bas, VIII, 131.
Chio (île de), IX, 399.
— (le sangiac de), IV, 115 et suiv.
Chiousse (N.), bourgeois huguenot de Marseille, VII, 84.
Chiozza (Lombardie), IX, 410.
Chiré (N., sgr de). Voy. La Cour-de-Chiré.
Chiron. Voy. Cadaillet.
Chistelles. Voy. Ghistelles.
Chivasso (Piémont), I, 127.
Chivré. Voy. Plessis.
Chizé (Deux-Sèvres) (forêt de), III, 141.
— (ville de), VII, 12, 22, 26, 110.
Choart. Voy. Grauchamp.
Chobart (Jacques), hérétique supplicié en Lorraine, I, 211.
Choczim (forteresse de), en Moldavie, V, 36.
Choiseul. Voy. Beaupré et Praslin.
Cholet (N. Bois de), capitaine catholique, IV, 312.
Chollant (N., sgr de), capitaine gascon, VII, 187.
Chonad (Hongrie) (le gouverneur de), IX, 209.
Chopinière (N., sgr de), gentil-

TABLE DES MATIÈRES.   95

homme poitevin, catholique, V, 130.
Chorges (Hautes-Alpes), VI, 280.
Chorrin (N.), célèbre déchiffreur d'écritures, VIII, 202.
Chosmas (S.), sergent-major de l'armée réformée, II, 235.
Chouppes (Pierre de), sgr d'Availles, capitaine huguenot, III, 7, 37, 38, 50 et suiv., 131 et suiv., 156, 173 et suiv.; IV, 286, 287, 312 et suiv., 333, 339, 345, 346; VI, 13 et suiv., 220; VII, 148 et suiv.; VIII, 234; IX, 39.
Chources. Voy. Malicorne.
Christ (ordre du), en Portugal, VI, 312.
Christian II, roi de Danemark, III, 298; IV, 197.
Christian III, roi de Danemark, I, 123, 124, 357, 358.
Christian IV, roi de Danemark, IX, 262.
Christophle (le capitaine), huguenot, VIII, 4.
Christowitz (Hongrie), VIII, 370; IX, 205.
Chrysostome, cordelier portugais, IX, 410.
Chypre (île de), II, 325; III, 215 et suiv., 226, 243, 293; IV, 94 et suiv., 101, 103, 108, 113; V, 44, 318; VI, 100; VIII, 374, 375.
— (Jacques Faure de). Voy. Soubreroche.
Cibinium. Voy. Hermanstadt.
Cicloueste. Voy. Siclowesch.
Cicogna (M.), capitaine de galère à Lépante, IV, 112 et suiv.
Cidius Arrahal. Voy. Sidi Er Rahal.
Cigala-Bacha, VI, 298, 299; VII, 234 et suiv., 236; IX, 391, 395, 402.
Cigogne (Charente-Inférieure), VII, 54.
Cigongne. Voy. Sigongnes.

Cilicie, III, 219.
Cimandière, capitaine catholique, VIII, 22.
Cimero, chef géorgien, VI, 105.
Cinq de Chambéry (les), martyrs de la réforme, I, 220.
Ciotat (la) (Bouches-du-Rhône), VIII, 320.
Cipières (René de), fils de Claude de Savoie, comte de Tende. Voy. Cypières.
Circassiens, IV, 107.
Cirier (Roger), hérétique supplicié en Angleterre, I, 220.
Cité (la) (île de Malte), II, 307, 308.
Citeaux (abbaye de), V, 17; IX, 364.
Civile (François de), capitaine catholique de Normandie, II, 86.
— (N. de), frère du précédent, II, 87.
Civitella (Italie), I, 57, 63.
Civray (Vienne), IV, 311; V, 130.
Claban, capitaine catholique, III, 7.
Clagny. Voy. Conforgien.
Claidon (Jean), martyr albigeois, I, 202, 203.
Clairac (abbé de). Voy. Caumont (Geoffroi de).
Claire-Isabelle-Eugénie. Voy. Autriche.
Clairvant. Voy. Clervant.
Clairvaux (commune de Scorbé-Clairvaux, Vienne), III, 145.
— (abbaye de), VII, 176.
— (Paul Chabot, sgr de), capitaine huguenot, III, 102 et suiv.
— Voy. Villequier.
Clairville (N.), pasteur réformé de Loudun, IV, 287.
Clansayes (Drôme), VII, 90.
Clarebach (Adolphe), hérétique supplicié en Allemagne, I, 205.
Clareke (Jean), hérétique supplicié en Angleterre, I, 222.
Classé (Jean Grognet, sgr de),

fils d'Antoine Grognet de Vassé, I, 60-61.
Clausel (N.), capitaine huguenot, VIII, 286 et suiv.
Clausembourg. Voy. Coloszvar.
Clausonne (Guillaume Roques, sgr de), membre du présidial de Nîmes, II, 195; IV, 361; V, 196, 201; VI, 23.
Clauverd (Robert), hérétique supplicié en Angleterre, I, 220.
Clavas. Voy. Chivasso.
Claveau. Voy. Puyviaud-Claveau.
Claveria, membre du conseil de ville à Saragosse, VIII, 387.
Clavez (François de), hérétique supplicié à Séville, I, 350.
Claye (Seine-et-Marne), II, 232, 233; VIII, 205, 206.
Cleerhagen (Julian van), capitaine d'un vaisseau hollandais, IX, 264.
Clémengis (Mathieu-Nicolas), théologien, I, 236.
Clément (Jacques), assassin de Henri III, VIII, 73 et suiv.
— (Jean), hérétique supplicié à Londres, I, 221.
— pirate du Jutland, I, 357.
Clément VI, pape, I, 23.
Clément VII, pape, I, 36, 83; VI, 83.
Clément VIII, pape, VIII, 297, 302, 336, 338, 341, 377; IX, 60, 82, 103, 212, 227, 228, 230, 231, 299, 308, 318, 325, 326, 331, 333, 338, 342, 356, 358, 362, 376, 383, 395, 402, 460.
Cléostrata, personnage de Plaute, I, 2.
Clérac (Charente-Inférieure), VIII, 78.
Clères (Seine-Inférieure), VIII, 262.
Cléri. Voy. Chiéri.
Clermont (Oise), VIII, 212, 218.
— (collège de), à Paris, II, 174; IX, 25.

Clermont (Bertrand Isalgnier, baron de), capitaine catholique, neveu de Monluc, II, 25.
— (Henry, comte de Tonnerre et de), gouverneur du Bourbonnais et d'Auvergne, III, 47.
— Voy. Balagny, Montoison, Piles, Reynel, Retz, Uzès.
Clermont d'Amboise (Jacques de), sgr et baron de Bussy, II, 244; III, 118; VI, 191, 192.
— (Louis de), sgr de Bussy, fils du précédent. Voy. Bussy d'Amboise.
— (Georges de), baron de Bussy, troisième fils de Jacques de Clermont d'Amboise, baron de Bussy, III, 102; V, 16, 23, 24, 193, 215, 219, 256, 257, 259, 263, 264, 270-278, 287; VI, 224, 243, 253, 254, 259, 260; VII, 146 et suiv., 191; IX, 57.
— d'Entragues (Charles de Balzac, sgr de Clermont-Soubirans, dit), 3e fils de Guillaume de Balsac, V, 22 et suiv.; VIII, 45, 79, 193.
Clermont-Ferrand (Puy-de-Dôme), III, 3.
— (évêque de). Voy. Prat (du), Robert d'Auvergne.
Clermont-de-l'Hérault (Hérault), II, 66.
Clermont-Lodève (Gui ou Alexandre de Castelnau, baron de), IV, 341.
— (Alexandre de Castelnau, comte de), VIII, 173.
Clermont-Tallart (Antoine de), I, 284; III, 128 n.
— (Claude, vicomte de), fils du précédent, II, 321; III, 102, 158.
— (Henri, comte de), frère du précédent, IV, 18, 25, 176.
Clervant (Claude-Antoine de Vienne, baron de Coppet, sgr de), capitaine huguenot, II,

235; III, 64, 65; VI, 43, 93, 146; VII, 181, 183, 188, 222.
Clervant (Nicolas de Vienne, sgr de), frère cadet du précédent, III, 63.
Clervaux. Voy. Clairvaux.
Cléry (Loiret), I, 299; II, 123; IV, 176.
— (N. Brossard, sgr de), gentilhomme normand, capitaine huguenot, II, 86, 276.
— (Peterman), capitaine suisse, III, 121 et suiv.
Clèves (duché de), IX, 263, 426, 430.
— (Catherine de). Voy. Guise.
— (Horst, maréchal de), et secrétaire d'État du duché, IX, 424.
— (Jean-Guillaume, duc de), VII, 276; IX, 428.
— (Martin Rossen, maréchal de), I, 51.
— Voy. Condé, Nevers.
Cline, hérétique suppliciée aux Pays-Bas, II, 182.
Clinet (Nicolas), hérétique de Saintonge, supplicié à Paris, I, 225.
*Clinton. Voy. Clynton.
Cliqua (Géorgie), VI, 108.
Clissa (Dalmatie), IX, 219.
Clisson (Loire-Inférieure), VII, 337 et suiv., 342; VIII, 234.
Cloet (Frédéric), gouverneur de Nuys, dans l'électorat de Cologne, VI, 296; VII, 257, 258, 261, 262.
Cloetinghen. Voy. Brederode.
Closqua. Voy. Plocko.
Clousy (le fort du), près Marans (Charente-Inférieure), VII, 292, 298, 299, 300.
Clout (Verick), mestre de camp de l'armée espagnole aux Pays-Bas, IX, 444 et suiv.
Clovis, roi de France, V, 100, 106, 151.
Cluny (Saône-et-Loire), IV, 300.
— (abbé de), III, 291.
— (hôtel de), à Paris, II, 216.

Cluses (Haute-Savoie), VIII, 357.
Cluzeau (le) (Charente), VII, 33.
Cluzeau, ou Cluseau (François Blanchard, sgr de), capitaine catholique, III, 82, 200; V, 192 et suiv.; VII, 25, 28, 72, 145, 149, 169, 183, 288, 298, 300; VIII, 60; IX, 64.
Clutin. Voy. Oysel.
Clynton (Edward, lord), amiral anglais, II, 201; III, 289; IV, 22.
Coatquin. Voy. Coëtquen.
Coban (Jean Oldcastel, sgr de), hérétique supplicié en Angleterre, I, 203.
Cobbe (Thomas), hérétique supplicié en Angleterre, I, 220.
Coblentz (Allemagne), IX, 432.
Cobham (Guillaume Brooke, baron de), IV, 142; VII, 278; IX, 422.
— (Robert de), comte de Southampton, frère du précédent. Voy. Southampton.
Cobock, capitaine des confédérés aux Pays-Bas, VII, 261.
Coclès (Horatius), VIII, 261.
Coconat (Annibal, comte de), III, 199, 200; IV, 228 et suiv.; V, 265.
Cocqueville (François de), capitaine huguenot, II, 365; III, 2.
Coderle (N.), hérétique supplicié en Angleterre, I, 221.
Codure (Jean), de Genève, disciple d'Ignace de Loyola, II, 173.
Coé (Thomas), hérétique supplicié en Angleterre, I, 220.
Coëllo (Juana), femme d'Antonio Perez, IX, 417.
Coësme (Jeanne de), dame de Bonnétable, première femme de François, prince de Conti, VI, 50 n.
— Voy. Lucé.
Coëtquen, Coatquin (Jean V,

marquis de), capitaine ligueur, IX, 183.

Cœur-de-Roi, soldat de Louis de Blosset, capitaine huguenot, III, 83.

Cœuvres. Voy. Babou.

Coevorden (Hollande, prov. d'Ower-Yssel), VIII, 403, 408; IX, 242.

Cognac (Charente), III, 48, 55-57, 143, 145, 199, 269; V, 79, 95, 161; VI, 37; VII, 20, 60, 61, 162.

Cognat-Lyonne (Allier), II, 270-273.

Cognées (Joachim Le Vasseur, sgr de), capitaine huguenot, II, 140, 212; III, 13, 74, 186, 196, 324.

Cognet (Isère), VII, 88.

Coiffer (André), hérétique de Dammartin, supplicié à Paris, I, 226.

Coigniers. Voy. Cognées.

Coïmbre (Portugal), VI, 312.
— (évêque de). Voy. Menezès (Manuel de).

Cointaudière (la), près Vouvant (Vendée), VII, 297.

Cok (Maximilien), hérétique supplicié aux Pays-Bas, III, 257.

Coker (Guillaume), hérétique supplicié en Angleterre, I, 219.

Coladon (N.), secrétaire du prince de Condé, VII, 222.

Colas Loys. Voy. Loys (Colas).
— (Jacques), vice-sénéchal de Montélimar, prétendu comte de la Fère, VIII, 170; IX, 99 et suiv., 105, 447.

Colasseau. Voy. La Frogerie.

Colding (Danemark), I, 358.

Colicati (Marc'Antonio), italien de la suite de Marie de Médicis, IX, 338.

Colignon (Geoffroy Soffrey de), secrétaire et chancelier du roi de Navarre, VI, 152 et suiv.

Coligny. Nom d'un fort de Floride, I, 117, 118; III, 246.

Coligny (la famille de), I, 245.
— (Charlotte de Laval, première femme de l'amiral de), II, 12; III, 280.
— (Gaspard II de), sgr de Châtillon-sur-Loire, amiral de France, dit l'amiral de Coligny; au combat de Renty, 1, 17, 53; s'oppose à l'intervention de la France dans la guerre entre le Pape et l'Empereur, 62; essaye de prendre Douai, 65; s'empare de Lens, 66; se jette dans Saint-Quentin, 67; fait prisonnier à la bataille de Saint-Quentin, 71; le duc de Guise essaye de l'éloigner de Condé, 246; mandé à la cour au moment de la conjuration d'Amboise, 263; accusé d'y avoir trempé, 271; se retire en Normandie, 273; laisse entrevoir à la reine les dangers de la puissance des Guise, 274; sa requête à l'assemblée de Fontainebleau en faveur des réformés, 278; toléré par la cour à Orléans, 291; aux Etats d'Orléans, 304; se plaint au roi de l'injure qui lui est faite là par Quintin, professeur de droit canon, 307; sa réunion avec ses frères à Châtillon-sur-Loing, II, 10; son départ pour Meaux, 13; son entrevue avec Catherine de Médicis à Château-Gaillard, 34; son discours aux conférences des réformés à Orléans, 35; ses remontrances au prince de Condé, 38; son entrée en campagne contre les catholiques, 39; apprécié par le baron des Adrets, 74; attaque le marquis d'Elbeuf à Châteaudun, 78; son message aux défenseurs de Rouen, 82; à la tête de l'armée huguenote à son passage à Villejuif, 102 et suiv.; assiège Paris, 103; chargé de négo-

TABLE DES MATIÈRES. 99

cier la paix au nom du prince de Condé, 103; rompt les pourparlers, 103; lève le siège, 104; ses indécisions et son désaccord avec Condé, 105-106; à la bataille de Dreux, 107, 109 et suiv., 115, 118, 119; se retire à Gallardon et à Auneau, 119; sa lettre à la princesse de Condé touchant la bataille, 120; prend le commandement de l'armée pendant la captivité de Condé, 120; sa marche d'Auneau sur Orléans, 120, 121; passe en Normandie, 121, 122; s'empare de Caen, 123; reçoit Poltrot de Méré envoyé par Soubise, 131; ses lettres à Soubise, 138; rappelle de Dieppe le vicomte de Montgomery, 139; ses succès en Normandie, 139; organise son armée, 140; Poltrot de Méré prétend qu'il lui a conseillé l'assassinat de Guise, 142; sa réponse à ces insinuations, 143; désigné de nouveau par Méré comme l'instigateur du crime, 144; nouveaux désaveux, 145; son retour à Orléans et ses invectives contre Condé, 183; appelé à Paris, 217; ses conférences à Valéry avec les autres chefs huguenots, 230; ses conférences avec les chefs catholiques, 234; envoie Jean Ribaut en Floride, 238; à la bataille de Saint-Denis, 243 et suiv.; son passage à Pont-sur-Yonne, 255; assiège Bray-sur-Seine, 255; chef de l'avant-garde dans la marche des huguenots contre le duc d'Anjou, 256; relève le moral des troupes, 279; chargé du service de l'intendance dans l'armée de Condé, 280-281; son séjour à Châtillon, 283; sa victoire à Houdan sur La Valette, 287; son opinion sur les négociations ouvertes pendant le siège de Chartres, 388; ses relations avec l'étranger, III, 2; menacé par le sieur de Gohas, 2, 3; accepte d'ouvrir des négociations avec le Roi, 4; sa retraite à Tanlay (Yonne), 5; sa lettre à Charles IX, 6; sa fuite à la Rochelle, 8; s'empare d'Angoulême, 25; informé des agissements des huguenots dans les Cévennes, 30; informé de la défaite de d'Acier par le duc de Montpensier, 33; à la poursuite du duc de Montpensier, 33; rejoint par Boucard et Piles, 34; se prépare à en venir aux mains avec le duc d'Anjou, 34; à Pamproux, 36; s'égare vers Sanzay, 36; escarmouche de Jazeneuil, 37 et suiv.; indiqué à tort comme s'étant emparé de l'abbaye de Saint-Florent, 38, 39; son séjour à Niort, 42; ses troupes en Poitou, 43; essaye de prévenir le siège de Jarnac, 46; prévient les desseins du duc d'Anjou, 47; à la bataille de Jarnac, 419 et suiv.; rallie les troupes protestantes après Jarnac, 55, 57; au combat de La Roche-Abeille, 71 et suiv.; envoie Téligny au secours de Niort, 79; se saisit de Châtellerault, 80; du château de Lusignan, 81; ses meubles saisis après le siège de Châtillon-sur-Loing, 83; le bruit de son arrivée fait lever le siège de la Charité, 84; assiège Poitiers, 103 et suiv., 108; informé de la marche du duc d'Anjou sur Châtellerault, 109; lève le siège de Poitiers, 110; le duc d'Anjou lui échappe, 112; tentative d'empoisonnement commise sur lui, 113; se retire à Faye-la-Vineuse, 113;

se justifie de sa conduite devant Poitiers, 114; ses troupes à l'escarmouche de Saint-Clair (Vienne), 117 et suiv.; à la bataille de Moncontour, 119 et suiv.; blessé, 125; état moral de son armée après la défaite, 130; refuse le secours des bandouliers du sieur d'Audou, 160, 161; lettres à lui adressées par Charles IX et Catherine de Médicis, 161; passe dans les Cévennes pour y faire sa jonction avec les Princes, 169, 170; sa maladie, 170, 172; au combat d'Arnay-le-Duc, 175 et suiv.; faux bruit de sa victoire à Arnay-le-Duc, 188; ses relations prétendues avec don Carlos, fils de Philippe II, 206; son nom donné à un fort de Floride, 246, 247; ses exploits rappelés, 270; ses conférences avec le maréchal de Cossé, à la Rochelle, 274 et suiv.; épouse en secondes noces Jacqueline de Montbel, 280; sa faveur à la cour, 282; son arrivée à Blois, 283; chargé du renouvellement d'alliance avec l'Angleterre et les princes réformés, 284, 285; son entretien avec Charles IX sur le duc de Montpensier, 286; instruit des menées de Strozzi à la Rochelle, 290; presse Charles IX de déclarer la guerre à l'Espagne, 292; ses projets combattus par Jean de Morvilliers, 295; lève une armée contre les Espagnols, 296; avertissements que lui donnent ses amis de se méfier de la cour, 297, 298; ses réponses, 299; prophétie d'un de ses amis, 300; son entretien avec Charles IX sur le mariage du Béarnais, 301; assiste à ce mariage, 302; sa mort résolue, 304; blessé par Maurevel, 305-312; son assassinat pendant la nuit de la Saint-Barthélemy, 315 et suiv.; son épitaphe, 319; Charles IX essaie de se justifier de son assassinat, 333; ses enfants mis en présence de son cadavre, 335; projet de venger sa mort, 341; son arrêt de condamnation, 366; exécuté en effigie, 367; accusations portées contre lui par Charles IX dans ses lettres aux Rochelais, 368; soupçons de quelques réformés à son sujet, 389, 390; sa prétendue conjuration exposée par l'abbé de Gadagne aux Rochelais, IV, 10; ses relations avec le peintre Antoine Ollivier, 77; bruit répandu en Angleterre en 1570 qu'il serait forcé de quitter la France, 139; son portrait présenté au duc d'Anjou par l'électeur palatin, 195; son éloge par le duc d'Alençon, 196; accusations fausses portées contre lui, 197; ses défenseurs à la cour de France, 203; amitié du duc d'Alençon pour lui, 230; son assassin fait prisonnier à Bouteville, 349; tué, 349; sa réhabilitation, V, 78; supplice de Cornaton, son enseigne, 297; ses opérations pendant le siège de Chartres rappelées, VIII, 219; son fils Charles, IX, 11; sa veuve, 301.

Coligny (Jacqueline de Montbel, comtesse d'Entremonts, veuve de Claude de Batarnay, sgr du Bouchage, seconde femme de l'amiral de), III, 280, 281; IV, 362; IX, 301.

— (Louise de), veuve de Charles de Téligny, quatrième femme du prince d'Orange, VI, 354.

— (Odet de), second fils de l'amiral, III, 358.

Coligny. Voy. Andelot, Châtillon, Rieux.
Coller (Richard), hérétique supplicié en Angleterre, I, 219.
Collerano (N.), colonel italien, IX, 224.
Collini (les), famille florentine, I, 61, 62.
Collonges. Voy. Morel.
Collonges-sous-Salève (Haute-Savoie), VIII, 357.
Collongne (Pierre de), hérétique supplicié aux Pays-Bas, III, 258.
Colnich (Georges), colonel de l'armée impériale, IX, 387.
Cologne (ville de), I, 82; II, 351; VI, 352; VII, 260; IX, 430, 432.
— (archevêché de), VI, 366.
— (chapitre de), VI, 294.
— (électorat de), VII, 256, 258; VIII, 397.
— (archevêques de). Voy. Bavière (Ernest de), Issemburg (Valentin d'), Truchsess (Gebhard).
Coloma (Don Carlos), capitaine espagnol, IX, 73.
Colomak. Voy. Kolomak.
Colomb (Christophe), I, 114, 115.
Colombe (fort de), à Goa (Indoustan), VIII, 110.
Colombel. Voy. Colombin.
Colombier (la tour du), à Rouen, II, 83.
— (Jean Pascal, sgr de), capitaine catholique, III, 172. Voy. Coulombiers.
Colombières (François de Briqueville, baron de), capitaine huguenot, IV, 25, 248, 249; VII, 371 n.; 373.
— (Paul de Briqueville, sgr de), capitaine huguenot, fils du précédent, VII, 342, 371 et suiv., 375.
Colombiers (Charente-Inférieure), III, 204.
Colombin (Nicolas), capitaine protestant, III, 42.

Colonna (les), V, 47; IX, 300.
— (Ascanio), I, 32.
— (Marc-Antonio), duc de Paliano et de Tagliacozzo, amiral romain, III, 248; IV, 87, 96, 97, 114 et suiv., 120, 122-126, 128, 130; VI, 306.
— (Pompeio), général des galères du pape, II, 316.
Colormo (le comte de), italien, IX, 300.
Coloswar (Transylvanie), IX, 204.
Colti (Matteo), otage à Chypre, IV, 101.
Colvill. Voy. Wemys.
Comans (Joris), hérétique supplicié aux Pays-Bas, III, 257.
— chef des Morisques, III, 233 et suiv.
Comar. Voy. Komorn.
Combaud. Voy. Méré.
Combaudière. Voy. La Combaudière.
Combault (Robert de), sgr d'Arcis-sur-Aube, de Vasseurs, des Menuls, chevalier de l'ordre, premier maître d'hôtel du Roi, II, 255, 257.
Combelles (Jean de), membre du conseil du duc d'Anjou, VI, 96 n.
— (N. de), capitaine au service du duc d'Anjou aux Pays-Bas, frère du précédent, VI, 95, 96.
Comberland. Voy. Cumberland.
Comberonde, capitaine catholique, VIII, 242.
Combes (N. de), capitaine huguenot, V, 284.
Comblac (N. de), gentilhomme protestant, IX, 355.
Comblisy. Voy. Pinart (Claude II).
Côme (Lombardie), I, 218.
Commelet (Jacques), jésuite, VIII, 326.
Commendon (Jean-François), cardinal, III, 218; IV, 67, 68, 71, 97, 106.

Commerlan, marin anglais, VIII, 388.
Commines (Philippe de), historien, I, 7, 204 ; V, 382.
Comminges (comté de), I, 187.
— (Bernard V, comte de), 1181 à 1226, I, 183, 190.
— (évêques de). Voy. Bourbon (Charles de), Saint-Gelais (Urbain de).
— Voy. Bruniquel, Soboles.
Commode (l'empereur), I, 228 ; III, 298.
Compan (Jean), échevin de Paris, VII, 225, 395.
Comper (commune de Concoret, canton de Mauron, Morbihan), IX, 189-196.
Compeyre (Aveyron), VII, 103.
Compiègne (Oise), I, 71 et suiv.; IV, 213 ; VI, 48 ; VIII, 48, 153, 216 ; IX, 9.
Compois, ou Campois, défenseur de Thonon, VIII, 364.
Compos. Voy. Comps.
Comps (Drôme), III, 172.
— (Marin de Vesc, sgr de), et de Dieulefit, capitaine huguenot, IV, 279 ; VII, 93.
Comptes (Chambre des), II, 191.
Comte (N.), capitaine huguenot, VII, 75, 131.
Conac (Charente-Inférieure), III, 186 ; V, 259.
Conan (Nicolas de), sgr de Rabetan, gentilhomme ordinaire de la chambre, capitaine de 100 hommes d'armes des ordonnances, ligueur, IX, 108, 125.
Conarski. Voy. Konarski.
Conas (N.), capitaine catholique, II, 67.
Concarneau (Finistère), V, 187 et suiv.; IX, 183.
Conciergerie (tour de la), au Palais, à Paris, IV, 250.
Concile, I, 143 ; II, 290.
Concise (Haute-Savoie), VIII, 97.

Condé (Charlotte-Catherine de La Trémoïlle, seconde femme de Henri Ier, prince de), VI, 228, 229 ; VII, 205, 206 ; IX, 465.
— (Eléonore de Roye, première femme de Louis, prince de), petite-nièce du connétable de Montmorency, I, 295 ; II, 16, 17, 120, 146, 196.
— (Françoise d'Orléans-Longueville, seconde femme de Louis, prince de), II, 196, 274 ; III, 6, 159.
— (Henri de Bourbon, prince de), fils de Louis de Bourbon, prince de Condé, à Saintes après la bataille de Jarnac, III, 55 ; objet des délibérations des chefs huguenots, 56 ; jure fidélité au parti réformé, 58 ; partisan d'une intervention étrangère, 61 ; ses différends avec Renée de France, duchesse de Ferrare, 87 ; sa retraite à Niort, 129 ; son arrivée à la Rochelle, 130 ; son départ pour Saintes, 131 ; mis au courant des négociations relatives à la capitulation de Saint-Jean-d'Angély, 139 ; rejoint par Piles, 143 ; son arrivée à Argentat, 147 ; soutient la résistance de Nîmes, 154 ; campagne dans le midi, 156 et suiv.; négociations avec la cour, 161, 162 ; campagne en Vivarais et en Dauphiné, 165 et suiv.; rejoint par Coligny, 170 ; au combat d'Arnay-le-Duc, 175 ; discrédité par Schomberg auprès du prince d'Orange, 213 ; à la Rochelle, 274 ; épouse Marie de Clèves, 280 ; son arrivée à Paris, 300 ; averti de se méfier de Charles IX, 300 ; ses doléances au Roi lors de l'attentat de Maurevel, 307 ; son sort discuté la veille de la Saint-Barthélemy, 312 ; ses serviteurs

TABLE DES MATIÈRES. 103

voués à la mort, 313; violents reproches que lui fait Charles IX, 325, 326; hypocrisie de Charles IX à son égard, 333, 340; son abjuration souhaitée par Charles IX, 357; les menaces du Roi, 358, 359; la nouvelle de son arrivée à la Rochelle, IV, 4; son arrivée, 7; souhaite d'être pris pour chef du Tiers-Parti, 30; au siège de la Rochelle, 32; sa lettre d'abjuration au pape, 89; complot projeté contre lui, 212; désigné au duc d'Alençon pour la direction du Tiers-Parti, 214; gardé à vue à la cour, 224; mêlé au complot La Mole et Coconat, 229; ses relations avec le capitaine Blosset, 235 et suiv.; sa fuite, 236, 237; passe en Allemagne, 237; ses messages envoyés de Strasbourg, 259; élu chef des confédérés huguenots, 303, 356, 359, 360; mission de ses ambassadeurs à la cour, 361; sa requête à Henri III, 363-366; son séjour à Strasbourg, 367; son départ de Strasbourg, 371; ses négociations avec Casimir de Bavière, 371; offres qui lui sont faites par Henri III, 377; ses partisans en Allemagne, 379; sa fuite fait craindre celle du roi de Navarre, V, 2; loué par les dames à la cour, 6; son entrée en France avec les reîtres, 16, 17; son entrevue avec la reine mère et le duc d'Alençon, 18; privé du gouvernement de Picardie, 85; se retire en Guyenne, 85; sa méfiance vis-à-vis du duc d'Anjou, 85; ses plaintes à la cour, 88; en Périgord avec le roi de Navarre, 89; s'empare de Saint-Jean-d'Angély et de Brouage, 89, 90; les Rochelais lui refusent l'entrée de la ville, 92; cité dans le manifeste de la ligue à Péronne, 98; discrédité à la Rochelle, 111; sa requête à Henri III, 111; son entrée à la Rochelle, 112; sa harangue, 112; non convoqué aux Etats de Blois, 116; ennemi du duc d'Alençon, 117; lettres du roi de Navarre, à lui adressées, interceptées, 118; ses messages à Henri III, 118; ses plaintes contre les agissements de Luynes et de Villars en Gascogne, 119; sa déclaration de guerre, 124; décide les Rochelais à prendre les armes, 130, 131; ses remontrances à Henri III, 132, 134; ses frères aux Etats de Blois, 136; proposition faite aux Etats de Blois de lui envoyer un député, 146, 147; négocie avec les Rochelais, 160-162; son arrivée à Saint-Jean-d'Angély, 160-162; refuse de reconnaître les Etats de Blois, 167-169; sa protestation contre eux, 177; son entente avec Damville et le roi de Navarre, 177-179; ses démêlés avec le baron de Mirambeau à propos de Brouage, 191; assiège le château de Mirambeau, 193, 194; loué par d'Aubigné, 204; blâmé à la Rochelle, 209 et suiv.; lutte en Saintonge contre le duc de Mayenne, 214-217; informé des conférences de Bergerac, 219; il s'y rend, 255; menacé en Saintonge, veut passer en Angleterre, 255, 256; résiste à Lanssac et défend contre lui la Rochelle et Brouage, 257-267; à la poursuite de Lanssac, 272 et suiv.; à la Rochelle, 275, 277, 279, 280; ne peut défendre Brouage, 282, 285, 286, 290; quitte la Rochelle, 291; à Saint-Jean-d'Angély, 291, 292; à Pons,

292, 293, 294; à Montguyon, 294; le docteur Beutterich essaie de jouer le rôle d'intermédiaire entre lui et la cour, 305; au traité de Bergerac, on lui laisse le gouvernement de Saint-Jean-d'Angély, 340; fait publier la paix de Bergerac, 358; manœuvres de la reine mère pour le détacher du parti huguenot, 360; son duel avec Turenne, 360; son attitude dans son gouvernement de Picardie, 368; reprend les armes, 376, 377; la Rochelle refuse d'appuyer cette prise d'armes, VI, 5; peu de succès qui la couronne, 8; son départ pour aller chercher des secours en Allemagne et son retour en Languedoc, 43; surprend la Fère, 47 et suiv.; efforts de Catherine de Médicis pour l'attirer à la cour, 48; quitte la Fère pour se rendre en Allemagne, 51; son passage à Cambrai, 52; ses différends avec le roi de Navarre, 53; reprise de la Fère sur ses troupes, 61; il passe en Angleterre, 91; puis en Allemagne, 92; son entrevue avec le prince d'Orange à Anvers et avec Casimir de Bavière à Francfort, 92; son retour en France, 93; ses partisans aux conférences de Coutras (1580), 145; proteste contre l'édit de Fleix, 146; mandé à Libourne par le duc d'Anjou, 155; origine de sa haine contre le maréchal de Retz, 157; déclaration du Roi sur les nouveaux troubles (1585) à lui adressée, 194; son attitude observée au moment de la reprise des hostilités, 199; à l'assemblée des chefs réformés à Guitres (Gironde), 212; rejoint en Poitou par plusieurs capitaines huguenots, 213; entreprise de ses troupes sur Saint-Ferme (Gironde), 218; ses troupes menacées par le duc de Mercœur, 222 et suiv.; vainqueur du duc de Mercœur, 227; son mariage avec Charlotte-Catherine de la Trémoïlle, 228; assiège Brouage, 231 et suiv., 243; siège d'Angers, 248-259; il est forcé de lever le siège, 259; son séjour à Beaufort (Maine-et-Loire), 262; son arrivée à Sainte-Anne, près Vendôme (Loir-et-Cher), 263-264; sa fuite en Angleterre, 264, 265; sa déroute annoncée à Brouage, 273; résultat de son échec devant Angers, 274, 275; son excommunication à Rome, 309; allusion à sa déroute à Angers, 365; son voyage de Guernesey en Angleterre, VII, 13; son retour à la Rochelle, 22, 23; se prépare à la guerre, 25, 26; devant Dampierre, 26, 30; contraint Saint-Luc à livrer le siège d'Oléron, 30, 31; se retire vers Saujon et Saintes, 33; son succès sous les murs de Saintes, 34, 35; son dessein sur Brouage, 48 et suiv.; présent aux conférences de Saint-Brice, 61; s'empare de Chizé-sur-Boutonne, 110; au siège de Fontenay, 113, 114; s'empare de Mauléon, 115; prend Tonnay-Charente, 123; avis donné à d'Aubigné par un de ses serviteurs, 126; ses opérations en Touraine, 129; sa jalousie contre Turenne, 135; à Coutras, 141 et suiv., 149 et suiv.; blessé pendant la bataille, 151; en marche vers le Berry, 162, 163; héritier désigné en 3e ligne du duc de Bouillon, 195; sa mort et la naissance de son fils, 205 et suiv.;

bruit de son empoisonnement, 205 et suiv.; son éloge, 207; consulté par Elisabeth lors du procès de Marie Stuart, 249; sa compagnie au combat d'Arques, VIII, 160.

Condé (Henri II de Bourbon, prince de), fils du précédent, sa naissance, VII, 205; élevé à la cour auprès de Henri IV, IX, 295.

— (Louis de Bourbon, prince de), ses faits d'armes forment la matière d'une partie de l'œuvre de d'Aubigné, I, 17; sous les ordres du duc de Guise à Metz, 45; son rôle à la bataille de Doulens, 47, 48; sert en Piémont, 59, 60; à la bataille de Saint-Quentin, 68, 70, 71, 73; défait les Espagnols à Chauny, 73; se rallie au roi de Navarre, 243; sa mission à Gand auprès de Philippe II, 245; faux rapport fait sur lui par Guise, 246; ses rapports avec Brissac, 247; mis à la tête du parti réformé, 258 et suiv.; arrive à Amboise, 264; compromis dans la conspiration de La Renaudie, 268, 271, 272, 276, 277; message à son adresse de Montmorency et du vidame de Chartres saisi sur La Sague, 279, 280; appelé à la cour, 281; son départ différé, 282; requête en sa faveur de la dame de Roye auprès de la reine mère, 282; instruction de son procès, 288; décidé à se rendre à la cour, 289; son entrée à Lusignan, 292; son passage à Blois, 292; son arrivée à Orléans, 293; son arrestation, 293; remis en liberté, 300; procédure pour sa justification, 308; se réconcilie avec le duc de Guise, 309; s'enfuit de Paris, II, 10; rejoint à Meaux par Coligny et d'Andelot, 13; comparé à Pompée, 14; envoye d'Andelot à Orléans, 15; son départ de Meaux et sa marche sur Orléans, 15, 16; ses manifestes, 18; sa lettre à l'empereur Ferdinand, 19; aux princes allemands, 19; à Elisabeth, 19; son message au duc de Savoie, 19; son attitude menaçante à Orléans, 22; bruit de son entrevue à Orléans avec le baron de Lanta, capitoul de Toulouse, 25; son entrevue à Toury (Eure-et-Loir) avec le roi de Navarre et Catherine de Médicis, 34; sa marche sur Orléans, 37; son entrevue avec le roi de Navarre à Beaugency, 37; sa conférence avec Catherine de Médicis à l'abbaye de Saint-Simon, près Talcy, 38; son entrée en campagne, 39; son arrivée à la Ferté, 39; s'empare de Beaugency, 41; ses messages en France et à l'étranger, 41; ratifie l'élection du baron des Adrets comme chef des réformés lyonnais, 50; fait exécuter deux de ses prisonniers, 88; s'empare de Pithiviers, 99; message de Catherine de Médicis à son adresse à l'occasion de la mort d'Antoine de Bourbon, 100; sa marche sur Paris, 101; assiège Corbeil, 101; cantonne à Arcueil, 102; assiège Paris, 102 et suiv.; ses négociations sous les murs de Paris, 103; informé de la défection de Senlis, 104; lève le siège de Paris, 104; désaccord avec Coligny, 106; à la bataille de Dreux, 107, 109 et suiv., 118; fait prisonnier, 113, 118; son successeur au commandement de l'armée réformée, 120; abandonné par Coligny, 138; amené à Catherine de Médicis, 145, 146; autorisé à conférer avec ses religionnaires, 147; nouvelle entrevue avec Catherine de Médicis, 148; aidé des subsides de la reine d'Angleterre, 151; en butte aux invectives de Coligny, 183; obtient l'édit d'Amboise de Catherine de Médicis, 183; cité dans les considérants de l'édit d'Amboise, 186; stipulations de l'édit d'Amboise en sa faveur, 189, 190; ses relations avec Isabelle de Limeuil, 196; au siège du Havre, 199 et suiv.; acte d'hommage à Charles IX lors de sa majorité, 203; écrit à la cour en faveur des réformés, 213; à Soissons auprès de sa sœur Catherine de Bourbon, 215; bruit de son mariage avec Anne d'Este, veuve du duc de Guise, 215; présent aux conférences de Valéry entre les chefs réformés, 230; prend part à l'entreprise sur Meaux au début de la seconde guerre, 232; ses conférences avec les chefs catholiques, 234; ses exploits aux environs de Paris, 237; son entrevue avec le connétable de Montmorency, 238; à la bataille de Saint-Denis, 243; ses menées en Allemagne, 250, 251; sa correspondance avec Sainte-Hermine, 252; en marche contre l'armée du duc d'Anjou, 256; message à son adresse de Catherine de Médicis, 256; ses négociations en vue de la paix, 276; relève le moral de ses troupes, 279; rejoint par Casimir de Bavière à Pont-à-Mousson, 280; veut marcher sur Paris, 280; son enseigne tué à Irancy (Yonne), 282; son arrivée à Orléans, 283; assiège Chartres, 283 et suiv.; fatigué de la guerre religieuse, 288; désavoue la conduite de François de Coqueville en Artois, 365; griefs des catholiques contre lui, III, 1; menacé par Jean de Biran, sieur de Gohas, 2; ouvre des négociations avec Charles IX, 4; menacé par Gaspard de Saulx-Tavannes, 5; ses lettres à Charles IX, 6; son arrivée à la Rochelle, 8; son appui réclamé par les chefs huguenots, 20; rejoint d'Andelot, 20 et suiv.; son arrivée à Saintes, 24; contraint d'approuver la levée des protestants des Cévennes, 30; à la poursuite du duc de Montpensier, 33; résolu à livrer bataille au duc d'Anjou, 34; sa rencontre avec celui-ci à Jazeneuil, 36 et suiv.; son séjour à Niort, 42; ses troupes en Poitou, 43; sa jonction avec Piles entravée par le duc d'Anjou, 44; à la bataille de Jarnac, 51 et suiv.; sa mort, 52, 54; son souvenir rappelé par Catherine de Médicis, IV, 185.

Condé (Marie de Clèves, fille de François, duc de Nevers, première femme de Henri Ier, prince de), III, 280, 300; IV, 299.

Condom (Gers), I, 187, 226; III, 157; IX, 88.

Condomines (Tarn), VIII, 287.

Condorcet (Drôme), IV, 207.

— (Henri de Caritat, sgr de), capitaine protestant, gouverneur d'Orange, II, 37.

Condrieu (Rhône), VIII, 169.

Conflans (Isère), IX, 326.

— (Seine-et-Oise), IX, 17.

— (Eustache de). Voy. Auchy.

Confluence. Voy. Coblentz.

Confolens (Haute-Vienne), II, 253; III, 31; IX, 145.

Conforgien (Guillaume de Clagny, baron de), VIII, 362, 363, 365.

Congnac. Voy. Cognat-Lyonne.

Congne (fort, tour et porte de),

à la Rochelle, III, 380-381;
IV, 6, 8, 12, 16, 26, 31.
Congners. Voy. Cognées.
Congy. Voy. Béthune.
Coni (Italie), II, 149.
Coning (Charles), hérétique supplicié à Lille, I, 223.
Connaught (Irlande), VIII, 119, 389; IX, 239.
Conseil des Troubles, en Flandre, III, 264.
Consistoire (la), gibet établi à Agen par Monluc, II, 95.
Constance (ville de), I, 195.
— (baie de), à Chypre, IV, 95.
— (bastion de), à Chypre, III, 220.
— (concile de), I, 29, 193 et suiv., 233, 327; II, 276, 297; IV, 106; V, 230; VI, 219; VIII, 146.
— (porte de), à Chypre, III, 221.
Constans (N.), ministre réformé de Montauban, IV, 346.
Constant, empereur romain, I, 229.
— (Augustin de), sgr de Rebecque, gentilhomme ordinaire de la chambre du roi de Navarre, V, 225 et suiv., 355, 384, 386; VI, 20, 22, 24, 43, 146, 208; VII, 152 et suiv.
Constantin, empereur, II, 157; V, 312.
— évêque de Drossen (Haute-Saxe), I, 350.
— aventurier, l'un des meurtriers de Charry et de La Tourette, II, 207 n.
— hérétique supplicié à Rouen, I, 209.
Constantinople, I, 97, 112, 143, 338, 343, 345; II, 291, 297-299, 310, 321; III, 216, 231; IV, 107, 111, 229; V, 36, 46, 52, 318; VI, 100-104, 121; VII, 236 et suiv.; IX, 205, 216, 217, 222, 226, 237 et suiv., 390.
— (patriarche de). Voy. Calatagirone.

Contarini (Francesco), évêque de Paffo, III, 220, 223.
— (Hieronymo), capitaine vénitien, IV, 117 et suiv.
— (Mario), capitaine de galères vénitien, IV, 112 et suiv.
Conteler (N.), capitaine au service d'Espagne, aux Pays-Bas, IX, 444 et suiv.
Contenau. Voy. Rance.
Conti (Charles de Bourbon, marquis de), 2e fils de Louis, prince de Condé, et d'Eléonore de Roye, V, 136.
— (François de Bourbon, prince de), 3e fils de Louis de Bourbon, prince de Condé, et d'Eléonore de Roye, III, 323, V, 136 et suiv.; VI, 50; VII, 130, 133, 185, 192; VIII, 73 et suiv., 160, 185 et suiv., 234, 291 et suiv.; IX, 37, 38.
— (Louise-Marguerite de Lorraine, princesse de), fille de Henri, duc de Guise, femme de François de Bourbon, prince de Conti, IX, 339.
— (princesses de). Voy. Coësme (Jeanne de), Lorraine (Louise-Marguerite de), 2e femme de François de Bourbon.
Contré (Charente-Inférieure), VI, 214 et suiv.
Contreras (N.), intendant de l'armée espagnole, IX, 67.
Conwenstein (fort de) (Pays-Bas), VI, 361.
Coppet (baron de). Voy. Clervant.
Copier (Guillaume), chevalier de l'ordre de Malte, II, 308 et suiv.
Coppau (Croatie), VIII, 374.
Coquelet (Claude), évêque de Digne, VIII, 342.
Coquelet ou trousse-galant, maladie, VI, 46, 47.
Coqueville (François de), capitaine huguenot, chef du parti réformé en Picardie, I, 261; II, 365; III, 2, 209.

Coracosa, corsaire africain, IV, 118.
Coras (Jean de), conseiller au Parlement de Toulouse, III, 353.
Corbeau (île du), dans l'Amérique du Nord, VIII, 389.
— (Albert de). Voy. Vaulserre.
Corbeke (Olivier de Tempel, sgr de), capitaine espagnol, gouverneur de Bruxelles, VI, 337; IX, 443 et suiv., 444 et suiv.
Corbeil (Seine-et-Oise), II, 101; VIII, 194, 212 et suiv., 215 et suiv.
Corbie (Somme), VIII, 222 et suiv.; IX, 70, 132, 140.
Corbillac, gentilhomme breton, capitaine huguenot, IV, 355, 377, 378.
Corchicauld, capitaine huguenot, IV, 291.
Corcuera, capitaine espagnol, aux Pays-Bas, V, 62.
Corcyra-Nigra. Voy. Curzola.
Corcyre, III, 219; IV, 111, 112, 123, 125.
Cordeliers (ordre des), IV, 346; V, 109, 348; VI, 144, 315; VII, 244, 307; IX, 221.
— (couvents des), à Madrid, IX, 416; à Oléron, VII, 28; à Orléans, II, 20; à Pamiers, II, 226; à Paris, V, 350; à Péra, IX, 390; à Toulouse, II, 28; à Tulle, VI, 220; à Valence, I, 283; à Vézelay, III, 149.
— (prisons des), à Lyon, III, 347.
— (général des). Voy. Calatagirone.
Corderie (tranchée de la), à la Rochelle, IV, 26.
Cordoue (Espagne), III, 237, 241.
— (Gonzalve de), capitaine espagnol, III, 230.
— (roi de). Voy. Muley-Mahomet.
Cordova. Voy. Feria.

Cordua (Jean de), capitaine espagnol, IX, 253, 402.
Corfou (île de), IX, 206.
Corinthe (golfe de), IV, 111, 114.
Corisandre (la belle). Voy. Gramont.
Corlay (Côtes-du-Nord), IX, 188.
Cormainville (Louis de Lorges, sgr de), frère de Gabriel Ier de Lorges, comte de Montgomery, III, 43.
Corme (Charente-Inférieure), II, 267.
Cormero (Jean), dit Barrelles, cordelier espagnol, puis ministre protestant, II, 26.
Cormery (Indre-et-Loire), II, 42.
Cormont (Antoine), sgr des Bordes, capitaine protestant, V, 289; VI, 49.
— Voy. Villeneuve.
Corna (Ascanio della), neveu du pape Jules III, capitaine au service du Saint-Siège, II, 318; IV, 111 et suiv., 118.
— (N., sgr de), défenseur de Stenay, VIII, 347.
Cornage, lieutenant du capitaine Albigny, au service du duc de Savoie, IX, 382.
Cornaro (Giorgio), capitaine de galères vénitien, IV, 119.
Cornaton, enseigne de la compagnie de Coligny, III, 316; V, 297.
Cornaux (Suisse, district de Neuchâtel), IV, 369.
Cornavin (porte de), à Genève, VIII, 362.
Corneillan. Voy. Brunie.
Cornelissen (Corneille), navigateur hollandais, IX, 244.
Cornelius. Voy. Souvy.
Cornet (le moulin), faubourg de Poitiers, IV, 338.
— (passage du) (Alpes du Dauphiné), IX, 332, 335.
Cornica (la tour), à Jametz (Ardennes), VII, 367.

Cornillon-en-Trièves (Isère), VIII, 169, 313.
Cornioux, capitaine huguenot, VI, 216.
Cornou (Jean), hérétique supplicié en Dauphiné, I, 207.
Cornouailles (côte de), VIII, 116; IV, 23.
Cornu (Guillaume), hérétique du Hainaut supplicié, II, 182.
Cornusson (François de la Valette, sgr de Parisot, baron de), chevalier de Malte, gouverneur et sénéchal de Toulouse, fils du suivant, II, 318 et suiv.; V, 197, 199, 352, 367; VI, 44, 276, 279; VII, 39.
— (Guillot ou Guyot de la Valette, sgr de), gouverneur de Rouergue, II, 266; V, 352 n.
Corogne (la) (Galice), VIII, 115.
Corp. Voy. Comps.
Corse (la), I, 127; II, 167 et suiv., 293; III, 225; V, 44.
Corses, I, 58; IV, 104, 227, 305 et suiv.; IX, 335.
Corso (Sanpietro). Voy. San-Pietro.
— Voy. Ornano.
Corte (Florio de), partisan de Sanpietro Corso, II, 292.
Cortez (Fernando), I, 114.
Cortone (Toscane), II, 327.
Corvats. Voy. Croates.
Cosaques, V, 32 et suiv., 39, 40; VIII, 374; IX, 205 et suiv.
Cosenza (Calabre), II, 326.
Cosire. Voy. Gozzo.
Cosne (Nièvre), II, 141; III, 393, 394; IV, 387; VII, 179.
Cospéan (Philippe de), évêque d'Aire, VII, 2.
Cossac. Voy. Saint-Sorlin de Cossac.
Cossard, capitaine catholique, IV, 318.
Cossé (Artus de), comte de Secondigny, sgr de Gonnor, dit le maréchal de Cossé, frère du maréchal de Brissac, II, 78, 100, 234, 242, 243, 278, 365; III, 8, 9, 61, 116, 123 et suiv., 143, 173 et suiv., 212, 273, 309, 331; IV, 7, 229, 233, 376; V, 127.
Cosseins. Voy. Caussens.
— Voy. Brissac.
Cossesseville (Jean de Brou, sgr de). Voy. Brou.
Cosset (Louis), procureur du Roi à Meaux, III, 343.
Cossins. Voy. Caussens.
Costa (Emmanuel da), chef des Portugais révoltés contre l'Espagne, VI, 129 et suiv.
— Voy. Beynes.
Coste (la) (Vaucluse), VI, 63.
Côte-Saint-André (la) (Isère), II, 71, 269.
Cotessa (Chiapino Vitelli, marquis de), chef des chevaliers de Malte dans l'expédition du vice-roi de Catalogne en Afrique, II, 170.
Cotignac (Var), VIII, 319.
Cotteblanche (François de), échevin de Paris, VII, 395.
Cotton (Pierre), jésuite, IX, 384, 458.
Coucis. Voy. Burie.
Coucy-le-Château (Aisne), VI, 48; IX, 31.
Couden, Coudom. Voy. Koudenburg.
Couhé (Vienne), III, 101, 133, 199; VII, 17.
Coulombières. Voy. Colombières.
Coulombiers (N., sgr de), capitaine catholique [peut-être le même que Colombier (Jean Pascal, sgr de)], VII, 25, 29.
Coulommiers (Loir-et-Cher), VI, 264.
Coulommiers (Seine-et-Marne), VIII, 215, 411.
Coulonges-sur-Lautize, ou Coulonges-les-Royaux (Deux-Sèvres), VI, 223-226; VIII, 360.
Coulongne (Florentin de), hé-

rétique supplicié en Flandre, I, 227.
Coupigny (N., sgr de), gentilhomme au service de Clermont d'Amboise, V, 23, 24.
Couppé (le capitaine), aventurier, II, 77.
Cour (le sieur de), au service de d'Aubigné, V, 22.
Couratterie (fossé de la), à Genève, IX, 375, 381.
Courau (le), partie du rivage de l'île d'Oléron, VII, 30.
Courbejollière (N. sgr de), gentilhomme du Poitou, VIII, 234.
Courbon (Guy de Viguier, sgr de), capitaine de gens de pied catholique, III, 79.
Courbouzon, ou Corbozon (Jacques de Montgomery, sgr de), frère cadet de Gabriel de Montgomery, II, 255; III, 24, 53; IV, 238.
Courcicaut. Voy. Corchicauld.
Courcillon. Voy. Dangeau.
Courdault. Voy. Normand.
Coureille (fort de), près la Rochelle (Charente-Inférieure), III, 381; IV, 1, 5, 8.
Courgis. Voy. Bezancourt.
Courlande (duc de). Voy. Gothard.
Courlet (Etienne), hérétique supplicié en Artois, I, 207.
Cournonterral (Hérault), VI, 25.
Courpignac (Charente-Inférieure), VI, 36, 38.
Courrière (la) (comm. de Laurière, Haute-Vienne), V, 374.
Cours (François de), sgr de la Salle, gentilhomme du parti du roi de Navarre, VI, 12 n.
Courson (Charente-Inférieure), VII, 53.
Court (la), près Monteils (Tarn-et-Garonne), VIII, 304.
Courtenay (Pierre de), comte d'Auxerre, lors de la guerre des Albigeois, I, 175.
Courtet (Louis), hérétique supplicié en Savoie, I, 208.
Courteville (Josse, sgr de Borst et de), capitaine d'Audenarde, IV, 83.
Courtezon (Vaucluse), II, 60.
Courtigny, capitaine huguenot, VI, 84 et suiv.
Courtille (la), près Paris, II, 232; VIII, 50.
Courtion (le) (Vendée), VIII, 10.
Courtrai (Belgique, prov. de Flandre occidentale), VIII, 393.
Courtrie, ligueur, VIII, 235.
Cousturier (Henri), hérétique supplicié à Anvers, I, 226.
Coutens. Voy. Juillac..
Couthures-sur-Garonne (Lot-et-Garonne), VIII, 48.
Coutras (Gironde), VI, 95, 145, 146, 166, 167, 205, 328; VII, 138.
— (bataille de), VII, 134 et suiv., 146 et suiv., 166 et suiv., 169, 185, 344; VIII, 53, 184; IX, 68, 103, 221.
Coutures-sur-le-Drot (Gironde), V, 239.
Coutures, capitaine catholique, VII, 313.
Couvrelles (Louis Dococh, sgr de), ou Jean Casimir, son fils, mais plus probablement le premier, chambellan du prince de Condé, VII, 222.
Cowbrig, hérétique supplicié à Oxford, I, 207.
Coyxe (Léon), hérétique supplicié en Angleterre, I, 222.
Cracovie (Pologne), IV, 66, 200, 262, 266; V, 27.
— (palatinat de), V, 28.
— (palatin de). Voy. Firley.
Cramailles. Voy. Pinart (Claude II).
Cranmer (Thomas), archevêque de Cantorbéry, I, 221.
Craon (Mayenne), II, 22; VIII, 59, 230.
— (bataille de), VIII, 280, 290 et suiv.; IX, 176, 292.
Crato (prieur de). Voy. Antonio.

TABLE DES MATIÈRES.

Cravant-sur-Yonne (Yonne), II, 99, 282.
Cravu (Paul), martyr albigeois, I, 203.
Crécy (Seine-et-Marne), VIII, 414.
Crécy-sur-Serre (Aisne), I, 48.
Credo (le grand), dans le Jura, IX, 346.
Creighton, jésuite écossais, VI, 134.
Creil (Oise), VIII, 69, 211.
Crémone (Italie), IV, 268.
— (cardinal de). Voy. Grégoire XIV.
Crenay, cornette du duc de Montpensier, VIII, 193.
Crépy-en-Laonnois (Aisne), VIII, 414.
Crépy-en-Valois (Oise), IX, 125.
Créquy (Charles de Blanchefort, sgr de), lieutenant de Lesdiguières, IX, 154, 159 et suiv., 324, 327, 334.
— Voy. Canaples.
Crès (le) (Hérault), III, 163; V, 300.
Crescenti (le cardinal Marcel), légat du pape à Trente, I, 30, 230.
Crespin, auteur du *Martyrologe*, I, 202.
Cresqui. Voy. Créquy.
Crest (Drôme), I, 174; IV, 60, 281.
Crète (île de), IV, 101, 111.
Creuse (la), rivière, VII, 129; VIII, 18.
Crévacuore, en Piémont, I, 56.
Crevans (Haute-Saône), II, 211.
Crèvecœur (Nord), VI, 328; VII, 270.
— (Brabant), VIII, 407; IX, 434, 436.
— (François Gouffier, sgr de), fils de l'amiral Bonnivet, VI, 54 et suiv.
Crikton. Voy. Creighton.
Crillon (Louis des Balbes de Berton de), IV, 11; V, 13, 18; VI, 69, 173; VII, 212 et suiv.; VIII, 43 et suiv., 200 et suiv.; IX, 323 et suiv.
Crillon (Claude des Balbes de Berton de), VI, 66, 67.
Crimpen (île de), près Schoonhoven (Hollande), V, 71.
Criski (Stanislas), castellan de Radomski (Pologne), IV, 72.
Croates, IV, 98; VIII, 369; IX, 219.
Croatie, I, 173; VII, 237; VIII, 105, 106, 108, 367 et suiv., 374; IX, 205.
Croc (Philibert du), gentilhomme auvergnat, ambassadeur de France en Écosse, II, 360.
Croc-de-Limousin (Haute-Vienne), IX, 120.
Crodon. Voy. Crozon.
Crofts (Jacques), député anglais aux conférences de Bourbourg, VII, 278.
Croiset. Voy. Crucé.
Croisic (le) (Loire-Inférieure), VII, 335.
Croissant (hôtel du), à Paris, V, 13.
Croisset (M.), ami de François de Civile, II, 87.
Croix-Chapeaux (Charente-Inférieure), VII, 123, 125, 153; VIII, 72.
Croker (Huprise), hérétique supplicié à Londres, I, 221.
Cromwel (Thomas), comte d'Essex, supplicié, I, 208.
Croquants, paysans insurgés, IX, 119 et suiv.
Croquet (Nicolas), hérétique supplicié à Paris, III, 277, 278.
Crottes (Mathieu de Rame, sgr des), lieutenant de Lesdiguières, IX, 153.
Croutelle (Vienne), III, 104; VIII, 239 et suiv.
Croÿ. Voy. Arschot, Chimay, Havreck, Portien, Rœux.
Crozon, Crodon (Finistère), IX, 186, 187.
Crucé (N.), massacreur à la

Saint-Barthélemy, III, 330, 334, 337; VIII, 246.
Cruci (Élard), sgr livonien, IV, 147.
Cruel (Jean de), hérétique supplicié aux Pays-Bas, II, 339.
Cruseilles (Haute-Savoie), VIII, 363.
Crussol (commune de Saint-Péray, Ardèche), IX, 55.
— Voy. Acier, Beaudiné, Uzès.
Cuaço. Voy. Suaço.
Cuba (île de), I, 115; II, 329; III, 245 et suiv.
Cubath, ambassadeur du sultan à Venise, III, 217, 218.
Cucl. Voy. Curle.
Cueille (la) (Vienne), III, 103 et suiv.
Cueva (Bertrand de la). Voy. Albuquerque.
Cugie (Aimé de Glane, sgr de) au pays de Vaux et sgr d'Eurre en Dauphiné, capitaine de gens d'armes, gouverneur de Livron, chambellan de Henri IV, III, 166 et suiv.; VI, 149; VII, 89, 93, 172.
Cugnac. Voy. Dampierre, Giversac.
Cujas (Jacques), jurisconsulte, III, 364.
Cujavie. Voy. Vladislavie.
Culem. Voy. Cullen.
Cullembourg (Florent de Pallant, comte de), II, 342, 352, 354; III, 210, 259.
Cullen, partisan de Marie Stuart, IV, 145.
Culote. Voy. Tulette.
Culture-Sainte-Catherine (rue de la), à Paris, V, 7.
Cumans, roi de Tartarie, V, 322.
Cumara (don Ruy Salvez de), amiral portugais, VII, 240.
Cumberland (George Clifford, comte de), VII, 271; IX, 422.
Cuningham (Alexandre), IV, 146.
Curle (Gilbert), secrétaire de Marie Stuart, VII, 252.

Cursay, près Lusignan (Vienne), IV, 311; VIII, 231.
— (N., sgr de), capitaine ligueur, VIII, 239.
Curton (François de Chabannes, marquis de), comte de Rochefort, fils de Joachim de Chabannes, capitaine de 50 hommes d'armes des ordonnances, conseiller au Conseil d'Etat et privé, IX, 112.
Curzola (île de), sur la côte de Dalmatie, ancienne Corcyra-Nigra, IV, 105.
Curzolari. Voy. Equinades.
Cussaim-Bacha, IV, 127.
Cuvelier (Charles), député du bailliage de Clermont-en-Beauvaisis aux Etats de Blois, V, 182.
Cuzy. Voy. Cugie.
Cypières (Imbert de Marsilly, sgr de), VII, 159.
— (Philibert de Marcilly, sgr de), lieutenant du Roi dans l'Orléanais, gouverneur de Charles IX, II, 15, 78, 123 et suiv., 186.
— (René de Savoie, sgr de), fils puîné de Claude de Savoie, comte de Tende, II, 55, 257; III, 3, 4.
Cyrille (saint), I, 148.
Cythère. Voy. Cerigo.
Czanad, chef-lieu du comitat du même nom en Hongrie, IX, 209.
Czernowicz (Edouard), ambassadeur d'Allemagne à Constantinople, II, 299.

D

Dace. Voy. Dacie.
Dacie (province de), I, 91, 93; II, 164.
— (Jean ou Etienne, prince de), I, 95; II, 165, 166.
Dadou, probablement Dodou, d'Odoux, d'Audou. Voy. Audou.

Daffis (Jean), premier président du parlement de Toulouse, III, 352.
Daguenière (la)(Maine-et-Loire), III, 15.
Daiken (Alexandre), hérétique supplicié aux Pays-Bas, II, 182.
Daillon du Lude (René de), abbé de N.-D. des Chasteliers à Poitiers, évêque de Bayeux, III, 102; V, 129; VIII, 342.
— Voy. Lude, Sautray.
Dalangnac. Voy. Alagnac (François de la Tour, sgr d').
Dalberg (Wolfgang de), archevêque de Mayence de 1582 à 1601, IX, 432.
Dale (Valentin), secrétaire anglais aux conférences de Bourbourg, VII, 278.
Dalimènes, général persan, I, 91.
Dalmatie, I, 173; IV, 95, 104, 114, 120; V, 41; IX, 219.
Dalus. Voy. Darut.
Dam (Hollande, prov. de Groningue), III, 255, 260; V, 331; VIII, 399.
— Voy. Damme.
Damas (Syrie), I, 90.
— (Pierre de). Voy. Saint-Riran.
Damazan (Lot-et-Garonne), VII, 47.
Dambrowikze (Nicolas Firley de). Voy. Firley.
Dames (bastion des), à la Rochelle, III, 381.
— (fort des), à Lusignan, IV, 313 et suiv.
— de Saint-Michel (fort des), à Fontenay-le-Comte, IV, 291; VII, 113-114.
Dami (Jean), hérétique supplicié en Angleterre, I, 222.
Dammartin (comté de), I, 276.
— (Seine-et-Marne), I, 226.
— (François de Dammartin, baron de), colonel des reîtres au service du Roi, VIII, 177.
Dammartin-sous-Tigeaux (Seine-et-Marne), VIII, 412, 414.
Damme (Belgique, prov. de Flandre occidentale), VI, 351; IX, 439.
Dampierre (François de Cugnac, sgr de) et d'Husseau, maréchal de camp, lieutenant général en Orléanais, VIII, 80.
— (Louis de Cugnac-), baron d'Imonville, tué à Saint-Denis, II, 240.
— (le jeune), capitaine tué à Hesdin, I, 46.
— Voy. Liéramont, Jonquières.
Dampierre-sur-Boutonne (Charente-Inférieure), VII, 12, 24, 26, 30, 53.
Damville. Voy. Montmorency-Damville.
Damvilliers (Meuse), I, 43, 126.
Dan (le livre de), I, 228.
Dandolo (Nicolas), gouverneur de Chypre, III, 219, 223, 224.
Danemark, I, 123, 194, 357; II, 178, 332 et suiv., 334, 337; III, 129, 255; IV, 106, 197; IX, 299.
— (Christine de), duchesse douairière de Lorraine, II, 211.
Danès (Pierre), évêque de Lavaur, ambassadeur de François Ier au concile de Trente, I, 87, 88.
Dangeau (Jacques de Courcillon, sgr de), capitaine de gens de pied, VII, 160, 344.
Daniel (livre de), I, 138, 147.
Daniel (le capitaine), défenseur d'Oléron, III, 197.
Danois, I, 124.
Danthe. Voy. Ante.
Dantzig (Prusse), IV, 69; VI, 144.
Danube, II, 302; V, 34 et suiv., 37; VIII, 370, 374; IX, 205, 210, 211, 213, 222, 224, 288, 386, 390, 397.
Danvers (Charles), complice du comte d'Essex, IX, 421.
Dariez. Voy. La Motte-Dariez.

8

Darnetal (Seine-Inférieure), II, 33, 85; VIII, 154, 251, 253, 254, 263, 265.
Darnley (Henri Stuart, lord), II, 177, 355-358.
Darut (Jean et Guillot), marchands de Lyon, massacrés à la Saint-Barthélemy, III, 347-348.
Dauphin (puits du), à Niort, VIII, 5.
Dauphiné, dispersion des Vaudois, I, 169; en partie au pouvoir des Albigeois, 174; leurs succès, 185; exploits de Simon de Montfort, 186; supplices d'hérétiques, 207, 208, 225; organisation du parti réformé, 261; succès des réformés, 282 et suiv.; mesures prises en vue du procès du prince de Condé, 292; guerres religieuses, II, 47 et suiv.; La Mothe-Gondrin, lieutenant de roi dans cette province, 50; progrès de la réforme, 51; arrivée de Soubise, 56; état du pays en 1563, 132; exploits du duc d'Uzès, 135; exploits de d'Acier, 259; levée de troupes protestantes, III, 26; succès de d'Acier, 29; prise d'Exiles par Nicolas Colombin, capitaine huguenot, 42; insuccès du capitaine La Coche, 63; les arquebusiers dauphinois à Moncontour, 126; passage du comte Ludovic de Nassau, 170; passage de réformés de ce pays en Vivarais, 171; réception de l'ordre de massacrer les huguenots en 1572, 349; administré par Bertrand de Gordes, 392; succès des catholiques, IV, 59 et suiv.; requête des huguenots à Charles IX, 186; succès de Montbrun, 205 et suiv.; soulevé par la Noue, 217; succès des protestants, 219; campagne de François de Bourbon, dauphin d'Auvergne, 226; poursuite des hostilités après la mort de Charles IX, 259; exploits de Montbrun contre le dauphin d'Auvergne, 270-282; retour d'Allemagne des députés de cette province, 361; requêtes des huguenots, 363; places fortes cédées aux huguenots, V, 79; reprise des hostilités, 118; requête des députés de la province aux états de Blois, 148; leurs réserves au *traité de Monsieur*, 170; divisions entre les chefs du parti huguenot, 211; *statu quo* maintenu par la paix de Bergerac, 339; mission de Constant, 386; campagne du duc de Mayenne, VI, 90; passage de Condé, 93; publication de l'édit de Fleix, 146; campagne de Mayenne, 148 et suiv.; assemblée des huguenots pour discuter l'acceptation du traité de Fleix, 151; prise d'armes des réformés, 199; exploit de Lesdiguières, 280 et suiv.; levées faites par Châtillon, VII, 89; victoire de la Valette sur l'armée allemande, 90; activité de Maugiron, lieutenant de roi, 92; surprise de Montélimar par les catholiques, 94 et suiv.; repris par les réformés, 97-98; mise par eux en déroute des catholiques de Valence, 99; projet de voyage de Henri III, 221; requête de la ligue à Henri III touchant cette province, 221; objectif de l'armée allemande, 223; projet de guerre, 288; convoité par le duc de Savoie, VIII, 94; entrée des Savoyards dans la province, 309; levée de troupes par le duc de Nemours, 312; expédition de Lesdiguières contre le duc de Savoie, 315 et suiv.; exploits

du duc de Nemours, 345 ; nouvelles inquiétantes reçues de cette province, 354 ; Henri IV met ordre aux affaires de cette province, IX, 59 ; demandes au roi en faveur des réformés de cette province, 86, 87, 88 ; campagne de Lesdiguières, 151 et suiv.; fabrication d'armes, 322 ; « les bandes de Dauphiné », 327 ; campagne du comte de Fuentès, 331 ; voyage de Henri IV, 332 ; demandes des réformés, 356.
Dauphiné (États de), I, 283, 284.
Dauphinois, II, 284 ; V, 189.
Daurat. Voy. Dorat.
Dauvet. Voy. Arènes.
Dauzat, capitaine huguenot du Vivarais, IV, 53.
Davendal (Thomas), hérétique supplicié en Angleterre, I, 222.
Davers, capitaine huguenot au siège de Montaigu (Vendée), VI, 82.
David (le roi), I, 138, 147, 152, 153, 204 ; III, 7 ; IV, 6.
— (Jean), envoyé de la Rochelle en Angleterre, IV, 16 n.
— (Robert), défenseur de la Rochelle, parent du précédent, IV, 16.
David-Chan, prince de Géorgie, V, 320.
Davies (John), complice du comte d'Essex, IX, 421.
Davila (Antonio), capitaine espagnol, V, 62.
— (Marguerite), sœur de l'historien Henri-Catherin Davila, femme de Jean d'Emery, sgr du lieu et de Villers, V, 360.
Daville (bastion de), à Nicosie (Chypre), III, 220.
Davus (Jean), hérétique supplicié en Angleterre, I, 224.
Davy. Voy. Perron (Du).
Dax (Landes), III, 353 ; V, 252, 254.

Dax (évêque de). Voy. Noailles.
Dayelle, d'Ayala (Victoire), fille d'honneur de Catherine de Médicis, V, 360.
Debray (Pierre), aventurier français en Floride, III, 246.
Deça. Voy. Deza.
Decize (Nièvre), III, 173.
Deffites, capitaine huguenot, VI, 7.
Deiron (Jean), bourgeois de Nîmes, IV, 222.
Delanoi (Marc), hérétique supplicié aux Pays-Bas, III, 258.
Delden (Henri de), capitaine tué aux Pays-Bas, VII, 257.
Delft (Hollande, prov. de Hollande méridionale), VI, 354, 355, 203.
Delfzil (Hollande, prov. de Groningue), III, 255, 263 ; V, 331 ; VIII, 124, 399 ; IX, 241.
Del-Ore (fort de), en Irlande, prov. de Connaught, VIII, 390.
Démétrius Siemaca. Voy. Siemaca.
Démocharès (Antoine de Mouchy, dit), recteur de l'Université de Paris, inquisiteur de la foi, I, 236, 248.
Dendermonde (Belgique, prov. de Flandre orientale), VI, 340, 346, 348, 355.
Denia (François de Roxas de Sandoval, marquis de), puis duc de Lerme. Voy. Lerme.
Denis Ier, roi de Portugal, I, 315.
Denis (Jean), hérétique supplicié en Flandre, I, 227.
Denleye (Jean), hérétique supplicié en Angleterre, I, 219.
Déols, autrefois Bourg-Dieu (Indre), III, 146 ; VIII, 281.
Dephterdar (le), trésorier des armées en Turquie, VI, 100.
Derbent (Perse), V, 321.
Derby (Henri Stanley, comte de), VII, 278.
Derville, capitaine catholique, VI, 80 et suiv.

Dervis, capitaine turc, III, 220.
Desaignes (Ardèche), VII, 98 et suiv.
Desbordes. Voy. Bordes (Des).
Desene. Voy. Desze.
Desmeranges, ministre protestant, II, 147.
Desmonnars, capitaine huguenot en Saintonge, VII, 27.
Despach. Voy. Diesbach (Walter de).
Despau (N.), gentilhomme normand huguenot à Montargis en 1587, VII, 183.
Despence (Claude), recteur de l'Université de Paris, I, 318; II, 4, 162.
Desportes (Philippe), poète, IV, 195; IX, 21.
— (Joachim, dit le jeune), frère du précédent, IX, 64, 101.
Dest (Volpert von), capitaine de reitres, II, 111.
Desze (Hongrie, comitat de Maramaros, district de Sziget).
Détailleur (Hugues), hérétique supplicié à Tournai, II, 338.
Deuilly (Olry du Châtelet, baron de), gentilhomme lorrain, II, 67.
Deutéronome (le livre du), I, 138, 146.
Deutz, Duitz, Duytsch, sur le Rhin, en face Cologne, VII, 258.
Deux-Ponts (Wolfgang, duc de Bavière et de), III, 45, 60, 62, 64, 65, 69, 213, 269.
Devenish (Jean), hérétique supplicié en Angleterre, I, 224.
Deventer (prov. d'Over-Yssel, Hollande), III, 259; VI, 352; VII, 267, 269; VIII, 123, 399, 402; IX, 425, 428.
Devereux (Robert). Voy. Essex.
Deyme (Roger de Durfort, sgr de), gouverneur de Sorèze, V, 298 et suiv.; VIII, 284.
Deza (Pierre), intendant de la justice à Grenade, III, 230, 233, 235, 236.
Dhona (Fabian, burgrave de), sgr de Karwinden, capitaine allemand, commandant des reitres, VII, 132, 176, 177, 181, 182, 187 et suiv., 222.
Dialogue de l'authorité des princes et de la liberté des peuples, pamphlet, IV, 190.
Diane, déesse, VI, 172.
Dianowitz. Voy. Besme.
Diaz (Jean), hérétique tué par son frère, I, 211.
Diaz de Armendarez (Martin), III, 263.
Die (Drôme), IV, 271, 277, 279; VI, 151, 280.
Dieppe (Seine-Inférieure), II, 33, 81, 83, 89, 139; III, 42; V, 110; VIII, 154, 156, 164, 251; IX, 358, 452.
Dieppois, III, 276.
Diesbach (Gabriel de), gentilhomme bernois, colonel de gens de pied, IV, 367.
— (Louis de), gentilhomme bernois, colonel de gens de pied, frère du précédent, IV, 367.
— (Walter de), de Berne, capitaine de gens de pied, IV, 368.
Diespac. Voy. Diesbach.
Diest (Belgique, Brabant méridional), IV, 149; VI, 141, 338, 348; IX, 442.
Dieulefit. Voy. Comps.
Dieussat (Jacques), hérétique supplicié en Flandre, I, 227.
Dieze (la), Dyse, affluent de la Meuse, VII, 270.
Digel (Guillaume), hérétique supplicié en Angleterre, I, 219.
Digne (Basses-Alpes), VIII, 317, 319.
— (évêque de). Voy. Coquelet.
Diguières (Des). Voy. Lesdiguières.
Dijon (Côte-d'Or), I, 224; II, 47, 70, 211; III, 355; V, 17; VIII, 23; IX, 48, 52, 54, 59, 357, 364, 366, 367.
— (parlement de), II, 205, 211, 223; V, 77, 399; VIII, 23.

TABLE DES MATIÈRES. 117

Dimanche ou Dominge, capitaine de gens de pied, II, 294 ; III, 108 ; V, 226, 238, 243 ; VIII, 232.
Dimonnet (Louis ou Mathieu), hérétique supplicié à Lyon, I, 217.
Dinan (Côtes-du-Nord), I, 49, 50 ; IX, 184, 185, 270.
Dinocheau (Pierre), hérétique supplicié en France, I, 218.
Dinslacken (pays de Clèves), IX, 426.
Dioclétien, empereur romain, I, 228 ; IX, 463.
Dissay (Vienne), III, 101 ; VIII, 60, 227.
Diste. Voy. Diest.
Ditmarschen (Holstein), I, 124, 358, 359.
Dive (la), rivière, III, 121.
Divetière, capitaine huguenot, VI, 20.
Diximieux. Voy. Dizimieu.
Dixmuyden (Belgique, Flandre occidentale), II, 346, 349.
Dizimieu (César de), gouverneur de Vienne, maréchal de camp, IX, 46.
Djouria. Voy. Guzerat.
Dniester, Niester, Nester, IX, 218.
Dockum (Hollande, prov. de Frise), VI, 325.
Docteur (le Père) (?), portugais, IX, 409.
Dodancourt. Voy. Audencourt.
Doël (le fort du) (Belgique, Flandre occidentale), VI, 360.
Doesbourg (Hollande, prov. de Gueldre), IV, 151, 152 ; IX, 258.
Doeteum. Voy. Doetinchem.
Doetinchem, Dotechem, Dotecom, Doetorem (Hollande, prov. de Gueldre), IV, 151 ; VIII, 131 ; IX, 429.
Dogali-Algori, de Grenade, chef des Maures, VI, 113 et suiv.
Dognon (Clément Guiot, sgr du), gentilhomme de la Marche, I, 68.
Doineau. Voy. Sainte-Souline.
Dol (Ille-et-Vilaine), VIII, 278 et suiv.
— (évêque de). Voy. Epinay (Charles d').
Dolus (île d'Oléron), VII, 26.
Dombes (pays des), II, 133 ; IV, 362.
— (Henri de Bourbon, prince de), puis duc de Montpensier, fils de François de Bourbon, duc de Montpensier, et de Renée d'Anjou, marquise de Mézières, VII, 353 ; VIII, 60, 178, 290, 296, 303, 346 ; IX, 140 et suiv., 175, 336, 352 et suiv., 363, 366.
Domfort. Voy. Wentworth.
Domfront (Orne), IV, 241 et suiv., 247 ; VIII, 273, 280.
Dominge, Domingue. Voy. Dimanche.
Domitien, empereur romain, I, 228.
Dommissens (Baudouin), hérétique supplicié en Flandre, II, 339.
Dompierre. Voy. Dampierre.
Donadieu. Voy. Pichery.
Donato (Alexandre), capitaine vénitien, IV, 105.
— (Nicolas), capitaine vénitien, IV, 95.
Donchéry (Ardennes), VII, 223.
Dongnon (Guillaume de), hérétique supplicié en France, I, 220.
Donzère (Drôme), III, 171.
Donzy (Nièvre), II, 262 ; III, 84, 147.
Doornick (Hollande, prov. de Gueldre), VII, 256.
Dorat (le) (Haute-Vienne), II, 254 ; VIII, 60.
— (Jean), Auratus, poète, IV, 178.
Dordogne (la), III, 30, 31, 131, 132, 143, 147, 156, 157, 202 ; IV, 63, 309, 339 ; V, 223 ; VII, 37, 39, 82, 162 ; IX, 107.
Dordogno. Voy. Dordonno.
Dordonno (Pierre), auteur d'un

attentat sur le prince d'Orange, VI, 348.
Dordrecht (Hollande méridionale), IV, 74, 158; VII, 272, 273; VIII, 130; IX, 449.
Doré (le) (comm. du Puiset-Doré, Maine-et-Loire), VI, 227.
Dore (le). Voy. Douro.
Dorepall (Jean), hérétique supplicié à Londres, I, 222.
Doria (André), amiral génois, I, 111, 112, 344 n.
— (Charles), fils de Jean-André Doria, agent de Philippe II, IX, 114, 116.
— (Jean-André), fils de Jeannetin Doria, amiral au service d'Espagne, I, 341, 344, 345; II, 169, 316; III, 222 et suiv.; IV, 110 et suiv.; IX, 400.
— (Jeannetin), neveu d'André Doria, II, 316 n.
— (Pagano), capitaine italien, frère d'André Doria, IV, 131.
Dorival, capitaine huguenot, IV, 38.
Dormans (Marne), IV, 379 et suiv.; V, 7.
Doron, capitaine huguenot, VIII, 295.
Dorothée de Saxe, reine de Danemark, femme de Christian III, I, 358.
Dorp (Arnold), amiral de Ziérikzée, IX, 249 et suiv.
Dorpat (Livonie), I, 122; IV, 148.
Dorphal (Jean), hérétique supplicié à Strafford, I, 222.
Dort, capitaine des Pays-Bas, IX, 429.
Dortmund (Prusse), IX, 428, 430.
Dotechem. Voy. Doetinchem.
Dotecom. Voy. Doetinchem.
Dotis. Voy. Tata, Totis.
Douai (Nord), I, 65, 207, 209; IX, 263.
Douarnenez (Finistère), IX, 292.
Doucinière. Voy. La Doucinière.

Doué (Maine-et-Loire), VII, 338; VIII, 16.
Douges (vicomte de). Voy. Châteauneuf (Guy de Rieux, sgr de).
Douglas (Jacques), bâtard du comte d'Angus, assassin de Riccio, II, 357.
— Voy. Morton.
Douhet (le) (Charente-Inférieure), III, 198.
Doukkala (prov. de), au Maroc, I, 101.
Doullens, Doulens, Dourlens (Somme), I, 47, 79; V, 111; VI, 197; VII, 168; IX, 62, 65 et suiv., 75, 133, 139, 140, 144, 299.
Dounck, capitaine de Maurice de Nassau, IX, 254.
Dourdan (Seine-et-Oise), II, 232; V, 339.
Douro (le), fleuve d'Espagne, VI, 312.
Doussac. Voy. Dauzat.
Douville, capitaine royaliste, IX, 125.
Douvres (Angleterre), I, 222.
— (Calvados), IV, 239.
Douze (la), rivière de Gascogne, VI, 188.
Douzy (Ardennes), VII, 164, 202, 223.
Doyneau. Voy. Sainte-Souline.
Drac (le), rivière du Dauphiné, VII, 93.
Dracqueville, capitaine huguenot, VII, 18, 19.
Draendorp (Jean), hérétique supplicié en Allemagne, I, 203.
Dragon (Alonzo), capitaine espagnol, IX, 253.
Draguignan (Var), I, 288; IX, 114.
Dragut ou Torghud, corsaire turc, gouverneur de Tripoli, I, 111, 113, 342, 345; II, 296, 310.
Drake (Francis), navigateur et vice-amiral anglais, VII, 246 et suiv.; VIII, 116.

TABLE DES MATIÈRES.

Drave (la), rivière d'Autriche, II, 302.
Dregel. Voy. Dregely.
Dregely (comitat de Hont, Hongrie), VIII, 373.
Drentelaar (la tour de), à Groningue, IX, 242.
Dreux (Eure-et-Loir), I, 225; II, 102 et suiv., 105, 114, 119; IV, 279, 375; VIII, 181, 182, 194, 303.
— (bataille de), II, 90, 106, 107, 108 et suiv., 114 et suiv., 122.
— (porte de), à Chartres, II, 284-285.
— (N., vicomte de), II, 140.
— (Philippe de), évêque de Beauvais de 1175 à 1217, I, 184.
— (Robert II, comte de), au temps de la guerre des Albigeois, I, 179.
— (Jean de). Voy. Morinville.
Drieux (Remi), évêque de Bruges de 1569 à 1594, VI, 137.
Droghedatt (Irlande), IX, 240.
Drohojowski (Thomas), ambassadeur de Pologne auprès de Henri III, V, 26.
Droize (porte de), à Chartres. Voy. Dreux (porte de).
Dronne (rivière de), affluent de l'Ille, VII, 134, 142.
Dropt (le), rivière de Gironde, VII, 44, 72.
Drossen (évêque de). Voy. Constantin.
Droux ou Drou (Pierre de Chamborant, sgr de), capitaine des Suisses de François d'Alençon et son chancelier, IV, 374; V, 114; VI, 200, 329.
Drury-House, à Londres, IX, 421.
Duan. Voy. Duna-Ujfalu.
Dubi (Jean), seigneur livonien, IV, 147.
Dubien, capitaine huguenot, IV, 317 et suiv.
Dubois, capitaine aux Pays-Bas, IX, 444 et suiv.
Dubravius (Roderich), jurisconsulte bohémien, I, 170.
Duckembourg (fort de), en Gueldre, VII, 256.
Dudley. Voy. Leicester, Northumberland.
Dufaux, capitaine huguenot, III, 146.
Duisbourg. Voy. Doesbourg.
Dulac, capitaine huguenot, VII, 347.
Dulcigno (Monténégro), IV, 105.
Dulé (Rogier), hérétique supplicié en Angleterre, I, 203.
Dumay, prédicateur de la ligue de Troyes, V, 109.
Dumbarton, Dumbritton (Ecosse), IV, 143.
Dumbritton. Voy. Dumbarton.
Dumont (Roger), hérétique supplicié, II, 182.
— Voy. Monts.
Dumoulin (Charles), jurisconsulte, II, 158, 175, 210.
Duna-Ujfalu (comitat de Komorn, Hongrie), VIII, 373.
Dundalk (cant. de Louth, Irlande), II, 363, 364.
Dunes et Graville (Charles de Balzac d'Entragues, sgr de). Voy. Entragues.
Dunkerque (Nord), I, 78; VI, 339, 348, 349; VII, 274; VIII, 117, 125, 391, 397; IX, 438, 450.
Dunois (pays de), IX, 87, 88.
— (comte de). Voy. Agenois (comtes d').
Dun-sur-Meuse (Meuse), VIII, 351.
Dupleix (César), écrivain protestant, VIII, 327.
— Voy. Gremian et Lecques.
Duprat (Antoine), chancelier de France, I, 230; IV, 179.
— (Antoine), prévôt de Paris, fils du précédent, IV, 179 n.
— (Anne d'Alligre, dame), femme d'Antoine Duprat, prévôt de Paris, IV, 179 n.
— (Guillaume), évêque de Clermont-Ferrand, II, 174.

Duprat. Voy. Nantouillet, Vitteaux.

Durance (la), rivière, II, 61; IV, 209; VIII, 311.

— (fort de la), sur la rivière du même nom, II, 61.

Duranti (Jean-Étienne), premier président au parlement de Toulouse, V, 367; VIII, 35.

Duras (Jean de Durfort, vicomte de), chambellan ordinaire du roi de Navarre, III, 325; V, 93, 116, 235, 256, 360, 361; VII, 44, 75.

— (Symphorien de Durfort, sgr de), chef des réformés en Guyenne, frère du précédent, II, 24, 41, 45, 90, 96, 103, 121, 128.

Durcal (Espagne, prov. de Grenade), III, 230, 232.

Durcot (Pierre). Voy. La Roussière.

Durfort. Voy. Bayaumont, Born, Deyme, Duras.

Durham (comté de) (Angleterre), III, 253.

Dusbourg (pays de Clèves), VII, 263.

Duytsch. Voy. Deutz.

Duyveland (île de), V, 71.

Duyvenvorde (Jean de). Voy. Warmont.

Dyse (La). Voy. Dièze (La).

Dzjalinski (Paul), secrétaire de Sigismond, roi de Pologne, IX, 256.

E

Eaux-Chaudes (Basses-Pyrénées), II, 294; VIII, 385.

Eauze (Gers), III, 100; VII, 47.

Eberstein (Jean-Philippe, comte d'), VIII, 391, 392; IX, 216, 222.

Eboli (Anne de Mendoza de la Cerda, princesse d'), VIII, 378.

Ebora (prov. d'Alentéjo, Portugal), VI, 131.

Ebrard. Voy. Saint-Sulpice.

Ecbatane (Perse), I, 91.

Ecclésiaste (l'), I, 138, 147.

Echelles (les) (Savoie), VIII, 315, 320.

Echilés. Voy. Echillais.

Echillais (N. Goumard, sgr d'), capitaine catholique, V, 278.

Echinades (les îles), auj. les Cursolaires, IV, 115.

Echouen. Voy. Eckoven.

Eckoven (prov. d'Anvers, Belgique), VI, 341.

Ecluse (l') (Flandre), IV, 92; VI, 92, 342, 351; VII, 268 et suiv., 271-273; IX, 438, 439, 450.

Ecoran (Ain), VIII, 101.

Ecossais, I, 37, 38, 355; II, 83, 151; IV, 149, 157, 163, 377; V, 70; VI, 339; VII, 124 et suiv., 148 et suiv.; VIII, 407; IX, 201, 243, 405, 440 et suiv.

Ecosse, I, 39, 128, 207, 211, 308, 352-357; II, 33, 151, 177, 354-356, 360; III, 129, 249, 251, 253; IV, 137-139, 143; VIII, 118; IX, 299.

— (Etats d'), II, 363; III, 251.

— (régent d'). Voy. Murray.

— (reine d'). Voy. Marie Stuart.

Ecoutette (l') d'Utrecht, conseil de la ville, VII, 261.

Ecoyeux (Charente-Inférieure), VII, 12.

Ecriture sainte (l'), I, 146 et suiv.

Ecurat. Voy. Arérat.

Ecurie-au-Fois (l'), à Blois, II, 275; V, 128.

Edimbourg, I, 207, 215; II, 154; 358-361; III, 252; IV, 139, 143-145.

— (traité d') (1563), II, 151.

Edit de janvier. Voy. Janvier (édit de).

Edit de juillet. Voy. Juillet (édit de).

Edmond, capitaine écossais, employé aux Pays-Bas, IX, 435, 441.

Edouard III, roi d'Angleterre, I, 193.
Edouard VI, roi d'Angleterre, I, 38, 39, 217; II, 150.
Edouard, roi de Portugal de 1433-1438, V, 314, 315.
Eedam (Simon Janson d'). Voy. Janson.
Effranatz. Voy. Effrans.
Effrans (Jean-Jacques de Neuchèze, baron de Bussy et d'), VII, 389.
Egle (Georges), hérétique supplicié à Lille, I, 223.
Eglintoun (Hugues de Montgomery, 3e comte d'), IV, 146.
Eglise grecque (l'), I, 143, 164, 165.
Egmont (Jean d'), colonel d'un régiment aux Pays-Bas, IX, 249.
— (Lamoral, comte d'), prince de Gavre, I, 68, 75 et suiv., 78, 128; II, 339, 340, 346, 348, 349, 353; III, 258; VIII, 190.
— (Lamoral, comte d'), second fils de Lamoral, comte d'Egmont, VI, 289.
— (Philippe, comte d'), prince de Gavre, gouverneur de l'Artois, fils aîné de Lamoral, comte d'Egmont, VI, 140, 363; VIII, 182, 186, 190. Voy. Horn (Marie de).
Eguerra (Jean d') ou d'Equarras, bailli de Nègrepont, II, 309.
Eguille (le fort de l'), en Savoie, IX, 155.
Egypte, I, 90; V, 44.
Egyptiens, II, 218.
Eindhove. Voy. Eindhoven.
Eindhoven (prov. du Brabant septentrional, Hollande), VI, 327, 342, 348.
Eine. Voy. Aisne.
Elbe (l'), VII, 266.
Elbène (Alexandre d'), gentilhomme ordinaire du Roi, colonel général de l'infanterie italienne, V, 367.
— (Alphonse d'), évêque d'Albi, VII, 308 et suiv.

Elbeuf (Catherine-Henriette, duchesse d'), fille naturelle de Henri IV, IX, 297.
— (René de Lorraine, marquis d'), 4e frère du duc de Guise, I, 355, 356; II, 78 n., 122, 139.
— (Charles de Lorraine, comte, marquis, puis duc d'), fils du précédent, IV, 194, 201, 380; V, 293; VI, 328; VII, 181, 393; IX, 57 et suiv.
Elcas, général turc, I, 104.
Elcas, frère du roi de Perse, I, 337.
Eldogali, colonel espagnol, V, 54.
Electeurs (princes) d'Allemagne. Voy. Allemagne (princes électeurs d').
Elie (le prophète), I, 167, 234.
Elinclz (Charles), hérétique supplicié à Tournay, II, 182.
Elisabeth, reine d'Angleterre, sa mère Anne Boleyn, I, 36; dispositions testamentaires de Henri VIII en sa faveur, 38; son avènement au trône, 41; état des esprits à son avènement, 81; ses rapports avec la régente d'Ecosse, 354; ses courtoisies hypocrites à l'égard de Marie Stuart, 356; se refuse à se remarier, 357; message à elle adressé par Condé, II, 19; secours envoyé par elle aux réformés de Normandie, 81; retour sur les débuts de son règne, 150; ses subsides aux réformés de France, 151; son refus de faire évacuer le Havre par ses troupes, 197; ses remontrances aux réformés de France, 201; son prétendu mariage avec Grombach, 298; consent au mariage de Marie Stuart avec Darnley, 355; ses relations avec les réformés de France, III, 39; ses négociations avec le cardinal de Châtillon, 61; envoie des

secours aux réformés à Niort, 129; sa conduite à l'égard de Marie Stuart, 251 et suiv.; son excommunication, 254; refuse de négocier avec le duc d'Albe, 264; projet de son mariage avec François de Valois, duc d'Alençon, 281; son alliance recherchée par Charles IX, 284; disposée à entrer en guerre contre l'Espagne, 294; accueille les réformés de France lors de la Saint-Barthélemy, 357, 358; rappel de ses négociations avec la France touchant son mariage, 360; marraine de la fille de Charles IX, IV, 4; irritée de l'aventure du duc de Somerset à Paris, 5; désavoue l'armée de secours partie d'Angleterre pour la Rochelle, 22, 23; licencie les gens de guerre à son service en Angleterre, 74; ses plaintes aux Etats d'Ecosse contre les ravages des Hamilton sur les frontières, 138, 139; fait élire Mathieu Stuart, comte de Lennox, vice-roi d'Ecosse, 140; louée par ses victimes, 143; soutient le vice-roi d'Ecosse, 145; recherchée en mariage par le duc d'Alençon, 230; ses ambassades à la cour de Henri III, 366; négociations de son mariage avec le duc d'Alençon, V, 29, 30; avec le même devenu duc d'Anjou, 144; menacée par Marie Stuart, 316; poursuite de son mariage avec le duc d'Anjou, 316; lettres de don Juan d'Autriche à elle adressées, 334; accueil fait par elle à Condé, VI, 91; ses entrevues en Angleterre avec le duc d'Anjou, 133; ses hésitations touchant le procès de Marie Stuart, 134, 135; se déclare en faveur du roi de Navarre, 237; séjour auprès d'elle du duc d'Anjou, 288, 289, 333; essaye de réconcilier le duc d'Anjou et le prince d'Orange, 347; son refus de secours aux réformés de France, VII, 13; ses négociations avec Henri III, 232; ses faveurs au navigateur Drake, 247; fait instruire le procès de Marie Stuart, 249 et suiv.; accepte de protéger les Pays-Bas, 254; conseille à ceux-ci la paix avec l'Espagne, 267, 268; envoie à leur secours le comte de Leicester, 271; ses négociations avec l'Espagne à Bourbourg, en Flandre, 276; éloges de Sixte-Quint à son sujet, VIII, 109; forces qu'elle oppose à l'*Armada*, 116; son intervention aux Pays-Bas, 122, 123; alliée de Henri IV, 366; en guerre avec l'Irlande, 389; ses rapports avec Jacques d'Ecosse et Henri IV, 390; requête des réformés français à elle adressée, IX, 96; ses négociations avec Henri IV, 118; ses desseins contre l'Espagne, 232 et suiv.; insuccès de ses troupes en Irlande, 239; continue à soutenir les Pays-Bas, 256; ses inquiétudes au sujet du message de l'archiduc Albert aux Etats de Hollande, 270, 271; ses propositions à Catherine de Bourbon, 302; ses offres à Henri IV, 343; son désir de voir Henri IV, 351; ses présents et ses entrevues avec lui à Biron, 362, 384; ses ordres pour l'instruction du procès du comte d'Essex, 421 et suiv.; sa mort, 461.

Elisabeth d'Autriche, fille de Maximilien II, femme de Charles IX, III, 214, 358; V, 303.

Elisabeth de France, fille de Henri II, reine d'Espagne

par son mariage avec Philippe II, I, 126, 237, 239, 255 ; II, 219 et suiv., 294, 295 ; III, 206, 207.
El-Ksar-el-Kébir (Maroc), I, 104 ; VI, 109 et suiv., 132, 160 ; IX, 404, 407, 409.
El-Ksar-es-Seghir (Maroc), V, 328.
Elle (île d') (Vendée), VII, 56.
Elmada (Emmanuel). Voy. Emmanuel Elmada.
El-Rharbia, Galbia (Maroc), I, 102.
Eltz (Jacques d'), archevêque de Trèves, III, 214.
Elvas (fort d') (Alentéjo, Portugal), VI, 129.
Emandreville (Jean Dubosc d'), président à la cour des aides de Rouen, II, 88.
Emangéli. Voy. Emanguli-Chan.
Emanguli-Chan, gouverneur de Gengé, V, 320, 322.
Emargues. Voy. Aimargues.
Emballeur. Voy. Antoine l'Emballeur.
Embden (Hanovre), II, 350 ; III, 263 ; V, 258 ; VIII, 124, 391 ; IX, 265.
— (Etzard II, comte d'), IX, 265.
— (les jeunes comtes d'), probablement fils du précédent, IX, 425.
Embrun (Hautes-Alpes), I, 172, 173.
— (archevêques d'). Voy. Avançon de Saint-Marcel (Guillaume d') et Villars (Pierre de).
Emeri. Voy. Montfort (Amaury de).
Emeric. Voy. Emmerdijk.
Emering (anc. dép. de la Moselle), I, 205.
Emery (Jean d'), sgr d'Emery et de Villers, V, 360.
Emir, roi de Perse, VII, 234, 240.
Emir-Chan, gouverneur de Tauris, VI, 105, 108 ; VII, 234.

Emir-Emze, fils aîné de Khodavend, sophi de Perse, VI, 298.
Emir Evizamisire, fils du roi de Perse, VI, 96 et suiv., 107, 298, 299.
Emmanuel, roi de Portugal, V, 315 ; VI, 122.
Emmanuel Elmada, prétendu évêque d'Algarve, VI, 124.
Emmanuel-Philibert, prince de Piémont, puis duc de Savoie, s'empare d'Hesdin, I, 47 ; au combat de Renty, 50-52 ; remis en possession des conquêtes de François Ier et Henri II, 126 ; son mariage décidé avec Marguerite de France, fille de François Ier, 127 ; compris dans la paix de Cateau-Cambrésis, 128 ; ses rapports avec les Albigeois réfugiés dans ses États, 196-201 ; célébration de son mariage avec Marguerite de France, 237, 239 ; message du prince de Condé à son adresse, II, 19 ; obtient la restitution de cinq places en Lombardie, 148, 149 ; prend part à l'expédition en Afrique de Garcias de Tolède, vice-roi de Catalogne, 169 ; son message au roi de France au sujet des décrets du concile de Trente, 205 ; faussement cité au lieu du duc de Ferrare, comme ayant rejoint Charles IX à Roussillon, 211 ; envoie des secours à Maximilien II contre les Turcs, 300 ; ses troupes battues en France à Selongey, III, 66 ; proposé comme chef de la Ligue contre le Turc, 281 ; IV, 96 ; cède aux menaces du cardinal Borromée, 122 ; restitution à lui faite par la France de Pignerol et Savigliano, 269 ; son ambassade à Henri III, 366 ; ses prétentions au trône de Portugal, V, 314 ; son entrevue

avec Catherine de Médicis, 366; cité, VIII, 92; restitution de Pignerol et Savigliano à lui faite par la France rappelée, 93.
Emmerdijk (Drenthe, Hollande), IX, 429, 433.
Empel (château d'), en Gueldre, VII, 255.
Empire (le Saint-), II, 162; III, 170.
Ems, Amazes, fleuve d'Allemagne, III, 255, 260; VIII, 124.
Enckmysen (Hollande), IV, 76; V, 62.
Enden (Cornelius van), colonel allemand, V, 337, 338.
Endingen (Souabe), VII, 275.
Engelem. Voy. Crèvecœur.
Enghien, Angun (le gouverneur d'), supplicié, III, 257.
— (François de Bourbon, comte d'), confondu avec son frère Jean d'Enghien, I, 59 n.
— (Jean de Bourbon-Vendôme, comte d'), frère du précédent, I, 59, 60, 69; cité à tort par d'Aubigné, I, 75; III, 37.
Enjambes, près Lusignan (Vienne), IV, 314, 319, 321.
Ens (Hermann van), capitaine au service des Pays-Bas, IX, 255.
Enschede (Hollande, prov. d'Over-Yssel), IX, 260, 261.
Entragues (Charles de Balsac d'), sgr de Dunes et de Graville, dit Entraguet, fils ainé de Guillaume de Balsac, IV, 194; V, 22 n., 347 et suiv.; VI, 173; VII, 539 n.
— (François de Balsac, sgr d'), de Marcoussis et du Bois-Malesherbes, 2e fils de Guillaume de Balsac, III, 41, 84, 88, 156; IV, 194; VII, 395; VIII, 24, 42; IX, 306.
— (Charles de Balsac d'). Voy. Clermont d'Entragues.
Entrains-sur-Nohain (Nièvre), II, 262; III, 3, 85.

Entremonts. Voy. Autremencourt.
— (Jacqueline de Montbel, comtesse d'). Voy. Coligny.
Enval, capitaine ligueur, VIII, 279.
Enviliers (M. d'). Voy. Villiers (Jean de Damas, sgr de).
Enzinas (N.), espagnol hérétique supplicié à Rome, I, 211.
Epen, près Aix-la-Chapelle, III, 210.
Epernay (Marne), II, 8; VI, 316 n.; VIII, 270, 288, 289; IX, 47, 109.
— Voy. Strozzi (Philippe).
Epernon (Jean-Louis de Nogaret, duc d'), second fils de Jean de Nogaret de la Valette, accompagne le roi de Navarre dans sa fuite de la cour, V, 11; au siège de la Fère, VI, 54 et suiv.; envoyé par Henri III auprès du roi de Navarre, 147; son passage à Montauban, 169; ses négociations avec le roi de Navarre, 174, 187; sa maladie, 196; ses partisans chassés de Lyon, 198; à Bonneval (Eure-et-Loir), 267; ses négociations avec le roi de Navarre, 283; la formation de ses soldats, 371; nommé gouverneur de Provence, VII, 85 n.; son parent le baron de Ramefort, 95; envoyé en Provence, 107; attaque François de Châtillon, près de Cosne, 179; négocie avec les reîtres, 185; poursuit l'armée de Châtillon, 191, 193; nommé amiral de France, 208, 209; jalousé par le duc de Guise, 209; son abaissement poursuivi par les princes catholiques, 219; son apologie par lui-même, 220; menées du duc de Guise contre lui, 225; les accusations portées contre lui, 226, 227; éloigné de la cour, 306; conspiration contre lui à Angou-

lème, 307 et suiv.; ses avertissements à Henri III, 381 et suiv.; ses négociations pour l'union d'Henri III et du roi de Navarre, VIII, 38; rejoint le Roi à Tours, 45; s'empare de Montereau, 56; à la prise de Jargeau, 62, 63; à la prise d'Etampes, 65; au siège de Pontoise, 67 et suiv.; jugé par d'Aubigné, 82; s'empare de Saint-Germain-de-Confolens et de Villebois (Charente), 166 et suiv.; envoyé en Provence, 168; état de la Provence à ce moment, 168, 169; son départ, 283; son passage à Montauban, 283; s'empare de Meauzac, 283; continue sa route, 284; sa campagne en Provence, 304-312; son retour en Saintonge, 312; sa rivalité avec le duc de Guise, IX, 114; au siège d'Arras, 133 et suiv.; sa nouvelle campagne en Provence, 151, 164, 170, 175; sa visite à Théodore de Bèze, 336; témoin de l'assassinat de Henri IV, 471.

Epernon (Marguerite de Foix, comtesse de Candale, duchesse d'), femme du duc d'Epernon, VII, 311.
— Voy. La Valette.
Ephésiens (*Epître aux*), I, 138, 147.
Epire, IV, 104.
Equarras. Voy. Eguerra.
Equituan. Voy. Tétouan.
Erdend. Voy. Erdöd.
Erdlei (Jean), hérétique supplicié en Angleterre, I, 219.
Erdöd (Hongrie, comitat de Szatmar), II, 165.
Eres (Géorgie), V, 321; VI, 96, 97.
Eria. Voy. Agria.
Eric XIV, roi de Suède, fils de Gustave Wasa, I, 361; II, 178, 298, 333-337.
Eric, duc de Brunswick. Voy. Brunswick.
Erivan, Reivan (Perse), VI, 107.
Erlach (Louis d'), capitaine suisse, IV, 367, 368; VIII, 97.
— (Peterman d'), capitaine suisse, frère du précédent, IV, 367, 368.
Erlin (Michel), hérétique supplicié en Flandre, II, 339.
Ermance. Voy. Hermance.
Ermès, près Walck (Livonie), I, 360.
Ermonte (Camillo d'). Voy. Monte (Camillo del).
Erskine (Jean). Voy. Mar (Jean Erskine, comte de).
Ervault. Voy. Airvault.
Erzeroum (Arménie), I, 337; V, 320 et suiv.; VI, 99, 100, 102, 108, 297; VII, 236. Voy. Beyran.
Escars. Voy. Cars (des), Givry, Saint-Bonnet, Vauguyon.
Escaut, IV, 81; VI, 357; VII, 260.
Esch (Jean), hérétique supplicié en Brabant, I, 204.
Eschallard. Voy. La Boulaye.
Eschilles (porte des), à Lusignan, IV, 315.
Esclanton. Voy. Eglinton.
Esclavonie, I, 173, VIII, 368.
— (bacha d'). Voy. Sinam.
Escoliers (Claude d'). Voy. Pastoureau.
Escoubleau de Sourdis (Isabeau Babou de La Bourdaisière, dame d'). Voy. Babou.
— Voy. Sourdis.
Escourran. Voy. Ecoran.
Escovedo (Juan d'), secrétaire de don Juan d'Autriche, V, 336.
Escrivain (Pierre), hérétique supplicié à Lyon, I, 216.
Escures (Pierre Fougeu, sgr d'), maréchal des logis des camps et armées du Roi, IX, 366.

Escurial (le palais de l'), IX, 413 et suiv., 418.
Esdras (le livre d'), I, 138, 147.
Esmonde (Thomas), hérétique supplicié en Angleterre, I, 219.
Esmard (Louis), ministre protestant de Fontenay, VII, 14; IX, 83, 84.
Espagne, son histoire avant 1553, I, 33 et suiv.; poursuit la conquête des Indes, 81; ses cardinaux, 84; sa politique extérieure, 99; voyage de Buhaçon, lieutenant du roi de Féz, 107; en guerre avec les corsaires, 111; les luttes religieuses, 162; persécutions des Vaudois, 173; secours par elle donné à l'empereur Sigismond contre Ziska, 194; hérétiques suppliciés, 210; ambassade du prince de la Roche-sur-Yon, 245; arrivée d'Elisabeth de Valois, 255; retour de Philippe II des Pays-Bas, 347; estime où y est tenu Melchior Canus, 348; célébrité du docteur Garfiaz Ariaz, 350; délimitation de ses possessions coloniales par le pape Alexandre VI, 351; mission du président Sapin et de l'abbé de Gastines, II, 89; ses représentants au concile de Trente, 163; fondation de l'ordre des Jésuites, 172, 176, 177; accusations portées de Flandre contre le cardinal Granvelle, 182; la Biscaye enlevée à la suzeraineté de l'évêque de Bayonne, 221; nouvelles accusations portées des Pays-Bas contre Granvelle, 338; émoi causé en Flandre par son attitude menaçante, 344; sa politique jugée par d'Andelot, III, 58; nouvelle qui y est apportée de la victoire de Moncontour, 129; projets de retour du duc d'Albe, 213; demande de secours adressée par Venise, 217; alliée de Venise dans la guerre de Chypre, 218; menacée en Flandre et en Grenade, 227; sauvée par l'abandon de Chypre par les Turcs, 243; excite la cour de France contre Dominique de Gourgues à son retour de Floride, 249; encourage Marie Stuart, 252; guerre projetée par Charles IX, 287; il y est encouragé par l'amiral de Coligny, 292, 300, 302, 303; négocie avec la France l'échange de la Sardaigne, 361; rang attribué à ses représentants à l'assemblée de Varsovie, IV, 67; tarde à envoyer du secours à Venise, 94; ses affaires l'empêchent d'intervenir contre le Turc, 106; don Juan justifie ces longueurs, 110; ses rapports avec les Vénitiens, 123; elle s'en sépare, 128; son projet de s'emparer de Tunis, 130; dessein de Marie Stuart de passer en ce pays, 141, 142; mêlée aux affaires d'Ecosse, 145; sa paix avec l'Angleterre, 161; difficultés qu'elle oppose aux manœuvres de Condé, 371; ses plaintes contre les Rochelais, V, 29; néglige de protéger Tunis contre les Turcs, 42; ses rapports tendus avec l'Italie, 47; ambassade des Vénitiens, 55; retour du duc d'Albe des Pays-Bas, 57; haines qui s'élèvent contre lui, 64; saisie aux Sables-d'Olonne d'un convoi de froment pour l'Espagne, 209; convoite le Portugal, 313; ses relations avec l'Angleterre au sujet de Marie Stuart, 315; approbation donnée à la politique de don Juan aux Pays-Bas, 339; ses cardinaux à Rome, VI, 93,

TABLE DES MATIÈRES.

94; ses vues sur le Portugal, 124-126; disgrâce apparente du duc d'Albe, 126; ses négociations en Portugal, 129, 131, 161; ses relations avec le duc d'Anjou, 164; entreprises sur ses frontières du roi de Navarre, 190; ses négociations à Rome en faveur de la Ligue, 240; absorbée par les affaires de Portugal, 284; son ambassadeur en France tenu en échec par Catherine de Médicis, 285; ses négociations avec le roi de Navarre, 286 et suiv.; son rôle dans la conjuration de Salcède, 289; maîtresse des colonies portugaises, 303; cherté du blé, 307; en guerre avec le Portugal, 309 et suiv.; mission de l'abbé de Saint-Waast envoyé par le duc de Parme, 335; perd Cadix pris par les Anglais, 372; alliée de la Ligue, VII, 209, 224, 231; son alliance avec la maison de Savoie, 229; ses desseins contre l'Angleterre, 232; description de l'*Invincible Armada*, 242 et suiv.; expédition de Drake dans ses colonies, 246-248; ses négociations avec l'Angleterre, 267, 276, 278; désastre de son *Armada*, VIII, 115-119; accusations portées contre le duc de Parme, 132, 133; ses négociations avec la Ligue, 180; mission de Pierre Jeannin envoyé par le duc de Mayenne, 243; ses représentants aux États de la Ligue, 299 et suiv.; son projet de monarchie universelle, 366; ses réclamations au sieur de Balagny, gouverneur de Cambrai, 366, 367; alliée des Génois, 375; ennemie de Sixte-Quint, 376; disgrâce d'Antonio Perez, 378; ses succès et ses revers sur mer, 388; ses secours à l'Irlande, 389; sa politique bafouée à Lyon, IX, 12; attaquée par l'Angleterre, 118; vote par l'assemblée de Rome de crédits pour lui faire la guerre, 118, 119; ses prétentions sur la France, 201; menacée par les Anglais, 232 et suiv.; émigration d'Irlandais, 240; prison du prince d'Orange, 247; députation des Pays-Bas, 268; voyage du cardinal Albert d'Autriche, 269; alliée de la Bretagne, 271; ses négociations en France, 289, 298; conclusion de la paix avec la France, 298 et suiv.; craint les négociations de la France en Italie, 340; menacée par l'Angleterre aux Pays-Bas, 343; son ambassade lors des négociations de mariage de Henri IV, 383; conséquences de sa paix avec la France pour les Pays-Bas, 385; tradition relative à Sébastien, roi de Portugal, 404; ménagée par Venise, 408; départ de l'archiduc Albert, 431; attaquée par l'Allemagne aux Pays-Bas, 433; dénombrement des prisonniers de l'Inquisition, 450; ennemie de Henri IV, 456; menacée par Henri IV, 465 et suiv.; sa conquête proposée à Henri IV, 468. Voy. Albe, Parme, Espagnols, Philippe II, etc...

Espagne (paix d') (traité de Cateau-Cambrésis), I, 99, 124, 125 et suiv.

— (pensionnaires d'), nom donné par Condé aux conseillers de Henri III, V, 124.

— (Onuphre d'). Voy. Ramefort.

Espagnols, leur conduite envers leurs prisonniers à Térouanne, I, 46; Sienne secoue leur joug, 57; combat entre quatre Espagnols et quatre Français à Montecalvo, 60; battus par le prince de Condé à Chauny, 73; servent en Hongrie contre les Turcs, 94; au siège de Tripoli, 113; leur admiration pour Magellan et Cortez, 114; favorisés par le pape Alexandre VI, 115; organisation de leurs conquêtes au Pérou, 115; historiens de Montezuma II, 116; paix de Cateau-Cambrésis glorieuse pour eux, 129; opposés au dogme de la transsubstantiation, 168; leurs manifestations belliqueuses à la mort de François II, 300; en garnison à Zerbi, 345; bandes au service des catholiques du midi, II, 31, 91, 94; au service du roi, en marche sur Paris, 103, 104; au service du duc de Guise à la bataille de Dreux, 107; leurs relations avec Poltrot de Méré, 131; chassés d'Angleterre par Elisabeth, 151; théologiens espagnols au concile de Trente, 153; leur expédition en Afrique sous la conduite du vice-roi de Catalogne, 168-171; sous les ordres du duc d'Albe en Flandre, 289; au siège de Malte, 307 et suiv.; partage des colonies fait par le pape entre eux et les Portugais, 327; sous les ordres du duc d'Albe en Flandre, 338; opinion du prince d'Orange sur eux, 347; en France sous la conduite du comte d'Aremberg, 354; menées du cardinal de Châtillon pour les brouiller avec les Anglais, III, 62; au combat de Moncontour, 122 et suiv.; sous les ordres du comte de Ladrone aux Pays-Bas, 208; défaits par le prince d'Orange aux Pays-Bas, 212; en Floride, 245-248; au combat d'Heyligerlée aux Pays-Bas, 256, 257; à la bataille de Gemmingen, 261, 262; leur responsabilité dans l'échec de l'expédition de Minguetière aux Indes, 282; jugés par Coligny, 294; leur victoire sur les Français près Cateau-Cambrésis, IV, 79-81; partisans de Marie Stuart, 139; défenseurs de Tunis contre les Turcs, V, 42; ne peuvent obtenir contre les Turcs l'aide de l'Italie, 44; « pratiqués » par le roi de Maroc, 53; combats livrés par eux aux Pays-Bas, 63, 67, 68, 72, 73; chassés de la Frise, 330 et suiv.; ennemis des réformés de France, VI, 94; battus par les Français à Berlaimont aux Pays-Bas, 96; à la bataille d'El-Ksar-el-Kébir (Maroc), 111, 112; jugement porté par eux sur Moulay Abd-el-Malek, roi de Maroc, 121; leurs bons rapports avec Abd-el-Kérim, prince de Maroc, 124, 125; réponse des Etats de Flandre à leurs accusations, 136; massacrés à Lisbonne, 310; maîtres de l'île Saint-Michel, aux Açores, 317; état de leur armée en Flandre, 342; leur mépris pour le duc d'Anjou, 347; leur campagne aux Pays-Bas, VII, 254, 257; au siège de Graves (Clèves), 258; souhaitent le rappel du duc de Parme, 275; leur politique aux Pays-Bas jugée, 277; leur entrée en France, VIII, 60; dans l'armée du duc de Savoie, 98; au combat de Saint-Jeoire (Haute-Savoie), 104; au siège de Berg-op-Zoom, 127; au siège de Gertruydemberg, 129; accusés d'avoir empoisonné le duc de Parme, 132; à Ivry, 192; leurs exploits autour de Paris, 212 et suiv., 218; au Blavet (Morbihan), 230; en Limousin, 231; alliés à Rome contre la France,

249; au combat d'Aumale, 256 et suiv.; battus par Henri IV en Normandie, 267 et suiv.; au Blavet, 290; leur campagne en Dauphiné, 317; battus vers Nice par Lesdiguières, 319; battus par les Genevois, 361; leurs pertes sur mer, 388; leurs succès et leurs revers aux Pays-Bas, 390 et suiv.; battus en Westphalie et aux Pays-Bas, 396, 397; au siège de Knodsembourg, 400; au siège de Bergeyck, 402; déclaration du Parlement de Paris contre eux, IX, 13; leur nombre à Paris, 14; menacés à Paris, 16; battus près de Laon par Biron et Montigny, 32; battus en Poitou, 36; leur persistance à continuer les hostilités, 52; battus à Fontaine-Française, 53 et suiv.; au siège du Catelet, 61; défenseurs de Ham, 63; leurs exploits en Picardie, 69 et suiv.; cités, 99; à la défense de la Fère, 100; battus sous les murs de Marseille, 116; au siège d'Amiens, 129 et suiv.; se jettent dans Blaye, 148; au service du duc de Savoie, 155 et suiv.; au siège de Briqueras, 172; battus à Cavour, 174; au service du duc de Mercœur en Bretagne, 176; à Blavet, 186; défenseurs du fort de Crodan près du Blavet, 186, 187; en marche sur le château de Comper (Bretagne), 190; menacés par Elisabeth, 232, 233; leurs navires au golfe de Savra (golfe Persique?), 237; leur projet d'expédition en Irlande, 240; en désaccord avec les Italiens aux Pays-Bas, 244; battus par Philippe de Nassau, 246; leur tentative sur Bruxelles, 246; au siège d'Hulst, 247; leur entreprise sur Steenwick, 254, 255; délogés de leurs positions sur le Rhin, 257 et suiv.; chassés de l'Over-Yssel, 261; leurs intelligences avec le comte d'Embden, 265; au service du duc de Savoie, 331, 333 et suiv., 377; au siège de Mahomette (Barbarie), 403; accusés de complicité avec le comte d'Essex, 422; leur échec en Irlande, 423; leur campagne aux Pays-Bas, 424 et suiv. Voy. Albe, Espagne, Parme, Pays-Bas, Philippe II, etc.

Espalongues (Bertrand d'), serviteur de la maison d'Albret, V, 8 n.

— (Henry d'), conseiller et maître d'hôtel du roi de Navarre, fils du précédent, V, 8, 11.

Espaly (Haute-Loire), IV, 219.

Espannes (Bertrand de Vivonne, sgr d'), dit le jeune Bougouin, frère de Jean de Vivonne, sgr de Bougouin, VIII, 7, 237.

Esparbès. Voy. Lussan.

Esparron-de-Pallières (Var), VIII, 315.

Espars (les), près Chartres, II, 284.

Espenne. Voy. Epen, près Aix-la-Chapelle, ou Eupen.

Espérien (Anne), de Nérac, médecin de la reine Elisabeth de Valois, II, 294.

Espeuilles (François d'Anlezy, baron d'), gentilhomme ordinaire de la chambre, chevalier de l'ordre, VII, 114, 123.

— (Gilbert-Philibert d'Anlezy, sgr d'), gouverneur de Saint-Jean-de-Losne, VII, 43.

Espinac (Pierre IV d'), archevêque de Lyon, IV, 300; V, 145, 149; VII, 209, 211, 303, 327, 380 et suiv., 390; VIII, 20, 22, 196, 203; IX, 12, 298.

Espinay (Charles d'), évêque de Dol, VIII, 27.

Espinay. Voy. Saint-Luc.
Espinay-Saint-Luc (Charles d'), commandeur d'Arleux (1580-1602), IX, 403.
Espine (l'), près Dreux (Eure-et-Loir), II, 107, 109 et suiv.
Espingale (la tour de l'), à Niort, III, 78.
Espinoy (Charles de Melun, prince d'), I, 48.
— (Hugues de Melun, prince d') (faussement appelé Charles), I, 48.
— (Hugues de Melun, prince d'), fils du précédent, VI, 331, 333.
— (Yolande de Barbançon, princesse d'), femme de Hugues de Melun, prince d'Espinoy, VI, 332.
— (Philippote-Christine de Lalaing, princesse d'), sœur du marquis de Renty et épouse de Pierre de Melun, prince d'Espinoy, VI, 332.
— Voy. Melun.
Espondeillan (Guillaume de Bermond du Cailar, sgr d') et de Casillac, gouverneur au nom du parti huguenot de Narbonne et de Béziers, III, 28; V, 205.
Esprinchard (Michel), échevin de la Rochelle, V, 210.
Essart (Florent Guyot, sgr de l'). Voy. L'Essart.
Essarts (les) (Vendée), I, 207; VIII, 17.
— (René de Montalembert, sgr des), capitaine huguenot, III, 89, 136 et suiv., 155, 374, 382; IV, 15, 24.
Essé (André de Montalembert, sgr d'), I, 45, 46.
Essex (Robert Devereux, comte d'), favori de la reine Elisabeth, VI, 372; VII, 260; VIII, 226, 389; IX, 232 et suiv., 362, 384, 420.
Establet (N., sgr d') gentilhomme du Dauphiné, capitaine huguenot, IV, 278, 279.

Estape (place de l'), à Orléans, II, 16, 236.
Este (César d'), fils d'Alphonse d'Este, oncle d'Alphonse, duc de Ferrare, et de Julie de la Rovère, V, 29; VIII, 103; IX, 228.
— (Anne d'). Voy. Guise.
Esterling. Voy. Stirling.
Esternay (Marne), II, 256.
— (Antoine Raguier, sgr d'), agent de Condé, II, 103; III, 65, 211.
Esther (le livre d'), I, 138, 147.
Estivaux [de Montgon]? (Philippe d'), gouverneur de Sedan, VI, 52; IX, 127.
Estoublon (Jacques de Grille, sgr de Roubias et d'), capitaine huguenot, VI, 66.
Estournel (Maximilien d'), capitaine au service des Pays-Bas, VI, 142.
Estouteville. Voy. Villebon.
Estrées (Gabrielle d'), marquise de Monceaux, duchesse de Beaufort, VIII, 269, 341; IX, 24 n., 31, 86, 133, 296-298, 305, 464.
— Voy. Babou.
Estremos (Portugal), VI, 131.
Estuer. Voy. Saint-Mégrin.
Etampes (duché d'), V, 306; VII, 188; VIII, 64, 173, 213.
— (Seine-et-Oise), II, 15, 99, 100, 121; III, 9; V, 21, 22, 122.
— (Jean de Brosses, dit de Bretagne, duc d'), I, 281, 298; II, 186.
— (Jean d'). Voy. Valençay.
Etats (assemblée d'), aux Pays-Bas, II, 181.
Etats généraux, I, 73, 274, 279; VIII, 151.
Etchaux (N., vicomte d'), gentilhomme basque catholique, VI, 287.
Ethiopie, I, 100 et suiv.
— (roi d'). Voy. Menar.
Ethiopiens, II, 218.

Etienne VIII, voïvode de Moldavie, I, 95.
Etienne Bathori. Voy. Bathori.
Etrembières (Haute-Savoie), IX, 374.
Etruchet (gué d'), sur la Seine, près Châtillon-sur-Seine, VII, 178.
Eu (Seine-Inférieure), VIII, 155.
— (comtesse d'). Voy. Guise.
Eubée (Mahomet, Sangiac d'). Voy. Mahomet.
Eucharistie, I, 135, 144.
Eudes, duc de Bourgogne, participe à la guerre contre les Albigeois, I, 175, 178.
Eupen (Prusse rhénane), III, 210.
Euphrate (l'), VI, 99.
Eure (l'), rivière, II, 111.
Euric, peut-être Ewijk.
Europe, I, 90, 167, 169, 172, 193; II, 157; III, 294; IV, 129, 364; V, 15, 33; VI, 100, 183; VII, 2, 230; IX, 198, 281, 457, 465, 470.
Eusus. Voy. Azebez (Diego d').
Eutburg. Voy. Betburg.
Evangéliques (les), secte réformée, IV, 68, 71.
Evangelista (Evangelista Tosti, dit le capitaine), capitaine au service du duc de Savoie, IX, 157.
Evangélistes (les quatre), I, 138, 147.
Evaugile (fort de l'), à la Rochelle, III, 381; IV, 4, 12, 16, 17, 19, 20, 24, 26, 27, 31.
Everard. Voy. Louverval.
Evereux (Robert d'). Voy. Essex.
Everson (Thomas), hérétique supplicié en Angleterre, I, 219.
Evian (Haute-Savoie), VIII, 364.
Evreux (évêques d'). Voy. Perron (Jacques Davy du); Saintes (Claude de).
— (Robert d'). Voy. Essex.

Ewijk (Hollande, prov. de Gueldre), VIII, 266.
Exenis d'Alpujarras, chef des Morisques, III, 227.
Exiles (Piémont), III, 42; VIII, 316, 317, 345; IX, 169.
Exode (livre de l'), I, 138.
Expositions des évangiles (les), ouvrage catholique, I, 171.
Extrême-onction (sacrement de l'), I, 137.
Eygaliers (Drôme), VII, 88.
Eymet (Dordogne), VII, 48.
Ezéchiel (le prophète), I, 86.
Ézéchiel (le livre d'), I, 138, 147.

F

Fa (Joachim de Sainte-Hermine, sgr du). Voy. Sainte-Hermine.
Fabara (le marquis de), chef de l'armée espagnole contre les Maurisques, III, 241.
Fabas (Pierre de), enseigne de la compagnie de gens de pied de Pierre de Cadillac, III, 97.
— Voy. Favas.
Fabian. Voy. Dhona.
Fabius, dictateur romain, II, 74.
Fabrègues (Hérault), VI, 25.
Fabri (Christophe), hérétique supplicié en Flandre, II, 182, 339.
Fachinetti (Giovanni-Antonio). Voy. Innocent IX.
Faget (le), près Caraman (Haute-Garonne), III, 160.
Faget (Ambroise), ministre protestant de la Rochelle, II, 44.
Falaise (Calvados), II, 140; VIII, 46, 179.
Falci. Voy. Fargues.
Falkenrod (Wolfgang), maréchal de camp de l'armée de Casimir de Bavière, II, 280.
Fallandre (François Patry, sgr de), capitaine de 100 chevau-légers, gouverneur des ville,

château et comté de Dreux, VI, 264.
Fallas (Croatie), IX, 209.
Falmouth (Angleterre, comté de Cornouailles), VIII, 116.
Famagouste (Chypre), III, 219, 224; IV, 94, 101; VIII, 374.
Famars (Charles de Liévin, sgr de), gouverneur de Malines, VI, 337; VIII, 400, 403.
Fanino, hérétique supplicié à Ferrare, I, 214.
Faquinet, surnom donné au pape Innocent IX, VIII, 377.
Faradise, autrefois Aphrodisium, ville de la Mauritanie Tingitane, I, 111, 112.
Farax. Voy. Aben-Faraz.
Fardeau (François), hérétique supplicié à Angers, I, 213.
Fargues ou Farges, ou La Fargue, La Farge, moine de Citeaux, complice de Biron, IX, 364.
— ou Falci (N.), capitaine huguenot, commandant à Terride (Lot-et-Garonne), en 1573, IV, 61.
— Voy. La Mothe-Pujols.
Farina (Donato), religieux de l'ordre des Frères Humiliés, IV, 122.
Farnembourg. Voy. Pernambuco, Fernambuco.
Farnèse (la faction des), opposée à celle des Gonzague, I, 31.
— (le cardinal Alexandre), VI, 304; IX, 300.
— (Horace), fils naturel de Pierre Farnèse, duc de Castro, mari de Diane d'Angoulême, fille naturelle de Henri II, I, 47.
— (Louis). Voy. Paul III.
— (Ranuccio), fils du duc de Parme, VIII, 271.
— Voy. Parme.
Farnoulx. Voy. La Briandière.
Fassardo (don Luis). Voy. Velez.
Fasseau (Jean), hérétique supplicié en Flandres, I, 222.

Fatsat. Voy. Wal-Facset.
Fau (Le), près la Flocellière (Vendée), IX, 38.
— (le sergent), huguenot, défenseur de Castelnau-de-Mesme (Gironde), V, 246.
Fauche (la) (Haute-Marne), VIII, 347.
Faudoas (Tarn-et-Garonne), II, 26.
— (Henry de Rochechouart et de Barbazan, baron de), capitaine ligueur, gendre de Monluc, VII, 361.
— Voy. Belin.
Faugères (Pierre), hérétique supplicié à Bordeaux, I, 226.
Faur (Louis du), sgr de Glatens, conseiller au parlement de Paris, chancelier du roi de Navarre, I, 234, 235, 254; V, 174.
— (du). Voy. Pibrac.
Fauster (Agnès), hérétique suppliciée en Angleterre, I, 221.
Fauville, capitaine catholique, VI, 236.
Favas (Jean de), vicomte de Castets-en-Dorthe, capitaine catholique, puis protestant, III, 100; V, 130, 185 et suiv.; VII, 40 et suiv., 77, 141 et suiv., 354; IX, 17, 150.
Favel (N. du), capitaine de Lesdiguières, IX, 162.
Favre (Charles), d'Angoulême, hérétique supplicié à Lyon, I, 216.
Favrière, capitaine ligueur, VIII, 241.
Fay (Claude de), dame de Saint-Romain, épouse de Jean de Saint-Chamond, sgr de Saint-Romain, III, 27.
— (Michel Hurault de l'Hospital, sgr du), petit-fils du chancelier, VIII, 327; IX, 78, 79.
Faye. Voy. Fay-le-Froid (Haute-Loire).
— (la). Voy. Faget (le).
— ou du Faye (Barthélemy),

conseiller au parlement de Paris, faussement qualifié Du Val par d'Aubigné, I, 234, 295.
Faye-la-Vineuse (Indre-et-Loire), III, 113.
Fay-le-Froid (Haute-Loire), IV, 59.
Fayn. Voy. Perrault, Saint-Romain, Virieu.
Fayolle (Jean de), sgr de Vernode et de la Jarthe, gentilhomme du Périgord, VII, 110.
Fayolles. Voy. Neufvy.
Fécamp (Seine-Inférieure), II, 199; IX, 3, 21.
Felice (Diego), capitaine espagnol, V, 63.
Félix, antipape, I, 165.
— (le comte), commandant de lansquenets, I, 229.
Felles. Voy. Guébriant.
Fellin (Livonie), I, 360.
Felton (Jean), agent du pape en Angleterre, III, 254.
Felquières. Voy. Feuquières.
Ferdinand le Catholique, I, 33, 34, 349, 352; III, 226; VIII, 387.
Ferdinand I*er*, empereur d'Allemagne, I, 55, 89, 92-95, 99, 332-334, 341, 345, 359, 360; II, 19, 148, 152, 159-161, 205, 209, 324, 332.
Ferdinand II, empereur d'Allemagne (Ferdinand, archiduc d'Autriche, plus tard), IX, 398.
Ferdinand, roi de Portugal, V, 315[1].
Ferdinand (Jean), hérétique supplicié à Séville, I, 350.
Fère (La) (Aisne), I, 44, 300; VI, 8, 47 et suiv., 51-53, 91, 92, 182; VIII, 170, 178, 217, 367; IX, 32, 34, 99 et suiv., 105, 113, 116.
— (comte de la). Voy. Montélimart.
Fère-en-Tardenois (la) (Aisne), VIII, 217.

Ferhat-Bacha, favori d'Amurath, IX, 107, 108, 208, 218, 219.
Feria (Don Gomez Suarez de Figueroa, duc de), capitaine de la garde espagnole, III, 237.
— (Laurent Suarez de Figueroa, duc de), ambassadeur d'Espagne en France, fils du précédent, VIII, 271, 299; IX, 13, 17.
Fermières. Voy. Frameries.
Fernandez (Nuño). Voy. Atayd.
Fernel (Jean), capitaine sous les ordres de Maurice de Nassau, VIII, 393 et suiv.
Fernihurst (Thomas Ker, sgr de), partisan de Marie Stuart, IV, 138.
Ferrare, I, 214; IV, 109; VIII, 376, 377; IX, 212, 229, 231, 410.
— (Alphonse II d'Este, duc de), I, 128; II, 211, 324; III, 205, 206; V, 29; IX, 102, 228, 460.
— (Hippolyte d'Este, dit le cardinal de), I, 311, 330.
— (Renée de France, duchesse de), I, 304; III, 86, 87.
Ferrario d'Alexandrie (Antonio), assassin de Georges Martinuzzi, I, 93.
Ferrer (Robert), évêque hérétique supplicié en Angleterre, I, 219.
Ferrier (Arnaud du), président au parlement de Paris, ambassadeur, I, 233, 254; II, 159.
— (Etienne?), capitaine protestant, III, 196, 202; IV, 207.
— (Jean-Baptiste), capitaine protestant commandant à Ménerbes. Peut-être faut-il lui attribuer les cotes III, 196, 202; IV, 207; mais très sûrement VI, 64, 66.
Ferrières (N.), guidon du sieur de Malicorne, VIII, 3.
Ferrières (François), conseil-

---

1. C'est par erreur qu'au t. V, p. 315, Pierre et Ferdinand sont indiqués comme un seul roi de Portugal.

ler au parlement de Toulouse, III, 353.
Ferrières. Voy. Maligny.
Ferronnerie (rue de la), à Paris, IX, 471.
Ferté-Saint-Aignan (la) (Loir-et-Cher), II, 39.
Ferté, Ferté-sur-Chiers (la), (Ardennes, arr. de Sedan, cant. de Carignan), IX, 63.
Ferté-Vidame (la) (Eure-et-Loir), III, 83; IV, 229.
Fervaques (Guillaume de Hautemer, sgr de), comte de Grancey, maréchal de France, dans l'armée du duc d'Anjou en Charente, III, 46, 102 et suiv.; défenseur de Poitiers, 107; ses succès sur les réformés, 183; tente de sauver un protestant à la Saint-Barthélemy, 332; sa campagne en Normandie, IV, 226, 239 et suiv.; au siège de Domfront, 242 et suiv.; ses promesses au roi de Navarre au sujet de Montgommery, 244; les adieux que lui fait Montgommery, 265; à Dormans, 380 et suiv.; la haine des Guises envers lui et sa réputation à la cour, 388; ses relations avec Mme de Carnavalet, V, 6; mécontent du refus du gouvernement de Normandie, 7; d'Aubigné, son guidon, 8; découvre à Henri III les projets du roi de Navarre, 9, 10; forcé de quitter la cour, 13, 14; abuse le roi de Navarre sur sa trahison, 14; détourne le roi de Navarre des réformés, 16; chargé d'accompagner Catherine de Bourbon, 85; à la Rochelle, 86; agent de Catherine de Médicis auprès du roi de Navarre, 93; à Bourges, auprès du duc d'Alençon, 114; à la cour du roi de Navarre, 235; cité, 360; engage le duc d'Alençon à ne point sortir de France, VI, 94; au siège de Cambrai, 329; à l'entreprise du duc d'Anjou sur Anvers, 343 et suiv.; ses levées de troupes en Normandie, VIII, 67; au siège de Paris, 200 et suiv.
Fête-Dieu (fête de la), I, 328, 331.
— (journée de la), à Lyon, II, 225.
Feuardent (François), cordelier, ligueur, VIII, 196.
Feuillants (ordre des), V, 343, 345; VII, 302, 390; VIII, 34.
— (la Bastide des). Voy. Bastide des Feuillants (la).
Feuquerolles (Charles d'Ardres, sgr de), IX, 138.
Feuqueville (le président), député de Condé en Languedoc, IV, 366.
Feuquières (François de Pas, sgr de), capitaine huguenot, VII, 112; VIII, 10, 193.
— (Jean de Pas, sgr de), courtisan puis ennemi des Guises, capitaine protestant et maréchal de camp, II, 19, 103, 124, 126; III, 65, 67.
Feurs (Loire), II, 51, 260; IX, 45.
Fez (Maroc), I, 106-110; II, 325; V, 50, 52, 54, 326; VI, 120, 121; IX, 232, 401.
— (royaume de), I, 103; V, 49; VI, 303.
— (N., roi de), père de Mohammed-el-Ouattas, I, 101-103.
Fiazes. Voy. Vasquez (Christophe).
Fichtala, dans la région de Demnat, au nord-est de Merrakech (Maroc), I, 106.
Ficin (Marcile), philosophe florentin, I, 204.
Fiemelin, capitaine huguenot, II, 267 et suiv.
Fier-d'Ars (le), bras de mer de l'île de Ré, II, 269.
Fiesmarcon. Voy. Fimarcon.
Fiesque (François de), comte de Lavagne et de Bressuire,

fils de Scipion de Fiesque, VIII, 64.
Fiesque (Paul-Emile de), gentilhomme génois, neveu de Scipion de Fiesque, III, 374.
— (Scipion de), chevalier d'honneur de Catherine de Médicis, VIII, 64.
Fiesse (Thomas), hérétique supplicié en Angleterre, I, 220.
Figeac (Lot), V, 221, 364, 370 et suiv., 375, 381.
Figuero (Sébastien), député par Maurice de Nassau à Venise, IX, 408.
Figueroa (Lopez de), mestre de camp espagnol, III, 262; IV, 110 et suiv., 159.
— Voy. Feria.
Figueredo (Cyprien de), gouverneur des Açores, VI, 316.
Filabres (Espagne), chaîne de montagnes, prov. d'Almeria, III, 240.
Fileck (Hongrie, comitat de Novigrad), VIII, 373; IX, 386.
Filhet (Gilbert). Voy. La Curée.
Filibe. Voy. Philippopoli.
Filieul (Jean), hérétique supplicié en France, I, 218.
Filles repenties (couvent des), à Paris, plus tard Hôtel de Soissons, VII, 210.
Fillinges (Haute-Savoie), VIII, 101, 102.
Filtz-Alan. Voy. Arundel.
Fimarcon (Jacques de Lomagne, sgr de), vicomte de Couserans, capitaine catholique, V, 133.
Finale (Alphonse del Carreto, marquis de), IV, 109; IX, 300.
Finale-de-Modène (Modénais), IV, 109, 123.
Fineka, Finica (Asie Mineure, prov. d'Anatolie), III, 219.
Finica. Voy. Fineka.
Finlande, IV, 147.
— (Jean, duc de), fils cadet de Gustave Wasa, II, 336.
Firley de Dambrowikze (Nicolas), palatin de Casimirie, IV, 71, 202.
Fixtele. Voy. Fichtala.
Fizes (Simon de), baron de Sauve, secrétaire d'Etat, IV, 269.
Flaccus (Mathias). Voy. Flacius-Illyricus.
Flacius-Illyricus (Mathias), théologien protestant, II, 155, 349.
Flamands, expédition projetée par Philippe II contre eux, II, 150; leur entrée en France sous la conduite du comte d'Aremberg, 354; sous les ordres de François de Cocqueville en Artois, 365; prises faites sur eux, III, 62; cités dans le panégyrique du duc d'Albe, 266; ennemis de l'Espagne, 294; jugés par Jean de Morvilliers, 295; dévalisent à Paris le comte de Worcester, IV, 5; leurs cruautés à Ruremonde, 82; leurs succès contre les Espagnols, 83; capitulent à Mons, 86; au service de l'Espagne au siège de Haarlem, 155; suppliciés par le duc d'Albe, 164; leurs accointances avec les huguenots de France, 203; demandent pour chef le duc d'Alençon, 211; massacrés par le duc d'Albe, V, 60; rentrent dans le parti orangiste, 74; informés des desseins de don Juan d'Autriche, 336; à la rencontre des armées française et espagnole sous les murs de Gand, VI, 339; leurs historiens, 359; à l'attaque de Leyde, VII, 273; au siège de Hatuan, IX, 221; prennent part à une expédition en Espagne, 233 et suiv.; à la bataille de Nieuport, 443 et suiv.
Flamen (Henry), hérétique supplicié en Allemagne, I, 205.
Flandre, voyage du cardinal Renaud Pole, I, 40; abdica-

tion de Charles-Quint, 54; propagation de l'hérésie albigeoise, 169; supplices d'hérétiques, 207, 209, 211, 213, 220, 227; départ de troupes espagnoles, 347; causes de sa révolte contre l'Espagne, II, 338; hérétiques suppliciés, 338 et suiv.; auteurs de la révolte contre l'Espagne, 347; passages de troupes italiennes, 356; levées de troupes allemandes par le prince d'Orange pour la défense du pays, III, 113; exploits du duc d'Albe, 206; cause permanente de danger et de dépense pour l'Espagne, 227; les comtes d'Egmond et d'Horn rendus responsables des troubles, 258; levées de troupes pour le duc d'Albe, 259; commerce, 264, 265; inquisition, 265; projets du duc d'Albe, 274; ses affaires discutées entre Charles IX et La Noue, 282; la cour de France et la « guerre de Flandre », 284 et suiv., 309; sa conquête conseillée à Charles IX par le sultan, 361; soulèvement contre les Espagnols, IV, 81; projet d'envoi de troupes d'Italie, 123; citée, 147; hostilités entre Espagnols et Orangistes, 148 et suiv.; projet de Catherine de Médicis d'y envoyer le duc d'Alençon, 187, 230; inquiétudes de l'Espagne, V, 56; passage de don Juan d'Autriche 109; négociations du duc d'Anjou, 114, 117; Henri III accusé d'avoir refusé de s'en emparer, 125; essai de don Juan d'Autriche de faire se prononcer les Etats contre le prince d'Orange, 334; projet d'expédition du duc d'Anjou, VI, 89; acheminement vers ce pays de quelques troupes du duc d'Anjou, 95; jésuites et cordeliers persécutés, 144; traversée par Condé, 151; reprise des négociations avec le duc d'Anjou, 168; intrigues du duc d'Anjou, 293; parcourue par Antonio, roi de Portugal, 315; théâtre de la guerre des Espagnols et Orangistes, 326 et suiv.; arrivée du duc d'Anjou, 333 et suiv.; parcourue par le duc d'Anjou, 338; son état après le départ du duc d'Anjou, 350; exploits du duc de Parme, 352 et suiv.; impression causée par la nouvelle de la Journée des barricades, VII, 233; influence espagnole, 277; préparatifs du duc de Parme, VIII, 121; nature des côtes, 125; négociations du duc de Mayenne, IX, 31; retraite proposée à Biron, 367; campagne des Hollandais, 438 et suiv.

Flandre (Etats de), V, 334; VI, 294; VII, 254.

Flassans (Durand de Pontevez, sgr de), frère du comte de Carces, premier consul de la ville d'Aix, I, 322 et suiv.; II, 57.

Flavius, ses guerres avec Arminius, III, 39.

Fléchière (tour de la), dans le village de Concise (Haute-Savoie), VIII, 97.

Fleix (traité de), VI, 89, 145 et suiv., 151, 155.

— (Gaston de Foix, comte de), second fils de Germain-Gaston de Foix, marquis de Trans, VII, 80 et suiv.

Fleming (John), 5e lord Fleming, grand chambellan d'Ecosse et gouverneur de Dumbarton, IV, 143, 144.

— (N.), dame de Livingston et gouvernante de Marie Stuart, mère du grand prieur Henry de Valois, fils naturel de Henri II, VIII, 20.

Flesche (Jean), hérétique supplicié à Meaux, I, 212.
Flessan, mestre de camp au siège d'Amiens en 1597, IX, 135, 136, 138 et suiv.
Flessinghe (île du Walcheren), I, 347; III, 300; IV, 75, 92; V, 58, 66; VI, 324, 333, 348; VII, 254; VIII, 118; IX, 439, 449.
Fleurac (Alain Baudouin, sgr de), VII, 312.
— (N., Baudouin, sgr de), capitaine huguenot, III, 380, père du précédent. (Peut-être est-ce une erreur de d'Aubigné et s'agit-il du capitaine Flogeac.)
— Voy. Florac.
Fleurance (Gers), III, 100; V, 357.
Fleurimont (René de Vambez ou Vambais, sgr de), capitaine de Pontorson au nom de la Ligue, VIII, 276 et suiv.
Fleury, capitaine sous les ordres de Charles de Gonzague, duc de Rethelois, IX, 73.
— (Etienne de), conseiller au parlement de Paris, IX, 370.
— (Louis de Blosset, sgr de). Voy. Blosset.
Flisted (Pierre), hérétique supplicié en Allemagne, I, 205.
Flocellière (la) (Vendée), VIII, 61; IX, 37.
— Voy. Maillé-Brézé.
Flocques. Voy. Sore.
Flognac. Voy. Léojac et Bellegarde.
Floing (Ardennes), VII, 195.
Flojac ou Flogeac, capitaine huguenot, II, 286; III, 79.
— autre capitaine, III, 116, 380.
Florac, Fleurac (Lozère), II, 70.
Florat (Christin), de Nice, prédicateur de la Ligue, VIII, 196.
Florence, I, 340, 341; II, 291, 326; III, 206, 244; IV, 109;

V, 44; VI, 285; IX, 212, 216, 298, 318, 321, 336, 383, 410, 411.
Florence (concile de), I, 138.
Florensac (Hérault), IV, 52.
Florentins, I, 57, 58; II, 293; IV, 118, 119.
Floride, II, 328-330; III, 244 et suiv.
Flossellière (la). Voy. Flocellière (la) (Vendée).
Flot (Claude du), hérétique supplicié en Flandre, II, 339.
Flotte (la) (île de Ré), IV, 354.
— (Baltazar de). Voy. Roche.
Floyon (Charles de Berlaymont, sgr de), gouverneur du comté de Namur, II, 342, 352; V, 333; VI, 142.
— (Florent de Berlaymont, sgr de), fils du précédent, V, 333, 337; IX, 242, 269.
Flozac. Voy. Flogeac.
Fois (le) (quartier de Blois). Voy. Ecurie-au-Fois (l').
Foissy (Odoard de), capitaine de gens de pied, III, 147.
Foix (Ariège), I, 184; II, 31, 136, 226; V, 365-367; IX, 71.
— (pays de), II, 258, 271; III, 91, 268, 388, 389; V, 365.
— (François-Phœbus de), fils du marquis de Trans, VII, 80 et suiv.
— (maréchal de), fausse dénomination pour maréchal de la Foi. Voy. Mirepoix.
— (Paul de), conseiller au parlement de Paris, I, 233, 235, 253; IV, 182; V, 133, 220; VI, 133.
— (Roger-Bernard Ier, comte de), †1188, I, 174 n.
— (Roger-Raymond, comte de), †1223, fils du précédent, I, 174, 179, 181, 183-185, 188, 190.
— (Raymond-Roger, comte de), fils du précédent, I, 174, 179, 181, 183-185, 188.
— (Roger-Bernard II, comte de), fils du précédent, I, 190, 191.

Foix. Voy. Asparos, Candale, Carmain, Epernon, Fleix, Gurson, Trans.
Foix-Candale (Christophe de), évêque d'Aire, II, 214.
— Voy. Meille.
Foix-la-Basse (Vendée), VIII, 17.
Folembray (Aisne), I, 44.
— (traité de), IX, 102, 104.
Folie (métairie de la), près Soissons, IX, 125.
— (la tour), à Niort, VIII, 4.
Folleville (Eure), VIII, 256.
Folquetiers (N., seigneur de), maître d'hôtel du duc de Bouillon, VIII, 353.
Fombedeau ou Fombedouère, capitaine huguenot, III, 139.
Fombedouère ou Fombedeau, capitaine huguenot, III, 139.
Fonds (La), près la Rochelle, III, 379, 384; IV, 9, 31; V, 217, 219.
Fonsalmois, capitaine ligueur, VI, 218; VIII, 181.
Fonseca (don Emmanuel de), jésuite portugais, VI, 130, 303; VIII, 113.
Fontainebleau (Seine-et-Marne), I, 171 et suiv., 251, 275, 278 et suiv.; II, 209; IX, 309, 318, 366.
— (assemblée de), I, 278 et suiv.
Fontaine, capitaine catholique de l'armée du duc d'Anjou en Charente, III, 46, 394.
Fontaine-Française (Côte-d'Or), IV, 53 et suiv.
Fontaines (Honorat de Bueil, comte de), chevalier des ordres du Roi, lieutenant général au gouvernement de Bretagne, vice-amiral dudit pays, III, 393.
— capitaine ligueur, IX, 186.
Fontaines-Chalandray. Voy. Chalandray.
Fontarabie (Espagne), I, 35; VI, 182 et suiv.
Fontarailles. Voy. Fontrailles.

Fontcouverte, (Jean Levesque, sgr de), capitaine sous les ordres de Lesdiguières, IX, 153, 156.
Fontenay. Voy. Tandenay.
Fontenay-le-Comte (Vendée), I, 207; III, 24, 132, 182, 190, 191, 195, 196; IV, 217, 252, 254, 286, 290 et suiv., 335; V, 90, 92, 119, 130; VI, 2, 222-226; VII, 61-67, 111, 127, 128, 295, 342, 374; VIII, 1, 9, 228, 240.
Fontenelle. Voy. La Fontenelle.
Fontenilles (Françoise de Monluc, dame de), première femme de Philippe de la Roche, baron de Fontenilles, II, 93 n.
— (Paule de Vignier, baronne de), dite la belle Paule, femme de Philippe de la Roche, baron de Fontenilles, II, 93 n.
— (Philippe de la Roche, baron de), II, 93, 95; III, 385, 386; V, 128, 247; VI, 153 n.; VII, 360.
Fonteniou, sergent de Burosse en Poitou, VIII, 238 et suiv.
Fontlebon (Charles de), premier écuyer de la grande écurie du roi de Navarre, III, 53; VII, 152 et suiv.; VIII, 60, 190 et suiv.; IX, 184.
— Voy. L'Aubetière.
Fontrailles (Michel d'Astarac, baron de), sénéchal d'Armagnac, gouverneur de Lectoure, III, 11; VI, 153.
Forest (Jacques et Hector de). Voy. Blacons.
Forêt-sur-Sèvre (la) (Deux-Sèvres), VII, 16, 370.
Forez (province du), II, 51, 61, 132, 259, 261, 263; III, 172; IV, 59; VIII, 342, 345; IX, 356.
— (comte de). Voy. Guigues.
Forget (Pierre), sgr de Fresne, secrétaire d'État, IX, 7.
Forgeu. Voy. Saint-Forgeuil.

Forisson, capitaine catholique, VI, 214 et suiv.
Forman (Jean), hérétique supplicié en Angleterre, I, 222.
Formento (Alexandre), nonce du pape Grégoire XIII, VI, 116, 120.
Forques. Voy. Fréjus.
Fors (Deux-Sèvres), VI, 222.
— (Charles Poussard de), gouverneur de Cognac, III, 144; V, 22.
— (Marguerite Girard de Bazoche, dame de), épouse de Charles de Poussard de Fors, III, 144 n.
Fortibraccio (Séraphin), évêque de Limassol (Chypre), IV, 100.
Fortunées (îles), VI, 161, 313.
Foscarini (Jacques), amiral vénitien, IV, 123, 126.
Fossa de Malaga (?) (Espagne, prov. de Grenade), III, 240.
Fossano (Piémont), I, 57; II, 159.
Fosseuse. Voy. Fosseux.
Fosseux (Pierre de Montmorency, marquis de Thury, baron de), gentilhomme ordinaire de la chambre, capitaine de 50 hommes d'armes des ordonnances, IX, 321.
Fossez (N., sgr des), capitaine sous les ordres de Mongommery en Bretagne, VIII, 272.
Foucault (Gaspard). Voy. Beaupré.
Foucker. Voy. Fugger.
Foucrainville (Eure), VIII, 184.
Foudon, près d'Angers (Maine-et-Loire), VI, 254, 255.
Fougasse (François de), sgr de Bertelasse, gouverneur du prince de Conti, VI, 50.
Fougeré (Maine-et-Loire), VIII, 61.
Fougères (Ille-et-Vilaine), VIII, 29, 59.
Foulques, évêque de Toulouse, I, 180, 185.
Fouquerolles (Pierre de), capitaine du roi de Navarre, VII, 54, 109, 152 et suiv., 293; VIII, 52.
Fouquet (Guillaume). Voy. La Varanne.
Four (Pierre du), garde de Maurice de Nassau, IX, 244.
Fouras (Charente-Inférieure), VI, 231.
Fourest (Jean de), sgr de la Mothe. Voy. La Mothe.
Fourneau (Henri), premier président du parlement d'Aix, II, 223.
Fournier (N.), capitaine huguenot, gouverneur de Brugairolles (Aude), V, 351; VIII, 154.
Fourques (Gard), II, 65, 68.
Fourquevaux (Raymond de Beccarie de Pavie, sgr de), II, 67, 137.
Foye-Monjault (la) (Deux-Sèvres), VII, 12.
Fraignées (Guillaume Texier, sgr de Poulias et des), député de la Rochelle aux États de Blois, IV, 42; V, 160.
Framburato, gouverneur turc de Famagouste, IV, 103.
Frameries (Belgique, prov. de Hainaut), IV, 85.
France, ses alliés en Italie en 1555, I, 61; guerre avec l'Angleterre, 72 et suiv.; ses troubles intérieurs cause de l'ajournement du concile de Trente, 84; querelles religieuses qui surviennent en France pendant le concile, 88; départ de Villegagnon pour le Brésil, 117; retour du Brésil des protestants qui avaient accompagné Villegagnon, 119; ses affaires intérieures, 131 et suiv.; causes de ses guerres religieuses, 162; persécution des Vaudois et Albigeois, 173, 203; hérétiques suppliciés, 204, 206, 209, 212, 217, 218, 220, 223,

225 et suiv.; synodes des églises réformées, 226, 235, 278; tranquillité des réformés en 1560, 227; immixtion de Philippe II dans ses affaires, 246; ses droits sur le duché de Bar méconnus, 247; fuite du prince de Condé, 258; ses difficultés religieuses exposées dans une lettre de Catherine de Médicis au pape, 326; prend Sienne sous sa protection, 339; ses possessions dans l'Amérique, 352; ses sentiments à l'égard de Marie Stuart, 352; conséquences du colloque de Poissy, II, 3; effervescence contre le parti réformé, 4; appel fait aux églises réformées, 18; état des deux partis, 33; proposition du prince de Condé de quitter la France, 38; nord de la France opposé au midi, 92; confession des églises réformées de France, 97; arrivée des reitres levés par d'Andelot, 98; formation d'une ligue papiste, 137; le commandement de ses armées offert au duc de Würtemberg, 144; arrivée de renforts suisses pour le parti huguenot, 148; secours donnés aux catholiques par Philippe II, 150; ses représentants au concile de Trente, 158, 162; efforts des Jésuites pour s'y établir, 172; conséquences de la paix d'Amboise, 183, 194; entrée des Anglais en France, lors du siège du Havre, 197; son refus de livrer Calais à l'Angleterre, 197; mesures de rigueur contre les réformés, 212; entrevue des cours de France et d'Espagne à Bayonne, 220; négociations des réformés de France avec l'Allemagne, 251; son appui recherché par Sampiero Corso contre les Génois, 291, 293; arrivée du fils de ce dernier, 293; confirmation de la paix avec l'Angleterre, 295; retour des expéditions de Floride, 330, 331; arrivée de Charles de Mansfeld, 353; ambassade de Marie Stuart relative à son mariage avec Bothwel, 359; levées de troupes contre les réformés, III, 45; prédictions de d'Andelot sur ses malheurs, 58; arrivée de l'armée du duc de Deux-Ponts, 60, 64; menées prétendues de don Carlos, fils de Philippe II, 206; sa frontière du nord surveillée par le duc d'Albe, 208; projets de campagne du prince d'Orange, 210; son entrée en France, 212, 213; arrivée d'Elisabeth d'Autriche fiancée à Charles IX, 214; ses troubles, absorbant les forces espagnoles, encouragent l'insurrection des Morisques, 228; appuie Marie Stuart, 252; départ de France du comte d'Arenberg pour la Frise, 255; paraît en majorité hostile aux réformés, 275; tentative du pape pour faire rompre son alliance avec la Turquie, 287; son alliance avec l'Angleterre, 288; tient le quatrième rang à l'assemblée de Varsovie, IV, 67; débordements de rivière, 109; plaintes à elle adressées par Venise contre l'Espagne, 123; mêlée aux affaires d'Ecosse, 145; mécontentement causé par la collation du titre du grand-duc de Toscane à Cosme de Médicis, V, 29; manœuvres de Philippe II relatives à la formation de la Ligue, 56; passage de don Juan d'Autriche et du cardinal Aldobrandini, 116, 316; refus de Grégoire XIII d'approuver la Ligue, VI, 94; situation du duc d'Alençon, 94, 95; ses

relations avec Mahomet-Bacha, 101 ; demande de secours d'Antonio, roi de Portugal, 132 ; même demande adressée par les Etats de Flandre, 136 ; rôle du roi de Navarre dans ses guerres religieuses, d'après d'Aubigné, 164, 165 ; progrès de la Ligue, 197 ; levée d'armes générale, 204, 205 ; retour du duc d'Anjou de son expédition en Flandre, 330 ; impression produite par ce retour, 347 ; messages des Etats de Flandre, 355 ; coup d'œil sur son histoire au xvıᵉ s., 372 ; famines et épidémies, VII, 7 ; ses monuments romains, 34 ; état des esprits lors des conférences de Saint-Brice, 68 ; projets de Joyeuse, 119 ; entrée des Allemands auxiliaires des réformés, 132 ; concentration des forces catholiques, 169 ; lettre de Henri III au sujet de la journée des Barricades, 217 ; requête des princes catholiques à Henri III pour la défense du catholicisme, 219 ; éloges donnés au duc de Guise, 230 ; manœuvres de Philippe II, 242 ; impression produite par l'exclusion du roi de Navarre du trône, 303 ; discrédit des Jésuites, VIII, 33 ; ses différends avec la Savoie, 93 et suiv. ; ses rapports avec l'empereur Rodolphe II, 105 ; préparatifs de l'entrée du duc de Parme, 131, 133 ; ses rapports avec l'Italie et l'Espagne pendant la Ligue, 366 ; faux bruit d'une armée espagnole passant en France, 386 ; marche du duc de Parme, 393 ; état du parti réformé en 1595, IX, 86 ; émigration d'Irlandais, 240 ; passage du cardinal Albert d'Autriche, 256 ; interception des lettres de Philippe II aux Etats de Hollande, 270 ; les Irlandais en France, 384 ; message de Mahomet III, 395 ; projet d'expédition aux Indes, 467.

France (grand prieur de). Voy. Angoulême (Henri d'), Lorraine (François de).
— (maréchaux de), II, 204.
— (pairs de), II, 186.
— (primat de). Voy. Tournon (François de).
— (Renée de). Voy. Ferrare.

Français, leurs différends avec les Anglais au sujet de Boulogne, I, 38 ; prennent parti pour le pape Paul IV contre Charles-Quint, 55 et suiv. ; assiégent Civitella, 57 ; combat de quatre Français et de quatre Espagnols à Montecalvo, 60 ; retour de leurs troupes d'Italie en 1557, 73 ; belle réplique d'un Anglais à un Français, 75 ; prennent Guines, 76 ; incendient Arlon, 77 ; à Gravelines, 78 ; ambassadeurs français au concile de Trente, 83, 84 ; prélats français au concile de Trente, 84, 89 ; Français faits prisonniers au siège de Tripoli, 113 ; libérés en partie par l'intervention de M. d'Aramon, 113, 114 ; le devoir d'un historien français d'après d'Aubigné, 116 ; le Portugal leur communique son goût pour les expéditions maritimes, 117 ; au Brésil, 118 ; humiliés par le traité de Cateau-Cambrésis, 129 ; troupes françaises vaincues par les Albigeois, 198 ; leur loyalisme envers le roi, 240 ; au siège de Zerbi, 345 ; leur vanité, II, 59 ; chassés d'Angleterre par Elisabeth, 151 ; en Corse, 293 ; en Hongrie avec le duc de Guise, 301 ; au siège de Malte, 307 et suiv. ; leurs exploits en Floride, 329 et suiv. ; en Flandre sous les ordres de François de Cocqueville, 365; dans l'armée du duc de Deux-Ponts, III, 65; au service du prince d'Orange, 209; cause de l'abandon de Chypre par les Turcs, 243; leur domination regrettée en Floride, 246; leurs représailles sur les Espagnols en Floride, 248; craintes qu'ils inspirent aux Ecossais, 251; cités dans un panégyrique du duc d'Albe, 265; leur éloge par Coligny, 293; ambassadeurs français à Varsovie, IV, 67; au service du prince d'Orange, 75; leur capitulation à Mons, 86; partisans de Marie Stuart, 139; alliés des Orangistes en Zélande, 149; défenseurs de Haarlem, 157; exécutés dans cette ville, 164; rappel de leur massacre aux vêpres siciliennes, 196; leur situation à Cracovie après le départ du roi de Pologne, 267; leur courtoisie à la guerre, 313; massacre de leurs prisonniers à Alkmaar par le duc d'Albe, V, 60; au service de l'amiral de Zélande, 68; au service du prince d'Orange, 329; s'emparent de la citadelle de Gand, 329; cardinaux français opposés à la Ligue, VI, 94; dans l'armée des Etats de Flandre, 140; au service de don Juan d'Autriche, 140; leur expédition aux Açores, 316 et suiv.; au service du comte de Holenlohe aux Pays-Bas, 341; leur entreprise sur Anvers, 343 et suiv.; leurs exploits en Flandre, 346; au service de Maurice de Nassau, 369; leur opinion sur la discipline militaire, 370; dans les rangs de l'armée allemande auxiliaire des huguenots, VII, 132; discréditée en Flandre, 268; leur tempérament, VIII, 329; au siège d'Albe-Royale, IX, 396 et suiv.; au siège de Mahomette, 403; Français présents au duel de Charles de Bréauté avec le gouverneur de Bois-le-Duc, 438; à la bataille de Nieuport, 443 et suiv.

Francescas (Lot-et-Garonne), VI, 45.

Francfort, IV, 198; VI, 92.

Franche-Comté, I, 257; VI, 354; VII, 173; IX, 42, 43, 45, 59, 75, 316.

Francimont (Thomas de Watelet de), hérétique supplicié. Voy. Watelet.

Franciscains, embarqués sur l'*Invincible Armada*, VII, 244.

Francisque, capitaine italien, II, 199; IV, 133.

Franco-Gallia, pamphlet d'Hotman, IV, 189.

François, roi de Bungo, VI, 304 et suiv.

François Ier, roi de France, I, 3, 34, 37, 39, 83 et suiv., 87, 88, 125, 126; IX, 309.

François II, roi de France, I, 41, 239, 244, 246, 250, 252, 259, 263, 264, 270, 272, 275, 279, 282, 283, 293, 296, 303, 331, 342, 352; II, 151, 175; IX, 291.

François-Xavier (saint), II, 173, 177.

Franconie, IX, 212.

Francour (Gervais Barbier de), gentilhomme du prince de Condé, puis chancelier de la reine de Navarre, II, 9, 250; III, 64, 324.

Franget (François du), sgr de Sestis, gouverneur de Fontarabie, I, 35.

Franicker. Voy. Fremiker.

Frankenthal (Bavière), IV, 108.

Franks (Jean), hérétique supplicié en Angleterre, I, 219.

Franqueville (Somme), VIII, 265.

— (Regnaudine de), hérétique suppliciée aux Pays-Bas, II, 182.

Frassineto (Italie, prov. de Turin), I, 59.
Fraticelli, nom donné aux Vaudois, I, 169.
Fravo-Serido. Voy. Serido.
Frédéric Ier, roi de Danemark, I, 124.
Frédéric II, roi de Danemark, I, 358; II, 178; V, 75; VII, 267.
Frédéric III de Bavière, comte palatin, II, 14, 148, 250; III, 62, 64, 209, 286, 358; IV, 55, 195; V, 303, 308.
Frédéric IV, électeur palatin, II, 251; IX, 299.
Frédeville, capitaine ligueur, IX, 112.
Fredonnière (la) (Loir-et-Cher), I, 265.
Fredonnière. Voy. La Fredonnière.
Freisingen (Bavière), VI, 294.
Fréjus (faussement appelé Forques) (Var), III, 3, 4.
Frekin (Guillaume), hérétique supplicié aux Pays-Bas, III, 258.
Fremand (Jean), hérétique supplicié à Bruxelles, III, 257.
Fremiker (Frise), IV, 151.
Frenel, maître de l'artillerie dans l'armée de Maurice de Nassau, IX, 445 et suiv.
Frères Humiliés (ordre des), IV, 121, 122.
Frérots, nom donné aux Albigeois, I, 169.
Fresillane, Frexiliana. Voy. Frigiliana.
Fresne ou Le Fresne, capitaine catholique, VI, 244 et suiv.
Fresne (Mlle du), de Lusignan, IV, 327.
— Voy. Canaye, Forget (François, marquis d'), Robertet.
Fresnois (Ardennes), VII, 195.
Fressinet (N. de), chevalier de Malte, IX, 403.
Freulich. Voy. Frœlich.
Frexiliana. Voy. Frigiliana.
Freyssinières (Hautes-Alpes), I, 173.
Frezin (Charles de Gavré, sgr de), frère de Beaudouin de Gavré, baron d'Inchy, VI, 52 n., 326 n.
Friaize, capitaine huguenot, IV, 243.
Fribourg (Suisse), IV, 280.
Frigiliana (prov. de Malaga, Espagne), III, 237.
Frioul, VII, 237.
Frise et Gueldre, III, 209, 255; IV, 151; V, 330 et suiv.; VI, 143, 335, 342, 358, 360; VII, 256; VIII, 124, 390, 393, 404, 407; IX, 241, 258, 261, 425, 443 et suiv.
Frise (comtes de), IX, 299, 300.
Frisin. Voy. Frezin.
Frison (Corneille-Gemma), astronome, IV, 93.
Frœlich (Guillaume II Tugginer, dit), colonel de suisses, II, 36, 148; IV, 279.
Fromentinière, capitaine huguenot, IV, 353 et suiv.
Fromont (Jean de Bourgogne, sgr de), gouverneur de Namur, V, 335, 338.
Frondi (Jean), hérétique supplicié en Angleterre, I, 224.
Fronsadais (pays de), en Gascogne, III, 115.
Frontenac (Antoine de Buade, sgr de), maître d'hôtel de Marie de Médicis, IX, 338.
Frontenac (François de Buade, sgr de), gentilhomme tourangeau, écuyer du roi de Navarre, gouverneur de Marans, III, 158; V, 12; VI, 166-167, 178, 184 et suiv.; VII, 152; VIII, 63, 323.
Frontenay (Jean de Rohan, fils aîné de René de Rohan, sgr de), II, 39, 112; III, 326 et suiv.; IV, 216.
— Voy. Rohan.
Frontenay-Rohan, anc. Frontenay-l'Abattu (Deux-Sèvres), III, 76, 79.

Frontignan (Hérault), II, 66.
Fronton (Haute-Garonne), II, 259.
Frosson, capitaine ligueur, VIII, 239.
Frotté. Voy. Say.
Frou (porte du), à Maillezais, VIII, 242.
Froxe (Hugues), hérétique supplicié en Angleterre, I, 224.
Frunsberg (Georges, baron de), colonel allemand au service du roi d'Espagne, V, 333, 337, 338 ; VI, 136.
Fucarde (Louis), capitaine espagnol, IX, 447.
Fucker. Voy. Fugger.
Fuentès (don Pedro Henriquez d'Azevedo, comte de), général et diplomate espagnol, VIII, 404 ; IX, 43, 61, 62, 65 et suiv., 244, 246, 319, 330, 331, 340, 365.
Fuger, ministre protestant, IX, 199.
Fugger ou Fucker (Charles), colonel allemand au service d'Espagne, V, 333, 337, 338 ; VI, 135, 136.
Fulde (cercle du Haut-Rhin), IV, 198.
Fulstyn (Jean-Herbert de), castellan de Sanocki, IV, 72.
Fumée (Antoine), sgr de Blandy, conseiller au Parlement de Paris, I, 233, 235, 254 ; III, 61, 62.
— (Louis), sgr de Bourdelle, second fils du conseiller Antoine Fumée, commandant les arquebusiers à Dreux, II, 108.
— (Nicolas Ier), évêque de Beauvais, III, 114 ; V, 136 et suiv. ; IX, 23.
Fumel (Charles de Belleville, sgr de), capitaine catholique, VII, 152, 159.
Fumel (François de), lieutenant du maréchal de Biron, VI, 21.
Furnes (Belgique, prov. de Flandre occidentale), VI, 349.
Furnester (Zacharie), écrivain protestant, III, 363.
Furstemberg (Guillaume de), grand maître de l'Ordre teutonique, I, 122, 360, 361.
Fuyck (fort du). Voy. Goulette (la).

G

Gabard (Pierre), hérétique supplicié en France, I, 225.
Gabarret (N., sgr de), gentilhomme de Guyenne, VI, 180 [1].
— (N., sgr de), fils du précédent, VI, 180 [2].
Gabaston, lieutenant du capitaine du Guet, I, 321.
Gabriel (don), capitaine espagnol, IX, 187.
Gachon, capitaine huguenot, VI, 180.
— capitaine huguenot, probablement fils du précédent, VII, 44.
Gadagne (Jean-Baptiste), dit l'abbé de Gadagne, agent de Catherine de Médicis, III, 375 ; IV, 2, 4, 9, 13, 269 ; V, 366 ; VII, 108.
— Voy. Bothéon.
Gadancourt (Jean de Hazeville, sgr de), capitaine catholique, IX, 125.
Gadgeber (Henri), martyr albigeois, I, 203.
Gadigen (?) (Hongrie, comitat de Gomer), II, 306.
Gaesbeek (fort de), en Flandre, VI, 338, 341, 342.

1. Gabarret était une seigneurie de Guyenne, aujourd'hui située dans la commune de Naujan (Gironde). Ce Gabarret est dit, dans d'autres textes, fils de M. de Naujan.
2. Qualifié faussement en note de seigneur de Saint-Léon. Ce sont les Gabarret de Saintonge qui étaient seigneurs de Saint-Léon.

Gaetano (Louis), capitaine espagnol, V, 64.
Gaëte (terre de Labour), II, 322.
Gaillac (Tarn), I, 180; II, 64; III, 91.
Gaillon (Eure), II, 199.
Gajarre. Voy. Guejarras.
Galame (Hermann), hérétique supplicié à Bruxelles, III, 257.
Galanga (Albanie), IV, 115.
Galardon. Voy. Refuge.
Galates (Epître aux), I, 138, 147.
Galazar (Montano de), défenseur de Tunis, V, 43, 45 et suiv.
Galba, empereur romain, III, 297.
Galbia (Maroc). Voy. El-Rharbia.
Galice, province d'Espagne, VIII, 115.
Galimard (Léonard), hérétique supplicié à Blois, I, 214.
Galinara (île de), dans le golfe de Gênes, IX, 231.
Galland (Daniel), hérétique supplicié en Flandre, I, 227.
Gallardon (Eure-et-Loir), II, 119.
Gallards (Nicolas des). Voy. Saules.
Galles (François de). Voy. Bélier.
— (prince de), nom donné à l'héritier du trône en Angleterre, I, 104.
Gallicane (église), II, 158.
Gallipoli (Turquie), IV, 115.
Gallus (Nicolas), l'un des rédacteurs de la protestation des réformés contre le concile de Trente, II, 155.
Gamaches (Somme), VIII, 164.
— (Joachim Rouault, sgr de), III, 325.
Gamaliel, maître de Saint-Paul, V, 363.
Gamba (François), hérétique supplicié à Côme, I, 218.
Ganabara, rivière du Brésil, I, 117.
Gand (Belgique, Flandre orientale), V, 74, 329; VI, 92, 136, 137, 144, 337, 350, 356, 358; IX, 448.
Gand (paix de), V, 334.
— (vicomte de). Voy. Melun.
— ou Guend, capitaine au service des Pays-Bas, IX, 443.
Gandelu (Aisne), II, 17.
Ganderin (Christophe), hérétique supplicié à Bruxelles, III, 258.
Gange (le), fleuve, I, 117.
Gannat (Allier), II, 271.
Gap (Hautes-Alpes), II, 136; IV, 279.
Garcias - Manriquez, capitaine espagnol, III, 240.
Garde (la), près Castelnaudary (Aude), I, 180.
— (le fort Notre-Dame de la), à Marseille, IX, 114, 116.
Garde-Rolland (le moulin de la), près Blaye (Gironde), VI, 36.
Gardesy (Jean), ministre protestant, VII, 345.
Gardetta (Damien), capitaine du château de Breefort (Over-Yssel), IX, 259.
Gardiner (Guillaume), hérétique supplicié en Portugal, I, 216.
Gargas (Balthazard de Moustiers, sgr de) et de Ventavon, capitaine catholique, IV, 206. Voy. Ventavon.
Gargouilleau (Louis), capitaine huguenot, puis maire de la Rochelle, IV, 15, 17, 35; V, 210, 214; VII, 31.
Gariet. Voy. Guarguet.
Garnache (ville et château de la) (Vendée), VI, 70; VII, 116, 342, 376 et suiv.; VIII, 1, 12, 16, 227, 323; IX, 36, 37.
Garnier (Mathurin), capitaine de la ville de Pithiviers, II, 99.
— (N.), huguenot brûlé par les catholiques lors des troubles de Toulouse, II, 27.
— (Pierre), prédicateur de la Ligue, VIII, 196.
Garonne (la), II, 93, 266; III,

10

157; IV, 340; V, 254; VI, 44; IX, 107.
Garret (Thomas), hérétique supplicié en Angleterre, I, 208.
Garrot (la tour du), à la Rochelle, III, 183, 380.
Garrot, cordier de Paris, II, 216.
Garzigliana (Italie, prov. de Turin, district de Pignerol), IX, 172.
Gasares, nom donné aux Vaudois, I, 169.
Gasca (Diego de la), gouverneur d'Adra (Espagne), III, 232.
Gascogne (prov. de), I, 220, 223, 259, 300; II, 37, 64, 90, 127, 213; III, 157, 203; IV, 29, 340 et suiv.; V, 24, 119, 212, 221, 246, 336, 386; VI, 169, 171; VII, 40, 48, 80, 82, 118, 135, 161, 223, 354; VIII, 337; IX, 87 et suiv., 365.
— (compagnies de), commandées par Antoine de Lomagne, sgr de Terride, III, 92.
— (cour de), dénomination de la cour de Henri IV, V, 354, 369.
Gascongnoles (Jean). Voy. Taillevis.
Gascons, II, 94, 103, 275, 284; III, 93, 95, 104; IV, 41, 50; VI, 273; VII, 90, 162; VIII, 200 et suiv.; IX, 137 et suiv.
Gasques (N., sgr de), capitaine et ministre protestant, VI, 23.
Gast (Michel de), chevalier de l'ordre du roi, gouverneur d'Amboise, VI, 166, 167.
— (Olphan de), gentilhomme ordinaire de la maison du roi, l'un des Quarante-Cinq, VII, 212 et suiv., 391.
— (N. de), capitaine de gens de pied, frère du précédent, VII, 391.
Gastines (abbé de). Voy. Troyes (Jean de).

Gastines (Philippe et Richard de), hérétiques suppliciés à Paris, III, 277.
Gaston VI, vicomte de Béarn, I, 174.
Gâtinais, I, 226; V, 18.
Gattem, Castens (?) (Belgique, près Basse-Flandre, prov. de Flandre occidentale), VI, 337.
Gattinara (Philibert Mercurin Arbosio, comte, puis marquis de), grand maître d'hôtel du duc de Savoie, IX, 157.
Gau[1], capitaine gascon, VI, 353.
Gaucher, capitaine aventurier, IX, 126 et suiv.
Gaudet (Pierre), hérétique français supplicié en Savoie, I, 207.
Gaule (la), IX, 29.
Gaulois, V, 365; VII, 232.
Gault (Claude), capitaine ligueur, IX, 48-49[2].
Gautiers, paysans normands révoltés, VIII, 46 et suiv., 58, 280.
Gave (le), III, 93, 95.
Gazi-Muca, Gazi-Moussa, juif du Maroc, I, 109.
Gean. Voy. Gien.
Geete (la grande), affluent du Demer, III, 211.
Gélase (saint), pape, I, 138.
Gellenave. Voy. L'Artigue.
Gemaldo (Alphonse), cardinal italien, VI, 306.
Gembloux (Belgique, prov. de Namur), VI, 141.
Gemma (Corneille), astronome, IV, 93.
Gemmingen (grand-duché de Bade), III, 209, 261, 262, 267.
Gemozac (Charente-Inférieure), VI, 274.
Gendarme, capitaine huguenot, VI, 10.
Gendrault (Guillaume), maire

---

1. On ne sait s'il peut être identifié avec Gault (Claude).
2. *Journal de G. Breunot*, publié par Joseph Garnier. Dijon, 1864, t. II, p. 329, note, et *passim*.

de la Rochelle, V, 92, 111, 114, 161, 162.

Gencan (Hermann), hérétique supplicié à Anvers, I, 226.

Gênes, I, 127, 128; II, 167, 168, 291, 294; IV, 109, 110; V, 44, 125; VIII, 375; IX, 300, 339.

Gènes, capitaine huguenot, VI, 48 et suiv.

Genèse (le livre de la), I, 138, 146.

Genève, patrie de Guillaume II Amanieu, archevêque de Bordeaux, I, 177; la réforme dite de Genève, 195; hérétiques brûlés sur l'ordre de l'évêque, 207; citoyens de cette ville suppliciés comme hérétiques, 215; retraite dans cette ville de Mouvans, 288; anabaptiste chassé, 289; patrie de Claude Le Jay et Jean Codure, jésuites, II, 173; citée, 229; alarmes causées par le passage du duc d'Albe en Flandre, 289; retraite sur Genève des protestants dauphinois, III, 63; concentration de troupes réformées, 172; retraite des réformés après la Saint-Barthélemy, 357; séjour du jurisconsulte Pierre Charpentier, 365; différends des ministres genevois avec le jurisconsulte François Beaudouin, 365, 366; retraite des huguenots, 389; message des huguenots français, IV, 55; retraite d'Ennemond de Bonnefoy, 58; interdiction des enrôlements au service du prince de Condé, 370; passage du prince de Condé, VI, 93; favorise les levées de troupes de Châtillon, VII, 89; passage de Châtillon, 173; mort du duc de Bouillon, 194; passage projeté de l'armée allemande en Dauphiné, 223; entreprises du duc de Savoie, 229; menacée par le duc de Nemours, 303; menacée par le duc de Savoie, VIII, 92, 94; concentration des Suisses levés par le roi de France, 96, 97; citée, 274; lieu de naissance du père du cardinal Du Perron, 334; attaquée par le duc de Savoie, 357, 365; menacée par Olivarès, IX, 168; alliée de Henri IV, 197; inquiétée par le duc de Savoie, 301; il demande à Henri IV de lui assurer Genève, 315; passage de Henri IV sur son territoire, 331; le fort Sainte-Catherine lui est abandonné, 336, 342; négociations de paix entre elle, Henri IV et le duc de Savoie, 342; clauses relatives à cette ville dans la « paix de Savoie », 345; sa tranquillité à la suite du traité de Vervins, 373; l' « Escalade de Genève », 374 et suiv.

Genève (comte de). Voy. Humbert.

— (Gaspard de). Voy. Lullin.

Genevois, VI, 32; VIII, 97 et suiv., 358, 365; IX, 328, 331.

— (Henri de Savoie, dit le prince de), fils naturel non reconnu de Jacques de Savoie, duc de Nemours, et de Françoise de Rohan, V, 119, 260; VI, 223 et suiv., 251 et suiv.; VII, 62, 116.

Genèvre (le col de), IX, 165.

— (Rivière de), au Brésil. Voy. Rio-de-Janeiro.

Genge (Perse), peut-être Zendjan. Voy. ce mot.

— Voy. Emanguli-Chan.

Genissac (N. de Pierre-Buffières, sgr de), capitaine huguenot, III, 24.

— (Bertrand de Pierre-Buffières, sgr de), capitaine huguenot, puis catholique, V, 185, 293.

Genlis (François de Hangest, sgr de), II, 10, 36, 78, 100, 102, 104, 109, 244 et suiv.; III, 7, 59, 65.

Genlis (Jean de Hangest, sgr d'Ivoy, puis de), après la mort de son frère François de Hangest, II, 78 n.; III, 59, 104 et suiv., 175, 211, 213, 293, 296, 309; IV, 78, 80.
Gennen (Hongrie, comitat de Temeswar?), IX, 212, 218.
Gennep ou Genep (Belgique, prov. de Limbourg), IX, 426.
Genoilhac, Genoillac. Voy. Vaillac.
Génois, I, 114, 127; II, 168. Voy. Gênes.
Genouillac. Voy. Genoillac.
Genouillé (N., sgr de), maréchal de camp, VIII, 237 et suiv., 240 et suiv.
Gensac (Charente), IV, 309.
Gentil (Pierre), capitaine huguenot, VIII, 4 et suiv.
Genton (Hector de), capitaine commandant à Valence, II, 135.
Georges (Agnès), hérétique supplicié à Strafford, I, 222.
— capitaine huguenot, III, 90.
— (le capitaine), au service des Pays-Bas, IX, 441.
— favori d'Eric XIV, roi de Suède, II, 336.
— prédicateur, hérétique supplicié à Hall, I, 204.
Georges Basta, commandant les lanciers du duc de Parme, VIII, 218.
Géorgie, V, 320 et suiv.; VI, 108; IX, 237.
Géorgiens, VI, 105; IX, 395.
Gépicie, partie de la Sarmatie, II, 164.
Ger (Bernardon de Salies, sgr de), gentilhomme basque, VI, 286.
Geraldine (faction des), en Irlande, VIII, 390.
Gérard, Albigeois mort de faim en Angleterre, I, 192.
— (Balthazar), agent espagnol aux Pays-Bas, assassin du prince d'Orange, VI, 203, 354.

Gérard (Thomas), partisan de Marie Stuart, IV, 142.
Gerbaix (Donat). Voy. Sonnaz.
Gérente. Voy. Jarente.
Géri, cordelier de Tournai, VI, 332.
Germanie, I, 194.
Gers (le), rivière, VII, 359.
Gerson (Jean Charlier, dit), chancelier de l'Université de Paris, I, 236.
Gertruydenberg (Hollande, prov. du Brabant septentrional), V, 60; VI, 327; VII, 276; VIII, 128, 129, 131, 396, 402, 405 et suiv.; IX, 251.
Gerzai (Jean Bourry, sieur de), VIII, 43.
— (René Bourry, sieur de), capitaine catholique, VI, 255 et suiv.; VII, 331 et suiv.
Gévaudan, II, 263; V, 299; VI, 8.
Gex (pays de), VIII, 357, 359; IX, 347.
— (Ain), VII, 229.
Ghadiane (porte), à Grenade, III, 229.
Ghisilieri (Michel), dit le cardinal Alexandrin. Voy. Pie V.
Ghistelles, capitaine des confédérés des Pays-Bas, IX, 444 et suiv.
Ghomara ou Bhomara, tribu rifaine ou djebalienne (au sud de Tetouan), sur le rivage de laquelle se trouvait le Peñon de Velez de la Gomera (forme espagnole), I, 107.
Gibraltar (détroit de), I, 100 et suiv.
Gicolat (?), près Ormuz, à l'entrée du golfe Persique, VII, 240.
Gié (César de Balzac, sgr de), VII, 169.
Gien (Loiret). II, 8, 141; III, 66, 90; V, 93; VI, 266; VII, 166, 170.
Giesbeek (Gueldre), VI, 344.
Gigean (Hérault), V, 298; VI, 25, 26.
Gignac (Hérault), II, 66; V, 301.

Gignac (Lot), VII, 38, 39.
Gigondas (Vaucluse), VII, 88.
Gilly (château de) (Côte-d'Or), V, 17.
Gimont (Gers), VII, 358.
Ginasservis (Var), VIII, 319.
Ginestra, près Ostie (Italie), I, 64.
Giorgiev (Valachie), IX, 211.
Girard (Adrien et Gautier), hérétiques suppliciés en Flandre, III, 258.
— (Balthazar). Voy. Gérard.
— Voy. La Roussière.
Girolami (Raphaël), gentilhomme florentin, VII, 308 et suiv.
Giron, chef des Morisques, III, 233, 234.
— (don Pedro). Voy. Ossuna.
Gironde (Gironde), II, 90.
— (la), fleuve, III, 183; V, 259.
Gisant, gouverneur de Gertruydenberg, VIII, 407.
Giscard (Jean de), sgr de Giscard et de la Gardelle, capitaine huguenot, III, 384, 386.
Gisors (Eure), VIII, 164.
Giugin (Marguerite de), femme de Charles-Philibert de Bouvans, IX, 335 n.
Giulia (Haute-Hongrie), II, 305.
Giustiniani (François), capitaine vénitien, IV, 203.
Giversac (Marc de Cugnac, sgr de), capitaine catholique, V, 225 et suiv.
Givet (Ardennes), I, 66.
Givry (René d'Anglure, sgr de), colonel de l'infanterie française en Toscane, II, 111, 115, 119.
— (Anne d'Anglure, sgr de), fils du précédent, mestre de camp de cavalerie, VII, 122; VIII, 50, 56, 71, 82, 87, 185 et suiv., 204 et suiv., 213, 217, 260 et suiv., 314; IX, 30.
— (Anne d'Escars, cardinal de), évêque de Metz, IX, 339.
Glaire (Ardennes), VII, 195.
Glandage (Claude de Lhère ou Laire, sgr de), gouverneur de Die, IV, 271.
Glandage (Hugues de Lhère ou Laire, sgr de), capitaine huguenot, fils du précédent, III, 197, 201; IV, 205, 221, 271.
Glane (Aimé de). Voy. Cugie.
Glaris (soldats du canton de) (Suisse), VIII, 185 et suiv.
Glasgow (Ecosse), III, 250; IV, 138, 140.
Glatens. Voy. Du Faur.
Gleizentala (Henri), sgr hongrois, II, 164.
Glénay (Deux-Sèvres), VI, 71.
Glencairn (Alexandre, 5e comte de), mort en 1574, II, 356; IV, 146.
Glires (les), peuple de Serbie, IX, 203, 217.
Glisted. Voy. Flisted.
Glocester (Angleterre), I, 221; III, 264.
Glousel. Voy. Clausel.
Glover (Robert), hérétique supplicié en Angleterre, I, 220.
Glymes (Jacques de), bailli de Nivelles, VI, 143.
Gnesen (Prusse), IV, 70, 71, 201.
— (archevêque de). Voy. Uchanski (Jacob).
Gnostiques, nom donné aux Vaudois, I, 169.
Go (le capitaine). Voy. Gault (Claude).
Goa, ville de la côte de Malabar, I, 116; V, 313; VI, 303; VIII, 110.
Godeau (Jean), hérétique supplicié à Chambéry, I, 215.
Godefroy (Théodore), historien, V, 314, 315.
Godounoff (Boris), grand-duc de Moscovie, IX, 395.
Goegnies. Voir Gongnies.
Goello (François de Bretagne, comte de), VII, 159.
Gohas (Antoine de Biran, sgr de), III, 97.
— (Guy de Biran, sgr de), VII, 309; VIII, 167.

Gohas (Jean de Biran, sgr de), colonel de gens de pied, III, 2, 55, 71 et suiv., 149 et suiv.; IV, 27, 32, 63, 176.
Goingnies, Goegnies, Gongnies (Antoine de), sgr de Vendegies, gouverneur du Quesnoy, VI, 140, 141.
Goinquik. Voy. Goingnies.
Gois ou Le Gois, bourgeois de Paris, capitaine de quartier, VIII, 199.
Gombasec. Voy. Gombaszog.
Gombaszog (comitat de Gomör, Hongrie), II, 301.
Gombaud. Voy. Combaud.
Gomera. Voy. Ghomara.
Gomez (Yolande de), mère de don Antonio, infant de Portugal, VI, 124.
Gondi (Henri de), cardinal, évêque de Paris, IX, 339.
— (Pierre de), évêque de Paris, V, 162; VII, 396; VIII, 196, 344.
— Voy. Belle-Isle, Retz.
Gondrin (Antoine de Pardaillan, sgr de Montespan et de), capitaine catholique, II, 265, 267; III, 30.
— (Antoine-Arnauld de Pardaillan, sgr de), fils d'Hector de Pardaillan, sgr de Gondrin, VII, 354, 355.
— (Hector de Pardaillan, sgr de), capitaine catholique et ligueur, fils d'Antoine de Pardaillan, capitaine catholique, III, 30; VII, 81, 354, 355.
— (Bertrand de Pardaillan, baron de la Mothe-). Voy. La Motte-Gondrin.
Gongnies. Voy. Goingnies.
Gonin (Martin), hérétique supplicié à Grenoble, I, 207.
Gonnelieu (Nicolas de), sgr de Gonnelieu en Picardie, chevalier de l'ordre du Roi, favori de Charles IX, IV, 180.
Gonnor. Voy. Cossé (Artus de).
Gontaut (Lot-et-Garonne), VI, 178, 179.

Gontaut. Voy. Biron, Puybeton, Salignac.
Gontaut-Biron (Charlotte de), dame de Caumont, fille du maréchal de Biron, III, 324.
Gontaut-Saint-Geniès (Bertrand de). Voy. Campagnac.
Gonzague (faction des), opposée à celle des Farnèse, I, 31.
— (André de), capitaine italien, I, 342.
— (Ferdinand de), comte de Guastalla, frère du duc Frédéric de Mantoue, gouverneur du Milanais, I, 27, 32, 51, 52, 59.
— (Sigismond de), mestre de camp espagnol, IV, 110 et suiv.
— (Vincent de), duc de Mantoue et de Montferrat, IX, 212.
— Voy. Mantoue, Nevers, Rethelois.
Gonzalez (Martin). Voy. Camera.
Gonzalve (Jean), théologien supplicié à Séville, I, 350.
Goonvelt, capitaine sous les ordres de Maurice de Nassau, VIII, 405.
Goor (Yssel supérieur, Hollande), IX, 261.
Gorce (la) (Ardèche). Voy. Lagorce.
Gordes (Bertrand-Raimbaud de Simiane, baron de), II, 259, 270; III, 29, 167, 168, 170, 171, 349, 392; IV, 60, 194, 273, 277, 280.
— (le capitaine des), VII, 352.
Gordon (Jane), sœur du comte de Huntley, femme de Bothwell, II, 359.
Gordon (Jean). Voy. Sutherland.
— (N.), capitaine écossais, VI, 356.
— Voy. Huntley, Gourdon.
Gorges (Ferdinand), capitaine de Plymouth, complice du comte d'Essex, IX, 421.
Goris (Jean), hérétique supplicié en Flandre, II, 339.

Gorka (André, comte), représentant du parti réformé en Pologne, IV, 71.
Gorkum (Hollande méridionale), IV, 151, 152.
Gornay, capitaine huguenot, III, 145, 146.
Gorts. Voy. Görz (Istrie).
Gorron (Mayenne) IV, 225.
Gorval (Thomas), hérétique supplicié en Angleterre, I, 220.
Görz (Istrie), VIII, 106.
Gorze (anc. départ. de la Moselle), IX, 300.
Goth (Jacques). Voy. Rouillac.
Gotha (duché de Saxe-Cobourg-Gotha), II, 297, 298.
Gothard, duc de Courlande, II, 334.
Gottland (île), dans la mer Baltique, II, 335.
Goths (roi des). Voy. Roderic.
Goud (le). Voy. Agout (l').
Goudinel (Claude), musicien, victime de la Saint-Barthélemy, III, 324.
Gouffier. Voy. Bonnivet, Crèvecœur, Oiron, Roannez.
Goujon, capitaine huguenot, VII, 83.
Goulaines (Jacques de), capitaine huguenot, II, 267 et suiv.; III, 184.
— (Gabriel de), capitaine catholique, VI, 76 et suiv.
Goulard (Simon), ministre, théologien et historien protestant, VIII, 328.
— (Louis de). Voy. Beauvais.
Goulart (François). Voy. Touverac.
Goulette (fort de la), près Haarlem, IV, 160, 162.
— (la), fort et port de Tunis, I, 112; IV, 130; V, 45 et suiv.; IX, 237.
Goupillière (Jean de Paillart, sgr de), capitaine huguenot, VI, 2, 78 et suiv., 84.
Gourdan. Voy. La Motte (Nicolas du Peloux, sgr de).

Gourdon (Flotard de), VI, 9.
— (Antoine de Gourdon, sgr de Cenevières, vicomte de), baron de Puylagarde, fils du précédent, capitaine huguenot, III, 44, 384, 386, 388; IV, 62, 63, 185, 296; VI, 9, 12 et suiv.
— (Picard de). Voy. Vaillac.
Gourgues (Dominique de), corsaire et navigateur bordelais, III, 244 et suiv.
Gournay (Regnault de). Voy. Villers.
Gournay-en-Bray (Seine-Inférieure), VIII, 155, 164.
Gournay-sur-Marne (Seine-et-Oise), VIII, 210, 244; IX, 13, 19.
Goust (Jean de Montauban, sgr du), de la maison de Rohan, capitaine huguenot, VII, 348. Voy. Laujardière.
Gouvernet (René de la Tour-du-Pin-la-Charce, sgr de), lieutenant de Lesdiguières, III, 66 et suiv.; IV, 280; VI, 67, 280; VII, 93; IX, 169, 170.
Gouy d'Arsy. Voy. Arsy.
Gowrie (John Ruthwen, troisième comte de), gouverneur de Perth, IX, 419. Voy. Ruthwen.
Goyon. Voy. Matignon.
Gozzo (île de), entre Malte et l'Italie, I, 113; II, 307, 308, 310 et suiv.
Grace (abbaye de la), à Murs (Vaucluse), VI, 69.
Graffenried (Rodolphe de), capitaine suisse, IV, 368.
Grainville-Ymanville (Seine-Inférieure), II, 198.
Grala (forêt de), dans la Vendée, VI, 2.
Gramberge. Voy. Gramsbergen.
Grammont (Belgique, Flandre occidentale), II, 346.
— (forêt de), près de Nimes, en Languedoc, II, 69.
Gramont (maison de), en riva-

lité avec celle de Beaumont, VI, 286.
Gramont (Antoine d'Aure, vicomte d'Aster, baron de), II, 25, 37, 39, 103; III, 325; IV, 209, 211; V, 11.
— Voy. Guiche.
Gramsbergen (Hollande, prov. d'Over-Yssel), VIII, 408.
Gran ou Strigonie (Hongrie), IX, 213 et suiv.
Grand (Gaspard de), compagnon de dom Antonio, prieur de Crato, VI, 122.
Grandchamp (Guillaume de Grandry, sgr de), ambassadeur à Constantinople, IV, 229. Voy. Grandry.
Grand-Châtelet (le), juridiction de Paris, VIII, 247.
Grande-Bretagne, I, 203.
Grande-Tour (la). Voy. Grosse-Tour (la).
Grandfief (Jacques du Lyon, sgr de), échevin de la Rochelle, IV, 204.
Grand-Garçon (Rocher du), en vue de la Rochelle, V, 272; VII, 49.
Grandmont. Voy. Gramont.
Grandpré (Claude de Joyeuse, comte de), gouverneur de Mouzon et de Beaumont, en Argonne, IX, 127.
— (Robert ou Claude de Joyeuse, comte de), VII, 378; VIII, 12.
Grand-Ri. Voy. Grandry.
Grandry ou Grantrye (suivant sa signature) (Pierre de), maître d'hôtel ordinaire du Roi, frère de Guillaume de Grandry, sgr de Grandchamp, IV, 8, 228 et suiv.; VI, 7, 71, 78 et suiv.
Grandvilliers (N. de), colonel de lansquenets à la bataille de Moncontour, III, 120 et suiv.
Grane (Drôme), III, 168; IV, 220.
Grane, peut-être Branne. Voy. ce mot.

Grange (la) (comm. de Saint-Bouize, Cher), IV, 38, 40.
Granvelle (Antoine Perrenot de), évêque d'Arras, I, 347; II, 181, 182, 338, 340; III, 218; IV, 96; VII, 263.
Grasse (Var), II, 195; IX, 167.
— Voy. Bar.
Grassis (Charles des), cardinal du titre de Sainte-Euphémie, IV, 95.
Gratz (Styrie), IX, 269.
Grave (Brabant hollandais), III, 209; VII, 256, 258.
— (Belgique, Brabant septentrional), VIII, 397.
— (Jean de), hérétique supplicié en Flandre, II, 339.
Gravelines (Nord), I, 78; III, 259; VI, 140, 334, 336, 349; VII, 260; VIII, 117.
Gravelle (Taurin), hérétique supplicié à Paris, I, 225.
Graven-Waard (Gueldre), IX, 432.
Graveron (Philippe de Luns, demoiselle de), hérétique suppliciée à Paris, I, 225.
Gravier (Hugues), hérétique supplicié en France, I, 216.
Graville. Voy. Entragues.
Gravot (Etienne), hérétique supplicié à Lyon, I, 217.
Gray (Haute-Saône), IX, 53, 58.
Grec (le capitaine), capitaine catholique originaire d'Angora, VI, 244 et suiv.
Grèce, I, 173; IV, 127; IX, 181, 182, 214.
Grecs, I, 144; II, 218; V, 155.
Green (Barthélemy), hérétique supplicié en Angleterre, I, 221.
Grégoire VII, pape, VI, 284.
Grégoire XII, pape, IV, 122.
Grégoire XIII (Hugues Buoncompagni, pape sous le nom de), III, 288, 299, 301; IV, 87, 91, 122, 128, 130, 371; V, 44, 165, 311, 312, 327, 332, 342; VI, 93, 94, 109, 116, 125, 127, 132, 164, 293, 300, 304.

Grégoire XIV (Nicolas Sfondrato, cardinal de Crémone, pape sous le nom de), VIII, 243, 249, 376, 460.
Gremian (Antoine du Pleix, sgr de Lecques et de), capitaine protestant, III, 390; IV, 47 et suiv., 52; V, 295.
— (Guillaume du Pleix, dit le jeune), frère cadet d'Antoine de Gremian, II, 69.
Gremonville. Voy. Larchant.
Grenache (la). Voy. Garnache (la).
Grenade (Espagne), III, 226 et suiv., 229, 230, 234, 236, 240, 241; IV, 110; VII, 246; VIII, 379; IX, 129.
— (Etats de), convoqués à Cardone, III, 237.
— (rois de). Voy. Haben-Humeya, Muley Abdallah Mohammed.
— (Haute-Garonne), II, 8, 24.
Grene. Voy. Green.
Grenier (Flaminius), secrétaire du conseil d'Etat d'Espagne, VII, 278.
Grenoble (Isère), I, 286; II, 51, 55, 63, 135, 136; III, 42, 63; IV, 207; VII, 87; VIII, 169, 313, 318; IX, 151, 153, 160.
— (parlement de), I, 207, 284, 285; II, 54, 223; III, 45; IV, 282; V, 77.
Grésillane. Voy. Garzigliana.
Grésivaudan (vallée du), IX, 157.
Grève (la) (Vendée), III, 184; VIII, 61, 227 et suiv.
— (place de), à Paris, I, 253; IV, 233, 264; VIII, 247; IX, 317, 371.
Grey (Jane). Voy. Jane Grey.
— (le capitaine), Anglais, II, 83.
— (William), gouverneur de Guines, I, 75.
— de Wilton (Arthur, lord), vice-roi d'Irlande, VIII, 390.
Grézille. Voy. Griselles, La Tremblaye.
Grezin (le pont de), sur le Rhône, VIII, 101; IX, 346.

Griffon (le), galère du pape à la bataille de Lépante, IV, 118.
Grignan (Louis-François de Castellane, comte de), sénéchal de Valentinois, VI, 281.
— (Giraud Adhémar de Castellane de), fils ainé du précédent, VII, 90.
Grignols (Geoffroy-Antoine de Talleyrand, sgr de), capitaine huguenot, III, 25.
Grijpskerk (Hollande, prov. de Groningue), VI, 325.
Grille (Honoré des Martins, dit le capitaine), sénéchal de Beaucaire et de Nimes, II, 66-69.
— Voy. Estoublon.
Grillon. Voy. Crillon.
Grimaldi (Dominique), abbé de Montmajour-lès-Arles, dit le recteur de Carpentras, VI, 67.
— (N.), capitaine catholique, VII, 77.
Grimaudière (la) (Deux-Sèvres), III, 121, 377.
Grimberg. Voy. Gransberg.
Grimoville. Voy. Larchant.
Grimaud. Voy. Grignols.
Grise (la tour), à Dreux, VIII, 303.
Griselles, Grézille (Côte-d'Or), VII, 167, 174.
Grisinhac (Amanieu Ier de), archevêque d'Auch (1226-1242), I, 189.
Grisolles (Mlle de), sœur de Pierre d'Epinac, archevêque de Lyon, VII, 209.
Grisons (Suisses du canton des), VIII, 96, 185 et suiv., 201, 340, 373.
Grissac (Balthazar de), capitaine suisse, VIII, 185 et suiv.
Grisvaudan. Voy. Grésivaudan.
Grobbendonck (Antoine Schetz, baron de Wesemale et de), gouverneur de Bois-le-Duc et de Louvain, VIII, 397; IX, 253, 437 et suiv.
Groenen (Jean), supplicié à Emden, IX, 265.

Groenevelt (Arnaud de), gouverneur de l'Ecluse, VII, 268 et suiv.
Groenlo ou Grol (Hollande, prov. de Gueldre), VI, 341; IX, 246, 258, 261, 425.
Groesbech (Gérard de), évêque de Liège, III, 212.
Grognet. Voy. Vassé.
Grol. Voy. Groenlo.
Grolée. Voy. Bressieu.
Grolles (des), capitaine huguenot, IV, 20.
Grotendost (fort de), près de Nieuport, Belgique, IX, 439.
Grombach (Guillaume), gentilhomme de Franconie, lieutenant d'Albert de Brandebourg et agent de l'Electeur de Saxe, II, 180, 297, 298.
Groningue (Hollande), III, 257, 259, 260, 263; IV, 151 et suiv.; V, 330, 331; VI, 137, 325; VIII, 393, 399, 402; IX, 241-243.
Grosse-Tour (la), à l'entrée du port de Toulon (Var), V, 79.
— (fort de la), à Fontenay-le-Comte, VII, 113.
Grossier (Jean), bourgeois de Paris, capitaine de quartier, IX, 15.
Groslot (Jérôme), bailli d'Orléans, I, 294; III, 324.
Grosolles (Hérard de). Voy. Buzet.
Gross-Wardein ou Nagy-Varad (Hongrie, comitat de Bihar) (évêque de). Voy. Martinuzzi (Georges).
Grotes. Voy. Crottes.
Grotte (la), près des Echelles (Savoie), VIII, 321.
Grotta-a-Mare, près Montalto, dans la marche d'Ancône, VI, 301.
Gruffy (N. de), capitaine au service du duc de Savoie, IX, 382.
Grunfelder (Henri), martyr albigeois, I, 203.
Grusset-Richardot (Jean), diplomate espagnol, VII, 278; VIII, 132.
Gua. Voy. Guast.
Guaglia. Voy. Porto-Junco.
Guajar (Espagne, prov. de Grenade), III, 233 et suiv., 240.
Guarda (prov. de Beira, Portugal). Voy. Portugal (Jean de).
Guarguet, soldat de l'armée catholique devant Sancerre, IV, 38.
Guast (Louis Béranger, sgr du), favori de Henri III, II, 138; III, 323; IV, 1, 18, 25, 32, 230.
Guastalla (comte de). Voy. Gonzague (Ferdinand de).
Gudembourg. Voy. Oudenbourg.
Gué (le fort du) (comm. d'Hermenault, Vendée), III, 183.
Gué (N. du), capitaine huguenot, IV, 321.
Guébriant (François de Felles, sgr de), VI, 88; VII, 349 et suiv.
Guejar (Espagne, prov. de Grenade). Voy. Guajar.
Gueldre (province de), en Hollande, VI, 295, 342; VIII, 123, 390; IX, 426, 438, 443.
— (île de), IX, 425.
— (le comte de), à la bataille de Saint-Quentin, II, 69.
— (ville de) (Provinces rhénanes), VII, 269; IX, 241.
Guelfo (Jules-César), défenseur de Famagouste, IV, 102.
Guéméné (Loire-Inférieure), IX, 179.
Guenon (Nicolas), hérétique supplicié à Paris, I, 226.
Guépie (la) (Tarn-et-Garonne), I, 180; VIII, 305.
Guérande (Loire-Inférieure), VII, 335; IX, 178.
Guerche (la) (Indre-et-Loire), VIII, 230.
Guerchy (François-Antoine de Marraffin, sgr de), et d'Avigneau, lieutenant de Coligny, II, 141, 282; III, 68, 84, 90, 146-149, 306, 322; V, 187.

Guéret (Jean), jésuite, professeur de Jean Châtel, IX, 25.
Guérin (Geoffroy), hérétique supplicié à Paris, I, 226.
Guernesey (île de), VI, 265.
Guerres. Voy. Ger ou Geer.
Guerry (N.), colonel de gens de pied, II, 248.
Gueux, Gueux de mer, II, 343; IV, 74.
Guevara (François de), capitaine espagnol, II, 321 et suiv.
— (Christophe, comte de), capitaine de Savoyards, VIII, 364.
Guiart. Voy. Guyard.
Guicciardini (Francesco), historien italien, I, 7, 170.
Guichardin. Voy. Guicciardini.
Guiche (Diane d'Andouins, comtesse de), dite la belle Corisande, femme de Philibert de Gramont, comte de Guiche, VI, 159; VII, 47, 161.
— (Philibert de Gramont, comte de), fils d'Antoine de Gramont, V, 11, 235, 250; VI, 54 et suiv., 159, 182 et suiv.
Guidiccioni (Barthélemy), cardinal, II, 173.
— (Guillaume), poète, neveu du précédent, II, 173 n.
Guigues, comte de Forez, I, 175.
Guillardrie, capitaine huguenot, VII, 351.
Guillaume de Saint-Lazare, évêque de Nevers, au XIIIe s., I, 176.
Guillaume II Amanieu, de Genève, archevêque de Bordeaux de 1207 à 1227, I, 189.
Guillaume d'Alençon, hérétique supplicié, I, 218.
Guillaume, chirurgien de Limbourg, hérétique, III, 258.
— (porte), à Chartres, II, 284.
Guillaume IV, landgrave de Hesse, IV, 198.
Guillebourg. Voy. Villebrouck.
Guillemin (Simon), hérétique supplicié en Flandre, I, 227.

Guillermino (N.), dit le capitaine Guillerme, gouverneur de Seurre, IX, 50 et suiv.
Guillestre (Hautes-Alpes), VII, 90.
Guillet (N.), officier de finances, III, 199.
— Voy. Pomiers.
Guilletrie (la), la Guillotière (?) (comm. d'Hiers-Brouage, Charente-Inférieure), V, 267.
Guilloche de la Loubière (Jean), conseiller au parlement de Bordeaux, III, 352.
Guillochon (Pierre), dit Guttinières. Voy. Guttinières.
Guillonville (Antoine de Beaucorps, sgr de), capitaine huguenot, V, 289.
Guillotière (la), peut-être la Guilletrie (comm. d'Hiers-Brouage, Charente-Inférieure), V, 267.
— faubourg de Lyon, IX, 10.
Guillotin (Alexandre), promoteur de la Réforme dans le comtat Venaissin, I, 285, 286, 288.
Guimenières (N. Béjarres, sgr de), capitaine protestant, frère de N. de Béjarres, sgr de la Lourie, III, 372; IV, 17; VI, 88.
Guincester. Voy. Lincester.
Guinefolle (fort de), à Fontenay-le-Comte, IV, 335.
Guines (Pas-de-Calais), I, 75.
— (Jean), hérétique supplicié en Angleterre, I, 222.
Guiotet (Nicolas), hérétique supplicié à Paris, I, 225.
Guiotin. Voy. Guillotin.
Guirlauda (Julio), de Trévise, hérétique supplicié à Venise, II, 289.
Guipuscoa (province de), II, 172 et suiv., 219, 332.
Guise (Aisne), VIII, 367.
Guise (l'arbre de) (Aisne, comm. de Saint-Martin-Rivière), VIII, 218.
Guise (famille des), partisans

d'une intervention armée en Italie, I, 62; protégés par Diane de Poitiers, 66; adversaires de la Réforme, 232; saluent les premiers comme roi François II, 240; leurs titres à la régence, 240; profit qu'ils retirent de la disgrâce du connétable, 241; leur crédit à la cour, 242; déclaration de Catherine de Médicis en leur faveur, 243; adversaires des Bourbons, 244; placés par François II au-dessus de Montmorency, 245; conseils donnés par eux à Catherine de Médicis touchant le roi de Navarre, 246; pamphlets à leur adresse, 250; visés par les conjurés d'Amboise, 259; informés de la conjuration, 262; leur rôle dans cette affaire, 264-266, 269; leur jalousie contre Montmorency, 273; leur discrédit auprès de Catherine de Médicis, 275; pamphlets à leur adresse, 276; méfiance qu'ils inspirent à Condé, 282; Maugiron exécuteur de leurs ordres en Dauphiné, 284; satisfaction qu'ils éprouvent de la mort de Marillac, archevêque de Vienne, 290, 291; présents à la réception du roi de Navarre à Orléans, 293; tentent d'exciter Catherine de Médicis contre le roi de Navarre et Condé, 297-299; saluent avec enthousiasme l'avènement de Charles IX, 300; conduite de Catherine de Médicis à leur égard, 301; leur réconciliation avec le roi de Navarre, 302; accusés de concussions, 303; leur crédit à la cour, II, 4; sentiments de Catherine de Médicis à leur égard, 14; manifeste de Condé contre eux, 18; ménagent le parlement de Toulouse, 25; requête adressée par eux à Charles IX, 204; excitent la méfiance de Catherine de Médicis, 210; leur haine contre les Châtillon et les Montmorency, 223; leur puissance à Paris, 233; responsables des persécutions religieuses, III, 6; efforts de Jeanne d'Albret pour combattre leur influence, 12; dans l'armée du duc d'Anjou en Saintonge, 46; alliés de la maison de Ferrare, 86, 206; alliés à Marie de Clèves, femme de Condé, 280; se retirent de la cour, 286; leurs armements en Normandie, 299; leur rôle dans la tentative d'assassinat commise sur Coligny, 304; demandent leur congé de la cour, 311, 312; sauvent plusieurs huguenots lors de la Saint-Barthélemy, 332; rendus responsables du massacre par le roi, 333, et par les Rochellois, 369; leurs partisans en Ecosse, IV, 143; reçoivent les ambassadeurs de Pologne, 177; leur rentrée en faveur auprès de Catherine de Médicis, 215; irrités du refus par Pie V du titre de grand-duc de Toscane au duc de Ferrare, V, 29; leurs desseins exposés par d'Aubigné, 203; protection accordée par eux à M. de Lanssac, 290; leur influence à la cour de Henri III, 342, 343, 346, 347, 350; crainte et jalousie qu'ils inspirent à Catherine de Médicis, 359; dépenses qu'ils occasionnent au roi, VI, 52; désavoués par Henri III, 195; refusent d'entrer en négociations avec Henri III, 237; leur accord touchant la Ligue, 283; clause de l'édit de juillet 1585, 364; excusés par la Reine mère auprès du roi de Navarre, VII, 63; Catherine de Médicis se rapproche d'eux, 68; réclament Auxonne, 69;

à l'attaque du château de Griselles, 174 ; alliés du duc de Joyeuse, 119, 133 ; abandonnés par le comte de Soissons, 129 ; leurs demandes de secours à Rome, 177, 178 ; requête adressée contre eux à la cour par d'Epernon, 220 ; se rapprochent de Henri III, 224 ; leurs négociations en Allemagne, 224 ; alliés du duc de Savoie, 229 ; la nouvelle de l'assassinat du duc et du cardinal portée à Saint-Jean-d'Angély, VIII, 2 ; connue du duc de Nevers, 13 ; leurs panégyriques par les Jésuites, 25 ; l'assassinat du duc et du cardinal mentionné, 31 ; effet produit par cet assassinat, 38 ; leurs partisans à Blois, 45 ; rappel de l'assassinat du duc et du cardinal, 82 ; leurs affaires favorisées par le Saint-Siège, 96 ; cités, IX, 24 ; empêchés d'intervenir dans l'affaire de la succession de Ferrare, 229 ; leur entrevue avec Théodore de Bèze, 336.

Guise (Anne d'Este, duchesse de), fille de Renée, duchesse de Ferrare, femme de François de Lorraine, duc de Guise, puis de Jacques de Savoie, duc de Nemours, II, 27, 224 ; III, 86 ; VII, 393 ; IX, 339.

— (Charles de Lorraine, prince de Joinville, puis duc de), fils de Henri, duc de Guise, VII, 195, 196, 393 ; VIII, 235, 245, 265, 267 et suiv., 311 ; IX, 2, 22, 23, 40, 114 et suiv., 310, 322, 339.

— (Claude de), abbé de Saint-Nicaise, bâtard de Claude de Lorraine, duc de Guise, III, 191 ; IV, 263, 299, 300.

— (François de Lorraine, duc de), sa défense de Metz, I, 45 ; à Renty, 50-52 ; son expédition en Italie, 62-65 ; rappelé en France après la bataille de Saint-Quentin, 71, 72 ; la prise de Calais, 73, 74 ; son départ de Calais, 75 ; prend Guines, 76 ; assiège Thionville, 76 ; présent à la Mercuriale des Augustins, 233 ; son attitude vis-à-vis du connétable de Montmorency, à la mort de Henri II, 240 ; mariage projeté entre un de ses fils et la fille du maréchal de Saint-André, 242 ; ses rapports avec l'amiral de Coligny, 246, 247 ; héritier des charges du connétable de Montmorency, 247 ; informé du complot de la Renaudie, 262, 263 ; triomphe de la conjuration d'Amboise, 265 et suiv. ; créé lieutenant général du royaume, 267 ; accepte un défi du prince de Condé, 272 ; titre d'honneur à lui décerné par le Parlement, 273 ; adversaire de l'amiral de Coligny à l'assemblée de Fontainebleau, 279 ; dirige les hostilités en Dauphiné, 284, 285 ; communication faite par un de ses confidents au roi de Navarre des desseins formés contre lui, 295, 296 ; aux Etats généraux d'Orléans, 304 ; sa réconciliation avec Condé, 309 ; soutient la politique de Pie IV, 311 ; introducteur des ministres protestants au colloque de Poissy, 315 ; se retire de la cour, 321 ; à Vassy, II, 6 ; appelé à Paris, 9 ; son entrée dans la capitale, 10 ; s'éloigne de l'armée au moment des pourparlers de la cour avec les réformés, 39 ; ses ordres à La Mothe-Gondrin en Dauphiné, 50 ; appuie le comte de Sommerive en Provence, 56 ; charge le duc de Nemours d'assiéger Lyon, 71 ; au siège de Rouen, 82, 84 ; à la bataille de Dreux,

107, 110, 115; retient prisonnier le prince de Condé, 118; déclaré chef de l'armée pendant la captivité de Montmorency, 119; s'empare d'Etampes, 121; jalousies qu'il excite à la cour, 122; au siège d'Orléans, 122-127; son assassinat, 141 et suiv.; ses funérailles, 145; la vengeance de sa mort poursuivie par sa famille, 204, 210, 225; son fils héritier de ses haines, 224.

Guise (Henri de Lorraine, prince de Joinville, puis duc de), fils ainé de François de Guise, héritier de la haine de son père contre les Châtillon et les Montmorency, II, 224; son voyage en Hongrie, 255, 301; sa jonction avec le duc de Montpensier, III, 22; prend part aux escarmouches livrées avant Jarnac, 47; défenseur de Poitiers, 101, 102, 104 et suiv., 109; à Moncontour, 122 et suiv.; mêlé à la préparation de la Saint-Barthélemy, 286; son attitude lors de l'attentat de Maurevel et les soupçons qu'il inspire, 307, 308, 311; son rôle à la Saint-Barthélemy, 313 et suiv., 327 et suiv.; son arrivée devant la Rochelle, IV, 7; attaqué par La Noue sous les murs de la Rochelle, 12; au siège de la Rochelle, 18, 32, 33; bon tour joué par lui au prévôt de Paris, 179; cité comme ayant sauvé le duc d'Uzès lors de la Saint-Barthélemy, 186; sa haine contre Thoré qu'il accuse de vouloir le faire assassiner, 213, 214; jalousie du roi de Navarre contre lui, 232; à Dormans, 380 et suiv.; blessé de la blessure qui lui vaut son surnom de Balafré, 387; son retour à la cour, 389; ses relations avec d'Aubigné, V, 3, 4; avec le roi de Navarre, 9; son séjour à Etampes, 21, 22; ses conférences secrètes avec don Juan d'Autriche et le cardinal Aldobrandini, 116; aux Etats de Blois, 136 et suiv., 149 et suiv.; à l'armée de *Monsieur*, 229 et suiv., 233; ses moqueries à l'adresse du roi de Navarre, 383; ses exploits devant La Charité, VI, 164; s'empare de Châlons-sur-Marne, 197; provoqué en duel par le roi de Navarre, 204; La Motte, conseiller au siège de Périgueux, son partisan en Angoumois, 213; empêche la jonction de Brissac et de Mercœur en Anjou, 227; Villegomblain, son lieutenant, 270; son rôle dans la Ligue à Paris, VII, 125; s'empare de Donzy, Rocroy, Sedan, Jametz, 164, 165; vient trouver le roi à Meaux, 168 et suiv.; troupes mises à sa disposition, 169; reçoit des troupes du duc de Parme, 169, 170; sauvé par les divisions des chefs huguenots, 175; sa victoire à Vimory, 181; à Auneau, 186-189; son entreprise sur Jametz, 195; repoussé devant Sedan, 195; ses négociations pour le mariage de son fils, 196; sa venue à Paris, 207-211; son inaction lors de la journée des Barricades, 214; maître de Paris, 216, 217; requête de la Ligue au roi à son sujet, 221; ses négociations en Allemagne, 224; sa lettre à Bassompierre, 225-227; sa lettre au gouverneur d'Orléans, 228; célébré à Rome, 230; ses relations avec l'Espagne, 231; soutenu par le duc de Parme, 233; sa puissance après l'édit de juillet 1588, 287; fait entretenir la guerre en Guyenne, 288;

nommé lieutenant général des armées royales, 302; complot de ses partisans contre d'Epernon, 307 et suiv.; aux Etats de Blois, 316-319; ses instructions au duc de Mercœur, 328; sa mort mentionnée, 366; aux Etats de Blois, 379 et suiv.; assassiné, 386 et suiv.; regrets du duc de Mayenne, VIII, 22; rappel de son héroïque défense de Poitiers, 31; rappel de sa lettre à Bassompierre, 91; ses relations avec le duc de Lorraine, 92; avec le duc de Savoie, 94; son rôle lors de la journée des Barricades, 151; ses relations avec Jean de la Fin, IX, 313; rappel de son assassinat, 461.

Guise (Louis Ier de Lorraine, cardinal de), frère du duc François de Guise, I, 233, 304, 314, 321; II, 186, 203; IV, 224, 388.

— (Louis II de Lorraine, cardinal de), archevêque de Reims, frère du duc Henri de Guise, VII, 209, 303, 317 et suiv., 327, 386 et suiv.; IX, 461.

— Voy. Joinville.

Guisoli, capitaine huguenot, VII, 27, 28.

Guitaut, capitaine catholique, VI, 236; VII, 59.

Guiton (Jacques), sgr de la Valade, maire de la Rochelle, IV, 361.

Guitre (Gironde), VI, 38, 205-210; VII, 162.

Gunter (Christophe), défenseur d'Haarlem, IV, 158.

Gurat (N., sgr de), capitaine catholique, VII, 159.

Guron (Gabriel de Rechignevoisin et des Loges, sgr de), capitaine catholique, III, 43, 81, 82.

Gurson (Louis de Foix, comte de), fils aîné de Germain-Gaston de Foix, marquis de Trans, VII, 80 et suiv., 354.

Gustave Ier Wasa, roi de Suède, I, 123, 124, 128.

Gutterio de Montréal ou de Monroy, défenseur du cap d'Aguer (Santa-Cruz), I, 103.

Guttinières (Pierre Guillochon, dit), capitaine huguenot, III, 163; IV, 4.

— (François d'Aydie, sgr de), capitaine catholique, III, 105, 138, 143, 184.

Guy de Perpignan, général des Carmes, évêque de Majorque en 1321, I, 170.

Guyard (Vidal), marchand du Puy, capitaine huguenot, IV, 219.

Guyenne (province de), sa défense confiée au sieur de Burie lors de la conjuration d'Amboise, I, 266; sa noblesse aux Etats d'Orléans, 304; troupes de la province conduites à Orléans par le comte de La Rochefoucauld, II, 19; troubles religieux, 23 et suiv.; mission donnée à Duras par Condé, 41; guerres religieuses, 90 et suiv.; troupes de la province au service de Condé, 102; relèvement du parti réformé, 128; mission de Gontaut-Biron après l'édit d'Amboise, 194; requête des réformés de cette province, 218; troupes de la province sous les ordres du comte de La Rochefoucauld, 253, 255; levée de troupes par Pierre-Bertrand de Monluc pour aller à Madagascar, 327; prise d'armes des huguenots, 384 et suiv.; campagne de Villars, IV, 61 et suiv.; protestations des réformés contre la paix de la Rochelle, 183; soulevée par La Noue, 217; campagne du maréchal de Montmorency, 222; projets des conjurés de la conspiration La Mole et Coconat sur cette province, 229; préparatifs de guerre qui s'y font en 1574, 259; le vicomte de Turenne y prend la direction du parti huguenot, 340; retour d'Allemagne des députés de cette province, 361; requête des huguenots, 363; guerres religieuses, 379; promise par la cour au roi de Navarre comme apanage, V, 16; places fortes cédées aux huguenots, 79; retraite de Condé, 85; citée, 125; remontrances des huguenots à la cour, 132; ses députés aux Etats de Blois, 170, 182, 189; *statu quo* maintenu dans la province par le traité de Bergerac, 339; séjour de Catherine de Médicis, 362 et suiv.; assemblée de Montauban, 368; levées de troupes, 376; hostilités, VI, 8; troupes de la province en marche sur Brouage, 273; forces envoyées de Languedoc dans la province, 279; continuation de la guerre après l'édit de juillet, VII, 288; son gouvernement promis à Guise, 328; requête de sa noblesse à Henri IV, VIII, 152; mission donnée par Henri IV au sieur du Fay, IX, 78; réformés de la province, 86; députés huguenots de cette province à l'assemblée de Mantes, 87, 88; soulèvement à l'occasion d'impôts, 365; propositions de ses marchands à Henri IV, 468.

Guyenne (sénéchal de). Voy. Merville.

Guyon (comte de). Voy. Meille.

Guyot. Voy. Charmeaux, L'Essart.

Guzerat (Inde), VIII, 110, 111.

Guzman (famille de), VI, 311.

— (Diego de), page de l'archiduc Albert, IX, 448.

— (Dominique de), fondateur de l'ordre des Frères Prêcheurs, I, 175.

Guzman. Voy. Medina-Sidonia, Olivarès.

Gyula (comitat de Bekès, Hongrie), II, 165, 304; IX, 209.

II

Haarlem (Hollande), IV, 81, 153-155, 159, 164; V, 58.

Habacuc (livre d'), I, 138, 147.

Haben Jashuar. Voy. Aben-Yahuar.

Habs (Jacques), hérétique supplicié en Angleterre, I, 219.

Habsbourg (régiment de), au siège de Stuhlweissembourg (Albe-Royale) (Hongrie), IX, 396.

Hacen, roi de Tlemcem, V, 49.

Hachincourt, colonel au service du cardinal Albert, aux Pays-Bas, IX, 251.

Hacqueville (Charles de Bloquet, sgr de), capitaine ligueur, VI, 222 et suiv.

Haerlem (Jacques-Antoine de), amiral flamand, VIII, 391.

Hagecius (Thadée), astronome autrichien, IV, 94.

Hager (Mathieu), hérétique supplicié en Allemagne, I, 204.

Hagetmau, près Saint-Sever (Landes), IV, 209, 211; VI, 166.

Haider, ambassadeur turc en Perse, VI, 103.

Haillan (Bernard de Girard, sgr du), historien, I, 4, 170; IX, 320.

Hainaut (province du), I, 213, 218, 226; II, 182; III, 64, 259, 292; IV, 148; VI, 96.

Haine (la), rivière du Hainaut, IV, 79 et suiv.

Hajnik, Ainakik (comitat de Zomlyo, Hongrie), VIII, 373.

Halde (Arnauld du). Voy. Arnauld du Halde.

— (Pierre du), valet de chambre de Henri III, V, 349, 350.

Hali, amiral au service du sultan, IV, 95, 111 et suiv., 121.
Hali-Bacha, adversaire des Turcs en Géorgie, VI, 108.
— Voy. Ali-ben Bubcar.
Hall (Nicolas), hérétique supplicié en Angleterre, I, 219.
Halland ou Halmstadt (Suède), II, 334.
Halle (Belgique, prov. du Brabant méridional), I, 204.
Haller, propagateur de la réforme à Berne, I, 195.
Halles ou Salles (Maroc). Voy. Salé.
Hallewyn (Corneille), hérétique supplicié à Anvers, I, 226.
Halot (Michel du Bourrouge, sgr du), capitaine catholique, VI, 244 et suiv.; VIII, 155.
Hallwin ou Halluin. Voy. Maignelay, Piennes, Roussoy.
Halmstad. Voy. Halland.
Ham (Somme), I, 71, 72, 76, 126; VIII, 225; IX, 63, 254, 300.
Hamadan. Voy. Ecbatane.
Hamalcanir, prince de Floride, III, 246.
Hambourg (Allemagne), VII, 266.
Hamel (N. du), capitaine huguenot, VI, 230.
Hamelin (Philibert), ministre protestant supplicié en Saintonge, I, 223.
Hamelle (Godefroy de), hérétique supplicié aux Pays-Bas, I, 216.
Hamila. Voy. Hanis.
Hamilton (maison de), III, 250; IV, 138, 143, 145, 146.
— (Claude), 4ᵉ fils de James Hamilton, 2ᵉ comte d'Arran, IV, 145.
— (Gawin), de la maison de Hamilton, IV, 145.
— (James), 2ᵉ comte d'Arran, duc de Châtellerault, régent d'Ecosse, I, 249, 353, 357; II, 356; III, 251-253; IV, 139, 145.

Hamilton (James), 3ᵉ comte d'Arran, fils aîné du régent d'Ecosse, I, 249, 353, 354, 356.
— (John), fils naturel de James Hamilton, 1ᵉʳ comte d'Arran, archevêque de Saint-André, IV, 138 n., 144.
— (Patrick), gentilhomme écossais, cousin du régent d'Ecosse, hérétique supplicié, I, 206.
— capitaine au service des Etats aux Pays-Bas, IX, 444.
Hamilton de Bothwel-Haugh, assassin du comte de Murray, IV, 138.
Hamon (Pierre), professeur d'écriture de Charles IX, secrétaire de la chambre de ce prince, III, 278.
— Voy. Haumont.
Hamond (Jean), hérétique supplicié à Glocester, I, 221.
Hampton (Angleterre, cant. de Middlesex), III, 264.
Hangest. Voy. Argenlieu, Genlis, Yvoy.
Hanis (?), petit-fils d'Abou-Hassoun, le dernier des Mérinides au Maroc, I, 110.
Hanséatiques (villes), VII, 261.
Hanx (Thomas), hérétique supplicié, I, 219.
Haradin-Barberousse. Voy. Barberousse.
Harambure (Jean de), baron de Picassary, sgr de Romefort, capitaine huguenot, II, 233; VI, 178; VII, 127, 140, 148 et suiv.; VIII, 4 et suiv., 51 et suiv., 66, 154, 158 et suiv., 205 et suiv., 256 et suiv.
Haraucourt (Jean-Antoine de Longueval, sgr de), IX, 62, 65 et suiv.
Hardeck (Ferdinand, comte de), gouverneur de Javarin (Hongrie), VIII, 369, 372.
Hardenberg (Hollande, prov. de l'Yssel supérieur), II, 350.
Harderwick (Hollande, prov. de Gueldre), IV, 152.

11

Hardon, chef morisque, III, 228.
Harfleur (Seine-Inférieure), VIII, 219; IX, 21.
Harie (la). Voy. Laharie.
Harlaut (Thomas), hérétique supplicié à Douvres, I, 222.
Harlay (Achille de), premier président au parlement de Paris, VIII, 36, 148; IX, 370.
— (Christophe de), sgr de Beaumont, président de chambre au parlement de Paris, I, 234.
— Voy. Champvallon, Monglas, Sancy.
Harle (Guillaume), hérétique supplicié en Angleterre, I, 220.
Harpedanne. Voy. Languillier.
Harris (Richard), hérétique supplicié en Angleterre, I, 224.
Harrisson d'Aye (Jean), hérétique supplicié en Angleterre, I, 224.
Hartrai. Voy. Hertré.
Harville (Jacques de). Voy. Palaiseau.
Harwood (Etienne), hérétique supplicié en Angleterre, I, 220.
Hasachi, femme chrétienne de Corfou, aimée d'Amurat III, IX, 206.
Hascen. Voy. Hassan.
Hassan, Hascen, Hazel, assassin de Mohammed-ech-Cheikh en 1557, I, 109.
Hassan, bacha de Damas, VI, 99, 105.
— bacha de Hongrie, II, 299.
Hassan-ben-Kheir-ed-Din, dey d'Alger de 1557 à 1566, II, 315.
Hasan-Haga, chef des pages du sérail de Soliman II, I, 338.
Hassan-Pacha, fils et successeur de Kheir-ed-Din, V, 49.
Hasselt (Hollande, prov. d'Over-Yssel), IV, 151, 152.
Hastings (Edouard). Voy. Huntington.
Hattem (Hollande, prov. de Gueldre), VIII, 123.
Hatuan (Haute-Hongrie), IX, 202, 221.
Haucourt (François de Mailly, sgr de Saint-Léger, de Rieux et d'), VI, 48; VII, 156.
Haultepenne (Claude de Berlaymont de), gouverneur de Nimègue, V, 333; VI, 296, 327, 332, 341; VII, 256, 258, 269, 270.
Haumont (N., sgr d'), capitaine protestant, II, 77, 274, 275; V, 56, 57.
Haussonville (African d'), sgr de Lenoncourt, bailli de Saint-Mihiel, VII, 225.
— (Jean, baron d'), gouverneur de Verdun, VII, 364, 365; IX, 42, 43, 52.
Hautbois (N. Saulais, sgr de), dit Saulais-Hautbois, capitaine ligueur, VI, 222 et suiv.; VII, 11, 131.
Hautefeuille (Jean Motier de la Fayette, sgr de), grand prieur d'Auvergne, II, 270, 272.
Hautefort. Voy. Lestrange, Thenon.
Hautefoye (corps de garde, dit de), à Poitiers, IX, 39.
Hautemer (Guillaume de). Voy. Fervaques.
Hauthploth, colonel allemand au service de la Ligue, VII, 224; VIII, 91.
Haux (faubourg des), à Tulle, VI, 220.
Havane (la), capitale de Cuba, II, 329; VIII, 388.
Havre (le) (Seine-Inférieure), I, 118; II, 81, 89, 151, 197 et suiv.; III, 42, 62, 249, 294; V, 110; VII, 226; IX, 21.
Havré (Charles-Philippe de Croy, marquis d'), V, 329, 332, 338; VI, 136.
Haye (la) (Hollande), V, 64; VI, 331; IX, 118, 262.
— (Pop de), hérétique supplicié en Angleterre, I, 203.

Haye-Descartes (la) (Indre-et-Loire), VII, 129.
Hayes (François de Goyet, sgr des), capitaine huguenot, IV, 246.
— (Des). Voy. Trelon.
Hayward (Thomas), hérétique supplicié, I, 220.
Hazar (Moulay). Voy. Nasser (Moulay), fils d'Abdallah-el-Ghalib-bi-Allah.
Hazard (boulevard du), à Jametz, VII, 363.
— (N.), capitaine huguenot, VII, 289.
Hazel, Hascen. Voy. Hassan.
Hebles. Voy. Vacaresse.
Hébert (Charles), secrétaire et complice du maréchal de Biron, IX, 364.
Hébreux (Epître aux), I, 138, 147.
Hécla (?) (Holstein), I, 358.
Hectink (régiment d'), aux Pays-Bas, IX, 249 et suiv.
Hector, docteur de Sorbonne, membre d'une mission protestante au Brésil, I, 118.
Hedding (Lucas), Aeddeink, gouverneur de Rhinberg, IX, 427.
Heder-Bacha, défenseur de Tunis, IV, 131.
Heenporte (fort de), près Nuys (électorat de Cologne), VI, 295.
Heeréport (tour de), à Groningue, IX, 243.
Heidelberg (grand duché de Bade), II, 14; III, 285, 357; IV, 55, 194; VI, 203.
Heiduques, fantassins croates, IX, 218 et suiv.
Heiligerlee (Hollande, prov. de Groningue), III, 256, 257.
Helling, colonel au service des Etats aux Pays-Bas, VI, 139.
Helmont (Hollande, prov. du Brabant septentrional), VI, 327.
Helmstadt (duché de Bade), II, 180.

Helsingborg (Suède), II, 179, 334, 337.
Helt (Mathieu), capitaine de l'armée de Maurice de Nassau, VIII, 393 et suiv.; IX, 256.
Hémard (Jean), président au parlement de Bordeaux, V, 181, 182, 190.
Hemelth, gouverneur de Venloo, VII, 261.
Hemeries (Jean d'), gentilhomme normand catholique, IV, 226, 239, 240; V, 360.
Hemert (Hollande, prov. de Gueldre), VIII, 131, 397.
Hemme (Holstein), I, 358.
Hendaye (Basses-Pyrénées), VI, 184.
Hennaarderadeel (Hollande, prov. de Frise), peut-être la localité appelée par d'Aubigné Anwerdeziel, VI, 325.
Hennequin (Aimar), évêque de Rennes, V, 109, VIII, 27, 196 et suiv.
— (Pierre), président au parlement de Paris, IV, 228 et suiv.
Hennin (Maximilien de). Voy. Boussu.
Henri Ier, roi de France, V, 314.
Henri II, roi de France, fait la paix avec Edouard VI, I, 39; en guerre avec Charles-Quint sur la frontière des Pays-Bas, 41-53; en guerre avec Charles-Quint en Italie, 55 et suiv., 62, 65; dupé par sa favorite Diane de Poitiers, 66; informé de la défaite de Saint-Quentin, 70; prépare la revanche de cette défaite, 71; crée le duc de Guise lieutenant-général, 72; visite ses conquêtes, 76; passe une revue de son armée, 79; cité, 89, 126; signe le traité de Cateau-Cambrésis, 126-128; supplice d'hérétiques à son entrée dans Paris en 1549, 213, 214; fait arrêter plusieurs membres du

parlement de Paris, 235; sa mort, 235-239; son éloge par Coligny, III, 309; vengeance de sa mort poursuivie par Catherine de Médicis contre Montgomery, IV, 238; sa mort rappelée par Montgomery, 264; requête des huguenots touchant les décrets rendus depuis sa mort, 363; obtient le bailliage de Crèvecœur au traité de Cateau-Cambrésis, 126; mort de son bâtard Henry d'Angoulême, VII, 85; fortifications de Stenay construites sur ses ordres, VIII, 346; cité dans l'édit de Nantes, IX, 453.

Henri II, roi d'Angleterre, IX, 231.

Henri III (Alexandre, plus tard Henri de Valois, 3e fils de Henri II et de Catherine de Médicis, duc d'Orléans, puis duc d'Anjou, roi sous le nom de), le frère de Castelnau lui sauve la vie à Amboise, I, 269; aux États d'Orléans, 304; les Guises tentent de l'entraîner à leur parti, 321; Charles IX, déclaré majeur, reçoit son hommage, II, 203; change son nom d'Alexandre en celui de Henri, 217; son rôle comme organisateur de parti rappelé, 219; son arrivée à Saint-Jean-Pied-de-Port, 219; état de son armée pendant la guerre civile de 1567, 256; cité, 261; ses exploits dans la campagne de 1568, 275 et suiv.; son gouverneur François de Kernevenoy, dit Carnavalet, 278; message de Jeanne d'Albret à son adresse, III, 11; fait occuper Saumur par le duc de Montpensier, 14; ses lettres au sieur de Martigues, 15; nommé lieutenant général du royaume, 15; dépêche Montsalez à Monluc, 30; rejoint son armée à Poitiers, 34; se dirige sur Pamproux, 35; rencontre les protestants à Jazeneuil, 36, 37; sa retraite sur Poitiers, 37; reprend Mirebeau, 38; sa retraite sur Chinon, 39; travaille à augmenter l'effectif de ses troupes, 40; s'avance vers Angoulême, 44; envoye la Rivière-Puytaillé se saisir de Jarnac, 45, 46; est attaqué à Anville, près Jarnac, 46; s'empare de Châteauneuf, 48; à la bataille de Jarnac, 49 et suiv.; témoin de la mort de Robert Stuart à Jarnac, 53; assiège Cognac, 55, 56; mouvement de ses troupes en Saintonge et en Angoumois, 56, 57; s'avance vers le Limousin, 60; au combat de la Roche-Abeille, 70 et suiv.; son inaction, 80; fait envahir la Navarre par Terride, 92, 93; fait entrer les ducs de Guise et de Mayenne dans Poitiers, 101; promet des secours pour la défense de Poitiers, 108; assiège Chatellerault, 109, 110; passe à Port-de-Piles, 112; attaqué par Soubise et Briquemault, 112; sa retraite sur Chinon, 113; ses gens tentent de faire tuer Coligny, 113; sa rencontre évitée par Coligny, 114; lève le camp de Chinon et se met en campagne, 116; sa marche sur Moncontour, 117; sa victoire à Saint-Clair 117 et suiv.; à la bataille de Moncontour, 121 et suiv.; ses succès après Moncontour, 132 et suiv.; marche sur Niort, 133; est rejoint à Niort par Catherine de Médicis et le cardinal de Lorraine, 134; assiège Saint-Jean-d'Angély, 135 et suiv.; arbitrages à lui confiés par l'édit de Saint-Germain, 269; bon accueil fait par lui à Coligny, 283; se retire à Paris, 286; impliqué dans un complot, 287; réflexions de Coligny à son sujet, 299; donne un festin à l'occasion du mariage de sa sœur avec Henri de Navarre, 303; accompagne Charles IX chez Coligny, 309; appelé au conseil la veille de la Saint-Barthélemy, 314; ses gardes massacrent Téligny, 321; retient les Guise à la cour, 340; lit devant la cour une lettre du duc de Montmorency, 341; accompagne Charles IX au lit de justice après la Saint-Barthélemy, 341; premières négociations au sujet de sa candidature au trône de Pologne, 361 et suiv.; écrit aux habitants de la Rochelle, 371; annonce de son arrivée à la Rochelle, IV, 4; sa lettre à La Noue, 6; devant la Rochelle, 6-9; ses pourparlers avec La Noue, 13; ouvre le feu contre la Rochelle, 17, 18; commande l'assaut, 19; appréciation d'un capitaine protestant sur son armée, 23; ses pourparlers avec la noblesse de la Rochelle, 25; ses conditions de paix rejetées par la Rochelle, 26; irrité de la résistance des Rochelais, 31; informé de son élection comme roi de Pologne, 32; casse les officiers du duc de Guise, 33; blessé devant la Rochelle, 34; envoie des troupes au marquis de Villars en Guyenne, 63; invite les réformés de Montauban à la paix, 63; négociations de son élection comme roi de Pologne, 64 et suiv.; son crédit dans l'armée excite la jalousie de Charles IX, 64; innocenté par Jean de Monluc du massacre de la Saint-Barthélemy, 65, 66; son panégyrique par les jésuites d'Ingolstadt, 66; efforts de Jean de Monluc pour le faire élire roi de Pologne, 69; élu roi de Pologne, 69 et suiv.; liste des délégués polonais chargés de l'accompagner en Pologne, 171, 172; loué par le légat du pape en France à propos de la Saint-Barthélemy, 86; précautions prises par lui pour la défense de Belle-Isle, 133, 134; rival en gloire du duc d'Albe, 165; fait entrer Biron dans la Rochelle, 175; son départ de la Rochelle, 176; reçoit les ambassadeurs polonais, 178; son aventure chez le prévôt de Paris, 179; mécontent de son élection, 182; son départ de Paris, 183; intrigues de sa mère pour retarder son départ, 188; son voyage de France en Pologne, 193 et suiv.; son arrivée en Pologne, 199; son entrée à Cracovie, 200 et suiv.; intrigues de sa mère pour lui assurer la couronne de France, 213; cité dans un mémoire justificatif du roi de Navarre, 232; son affection pour sa mère, 258; rappelé en France à la nouvelle de la mort de son frère, 262; son retour en France, 265 et suiv.; son passage à Vienne, 267, 268; à Turin, 269; ses opinions touchant la Réforme, 269, 270; son passage à Avignon, 274; ordonne l'exécution de Montbrun, 282; décidé à négocier la paix, 285-287; tentative avortée d'empoisonnement sur lui, 298-300; son départ d'Avignon, 301; à Lyon, 302; ses lettres au gouverneur de Lusignan, 319; rémission accordée par lui à Jean de la Haye, 334-336; ordonne son arrestation, 338; fait renforcer la garnison de Périgueux,

339; laisse à son frère le duc d'Alençon le nom de Monsieur, 348; rappelle de Saintonge les reitres d'Allemagne, 350; ses propositions de paix à la Rochelle, 356; mission confiée par lui avant son départ pour la Pologne au comte du Lude, 352; reçoit les députés huguenots à leur retour d'Allemagne, 361 et suiv.; sa réponse à leur requête, 365; ses négociations avec l'Angleterre et la Savoie, 366; son sacre et son mariage, 371; son désir de la paix, 373; ses offres au parti réformé, 377; fait lever une armée en Suisse, 389; ses espions à la cour, V, 6; ennemi de Marguerite de Valois, 6; rapports à lui faits par le duc de Guise au sujet du roi de Navarre, 9; ses entretiens avec Fervaques, 9; informé de la fuite du roi de Navarre, 13; ses troupes battues par Lavardin, 16; sa déchéance proclamée en Pologne, 26 et suiv.; opposé au mariage du duc d'Alençon avec Élisabeth d'Angleterre, 30; demande de secours à lui adressée par le vaïvode de Moldavie, 32, 33; exploits de l'empereur de Moscovie lors de son élection au trône de Pologne, 75; ses engagements au traité de Monsieur, 76 et suiv.; ses négociations en Suisse, 80; requête à lui adressée par les Parisiens, 80 et suiv.; ses reproches à Claude Marcel, prévôt des marchands, 83; sa conduite à l'égard du duc d'Alençon, 84, 85; ses commissaires à Angoulême, 88; messages à lui adressés par le roi de Navarre et le prince Casimir de Bavière, 93; cité dans le manifeste des habitants de Péronne, 99 et suiv.; cité dans leur serment, 99 et suiv.; message des parlements auprès de lui, 110; plaintes des réformés, 111; ses manœuvres pour détacher son frère du parti réformé, 115; remontrances à lui faites par Damville, 117, 118; sa politique en Dauphiné, Provence et Languedoc, 118; ses faveurs aux protestants expliquées par les catholiques, 120, 121; le traité de Monsieur approuvé par les protestants, 121; ses conseillers jugés par Condé, 124; son refus du protectorat de Flandre et d'Artois et de la seigneurie de Gênes rappelé par Condé, 125; confiance qu'il inspire à La Noue, 128; remontrances à lui adressées par les réformés, 132-134; aux États de Blois, 136 et suiv.; loué par le chancelier de Birague, 145; remercié par les représentants des trois ordres, 145; ses demandes de subsides au tiers état, 145; fait signer le serment de la Ligue, 147; remontrances des habitants d'Amiens, 147; plaintes du tiers état touchant la gestion de ses finances, 148; exhortations qui lui sont faites par le clergé, 149; loué par Versoris au nom du tiers, 149; sa réponse à Versoris, 157; harangué par le baron de Mirambeau, 158, 159; mécontent de l'opposition des Bordelais à l'entrevue de Cognac et de la prise du Pont-Saint-Esprit par le sieur de Luynes, 161; remontrances à lui adressées par les députés de Paris, 162 et suiv.; ses propositions au roi de Navarre, 174; ses promesses touchant la religion réformée lors de son sacre en Pologne, 175; cité dans la réponse de Damville aux

TABLE DES MATIÈRES. 167

Etats de Blois, 178 et suiv.; cité dans le discours de Montpensier aux Etats, 180, 181; requête à lui adressée par le tiers, 181 et suiv.; nouvelle requête à lui présentée, 188, 189; aliénation de partie de son domaine, 190; essai de réconciliation entre lui et le duc de Montmorency, 195; fidélité de Damville envers lui affirmée puis niée, 198, 199; ses desseins exposés par d'Aubigné, 203 et suiv.; état des forces qu'il remet au duc d'Anjou, 229 et suiv.; ses manœuvres contre le duc de Guise et le duc de Mayenne, 234; donne une compagnie au sieur de Palaiseau, son favori, 269; envoie des Suisses au siège de Brouage, 278; ses lettres au duc de Mayenne, 288, 289; cité, 295; demandes de paiement à lui adressées par Jean-Casimir de Bavière, 304; ses négociations aux Pays-Bas, 304; harangué par le docteur Beutterich, député de Jean-Casimir de Bavière, 305; sa réponse, 307, 308; ses négociations en Allemagne, 308-312; son changement de caractère, 341 et suiv.; ses fondations religieuses, 343 et suiv.; pamphlet contre lui, 346; ses aventures amoureuses à Lyon, 347 et suiv.; ses amours infâmes, 359; ennemi de Marguerite, sa sœur, 383; son autorité menacée par la Ligue, 385; la ville de la Fère accordée par lui au prince de Condé, VI, 49; ses prodigalités, 52, 53; sollicité en faveur des assiégés de Ménerbes, 68; liberté qu'il laisse aux ministres protestants, 70; conduite de ses mignons, 72 et suiv.; disgracie Saint-Luc, 73 et suiv.; charge le duc d'Anjou de négocier la paix, 95; son élection au trône de Pologne rappelée, 133; exige la reddition de Montaigu par les protestants, 156; son ingérence dans les affaires du Portugal, 161; soupçonné par la Ligue de connivence avec le roi de Navarre, 169; ses outrages à sa sœur Marguerite, 170; le défi du roi de Navarre à son adresse, 171, 172; cité dans le manifeste du cardinal de Bourbon, 177; son message au roi de Navarre touchant Mont-de-Marsan, 187; sa responsabilité dans l'assassinat de Bussy d'Amboise, 192; désavoue la Ligue, 194 et suiv.; son nom acclamé à Marseille, 197; traité d'hérétique à Lyon, 198; se rapproche du duc de Guise contre les huguenots, 199 et suiv.; manifeste du roi de Navarre à son adresse, 201 et suiv.; attaqué par le roi de Navarre dans l'assemblée de Guitres, 206; ses pratiques religieuses, 236; ses alliés et ses ennemis à l'étranger, 237; attentats découverts contre lui, 238 et suiv.; pamphlets contre lui, 238 et suiv.; son courage avant qu'il fût roi rappelé, 240; ses harangues au Parlement et au Louvre, 241; Du Halot se réclame de lui pour justifier son entreprise sur le château d'Angers, 246; son accord avec la Ligue, 251; son édit de juillet, 272, 273; son message à Montmorency, 279; persuadé de se rapprocher des princes protestants d'Allemagne, 282; engagé dans des négociations avec le roi de Navarre et les Pays-Bas, 283; soutenu par Grégoire VII, 284; engagé par sa mère à rentrer dans la Ligue, 284; menacé par la conjuration de Salcède, 290; ses vues sur les Pays-Bas, 291; engagé dans les négociations d'Élisabeth avec son frère, 333; travaille à la réconciliation de son frère avec le prince d'Orange, 347; son représentant aux États de Flandre, 355; son attitude en face de la Ligue, 368; nature des accusations portées contre lui par la Ligue, VII, 4; ses intentions discutées par les courtisans, 57; cité à propos de la prise de d'Aubigné, 58; promoteur des conférences de Saint-Brice, en Charente, 60; condition imposée par lui à sa réconciliation avec le roi de Navarre, 64; plaisanterie faite sur son compte lors de la reprise de Castillon par les réformés, 83; sa passion pour Renée de Rieux de Châteauneuf, 86; cité, 90; envoi du duc de Joyeuse en Languedoc, 101; son voyage à Lyon, 102; sa passion pour les chiens et les miniatures, 102; son projet d'envoyer le duc de Joyeuse en Poitou, 107; ses négociations en Poitou, 108; dépêche le duc de Joyeuse en Poitou, 117; s'entremet pour le mariage de celui-ci, 117; ses dépenses pour le ballet de Circé, 118; ambition de son beau-frère, le duc de Joyeuse, 119; le comte de Soissons abandonne son parti, 129; refroidissement entre lui et Joyeuse, 133; instructions qu'il charge Matignon de transmettre à Joyeuse, 134; cité, 157; informé du désastre de Coutras, 167; ses différends avec Joyeuse et son entrevue avec lui à Meaux, 168, 169; son séjour à Gien, 170; ravitaille la Charité, 179; opposé à l'armée allemande, 181; son accueil aux ambassadeurs suisses, 184, 185; ses négociations avec les reîtres après la victoire d'Auneau, 189, 191; soutient les intérêts de Mlle de Bouillon, 196; sommé par les ligueurs d'adhérer à la Ligue, 197; il obéit à cette sommation, 199; La Noue obtient de lui l'autorisation de prendre la défense des droits de Mlle de Bouillon, 205; ses projets de voyage en Poitou et en Dauphiné, 207; supplié de revenir à Paris, 208; pasquil à lui attribué contre Pierre d'Espinac, archevêque de Lyon, 209; froid accueil qu'il fait au duc de Guise à son arrivée à Paris, 210, 211; donne l'ordre à Biron de faire entrer des troupes à Paris, 212; jugement porté par lui sur le comte de Brissac, 213; sa sortie de Paris, 215; apprend l'échec de l'entreprise du duc de Mayenne sur Lyon, 216; sa circulaire aux gouverneurs du royaume, 217; curieuse ambassade à lui envoyée à Chartres par les Parisiens, 218; requête à lui présentée par les princes catholiques, 219; réponse qu'il y fait, 219, 220; sa réponse à la députation du parlement de Paris, 220, 221; se rapproche de la Ligue, 224; son séjour à Chartres, 226; il y reçoit la visite du duc d'Épernon, 227; discrédité à Rome, 230; ses négociations avec Élisabeth, 232; son édit d'union, 279 et suiv.; ses anxiétés, 287, 288; son indolence, 301; se réjouit de la défaite de l'*Invincible Armada*, 301; ses promesses touchant la convocation des États, 301; nomme le duc de Guise lieutenant général de ses armées, 302; nominations

TABLE DES MATIÈRES. 169

faites par lui des chefs de la Ligue à divers postes, 303 ; modifications faites dans son conseil et son entourage, 304 et suiv.; aux Etats de Blois, 315 et suiv.; ses actes jugés par le roi de Navarre, 343 ; informé à Blois des dispositions du roi de Navarre, 345 ; prend parti dans les négociations du mariage de Mlle de Bouillon, 366 ; aux Etats de Blois, 379 et suiv.; fait assassiner les Guises, 386 et suiv.; la nouvelle envoyée par lui à Saint-Jean-d'Angély, VIII, 2 ; tente de s'attacher le duc de Nevers, 13 ; la duchesse d'Angoulême s'entremet entre lui et le roi de Navarre, 18 ; ménage la Ligue, 20 ; sa conduite privée, 21 ; ses lettres à Mayenne, 23 ; marche de ses troupes sur Orléans, 24 ; invectives des Jésuites à son adresse, 25 ; concessions faites par lui pour se regagner les Parisiens, 25 ; abandonné à Bourges par La Châtre, 26 ; Montbarot essaye de regagner Rennes à sa cause, 30 ; Poitiers lui ferme ses portes, 32 ; sa réconciliation avec le roi de Navarre mentionnée, 32 ; Brouage se déclare pour la Ligue contre lui, 34 ; haines soulevées contre lui à Paris, 36 ; se retire à Tours, 37 ; son accord avec le roi de Navarre, 38 et suiv.; son entrevue avec celui-ci au Plessis-lès-Tours, 39 et suiv.; sa réconciliation avec d'Antragues, 42 ; menacé à Tours, 42 ; adopte l'écharpe blanche, 45 ; averti des menées du duc de Montpensier, 46 ; informé du siège de Senlis par le duc d'Aumale, 47 ; craintes qui le retiennent à Tours, 51 ; sa promesse de quitter la ville, 54 ; approuve tacitement la clôture des Etats de Blois, 55 ; sollicité de se rendre à Paris, 57 ; diffamé à Paris, 57 ; visité à Tours par le roi de Navarre, 61 ; à la prise de Jargeau, 62, 63 ; à Etampes, 64, 65 ; son entrevue avec le roi de Navarre à Chartres, 66 ; à Poissy, 67 ; au siège de Pontoise, 67 et suiv.; au siège de Paris, 70 et suiv.; sa mort, 73 et suiv.; conséquences de sa mort, 79 et suiv.; émoi causé par sa mort, 88 ; son retour de Pologne par la Savoie, rappelé, 92 ; ses relations avec la Savoie, 93, 94 ; ses négociations en Suisse, 96 ; texte de la trêve faite en 1589 entre lui et le roi de Navarre, 133 et suiv.; réjouissances à sa mort, 147 ; ses rapports avec Bernard Palissy, 151 ; cité, 154 ; résultats de sa mort, 166 ; son entente avec le roi de Navarre, rappelée, 169 ; requête de la reine contre ses assassins, 176 ; cité, 180 ; discrédité par la Ligue, 180 ; cité, 211 ; exploits de la garnison de Poitiers lors de sa mort, 227 ; son édit de pacification confirmé par Henri IV, 248 ; responsabilité de son assassinat rejetée sur le pape, 249 ; cité, 331 ; décrié par la Ligue, 325 ; ses partisans à Rome, 376 ; cité, 417 ; servi par le fils de l'amiral de Coligny, IX, 11 ; sa mort mentionnée, 18 ; sa trêve avec le roi de Navarre mentionnée, 76 ; son attitude vis-à-vis des partisans du roi de Navarre, 77 ; sa mort rappelée, 80 ; ses relations avec le comte du Bouchage, 103 ; son intention de faire entrer le roi de Navarre dans son conseil, mentionnée, 288 ; ses projets d'union avec Catherine de Bourbon, 302; servi par La Fin, 313; protecteur de Genève, 315; ses faveurs au duc de Longueville, 353; sa mort rappelée, 461; allusion à sa conduite privée, 476.

Henri IV, roi de Navarre, puis roi de France, sa naissance mentionnée, I, 8; cité, 9; élevé à la cour des Valois, 11, 12; dévouement qu'il inspire aux capitaines, 14; sa naissance, 24; recommandé par son père mourant à Raphaël de Taillevis, seigneur de la Mézière, II, 85; son acte d'hommage à Charles IX, 203; projet d'enlèvement de ce prince, 294; son passage à Archiac (Charente-Inférieure), allant à la Rochelle, III, 10; son séjour à Saintes après la bataille de Jarnac, 55; objet des délibérations des chefs de son parti, 56; présenté aux troupes par sa mère à Tonnay-Charente, 57; serment qu'il prête comme général en chef de l'armée confédérée, 58; résolu à favoriser l'entrée en France du duc de Deux-Ponts, 61; sa retraite à Niort après la bataille de Moncontour, 129; son entrée à la Rochelle, 130; son départ pour Saintes, 131; réponse de ses partisans assiégés dans Saint-Jean-d'Angély, 137; informé des négociations entamées à Saint-Jean-d'Angély, 139; rejoint par Piles au delà de la Dordogne, 143; appelé à négocier avec Charles IX, 143; son passage à Argentat (Corrèze), 147; encourage la résistance de Nîmes, 154; sa campagne dans le midi de la France, 156 et suiv.; réorganisation de son armée, 161; suite de sa campagne dans le midi et son passage du Rhône, 165 et suiv.; rejoint l'amiral de Coligny en Vivarais, 170; au combat d'Arnay-le-Duc, 175 et suiv.; son avènement au trône de France annoncé, 271; premières négociations de son mariage avec Marguerite de Valois, 274, 280; son voyage en Béarn, 280; conclusion de son mariage, 288; testament de sa mère, 291; sa réponse aux avertissements de ses amis de se méfier de Charles IX, 300; son arrivée à Paris, 300; ses fiançailles au Louvre, 301 et suiv.; ses doléances à Charles IX lors de l'attentat de Maurevel, 307; débat engagé sur lui dans le conseil du roi la veille de la Saint-Barthélemy, 312; ses serviteurs voués à la mort, 313; fait garder le logis de Coligny, 315; déclarations à lui faites par Charles IX, 325; le roi le reconnaît pour allié, 333; assiste le 26 août au lit de justice où Charles IX se justifie de la Saint-Barthélemy, 341; ses souvenirs sur Charles IX, 356, 357; inquiétudes qu'il cause à Charles IX, 357; efforts de celui-ci pour obtenir son abjuration, 359; contraint d'abjurer, 360; obligé d'assister au supplice de huguenots, 367; cité, 368; sa lettre aux Rochelais, 371; nouvelle de son arrivée à la Rochelle, IV, 4; son arrivée devant la Rochelle, 7; son avis sur le tiers parti, 30; sa promenade autour des remparts de la Rochelle, 34; sa lettre au pape, 89; son aventure chez le prévôt de Paris, 179; sa vie menacée, 212; impliqué dans le complot de La Molle et Coconat, 222 et suiv.; cité, 238; ses relations avec Fervaques, 244; mandé par Charles IX mourant, 259; cité, 275; ses déclarations touchant Saint-Nicaise, 300; scène curieuse dont il est témoin au coucher de la Reine, 300, 301; sa conduite à la guerre, 313; cité, 318; ses relations avec Jean de la Haye, lieutenant général en Poitou, 334; cité, 361; sa situation à la cour de Henri III, 372 et suiv.; ses relations avec la dame de Sauves, 373; envoie sa maison et ses gardes à la rencontre de l'armée allemande vers Dormans, 380 et suiv.; sa tentative de fuite de la cour, V, 1-6; nouveaux projets de fuite, 7-9; sa fuite, 9 et suiv.; son message au duc d'Alençon, 14; son éloge par d'Aubigné, 15; son arrivée à Saumur, 15, 16; sollicité de ne point se déclarer pour le parti réformé, 16; rejoint à Saumur par les forces de la Rochelle, 24; compris dans le *Traité de Monsieur*, 84; donne rendez-vous à sa sœur à Niort, 85; son entrée à la Rochelle, 86 et suiv.; son séjour à Périgueux, 87; l'entrée de Bordeaux lui est refusée, 89; sa réception chez Lauzun, 90; son passage à Agen et à Villeneuve-sur-Lot, 91; décrié à la Rochelle, 92; abandonné par Fervaques, 93; son passage à Cadillac, 95; ses menaces aux Bordelais, 95; son arrivée à Nérac, 96; pressé de se rendre aux Etats de Blois, 116; nom donné par lui à l'Académie de Bourges, 117; ses messages à Henri III, 118; à Condé, 118; averti par d'Aubigné de la prise d'armes de Picardie, 118; ses plaintes contre les agissements de Luynes et Villars en Gascogne, 119; justifie sa conduite en Gascogne, 119, 120; prise d'armes en son nom, 125; d'Aubigné envoyé par lui en Artois, 127, 128; se résout à prendre les armes, 131-133; message à son adresse des Etats de Blois, 146, 147; dessein de Catherine de Médicis de l'amener à Blois, 161; reconnu comme chef du parti réformé par les Rochelais, 162; cause de son refus d'assister aux Etats de Blois, 168; cité, 169; au siège de Marmande-sur-Garonne, 170 et suiv.; son départ de Casteljaloux, 173; reçoit à Agen les députés des Etats de Blois, 174; sa réponse, 175 et suiv.; ses revendications touchant la Navarre espagnole, 176; sa protestation contre les Etats de Blois, 177; son entente avec Damville et Condé, 179; ses propositions aux Etats de Blois, 179-180; son entrevue à Agen avec le duc de Montpensier, 180; Biron envoyé auprès de lui par la cour, 184, 185; échec de ses troupes devant Saint-Macaire (Lot-et-Garonne), 185 et suiv.; réponse des députés de Bordeaux à ses remontrances, 190; Poitiers assuré de son alliance, 191; engage Condé à lever le siège de Mirambeau, 193; confie à d'Aubigné le soin de pénétrer les intentions de Damville, 196 et suiv.; calomnies répandues contre lui, 199 et suiv.; sa lettre à Joyeuse, 199 et suiv.; loué par d'Aubigné, 204; sa pauvreté, 205; sa cause habilement soutenue auprès de Damville et Bellegarde, 207 et suiv.; signe une trêve avec Montpensier, 212; son voyage à Pau, 212;

informe Condé des conférences de Bergerac, 219; villes de Gascogne en son pouvoir, 221; ses partisans parmi les catholiques, 222; marche au secours de Mirande, 222; se retire à Jégun (Gers), 222; défections dans son parti, 223; ses chirurgiens auprès de Turenne, 225; son message à Lavardin au siège de Villefranche en Périgord, 225 et suiv.; délégation à lui envoyée par les réformés du Vivarais, 234; divisions dans son entourage, 235; ses propositions à Lavardin, 235; son intervention dans le différend de celui-ci avec La Noue, 237; ses faveurs aux catholiques de son parti, 237 et suiv.; départ de sa cour de d'Aubigné, 247; son passage sous les murs de Beaumont-de-Lomagne, 248, 249; en marche sur Montauban, 249; à Bayonne, 253, 254; à Bergerac, 254; confiance des Rochelais dans le succès de ses négociations, 256; poursuit la négociation de la paix, 264; cité, 291; en marche vers Montguyon, 294; son entrevue avec François de Châtillon à Bergerac, 298; dépêche La Noue à Thoré, 302; propositions du docteur Beutterich pour l'amener à la paix, 305; ses engagements à la paix de Bergerac, 340; son départ d'Agen pour Lectoure, 351; son entrevue avec Catherine de Médicis à la Réole et à Auch, 355; s'empare de Fleurance (Gers), 357; aux conférences de Nérac, 358; intrigues de la reine-mère pour lui ôter ses droits à la couronne de France, 359; son entrevue avec Marguerite, sa femme, 362; ses députés aux conférences de Montauban, 362 et suiv.; à Foix, 365; sévit contre les violateurs de la paix, 367; aux conférences de Montauban, 368 et suiv.; à Nérac, 369; son intimité avec le baron de la Boulaye, 371; informé d'une entreprise sur Limoges, 376; ses plaintes contre les violateurs de la paix, 381; son séjour à Pau, 381, 382; ses relations avec Françoise de Montmorency-Fosseux, 383; décidé à reprendre les armes, 384 et suiv.; refus des Rochelais de le soutenir, VI, 5; surpris des insuccès de son parti, 8; son entreprise sur Cahors, 9 et suiv.; s'empare de Beaumont-de-Lomagne, 18; se jette dans Tonneins, 19; ses projets exposés par Constans à l'assemblée de Sommières, 22; désir manifesté par Villiers d'embrasser son parti, 30, 31; se ravisant, il s'y refuse, 38; dépêche Turenne en Languedoc, 42; adhésions diverses à son parti, 43; retiré à Nérac, 44; efforts de la reine-mère pour détacher Condé de son parti, 48; consent à l'occupation de la Fère par Condé, 49; en désaccord avec Condé, 53, 93, 94; ses messages à Condé, 146; voyage du duc d'Epernon à sa cour, 147; consulté sur l'élection d'un chef du parti réformé en Dauphiné, 152 et suiv.; convoqué à Libourne par le duc d'Anjou, 154; accusé par les Languedociens d'avoir seul bénéficié du traité de Fleix, 155; à Cadillac, 158; sa liaison avec Diane d'Andouins, 159; cité dans un entretien de Marguerite de Navarre avec d'Aubigné, 160, 161; cité, 163; loué par d'Aubigné en présence de l'ambassadeur de Portugal, 164; message de d'Aubigné à son adresse relatif aux propositions du Portugal, 166; son départ de Hagetmau (Landes), 166; son passage à Bordeaux, 166; son entrevue avec le comte de Vimioso, connétable de Portugal, à Coutras, 167; à Montauban, 168, 169; soupçonné par la Ligue d'intelligence avec Henri III, 169; se sépare de sa femme qui se rend à la cour, 169; exige de Henri III réparation pour les outrages faits à sa femme à Paris, 170, 171; contestation de ses droits à la couronne, 175; échappe à la tentative d'assassinat de Gabarret, 178 et suiv.; les desseins formés contre lui par le capitaine Loto, 182 et suiv.; reprend Mont-de-Marsan, 187 et suiv.; messages à lui adressés par Henri III relatifs à la Ligue, 194; son manifeste à Henri III, 201 et suiv.; propose un duel au duc de Guise, 204; à Montauban, 205; à Guitres (Gironde), 205; son discours aux chefs du parti assemblés en cette ville, 205-212; rejoint en Gascogne par des capitaines réformés, 213; ses négociations avec le maréchal de Matignon, 243; cité, 259; sa rivalité avec Condé, 275; attaqué par Matignon sous les murs de Nérac, 276 et suiv.; dispositions du maréchal de Montmorency à son égard, 279; ses négociations avec le duc d'Epernon, 283; ses négociations avec l'Espagne, 286 et suiv.; son entrevue avec Catherine de Médicis à Saint-Brice mentionnée, 288; son excommunication mentionnée, 309; caution du traité de La Noue avec le duc de Parme, 363; rigueurs du parlement de Bordeaux à son égard, après l'édit de juillet 1585, 365; son appréciation sur la guerre des Pays-Bas, 371; promesse qu'il fait à d'Aubigné, 373; récit de ses exploits par d'Aubigné mal accueilli par les Jésuites, VII, 4; son apologie, 5; attentats à ses jours mentionnés, 6; entrée en campagne contre lui du duc de Mayenne, 8 et suiv., 22 et suiv.; ses relations avec Jean de Ferrières, vidame de Chartres, 32; à Montauban, 39; devant Langon (Gironde), 41; d'Aubigné désigné comme un de ses écuyers, 42; contraint Matignon à lever le siège de Castets, 43; porte secours à Monségur (Gironde), 45, 46; quitte la Gascogne, 46; son entrevue à Pau avec la comtesse de Guiche, 47; à Eauze, 47; à Nérac, 47; entre Buzet et Damazan (Lot-et-Garonne), 47; à Marmande, à Eymet, à Sainte-Foy-la-Grande, 47; son départ pour Brouage, 50; ordres envoyés par lui à Charbonnières, à Lusignan, méconnus, 52; défenseur de Marans, 53 et suiv.; à la conférence de Saint-Brice, 60 et suiv.; trait de loyauté de ce prince, 63; propos qui lui est tenu par le duc de Nevers à la Rochelle, 64 et suiv.; son crédit à la Rochelle, 64 et suiv.; trompé par la reine-mère à Saint-Brice, 68; son départ de Bergerac pour la Rochelle rappelé, 71; menacé par le duc de Mayenne, 71; fait entrer des troupes dans Castillon (Gironde), assiégée par Mayenne, 73; approuve la capitulation de cette ville, 79; ses troupes assiégées à Moncrabeau (Lot-et-Garonne), 81; mande auprès de lui le sieur d'Allins, 83; son extrême pauvreté, 108; son départ de la Rochelle, 109; au siège de Talmont, 109; s'empare de Chizé et de Sanzay (Deux-Sèvres), 110; de Saint-Maixent, 111; de Fontenay-le-Comte, 111; de Maillezais, 114; de la Gamache, 116; informé des dépenses folles faites par la cour pour le ballet de Circé, 118; abandonné par Lavardin, 119, 120; à Marans, 123; perd Maillezais, 124; à la Châtaigneraye (Vendée), 127; à Airvault (Deux-Sèvres), 127; à Saint-Marsault (Deux-Sèvres), 128; harcèle l'infanterie du duc de Joyeuse, 129; entrée du duc de Soissons dans son parti, 129; à Montsoreau (Maine-et-Loire), 130; menacé par Joyeuse, 133; à la Rochelle, 134; poursuivi par Joyeuse, 134 et suiv.; à Montlieu (Charente-Inférieure), 135; sa mort résolue dans le conseil de Joyeuse, 137; à Coutras, 138; à la bataille de Coutras, 140-160; son voyage en Béarn, 161; ses promesses à Condé, 162; son message à l'armée d'invasion allemande, 179; ambassadeurs suisses envoyés vers lui, 185; héritier conditionnel du duc de Bouillon, 195; son sang-froid, 207; cité, 219; ses négociations en Allemagne, 221; ses prévisions touchant les résultats de l'invasion allemande, 223; consulté par Elisabeth lors du procès de Marie Stuart, 249; acharnement de ses adversaires, 288; à Marans, 292 et suiv.; s'empare du fort du Brault, 298; de Marans, 299, 300; son exclusion de la couronne de France, 303, 304; son allié prétendu, le duc d'Epernon, 309; menacé par Mercœur, se jette en Poitou, 331; vainqueur de Mercœur près de Poitiers, 333; à la Rochelle, 334; s'empare de Beauvoir-sur-Mer, 335 et suiv.; son entretien avec Turenne à Agen, 335; à Doué (Maine-et-Loire), 338; assiège Clisson, 338; à Secondigny et à Machecoul, 338; réunion de son conseil à Saint-Gervais (Vendée), 341; sa campagne en Poitou, 342; à l'assemblée de la Rochelle, 343 et suiv.; reproches à lui faits de favoriser les capitaines catholiques de son entourage, 344; mort de deux de ses enfants naturels, 344, 345; déchu de ses droits à la couronne de France, 345; cité, 355; approvisionne Montaigu (Vendée), 370, 371; ses ordres attendus à Montaigu, 374; ses reproches au sieur de Rusigny amènent la mort de celui-ci, 378; son abjuration rappelée, 380; son mémoire aux Etats de Blois, 380; déchu de ses droits à la couronne, 381; informé de l'assassinat des Guises, 398 et suiv.; fait assiéger Niort, VIII, 2; à Niort, 8; attendu à Maillezais, 10; s'empare de Saint-Maixent, 11; en marche sur la Garnache, 11 et suiv.; sa maladie à Champ-Saint-Père (Vendée), 14, 15; s'empare de Loudun, Thouars, l'Isle-Bouchard, 17; son union avec Henri III négociée par Diane de France, 18; sa réconciliation avec Henri III, 32, 38 et suiv.; son départ de Saumur, 39; au Plessis-lès-Tours, 39 et suiv.; à Maillé (Indre-et-Loire), 42; défenseur de Tours contre les ligueurs, 42; à Beaugency, 50; au combat de Bonneval, 54; à Tours, 54 et 61; maître de Châteaudun, 61; à Illiers, (Eure-et-Loir), 62; à Artenay (Loiret), 62; s'empare de Jargeau (Loiret), 62, 63; à Pithiviers, à Etampes, 64; en marche sur Paris, 65; à Arpajon et à Chevreuse, 65; son entrevue avec Henri III à Chartres, 66; à Poissy, 67; au siège de Pontoise, 67 et suiv.; au siège de Paris, 71 et suiv.; sa visite à Henri III blessé à mort, 76 et suiv.; son avènement, 79; son entrevue avec Biron, 80 et suiv.; sa réponse au sieur d'O, 85 et suiv.; son entrevue avec Givry, 87; son dernier entretien avec Henri III, 88; reconnu comme roi, 90; ses négociations en Allemagne, 91; opinion de Sixte-Quint sur lui, 109; texte de la trêve entre lui et Henri III, 133 et suiv.; sa déclaration touchant la trêve, 142 et suiv.; exécution fidèle des clauses de la trêve, 146; difficultés dont il a à triompher à la mort de Henri III, 147 et suiv.; son titre de roi de Navarre méconnu par le parlement de Toulouse, 149; sa harangue à son conseil, 152; son départ pour Compiègne, 153; ses négociations en Angleterre, 153; ses succès en Picardie et en Normandie, 154 et suiv.; menacé à Dieppe par Mayenne, 156 et suiv.; s'empare de Gamaches (Somme), 164; gourmandé par les catholiques de son entourage, 164; combats livrés autour d'Arques, 165; son union avec Henri III rappelée, 169; à Meulan, 170; à Châteaudun, 174; exécutions ordonnées par lui à Vendôme, 175; son arrivée à Tours, 176; ordonne l'instruction du procès de l'assassin de Henri III, 176; assiège le Mans, 177; à Laval et à Mayenne, 178; assiège Honfleur, 179; calomnié par la Ligue, 180; assiège Dreux, 181; sa victoire à Ivry, 182 et suiv.; assiège Paris, 194-212; pourvoit à la défense de Melun, 213; fait reprendre Corbeil, 216; à la poursuite des ducs de Parme et de Mayenne, 216 et suiv.; fait assiéger Chartres, 219 et suiv.; Corbie, Noyon, 222 et suiv.; à la poursuite du duc de Mayenne, 225; ses ordres pour la défense de Rouen, 225; ses troupes devant la Boucherie, 228; ses troupes au siège de Poitiers, 236 et suiv.; ses négociations en Allemagne, 242; mouvement en sa faveur à Paris, 243 et suiv.; ses édits de pacification, 248; fait assiéger Rouen, 250 et suiv.; battu à Aumale par le duc de Parme, 256 et suiv.; sa victoire à Yvetot sur le même, 267; à la poursuite du duc de Parme, 267 et suiv.; sa liaison avec Gabrielle d'Estrées, 269; s'empare d'Epernay, 270; autour de Paris, 270; échec de ses partisans en Berry, 279; mouvement en sa faveur à Paris, 297; son manifeste contre le duc de Mayenne, 301; s'empare de Dreux, 303; cité, 309; à Lyon, 312; à Saint-Denis, 314; fait déposer à Saint-Denis les drapeaux pris à l'ennemi, 319; comparé au duc de Mayenne, 322; à la Garnache, 323; son éloge, 325; ses ennemis, 326; ses faveurs aux Parisiens, 330; son changement de religion, 331 et suiv.; cité, 339; ses projets de mariage avec Gabrielle d'Estrées, 341; trêve générale entre lui et la Ligue, 344; détesté à Lyon, 344; son séjour dans le duché de Bouillon, 346; son changement de religion mentionné, 354; tentative d'assassinat contre sa personne, 354; maître de Meaux, 355; son édit de pacification, 356; allié d'Elisabeth, reine d'Angleterre, 366; ses alliés et ses ennemis en Italie, 375 et suiv.; accueil fait par lui à Antonio Perez, 378; message à son adresse d'Elisabeth, reine d'Angleterre, 390; ses engagements à la paix de Meaux, 408 et suiv.; son prestige va croissant à Paris, IX, 3; son édit relatif à la soumission d'Orléans, 4 et suiv.; acclamé à Bourges, 8; son sacre à Chartres, 9-11; défection et retour de Charles de Coligny, fils de l'amiral, 11; acclamé à Lyon, 11; son édit relatif à la soumission de Lyon, 12; ses négociations au sujet de la capitulation de Paris, 14 et suiv.; de Rouen et autres villes, 19 et suiv.; blessé par Châtel, 24; au siège de Laon, 30 et suiv.; déclare la guerre à l'Espagne, 41 et suiv.; ouverture de ses négociations avec le duc de Lorraine, 42; informé de la prise de Beaune, 47; sa victoire à Fontaine-Française, 53 et suiv.; son entrée à Lyon, 59; absous par le pape, 60; organise la défense de Doullens, 62-65; convoque les notables en Picardie, 70; envoie du secours à Calais, 71; son départ de Lyon, 75; sa trêve avec Henri III rappelée, 76-78; assiste à la messe, 80; convoque à Mantes une assemblée religieuse, 84; résolutions des réformés lors de son abjuration, 85-99; au siège de la Fère, 99 et suiv.; son accord avec le duc de Mayenne, 101; avec le duc de Nemours et le duc de Ferrare, 102; reçoit la soumission de Toulouse, 103; sa maladie à Travecy, 104; ses troupes au siège d'Issoire, 112; ses négociations avec l'Angleterre, 118; convoque une assemblée de notables à Rouen, 118; menacé par l'insurrection des Croquants, 121; s'empare d'Amiens, 128 et suiv.; sous les murs de Doullens et d'Arras, 144; succès de ses troupes en Piémont, 164 et suiv.; ses négociations en Allemagne, 196; reconnu à l'étranger, 197 et suiv.; sa déclaration de guerre à l'Espagne rappelée, 197 et suiv.; résultat de ses victoires pour la politique de Clément VIII en Italie, 229; absous par le pape qui intervient dans le traité de Vervins, 230, 231; allié de Maurice de Nassau, 256; reçoit la soumission de la Bretagne, 271 et suiv.; son entrevue avec la duchesse de Mercœur, 272; à Orléans, 272; à Angers, 273; requête des huguenots à son adresse, 274 et suiv.; aidé par le duc de Mercœur, 275 et suiv.; irrité contre le duc de Bouillon, 278; rupture de ses négociations avec le duc de Mercœur lors du siège d'Amiens, 280; en Bretagne, 280; à Nantes, 280; son habileté avec les réformés, 281; reproches que lui font les huguenots, 283 et suiv.; sa fermeté à leur égard, 288; héros de la *Décade* de Legrain, 289 et suiv.; accorde la paix aux réformés, 292; sa paix avec Mercœur et autres chefs ligueurs, 292;

à Blois, 292 ; opposition du parlement à l'enregistrement de ses édits, 293 ; sa réponse au sieur du Fresne sur les huguenots, 295 ; ses égards pour Henri II de Bourbon, prince de Condé, 295 ; ses rapports avec la duchesse de Beaufort, 296 ; confie les finances à Sully, 296 ; ses enfants naturels, 297 ; son dernier entretien avec Gabrielle d'Estrées, 297 ; conclut la paix avec l'Espagne, 298 et suiv. ; ses injonctions au duc de Savoie touchant le traité de Vervins, 301 ; le mariage de sa sœur, 302, 303 ; ses projets de mariage et son divorce, 305, 306 ; son accord avec le duc de Savoie touchant le marquisat de Saluces, 307 et suiv. ; son voyage en Lorraine mentionné, 308 ; son accueil au duc de Savoie, 309, 310 ; ses cadeaux de nouvel an au roi d'Espagne, 311 ; décrié par La Fin auprès de Biron, 313 ; ses négociations avec le duc de Savoie, 313 et suiv. ; sa déclaration de guerre au duc de Savoie, 317 et suiv. ; menacé par deux assassins, 317 ; son mariage avec Marie de Médicis, 318 ; à Lyon, 320 ; aux Angones (Isère), 323 ; s'empare de Chambéry, 324 ; son entrevue avec Catalagirone, général des Cordeliers, 325, 326 ; s'empare de Conflans (Savoie), 326 ; de Charbonnières (Savoie), 327 ; à Grenoble, 328 ; averti du complot et de la trahison de Biron, 330 ; au fort Sainte-Catherine, près Genève, 331 ; informé des négociations matrimoniales menées à Florence, 331 ; reconnaît plusieurs passages des Alpes, 332 ; ses réponses évasives au légat du pape à Chambéry, 333 ; à Moustiers, 334 ; au col du Cornet, 335 ; son entrevue avec Théodore de Bèze à Genève, 336 ; son mariage, 337 et suiv. ; ses relations avec la reine d'Angleterre, 351 ; son entretien avec le duc de Montpensier, 353 ; chassé du prêche à Dieppe, 358 ; ses sentiments religieux, 358 ; ses démarches pour la conversion de sa sœur, 362 ; son entrevue avec Biron, 362 ; la trahison de Biron lui est confirmée, 364 et suiv. ; en Poitou, 365 ; à Fontainebleau, 366 ; sa fermeté à l'égard de Biron, 371 ; ses lettres patentes en faveur des Genevois, 373 ; son héroïsme à Cahors rappelé, 382 ; son mécontentement lors de la tentative d'escalade de Genève, 383 ; nouveaux détails sur les négociations de son mariage, 384 ; les ambassadeurs du pape, de Florence et d'Espagne essaient de le faire sévir contre les réformés, 383 ; influencé par son confesseur Cotton, 384 ; son ambassadeur près des Etats de Hollande, 385 ; son ambassadeur à Constantinople, 390 ; son intervention à Chio, 400 ; son édit de Nantes, 450 et suiv. ; ses derniers jours, 455 et suiv. ; son prestige, 457 ; sa famille, 458 ; sa crainte des Jésuites, 460 ; épisode de son passage à Moncontour, 461-464 ; ses pressentiments, 464 ; sa passion pour la princesse de Condé, 465 ; son grand dessein, 466 et suiv. ; assassiné par Ravaillac, 471 et suiv.

Henri VIII, roi d'Angleterre, I, 33, 36-39, 41, 195.

Henri, roi de Portugal, IX, 460.

Henri de Portugal (le cardinal), oncle de Sébastien, roi de

Portugal, VI, 110, 122, 125, 128.
Henri (Jacques), seigneur de la Maisonneuve et de Moussidun, maire de la Rochelle, III, 383.
Henri, hérétique supplicié en Angleterre, I, 209.
Henriaye, gentilhomme breton, VII, 350 et suiv.
Henriquez (Don Pedro). Voy. Fuentès.
— (Léon), jésuite, VI, 126.
Hephurn. Voy. Bothwell.
Heque (Louis de), hérétique supplicié en Flandre, II, 339.
Hérail-Pagès. Voy. Porcairez.
Hérard, ingénieur employé au siège d'Amiens, IX, 134.
Héraugière. Voy. Hérauguières.
Hérauguières (Charles de), gentilhomme du Cambrésis, lieutenant de Maurice de Nassau, VIII, 393 et suiv.; IX, 245, 247.
Herbemont (château de), dans les Ardennes, I, 76.
Herbergement (l') (cant. de Rocheservière, Vendée), VI, 7 n., 69, 77.
Herbesting (le comte de). Voy. Eberstein.
Herbiers (les) (Vendée), VII, 328 et suiv.
Herbignac (Loire-Inférieure), IX, 179.
Hercule, VI, 370.
Hercules, ingénieur au service du parti catholique, VII, 77.
Hercules (Pierre de Theys, seigneur d'). Voy. La Coche.
Herden (Thomas), « baron de Slavonie, » VIII, 368.
Heredia (Don Diego de), chargé de la garde d'Antonio Perez, VIII, 385.
Herenthals (prov. d'Anvers, Belgique), VI, 349; IX, 252-254.
Héricourt (Oise), VIII, 70.
Hérissart ou Héroisart, capitaine espagnol aux Pays-Bas, VI, 142.
Herlin (Marc), receveur des tailles à Lyon, II, 134.
Herman Van Ens. Voy. Van Ens.
Herman (Dirik), hérétique supplicié en Angleterre, I, 219.
Hermance-Genost (N., baron d'), gouverneur du Chablais, VII, 229, 359; VIII, 103, 362 et suiv.
Hermann (le comte). Voy. Berg.
Herme (Simon), hérétique supplicié en Flandre, I, 227.
Hermitage (château de l'), sur le mont Salève (Haute-Savoie), VIII, 358.
Hernandez (Julian), hérétique supplicié à Séville, I, 350.
Héroisart. Voy. Hérissart.
Héronnière (la) (Hollande, Brabant septentrional), VIII, 394.
Herrera (N. de), colonel espagnol, III, 229.
Hertré (René de Saint-Denis, seigneur de), gouverneur d'Alençon, VIII, 56, 178.
Hervaut (Honorat Ysoré, baron d'), gouverneur de Blaye, VI, 30.
Hervet (Gentien), controversiste catholique, I, 164.
Hervilé (N., seigneur d'), capitaine huguenot, VI, 50, 52.
Hervilliers (N., seigneur d'), capitaine catholique, III, 192; VI, 222, 224 et suiv.
Hervin (Jean), hérétique supplicié en Flandre, I, 227.
Hesdin (Pas-de-Calais, bailliage de), I, 126.
— (ville de), I, 44, 47.
Hesse (bandes de), à la bataille de Moncontour, III, 121 et suiv.
— (maréchal de). Voy. Roltzhausen.
— (Guillaume IV, landgrave de), fils de Philippe le Magnanime, III, 215; IV, 198; V, 310 et suiv.; VI, 237.

Hesse (Guillaume de Horn, sgr de), gouverneur de Maestricht, V, 73 ; VI, 143.
— (Maurice, landgrave de), fils de Guillaume IV, IX, 299, 431, 433 et suiv.
— (Philippe le Magnanime, landgrave de), I, 27, 130, 195, 333 ; II, 97, 122, 148, 180, 251.
Heshusius (Tillman), docteur réformé, II, 155.
Hespani, Italien, écuyer du duc de Guise, II, 114.
Hetrem (François), jurisconsulte supplicié à Séville, I, 348.
Hetter (digue de), en Hollande, IX, 428.
Heu (Robert de). Voy. Malleroy.
Heuglin (Jean), hérétique de Lindau, supplicié, I, 205.
Heuleix (N., sgr de), capitaine huguenot, VII, 352.
Heumen (Hollande, prov. de Gueldre), VII, 256.
Heurbloc (Martin), hérétique supplicié en Flandre, I, 211.
Heusden (Hollande, prov. de Brabant septentrional), VI, 327 ; VIII, 131.
Hervec (Adrien de Baillœul, sgr d'). Voy. Baillœul.
Heyl (château de), en Hollande, dans l'île de Bommel, VIII, 391, 397.
Hi (N., sgr du), supplicié à Bruxelles, sur l'ordre du duc d'Albe, III, 257.
Hibernie. Voy. Irlande.
Hierges. Voy. Berlaimont.
Hiéronymites. Voy. Saint-Jérôme (Pères de).
Hiérosme (Guillaume), hérétique supplicié en Angleterre, I, 208.
Hiérosolymites ou Hiéronymites. Voy. Saint-Jérôme (Pères de).
Hiers-Brouage (Charente-Inférieure), II, 267 ; V, 265-267, 283, 288 ; VI, 232-234, 274.

Hil (le capitaine), ligueur, en Bretagne, IX, 185.
Hilaire (saint), évêque de Poitiers, I, 148.
Hilaret (Antoine). Voy. La Jarriette.
Hildesheim (Hanovre) (évêché d'), VI, 294.
Hindelopen (Hollande, prov. de Frise), VII, 256.
Hinder (Grégoire), capitaine anglais, VIII, 294.
Hippone. Voy. Bône.
Hirth Poole, hérétique supplicié en Angleterre, I, 221.
Hiten (Thomas), hérétique anglais supplicié, I, 206.
Hodabendes. Voy. Mahomet-Hodabendes.
Hodimont, Horsimont (Belgique, prov. de Liège), I, 49.
Hohat (?) (Hongrie), IX, 203.
Hohenlohe (Louis-Casimir, comte de), VI, 341 n.
— (Anne, fille d'Othon, comte de Solms-Laubach, femme de Louis-Casimir, comte de), IX, 251 n.
— (Philippe, comte de), fils de Louis-Casimir, lieutenant de Maurice de Nassau, VI, 136, 139, 341, 342, 358, 361 ; VII, 255, 270, 273, 277 ; VIII, 391, 395, 403, 405, 406 ; IX, 251 et suiv., 425, 433 et suiv.
Holden (Nicolas), hérétique supplicié en Angleterre, I, 222.
Holen (N., comte de), maréchal du Palatinat, II, 280.
Holidaye (Jean), hérétique supplicié en Angleterre, I, 224.
Holivet (Guillaume), hérétique supplicié à Stratford, I, 222.
Holiwel (William), hérétique supplicié à Londres, I, 222.
Holland (Roger), hérétique supplicié en Angleterre, I, 224.
Hollande, I, 205 ; III, 349 ; IV, 81 ; V, 74, 329-334, 360, 361 ; VI, 330, 360, 364, 371 ; VII, 46, 129, 258, 261, 268 ; VIII, 225, 251 et suiv., 266, 366,

382 ; IX, 43, 118, 148, 201, 234 et suiv., 244, 254, 255, 264, 268-271, 438 et suiv.
Hollandais, V, 68, 338.
Hollo. Voy. Holen.
Hollok, près Filek (Hongrie), VIII, 373.
Holsace. Voy. Holstein.
Holstein, Holsace (N., duc de), V, 76 ; IX, 226.
— (Auguste de), fils du précédent, IX, 226.
— (Ernest de), fils du duc de Holstein, IX, 226.
Holten (Hollande, prov. d'Yssel supérieur), IX, 426.
Homère, IX, 474.
Honfleur (Calvados), II, 140 ; VIII, 179.
Hongrie, I, 93, 95, 97, 194, 234, 255 ; V, 311, 318 ; VII, 237, 323 ; VIII, 368 et suiv. ; IX, 205, 212, 221, 223, 266, 270, 318, 386 et suiv., 391, 392.
— (reine de). Voy. Marie d'Autriche.
Hongrois, V, 33 ; VIII, 369 ; IX, 203.
Honoré (Thomas), hérétique supplicié à Meaux, I, 212.
Honorius, empereur romain, I, 228.
Hoode (Thomas), hérétique supplicié à Douvres, I, 222.
Hooge (Corneille), prétendu bâtard de Charles-Quint, exécuté, VI, 348.
Hoogstraeten (Belgique, prov. d'Anvers), VI, 326 ; VII, 272.
— (Antoine de Lalaing, sgr de) et de Rennebourg, II, 346, 353, 354 ; III, 210, 211.
Hooper (Jean), évêque de Glocester, hérétique supplicié, I, 219.
Hopper (Guillaume), hérétique supplicié en Angleterre, I, 220.
Horck (Richard), hérétique supplicié en Angleterre, I, 219.
Horle (Jeanne), hérétique suppliciée à Londres, I, 221.

Horn ou Hoorn (Hollande septentrionale), V, 60.
— (Guillaume de). Voy. Hesse.
— (Marie de), femme de Philippe, comte d'Egmont, VIII, 182 n.
Hornbourg (Prusse), III, 210.
Horne (Jean), hérétique supplicié en Angleterre, I, 222.
Hornefone, peut-être Hornbourg. Voy. ce mot.
Hornes (Philippe de Montmorency-Nivelle, comte de), I, 69, 77 ; II, 339, 343, 346, 349, 353 ; III, 258, 259.
Horsey, capitaine anglais au Havre, II, 200.
Horsimont, peut-être Hodimont (Belgique, prov. de Liège). Voy. ce mot.
Horst. Voy. Clèves.
Hortegua (Catherine), hérétique suppliciée à Valladolid, I, 348.
Hosens (Guillaume), hérétique supplicié en Flandre, II, 339.
Hoswald (Jean), hérétique supplicié à Douvres, I, 222.
Hot (Arnauld). Voy. Otto (Arnauld).
Hotman (François), auteur présumé du pamphlet *Vindiciae contra tyrannos* et du *Franco-Gallia*, I, 257 ; IV, 189.
Hotoie (porte de la), à Amiens, IX, 142.
Houdan (Seine-et-Oise), II, 287 ; V, 339 ; VIII, 222, 225.
Houillez (Philippe-Antoine de Moncassin, sgr de), colonel du régiment de Picardie, VIII, 62.
Houmet (Jourdain de), évêque de Lisieux, I, 176, 179.
Houtain-le-Val (N., sgr de), gouverneur de Walcheren, VII, 265.
Hovenden (Richard), hérétique albigeois supplicié en Angleterre, I, 203.
Howard (Charles), amiral d'An-

gleterre, VI, 333; VII, 271; VIII, 116, 122; IX, 233, 236.
Howard (Thomas), connétable et garde de la Tour, à Londres, IX, 421.
Hoye (Barthélemy de), hérétique supplicié en Flandre, I, 227.
Hoyliarde (Jean), hérétique supplicié à Cambridge, I, 221.
Hoymaker (Gaspard de), capitaine commandant dans Anvers, VI, 345.
Hoyo (Martin del), lieutenant de Dom Sanche d'Avila, V, 332.
Hozzuthothi (N.), envoyé hongrois à Vienne auprès de l'empereur, II, 306.
Huarc (pont de), Espagne (?), IX, 234.
Hubert, imprimeur, hérétique supplicié aux Pays-Bas, I, 216.
Huchette (rue de la), à Paris, IX, 17.
Huchtenbrock (N.), colonel au service du prince Maurice de Nassau, IX, 437, 444 et suiv.
Huesch (Henri), hérétique supplicié à Bruxelles, III, 258.
Huet (André), hérétique supplicié en Angleterre, I, 206, 208.
Huevelo (Antoine de), hérétique supplicié à Valladolid, I, 348.
Hugon (la tour), à Tours, I, 275.
Huguenots, I, 132, 275; IX, 275, 283, 354 et suiv.
Hugues Capet, roi de France, V, 314, 315; IX, 9.
Hugueville. Voy. Bouteville.
Hui (Belgique, prov. de Liège), VIII, 397; IX, 245.
Huictembrouch. Voy. Huchtenbrock.
Hulier (Jean), hérétique supplicié à Lille, I, 223.
Hulst (Hollande, prov. de Zélande), VI, 350; VIII, 401; IX, 247 et suiv.
— (N., comte d'), IX, 251 et suiv.

Humbercourt (Somme), IX, 117, 144.
Humbert III, duc de Savoie, VIII, 93.
Humbert, comte de Genève, I, 175.
Hume (N., baron de), gentilhomme écossais, IV, 139.
Humières (Jacques d'), gouverneur de Picardie, IX, 64 n.
— (Charles d'), marquis d'Ancre, lieutenant du roi en Picardie, fils du précédent, IV, 382; VIII, 48 et suiv., 82, 186 et suiv., 222 et suiv.; IX, 17, 64.
— (Louise d'), femme de Guillaume de Balsac, IX, 307 n.
Hun (Richard), hérétique albigeois supplicié, I, 203.
Hunault. Voy. Lanta.
Hunsdon (N.), membre du conseil de la reine Élisabeth d'Angleterre, VI, 333.
Hunter (Guillaume), hérétique supplicié en Angleterre, I, 219.
— capitaine écossais au service du roi de Navarre, VII, 45.
Huntingdon (Henri Hastings, comte de), geôlier de Marie Stuart, III, 252.
Huntley (George Gordon, comte de), chancelier d'Écosse, I, 356, 357; II, 356, 357; III, 250, 252; IV, 139, 145.
Hurault. Voy. Cheverny, Fay, Vireluisant.
Hurst (Edmond), hérétique supplicié en Angleterre, I, 222.
Hurtault. Voy. Saint-Offange.
Hurth (Catherine), hérétique supplicié à Londres, I, 221.
Hus (Jean de), hérétique supplicié à Bruxelles, III, 257.
Huscen. Voy. Hassan.
Husceni, capitaine turc, III, 240.
Huss (Jean), hérésiarque, I, 26, 194, 195, 403.
Husson (Guillaume), hérétique supplicié à Rouen, I, 210.
— Voy. Usson.

Huszth (Hongrie, comitat de Marmaros), II, 299.
Hutinot (Henri), hérétique supplicié à Meaux, I, 212.
Hydruntum (Apulie). Voy. Otrante.
Hyemau. Voy. Hagetmau.
Hyères (Var), IX, 114.
Hypocras (chausse d'), instrument de torture, I, 214.

I

Iadera. Voy. Zara-Vecchia.
Iaqua. Voy. Jacca.
Ibarra (Etienne d'), conseiller du comte Pierre-Ernest de Mansfeld, VIII, 404.
Ibrahim-Bacha, IX, 224-226, 392.
Ibrahim-Chan, ambassadeur persan à Constantinople, VI, 104.
Ibrahim l'Eunuque, I, 98, 111.
Iconium. Voy. Konieh.
Idronte. Voy. Otrante.
Ieriex (Arnoul d'), hérétique supplicié en France, I, 224.
If (château d'), à Marseille, IX, 116.
Ijmetil ou Enumatil, Ementil (Pays-Bas, prov. de Groningue), VIII, 393, 399.
Ijsseloord (Hollande, prov. de Gueldre), VII, 254.
Ile-aux-Bœufs (l'), sur la Loire, près Orléans, II, 146.
Ile-à-Vache (l'), sur la côte sud de Saint-Domingue, VII, 247.
Ile-de-France (prov. de l'), V, 136, 170, 368 ; VI, 52 ; VIII, 82 ; IX, 87, 88.
Iles (les), de la côte de Saintonge, II, 97.
Ilheos (baie de los), prov. de Bahia, Brésil, I, 115.
Ilipula (Espagne, prov. d'Almeria), III, 240.
Illiers (Eure-et-Loir), VIII, 62.
Imbercourt. Voy. Humbercourt.
Imbyse (Jean d'), agent espagnol aux Pays-Bas, VI, 350.

Immentil. Voy. Ijmetil.
Immerselles (Jean d'), bailli d'Anvers, II, 344.
Impérial (le capitaine), capitaine ligueur à Marseille, IX, 115.
Imperiale (David), capitaine italien à Lépante, IV, 112 et suiv.
Impériaux (les), 1, 44 et suiv., 48, 84 ; II, 298 et suiv.; IX, 205, 226, 385 et suiv.
Ina, roi de Wessex, un des royaumes de l'Heptarchie saxonne, I, 36.
Inchy (Baudouin de Gavre, baron d'), gouverneur de Cambrai, VI, 52, 326, 328.
— (Jean de Gavre, baron), fils du précédent, VI, 326.
Indes (la flotte des), flotte de l'Espagne, VI, 322.
— (les), I, 35, 100, 114, 116, 117, 351 ; III, 282, 290 ; IV, 136 ; VI, 124, 125, 161 ; VII, 21 ; IX, 450, 467.
Index librorum prohibitorum, III, 265.
Indiens, II, 218 ; IV, 136 ; V, 364, 365.
Indulgences, I, 142, 163.
Inga (Mango), prince mexicain, I, 115.
Ingard (Thomas d'), hérétique supplicié en Angleterre, 1, 222.
Ingelmunster (Belgique, prov. de Flandre occidentale), VI, 363.
Ingolstadt (Bavière), IV, 66.
Ingrande (Maine-et-Loire), VI, 227.
— (Guy du Parc, baron d'), III, 54.
Innocent Ier, pape, I, 138.
Innocent III, pape, I, 175.
Innocent IX (Giovanni-Antonio Fachinetti, cardinal des *Sancti Quatuor Coronati*, pape sous le nom d'), VIII, 376, 377 ; IX, 460.
Innsbruck (Tyrol), VI, 93.

TABLE DES MATIÈRES. 183

Inquisition (l'), I, 227, 274; II, 181, 294, 338 et suiv., 341, 345; III, 206, 207, 263; IV, 81, 82; V, 63; VIII, 380 et suiv.
Insabbatins, nom donné aux Vaudois, I, 169.
Intérim d'Augsbourg (l'), I, 89.
Ionie, prov. d'Asie Mineure, I, 96.
Irancy (Yonne), II, 282.
Irlandais, VIII, 400; IX, 384, 422.
Irlande, II, 363; III, 249; IV, 147; V, 315; VI, 94; VII, 118-120, 389; IX, 246; VIII, 232, 239 et suiv., 420, 423.
— (le comte d'). Voy. Stuckley (Thomas).
— (vice-roi d'). Voy. Grey de Wilton.
Isabeau (Jean), hérétique de Bar-sur-Aube supplicié, I, 226.
Isabelle (le fort), à Nieuport, IX, 448, 449.
Isabelle de Castille, reine d'Espagne, épouse de Ferdinand le Catholique, I, 349; III, 226; VIII, 387.
Isabelle de Portugal, femme de Charles-Quint, V, 315.
Isabelle, fille de Sigismond, roi de Pologne, femme de Jean Zapolya, I, 92, 93, 95, 99.
Isabelle-Claire-Eugénie, fille d'Elisabeth et de Philippe II, femme d'Albert d'Autriche, IX, 2, 3, 201, 263, 266 et suiv., 304, 415, 424, 440.
Isaïe (le livre d'), I, 138, 147.
Isalch-Reïs. Voy. Salah-Reïs.
Isalguier. Voy. Clermont.
Iselberg. Voy. Ysselburg.
Isembourg (Salentin d'), archevêque de Cologne, IV, 82.
Isère (l'), rivière, VII, 89, 172; IX, 154, 157 et suiv., 327.
Islande, I, 114; II, 180.
Isle (l'), affluent de la Dordogne, II, 94; III, 31; IV, 339; VII, 134; VIII, 231.

Isle (faubourg de l'), à Saint-Quentin, II, 159.
Isle-Adam (l'), Seine-et-Oise, VIII, 69.
Isle-Bouchard (l'), Indre-et-Loire, II, 42; VII, 3; VIII, 17, 137.
Isle-Jourdain (l'), Vienne, II, 28, 45, 96; V, 221; VII, 358.
Isles (les) de la Loire, à Orléans, II, 126.
— (le régiment des), à la bataille de Moncontour, III, 122.
Islois (les), de la Rochelle, habitants des îles de la côte de Saintonge, V, 215, 263, 272, 275.
Ismaël Ier, père de Thamasp Ier, roi de Perse, V, 318 n.
Ismaël II, fils de Thamasp 1er, roi de Perse, V, 319.
Ismaël III, ou Emir, sophi de Perse, VII, 233 et suiv.
Israël (l'état d'), I, 234.
— (les anciens d'), I, 86, 87.
— (noms empruntés à), en usage chez les Tartares, I, 120.
— (rois d'), I, 145.
Issoire (Puy-de-Dôme), V, 79, 232 et suiv., 286, 289, 340; IX, 111-113.
Issoudun (Indre), II, 8; III, 3.
Is-sur-Tille (Côte-d'Or), II, 47.
Istria, près Sartène (Corse), II, 168.
Istrie (prov. d'), VIII, 106.
Italie, son état à l'avènement de Jules III, I, 30 et suiv.; guerres dont elle est le théâtre, 55 et suiv., 80; citée, 83; dissensions religieuses en ce pays, 162; écho qu'y trouvent Jean Huss et Jérôme de Prague, 194; ses martyrs « albigeois », 204; supplice d'hérétiques, 218; informations venues de ce pays relatives à la conjuration d'Amboise, 262, 263; affaires de Sienne, 339; troubles à la mort de Paul IV, 340; levée de trou-

pes pour une expédition en Afrique, 343; préparatifs de guerre en 1562, II, 76; ses ambassadeurs au concile de Trente, 163; levées de troupes faites par le vice-roi de Catalogne, 169; Espagnols au service du duc d'Albe en ce pays, 289; secourt l'empereur contre le Turc, 300; citée, 306, 307; effet produit par le siège de Malte, 324; nouvelle de la victoire de Moncontour y est apportée, III, 129; rivalité de Ferrare et de Florence, 205; menacée par les Turcs, 294; impression produite par la nouvelle de la Saint-Barthélemy, IV, 86; passage du cardinal Granvelle, 96; irritation produite par la prise de Finale par les Espagnols, 109; abolition de l'ordre des Frères Humiliés, 122; les livres de Sepulveda interdits, 137; citée, 224; intervention de Catherine de Médicis en faveur du duc de Florence contre le duc de Ferrare, 28, 29; mécontentements que Pie V s'attire de la part de Ferrare en donnant le titre de grand-duc de Toscane aux Médicis, 29; nouvelles qui y parviennent des armements de la Turquie, 43; sollicitée par l'Espagne et menacée par les Turcs, 47; mort du duc de Florence, 48; levées de troupes pour le duc de Parme, 312; départ du duc de Parme pour les Pays-Bas, 313; ambassadeurs envoyés par Sébastien de Portugal, 327; troupes passant de ce pays à Avignon, VI, 93; ses ennemis en France, 161; mort de Grégoire XIII et avènement de Sixte-Quint, 300 et suiv.; citée, 370; ses promesses de secours à la Ligue, VII, 178; les catholiques s'y réjouissent des victoires des catholiques français, 230; politique de Sixte-Quint, 238; autorité de ce pape, 384; sa puissance, VIII, 108 et suiv.; levée de troupes pour la Ligue, 243; son candidat au trône de France, 245; craintes que lui inspire Henri IV, 338; ses rapports avec la France pendant la Ligue, 366; ses dispositions à l'égard de Henri IV, 375; services funèbres en l'honneur du duc de Parme, 404; citée, IX, 60; ambassade du duc de Nevers, 82; réaction en faveur de Henri IV, 198; politique de Clément VIII, 227; comprise dans le traité de Vervins, 300; ses musiciens en France, 309; messages du duc de Savoie aux princes de ce pays, 319; ses armements contre Henri IV exagérés à dessein par le légat du pape, 333; ses sentiments vrais à l'égard de Henri IV, 340; citée, 345; négociations de Henri IV, 358; voyage de La Fin, 364; citée, 393; exil de Don Sébastien, 406; importance stratégique de Milan, 466; comprise dans le grand dessein de Henri IV, 470.

Italiens, leurs témoignages relatifs aux prétendues réformes de Marcel V, I, 55; en garnison dans l'île de Zerbi, 345; leurs cruautés à la prise d'Orange, II, 52; au service du Saint-Siège, vaincus par des Adrets en Provence, 61; au service de Tavannes en Dauphiné, 70, 71; envoyés en France par le pape, 150; effroi que leur cause la flotte espagnole commandée par Almazan, 167; leur expédition en Afrique sous la conduite du vice-roi de Catalogne, 170; leurs troupes attendues en

France, 259; dans l'armée du duc de Nevers, 281; dans celle de La Valette, 287; au siège de Malte, 307; au service du duc d'Albe, 338; en faveur auprès de Marie Stuart, 356; dans les armées du roi de France, III, 2; au service du duc d'Anjou, au combat de la Roche-Abeille, 70 et suiv.; sous les ordres du duc de Guise, 101, 109; dans l'armée du duc d'Anjou, 119; dans les rangs de l'armée catholique à Arnay-le-Duc, 173 et suiv.; sous les ordres du comte du Lude en Poitou, 183; au combat de Jonzac, 185; au service du roi de France vaincus sous les murs d'Angoulême, 186; leurs exploits en Saintonge, 187; défenseurs d'Oléron, 197; au service du duc d'Albe en Flandre, 208; défenseurs de Nicosie, 220; sous les ordres du duc de Sessa, en Espagne, 241; cités, 265; Coligny leur attribue les succès des Espagnols, 294; au service d'Espagne en Afrique, IV, 130; au siège de Haarlem, 162; défenseurs de Castres, 305; au siège de la Charité, V, 231; au service du maréchal de Bellegarde dans le Languedoc, 296; au siège de Montpellier, 297 et suiv.; sous les ordres de Sébastien, roi de Portugal, en Afrique, 327; sous les ordres de Crillon en Provence, VI, 67; au siège de Ménerbes, 67; cardinaux italiens opposés à la Ligue en France, 94; au service de Sébastien, roi de Portugal, en Afrique, 112; attaqués par d'Aubigné à Chèze (Loir-et-Cher), 267 et suiv.; dans l'armée espagnole en Flandre, 342; au siège d'Anvers, 359; dans l'armée du duc de Mayenne, VII, 8 et suiv.; sous les ordres de Mercure l'Albanais, en France, 16; cités, 65; auxiliaires de la Ligue, 197, 201; jésuites de cette nation, 224; aux Pays-Bas, 275; peu estimés en France, VIII, 92; leurs rapports avec le duc de Savoie, 93; dans l'armée du duc de Savoie, 98; au siège de Bergen-op-Zoom, 127; accusations portées par eux contre les Espagnols, 132; au siège de Rouen, 256 et suiv.; en Irlande, 389; au siège de Knodsembourg, aux Pays-Bas, 400; leurs mutineries aux Pays-Bas, 406; à Lyon, IX, 10; à Paris, 16; en Poitou, 36; en Bourgogne, 43; défenseurs de Ham, 64; au service du duc de Savoie, 152 et suiv.; défenseurs d'Agria (Hongrie), 223; en désaccord avec les Espagnols aux Pays-Bas, 244; au siège de Mahomette, 403; à la bataille de Nieuport, 442 et suiv.

Ivan IV le Terrible, tsar de Moscovie, II, 177, 178, 333 et suiv.; IV, 65, 67, 147, 182; V, 26, 75.

Ivan, vaïvode de Valachie, V, 31-37, 40; IX, 205.

Ivoy. Voy. Genlis.

Ivrée (Lombardie), I, 56; IX, 301, 363.

Ivry (bataille d'), VIII, 182 et suiv.; IX, 112, 221.

J

Jacca, Jaqua (Aragon), II, 294; VIII, 385.

Jacob (Chabot de), ambassadeur du duc de Savoie en France, IX, 315, 325.

Jacobins, suppliciés à Edimbourg, I, 207; leur couvent à Rome, 340; leur couvent à Toulouse, II, 27; leur cou-

vent à Montauban, 96 ; leur couvent à Zutphen (Gueldre), V, 331 ; consultés par Philippe II sur ses droits à la couronne du Portugal, VI, 125 ; de Fontenay-le-Comte, VII, 112, 113 ; embarqués à bord de l'*Invincible-Armada*, 244 ; leur couvent à Blois, 317.
Jacopoli, ancien nom de Brouage, V, 265.
Jacques (saint), I, 138, 147.
Jacques Ier, roi d'Angleterre. Voy. Jacques VI.
Jacques IV, roi d'Ecosse, I, 39 n.
Jacques V, roi d'Ecosse, I, 39, 41.
Jacques VI, roi d'Ecosse, puis roi d'Angleterre sous le nom de Jacques Ier, II, 358 ; III, 249 ; IV, 142 ; VIII, 390 ; IX, 302, 422.
Jacques, vaïvode de Valachie, V, 31.
— capitaine catholique, VI, 267.
Jacquet (Jacques), échevin et capitaine de la ville de Lyon, IX, 10.
Jacson (Rodolphe), hérétique supplicié à Londres, I, 222.
Jagellon (Anne). Voy. Anne.
Jagellons (maison des), V, 28.
Jagot, capitaine catholique, IV, 341.
Jaillez (la porte), à Montaigu, VI, 80, 86.
Jayrie. Voy. La Jarrie.
Jallanges (Palamède de Bouillon, sgr de), gouverneur de Jargeau, VIII, 63.
Jallot, défenseur de Sancerre, IV, 42.
Jamar (Jean de), prieur de Saint-Médard, défenseur de Niort, VIII, 9.
Jametz (Meuse), VII, 132, 164, 165, 168, 170, 195, 196, 200, 203 et suiv., 223, 362-368 ; VIII, 346.
Jamin, capitaine catholique, IV, 308.

Jamoneau, capitaine huguenot, VI, 7 ; VII, 112.
Jamyn (Amadis), disciple de Ronsard, IV, 178.
Janche (la). Voy. Geete (la).
Jane Grey, reine d'Angleterre, I, 39, 40, 217.
Janin, écuyer de Damville, V, 116, 207.
Janissaires (les), I, 97 ; II, 318 ; V, 318 ; IX, 206, 222.
Jansen (Jean), assassin du prince d'Orange, VI, 348.
Janson d'Eedam (Simon), capitaine de galères hollandais, IX, 426.
Janvier (édit de), 1562, I, 324, 361 et suiv. ; II, 3, 5, 17, 20, 21, 23, 54, 147 ; VII, 79, 80 ; IX, 285, 286.
Janville (Eure-et-Loir), VIII, 173.
Japon, I, 117, 119, 177 ; VI, 304 et suiv.
Jarente (Baltazar de), capitaine huguenot, II, 259. Voy. Senas.
Jargeau (Loiret), II, 120 ; III, 344 ; V, 19 ; VIII, 62, 64.
Jarnac (bataille de), III, 46, 48 et suiv., 54, 56.
Jarnac (Guy Chabot, baron de), lieutenant de roi héréditaire en Saintonge, I, 294 ; II, 44, 252, 267.
Jarne (la), Charente-Inférieure, V, 260.
Jarretière (ordre de la), VIII, 390.
Jarrie (la), Charente-Inférieure, III, 187, 380 ; VI, 267 ; VIII, 228.
Jarriette. Voy. La Jarriette.
Jarrige (Pardoux de), de Saint-Yrieix, IV, 361.
Jena (Hongrie), II, 165.
Jerssai, Jarzay (voy. peut-être Gerzai), III, 46.
Jazprin. Voy. Veszprim.
Jaulges. Voy. Beaujeu (Christophe de).
Jaulnay (Vienne), VII, 236 et suiv.

Jauréguy (Jean de), assassin du prince d'Orange, VI, 335, 336.
Jauréguiberry, capitaine basque, V, 265.
Javarin. Voy. Raab.
Javerzac (Deux-Sèvres), III, 144, 147.
Jazeneuil (Vienne), III, 36 et suiv., 106; IV, 3, 317; VII, 355.
Jean (saint), l'évangéliste, I, 138, 147.
Jean II le Bon, roi de France, IV, 189.
Jean III d'Albret, roi de Navarre, I, 33, 34.
Jean III, roi de Suède, IV, 65, 147; V, 76.
Jean Ier, roi de Portugal, V, 315.
Jean II, roi de Portugal, I, 352; V, 315.
Jean III, roi de Portugal, I, 107, 115; V, 315.
Jean, duc de Moscovie. Voy. Ivan.
Jean (le capitaine), VIII, 360; IX, 115, 135 et suiv.
Jean, capitaine italien, VII, 378.
Jean-Baptiste (saint), VIII, 133.
Jean-Casimir. Voy. Bavière.
Jean-François, d'Aix, huguenot, IV, 208.
Jean-Pierre (le capitaine), catholique, VI, 233.
Jean Sans-Peur, duc de Bourgogne, III, 298.
Jean-Sigismond Zapoly, II, 296, 300, 301, 304, 306; IV, 107.
Jean Zapoly, roi de Hongrie (1487-1540), I, 91 et suiv.; IV, 107.
Jean-Simon, capitaine huguenot, V, 284.
Jeanne (la papesse), I, 165.
Jeanne d'Albret, mère de Henri IV, I, 24; son intervention en faveur de son mari auprès du roi d'Espagne, 246; citée, 256; prétendus desseins des Jésuites contre elle, II, 194; citée à Rome, 204; son passage à Archiac, III, 10; sa requête à la cour, 11; ses conférences à Niort avec les chefs du parti huguenot, 39; présente son fils aux troupes protestantes à Tonnay-Charente, 57, 58; présents faits par elle aux officiers de l'armée protestante, 70; ses domaines envahis par ordre du duc d'Anjou, 92; citée, 96; fait massacrer les prisonniers faits à Orthez, 97; encourage le parti réformé après la défaite de Moncontour, 130; son séjour à la Rochelle, 131; le maréchal de Cossé est envoyé auprès d'elle à la Rochelle, 143; donne le commandement de ses troupes à son cousin Jean de Rohan, 196; s'occupe de la défense de Saintes, 201; comprise dans le traité de Saint-Germain (8 août 1570), 268; approuve le mariage de son fils avec Marguerite de Valois, 280; son séjour à Blois, 285; son départ de Blois pour Paris, 288; sa mort, 290 et suiv.; son testament, 291; sa cruauté à Orthez rappelée, 363; citée, 368; requête des huguenots pour le maintien de ses ordonnances contre le culte catholique, IV, 185; son voyage à Paris rappelé, 191; son prétendu empoisonnement, 299; sa devise rappelée à son fils par d'Aubigné, V, 7; ses ordonnances religieuses en Béarn, 175; ses ordonnances maintenues par son fils, VI, 202; protection par elle accordée à Jean des Salettes, VIII, 333; son opposition au mariage de sa fille avec Henri III, IX, 302; sa fermeté, 362.
Jeanne d'Autriche, reine de

Portugal, fille de Charles-Quint, I, 347.
Jeannin (Pierre), président au parlement de Dijon, VIII, 243, 245; IX, 48, 61, 101, 321, 366.
Jegun (Gers), VII, 355.
Jehan (le prêtre), I, 100.
Jeinville (Nicolas de), hérétique supplicié à Paris, I, 225.
Jemmapes (Belgique, prov. de Hainaut), IV, 84.
Jemmes. Voy. Saint-James (Manche).
Jentillot (N., sgr de), VII, 91.
Jérémie (le prophète), I, 138, 147.
Jérôme (saint), VII, 103.
Jérôme de Prague, disciple de Jean Huss, I, 26.
Jérusalem, II, 173.
— (prêche de). Voy. Patriarche (prêche du).
Jésuites, leur haine contre de Thou, I, 6; veulent empêcher d'Aubigné d'écrire son *Histoire universelle*, 18; leur origine, 35; cités, 119; fondation de leur ordre, 172 et suiv.; leur procès en France, 175; comparés à Luther, 176; leur prétendu dessein contre la reine de Navarre, 294; irritation des réformés contre eux, III, 2; leur zèle à Bordeaux contre les huguenots, 351; mesures de rigueur par eux proposés contre les Rochelais, IV, 29; leurs traités sur les droits et devoirs des sujets et des rois, 190; leur rôle dans la formation de la Ligue, V, 96, 97, 109; poussent Sébastien, roi de Portugal, à sa campagne au Maroc, 326; leur action en France pendant la Ligue, 343; leur influence en Portugal, VI, 124; leurs manœuvres dans les colonies portugaises en faveur de l'Espagne, 125; consultés par Philippe II sur ses droits à la couronne du Portugal, 126; compromis dans un complot en faveur de Marie Stuart, 134; chassés d'Anvers, 144; leurs rapports avec Gabarret, auteur d'une tentative d'assassinat contre le roi de Navarre, 182; leur action en faveur de la Ligue, 198; dans les colonies portugaises et au Japon, 303 et suiv., 316, 322; responsabilité d'un religieux de leur ordre dans l'assassinat du prince d'Orange, 354; formule d'abjuration rédigée par eux, 365; leur haine contre d'Aubigné, VII, 4; rôle de l'un d'eux au siège de Monségur, 72; leurs instances auprès du duc de Guise pour l'attirer à Paris, 209; leur influence dans la Ligue, 224, 232; à bord de l'*Invincible-Armada*, 244; leurs rapports à Philippe II sur le duc de Parme, 274; leurs propositions à Henri III au sujet des huguenots, 301; leur campagne en Languedoc à propos des Etats de Blois, 302; leur attachement à la Ligue, VIII, 25, 27; leurs manœuvres à Bordeaux en faveur de la Ligue, 33; leur haine contre le duc de Parme, 131; se rapprochent de Henri IV, 226; leurs manœuvres à Lyon, 245; dévoués à la Ligue, 325; leur influence à Lyon, 344; ennemis du duc de Parme, 404; chassés d'Abbeville, IX, 21, 22; instigateurs prétendus de l'attentat de Châtel, 24; chassés du royaume par arrêt du parlement, 25; leurs rapports avec Palma Cayet, 79; leur influence à Padoue et à Venise, 197; leurs machinations contre Maurice de Nassau, 263; leur rôle dans la Ligue, 288; leurs rapports à la cour

d'Espagne sur celle de France, 320 ; leurs déclarations contre le duc de Bar au sujet de son mariage, 362 ; instigateurs de l'entreprise des Savoyards sur Genève, 374 et suiv.; leur influence auprès de Sigismond Bathori, 393 ; partisans du faux Sébastien de Portugal, 411 ; accusés de complicité avec le comte d'Essex, 423 ; soutenus par l'Espagne aux Pays-Bas, 427 ; applaudissent aux cruautés du vice-amiral des Pays-Bas, 449 ; leur rappel en France, 458 ; redoutés de Henri IV, 460 ; confesseurs de Henri IV, 465.

Jésus-Christ, I, 85, 134 et suiv.; VII, 218, 280 ; IX, 384.

Job (le livre de), I, 138, 147 ; II, 85.

Joël (le livre de), I, 138, 147.

Joëri, albigeois supplicié à Toulouse, I, 216.

Joffy (Hongrie)? IX, 209.

Johanneau (André), bailli de Sancerre, chef des révoltés sancerrois, III, 41, 394 ; IV, 36, 38, 181.

Joignières. Voy. Jonquières.

Joigny (Gaucher de), ennemi des Albigeois, I, 176.

— (comte de). Voy. Nesle.

Joinville (traité de), entre la Ligue et Philippe II, VI, 174.

— (Claude de Lorraine, prince de), fils du duc Henri de Guise, IX, 22.

Jonas (livre de), I, 138, 147.

Joncarte. Voy. Jonquières.

Jonghe (Jean de), dit le docteur Junius, bourgeois d'Anvers, VI, 333, 351 ; VII, 273.

Jonquères. Voy. Jonquières.

Jonquières (Vaucluse), VII, 88, 91.

— (Antoine de Dampierre, sgr de), conseiller et maître d'hôtel du roi de Navarre, V, 3 ; VI, 50, 59 et suiv.; VIII, 4.

Jonvelle (Haute-Saône), IX, 42.

Jonzac (Charente-Inférieure), III, 185, 186.

Joor. Voy. Djouria.

Joquères. Voy. Jonquières.

Josaphat (abbaye de), à Chartres, II, 284, 285.

Joseph, roi de Chypre, titre pris par un bouffon de la cour du sultan, III, 215.

Joséphites, nom donné aux Vaudois, I, 169.

Josselin (Morbihan), VIII, 31.

Josué (le livre de), I, 146.

Jouanne (Simon), hérétique supplicié à Glocester, I, 221.

Jouannes, capitaine catholique, VI, 54 et suiv., 80 et suiv.

Jouarre (abbesse de). Voy. Bourbon (Charlotte de).

Joullet (N.), député du tiers état aux États de Blois, V, 157.

Jouques (Bouches-du-Rhône), VII, 319.

Jouslard (Mathurin de). Voy. Sallière.

Jouvenel des Ursins (Jeanne), femme d'Oger de Béthune et mère de Florestan de Béthune, sgr de Congy, VII, 76.

Jove (Paul), historien, I, 8.

Joyeuse (Anne, baron d'Arques, puis duc de), fils de Guillaume, vicomte de Joyeuse, V, 199, 205 ; VI, 54 et suiv., 73, 255 et suiv., 265, 279 ; VII, 101-107, 117-128, 133, 134, 137, 140, 146 et suiv., 155, 158, 167, 169, 209, 306 ; IX, 103.

— (Antoine-Scipion de), grand prieur de Toulouse, frère du duc Anne de Joyeuse, VIII, 282-285 ; IX, 103.

— (François de), cardinal, archevêque de Narbonne, de Toulouse, de Rouen, frère du duc Anne de Joyeuse, VI, 283 ; VIII, 376 ; IX, 198, 339.

— (Guillaume, vicomte de), maréchal de France, II, 65-69, 137, 258 ; III, 38, 390 ; IV, 48, 199, 200, 205 ; VII, 101.

Joyeuse (Henri, comte du Bouchage, capucin sous le nom de Père Ange, puis, après la mort de ses frères, duc de), VI, 255 et suiv.; VII, 218; VIII, 304, 305; IX, 102, 103.
— Voy. Grandpré.
Jubilé institué par Clément VI, I, 23.
Jubiles (Espagne)? III, 232, 233.
Juda (rois de), I, 145.
Judaïsme (le), I, 120.
Judet (Jean), hérétique supplicié à Paris, I, 226.
Jude (saint), I, 139, 147.
Judith (le livre de), I, 138.
Juge (Mathieu), théologien protestant, II, 155.
Juges (le livre des), I, 138, 146.
Juifs, I, 85, 86, 144, 145; IX, 290, 291.
Juillac (Jean de Médiavilla-Baure, sgr de Coutens et de), capitaine huguenot, VII, 360.
Juillet (traité de). Voy. Nemours (traité de).
— (édit de), 1585, VI, 251, 272, 273, 280, 364 et suiv.; VII, 246, 279 et suiv., 382.
Jules III (Giovanni-Maria del Monte, pape sous le nom de), I, 27, 32, 55, 89; II, 153, 174; III, 70, 112.
Jules César, IV, 280.
Julian (le cardinal)? Peut-être Justiniani (Vincenzio).
— hérétique supplicié à Bruxelles, I, 222.
— soldat tué à Castelnau de Mesmes, V, 246.
Julien l'Apostat, I, 228.
Juliers (duché de), IX, 43, 426, 430.
— (Jean-Guillaume, duc de Clèves et de), IX, 266.
Jumelles (N., sgr de), capitaine huguenot, IV, 79 et suiv.; VI, 48 et suiv., 58 et suiv.
Jupiter, VII, 353.
Juranville. Voy. La Motte-Juranville.
Jurignat. Voy. Ussac.

Jusberg (Juste), hérétique de Brabant supplicié, I, 208.
Jussac (François de). Voy. Ambleville.
Jussas (N., sgr de), capitaine catholique, II, 266; III, 10.
Jussey (Haute-Saône), II, 98.
Just (le colonel), Piémontais, commandant au fort de Montmélian, IX, 154.
Justiniani (Vincenzio), cardinal en 1570, V, 311.

K

Kadsand. Voy. Cadsand.
Kains (Paul), mari d'une hérétique suppliciée en Angleterre, I, 222.
Kairwan (le bacha de), V, 45 et suiv.
Kairwan ou Kairouan, Carvan (Afrique) (le roi de), I, 343.
Kalleborg (château de), électorat de Cologne, VIII, 398.
Kanizsa, Chanay (comitat de Somogy, Hongrie), IX, 388.
Karaatly, Chiarald (Roumélie), IX, 386.
Karnkowski (Stanislas), évêque de Wladislavie, IV, 199.
Karst (région de), entre l'Istrie et la Carniole, VIII, 106.
Keherem (?) (Hongrie, comitat de Raab), IX, 214.
Keiras (vallée de). Voy. Queiras.
Keiser (Léonard), hérétique supplicié en Allemagne, I, 205.
— capitaine de la ville d'Anvers, VI, 344.
Kek (?) (Hongrie, comitat de Novigrad), VIII, 373.
Kemps (Jean), traître de la ville d'Embden, IX, 265.
Kent (Henry Grey, comte de), VII, 252.
Keppel (Hollande, prov. de Gueldre), VI, 341.
Ker. Voy. Fernihurst.
Kereczeni (Ladislas), gouverneur de Giula (Hongrie), II, 305.

TABLE DES MATIÈRES.

Keresztes (Hongrie, palatinat de Borschod), IX, 225.
Keresztur (Hongrie, palatinat de Semplin), II, 164.
Kergroix (N., sgr de), capitaine breton, V, 128; VII, 16, 33, 342.
Kermassonnet (N., sgr de), capitaine breton protestant, V, 188.
Kermat (le capitaine). Voy. La Vigne-le-Houlle.
Kernevenoy. Voy. Carnavalet.
Kerpen (Prusse), III, 210.
Khair-Eddin. Voy. Barberousse.
Khandoker-Rihân, entre Salé et Fedala (Maroc), appelé autrefois la Mothe d'Arrajahan, V, 323.
Khodavend, sophi de Perse, VI, 298 et suiv.
— Voy. Méhémet-Khodavend.
Kihaïa, capitaine turc, VI, 105. Voy. Méhémet-Kihaïa.
Kikempost (Louise de), hérétique suppliciée aux Pays-Bas, III, 258.
Kildare (N., comte de), capitaine irlandais, IX, 240.
Kilparic (Jean), capitaine écossais, IX, 441.
Kinkins, capitaine allemand, IX, 224.
Kipedorp (porte de), à Anvers, VI, 344.
Kirgessi. Voy. Kirghis.
Kirghis, Kirgessi (les), peuplade russe, I, 120.
Kis-Warda (Hongrie, comitat de Szabolcs), II, 165.
Knodsemburg (fort de), à Nimègue, VII, 255; VIII, 396, 400.
Knyght (Étienne), hérétique supplicié en Angleterre, I, 219.
Koakim. Voy. Coëtquen.
Koch (Ulrich), capitaine bernois, IV, 368.
Koder (Melchior), capitaine hongrois, IX, 394.
Kœpfel (Wolfang-Fabricius), réformateur allemand, I, 195.
Kolomak (Russie rouge), I, 120.

Komorn, Komarom, Comar (Hongrie, comitat du même nom), VIII, 370, 371, 373; IX, 395.
Konarski (Adam), évêque de Posen de 1562 à 1574, IV, 71.
Konieh (Asie Mineure), I, 336.
Koudenburg, Coudon (Frise), VII, 256.
Kourdistan (le), Turquie d'Asie, IX, 237.
Kowar. Voy. Riswar.
Kutaieh (Anatolie), I, 336.
Kyrbi (N.), hérétique supplicié en Angleterre, I, 209.
Kwar. Voy. Kis-Warda.

L

Laage (Jacques de), sgr d'Arragon, capitaine de 200 hommes de pied des vieilles bandes françaises, VI, 85 et suiv.
La Barauderie (N., sgr de), lieutenant de Biron, VIII, 255 et suiv.
La Barbée (N., sgr de), gentilhomme de l'armée du duc d'Anjou, III, 47.
La Barderie (Adrien, dit), capitaine huguenot, IV, 11.
La Barge (François de), sgr dudit lieu, capitaine de 50 hommes d'armes, gouverneur du Vivarais, III, 321; IV, 59.
La Baronnière (N., sgr de), gentilhomme protestant, IV, 218, 313 et suiv.
La Barre (François de la Barre, écuyer, sgr de), paroisse de Rom, Deux-Sèvres, capitaine catholique, VIII, 5.
— (N. de), capitaine huguenot, VII, 112.
— Voy. Barrière, La Brosse, Mouscron.
La Barrière (Dom Jean de), réformateur des Bernardins de l'abbaye des Feuillants, V, 345.
La Barthe (N. de), neveu du

maréchal de Thermes, maître de camp, III, 71 et suiv., 73.
La Barthe. Voy. Thermes.
La Bastide (Jacques des Vignes, sgr de), VII, 389, 390.
— (N., sgr de), capitaine catholique, IV, 21.
La Bastie (le baron de), VIII, 359.
La Batie (Etienne de Bonne, sgr d'Auriac, de la Rochette et de), vicomte de Tallart. Voy. Auriac.
Labatut (Antoine de Rivière, vicomte de), sénéchal de Bigorre, V, 247.
La Baudrie (N., sgr de), capitaine huguenot, gouverneur de Châteauneuf (Cher), III, 150.
La Baume (Antoine d'Hostun, sgr de), sénéchal de Lyon, maréchal de camp, IX, 10, 156, 157.
— (Françoise de), femme : 1° de François de la Baume, baron du Mont-Saint-Sorlin ; 2° de François de Carnavalet, V, 6, 14.
— Voy. La Vallière, Montrevel, Suze.
Labécède-Lauraguais (Aude), I, 188.
La Bellière. Voy. Tanneguy du Chastel.
La Béraudière. Voy. Rouet.
La Berthe (N. de Gabonnet, sgr de), capitaine huguenot, VII, 15, 16.
La Bessonnière (N., sgr de), capitaine protestant, III, 85, 174 et suiv.
La Beste, capitaine huguenot, VII, 62.
La Bidollière (Maixent Poitevin, sgr de), maire de Poitiers, capitaine d'une compagnie bourgeoise, III, 107.
La Bigne (Jean de), secrétaire de La Renaudie, I, 268, 272.
La Bisse, l'un des assassins du comte de la Rochefoucauld à Limoges en 1597, IX, 147.
La Boétie (Etienne de), IV, 189.
La Boissière (Christophe de Launoy, sgr de), gentilhomme ordinaire de la chambre du roi, capitaine de 50 hommes d'armes des ordonnances, gouverneur de Corbie, VIII, 48 n., 223 et suiv.
Laboissière (Claude de), ministre protestant au colloque de Poissy, I, 312.
La Boissière (Pierre Brisson, sgr de), agent de Catherine de Médicis, frère du président Barnabé Brisson, IV, 295 ; V, 91-92, 111.
La Boissière-Brunet (N. de), capitaine au service de Henri IV, VIII, 208 et suiv.
La Bonde (Thomas Le Soindre, sgr de), maréchal des logis des gardes du corps, capitaine et gouverneur de la ville et château de Nogent-le-Roi, V, 128.
La Borde (Jean de), sgr de Serain, gouverneur d'Auxerre, II, 77, 282 ; III, 38.
— (N.), député aux Etats de Blois de 1577, V, 157.
— sergent des troupes catholiques, VI, 84.
Laborie (Antoine), hérétique exécuté à Chambéry, I, 220.
La Boucherie (René de), sgr du Guys, la Bréchaudière, capitaine catholique, gouverneur de Talmont (Charente-Inférieure), IV, 356.
La Boulaye (Charles Eschallard, sgr de), capitaine huguenot, s'empare de Civray, V, 130 ; à l'entreprise de Montaigu, VI, 3 ; dans le Poitou, 4 ; devant Montaigu, 4, 6 et suiv.; ses projets sur Blaye, 30, 31 ; participe à la prise de Montaigu, 32, 33 ; à l'entreprise sur Blaye, 34 et suiv.; résultat de ses exploits, 76 ; en

Vendée contre les ligueurs, 225; appelé à Taillebourg, 230; au siège de Brouage, 233 et suiv.; au siège d'Angers, 249 et suiv.; à l'abbaye de Saint-Maur, 262; sa retraite en Poitou, 273; à la Rochelle, VII, 13; son crédit auprès du roi de Navarre, 111; défait les gens d'armes du duc de Joyeuse, 128; assiège Fontenay-le-Comte, 138; ses exploits près de Coutras, 140; à la bataille de Coutras, 151 et suiv.; à l'escalade de Vouvant, 295; battu près de Poitiers, 332; ses différends avec le sieur de Saint-Pompain, VIII, 10; ses exploits en Poitou et dans le pays de Retz (diocèse de Nantes), 227-230; au siège de Poitiers, 239 et suiv.; au siège du Vigean (Vienne), IX, 36, 37; cité, 40.

La Boulaye (Philippe Eschallard, baron de), VI, 157, 158, 200, 201.

La Bourdaisière (Jean Babou, sgr de), et de Thuisseau, baron de Sagonne, maître de la garde-robe du roi, grand maître de l'artillerie, gouverneur de François d'Alençon, ambassadeur à Rome, II, 20; VII, 52 n., 182 n.

— (Georges Babou, sgr de), chevalier des ordres du roi, capitaine des 100 gentilshommes de sa maison, fils aîné du précédent, VII, 182; VIII, 67, 219.

— Voy. Babou.

La Bourdezière. Voy. La Bourdaisière.

La Bourgogne, capitaine huguenot, VI, 77.

La Bourgonnière (N., sgr de), capitaine huguenot, IV, 313 et suiv.

La Bourlotte (Claude de), colonel de gens de pied de la Ligue, VIII, 270; IX, 63, 138 et suiv., 144, 247 et suiv., 251 et suiv., 424, 430, 436, 443 et suiv., 449.

La Brangelie. Voy. La Brangerie.

La Brangerie (N., sgr de), tué à Coutras, VII, 159.

La Bréchaudière (N., sgr de). Voy. La Boucherie.

La Brénallerie. Voy. Avantigny.

La Bretesche. Voy. Savonnières.

La Bretonnière (Jean d'Escajeul, sgr de), capitaine catholique, II, 139.

La Briaudière (N. Farnoulx, sgr de), capitaine catholique, VI, 79 et suiv., 221 et suiv.; VIII, 231, 239; IX, 38.

La Brosse (Jacques de), gouverneur de François II, maréchal de camp, I, 303; II, 6, 113, 116, 119; IX, 291.

— (Gaston de), fils du précédent, II, 116.

— (Jean de), capitaine catholique, gouverneur de Niort, autre fils de Jacques de La Brosse, III, 78, 111, 134; VI, 80 et suiv.

— (Jean de La Barre, sgr de), capitaine de gens de pied, VIII, 52.

La Brunetière. Voy. Plessis-Gesté.

La Brunie (Paul de Corneillan, sgr de), capitaine huguenot, IV, 306 et suiv.

La Buisse (Louis de Galles, sgr de) et de Voiron, colonel des légionnaires du Dauphiné, Lyonnais, Forez et Beaujolais, maréchal de camp, gouverneur de Chambéry (1567-1616), IX, 161, 171.

La Bussière (François de Frontenay, sgr de), III, 155.

La Caille (Marguerite Le Riche, dame de). Voy. Le Riche.

La Camera (Martin Gonzalès de), VI, 127.

13

La Canesière (Claude de), hérétique supplicié à Lyon, I, 221, 223.

La Carrelière (N., sgr de), gentilhomme blésois, II, 117.

La Cassaigne (N. de Luppé, sgr de), gentilhomme protestant, V, 187.

La Caze (Pontus de Pons, sgr de), sénéchal des Landes, III, 161.
— (peut-être Claude de Pérusse, sgr de), maréchal des logis de la compagnie d'Aubeterre, VII, 313.

La Caze-Mirambeau (Pons de Pons, sgr de), capitaine huguenot, III, 106 ; IV, 204, 211, 218.

La Cerale. Voy. La Cerda.

La Cerda. Voy. Eboli, Medina-Celi.

Lacgier (Antoine), conseiller au parlement de Toulouse, III, 353.

La Chaise (Gallois Abot, sgr de), gentilhomme de la maison du roi, VIII, 284 et suiv.

La Chambre (Philippe de), évêque d'Orange, II, 51.
— (le caporal), à Carmagnole, VIII, 94.
— (N. de), capitaine du duc de Bouillon, VIII, 351.

La Chapelle (Christophe des Ursins, sgr de), Doué, Armenonville, baron de Trainel, chevalier des ordres du Roi, conseiller au conseil privé et d'État, capitaine de 100 hommes d'armes, II, 246 ; IV, 7.
— capitaine huguenot en Saintonge, III, 115.

La Chapelle-Biron (Charles ou Jean-Charles de Carbonnières, sgr de), IX, 145, 147.

La Chapelle-Gautier (N., sgr de), chef des Gautiers, VIII, 46 et suiv.

La Chapelle-Lauzières (Antoine de Cardailhac, sgr de), IV, 55 ; V, 133.

La Chapelle-Marteau (Michel de), prévôt des marchands de Paris, VII, 225, 317 et suiv., 395.

La Charce. Voy. Gouvernet.

La Charronnière (N., sgr de), gouverneur de Rennes pour le compte de la Ligue, VIII, 30.

La Chasse (Albert de), capitaine huguenot en Bourgogne, III, 149.

La Chasse-d'Andigné (N. de), ligueur breton. Voy. Andigné de La Chasse.

La Chassetière (Victor Brodeau, sgr de), secrétaire d'Antoine de Bourbon et de Jeanne d'Albret, III, 162.

La Chastaigneraye (Charles II de Vivonne, baron de), III, 26 ; VII, 370, 378 ; VIII, 12, 24, 43.
— (Fabien de Vivonne, sgr de), fils du précédent, VI, 322.
— (Jean de Vivonne, sgr de), frère du précédent, tué à Ivry, VIII, 183 et suiv., 192.

La Châtre (Claude de), maréchal de France, appuie le duc de Montpensier à Saumur, III, 21 ; assiège Sancerre, 40 et suiv.; assiège Déols 146 ; ses exploits en Berry, 150 ; sa trahison à Bourges, 154 et suiv.; son autorité méconnue à Sancerre, 392 ; informé de l'état de la ville de Sancerre, 395 ; au siège de Sancerre, IV, 37, 41, 42, 181 ; dans l'armée du duc d'Alençon, V, 229 et suiv.; au siège de Cambrai, VI, 329 ; vaincu par les Allemands à Châtillon-sur-Seine, VII, 178 ; lieutenant de roi en Guyenne, 328 ; au siège de Mauléon, 370 ; approuve la tolérance du duc de Nevers, 374 ; au siège de la Garnache, 378 ; sa soumission à Henri III, 399 ; se déclare pour la Ligue, VIII,

26; au siège de Jargeau, 63 et suiv.; lève le siège d'Aubigny, 219, 281; favorise l'évasion du jeune duc de Guise, 235; au combat d'Aumale, 259 et suiv.; informé des projets des Seize, 271; se rallie à Henri IV, 340; gouverneur d'Orléans, IX, 4; démarche de Mayenne auprès de lui, 7; au siège de Laon, 30.

La Châtre (Louis de), fils du précédent, VIII, 257 et suiv.

— (Gaspard de). Voy. Nançay.

La Chaussée ou Chaucée (N., sgr de), capitaine des arquebusiers à cheval du cardinal de Lorraine, II, 215.

La Chesnaye (Guy Lallier, sgr de), capitaine protestant, puis catholique, I, 260.

La Chesne. Voy. La Chaise?

La Chevalerie (Robert Tiercelin, sgr de), gentilhomme ordinaire de la chambre, grand maître de l'artillerie, IX, 15.

La Claverie (N., sgr de), garde du duc d'Épernon, VII, 309.

La Clayette (Marc de Chantemerle, baron de), II, 262.

— (le jeune), frère du précédent, II, 262.

La Cloche (Pierre de Theys, sgr d'Hercules, dit le capitaine), capitaine huguenot, II, 54, 55, 135; III, 63, 64.

La Cocquielle (Antoine), capitaine au service de l'Espagne aux Pays-Bas, VIII, 402.

La Combaudière (N., sgr de), capitaine huguenot, III, 10.

La Combe, capitaine catholique, II, 58.

La Corège (N., sgr de), V, 244.

La Coste (le capitaine), maréchal des logis du roi de Navarre, VI, 87.

— capitaine huguenot, IV, 323 et suiv.

— (le sieur de), gouverneur de Carmagnole, VIII, 94.

La Coste, capitaine de chevau-légers, IX, 108.

La Coste-Mezières (Gabriel de la Rye, sgr de), gouverneur de la Marche, IX, 145.

La Coudraye (N., sgr de), capitaine ligueur, VIII, 239, 277.

La Cour, capitaine de Henri IV, VIII, 158.

La Courbe, capitaine catholique, VII, 288, 295; VIII, 236 et suiv.; IX, 184.

— gentilhomme français, prend part à l'expédition en Barbarie, IX, 203.

La Cour de Chiré (Pierre Desprès, sgr de), curé de Chiré, puis ministre et capitaine protestant, I, 260; III, 184, 201; IV, 315.

La Court (Tessier, dit), chef du parti réformé à Orléans, III, 343, 344.

La Cressonnière (Jacques Bastard, sieur de), grand maître de l'artillerie espagnole aux Pays-Bas, IV, 157.

La Croisette (René de Rochefort, sgr de), baron de Frolais, troisième fils de Jean de Rochefort, sgr de Pleuvaut, capitaine catholique, et d'Antoinette de Châteauneuf, III, 370; V, 145, 147; VII, 159.

— Voy. Châteauneuf (Antoinette de).

La Croix (N., sgr de), capitaine huguenot, de Sancerre, IV, 44; VII, 112, 113.

— (N., sgr de), capitaine catholique, mestre de camp, VIII, 44; IX, 64, 65.

— (N., sgr de), capitaine ligueur, IX, 110, 111.

— (le chevalier de), nom d'emprunt de Sébastien, roi de Portugal, IX, 407.

La Croix-Châteauneuf (N., sgr de), capitaine royaliste, VII, 67 et suiv.

La Curée (Gilbert Filhet, sgr de), gentilhomme angevin,

capitaine huguenot, II, 108, 208, 212; III, 47.

La Curée (Gilbert Filhet, sgr de), fils du précédent, VIII, 184 et suiv., 205 et suiv.

La Davière, capitaine huguenot, III, 188 et suiv.

Ladislas, roi de Bohême, V, 311.

Ladignan (N., sgr de), enseigne du sieur de Porcelles, II, 65.

La Doucinière (N., sgr de), capitaine huguenot, VI, 264.

La Fayette (Jean Motier, sgr de), capitaine catholique, II, 75; III, 122.

— Voy. Hautefeuille, Lude.

La Fayolle (le capitaine), catholique, VIII, 168.

— (N. de), commissaire de l'artillerie royale, VIII, 178, 253 et suiv.

La Ferté (François? de), chambellan du duc d'Anjou, IV, 329.

La Fin (Jacques de), dit d'abord de la Nocle, frère de Jean de la Fin, sgr de Beauvoir-la-Nocle, IV, 223; V, 114; VIII, 208; IX, 312, 363, 364, 366 et suiv.

— Voy. Beauvoir-la-Nocle.

La Flèche, capitaine d'arquebusiers à cheval, VI, 251.

La Fleur, capitaine huguenot, III, 394; IV, 36, 44, 51; VII, 58; IX, 193 et suiv.

La Fond (Pierre de), hérétique supplicié en Amérique, I, 223.

La Font, Lafonds (peut-être Jean Geoffroy, sgr de), « capitaine de deux cents hommes de guerre à pied pour le service du roi[1] », IV, 15.

La Fontaine, ministre de l'église française réformée à Londres, VII, 232.

— sergent de la compagnie du capitaine Saint-Saturnin, VIII, 264, 265.

La Fontaine-Guillon, défenseur du château de Lassay, III, 83.

La Fontenelle (Guy Eder de Beaumanoir, baron de), gouverneur de Douarnenez, IX, 292.

La Force (François Nompar de Caumont, sgr de), III, 323.

— (Armand Nompar de Caumont de), fils ainé du précédent, III, 323.

— (Jacques Nompar de Caumont, duc de), maréchal de France, frère d'Armand, III, 323, 331; VII, 55, 57; VIII, 77, 81; IX, 369, 471.

— (Charlotte de Gontaud, duchesse de), fille du maréchal de Biron, femme de Jacques Nompar de Caumont, duc de La Force, VII, 57 n.

La Forest (François de Bordessolles, sgr de)? capitaine catholique, VII, 288; VIII, 236 et suiv.

La Forest-Bochetel, guidon du duc d'Alençon, V, 233.

La Forest de Bueillon, capitaine huguenot, II, 272.

La Forestière, capitaine huguenot, VIII, 377.

La Forge (Etienne de), hérétique supplicié à Paris, I, 207.

La Fosse, lieutenant du gouverneur de Bretagne, IX, 195.

La Fougère, capitaine de l'armée du duc d'Anjou aux Pays-Bas, VI, 346.

La Franche, capitaine catholique, VII, 112.

La Fredonnière (François et Magdelen de Constance, sgrs de), I, 265.

— (N. de Constance, sgr de), VIII, 239.

La Frette. Voy. Saint-Julien (Florent Renard, sgr de).

La Frézelière (Philippe Frézeau, sgr de) et de la Roche-Thi-

---

1. Archives de la Charente, E 1246.

bault, gentilhomme poitevin, capitaine catholique, gouverneur de Niort, III, 118 et suiv.
La Frogerie (Claude Colasseau, sgr de), lieutenant criminel de Saumur, VI, 193.
La Fueille (Philippe de), criminelle suppliciée à Sancerre, IV, 45.
La Garde (Antoine Escalin des Aimars, baron de), dit le capitaine Paulin, I, 288; III, 180, 183, 289, 370, 371; IV, 10, 354, 378; V, 92, 258; VI, 162.
— capitaine huguenot, III, 191.
— colonel français au service du prince d'Orange, V, 70, 329; VI, 326, 349.
La Garde de Blois, ingénieur, VIII, 221.
La Garde du Bois, consul de Limoges, V, 372 et suiv.
La Garde-Montaut. Voy. La Garde-Montlieu.
La Garde-Montlieu, capitaine protestant, III, 136 et suiv.
La Garde. Voy. Vins.
La Garenne, capitaine huguenot, IV, 313 et suiv., 333, 340.
La Gau. Voy. Lagot.
Lagebaston (Jacques-Benoit de), premier président du parlement de Bordeaux, II, 223.
L'Agneau (Robert), hérétique supplicié en Ecosse, I, 211.
Lagny (Seine-et-Marne), VIII, 194, 207, 208.
La Gombaudière (François de Gombaud, sgr de), gouverneur de Saintes, II, 267; III, 10, 116; VII, 27, 31, 33.
— (Jacques Gombaud, sgr de), frère du précédent, VII, 27, 31, 33.
Lagorce (Ardèche), IV, 57.
La Gorce (baron de). Voy. Merle.
— capitaine huguenot, V, 284.
La Gorrette, La Tourrette, capitaine basque, II, 207.
La Gorte. Voy. La Porte.

Lagot ou La Gau (N., sgr de), capitaine catholique, IV, 293; VI, 88; VIII, 178.
La Graffinière (Robert de Villiers-l'Isle-Adam, sgr de), gentilhomme d'Anjou, chambellan du prince de Condé, IV, 367.
Lagrand (Hautes-Alpes), II, 62.
La Grand'Houssaye, maréchal des logis du seigneur de Sigongnes, VI, 268.
La Grandville, capitaine huguenot, VII, 295, 299; VIII, 10, 44.
La Grange (Jean de Bouffard, sgr de), capitaine huguenot, IV, 306 et suiv.
— Voy. Montigny.
La Grange-le-Roy (Guillaume Le Roy, sgr de), III, 54 n.
— (Jacques Le Roy, sgr de), gouverneur de Melun, VIII, 212 et suiv., 215 et suiv.
La Grange-Maronnière (Jean Jaillard, sgr de), capitaine catholique, VI, 214 et suiv.
Lagrolet, capitaine catholique, III, 186.
La Guerche (Georges de Villequier, sgr de), VI, 328; VIII, 31, 60, 230 et suiv.
La Guesle (Jacques de), procureur général du Parlement, VIII, 73, 76; IX, 305.
La Guesmenière (Jean Béjarry, sgr de), puis de la Louerie, capitaine protestant, frère de Jacques Béjarry, sgr de la Louerie, III, 372; IV, 17; V, 130; VI, 88.
La Guiche (Gabriel de), sgr du lieu, VI, 54 n.
— (Philibert de), sgr de Chaumont, grand maître de l'artillerie, fils du précédent, V, 268; VI, 54 et suiv.; VIII, 188.
La Guyonnière. Voy. Beaulieu, Lignerolles.
Laharie (comm. d'Onesse, Landes), V, 252; VI, 166.

La Haye (Jean de), sgr de Jarzé, baron des Couteaulx, lieutenant général en la sénéchaussée de Poitou, III, 102 et suiv.; IV, 29, 261, 276, 334-338, 360.
— (Mathieu de), hérétique supplicié en Flandre, II, 339.
— (peut-être Michel de Boismare, sgr de), gentilhomme de la maison du roi, capitaine catholique, V, 251.
La Hillière (Jean-Denys de), gouverneur de Bayonne, gentilhomme ordinaire de la chambre du roi de Navarre, V, 253, 254.
La Houssaye. Voy. Saint-Offanges.
La Huguerye (Michel de), capitaine huguenot, VII, 180, 222.
La Hunauldaye (Pierre de Tournemine, baron de), lieutenant du roi en Bretagne, VI, 76 et suiv.
— (René de Tournemine, baron de), IV, 317 et suiv., 356, 357; VI, 81 et suiv.; VIII, 27, 28.
Laigle (Orne), II, 140.
Laiz, Lez (Ain), IX, 346.
La Jannière (N., sgr de), VI, 6.
La Jarrie (Antoine de la Chambre, sgr de), capitaine de gens de pied, III, 106; VI, 7, 32, 78 et suiv.
La Jarriette (Antoine-Hilaret, sgr de), ministre protestant, VII, 122.
La Jarthe. Voy. Fayolle.
La Jugie (François de). Voy. Rieux.
Lalaing (Antoine de). Voy. Hoogstraeten.
— (Emmanuel de). Voy. Renty.
— (Georges de). Voy. Rennebourg.
— (Philippe, comte de), gouverneur et grand bailli du Hainaut, V, 329; VI, 138-140.
Lala-Pacha (Mustapha), vizir ottoman, V, 320 et suiv.

La Landelle (Laurent de Puybusque, sgr de), capitoul de Toulouse, II, 27.
La Lardière (N., sgr de), serviteur du roi de Navarre, IX, 37.
La Leu, gentilhomme de la maison du baron d'Hervaux, VI, 30, 38, 41.
Laleu, capitaine huguenot, VII, 34.
La Liègue (Antoine de Brou, sgr de), capitaine de 50 hommes d'armes, chevalier de l'ordre du roi, IX, 10.
La Limaille (Jean-Robert), capitaine protestant, VII, 21, 24, 29, 50, 57, 65; IX, 137, 148 et suiv.
Lallemand. Voy. Vouzay.
Lallier. Voy. Pin.
La Lobière (N., sgr de), guiton du comte de Brienne, IV, 182.
Laloé (Simon), hérétique supplicié à Soissons, I, 218.
La Londe (Antoine de Bigars, sgr de), gentilhomme normand du parti de la Ligue, III, 254 et suiv.
La Loubière (Jean Guilloche de). Voy. Guilloche.
La Loue, capitaine huguenot, III, 13, 48 et suiv., 53, 80, 111, 131, 156, 163.
L'Alouette, capitaine catholique, VII, 112.
La Louerie dit la Roche-Lourie (Jacques Bejarry, sgr de), capitaine protestant, III, 76, 191; IV, 17.
— (N. Béjarry, sgr de), capitaine protestant, fils ou frère du précédent, V, 130. Voy. La Guesmenière.
La Luzerne (N., sgr de), gouverneur de Montaigu, VII, 331.
La Magdeleine (N., sgr de), capitaine huguenot, II, 77; VIII, 284. Voy. Ragny.
La Magnane (Anne de Sanzay,

comte de), V, 128; VII, 11, 17.
La Maison-Blanche (Dominique de), I, 214.
— capitaine catholique, V, 214, 260.
La Maisonneuve. Voy. Henry (Jacques).
Lamanon (Alexandre de Paul, sieur de), IX, 115.
La Mante (Saluce, sgr de), gouverneur de la citadelle de Lyon, III, 348.
— capitaine de chevau-légers au service du duc de Savoie, IX, 173.
La Marge, capitaine catholique, VII, 37.
La Mark (Antoinette de la). Voy. Montmorency.
— (Charlotte de), sœur de Guillaume-Robert de la Mark, duc de Bouillon, femme de Henri de la Tour-d'Auvergne, vicomte de Turenne, VII, 194, 196, 203, 204, 364-366; VIII, 345.
— (Guillaume de Lumey, dit le comte de), IV, 74, 151; V, 62; VI, 140.
— (Guillaume-Robert de), duc de Bouillon, fils de Henri-Robert, VII, 132, 163-166, 192, 194, 195, 222 et suiv.
— (Henri-Robert de), duc de Bouillon, II, 32, 33, 80; IV, 7, 229.
— (Jean, comte de), frère de Guillaume-Robert, VII, 178.
— (Robert IV de), duc de Bouillon, maréchal de France, I, 43, 47, 127.
— Voy. Maulévrier.
La Marsillière (Jérôme Berziau, sgr de), secrétaire des commandements du roi de Navarre, V, 384, 385; VIII, 145.
La Maronnière (N. Jaillard, sgr de), capitaine huguenot, IV, 31.
La Marque (N., sgr de), III, 200.

La Marthonie. Voy. Puyguillon.
La Marzelle (Jean Valette, sgr de), grand prévôt du roi de Navarre, VIII, 8, 9.
La Maurie (N., sgr de), capitaine huguenot, VI, 213, 219 et suiv., 341; VII, 38.
Lamballe (Côtes-du-Nord), IX, 177, 186.
Lambert (Charles), capitaine de l'armée de Maurice de Nassau, VIII, 393.
— (le D^r), hérétique supplicié en Angleterre, I, 208.
— (famille), à Périgueux, IV, 343.
— (Jean), hérétique supplicié à Genève, I, 215.
Lambertie (François de), baron de Montbrun, gentilhomme du Périgord, capitaine huguenot, IV, 309, 310, 344.
Lambin (Denis), de Montreuil, lecteur royal, II, 330.
La Meausse (Antoine de Vaisserie, sgr de), capitaine huguenot, III, 30.
— (N. de Vaisserie, sgr de), IV, 27, 28; V, 364 et suiv.
Lamécourt (Ardennes), VII, 203.
La Messelière (François Frotier, sgr de), gouverneur de Brouage, V, 268.
— (Pierre Frotier, sgr de), gouverneur de Saintes, Poitiers, fils du précédent, VII, 307 et suiv.; VIII, 231, 239.
Lamet (N., sgr de), capitaine huguenot, VII, 67.
La Mézière (Raphaël de Taillevis, sgr de), médecin du roi de Navarre, II, 85.
La Minée (Jean de Pars, dit le capitaine), capitaine sancerrois, IV, 44.
La Minguetière (N., sgr de), III, 17, 282; IV, 132.
L'Amiral, protestant de Meaux, massacré, III, 343.
La Mirandole (Hippolyte Pic de), lieutenant de la compagnie du duc de Mantoue, III, 53.

La Mirandole (Jean Pic de), philosophe et théologien, I, 204.
— (Louis Pic, sgr de), capitaine italien, I, 32; III, 53; IV, 194.
Lamo (côte de Zanguebar, Afrique), VII, 241.
La Molle (Joseph de Boniface, sgr de), III, 348; IV, 11, 212, 223, 228 et suiv., 374.
La Moricière. Voy. Vicques.
La Mote (Gérard de), diacre supplicié à la Bécède lors de la guerre des Albigeois, I, 189.
La Mothe (Jean de Fourest, sgr de), député de la Rochelle aux Etats de Blois, V, 160.
— chevau-léger des troupes du sieur de Chaillou, III, 200.
— (le chevalier de), capitaine catholique, défenseur de Vif (Isère), IV, 207.
La Mothe-Bardigues (Béraud du Gout, sgr de), du Motet et de Balignac en Lomagne, V, 223.
La Mothe-Fénelon. Voy. La Motte-Fénelon.
La Mothe-Gondrin (Bertrand de Pardaillan, baron de), sénéchal des Landes, V, 133, 247.
— (Blaise de Pardaillan, sgr de), capitaine d'une compagnie d'ordonnance, lieutenant général en Dauphiné, I, 198, 285-287; II, 50, 54; III, 363.
La Mothe-Pujols (Jean de Fargues, dit), capitaine huguenot, III, 11, 74, 99, 111, 129, 135 et suiv.; IV, 62, 63.
La Motte (Nicolas du Peloux, sgr de Gourdan et de), chevalier des ordres du roi, lieutenant du roi en Vivarais, III, 391; IV, 53, 54.
— (Valentin de Pardieu, sgr de), capitaine français au service d'Espagne, gouverneur de Gravelines, II, 348; IV,
157; VI, 140, 336, 349; VII, 260, 271; VIII, 367, 400.
La Motte (N., sgr de), capitaine huguenot, II, 126; III, 164.
— (N. de), conseiller au présidial de Périgueux, VI, 213.
— (N., sgr de), capitaine de gens de pied catholique, VI, 218, 219.
La Motte-Bregion (N., sgr de), capitaine huguenot, VI, 18.
La Motte-Dariez (Louis de), consul de Marseille, VI, 197, 198; VII, 84, 85.
La Motte-Fénelon (Bertrand de Salignac, sgr de), V, 133, 225.
La Motte-Jarrie (N., sgr de), capitaine huguenot, VII, 122.
La Motte-Juranville (N., sgr de), capitaine huguenot, VI, 52, 55.
La Motte-Saint-Heraye (Deux-Sèvres), V, 155 et suiv.
La Motte-Saint-Mars (N., sgr de), capitaine huguenot, VI, 52, 58-60.
La Motte-Tibergeau (N., sgr de), capitaine huguenot, III, 13.
L'Amour, capitaine catholique, défenseur de Château-Landon, VII, 184.
Lampe (boulevard de la), à Jamets (Ardennes), VII, 363.
Lampedousa, île de la Méditerranée, sur la côte est de Tunis, IX, 402.
Lamproie (tour de la), à Fontenay-le-Comte, IV, 291.
La Musse, capitaine huguenot, III, 382; IV, 21.
Lancastre (Jean de Gand, duc de) (1339-1399), I, 193.
Lancelau, nom mis au bas de la requête des Vaudois à François Ier, I, 170.
Lancelot, officier royal d'Angleterre, hérétique supplicié, I, 208.
Lancelot-Voisin. Voir La Popelinière.
Lanciavecchia (Paolo-Antonio),

fils du gouverneur de Bréda, VIII, 395.
Lancosme (Claude de Savary, sgr de), mestre de camp, V, 232; VI, 72, 74, 75, 83 et suiv., 158.
Lancrans (Ain), IX, 346.
Lande (la) (Lot-et-Garonne), V, 248.
— près Montaigu (Vendée), VI, 80, 86.
Landelles (René de Renty, baron de), capitaine du château d'Alençon, VIII, 56.
Lander (Jean), hérétique supplicié en Angleterre, I, 219.
Landes (Charente-Inférieure), III, 138.
— (Jacques de Morogues, sgr des), gouverneur de la Charité, V, 230 et suiv.
— (N. des). Voy. Moulin.
Lando (Antonio), capitaine vénitien, IV, 119.
Landreau (Charles Rouault, sgr de), et de Bournezeau, capitaine protestant, puis catholique, II, 253; III, 79, 178 et suiv., 183; IV, 203, 251 et suiv., 291, 293, 352 et suiv., 355; V, 25, 119, 211; VI, 7, 76, 77, 79 et suiv., 222 et suiv.
Landriano (Marcellino), référendaire de la cour de Rome, nonce papal, VIII, 249.
Lange (Jean), avocat, puis conseiller au parlement de Bordeaux, I, 305.
— (Paul), littérateur et historien allemand, I, 170.
L'Angevin (le capitaine), VIII, 154.
Langla (Mathieu), capitaine protestant, V, 248, 249.
L'Anglois (Jean), avocat à Reims, hérétique supplicié, I, 213.
Langoiran (Gironde), V, 212.
— (Gu. de Montferrand, dit), capitaine huguenot, frère de Charles de Montferrand, capitaine catholique, II, 92; III, 39, 303; IV, 29, 296, 308 et suiv., 339, 343, 345; V, 88, 212.
Langon (Gironde), VII, 41.
— (Vendée), III, 182, 183; V, 130, 216, 246.
Langres (Haute-Marne), I, 213; IV, 300, 380; V, 17, 136.
Langside (Ecosse), III, 250.
Languedoc, guerre des Albigeois, I, 174; la conduite de Louis VIII vis-à-vis de cette province, 188; hérétiques de cette province suppliciés, 206, 218, 220; organisation du parti réformé, 261; troubles religieux, II, 21 et suiv.; secours envoyés de ce pays au prince de Condé, 37; guerres religieuses, 47 et suiv., 64; élection d'un chef des troupes réformées, 65; état de cette province en 1563, 132; le duc d'Uzès chargé de pacifier la province, 135; guerres religieuses, 136; mission de Vieilleville après l'édit d'Amboise, 394; application de l'édit d'Amboise, 196; guerre religieuse, 205; hiver de 1565, 214; secours envoyés aux catholiques à Paris, 239; exploits des réformés, 283; levée de troupes pour les protestants, III, 26-28; arrivée du maréchal Damville, 100; arquebusiers de ce pays au combat de Moncontour, 126; hostilités dans cette province, 152; cité, 168; troupes de cette province au service de Monluc, 203; prises d'armes des huguenots, 384, 387, 389; mission de La Croix envoyé par les Sancerrois, IV, 44; expédition de Damville, 46 et suiv.; organisation du parti réformé, 55; protestations des réformés contre la paix de la Rochelle, 183; retour des

délégués huguenots envoyés à Charles IX, 186; plaintes des huguenots sur le rejet des requêtes présentées par eux, 214; soulevé par La Noue, 217; campagne du maréchal de Montmorency, 222; campagne de François de Bourbon, dauphin d'Auvergne, 226; préparatifs de guerre après la mort de Charles IX, 259; exploits de Damville, 270 et suiv.; campagne du duc d'Uzès, 284; passage de Henri III à son retour de Pologne, 298; mauvaises dispositions de ses habitants pour la paix, 304; la direction du parti réformé confiée au vicomte de Turenne, 340; retour d'Allemagne des députés de cette province, 361; requêtes des huguenots de cette province, 363; cité, 370; hostilités dont il est le théâtre, 379; places fortes accordées aux huguenots, V, 79; reprise des hostilités, 118; administration de Damville, 118; ses députés aux Etats de Blois de 1577, 179; mission de d'Aubigné au maréchal Damville, 197 et suiv.; offres du maréchal de Bellegarde à d'Aubigné touchant cette province, 206; cité, 211; impression produite à Agen par les nouvelles venues de cette province, 237; résistance des huguenots au maréchal Damville, 294; organisation du parti réformé après la défection de Damville, 295; ville de sûreté accordée aux protestants, 339; attitude de Damville, 351, 353; conférence de Catherine de Médicis et du roi de Navarre au sujet de cette province, 356; voyage de Catherine de Médicis, 366; départ de troupes de cette province vers le Limousin, 376; mission de Constant agent du roi de Navarre, 385, 386; départ de Constant pour l'Armagnac, VI, 20; chambre mi-partie en Languedoc, 23; divisions dans le parti réformé, 24; cité, 27; exploits de Turenne, 42 et suiv.; arrivée de Condé, 43; ses députés aux conférences de Coutras, 145; publication de l'édit de Fleix, 146; vue des Dauphinois sur cette province, 148; mécontentement causé par le traité de Fleix, 155; prise d'armes des réformés, 199; troupes amenées de cette province au maréchal de Matignon, 276, 279; suspension des hostilités, 279; mission de d'Aubigné, 286; levée de troupes faite par les réformés, VII, 89; son gouvernement ambitionné par Joyeuse, 117; levée de troupes par Châtillon, 171; campagne électorale en vue des Etats de Blois, 302; départ du duc de Montmorency, IX, 45; ses affaires réglées par Henri IV, 59; patrie de Jean de Serres, historiographe de France, 78; affaires religieuses de la province, 86-88; la Ligue dans le Haut-Languedoc, 103; cité, 468.

Languedociens, III, 38; V, 132, 134, 182, 189; VIII, 200 et suiv.; IX, 46, 168.

Languet (Hubert), auteur du *Vindiciae contra tyrannos*, I, 256, 257; IV, 190.

Languillier (Jules Harpedanne, sgr de Belleville et de), capitaine huguenot, puis catholique, II, 253; III, 8, 50 et suiv., 53, 196, 378; IV, 2, 4, 13, 30; VI, 162.

Lankema (Georges), lieutenant de Verdugo, IX, 243.

Lannoy (Philippe de), sgr de

Beauvoir, amiral de Zélande. Voy. Beauvoir.

La Nocle. Voy. La Fin.

La Noue (François de), dit Bras-de-Fer, capitaine huguenot, s'empare d'Orléans, II, 236 ; mandé par d'Andelot en Bretagne, III, 13, 14 ; au combat de la Levée, 18 et suiv. ; passe la Loire, 21 ; à la bataille de Jarnac, 49 et suiv. ; secourt Niort, 76, 79 ; surveille la marche du duc d'Anjou sur Châtellerault, 109, 110 ; défenseur de Châtellerault, 111 ; au combat de Moncontour, 120 et suiv. ; son entreprise sur Brouage, 181 ; s'empare des Sables-d'Olonne, 182 ; adversaire du comte du Lude en Poitou, 183 ; délivre Rochefort, 186 ; attaqué par Puy-Gaillard, 187 ; ses exploits en Poitou, 189 ; son entrevue avec Charles IX, 282 ; rend Mons en Hainaut, 374, 375 ; son retour à Paris, 375 ; son entrée à la Rochelle, 376 ; cité 384 ; au siège de la Rochelle, IV, 1 et suiv. ; quitte la Rochelle, 14 ; ses conférences avec les députés de Montauban, 34 ; négociateur de la reddition de la Rochelle, 35 ; aux Pays-Bas, au siège de Valenciennes, 76 ; son entreprise sur Mons, 78 ; son retour à la Rochelle, 204, 205, 211 ; ses négociations avec Ebrard de Saint-Sulpice, 216 ; l'un des chefs du parti huguenot, 217 ; impliqué dans l'affaire La Molle, 230 et suiv. ; tentative d'assassinat sur sa personne, 237 ; adversaire du duc de Montpensier en Poitou, 251 et suiv. ; son entreprise sur Niort, 254 ; confiance accordée par lui à Jean de la Haye, lieutenant général de la sénéchaussée de Poitou, 261 ; éloges par lui accordés à Montbrun, 282 ; secouru par Frontenay-Rohan, 286 ; en désaccord avec Chouppes, 287 ; défenseur de Fontenay, 292 ; tentative de Gourdon et Langoiran pour le rejoindre en Saintonge, 296 ; assiège Marans, 297 et suiv. ; reçoit des nouvelles de Lusignan, assiégé par le duc de Montpensier, 325 ; ses messages à Lusignan, 329 ; envoie des secours à Montauban, 333 et suiv. ; ses relations avec Jean de la Haye, 334 ; faux bruits répandus sur son compte, 337 ; insiste auprès de Turenne, pour les secours à envoyer à Montauban, 340 ; rejoint par Turenne en Limousin, 343 ; son arrivée à Périgueux, 345 ; éloge fait de lui par Turenne, 346 ; son retour à la Rochelle, 350, 351 ; au siège de Saint-Jean-d'Angély, 350, 351 ; à Périgueux, 353 ; sa tentative sur Niort, 357 ; son retour à la Rochelle, 367 ; chassé de la Rochelle, 375 ; son éloge par le duc d'Anjou, V, 116 ; visité par d'Aubigné en Vendée, 128 ; sa déclaration à la Rochelle touchant les Etats de Blois, 131 ; assiège Marmande-sur-Garonne, 171 ; s'empare de Villefranche-de-Belvès, 228 ; son différend avec Lavardin, 236 ; à Agen, 237 ; annonce à Thore la conclusion de la paix de Bergerac, 302 ; son entrevue à la cour de Navarre avec les députés de Dauphiné, VI, 153 ; cité, 353 ; sa captivité aux Pays-Bas, 363 ; son entretien avec d'Aubigné sur l'esprit militaire, 370 ; dans l'armée de Châtillon, VII, 173 ; exécuteur testamentaire du duc de Bouillon, 195 ; sa captivité aux Pays-Bas rappelée, 204 ;

sa prise d'armes en faveur de Mlle de Bouillon, 204, 205; requête de d'Aubigné au roi de Navarre en sa faveur, 335; à Sedan, 365; au siège de Senlis, VIII, 48 et suiv.; auprès de Henri IV sous les murs de Paris, 87; au siège de Paris, 171 et suiv., 205 et suiv.; à Compiègne, 216; à Gournay-sur-Marne, 244; éloge de sa fermeté, IX, 13; à Paris, 15, 17; à la défense de Senlis, 19; à la poursuite du duc de Parme, 267.

La Noue (Odet), fils du précédent, IX, 70, 112 et suiv., 435.

La Nouraiz (N., sgr de), lieutenant du sieur de Boisgiraut, VIII, 237 et suiv.

Lanquais (Dordogne), IV, 339.

Lansade (Christophe de), hérétique supplicié à Séville, I, 350.

Lanssac (Louis de Saint-Gelais, sgr de), II, 158 et suiv., 202, 251 et suiv., 277; III, 329; IV, 64 n.

— (Guy de Saint-Gelais, sgr de), fils du précédent, II, 301; III, 46, 47, 114, 133, 290, 329; IV, 64, 67, 69; V, 191, 192, 215, 255-262, 270-273, 280, 284, 287-290, 294; VI, 38, 74, 162; VII, 231; VIII, 177; IX, 148.

— Voy. Roquetaillade.

Lansquenets, II, 98, 101, 107; VIII, 66, 282; IX, 63.

Lanta (Pierre Hunault, baron de), premier capitoul de Toulouse, II, 25.

La Nuça (Don Juan de), président de la justice d'Aragon, VIII, 387.

Lanzy (Saône-et-Loire), VII, 191.

Laon (Aisne), IX, 9, 24, 29 et suiv.

— (évêque de). Voy. Bours (Jean de).

Laon (faubourg de), à la Fère, VI, 56 et suiv.

— (porte de), à la Fère, VI, 51, 55.

La Passe, capitaine au service de Henri IV, VIII, 203.

La Pataudière (N., sgr de), capitaine protestant, III, 150; IV, 287.

La Perrière (N., sgr de), capitaine catholique, IV, 358; VIII, 233.

La Personne (François de), capitaine huguenot, sieur de Chaalons, III, 135 et suiv., 138; VI, 50, 51, 60 et suiv., 250; VII, 22.

La Peyre (Pierre d'Auzolles, sgr de), défenseur de Peyre (Lozère), capitaine huguenot, beau-frère du capitaine Merle, VII, 106.

La Pierre (le capitaine), huguenot, IV, 36, 40, 44.

— maréchal de camp du duc d'Anjou aux Pays-Bas (peut-être le même que le précédent), VI, 339.

La Pille, capitaine huguenot, V, 284.

La Pine (le capitaine), huguenot, IX, 180 et suiv.

La Pise, prisonnier au château du Cheylard, IV, 54.

La Place (François de), sgr des Petits-Marais, gentilhomme ordinaire du prince de Condé, VI, 48 et suiv.

— (Jean de), ministre protestant à Montpellier, VI, 48 n.

— (N. de), bourgeois de la Rochelle, III, 373; IV, 14.

— (Pierre de), premier président de la cour des aides, III, 334.

La Plaine. Voy. Plan.

La Planche (Régnier de), I, 277.

La Plante (Guillaume David, dit le capitaine), capitaine huguenot, IV, 204.

La Platière. Voy. Bourdillon.

La Plenne, capitaine huguenot, VII, 115, 124.

La Pole (Michel de), chancelier d'Angleterre, I, 193.
La Pomme (le capitaine), réformé, VIII, 233.
La Pommeraye (N., sgr de), capitaine royaliste en Bretagne, IX, 185.
La Popelinière (Lancelot Voisin de), historien protestant, I, 3; II, 27; III, 23, 44; IV, 302, 350, 353 et suiv., 358, 360, 377; V, 8, 216, 218.
La Porte (Eustache de), conseiller au parlement de Paris, I, 234, 235.
— (Louis Vienne, dit), complice de Grandfief, échevin de la Rochelle, IV, 204.
— (le capitaine), capitaine d'arquebusiers, II, 77.
— (N., sgr de), gentilhomme du roi de Navarre, V, 7; VI, 20, 21.
La Porte-Tenie (N., sgr de), capitaine catholique, V, 16.
La Proustière (Philippe Gourré de), maître des requêtes, III, 273.
Lara (Jean-Manrique de), sgr de Saint-Léonard, vice-roi de Naples, VI, 339.
Larache (Maroc), V, 328; VI, 112, 114, 118.
La Rade (le capitaine), capitaine catholique, III, 79.
La Ramière, capitaine huguenot, III, 74, 124, 135 et suiv.
Larboust (Savary d'Aure, sgr de Peyre, baron de), lieutenant de la compagnie d'Antoine de Gramont, III, 157.
Larchant (Nicolas de Grimonville, sgr de) et de la Boullaye, chevalier de l'ordre du roi, gentilhomme de la chambre, chambellan du roi de Pologne, capitaine des gardes du roi, III, 331; VII, 386 et suiv.
Larcher (Claude), conseiller au parlement de Paris, VIII, 246 et suiv.

L'Ardoise (N., sgr de), prévôt des maréchaux de Blois, VI, 270, 271.
La Reinville (N., sgr de), capitaine huguenot, V, 230 et suiv.
La Renaudie (Jean du Barry, sgr de), dit La Forest, I, 6, 258, 265, 267 et suiv.
La Resnière (N., sgr de), capitaine huguenot, V, 226.
Large-Marie, capitaine huguenot, VII, 41, 42.
La Rivière, près du Grand-Credo, IX, 346.
— (Jean Masson de), ministre réformé, I, 312; III, 344, 345.
— capitaine huguenot, IX, 182.
— médecin du roi, IX, 297.
— Voy. L'Hometrou.
La Rivière-le-Lys (N., sgr de), capitaine huguenot, III, 193, 383; IV, 15, 26; IX, 126.
La Rivière-Puytaillé (Hardouin de Villiers, sgr de), capitaine des gardes de Monsieur, gouverneur de Marans, III, 37, 46, 179, 181, 186 et suiv., 197, 199.
— (Jacques de Villiers, dit le jeune), frère du précédent, III, 184.
La Roche (Balthazar de Flotte de Montauban, comte de), baron de Montmaur, capitaine huguenot, III, 85; VI, 227; VII, 104.
— (N., sgr de), IX, 126.
— (Troïlus de Mesgouez ou Mescouez, marquis de), gouverneur de Fougères, VIII, 29.
— Voy. Fontenilles.
La Rochebeaucourt (François). Voy. Saint-Mesme.
La Roche-Cartault (Jacques Pastureau, sgr de), maire de Niort, VIII, 9.
La Roche-Chandieu, dit Sadeel et Zamaria (Antoine de), ministre réformé, I, 262, 275, 312; II, 147; VII, 147 et suiv., 157; IX, 80.

La Roche-Chandieu (N., sgr de), frère du précédent, capitaine huguenot, II, 117.

La Roche-du-Maine (Charles d'Appelvoisin-Tiercelin, baron de), fils de Charles d'Appelvoisin-Tiercelin, VIII, 6 et suiv.

— (Jacques Tiercelin, sgr de), I, 247; II, 43.

La Roche-Esnard (René Hélyes, sgr de) et de Fougery, gentilhomme poitevin, III, 382; IV, 14.

La Rochefoucauld (Charles dit de Roye de), comte de Roucy, après la mort de son frère Josué, fils cadet de François III de la Rochefoucauld, IX, 369.

— (François III, comte de), I, 70; II, 19, 34, 41, 43-45, 90, 96, 97, 102, 110, 120, 230, 253; III, 8, 51, 131, 288, 302, 321 et suiv., 362.

— (François IV, comte de), prince de Marsillac, fils du précédent, V, 255, 292, 294; VI, 44; VII, 112, 334; VIII, 15, 43.

— (François V, duc de), fils du précédent, IX, 77, 145 et suiv.

— Voy. Barbezieux, Montendre, Randan, Roucy.

La Roche-Galet (N., sgr de), capitaine protestant, VII, 140.

La Roche-Giraudeau (N., sgr de), capitaine réformé, VII, 112, 113.

La Roche-Guyon (Louis de Silly, sgr de), I, 48.

La Rochejacquelein (Louis du Vergier, sgr de), capitaine catholique, chevalier de l'ordre du roi, VIII, 7.

— Voy. Pont-Courlay.

La Roche-Lourie. Voy. La Lourie.

La Rochepozay (Jean Chasteigner, dit le baron de Preuilly, puis le baron de), maréchal de camp, neveu du suivant, VIII, 231, 234, 241.

La Rochepozay (Roch Chasteigner, sgr de Touffou, dit le capitaine de), chambellan du roi, capitaine de chevau-légers, I, 294; II, 44.

La Roche-sur-Yon (Charles de Bourbon, prince de), I, 48, 49, 233, 243, 245, 304; II, 103, 186, 203.

La Rochette (N., sgr de), capitaine catholique, VI, 251.

— Voy. Auriac.

La Roque-Bénac (Jean de Montaut-Bénac, sgr de la Roque, dit), capitaine réformé, chambellan du roi de Navarre, gouverneur de Pau, V, 171, 225 et suiv.; VII, 48 (?)

La Roque-du-Breuil (N., sgr de), gentilhomme de la chambre du roi de Navarre, VII, 48 (?)

La Roquette (N., sgr de), en Floride, gentilhomme périgourdin, II, 329.

La Roussière (Pierre Durcot, sgr de), gentilhomme ordinaire de la chambre du roi, gouverneur de Royan, VII, 56; IX, 37.

— (René Girard, sgr de), et de Cultepraye, dit La Roussière-Cultepraye, III, 188-190, 195, 196.

— (René Girard, sgr de), et de Cultepraye, fils du précédent, VI, 89; VII, 111, 114; VIII, 239.

La Rouvraye. Voy. Bressault.

Larrial (Jean), capitaine protestant, III, 136-138.

Larrois, capitaine huguenot, VI, 25 et suiv.

L'Artigue (Antoine de Mont, sgr de Gellenave et de), V, 247, 251; VII, 309.

La Rüe (Pierre de), hérétique supplicié en Flandre, II, 339.

La Sablière. Voy. La Sallière.

TABLE DES MATIÈRES.

La Sablonnière (N., sgr de), capitaine des gardes du prince de Mayenne, IX, 51.
La Sague (Jacques de), gentilhomme basque, I, 279-280, 282.
La Sale (N.), sergent-major, VI, 49.
— capitaine des troupes confédérées aux Pays-Bas, IX, 443.
La Salle (Jean de Cours, sgr de), capitaine catholique, II, 129.
— capitaine huguenot, III, 383.
— gentilhomme huguenot, IV, 14.
La Salle du Ciron (N. de), capitaine catholique, V, 245, 246; VII, 41.
La Sallière (Mathurin de Jouslard, sgr de), gentilhomme du Poitou, II, 267.
La Sarra (baron de). Voy. La Serraz.
Lascaris (Philippe de), officier turc, II, 314 et suiv.
Las-Casas (Barthélemy de), confesseur de Charles-Quint, IV, 136.
Laschefort (Jeanne), hérétique suppliciée en Angleterre, I, 221.
La Sengle (Claude de), grand maître de l'ordre de Malte, I, 112.
La Serpente, capitaine huguenot, VI, 7.
La Serraz (Bertrand de Seyssel, baron de), VIII, 358.
Laski (Albert), palatin de Siradie, un des chefs du parti catholique en Pologne, IV, 71, 107, 177, 201, 267.
La Sartella (N., comte de), familier de Don Sébastien, roi de Portugal, IX, 410.
Lassagne (Dordogne), III, 132.
Lassay (Mayenne), III, 83.
Lassels (Jean), hérétique supplicié en Angleterre, I, 212.
Lastic (Louis de), grand prieur d'Auvergne, II, 70.

Lastic-Saint-Jal (Jean de), IV, 222.
La Suze, à la surprise du Mont-Saint-Michel, VIII, 272 et suiv.
— (Louis de Champagne, comte de), fils de Nicolas, VII, 152.
— (Nicolas de Champagne, comte de), II, 236, 245, 247.
La Taille (N., sgr de), capitaine ligueur, VIII, 239.
La Taillée (Jean Gascongnoles, sgr de), gentilhomme angoumois, III, 138.
La Taupane, capitaine catholique, VIII. 233.
La Tenaudaye (les frères de), en Bretagne, VII, 352.
La Thibaudière (N., sgr de), gentilhomme saintongeais, IV, 3.
La Tombe (Nicaise de), hérétique supplicié aux Pays-Bas, II, 182.
Latouche (Dominique de Losse, dit), ministre protestant en Poitou, VI, 70.
— (les frères). Voy. Le Héricé.
— Voy. Montgomery (Elisabeth de La Touche, comtesse de).
Latour (Jean de), ministre protestant, I, 312.
La Tour (Alexandre de), gouverneur d'Orange pour Guillaume de Nassau, II, 53.
— capitaine huguenot, VI, 25 et suiv.
— capitaine huguenot, VI, 60 et suiv.
— (N. de), gentilhomme du Vivarais, prévôt de camp de l'armée des princes en 1570, III, 164.
— (N. de), capitaine huguenot, tué à Jarnac, III, 180.
— (N. de), sergent-major, défenseur de Vigean (Vienne), IX, 36.
— (Raimond de), gouverneur de Trieste, VI, 306.
— Voy. Saint Vidal, Tournon (Claudine de la Tour, dame de).

La Tour d'Auvergne. Voy. Turenne.
La Tour-Landry (Louis de Maillé de), massacré à Anvers en 1583, VI, 346.
La Tour-du-Pin. Voy. Gouvernet.
La Tourette (N. Bourdic de Villeneuve, dame de), V, 353, 354.
— Voy. La Gorrette.
La Tourpayen (N., sgr de), capitaine au service du duc de Savoie, IX, 382.
La Tousche (François de Rabaine, sgr de), capitaine protestant, fils de Jean de Rabaine, sgr d'Usson, VI, 248, 251 et suiv.
Latrecey (Pierre Régnier, dit le président de), IX, 51.
La Treille (peut-être Guy de Mosnay, sgr de), capitaine huguenot, V, 275, 279, 286.
La Trémoïlle (Charlotte-Catherine de). Voy. Condé.
— (Jeanne de Montmorency, dame de), femme de Claude de la Trémoïlle, duc de Thouars, VI, 329 et suiv.
— (maison de), IX, 278.
— Voy. Thouars.
La Tremblaye (René de Grézille, sgr de), VII, 11, 291; IX, 178-180, 183-186, 196.
La Trévillière (N. de), chevalier de Malte, IX, 401.
La Trinité (Louis de la Costa, comte de), I, 197 et suiv.
La Troche (N.), avocat au Parlement de Paris, III, 300.
— (N., sgr de), capitaine royaliste, VIII, 236 et suiv.; IX, 184.
Lattes (Hérault), II, 67, 70.
Lau (Jacques de), capitaine ligueur, VII, 354, 355.
L'Aubespin (N.), conseiller au parlement de Dauphiné, I, 230, 285.
L'Aubespine (Claude de), sgr de Hauterive et baron de Châteauneuf-sur-Cher, secrétaire des finances et plus tard secrétaire d'Etat, II, 103, 234, 238.
L'Aubespine (Sébastien de), évêque de Limoges, II, 146, 210, 234, 277; IV, 233.
L'Aubetière (N. de Fontlebon, sgr de), dit le jeune Fontlebon, fils de Charles de Fontlebon, VIII, 231; IX, 184, 186.
Laudonnière (René de), capitaine huguenot, II, 328-331.
Laudun (Gard), III, 164.
Laugerès. Voy. Leugières.
Laujar de Andarax (Espagne, prov. d'Almeria), III, 238.
Laujardière (Charles de Montauban, sgr de), frère de Jean de Montauban, sieur du Goust, VII, 348.
L'Aumonerie ou L'Aumonier (le capitaine), capitaine royaliste, II, 95.
Launay (Mathieu de), ancien chanoine de Soissons, ligueur, puis protestant, VIII, 151, 181.
Launoy (Louis de). Voy. Morvillier.
Lauraguais (comté de), III, 387, 388.
Laurédano (bastion de), à Nicosie, III, 220.
Laurence (Henry), hérétique supplicié en Angleterre, I, 220.
Laurens, hérétique supplicié aux Pays-Bas, I, 222.
Laurent (Jacques), lieutenant de la ville de Niort, VIII, 5.
— (Jean), hérétique supplicié en Angleterre, I, 219.
—, Loran (Jean), capitaine, ligueur à Marseille, IX, 115.
Laurière. Voy. Montcaut.
Lauro (Vincenzio), évêque de Mondovi, IV, 195.
Lausanne (Suisse), VII, 229.
Laute (Jean), supplicié à Bruxelles, III, 258.
Lauton. Voy. Lawton.

Lautrec (Sicard, vicomte de), I, 187.

Lauzerte (Tarn-et-Garonne), II, 90.

Lauzières. Voy. Thémines.

Lauzun (François Nompar de Caumont, comte de), gentilhomme de la chambre du roi, colonel de gens de pied, lieutenant de roi dans le comté de Blaye, II, 128, 214; III, 205.

— (Gabriel Nompar de Caumont, comte de), écuyer du roi, gentilhomme ordinaire de sa chambre, capitaine des ordonnances, fils du précédent, II, 266; III, 115; IV, 308; V, 90.

Laval (Mayenne), VIII, 29, 178, 296; IX, 176, 191.

— (Anne d'Alègre, veuve de Guy XIX, comte de), IX, 189.

— (Charlotte de). Voy. Coligny.

— (Guy-Paul de Coligny, devenu Guy XIX, comte de), III, 335; IV, 374, 379; V, 118; VI, 229, 249-252, 262, 273, 328; VII, 9, 14-16, 22, 24, 25, 30, 35, 36, 50.

— (Urbain de). Voy. Boisdauphin.

Laval, gentilhomme catholique du Vivarais, IV, 283.

La Valette (Bernard de Nogaret, sgr de), fils de Jean de Nogaret, sgr de La Valette et frère aîné du duc d'Epernon, VII, 85, 88-90, 102, 172, 220; VIII, 283, 305, 315, 317, 319.

— (Jean de Nogaret, sgr de), mestre de camp, lieutenant général en Guyenne, II, 46, 260, 265, 287; III, 30, 35-37, 122 et suiv., 144, 159, 173, 203, 275; IV, 63, 340 et suiv.; V, 11, 223.

— (Jean de Parisot de), grand maître de l'ordre de Malte, I, 341, 342; II, 307.

— (Jeanne de Saint-Lary, dame de), femme de Jean de Nogaret, sgr de la Valette, VIII, 304.

La Valette. Voy. Cornusson.

La Valière (N., sgr de), capitaine réformé, VI, 4, 6 et suiv., 216; IX, 83.

La Vallée (Gabriel de), gentilhomme ordinaire de la chambre, capitaine du château d'Everly, IV, 356.

— (Joachim Torterue, sgr de), capitaine huguenot, V, 288.

La Vallée-Pique-Mouche (Michel de), gouverneur de Comper, IX, 189.

La Vallière (Jean Le Blanc, sgr de La Baume et de), maître d'hôtel du duc d'Anjou, du roi, capitaine de Plessis-lès-Tours, fils du suivant, V, 374; VI, 254 et suiv.; VII, 54 et suiv., 151 et suiv.; IX, 70.

— (Laurent Le Blanc, sgr de), V, 374 n.

La Varanne (Guillaume Fouquet, sgr de), capitaine du château de Lombez, contrôleur général des postes, conseiller d'Etat, IX, 341, 459.

Lavardin (Charles de Beaumanoir, sgr et baron de), gouverneur de Henri de Navarre, II, 236, 240, 244; III, 13, 322; VII, 119.

— (Jean de Beaumanoir, marquis de), maréchal de France, fils du précédent, prend part à la lutte contre les huguenots de Normandie, IV, 226; au siège de Domfront, 245; ses intelligences avec Jean de la Haye, 337; se rallie au roi de Navarre, V, 7; chargé de s'emparer du Mans, 8; ses exploits dans le Maine, 16; sa mission auprès du roi de Navarre, 116; au siège de Marmande-sur-Garonne, 171; sa mission auprès de Dam-

14

ville, 206; ses exploits dans le Gers, 223; à Villefranche-du-Queyran, 234; en désaccord avec les capitaines huguenots et La Noue, 235, 236; provoque d'Aubigné en duel, 237; désavoue la prise de Castelnau de Mesme par ses gens, 245; son message au marquis de Villars, 246; se détache du parti réformé, 351, 360; défenseur d'Angers, VI, 255 et suiv.; à Saumur, 262; en Poitou, VII, 11; attaque Marigny (Deux-Sèvres), 15, 16; sa retraite à Niort, 17; son entreprise sur Maillezais, 66 et suiv.; envoyé dans le Rouergue contre Châtillon, 103; au siège de Marvejols, 104; assiège Salvagnac (Tarn), 106; blessé, 107; sa défection rappelée, 119; à la prise de la Motte-Saint-Éloi, près Saint-Maixent, 120; ses exploits à Croix-Chapeau (Charente-Inférieure), 123; à la Haye-Descartes, 129; en marche sur Chalais (Charente), 135, 136; sa maladie, 139; à Coutras, 147 et suiv.; à la prise de Marans, 288 et suiv.; sous les ordres du duc de Mercœur, VIII, 58 et suiv.; à Migron (Charente-Inférieure), 229; au combat d'Aumale, 256 et suiv.; engagé dans le tiers parti, 332; prêt à marcher contre Biron, IX, 366; témoin de l'assassinat de Henri IV, 471.

La Vau (Pierre de), hérétique supplicié en Languedoc, I, 218.

La Vauguyon (Jean d'Escars, sgr de), prince de Carency, maréchal de camp, lieutenant de roi en Bretagne, II, 93 et suiv.; III, 123 et suiv., 143 et suiv., 163; IV, 35, 349.

Lavaur (Tarn), I, 179.
— (concile de), I, 182.

Lavaur (évêque de). Voy. Danès (Pierre).

Lavedan (Anne de Bourbon, vicomte de), colonel des arquebusiers de Turenne, IV, 296, 390.

La Vergnaye (N., sgr de), gentilhomme poitevin, VI, 2.

La Vergne (N., sgr de), capitaine catholique, III, 51.

Lavergne, serviteur du duc d'Alençon, IV, 374.
— Voy. Montbazin.

La Verne (Jacques), maire de Dijon, IX, 48.

Laverney, capitaine huguenot, VII, 106, 107.

Laverok (Hugues), hérétique supplicié à Glocester, I, 221.

Lavoux (Vienne), VIII, 239.

La Verrière (N., sgr de), gentilhomme cousin du cardinal de Gondi, IX, 36.

La Vérune (Gaspard de Pelet, sgr de), gouverneur de Caen, VII, 226; VIII, 155.

La Vieuville (Robert de), vicomte de Farbus, capitaine ligueur en Bretagne, IX, 185.

La Vigerie (N., sgr de), gouverneur de Cognac, III, 199.

La Vigne. Voy. La Bigne.

La Vigne-le-Houlle (N. de Baud, sgr de), gentilhomme breton, dit le capitaine Kermat, V, 187, 188.

La Vignolle (Jean de), hérétique supplicié à Angers, I, 213.
— capitaine huguenot, VII, 155 et suiv.

La Villatte (N. Chauvet, sgr de), V, 224.

La Villeneuve. Voy. Bonnelles.

La Villette (régiment de), IX, 170.

La Voye (Aymond de), ministre picard réformé à Sainte-Foy-la-Grande, en Agenais, supplicié, I, 208.

Lavunder (Reynot), hérétique

supplicié en Angleterre, I, 224.
Lawton, hérétique supplicié en Angleterre, I, 224.
Laynez (Jacques), disciple d'Ignace de Loyola, II, 173.
Layrac (Lot-et-Garonne), V, 221.
Lazardonnière (Aman Niou, dit), complice de Grandfief, échevin de la Rochelle, IV, 204.
Lea (Thomas), accusé de complot contre la reine Elisabeth, IX, 423.
Leache (Guillaume), hérétique supplicié à Londres, I, 221.
Léau (Belgique, prov. de Brabant), VI, 141.
Léaumont. Voy. Pardiac, Puygaillard.
Leaz, Lez (Ain), IV, 346.
Le Ber (Michel), chanoine, député de Paris aux Etats de Blois, V, 162.
Le Blanc. Voy. La Vallière.
Le Bœuf, capitaine huguenot. Voy. Bœuf.
Le Bois (le capitaine), VIII, 239.
Le Bouc (Roland), hérétique supplicié en Flandre, I, 339.
Le Boulanger (Pierre), député de Bretagne aux Etats de Blois, V, 184.
Le Bouteiller. Voy. Moucy.
Le Breuil (Bonenfant du Breuil, dit), capitaine réformé, IV, 241, 245 ; VIII, 284.
— Voy. Broglie.
Le Breuil de Mirabalais (N.), capitaine de chevau-légers, III, 81.
— (N.), probablement le frère du précédent, V, 293.
Le Bris (Charles), marchand de Quimper, V, 188.
Le Bua, capitaine catholique, IX, 126.
Le Camus, capitaine huguenot, V, 226.
Le Cène (Nicolas), hérétique normand supplicié, I, 225.

Le Chanoine, Portugais, IX, 409.
Lécine (vallée de). Voy. Lésine.
Le Clerc (Jean), hérétique de Meaux, supplicié, I, 204.
— (Jean), imprimeur à Paris, IX, 29.
— (Pierre), hérétique supplicié en Angleterre, I, 212.
Leclerc. Voy. Bussy-Leclerc.
Le Clerc-Saint-Martin (Charles), capitaine huguenot, VI, 11 et suiv.
Le Cornu (Pierre). Voy. Plessis-le-Cosme.
Le Court (Gilles), hérétique supplicié à Paris, I, 226.
Le Coutelier. Voy. Say.
Lecques (Antoine Dupleix, sgr de Grémian, puis de), V, 299 ; VI, 23 ; VIII, 285 et suiv.
— Voy. Grémian.
Lectoure (Gers), II, 91, 265 ; V, 221, 351.
— (évêque de). Voy. Bourbon (Charles de).
Leeuwarden (Frise), VI, 135.
Le Faux. Voy. Dufaux.
Le Febvre (Hanon), hérétique suppliciée à Valenciennes, I, 215.
— (Jacques), hérétique supplicié à Valenciennes, I, 215.
— (Michel), hérétique supplicié à Valenciennes, I, 215.
Le Fèvre (Louis), président du parlement de Dijon, II, 223.
— (N.), dit Tillerolles, député des Rochelais à l'assemblée de Milhau, IV, 302.
— (Richard), hérétique de Rouen supplicié, I, 218.
Le Franc, capitaine catholique, VII, 30.
Le Fresne, sergent sous les ordres de d'Aubigné, IX, 352.
Le Gascon de Pommiers, capitaine huguenot, III, 195.
Légende (la), titre d'un pamphlet à l'adresse du cardinal Charles de Lorraine, II, 181.

Légende de Saint-Nicaise (la), pamphlet contre Claude de Guise, abbé de Saint-Nicaise, IV, 263, 299, 300.
Le Glas. Voy. Guast (Louis Béranger, sgr du).
Le Gois. Voy. Gois.
Legrain (Baptiste), maître des requêtes, auteur de la *Décade contenant la vie et gestes de Henry le Grand*, IX, 289 et suiv.
Le Grand (Jean), hérétique supplicié en Flandre, III, 258.
Le Grein (Jean), hérétique supplicié à Bruxelles, III, 257.
Le Grenetier, capitaine huguenot, III, 41.
Le Guast. Voy. Guast (Louis Béranger, sgr du).
Le Héricé (Ambroise et René), frères, gentilshommes protestants, dit les frères La Touche, IV, 225.
Le Heu (Bouston), hérétique supplicié aux Pays-Bas, I, 226.
Leicester (Robert Dudley, comte de), VI, 333; VII, 254, 256, 258, 260, 274; VIII, 121-123.
Leida (Géorgie), V, 321.
Leiderdorp (Hollande, prov. de Zélande, près Alkmaar, V, 61.
Leighton (Thomas?), capitaine anglais au siège du Havre, II, 199, 200.
Leinster (prov. de), en Irlande, VIII, 389.
Leiria (Portugal) (évêque de). Voy. Pinheiro.
Leith (Ecosse), I, 355; IV, 144.
Leiva (Don Juan de). Voy. Ascoli.
Le Jay (Claude), compagnon d'Ignace de Loyola, II, 173.
— Voy. Boisseguin.
Lekkerbitken. Voy. Abraham.
Le Majeur. Voy. Magnier (Jean).
Le Montet, écuyer de Henri IV, VIII, 220 et suiv.
Lencarne. Voy. Glencairn.
Lency. Voy. Lanzy.
Lenfant (Michel de Garson, dit le capitaine), capitaine entretenu du prince de Condé, VI, 268.
Lennox (Mathieu Stuart, comte de), père d'Henry Stuart, comte de Darnley, II, 177, 355, 357; IV, 140, 146.
Lenoncourt (Jean de), grand sénéchal de Lorraine, VII, 365.
— (Philippe, cardinal de), VI, 237.
— Voy. Haussonville, Marolles.
Le Normand. Voy. Normant.
Lens (Pas-de-Calais), I, 66.
— (Hainaut), VI, 337.
Lensina (Don Pedro de), officier espagnol à la bataille de Nieuport, IX, 448.
Lens-Lestang (Drôme), II, 135.
Léojac-de-Bellegarde (Tarn-et-Garonne), III, 387.
Léomond. Voy. Léaumont.
Léon (prov. de), Espagne, I, 349.
— (Anne de Rohan, princesse de), IX, 472.
— (Christophe Ponce de). Voy. Arcos.
— (Jean de), hérétique supplicié à Séville, I, 350.
— (Ponce de), parent du duc d'Arcos, III, 243.
Léon X, pape, I, 81, 124, 195.
Léon XI, pape, IX, 460.
Lépante, autrefois Naupacte, IV, 111.
— (bataille de), IV, 106, 107, 110 et suiv., 120.
Le Peintre (Adrien), hérétique supplicié à Anvers, I, 226.
— (Guillaume), hérétique supplicié à Paris, I, 208.
Le Petit (Pierre), hérétique supplicié en Flandre, I, 227.
Le Picart, individu exorcisé par le ministre Mercier, VII, 97.
Le Pin, capitaine huguenot, IV, 338; IX, 195.
L'Epinette, capitaine de l'armée du duc d'Anjou, III, 47.

Le Pogge (Jean-François Poggio Bracciolini, dit), I, 194.
Le Portal, confident de d'Aubigné, IV, 244 et suiv.
Leppo (forêt de). Voy. Chaussère.
Le Prévôt (Augustin), échevin de Paris, V, 162.
Le Puech. Voy. Puy-Sainte-Réparade.
Léran (Gabriel de Lévis, vicomte de), III, 325.
Le Rat. Voy. Rat.
Lerbette, capitaine catholique, III, 186.
Léré (Cher), VII, 179.
Lerme (François de Roxas de Sandoval, marquis de Denia, puis duc de), favori de Philippe III, IX, 418.
Le Riche (Marguerite), dame de la Caille, hérétique suppliciée à Paris, I, 226, 253.
L'Eronière (le sieur de), son duel avec d'Aubigné, VIII, 89.
Le Roux (N.), capitaine français, prend part à l'expédition d'André Doria à Alger, IX, 400.
Le Roy (Pierre), aumônier du cardinal de Bourbon, auteur du *Catholicon d'Espagne*, VIII, 244, 245.
— Voy. Chavigny.
Le Royer (Simon), hérétique supplicié à Angers, I, 213.
Léry (Jean de), ministre calviniste, I, 118; IV, 181.
Lesbos (île de), II, 297.
Lescalle, port de Malte, II, 314.
Lescar (Basses-Pyrénées), III, 93.
L'Escluze (le sieur de), II, 273.
Lescout de Romegas (Mathurin de). Voy. Romegas.
Lescrivain (Nicolas), hérétique supplicié en Artois, I, 207.
L'Escu, capitaine huguenot, VII, 289.
Lesdiguières (François de Bonne, duc de), cité comme ayant pris Embrun, I, 172; ses débuts militaires, II, 136; après Moncontour, III, 166 et suiv.; lieutenant de Montbrun en Dauphiné, IV, 277-279; succède à Montbrun comme chef des réformés en Dauphiné, 282; sa famille, VI, 91; son titre de chef des huguenots du Dauphiné lui est contesté, 149; adversaire du duc de Mayenne, 150, 151; les causes de son peu de crédit en Dauphiné, 152; élu définitivement chef des réformés dans cette province, 154; ses exploits en Dauphiné, 280; s'empare de Montélimar, 280; de Narbonne (Drôme), 281; d'Embrun, 282; sa campagne en Dauphiné en 1587, VII, 86-98; ses projets de jonction avec les Allemands, 223; plainte du duc de Savoie au pape à son sujet, VIII, 93 et suiv.; appui donné par lui aux Suisses contre le duc de Savoie, 100; s'empare de Moirans (Isère), 169; son différend avec le duc d'Epernon, 309; envoyé en Provence, 311, 312; assiège Grenoble, 313; son message à Henri IV après la prise de Grenoble, 314; sa victoire à Pontcharra, 318; sa campagne en Provence, 319; son départ de Grenoble pour la Maurienne, IX, 151; s'empare d'Aiguebelle, 153; ses victoires sur les Savoyards, 155, 156; s'empare du fort de Chamousset et du fort de Barraux, 159, 162; à Briançon, 165; sa campagne en Lombardie, 165; fortifie Briqueras, 167, 168; aidé par les Genevois, 197; accueil fait par lui au neveu du cardinal Baronius fugitif, 200; sa campagne contre le duc de Savoie, 322 et suiv.; au siège

de Montmélian, 324 ; s'empare de Conflans, 326 ; de Miolans, 327 ; à Briançon, 328 ; à Moutiers, 328 ; investit le fort de Sainte-Catherine près Genève, 328, 329 ; s'empare de Montmélian, 330 et suiv. ; à Moutiers, 334 ; son entrevue avec le légat Aldobrandino à Lyon, 342, 343 ; ses propositions à Henri IV, 466, 467.

Le Seur (Jean), hérétique supplicié en Flandre, II, 339.

Le Seurre, secrétaire du duc de Guise, IV, 387.

L'Esgalois, chevau-léger de l'armée du roi de Navarre, VIII, 154.

Lésignan, capitaine huguenot, V, 235.

Lésine (vallée de), en Savoie, III, 238.

Lesley (Jean), évêque de Ross, IV, 141.

Leslitres. Voy. Litres (le capitaine des).

Lesparre (Josias de Madaillan, sgr de), VII, 78.

Lespau, capitaine huguenot, III, 155.

Lespignan (Hérault), II, 65.

L'Espine (Jean de), ministre réformé, I, 312, 319 ; II, 225.

— (Jean de Rechignevoisin, sgr de), capitaine poitevin, maréchal des logis de la compagnie du roi de Navarre, II, 98 ; V, 12.

Lessart (Florent Guyot, sgr de), gouverneur de Saumur, VIII, 39.

Lessau (Nicolas de), au siège d'Amiens, IX, 138.

Lesses (les). Voy. Aixe-sur-Vienne.

L'Estaire, capitaine catholique, VI, 180 et suiv.

L'Estang (Antoine de), capitaine huguenot, VIII, 295.

Lestelle (Louis Brunet, sgr de), conseiller et chambellan du roi de Navarre, gentilhomme ordinaire de sa chambre, VII, 67, 288 et suiv., 333.

Lestelle (N., sgr de), VI, 31.

Lestonac (Pierre), à Bordeaux, III, 351.

L'Estrange (N., sgr de), gentilhomme huguenot, III, 130.

— (René de Hautefort, sgr de), capitaine catholique, VII, 93, 94.

L'Esveillé (Julian), hérétique supplicié aux Pays-Bas, I, 218.

Le Tertre, huguenot massacré à Angers, III, 344.

Le Tillac (N.), capitaine d'arquebusiers à cheval, VII, 11.

Le Tourneur. Voy. Versoris.

Le Tranchard (N.), capitaine huguenot, IV, 344.

Lettes (Melchior de). Voy. Montpezat.

Leucade, île de la mer Ionienne, IV, 126.

Leucowitz (N. de), gouverneur de Styrie, IX, 219, 222.

Leugières (François de Borne, sgr de), capitaine catholique, VII, 93, 94.

Le Vair (Denis), hérétique de Basse-Normandie supplicié, I, 218.

Le Vaneau, capitaine catholique, VII, 17.

Levant (amiral du), titre donné au baron de la Garde, IV, 378.

Le Vasseur. Voy. Cognées.

Levée-de-la-Loire (la) (Indre-et-Loire), III, 14 et suiv. ; VI, 263.

Le Veneur (Tanneguy). Voy. Carrouges.

Levesou (Jean de). Voy. Vesins.

Le Vicomte (N.), hôtelier au faubourg Saint-Germain à Paris, I, 248, 249.

Le Vijan, messager royal à la Rochelle, IV, 10.

Levington (Alexandre), partisan de Marie Stuart, IV, 144.

Levinville. Voy. Lunéville.

Lévis. Voy. Caylus, Charlus, Léran, Mirepoix, Audou, Ventadour.
Leviston (N., sgr de), mari de N. Flamin, gouvernante de Marie Stuart, VIII, 20 n.
Lévitique (le livre du), I, 138, 146.
Lévy. Voy. Lévis.
Leyde (Hollande, prov. de Hollande méridionale), IV, 158, 159; V, 64, 66, 67, 70; VII, 273.
Leynes (Saône-et-Loire), VII, 178.
Leyva (Antonio ou Sanche de), capitaine espagnol, II, 170; III, 242.
Lez (le), rivière du département de l'Hérault, II, 67.
— Voy. Laiz.
Lézignan (Aude), IX, 150.
Lezons. Voy. Mazères.
Lhère. Voy. Glandage.
L'Hometrou (Louis de la Rivière, sgr de), près Niort, défenseur de Niort, VIII, 9.
Lhommet (Martin), libraire de Paris, I, 276.
L'Hommeau (N., sgr de), capitaine huguenot, VI, 227, 251 et suiv.; VII, 328 et suiv., 331.
L'Hospital (Michel de), chancelier de France, I, 272, 277, 278, 294, 295, 304, 305, 314, 315; II, 202, 204, 234; III, 9, 275; IV, 180; VIII, 327; IX, 78.
— Voy. Fay, Sainte-Mesme, Vitry.
L'Huillier. Voy. Luillier.
Liancourt (Charles du Plessis, sgr de), gentilhomme ordinaire de la chambre du roi, premier écuyer de son écurie, II, 117.
Libère (saint), pape du IVᵉ siècle, I, 165.
Libertat (Barthélemy de), capitaine corse, IX, 114, 115.
— (Pierre de), frère du précédent, IX, 114, 115.

Libourne (Gironde), III, 115; VI, 95, 155, 158, 166-168, 293.
Lichani (Dominique), corsaire lucquois, IV, 204.
Lickow (Suède), II, 180.
Licques (Philippe de Recourt, baron de), IV, 79 et suiv.
Liébart (Jean), hérétique supplicié à Bruxelles, III, 258.
Liedekerke (Belgique, prov. de Brabant), VI, 342.
Liefe (Jean), hérétique supplicié à Londres, I, 219.
Liefkenshœck (Hollande, prov. du Brabant septentrional), VI, 352, 360.
Liège (Belgique), V, 332; VI, 138; IX, 139, 245.
— (évêché de), VI, 294.
— (évêques de). Voy. Bavière (Ernest de), Van Berghen (Robert II).
Lier ou Lierre (Belgique, prov. d'Anvers), V, 338; VI, 338; IX, 247.
Liéramont (François de Dampierre, sgr de), défenseur du Catelet, VI, 48 et suiv.; IX, 61.
Liergue, capitaine de Lyon, IX, 10.
Liesina (île de), sur la côte de Dalmatie, IV, 105.
Liesveldt (Théodore de), chancelier de Brabant, VI, 334.
Liévin. Voy. Famars.
Lignan (Hérault), II, 66.
Lignana (Jérôme), prieur de Saint-Christophe, de Verceil, IV, 122.
Ligne. Voy. Aremberg.
Lignebœuf. Voy. Lindebeuf.
Lignerac. Voy. Nerestang.
Lignères (Antoine de), lieutenant de roi, chevalier de l'ordre et capitaine de 50 hommes d'armes des ordonnances, I, 265; II, 283 et suiv.; III, 53.
Lignerolles (N. de la Guyonnière, dame de), IV, 300.

Lignerolles (Philibert Le Voyer, sgr de Bellefille et de), III, 281.
Lignières (Cher), III, 150.
Ligny-le-Château (Yonne), III, 3.
Ligue (la), ses débuts, V, 56, 96 et suiv.; en Picardie, 190; en Poitou, VI, 7; requête de ses partisans au roi lors du siège de la Fère, 54; soutient d'Epinay-Saint-Luc à Brouage, 74; désapprouvée par Grégoire XIII, 94; exigences de ses chefs à la cour de France, 95; son accord avec l'Espagne, 174; pamphlets contre elle, 175; désapprouvée par Henri III dans un message au roi de Navarre, 187; désavouée officiellement par lui, 194 et suiv.; ses pamphlets, 196; ses progrès en Picardie, 197; soutenue par les Jésuites, 198; attaque le prétendu « concordat de Magdebourg », 203; ses progrès en Poitou, 221; devient menaçante pour Henri III, 226; appuyée par l'Espagne à Rome, 240; maitresse du château d'Angers, 246; ses progrès en Saintonge, 248; ses troupes dans la Beauce, 265-267; sa cause plaidée à Rome, 284; soutenue par Catherine de Médicis, 284; conseils donnés à son sujet à Henri III, 292; soutenue par Sixte-Quint, 302; en guerre contre Henri III, 367; ses accusations contre Henri III, VII, 4; ses partisans dans les troupes du maréchal de Matignon, 47; complaisances secrètes du comte de Sagonne pour ce parti, 52; craintes qu'elle inspire à la reine-mère, 66; Jean de Saulx-Tavannes son partisan en Bourgogne, 69 et suiv.; ses adhérents à Marseille, 85; ses armées en Poitou, 108; division de ses chefs, 126; épigramme de Henri III à son sujet, 167; soutenue par Sixte-Quint, 178; ses chefs à Vimory, 181; sa situation vis-à-vis du roi exposée par les ambassadeurs suisses, 184; citée, 185; conférence de ses chefs à Nancy, 197 et suiv.; ses accusations contre La Noue, 204; ses négociations en Allemagne, 224; son triomphe à Paris, 226; en province, 227; ses négociations en Espagne, 231; bénéfice moral retiré par elle de l'armement de l'*Invincible Armada*, 246; citée, 277; promesses du roi à ses chefs, 303; ses délégués aux Etats de Blois, 317; mécontente de la tolérance du duc de Nevers, 374; conséquence de l'assassinat de ses chefs, VIII, 13, 14; sa « renaissance », 22; à Paris, 25; en Bretagne, 29; à Bordeaux, 33; à Toulouse, 34; à Paris, 36; en Vendômois, 39; appuyée par le pape, 96; jugée par le roi de Navarre, 143; ses progrès à la mort d'Henri III, 147 et suiv.; combattue par le duc d'Epernon en Angoumois, 166; abandonnée par Lavardin et le marquis de Belle-Isle, 229; ouverture de ses Etats généraux, 244; regagne Pont-Audemer, 266; en Auvergne, 281; ses Etats à Paris, 296 et suiv.; ses alliés à l'étranger, 317; son déclin, 321 et suiv; pamphlets à son adresse, 327, 328; obstacle sérieux pour Henri IV, 337; trêve entre elle et Henri IV, 344; son traité avec Henri IV, cité, 356; ses négociations en Italie, 366, 375-377; la « paix de Meaux », 408 et suiv.; ses Etats à Paris, IX, 1; ses nouveaux adhérents, 11; ridiculisée à Lyon, 12; dis-

créditée par la déclaration de guerre faite à l'Espagne son alliée, 41 ; citée, 47 ; son chef en Languedoc, 103 ; citée, 129 ; abandonnée par l'Allemagne, 196 ; ses agents à Rome, 198 ; ses intrigues en faveur de l'Espagne, 201 ; citée, 279 ; appui donné par elle à Marguerite de Navarre, 306 ; citée, 355.

Ligueil (Charente-Inférieure), III, 106.
— (Indre-et-Loire), II, 42.

Ligués (les), partisans d'Henri III et d'Henri de Navarre, VIII, 58.

Lille (Nord), I, 223 ; IV, 149 ; VI, 136.

Lillo (le fort), bourg et fort de Belgique sur l'Escaut, au-dessous d'Anvers, VI, 334, 353.

Limalonges (Deux-Sèvres), IV, 312.

Limagne (la), région de la Basse-Auvergne, IX, 110.
— Voy. Limans.

Limans (Claude Rodulf, sgr de), IV, 49.
— (Pierre Rodulf, sgr de), capitaine cathotique, IV, 49.

Lima-Pereira (Paul de), capitaine portugais, VIII, 110.

Limassol (Chypre), IV, 98.
— (évêque de). Voy. Fortibraccio.
— (porte de), à Famagouste (Chypre), IV, 100.

Limbourg (Belgique, prov. de Liège, III, 210, 258 ; IX, 266.

Limeuil (Dordogne), V, 224.
— (Isabelle de la Tour, demoiselle de), fille d'honneur de Catherine de Médicis, II, 183, 196.

Limisso. Voy. Limassol.

Limoges (Haute-Vienne), III, 70 ; V, 371 et suiv., 379, 381 ; VI, 4, 5, 33 ; IX, 145, 365.
— (évêque de). Voy. Veirac (Jean de).

Limours (Seine-et-Oise), II, 105.

Limousin (prov. de), I, 260 ; II, 239, 265 ; III, 60, 68, 163 ; IV, 343, 345, 346 ; V, 221, 255, 381 ; VI, 250, 272, VII, 134 ; IX, 87, 88, 365.

Limousinière (la) (Loire-Inférieure), VIII, 229.

Limousins, IX, 145 et suiv.

Limoux (Aude), I, 190 ; II, 21, 31, 64.

Lincestre ou Guincestre (Jean), curé de Saint-Gervais, ligueur, VIII, 196.

Lindau (Bavière), I, 205.

Lindebeuf (François Martel, sgr de), de Dieppe, III, 42.

Lingen (Hanovre), VII, 265 ; IX, 261.

Linières. Voy. Lignières.

Liniers. Voy. Saint-Pompain.

Linlithgow (Ecosse), IV, 140, 141.

Lion. Voy. Campet.

Lipans (les), brigands de Normandie. VIII, 280.

Lippa (Hongrie, comitat de Temesvar), I, 93, 94 ; IX, 209, 218, 220.

Lippenhuister-Gemeene-Heide (Hollande, prov. de Frise), VIII, 390.

Lis. Voy. La Rivière-le-Lys.

Lisbonne (Portugal), V, 325 ; VI, 110, 123, 130, 131, 240, 310-312, 315, 316, 322 ; VII, 242, 246 ; VIII, 117.
— (archevêque de). Voy. Almeida (Georges d').

Liscœt (N., sgr du), capitaine de gens de pied, VIII, 293.

Lisieux (Calvados), I, 176, 179.

L'Isle (Andre Guillart du Mortier, sgr de), ambassadeur au concile de Trente, premier président au parlement de Bretagne, I, 329 ; II, 159, 161.

L'Isle-Doriou (N., sgr de), sous les ordres du chevalier d'Aumale, VIII, 226.

218 HISTOIRE UNIVERSELLE.

L'Isle-Jourdain (Jacques de Saux, sgr de), catholique exécuté à la Rochelle, IV, 4.
L'Isle-Marivaux (Jean de l'Isle, dit), frère de Claude de l'Isle, sgr de Marivaux, VIII, 73, 89, 215.
L'Isle-Ménac (N., sgr de), capitaine huguenot, VIII, 304 et suiv.
L'Isle-Rouet. Voy. Rouet.
Lisses (les), faubourg d'Angers, VI, 246, 255, 257.
Lister (Christophe), ministre réformé supplicié à Glocester, I, 221.
Lithuanie, II, 178, 333 et suiv.; IV, 67.
Litres (le capitaine des), capitaine huguenot, VII, 114, 140; VIII, 4.
Livonie, I, 333, 359, 370; II, 334; V, 75.
Livoniens, IV, 147.
Livonique (grand maître de l'ordre), I, 121, 122.
Livourne (Toscane), VI, 304; IX, 338.
Livron (Drôme), IV, 220, 273-275, 301, 318; VII, 172; IX, 356.
Livry (Seine-et-Oise), I, 205.
— (forêt de), I, 212.
Lizard (le cap) (Angleterre, comté de Cornouailles), VIII, 116.
Lizy (Samuel du Broullart, sgr de), capitaine huguenot, VI, 260.
Lo (Jacques de), hérétique supplicié en Flandre, I, 227.
Loaiza (Don Garcia), archevêque de Tolède, IX, 413.
Lobbes, Loben (Belgique, prov. de Liège), VIII, 131.
Locchem (porte de), à Zutphen (Gueldre), IV, 153.
Lochem (Hollande, prov. de Gueldre), VIII, 297.
Loches (Indre-et-Loire), VII, 306; VIII, 230.

Lochleven (château de) (Ecosse), II, 361; III, 250.
— (lac de), en Ecosse, III, 250.
Lodève. Voy. Clermont-Lodève.
Lodrone (Albéric, comte), colonel italien au service du duc d'Albe, I, 56; III, 208, 261, 265.
Lodunois (pays de), I, 260.
Lœvenstein (Hollande, prov. de Gueldre), IV, 73.
Logan (Daniel de). Voy. Rusigny.
Loges (les), ferme des environs de Compiègne, VI, 48.
— (les), faubourg de Fontenay-le-Comte, IV, 252, 290, 291; VII, 112.
— Voy. Guron.
Logier (Jean), capitaine au service de Maurice de Nassau, VIII, 393.
Loing (le), affluent de la Seine, II, 283.
Loire (la), fleuve, III, 6, 14, 20 et suiv., 38, 39, 45, 82, 137, 171-173; IV, 133, 176, 378, 387; V, 191, 208; VI, 76, 165, 173, 228, 252, 253, 263-266, 269, 273; VII, 9, 128-133, 161, 175, 179, 180, 335, 338, 398; VIII, 14, 38, 39; IX, 94, 178, 182, 356.
Loiré (Charente-Inférieure, arr. de Saint-Jean-d'Angély), IV, 332.
Lollards (les), secte religieuse en Angleterre, I, 169.
Lomagne. Voy. Fimarcon, Sérignac, Terride.
Lombard (Pierre), cardinal d'Ecosse, VI, 301, 302.
Lombardie, IV, 109; VI, 140; IX, 301.
Lombecke. Voy. Ohignies.
Lombers (Tarn), III, 388.
Lombez (Gers), I, 174.
Lombin. Voy. Lumbin.
Lombrales (Alphonse), lieutenant de cavalerie espagnole, IV, 81.
Loménie (Antoine de), secré-

taire d'Etat, fils du suivant, IX, 118, 317.
Loménie (Jean de), sgr de Versailles, secrétaire du roi, III, 329.
Lommeau (N.), médecin à Poitiers, VIII, 149.
Londonno (Sancho di), chef des troupes milanaises au siège de Malte, II, 321.
Londres, I, 192, 206, 221, 222; VII, 232; IX, 118, 420.
— (évêque de), en 1570, III, 254.
— (tour de), III, 253; IV, 142; IX, 421.
Longaunay (Hervé de), sgr d'Aucquoy, capitaine de Henri IV, lieutenant en Basse-Normandie, tué à Ivry, VIII, 193.
Longchamp (Talmont ou le chevalier de), capitaine huguenot, V, 119.
Longchamps, VII, 154.
Longèves (Vendée), IV, 253.
Longjumeau (édit de), du 23 mars 1568, II, 364; III, 41.
— Voy. Beaulieu.
Longnac (Honorat de Montpezat, sgr de), capitaine de la compagnie des Quarante-Cinq, V, 133; VII, 387 et suiv.; VIII, 75.
Longpré-les-Corps-Saints (Somme), IX, 135, 141, 142.
Longueval (Aisne), VIII, 217.
Longueville (Henri d'Orléans, duc de), fils du suivant, gouverneur de Picardie, VIII, 48, 59, 56, 67, 80, 83, 153, 155, 156, 164, 222, 265; IX, 63, 353.
— (Léonor d'Orléans, duc de) et d'Estouteville, marquis de Rothelin, grand chambellan et connétable héréditaire de Normandie, II, 203, 242; III, 122 et suiv., 375; IV, 7, 32, 176.
Longwy (Jacqueline de), comtesse de Bar-sur-Seine, duchesse de Montpensier, 285.

Lonnoi (Champagne), VIII, 288.
Lons (Basses-Pyrénées), VI, 20.
— (Jean, baron de), gouverneur de Pau, IV, 210.
Loon-op-Zand (Hollande, prov. du Brabant septentrional), VI, 326.
Lopez (Don Juan). Voy. Medina-Sidonia.
— (Fernand de), capitaine de la ville de Groningue, V, 331.
Lopez d'Ulloa (Fernando), chevalier de Malte, I, 112.
Lophsen (Adrien de), hérétique supplicié à Bruxelles, I, 222.
Loppes (Marc de), capitaine de chevau-légers, VIII, 353.
Lorette (rivière dans l'Indre), III, 146.
— (N.-D. de), IX, 364.
Lorey (Eure, comm. de Breuilpont), VIII, 183.
Lorges (Loir-et-Cher), II, 40.
— (Gabriel de Montgomery, fils cadet de Gabriel de Lorges, comte de Montgomery), V, 209 et suiv., 214; VI, 212 et suiv., 224, 229, 232, 234 et suiv.; VIII, 51 et suiv., 154, 272 et suiv., 279.
— (Louis de). Voy. Cormainville, Montgomery, Saint-Jean.
Lori (Géorgi), VI, 108.
Lorignac. Voy. Plassac.
Loriol (Drôme), III, 171; IV, 220, 273.
Lormais, capitaine sous les ordres de Matignon, II, 139.
Loro (N.), spadassin espagnol, auteur d'une tentative d'assassinat contre le roi de Navarre, VI, 182 et suiv., 186, 187; VII, 6.
Lorraine (province de), I, 211; II, 278, 289; III, 2, 196; IV, 381; V, 17, 56; VI, 283; VII, 132, 171, 194, 196, 198, 223, 228; VIII, 91, 243; IX, 300, 308.
— (régiment de), à Dormans, VI, 380 et suiv.

Lorraine (maison de), I, 5, 225, 244, 247, 251 ; II, 233 ; IV, 299, 372 ; V, 145, 342 ; VI, 93 ; VII, 5, 126, 231 ; VIII, 245.
— (duc de), VIII, 346.
— (Catherine-Marie de). Voy. Montpensier.
— (Charles III, duc de), I, 124, 128 ; II, 289 ; IV, 203, 213 ; VI, 363 ; VII, 170, 177, 195, 196, 200, 202, 204, 365 ; VIII, 105, 339, 347-349 ; IX, 42.
— (Charles de Lorraine, cardinal de), frère de François, duc de Guise, s'entremet pour la paix entre la France et l'Espagne, I, 79 ; persécuteur des réformés, 225, 230 ; présent à la Mercuriale des Augustins, 233 ; son entrevue avec Henri II mourant, 238 ; ses créatures à la cour, 242 ; son antipathie pour le prince de Condé, 245 ; informé des agissements des réformés à Paris, 248 ; rigueurs inspirées par lui contre les réformés, 249 ; son influence à la cour, 251 ; accusations portées contre lui, 252 ; informé d'un complot des réformés contre sa famille, 262 ; inspire l'édit de Romorantin, 274 ; à l'assemblée de Fontainebleau, 279 ; son influence à la cour à Orléans, 291 ; aux Etats généraux d'Orléans, 304 ; sa conférence avec Théodore de Bèze, 313 ; au colloque de Poissy, 314, 317 ; se retire de la cour, 321 ; auteur responsable du massacre de Vassy, d'après d'Aubigné, II, 6 ; pamphlets publiés contre lui, 181 ; son entrée à Paris, 215 et suiv. ; son départ de Paris, 217 ; son différend avec Salcède, 219 ; la « guerre cardinale », 219, 221, 222 ; mêlé à l'affaire des troubles de Pamiers, 227 ; son rôle pendant les hostilités de 1567, 233, 234 ; instigateur prétendu de l'assassinat de Darnley, 359 ; sa politique opposée à celle du cardinal de Châtillon, III, 62 ; rejoint le duc d'Anjou à Niort, 134 ; mêlé à un complot contre les réformés, 286 ; son voyage à Rome, 288 ; cité, 291 ; son différend avec Salcède rappelé, 331 ; organise une procession à Rome à la nouvelle de la Saint-Barthélemy, IV, 87 ; ses instructions au cardinal des Ursins, 91 ; s'enfuit de Saint-Germain, 224 ; pamphlet contre lui, 263 ; sa mort, 298, 299 ; objet d'une vision de Catherine de Médicis, 301 ; ses dernières paroles, 301.
Lorraine (Christine de Danemark, duchesse de), fille de Christiern II, roi de Danemark, femme de François Ier, duc de Lorraine, VII, 177.
— (Christine de), femme de Ferdinand Ier de Médicis, grand-duc de Toscane, IX, 338.
— (François de), grand prieur de France et général des galères, troisième frère du duc François de Guise, I, 356 ; II, 119.
— (Henry, marquis de Pont-à-Mousson, duc de Bar, puis duc de), fils de Charles III, II, 211 ; VII, 194, 219, 368 ; VIII, 339, 349 ; IX, 362.
— (Louise de), fille de Nicolas de Lorraine, comte de Vaudémont, reine de France, IV, 371 ; V, 136 n. ; VIII, 176 ; IX, 461.
— (Marie de), fille de Claude de Lorraine, duc de Guise, mère de Marie Stuart, régente d'Ecosse, I, 41, 240.
— (Marguerite de), fille de Nicolas de Lorraine, duc de Mercœur et comte de Vaudémont, sœur de la reine Louise,

femme : 1° d'Anne de Joyeuse, 2° de François de Luxembourg, duc de Piney, VII, 117.

Lorraine. Voy. Aumale, Chausseins, Conti, Elbœuf, Guise, Joinville, Mayenne, Mercœur, Vaudémont.

Lorrains, VII, 362-368; VIII, 207, 267; IX, 43, 389.

— (princes), et leurs partisans, I, 308; II, 175; III, 302; VII, 327; VIII, 91, 92, 177, 267.

Losance. Voy. Loscenczy.

Loscenczy (Étienne), défenseur de Temeswar contre les Turcs, I, 94.

Losée (le capitaine), défenseur de Brouage, V, 286.

Losses (Jean de), sgr de Banes et Pierretaillade, chevalier de l'ordre du roi, lieutenant général en Guyenne, I, 46; II, 200; IV, 308; V, 4, 5.

Lossi, capitaine orangiste, V, 330.

Lot (le), affluent de la Garonne, III, 157; V, 236; VI, 10.

Loran. Voy. Laurent, Loran (Jean).

Louchard (N.), commissaire au Châtelet, VIII, 247.

Loudéac (Côtes-du-Nord), IX, 183.

Loudun (Vienne), II, 42; III, 38, 39, 44; IV, 287; VIII, 17, 87, 88, 98, 137; IX, 276.

— ou Lodunois (duchesse de). Voy. Rohan (Françoise de), dame de la Garnache.

— (les sires de), nom donné par dérision aux soldats de la compagnie de Puyviault, III, 47.

Louèze, capitaine huguenot, II, 259 et suiv., 262.

Louis IV, dit d'Outre-Mer, roi de France, IX, 9.

Louis VII, dit le Jeune, roi de France, IX, 9.

Louis VIII, roi de France, I, 184, 187, 188.

Louis IX, roi de France, I, 188, 190, 208; V, 82.

Louis XI, roi de France, I, 236; IV, 189.

Louis XII, roi de France, I, 34, 232; IV, 363.

Louis XIII, roi de France, VII, 1, 2, 5 et suiv.

Louis II, roi de Hongrie et de Bohême, I, 91, 92.

Louis VI, duc de Bavière, électeur et comte palatin du Rhin, VI, 203.

Louis (le capitaine), commandant du fort Sainte-Catherine à Rouen, II, 82.

— (le capitaine), capitaine catholique en Saintonge, III, 22, 202.

— sergent de bandes, ligueur pendu à Bordeaux, VIII, 34.

Louise de Vaudémont ou de Lorraine. Voy. Lorraine (Louise de).

Loumeau, capitaine huguenot, VII, 114, 299.

Loukkos (oued) (appelé par d'Aubigné Alcaçar), fleuve du Maroc, V, 112.

Loupian (Peyrot), capitaine espagnol, II, 31.

Lourches (N., sgr de), lieutenant de Martigues, III, 16 et suiv.

Lourmarin (Vaucluse), I, 324; IV, 284.

Louvain (Belgique, prov. de Brabant méridional), I, 208; IV, 83, 149; VI, 141.

— (Université de), III, 265.

Louvain (Recueil de), troisième édition du recueil des décisions du concile de Trente, I, 87; II, 152.

Louvancourt (N., sgr de), capitaine huguenot, VI, 50, 59 et suiv.

Louverval (Everard de Vele de), colonel de l'infanterie flamande, III, 211.

Louvez. Voy. Louèze.

Louviers (Eure), II, 32; VIII, 225, 266.
— (N., sgr de), tué à la Saint-Barthélemy, III, 324.
Louvois (marquis de). Voy. Pinart (Claude).
Louvre (palais du), III, 297, 301, 303, 305, 311-313, 322, 324 et suiv., 356; V, 14, 83; VI, 73, 95; VII, 210, 212, 214 et suiv., 397; VIII, 198; IX, 17, 302, 472.
Lowmas (Jean), hérétique supplicié en Angleterre, I, 221.
Loyasa (Gaspard de), capitaine espagnol, IX, 447.
Loye (boulevard de), à Genève, IX, 378, 380.
Loyola (Ignace de), I, 35; II, 172 et suiv.
Loys (Colas), commandant de la place d'Hodimont aux Pays-Bas, I, 49.
Lubeck (Allemagne), I, 124, 357; II, 178; III, 255; IV, 147.
— (diète de), en 1570, IV, 147.
Luc (saint), son évangile, I, 138, 147.
Lucain, poète latin, VIII, 299; IX, 470.
Lucras. Voy. Crès (le).
Lucas, capitaine huguenot, V, 89, 213.
Lucé (Jean de Coesmes, baron de), colonel de gens de pied, IV, 226, 245, 322 et suiv.
Luchai, Luché (N., sgr de), capitaine catholique, VI, 232, 236; VII, 58.
— (N., sgr de), capitaine huguenot, défenseur de Luzignan, frère cadet du précédent, IV, 218, 286-289, 312, 323.
Lucinge. Voy. Alymes.
Lucques (Italie), I, 128; IX, 300.
— (cardinal de). Voy. Guidiccioni.
— (Jean de), capitaine italien au siège de Malte, II, 317.
Luçon (Vendée), II, 264; III, 182-183, 187-189; VI, 2; VII, 290.
Lude (François de Daillon, comte du), marquis d'Illiers, sénéchal d'Anjou, fils de Guy de Daillon, comte du Lude, et de Jacqueline de la Fayette, VII, 110, 231; VIII, 333.
— (Françoise de Schomberg, dame du), femme de François de Daillon, comte du Lude, VII, 231.
— (Guy de Daillon, comte du), adversaire du comte de la Rochefoucauld, II, 254; ses exploits en Poitou, 264; sa jonction avec Monluc, 269; insinuations malveillantes de d'Aubigné à son égard, III, 23; entre dans Mirebeau, 38; assiège Niort, 75; lève le siège de Niort, 79; rejoint à Poitiers par le duc de Guise, 101; défenseur de Poitiers, 102 et suiv., 107, 109; en lutte avec Puyviault, 178 et suiv.; s'empare de Marans, 179; reçoit des renforts en Poitou, 183; son régiment au combat de Luçon, 190; au siège de la Rochelle, 377; IV, 19, 24, 32; cité, 204; sa campagne en Poitou, 250 et suiv.; entreprise commandée par lui sur l'île de Ré, 352 et suiv.; jalousie qu'excite sa charge en Poitou, V, 191; au siège de Marans, 216; son projet de jonction avec Lansac, 256; chargé du blocus de Montaigu, VI, 72, 75; au siège de Montaigu, 76-80.
— (Jacqueline de la Fayette, dame de Pontgibaud, comtesse du), femme de Guy de Daillon, comte du Lude, III, 78, 79.
— (René de Daillon du), abbé des Chasteliers en Poitou, puis évêque de Bayeux, V, 129; VIII, 342.
— (François du). Voy. Briançon.

Ludovic (le comte). Voy. Nassau.
Luetz. Voy. Aramont.
Lugas (Hongrie)? IX, 220.
Lugny (Jean de Saulx-Tavannes, vicomte de), frère de Guillaume de Saulx-Tavannes, IV, 194.
Luillier (Jean), prévôt des marchands, IX, 18.
— (Nicolas), sgr de Saint-Mesmin, président à la Chambre des comptes, V, 145, 162.
Luiset (Haute-Savoie), IX, 336.
Lullin (Gaspard de Genève, marquis de) et de Pancalieri, IX, 175, 315, 321.
Lumay. Voy. La Mark.
Lumbin, Lombin (Isère), IX, 161.
Lumigny (château de), près Blois, III, 282.
Lumley (John), partisan de Marie Stuart, IV, 143.
Luna (Alonzo de), gouverneur de Lierre, IX, 247.
— (Antonio de la), capitaine espagnol, III, 238.
— (Claude-Ferdinand de Quinones, comte de), ambassadeur espagnol au concile de Trente, II, 159.
— (Emmanuel de la), capitaine impérial, fils du précédent, I, 60.
— (Juan de la), gouverneur de Milan pour l'empereur, I, 60 n.
Lunel (Hérault), III, 164; IV, 227; V, 295; VI, 24.
Lunéville (Meurthe-et-Moselle), IV, 381.
Luns (Philippe de), hérétique supplicié à Paris, I, 225.
Lupé (Jean III de), sgr de Maravat, gentilhomme ordinaire de la chambre du roi, VII, 389.
Lurbigny (Claude de Coussay, sgr de), général des troupes de messieurs de Genève, VIII, 359-361.

Luret (Charente-Inférieure), III, 198.
Lurs, Luz (Basses-Alpes), VIII, 317.
Lurques (porte de), à Londres, IX, 422.
Luserna (vallée de), Italie, prov. de Pignerol, I, 196.
— (tour de), IX, 166.
Lusignan (Vienne), I, 292, 294; III, 43, 79, 81, 101, 133; IV, 217, 286, 290, 298, 308, 311 et suiv., 340, 341; VII, 8, 24, 51 et suiv.; VIII, 168, 241.
Lusignan (château de), II, 254.
Lussac (Gironde), VII, 162.
Lussan (Jacques Audibert, sgr de), capitaine catholique, IV, 245.
— (Jean-Paul ou François d'Esparbès de), V, 218.
Lussey. Voy. Lucé.
Lussiac. Voy. Moncassin.
Lusson. Voy. Luçon.
Lustrac (Marguerite de), veuve du maréchal de Saint-André, femme de Geoffroy, baron de Caumont, II, 196.
Luth, capitaine au service des Etats aux Pays-Bas, VII, 266.
Luther (Martin), I, 26, 81, 82, 195; II, 155, 176.
Luthériens, II, 345; III, 248.
Luttekenhoven (château de), dans le duché de Clèves, VIII, 397.
Luttmansburg (Hongrie), IX, 203.
Lutzelstein (N., prince de), gentilhomme lorrain, IV, 194.
Lus. Voy. Lux.
Lux (Claude de Malain, baron de), fils du suivant, VIII, 20 n.
— (Edme de Malain, baron de), neveu de Pierre d'Epinac, archevêque de Lyon, lieutenant du roi en Bourgogne, VIII, 20; IX, 54 et suiv., 323, 334, 364, 367, 368.
Luxe (Charles, comte de), en

Biscaye, capitaine catholique, colonel de l'infanterie dans l'armée de Terride, III, 93.

Luxembourg, I, 76, 77 ; III, 210 ; V, 332 ; VI, 138, 140, 292 ; VIII, 404 ; IX, 41, 42.
— (bastion de), à la Fère, VI, 51, 59 et suiv.
— Voy. Brienne, Martigues, Mercœur.

Luynes (Honoré d'Albert, sgr de), V, 117, 119, 208.

Luz. Voy. Lurs.

Luz. Voy. Uza.

Luzançon (Jean de Lavezon de). Voy. Vésins.

Luzarches (Seine-et-Oise), V, 18.

Luze (Haute-Saône), IX, 54.

Luzerne (Emmanuel de Savoie, comte de), capitaine du château de Cavours, IX, 174.

Luzier (Dordogne), VII, 37.

Luzignan (Henri de), capitaine de 50 hommes d'armes des ordonnances, gouverneur de Puymirol, VI, 19, 20 et suiv., 153 ; VII, 156.

Lybie (Afrique), I, 105.

Lyon (Rhône), ville natale de Valdo, I, 168 ; ses troupes battues en Dauphiné pendant la guerre albigeoise, 185 ; supplices d'hérétiques, 215, 217, 223 ; martyr de la réforme originaire de cette ville, 226 ; tentative de Maligny sur cette ville, 281 ; rassemblement de troupes par Maugiron, 284 ; mission donnée par le prince de Condé au baron de Soubise, II, 41 ; au pouvoir des réformés, 49 ; obéit au baron des Adrets, 50, 51 ; marche sur cette ville du gouverneur et d'une partie de la garnison d'Orange, 52 ; son gouvernement confié par des Adrets à Bourjac, 55 ; arrivée des troupes de Mouvans et Senas, 63 ; objectif de Tavannes et du duc de Nemours, 70, 71 ; arrivée de Henri III de retour de Pologne, 72 ; ravitaillé par Soubise et assiégé par le duc de Nemours, 133 et suiv. ; passage de troupes suisses, 148 ; entrée de Charles IX, 211 ; découverte de souterrains conduisant sous les remparts, 225 ; passage du duc de Nevers, 262 ; la Saint-Barthélemy, III, 346 ; prisons des Célestins et des Cordeliers, 347 ; envoi de secours au maréchal Damville, IV, 47 ; entrée solennelle du cardinal des Ursins, 90 ; bloqué par les huguenots, 221 ; passage de Henri III, 302 ; arrivée auprès de lui des députés huguenots, 303 ; ambassadeurs de Pologne reçus par Henri III, V, 26 ; expulsion de ministres réformés, 93 ; modération de ses députés aux Etats de Lyon, 170 ; aventure de Henri III dans cette ville, 347 et suiv. ; son gouverneur au siège de Saint-Agrève, VI, 28 et suiv. ; passage de l'armée du duc de Mayenne, 149 ; expulsion du gouverneur de sa citadelle, 198 ; voyage de Henri III, VII, 102 ; entreprise du duc de Mayenne, 216 ; son gouvernement promis au duc de Nemours par Henri III, 303 ; séjour du duc de Mayenne, 395 ; le duc de Nemours maître de la ville, VIII, 245 ; premier voyage de Henri IV, 312 ; domination du duc de Nemours et de Maugiron, 344, 345 ; passage de Pierre Barrière, 354, 355 ; message envoyé de Paris au duc de Nemours, IX, 2 ; insurrection contre le duc de Nemours, 3 ; sa soumission à Henri IV, 9 et suiv. ; appel au duc de Montmorency, 45 ; menacé

TABLE DES MATIÈRES. 225

par le duc de Nemours, 45 ; entrée et séjour de Henri IV, 59, 60 ; départ du roi pour Paris, 75 ; cité, 77 ; départ de Henri IV mentionné, 99 ; entreprise du marquis de Saint-Sorlin, 197 ; passage du duc de Savoie, 308, 309, 314 ; cité, 320, 321 ; arrivée de l'artillerie pour la guerre de Savoie, 322 ; départ de Henri IV pour la guerre de Savoie, 322 ; arrivée de Marie de Médicis, 340 ; arrivée de Henri IV, 341 ; cité, 348, 361.

Lyon (Jacques du). Voy. Grand-fief.

Lyonnais (prov. de), I, 282 ; II, 47 et suiv., 51, 56, 67, 104, 131, 263 ; IV, 220 ; VI, 65 ; VII, 92, 94, 99 ; VIII, 312, 345 ; IX, 44 et suiv., 87, 88.
— nom donné aux Vaudois, I, 169.

Lysandre, chef du gouvernement des Trente-Tyrans, III, 298.

M

Mabrun (René de), capitaine royaliste, lieutenant de Monluc, II, 266 ; III, 10, 115, 203 ; IV, 308.

Macchabées (le livre des), I, 138.

Macchiavelli (Pietro), capitaine florentin, I, 346.

Macé. Voy. Moreau.

Machecoul (Loire-Inférieure), VII, 338, 378 ; IX, 37.
— Voy. Saint-Etienne et Vieillevigne.

Machiavel (Nicolas), I, 7 ; III, 298.

Macmeth, fils d'Arsanes. Voy. Mohammed - ben - es - Soltan El Haçen, bey de Tunis, frère d'Aboul-Abbas-Hamed, IV, 131, 132.

Macol, mari de la fille de Mohammed ech-Cheikh, I, 107.

Mâcon (Saône-et-Loire), II, 48, 49, 53, 73, 133, 134, 211, 260, 262 ; III, 355.

Mâconnais (le), II, 259.

Macox, capitaine maure, III, 240.

Madagascar (île de), II, 327 et suiv.; VII, 239.

Madaillan. Voy. Montataire.

Madaron. Voy. Adron.

Madeleine (le fort de la), à Orléans, II, 127.

Madère (île de), II, 327-328 ; VI, 313.

Madoc (Jean de), ministre protestant à Saint-Nicolas-du-Port, II, 289.

Madrid, I, 125 ; II, 340, 351 ; V, 57 ; VI, 304 ; VIII, 132, 380 ; IX, 238, 320, 412 et suiv., 449, 459, 469.

Maduron. Voy. Adron.

Maele (Belgique, prov. de Flandre occidentale, paroisse de Sainte-Croix), IX, 438.

Maës (Jean), jurisconsulte et diplomate espagnol, VII, 278.

Maestricht (Hollande, Limbourg hollandais), V, 66, 73 ; VI, 143 ; VIII, 402.

Magdebourg (Saxe), I, 27, 28 ; VI, 94.
— (concordat de), VI, 203.

Magellan (Fernand de), navigateur portugais, I, 114, 115.
— (détroit de), I, 115 ; IX, 264.

Magezy (N., sgr de), gentilhomme ligueur, VIII, 226.

Magistri. Voy. Maistre (Gilles Le).

Magnac (Antoine de Neufville, baron de), député de la Haute-Marche aux Etats de Blois, VII, 317.

Magne (Antoine), hérétique supplicié en France, I, 218.

Magné (Deux-Sèvres), III, 75 et suiv.
— Voy. Maillé.

Magnésie, contrée de Thessalie, I, 336.

Magnier (Jean), Majeur, traître,

15

agent de l'Espagne à Amiens, IX, 129, 131.
Magnus, roi de Livonie, fils de Christian III, roi de Danemark, I, 359; III, 254.
Magny (Seine-et-Oise), VIII, 181.
— (Laurent de). Voy. Maninville.
Mahamet Harran. Voy. Mohammed el Harran.
Mahamet Oatazène. Voy. Mohammed el Ouattas.
Mahomet (le prophète), I, 101; IV, 115; IX, 210, 221.
— bacha de Cara-Hamid, VI, 105, 299, 300.
— fils de Soliman II et de Roxelane, I, 95, 98.
— sangiac d'Eubœa (Nègrepont), IV, 113 et suiv.
Mahomet-Bey, commandant de galères turcs à Lépante, IV, 115 et suiv.; défenseur de Tergowisch, IX, 211.
Mahomet-Chan, chef des Turcomans, VII, 235.
Mahomet III, sultan, V, 317; VII, 237; VIII, 105 et suiv.; IX, 207, 208, 214, 217, 218, 222 et suiv., 225-227, 395, 399, 460.
Mahomet-Khodavend, sophi de Perse de 1577 à 1585, V, 318-319; VI, 96 et suiv., 103, 106-108; VII, 235.
Mahomet-Kihaya, pacha de Bude, IX, 202 et suiv., 207, 214, 398.
Mahomet le Noir. Voy. Mohammed-el-Mesloukh, roi du Maroc (1574-1576).
Mahomet-Pacha, grand vizir des sultans Soliman II, Sélim II, Amurath III, I, 94, 336; II, 304; III, 216, 302, 305; IV, 97, 124; VI, 100-107; IX, 206, 211, 237, 386, 388, 390.
Mahomet-Siroco, sangiac d'Alexandrie, III, 216, 220 et suiv.; IV, 113 et suiv.

Mahomette, près Tunis, V, 44; IX, 402 et suiv.
Mahonne (la), galère turque, à Lépante, IV, 117.
Maibretin. Voy. Mebretin.
Maidavid. Voy. Médavy.
Maignelay (Florimond de Halwin, marquis de), fils de Charles, duc de Halwin, sgr de Piennes, capitaine de 50 hommes d'armes des ordonnances du roi, VIII, 170; IX, 101.
Maillé (Indre-et-Loire), VIII, 42.
— (Deux-Sèvres), III, 22, 38.
— (Vendée), VII, 67.
— Voy. Brézé.
Maillé-Benehart. Voy. Benehart.
Maillebois. Voy. O (François d').
Maillezais (Vendée), VII, 12, 114, 124; VIII, 1 et suiv., 137, 149, 199, 241.
— (évêque de). Voy. Sourdis.
— (gouverneur de). Voy. Saint-Pompoint.
— (îles de), III, 56; VII, 66 et suiv.
Mailly (René, baron de), gouverneur de Montreuil, III, 123 et suiv.
— Voy. Haucourt, Remilly, Roye.
Mailly-la-Ville (Yonne), VII, 179.
Maine (prov. du), I, 260; II, 237; III, 83; IV, 226; V, 16; VIII, 280; IX, 87-89.
— (la), affluent de la Loire, III, 20; VI, 249.
Maineuf (comm. du Genest, Mayenne), IX, 190.
Maintenon (ruisseau de), peut-être la Voise, affluent de l'Eure, II, 105.
Mairé (le bois de), près Moncontour, III, 127.
Maisières (Nicolas d'Anjou, comte de Saint-Fargeau, sgr et baron de), III, 25.
Maistre (Gilles Le), premier

président du parlement de Paris, I, 232, 235.
Maitland (Guillaume), noble écossais, III, 250.
Majance (Finlande), I, 122.
Majorque (îles de), III, 237.
— (évêque de). Voy. Vaquer.
Majou (Jean), député de Brouage au prince de Condé, V, 290.
Makelos (le), navire suédois, II, 333.
Malacca (Indo-Chine), VI, 303; VIII, 110, 111, 388.
Malachie (le livre de), I, 138, 147.
Malaga (Espagne), II, 169; III, 240.
Malagamba (N.), capitaine espagnol, IX, 255.
Malagny (N., sgr de), capitaine huguenot, VII, 77.
Malaguet (les frères), capitaines catholiques, VII, 349; IX, 192 et suiv.
Malain. Voy. Lux.
Malassise (Henri de Mesmes, sgr de), II, 287; III, 268.
Malaucène (Vaucluse), I, 285.
Malauze (Tarn-et-Garonne), III, 387.
Maldonado (Jean), jésuite portugais, III, 359.
Malespina (N., marquis de), capitaine espagnol, I, 61.
Malestroit (Morbihan), IX, 176.
Malicorne (Jean de Chourses, sgr de), lieutenant de roi et gouverneur en Poitou, III, 87, 88, 192; IV, 35; VII, 11, 15, 18, 19, 68, 120, 124, 288 et suiv., 295; VIII, 3, 6, 32, 232, 233, 236 et suiv.; IX, 38, 39, 122.
Maligny (Edme de Ferrières, dit le jeune), I, 261, 265, 281.
— (Jean de Ferrières, sgr de), dit le capitaine Saint-Cyr, vidame de Chartres après la mort de François de Vendôme, frère du précédent, I, 281; II, 234, 245, 256; III, 12, 13, 113, 264, 311, 326 et suiv., 373; VII, 32; IX, 364 n.
Malines (Belgique, prov. d'Anvers), I, 206; II, 344; IV, 85, 86, 149; V, 329, 333-335; VI, 337, 347, 360, 362; IX, 246.
— (grand conseil de), IX, 267.
Malipiero (Pierre-François), capitaine vénitien, IV, 112 et suiv.
Malissy (Mathieu Martin, sgr de), maître d'hôtel du roi de Navarre, IX, 62.
Malleroy (Robert de Heu, sgr de), III, 65.
Mallet, capitaine catholique, III, 91.
Malleval. Voy. Virieu.
Malleval-en-Forez (Loire), IV, 221.
Malmouche. Voy. Miget (Pierre).
Malo (Jean), hérétique supplicié en Hainaut, I, 218.
Malot (Jean), ministre protestant, I, 311, 322.
Malras. Voy. Yolet.
Malsbourg (Christophe de), capitaine des reitres, II, 280.
Malsperg. Voy. Malsbourg.
Malte (île de), I, 113, 343; II, 221, 296 et suiv., 300, 301, 307; III, 222, 293; IV, 113; V, 44; IX, 338, 402.
— (ordre de), IX, 400.
— (grand maître de l'ordre de). Voy. La Valette.
Maltz (Stein), capitaine danois, VII, 256.
Malval (Henry Chasteigner, baron de), IV, 122, 123.
Malvirade (Lot-et-Garonne), V, 244.
Malzieu (le) (Lozère), VII, 104.
Mandagot (N.), capitaine huguenot, III, 29.
Mande (Nicolas de), capitaine aux Pays-Bas, VII, 273.
Mandelot (François de), sgr de Pacy, Lerné et Vireaux, vicomte de Chalon, chevalier des ordres du roi, lieutenant

228　　　　HISTOIRE UNIVERSELLE.

général au gouvernement de Lyonnais, Forez et Beaujolais, III, 346; IV, 221; VI, 28 et suiv.; VII, 191, 192.

Mandreville (Jean du Val, sgr de), capitaine catholique, IV, 13.
— Voy. Emandreville.

Manducage (N. Mustel, sgr de), V, 111, 261, 279, 285, 287.

Manens (Olivier), otage anglais, II, 200.

Manès (Gaspard de Rolliers, sgr de), lieutenant de la compagnie de M. de la Roche-Posay, I, 61.

Mangin (Étienne), hérétique supplicié à Meaux, 1, 212.

Manheim (grand-duché de Bade), III, 209.

Manichéens, nom donné aux Vaudois, I, 169.

Maninville (Laurent de Magny, sgr de), capitaine huguenot, V, 288, 290.

Manon (Jean d'O, sgr de), chevalier de l'ordre, gentilhomme ordinaire de la chambre, capitaine des gardes écossaises, IV, 383; VIII, 80.

Manosque (Basses-Alpes), VIII, 306.

Manrique de Lara (Jean), sgr de Saint-Léonard, vice-roi de Naples, VI, 339.

Manriquez (Alvaro), capitaine espagnol, III, 233, 240.
— (N.), capitaine espagnol, VI, 352.
— Voy. Osorio.

Mans (le) (Sarthe), II, 8; V, 8; VIII, 177.
— (évêque du). Voy. Rambouillet (Claude d'Angennes, cardinal de).

Mansdoter (Catherine), femme d'Eric XIV, roi de Suède, II, 336.

Mansfeld (Agnès de), religieuse du monastère de Gerisheim, femme de Gebhard Truchsess, archevêque de Cologne, VI, 293.

Mansfeld (Pierre-Ernest, comte de), I, 69; II, 211, 353-354; III, 120 et suiv., 156, 175 et suiv., 282; IV, 79 et suiv., 302; VI, 138, 140, 141, 143, 191, 341, 361 et suiv.; VII, 224, 255, 259, 404; VIII, 105, 131, 296, 367, 392, 400, 402, 404, 406, 407; IX, 31, 42, 62, 212 et suiv., 241, 254.
— (Wolrad de), lieutenant du duc de Deux-Ponts, III, 69.

Mansious (N., sgr de), gentilhomme huguenot, VII, 155.

Mantes (Seine-et-Oise), II, 104; IV, 233; VIII, 181, 182, 191-193, 225, 336; IX, 84, 93, 94, 282.

Mantoue (Italie), I, 83; VIII, 376; IX, 300.
— (Guillaume de Gonzague, duc de), I, 59, 70, 128.

Manuchiar, prince de Géorgie, V, 321.

Manuel (Diego), député de Maurice de Nassau auprès de Dom Sebastien, IX, 408.

Mar (Jean Erskine, comte de), régent d'Ecosse, IV, 146.

Maracena (Espagne, prov. de Grenade), III, 240.

Marafin. Voy. Guerchy.

Marais (rue des), à Paris, VIII, 171.

Marais-Saint-Germain (rue des), à Paris, I, 248, 249.

Marans (Charente-Inférieure), II, 264; III, 56, 132, 178, 179, 182, 201, 377; IV, 286, 290, 297 et suiv., 354, 358; V, 24, 119, 210, 215-219, 257, 266; VII, 51-54, 123, 167, 287 et suiv., 298-300.

Maravat (Jean de Lupé, sgr de), gentilhomme ordinaire de la chambre du roi de Navarre, maréchal de camp, VII, 360, 361.

Marbeck (Jean), maître de cha-

pelle, hérétique supplicié en Angleterre, I, 209.
Marc (saint), évangéliste, I, 138, 147.
Marçaut, capitaine huguenot de Saintonge, au siège de Blaye, VI, 40.
Marcel II, pape, I, 55, 84, 90.
Marcel (Claude), prévôt des marchands, III, 279, 314, 327; V, 83.
Marcel-Blayn. Voy. Poet.
Marcellin (saint), pape, I, 165.
Marchant (N.), capitaine provençal, VII, 226.
Marchastel. Voy. Peyre-Marchastel.
Marche (prov. de la), III, 8; VIII, 60, 231.
— (comte de la). Voy. Lumay.
Marché (George), hérétique supplicié en Angleterre, I, 219.
Marché-Neuf (le), à Paris, VII, 214.
Marchenoir (Loir-et-Cher), VI, 266, 267.
Marchou (le), quartier de Fontenay-le-Comte, VII, 113.
Marciano (Italie, prov. d'Arezzo), I, 57.
— Voy. Marliano.
Marcigny-sur-Loire (Saône-et-Loire), VII, 193.
Marcilly. Voy. Cypières.
Marconnay (peut-être Jean de), capitaine catholique, chevalier de l'ordre du roi, VIII, 7.
Marec (René de). Voy. Montbarot.
Marennes (Charente-Inférieure), II, 267; III, 197; VI, 232, 235, 249; IX, 452.
Mareschal (Simon), hérétique supplicié, I, 213.
Maresquie (île de), près Temeswar (Hongrie), IX, 220.
Marets, Marais (Hercule de Saint-Aignan, sgr des), ou mieux du Marais, en la paroisse de Faveraie (Maine-et-Loire), capitaine huguenot, II, 22.

Marets (N., sgr des), député de Guyenne au roi, IV, 361.
Mareuil (Vendée), II, 269; VIII, 14.
Mareuil-sur-Ay (Marne), VIII, 289, 290; IX, 106, 109.
Marforio, rival de Pasquin, à Rome, VI, 309.
Margajats, peuples brésiliens, I, 119; II, 218.
Margariti (fort), près Corfou, IV, 120.
Marguerite, femme de chambre de Catherine de Médicis, VII, 397.
Marguerite. Voy. Parme.
Marguerite de France, fille de François Ier et de Claude de France, femme d'Emmanuel-Philibert, duc de Savoie, I, 127, 237, 239; II, 326; III, 5, 42; IV, 268.
Marguerite de Valois, fille de Henri II, femme de Henri IV, I, 304; III, 274, 288, 301, 325; V, 6, 95, 115, 334, 335, 351, 354 et suiv., 362, 382, 383; VI, 46, 154, 158-161, 164, 167-170, 204, 293; IX, 305, 306, 383.
Marguerittes (Gard), III, 154, 164; IV, 222; V, 296.
Marguez (Rodrigo), gentilhomme portugais, IX, 408.
Mariana (Jean), agent du roi d'Espagne à Constantinople, IX, 237.
Maridor (Françoise de). Voy. Montsoreau.
Marie (Marin), hérétique supplicié à Paris, I, 226.
— femme d'Augustin, hérétique supplicié en Hainaut, I, 213.
— femme d'Adrian, hérétique supplicié en Flandre, I, 211.
Marie d'Anjou, femme de Charles VII, II, 214.
Marie d'Autriche, sœur de Charles-Quint, veuve de Louis, roi de Hongrie, I, 42, 44.

Marie, fille de Charles-Quint et femme de l'empereur Maximilien II, V, 303 n.; VI, 316.
Marie de Bavière, femme de Charles II d'Autriche, fils de Ferdinand Ier, empereur, IX, 269.
Marie de Lorraine, reine d'Ecosse, mère de Marie Stuart, I, 352, 354, 355; II, 14.
Marie de Médicis, reine de France, VII, 3; IX, 298, 306, 318, 333, 337-341, 470.
Marie de Portugal, femme d'Alexandre Farnèse, duc de Parme, I, 127.
Marie Stuart, reine d'Ecosse, I, 39, 41, 81, 254, 308, 352, 355, 356; II, 151, 177, 209, 355-362; III, 250, 251, 264; IV, 137-141, 145; V, 315, 316; VI, 134; VII, 232, 249-253, 266; VIII, 109, 115; IX, 460.
Marie Tudor, reine d'Angleterre, I, 38-41, 66, 217, 221, 224; III, 264.
Marie-Elisabeth de France, fille de Charles IX, IV, 259.
Mariemma. Voy. Meriem.
Marienberg (Saxe), VII, 261.
Marienbourg (Belgique, prov. de Namur), I, 49 et suiv., 53, 126, 333.
Marignan (Jean-Jacques Médicis, marquis de), frère du pape Pie IV, capitaine italien au service de l'empereur, I, 57-59, 344; II, 311.
Marigny (Deux-Sèvres), VII, 15-16.
— (François de la Touche, sgr de la Boissière en Anjou et de), en Poitou, chevalier de l'ordre, gentilhomme ordinaire de la chambre, VIII, 171.
Marillac (Charles de), archevêque de Vienne, I, 279, 290, 291, 297, 332.

Marillac (François de), avocat au parlement de Paris, I, 295.
Marino (Italie, Etats romains), I, 64.
Marion (Milles), trésorier de France, V, 195.
Marivaux (Claude de l'Isle, sgr de), capitaine huguenot, IV, 385 et suiv.; VII, 308 et suiv.; VIII, 215 et suiv., 259 et suiv.
— (Jean de l'Isle), frère du précédent. Voy. l'Isle-Marivaux.
Marle (Philippe de), maître d'hôtel du roi, VII, 315 et suiv.
Marlet (le capitaine), VIII, 289, 290; IX, 106.
Marliano (Ludovico, comte), VIII, 376.
Marlorat (Augustin), ministre huguenot à Rouen, I, 312, 319; II, 88.
Marmagne (François Lallemant, sgr de), conseiller du roi, I, 262.
— (N. Lallemant, sgr de), maître des requêtes de l'hôtel, V, 372.
Marmande (Lot-et-Garonne), I, 187; V, 170 et suiv., 222, 238-243, 250; VI, 19-21, 178; VII, 48, 78.
Marmoutiers (abbaye de), près Tours, VIII, 211, 235; IX, 9.
Marnay (le capitaine), IX, 51.
Marne (la), affluent de la Seine, IV, 384, 386; VIII, 210, 269, 288 et suiv.; IX, 13, 15, 106.
Marnes (Deux-Sèvres), III, 105.
Marnix. Voy. Saint-Aldegonde.
Maroc, I, 101-109; V, 49-54, 322-326; VI, 110-123, 303; VII, 238; VIII, 109; IX, 232.
— (prince de). Voy. Adolbiquerin.
Marolles (Claude de Lenoncourt, sgr de), V, 8; VIII, 73, 89, 173.
— (N.), bailli de Jametz, VII, 368.
Marols (Loire), II, 55.
Maronnières (N., sgr de), capitaine catholique, V, 119; VII, 109.

Marquet (N.), juge civil du châtelain de Soyon (Ardèche), hérétique supplicié à Valence, I, 227, 284.
Marquette (N.), commandant du régiment du comte Henri de Nassau (?), IX, 444.
Marquion (Pas-de-Calais), VI, 328.
Marrafin. Voy. Garchy.
Marrast. Voy. Mont-de-Marrast.
Marri, ministre de Lusignan, VI, 324.
Marsac, capitaine huguenot, IV, 11.
— (Louis de), hérétique supplicié à Lyon, I, 217.
Marsanne. Voy. Saint-Genis.
Marseille (Bouches-du-Rhône), II, 168, 213, 291, 292; III, 180; IV, 283; VI, 197; VII, 83; IX, 105, 114 et suiv., 333, 339, 410.
Marsillargues (Hérault), II, 8.
Marsilly. Voy. Cypières.
Marsy (Guillaume de Mogne de), ministre protestant, VIII, 357.
Martia, de Caton, surnom recherché par Jacqueline de Montbel, I, 281.
Martigues (Charles de Luxembourg, vicomte de), I, 46, 47.
— (Sébastien de Luxembourg, comte de), chevalier de l'ordre, gouverneur et lieutenant général au duché de Bretagne, I, 46 n., 355; II, 101; III, 14 et suiv., 21, 35, 37, 49 et suiv., 70, 117, 121-124, 139, 144.
Martignon (Louis de), grènetier du sel à Saumur, IV, 38.
— (N. de), fils du précédent, capitaine huguenot, IV, 37.
Martin (Albert). Voy. Champoléon.
— (N.), cordonnier, hérétique supplicié à Ypres, I, 213.
— (Mathieu). Voy. Malissy.
Martinat (Louis), capitaine huguenot, IV, 39.

Martineau. Voy. Martignon.
Martinéglise (Seine-Inférieure), VIII, 157.
Martinengo (Curtius), colonel espagnol au service du roi d'Espagne, III, 256, 260, 261; VI, 339.
— (Gabriel, comte de), fils de Sciarra, comte de Martinengo, V, 18 et suiv., 296; IV, 103.
— (Hercule), défenseur de Famagouste, IV, 101, 102.
— (le comte), peut-être Curtius ou Gabriel, VIII, 97 et suiv., 315; IX, 152 et suiv., 387.
— (Sciarra, comte de), aventurier italien, II, 274; III, 7, 40 et suiv., 83; IV, 105, 227, 260, 339, 341; V, 231.
Martins (Honoré des). Voy. Grille.
Martinuzzi (Georges), évêque de Gross-Wardein, I, 92 et suiv., 95.
Martinville (la tour de), à Orléans, III, 85 et suiv.
Martroy (la place du), à Orléans, I, 293; II, 16, 236.
Martyr, ministre réformé, I, 319.
— (Pierre Vermeil, dit), député au colloque de Poissy, I, 312.
Maruège (Gard), V, 233, 236.
Marvejols (Lozère), VII, 104, 105.
Marvieu (N., sgr de), enseigne de la compagnie du sieur de Saint-Julien, IX, 162.
Marville (Catherin de Raillard, sgr de), capitaine ligueur, VII, 203.
Marza-Musceto (Malte), II, 307, 309 et suiv.
Mas (le) (comm. de Saint-Just, près Brioude, Haute-Loire), IX, 110.
— (le capitaine), VI, 31.
— (N. Ballot, dit le capitaine), de Limoges, V, 371 et suiv.
— (Jean du). Voy. Montmartin.
Masbrun. Voy. Mabrun.
Mascarennas (Francisco de),

gouverneur de Sétuval, VI, 130.
Mascarennas (Juan de), régent de Portugal, VI, 110.
Mascaron (N., sgr de), capitaine catholique, III, 182, 187, 189, 195.
Mas-d'Azil (le) (Ariège), III, 388.
Mas-Grenier (le) (Tarn-et-Garonne), IV, 308, 340; V, 79.
Masio (Vespasiano), capitaine italien aux Pays-Bas, IX, 443 et suiv.
Mas-Rouge (le) (Gard), V, 296, 299, 302.
Massa (le marquis de), IX, 300.
Massac. Voy. Plassac.
Massardière (N., sgr de), capitaine huguenot, IV, 324 et suiv.
Massès (François de Béon, sgr de), capitaine catholique, II, 94 et suiv.
Massie (vallée de), en Piémont, I, 173.
Massin (N., comte de), VIII, 103.
— (comte de). Voy. Martin.
Massiot (N.), capitaine catholique, V, 238.
Massue. Voy. Vercoiran.
Matapan (cap), en Grèce, IV, 125 et suiv.
Mateflon, près Montaigu (Vendée), VI, 80, 82; VII, 372.
— (Jean), hérétique supplicié à Meaux, I, 212.
Matha (Charente-Inférieure), III, 186; VI, 75; VII, 12.
— (commandeur de), IX, 402 et suiv.
— (faubourg de), à Saint-Jean-d'Angély, III, 139, 142.
— ou Mastas (Claude de Bourdeille, baron de), VIII, 283, 304.
Mathan (Antoine de), capitaine normand, gouverneur de Tombelaine, VIII, 275.
Mathelot (N., sgr de), gouverneur de Foix, IX, 71.

Mathias, archiduc d'Autriche, puis empereur d'Allemagne, VI, 137 et suiv., 331; IX, 215, 385 et suiv., 392, 395, 397.
Mathieu (Pierre), poète et historiographe de France, IX, 318.
— (saint), son évangile, I, 138, 147.
Mathilde, comtesse de Boulogne, reine de Portugal, femme d'Alphonse V, roi de Portugal, V, 314.
Mathilde de Dammartin, comtesse de Boulogne, femme d'Alphonse II de Portugal, V, 314.
Mathys (François et Nicolas), frères, hérétiques suppliciés en Flandre, I, 220.
Matignon (Jacques Goyon de), prince de Mortagne, comte de Thorigny, maréchal de France; sa jonction avec le duc de Montpensier près de Saumur, III, 22; ses exploits dans le Maine et le Perche, 83; adversaire des huguenots en Normandie, IV, 225, 238 et suiv.; assiège Domfront, 242 et suiv.; son retour à Saint-Lô après la prise de Domfront, 248; assiège Carentan, 249; son retour à Paris, 250; apprend à Avranches l'entreprise tentée sur le Mont-Saint-Michel, 351-352; au siège de la Fère, VI, 54 et suiv.; son message à Saint-Luc intercepté par Condé, 234; ses conférences avec le roi de Navarre, 243; empêché de secourir Brouage, 251; marche au secours de Brouage, 273; à Gemozac (Charente-Inférieure), 274; à la Réole et à Agen, 276; attaque le roi de Navarre sous les murs de Nérac, 276 et suiv.; son message au maréchal de Montmorency, 279;

rejoint le duc de Mayenne, VII, 37, 39 ; en marche sur Sainte-Bazeille, 40; assiège Castets, 43, 46 ; s'oppose au passage du roi de Navarre en Poitou, 47; appelé à Bordeaux, 47; excite les défiances du duc de Mayenne, 70; à l'assaut de Monségur, 70; au siège de Castillon, 77; son message au duc de Joyeuse, 134; apaise le soulèvement de Bordeaux, VIII, 33, 34; ses négociations pour l'accord des deux rois, 38; assiège Blaye, IX, 147 et suiv.
Matz (Christophe du). Voy. Brossay-Saint-Gravé.
Maubec (Vaucluse), VI, 63.
— (porte de), à la Rochelle, IV, 16, 26.
— (Georges de Serre, dit le capitaine), défenseur de Vif (Isère), confondu par certains avec le chevalier de La Mothe (voy. ce mot), IV, 207.
Maubert (place), à Paris, I, 248, 276 ; II, 207 ; VII, 212 et suiv.
Maubert-Fontaine (Ardennes), VIII, 242 ; IX, 127.
Maubeuge (Nord), VI, 143.
Maubraguet, près Saintes (Charente-Inférieure), VII, 34.
Mauclerc (N.), avocat au parlement de Rouen, VIII, 265.
Maugiron (Laurent de), lieutenant de roi en Dauphiné, I, 198, 284, 286 ; II, 49, 54, 104, 135, 136, 259, 262 ; III, 327 ; IV, 260 ; VI, 281 ; VII, 92.
— (Louis de), fils du précédent, I, 284.
— (Scipion de), gouverneur de Vienne, VIII, 344, 345.
— (Timoléon de), fils de Laurent de Maugiron, VIII, 245.
Mauguio (Hérault), V, 299.
Maulac. Voy. Moléac.
Mauléon, aujourd'hui Châtillon-sur-Sèvre (Deux-Sèvres), VII, 115, 333, 338, 342, 368 et suiv., 374.
Maulévrier (Charles-Robert de la Mark, comte de), oncle de Guillaume-Robert de la Mark, duc de Bouillon, frère de Henri-Robert, duc de Bouillon, IV, 12; V, 347 et suiv.; VII, 196.
— Voy. Brèves.
Maumont (François des Ages, sgr de Maqueville et de), capitaine des chevau-légers catholique, VII, 159 ; VIII, 167 et suiv.
Maumusson (Pertuis-de-) (Charente-Inférieure), V, 262, 274.
Maundrelle (N.), hérétique supplicié à Salisbury, I, 221.
Mauprié (N.), bourgeois de Lusignan, IV, 313 et suiv.
Maura (pont de) (Savoie), VIII, 102.
Maure-de-Bretagne (Ille-et-Vilaine), IX, 184, 185.
Maures, Maurisques, Morisques (les), I, 104, 106, 113 ; II, 170, 172, 218 ; III, 216, 226-244, 266 ; V, 42-46, 87, 265 ; VI, 111-114, 123 ; VIII, 387 ; IX, 383, 402 et suiv., 405.
Maurepas (N., sgr de), capitaine catholique, IV, 311.
Maurevert (Charles de Louviers, sgr de), chevalier de l'ordre du roi, assassin de M. de Mouy et de l'amiral de Coligny, III, 133 et suiv., 305 et suiv.; IV, 237.
Maurienne (pays et vallée de la), IX, 155, 158, 326, 327.
Mauroy (Nicolas de Palmier, sgr de), capitaine du duc d'Orange, VI, 143.
Mauvans (Antoine de Richiend, sgr de), I, 288.
— (Paul de Richiend, sgr de), chef des religionnaires de Provence, frère du précédent,

I, 261, 288 ; II, 55, 57, 61-63, 72, 207, 257, 269-272, 284 et suiv.; III, 26-33 ; VI, 40.

Mauvezin (Gers), VII, 358 et suiv.

— (N. de Castillon, baron de), capitaine de gens de pied, catholique, au siège de Casteljaloux, V, 238, 240, 242, 243.

Mauvissière (Michel de Castelnau, sgr de), VI, 329 et suiv.

Mauzé (Deux-Sèvres), III, 76, 201 ; IV, 6; VII, 289.

Mavezi-Blanc, hérétique de Mérindol, supplicié à Aix, I, 210.

Maxaxa, secrétaire du roi des Morisques, III, 238.

Maximien, empereur romain, I, 228.

Maximilien Ier, empereur d'Allemagne, I, 34.

Maximilien II, empereur d'Allemagne, II, 163 et suiv., 219, 289, 290, 296, 298-306, 335, 336; III, 209, 214 n., 216 ; IV, 65, 67, 68, 97, 106, 123, 267, 371 ; V, 48, 75, 303, 317-319, 334-336, 342; VI, 100 et suiv., 137.

Maximilien, archiduc d'Autriche, fils de l'empereur Maximilien II, grand maître de l'ordre teutonique, élu roi de Pologne, VIII, 372 ; IX, 203, 221, 223, 224, 226.

Maximin, empereur romain, I, 238.

Maxud-Chan, gouverneur d'Alep, VI, 103.

Maxwell (lord), III, 252.

May (la), rivière de Floride, III, 245, 246.

— (Simon de), supplicié à Paris, II, 225.

Maya (Jean), hérétique supplicié en Flandre, II, 339.

Mayence (Allemagne), I, 82.

— (Christophe de), évêque de Mecklembourg, I, 360.

— (évêques de), persécuteurs des Vaudois, I, 169.

Mayence (évêque de). Voy. Dalberg (Wolfang von).

Mayenne (Mayenne), IX, 176.

— (Charles de Lorraine, duc de), se jette dans Poitiers, III, 101, 102; au siège de Poitiers, 109 ; au siège de la Rochelle, IV, 8, 12, 18 ; sa campagne contre les Turcs, 124 ; accompagne le duc d'Anjou en Pologne, 194, 201 ; à Dormans, 380 et suiv., 386 et suiv.; ses relations avec d'Aubigné, V, 3 ; avec La Noue, 128 ; aux Etats de Blois, 136 et suiv., 149, 157; dirige ses troupes sur Poitiers, 191 ; marche sur Brouage au secours de Mirambeau, 193, 194 ; son armée en Saintonge, 208; ses exploits dans cette province, 212 ; en Poitou, 217, 218 ; informé des conférences de Bergerac, 219 ; excite les méfiances de la cour, 234 ; augmentation de l'effectif de son armée, 255 ; ses exploits près de Royan, 261 ; près de Brouage, 264, 267 ; assiège et prend Brouage, 268 et suiv., 278 et suiv., 288, 290 ; à la poursuite de Condé, 292 ; cité, VI, 71 ; sa campagne en Dauphiné, 90, 148 et suiv.; quitte le Dauphiné, 151 ; en Beauce, 267 ; entre en campagne contre le roi de Navarre, VII, 8 et suiv.; attaque Saint-Jean-d'Angély et Saint-Julien, 9 ; sa campagne contre le roi de Navarre en Saintonge et en Poitou, 22, 36 et suiv.; à Périgueux, 37 ; s'empare de Montignac-le-Comte (Dordogne), 37 ; passe la Vezère, 38 ; à Gourdon, 39 ; en marche sur Sainte-Bazeille (Lot-et-Garonne), 40 ; s'empare de Castets, 43 ; investit Sainte-Bazeille, 44 ; à Bordeaux, 44 ; assiège Monségur

(Gironde), 44; s'oppose au passage du roi de Navarre en Poitou, 47; siège de Monségur, 68 et suiv.; ses menaces contre le roi de Navarre, 71; sa maladie à Bordeaux, 71; averti des projets de Turenne, 77; cité, 78; au siège de Castillon, 78 et suiv.; son entrée à Castillon, 80, 82; à Châtillon-sur-Seine et au combat de Vimory, 178, 181; son entreprise sur Lyon, 216; son armée en Dauphiné, 221; forces qui lui sont confiées par le roi, 303; absent des États de Blois en 1588, 318; avertissements donnés par lui à Henri III, 382; averti de l'assassinat des Guises, 395; quitte Lyon, VIII, 22, 23; à Chalon-sur-Saône, 23; à Troyes et à Paris, 25; s'empare de Vendôme, 37, 38; sa victoire sur le comte de Brienne, 41; s'empare de Saint-Ouen, 41; menace Tours, 42-44; assiège Alençon, 54-56; rappelé à Paris, 56; s'empare de Montereau, 57; son retour à Paris, 57; défaite de ses troupes à Étampes, 64; son activité à la mort de Henri III, 147; sa politique, 150; s'empare de Gournay-en-Bray, 155; attaque Dieppe et Arques, 156 et suiv.; en Picardie, 170; son retour à Paris, 173; au siège de la Fère, 178, 179; s'empare de Pontoise, 180; à Paris, 180; à Meulan, 181; à Dammartin, 182; battu à Ivry, 183 et suiv.; ses appels au duc de Parme, 203; sa jonction avec le duc de Parme, 204; s'empare de Lagny, 207, 208; à Coulommiers, 215; poursuivi par Henri IV, 216 et suiv.; assiège Château-Thierry, 221 et suiv.; en Picardie, 222; poursuivi par Henri IV, 224 et suiv.; substitue Brissac à Belin comme gouverneur de Paris, 241; agitations dans son parti, 243; frustré de ses espérances au trône, 245 et suiv.; exécutions ordonnées par lui à Paris, 247; son fils aîné à la défense de Rouen, 252 et suiv.; haine de Chicot contre lui, 258; ses exécutions à Paris rappelées, 262; à la défense d'Épernay, 270; sa déclaration relative à la réunion des catholiques de France, 297; convoque les États de la Ligue, 298; sa rivalité avec le duc de Parme, 302; jugé par d'Aubigné, 322; sa déclaration sur la victoire d'Arques, 324; cité, 330; manifestation de Lyon contre lui, 344; compris dans la paix de Meaux, 409 et suiv.; s'oppose à l'élévation du duc de Guise au trône, IX, 2; ses relations avec la Châtre, 7, 8; sa conduite lors de la soumission de Paris, 13 et suiv.; les pouvoirs à lui confiés par la Ligue révoqués, 20; son fils à la défense de Laon, 30; ses négociations en Flandre, 31; maître d'Épernay, 47; ses rigueurs à Beaune et à Dijon, 48, 49; son union avec les Espagnols, 52, 53; au combat de Fontaine-Française, 57 et suiv.; sa démarche auprès de Henri IV, 101; au siège d'Amiens, 141 et suiv.

Mayenne (Henriette de Savoie, marquise de Villars, duchesse de), VII, 78, 80.

Mayet (N., sgr de), capitaine ligueur, IX, 110.

Maynard (Jean), hérétique supplicié en Angleterre, I, 224.

Mayorini (Giovanni-Francesco), complice d'Antonio Perez, VIII, 384.

Mazagan (Maroc), V, 51, 325; VI, 111 et suiv.

Maze (Jean), hérétique supplicié à Glocester, I, 221.

Mazé (Maine-et-Loire), VI, 259, 262.

Mazères (Ariège), III, 100, 158, 388.

— (François de Lezons, sgr de), capitaine huguenot, I, 259, 265, 266, 268; VI, 286.

Mazerolle (N., sgr de), capitaine ligueur, VII, 307 et suiv.

Mazeuil (Vienne), VIII, 233.

Mazières (Jean de Tudert, sgr de), IX, 65.

Mazox, chef des Morisques, III, 233.

Meana (vallée de), en Piémont, I, 173.

Meante (N., sgr de), capitaine catholique, III, 186.

Meath (comté de) (Irlande).

Meaux (Seine-et-Marne), I, 189, 204, 206, 212, 213, 279; II, 8, 13, 229-231, 233, 264, 342; III, 1; V, 339; VI, 62, 63; VII, 168 et suiv.; VIII, 204, 209, 210, 395, 408 et suiv.

Meauzac (Tarn-et-Garonne), IV, 341; VIII, 283.

— (Guyon Bar, baron de), gouverneur de Villemur, VIII, 284 et suiv.

Mebretin (N., sgr de), lieutenant du prince de Condé, II, 20.

Mecklembourg (Jean-Albert, duc de), II, 335.

Mecque (la), I, 101.

Médavy (Jacques Rouxel, sgr de), gentilhomme de la Chambre, lieutenant de Fervacques, V, 14.

Medemblick (Hollande septentrionale), VIII, 122.

Mediavilla-Baure (Jean de). Voy. Juillac.

Médicis (le parti des), à Florence, I, 340.

— (maison de), II, 326; VI, 285.

— (Alexandre de), dit le cardinal de Florence, légat du pape en France, IX, 231, 298.

Médicis (Antoine de), frère naturel de Marie de Médicis, IX, 338.

— (Camille de), fils naturel de Jean-Jacques de Médicis, marquis de Marignan, II, 311, et suiv.

— (Cosme Ier de), duc de Florence, puis grand-duc de Toscane, I, 111, 339, 341, 342, 346; II, 168, 169; III, 205, 206; IV, 109, 120; V, 29, 48.

— (Éléonore de), sœur de Marie de Médicis, IX, 338.

— (Ferdinand Ier de), cardinal puis grand-duc de Toscane après la mort de son frère François-Marie, V, 48; VIII, 375; IX, 228, 318, 337, 383, 399, 402, 410, 460, 467.

— (François-Marie de), grand-duc de Toscane, fils et successeur de Cosme Ier, V, 48; VI, 304; VIII, 375; IX, 318, 410.

— (Hasdrubal de), II, 308.

— (Jean de), fils naturel de Cosme de Médicis et d'Éléonore Albizzi, IX, 214.

— (Jean-Ange de). Voy. Pie IV.

— (Jules de). Voy. Clément VII.

— (Pierre de), fils de Cosme Ier de Médicis, V, 48; VI, 304.

Medina-Celi (Jean de la Cerda, duc de), amiral espagnol, vice-roi de Sicile, I, 341, 343, 345; II, 310 et suiv.; IV, 82, 85, 92; V, 64, 65, 327.

Medina-Sidonia (prov. de Cadix, Espagne), IX, 234.

— (Alonzo Perez de Guzman, duc de), VIII, 115 et suiv.

— (Jean de Guzman, duc de), III, 242.

Medinilla (Ignace de), capitaine d'arquebusiers espagnols, III, 262; V, 60, 61.

Méditerranée, VI, 303, 320.

Médoc (pays de), V, 246 ; VI, 38 ; VII, 25, 33.
Medrano (Don Molina de), inquisiteur de Saragosse, VIII, 383, 385.
Mège (le capitaine), aîné, capitaine catholique, V, 238, 243.
— (le capitaine), le jeune, capitaine catholique, frère du précédent, V, 238, 243.
Megen, Meghem (Hollande, prov. du Brabant septentrional), VI, 342 ; VII, 259.
Meghem (Charles de Brimeu, comte de), gouverneur de la Gueldre, II, 348, 350 ; III, 209, 257.
— (Lancelot de Berlaimont, comte de), V, 333 ; VI, 351.
— (Marie de Brimeu, comtesse de), veuve du précédent, V, 333.
— Voy. Megen.
Mègue. Voy. Meghem.
Mehdige. Voy. Aphrodisium.
Méhémet. Voy. Mahomet.
Mehier. Voy. Meslier.
Meilhan (Lot-et-Garonne), VII, 42.
Meille (Frédéric de Foix-Candale, vicomte de) et comte de Guyon, capitaine catholique, IV, 328 et suiv.; VII, 146 et suiv.
Meire (Gilles de), hérétique supplicié en Flandre, III, 258.
Mekhâzen (Oued-el-), rivière de Larache, V, 328.
Mekinès. Voy. Mequinez.
Mekins (Richard), hérétique supplicié en Angleterre, I, 209.
Melandez (N.), gouverneur espagnol de la Floride, III, 248.
Melcia. Voy. Mellecha.
Meldort (Holstein), I, 358.
Melek (cap), à Candie, IV, 103.
Melet (N.), capitaine catholique, VII, 42.
— Voy. Neufvy.
Mélico, agitateur morisque, III, 242, 243.

Mélin (le légat), au temps des Albigeois, I, 190.
Mélinde, ville d'Afrique, sur la côte de Zanguebar, VII, 241.
Melle (Deux-Sèvres), IV, 218, 285, 289, 290 ; V, 131, 162, 217, 258 ; VI, 213 ; VII, 17.
Mellecha, Melcia (île de Malte), II, 322.
Mellet (Jean de), conseiller au présidial de Nîmes, V, 196.
— Voy. Melet.
Melo (Martin-Alphonse de), capitaine portugais, VIII, 109.
Melphe (Jean-Caraccioli, prince de), maréchal de France, I, 61.
Melroy. Voy. Mauroy.
Melun (Seine-et-Marne), I, 331 ; V, 339 ; VIII, 194, 213, 214, 216, 354, 355, 411 ; IX, 118.
— (assemblée de), réunion préparatoire du clergé français convoqué au concile de Trente (1545), I, 331.
— (Adam II, vicomte de), mort en 1217, I, 184.
— (Pierre de), second fils d'Hugues de Melun, prince d'Epinay, frère aîné du suivant, VI, 331, 333.
— (Robert de), marquis de Roubaix et sgr de Richebourg, puis vicomte de Gand, 3e fils d'Hugues de Melun, prince d'Epinay, VI, 92, 140, 329, 331, 332, 337, 352, 360.
Melune. Voy. Mullenen.
Mélusie (la fée), IV, 332.
Menar, roi d'Ethiopie, IV, 120.
Mencia (Doña), dite Mérinne, fille de Gutterio de Montréal, devient la femme de Mohammed-ech-Cheikh, I, 104.
Mende (Lozère), V, 299 ; VII, 104, 106.
Mendiants (temple dit des), à Montpellier, II, 67.
Mendivil (Miquel de), capitaine espagnol, II, 348.
Mendo (Alfonso), gouverneur

d'Oetmarjen, dans l'Over-Yssel, VIII, 403.
Mendoça (Antonio de), capitaine espagnol, IX, 448.
— (Bernardino de), l'auteur des *Commentaires*, IV, 159, 165; VII, 209; VIII, 196 et suiv.
— (François Hurtado de), amiral de Castille, fils d'Inigo Lopez de Mendoça, marquis de Mondejar, IX, 262, 269, 270, 424 et suiv., 426, 429-435, 442 et suiv., 448, 450.
— (Inigo de), agent du roi d'Espagne auprès de la Ligue, frère du précédent, VIII, 299.
— (Juan de), gouverneur d'Orgiba, III, 236; IV, 78.
— (Lopez Hurtado de), capitaine espagnol, IV, 131.
— (Pedro Gonzalez de), capitaine espagnol, III, 262.
— Voy. Almaçan, Almenara, Eboli, Mondejar, Tendilla.
Menendez. Voy. Avila.
Menerbes (Vaucluse), I, 179; IV, 207; VI, 63 et suiv., 66 et suiv.
Menerbes (Etienne Ferrier, sgr de), lieutenant du baron des Adrets, III, 144.
Ménésès (Diègue de), capitaine espagnol, VI, 310.
— (Emmanuel de), évêque de Coïmbre, VI, 116, 120; IX, 410.
— Voy. Taroca.
Ménétréol (Cher), IV, 36.
Menetou - Couture (Gabriel d'Anlezy, sgr de), capitaine huguenot, III, 150.
Menglon (Drôme), IV, 277.
Menin (prov. de Flandre occidentale, Belgique), VI, 337, 351.
Meninx, Meninge. Voy. Zerbi (île de).
Menou (N., sgr de), gentilhomme du Nivernais, IV, 37.
Mensignac (Dordogne), III, 31 et suiv.

Menton (Alpes-Maritimes), VI, 122.
Méotide (Palus-), auj. mer d'Azow, VI, 97.
Meppel (Westphalie), VII, 275.
— (prov. de Drenthe, Hollande), VI, 335.
Mequinez (Maroc), I, 106; V, 54.
Mérai. Voy. Méré.
Mer ou Ménars-la-Ville (Loir-et-Cher), II, 8; VI, 264.
Mercada, complice d'Antonio Ferrario dans le meurtre de Georges Martinuzzi, I, 93.
Mercadier (Jean), député de Sancerre en Bourbonnais, IV, 44.
Mercado (N.), médecin de Philippe II, IX, 413.
Mercier (N.), ministre réformé de Châteauneuf (Drôme), VII, 97.
Mercière (rue), à Lyon, II, 225.
Mercœur (Marie de Luxembourg, duchesse de), fille de Sébastien de Luxembourg, vicomte de Martigues, femme de Philippe-Emmanuel de Lorraine, duc de Mercœur, VII, 349, 350; VIII, 27, 330; IX, 180, 272.
— (Philippe-Emmanuel de Lorraine, duc de), gouverneur de Bretagne, beau-frère de Henri III, IV, 380; V, 136 et suiv., 149; VI, 222, 226, 227; VII, 131, 133, 190, 328-333, 339 et suiv., 347-351; VIII, 27-29, 59, 60, 228-231, 278; IX, 131, 175 et suiv., 186 et suiv., 271 et suiv., 275, 280, 394-396, 399, 460.
— Voy. Mercure.
Mercure (le sgr des Hayes de Trelon, dit), capitaine de chevau-légers albanais, VII, 11, 16, 124, 125, 148 et suiv., 155, 291.
Mercuriale (la), assemblée spéciale des chambres du par-

lement, I, 226, 231 et suiv., 252 ; V, 220.
Mercurin Arbosio (Philibert). Voy. Gattinara.
Mer des histoires (la), chronique du xve siècle, I, 171.
Méré (Benoit Gombauld, sgr de Laiguillé, Cursayet), capitaine ligueur, VII, 307 et suiv.
Merens (Gers), VII, 358 et suiv.
Meriem (Lella), fille de Mohammed-ech-Cheikh, femme de Moulay Zidan, I, 109, 110.
Merille. Voy. Bois.
Mérindol (Vaucluse), I, 209, 324 ; III, 268, 370 ; VII, 88.
— (acte de), recueil d'arrêt de la cour d'Aix, I, 209.
Mérinides (les), ou Beni-Merin, dynastie marocaine, dont la dernière branche régnante fut celle des Beni-Oatas ou Beni-Ouattas ou Oatacides, I, 101.
Mérinne (roi de), I, 101.
— fille de Gutterio de Montréal, I, 104.
Merle (Mathieu de Merle, baron de la Gorce et de Salavas, dit le capitaine), V, 298, 299 ; VI, 8.
Merlin (Jean-Raymond), ministre protestant, dit Monroy, I, 312 ; III, 307, 337.
— (Pierre), fils du précédent, III, 316.
Merpins (Charente), V, 119.
Méru (Oise), V, 339.
— (Charles de Montmorency, sgr de), puis duc de Damville, 4e fils du connétable Anne de Montmorency, III, 309 ; IV, 212 ; V, 130 ; VIII, 161, 291, 292 ; IX, 37.
Merville (Jacques de Peyrusse, sgr de), frère de François de Peyrusse des Cars, grand sénéchal de Guyenne, II, 214, 267 ; V, 225.
Mesa (Gil de la), parent d'Antonio Perez, VIII, 378, 384, 385.

Mesgouez. Voy. La Roche (Troïlus de Mesgouez, marquis de).
Meslier (N.), capitaine huguenot, III, 127.
Meslon (André de), conseiller du roi de Navarre, maître des requêtes de son hôtel et gouverneur de Monségur, VI, 178-181 ; VII, 44.
Mesme (N. de), capitaine huguenot à Coutras, VII, 150 et suiv.
Mesmes (Henri de). Voy. Malassise.
Mesmy (Denis Daytz, sgr de), gentilhomme périgourdin, capitaine huguenot, I, 260 ; III, 186 ; IV, 358.
Mesnager (N.), trésorier de France et général des finances du Languedoc, V, 147, 174, 175.
Mesni. Voy. Mesmy.
Mesnil-Simon. Voy. Beaujeu.
Mespieds (N., sgr de), capitaine catholique, VI, 80 et suiv.
Mesquita (Pedro), capitaine espagnol au siège de Malte, II, 317 et suiv.
Messac (Ille-et-Vilaine), IX, 184.
Messein (pays). Voy. Retz.
Messillac (Raymond Chapt de Rastignac, sgr de), chevalier de l'ordre du roi, gouverneur de la Haute-Auvergne, V, 375 ; VIII, 285 et suiv. ; IX, 112, 145.
— Voy. Rastignac, Montberon.
Messine (Sicile), I, 342, 344 ; II, 320 ; III, 222, 239 ; IV, 110, 123, 128 ; IX, 231, 406.
— (le prieur de), II, 312 et suiv.
Mestin (Martin), hérétique supplicié en Flandre, II, 339.
Métaut. Voy. Méteau.
Méteau (N., sgr de), capitaine catholique, V, 238, 243.
Methe. Voy. Meath.
Méthe. Voy. Mota.
Methkerke (N.), colonel fla-

mand au service de Louis de Nassau, IX, 233.
Métonne. Voy. Modon.
Metz (Lorraine), I, 42, 45, 82, 210, 333; II, 219, 221, 228, 235; III, 64; IV, 188, 229, 381 et suiv.; V, 94; VII, 168; VIII, 272; IX, 87, 88, 300, 452.
— (évêque de). Voy. Beaucaire de Péguillon.
Meulan (Seine-et-Oise), V, 339; VI, 95; VIII, 170, 181, 193.
Meulon (François de). Voy. Bressieu.
Meung ou Mehun-sur-Loire (Loiret), II, 19.
Meurs (prov. rhénanes), IX, 258, 265.
— (Adolphe de Newenaar, comte d'Alpen et de), VI, 294-296, 362; VII, 255, 256, 263, 265; VIII, 127, 391, 392.
— (Amélie, comtesse de), femme du précédent, IX, 265, 425.
Meuse, rivière, II, 277; III, 211, 212; IV, 82, 152; V, 322; VI, 139; VIII, 131, 397; IX, 259, 260, 424, 434, 460.
Mey (Antoine), capitaine bernois, IV, 368.
Mèze (Hérault), VI, 27.
Mézières (Ardennes), I, 48; IV, 377; VII, 223.
— (Jean Perdrier, sgr de), II, 116.
— (Renée d'Anjou, marquise de), femme de François de Bourbon, duc de Montpensier, IX, 352 n.
— Voy. Maisières.
— Voy. La Coste-Mézières.
Mézin (Lot-et-Garonne), VI, 46.
Mezzo (Jacques de), capitaine italien tué à Lépante, IV, 119.
Michaut (Guillaume), hérétique supplicié à Langres, I, 213.
— (Reynier), capitaine défenseur d'Anvers contre le duc d'Anjou, VI, 345.

Michée (le livre de), I, 138, 147.
Michel, voïvode de Valachie, IX, 205 et suiv., 210 et suiv.
— (André), aveugle de Tournai, hérétique supplicié, II, 182.
— (Jean), ancien bénédictin, hérétique supplicié à Bourges, I, 213.
— (Jean), capitaine écossais aux Pays-Bas, IX, 441.
— (N.), hérétique supplicié en Angleterre, I, 221.
— (N.), arquebusier du roi, III, 334.
Michelière (N., sgr de), capitaine huguenot, VI, 270; VII, 121, 122.
Michieli (Giovanni), ambassadeur vénitien en France, IV, 89, 123.
Michold (Richard), hérétique supplicié à Glocester, I, 221.
Middelbourg (Zélande), IV, 75, 76, 93; V, 58, 65; VI, 334; VIII, 121.
Midelton (Hundfroi), hérétique supplicié en Angleterre, I, 219.
Miget (Pierre), sgr de Malmouche, maire de Niort, VIII, 9.
Mignon (Charente-Inférieure), VIII, 229.
Mignons (les), favoris de Henri III, IV, 380 et suiv.; VII, 53, 72 et suiv., 170, 177, 196, 225.
Mignonville (N., sgr de), capitaine huguenot, aide de camp du prince de Condé, maréchal de camp du roi de Navarre, VI, 250 et suiv.; VII, 15, 299; VIII, 154, 160 et suiv., 181.
Migron (Charente-Inférieure), VIII, 229.
Miguine. Voy. Mequinès.
Milan (Italie), I, 218; II, 169, 289; III, 294; VIII, 317, 376; IX, 197, 316, 319, 329, 340, 364.

Milan (vice-roi de), en 1574, IV, 268.
— (archevêque de). Voy. Borromée.
Milanais, I, 126; II, 321; IV, 109; VIII, 317; IX, 168, 174, 335, 466.
Milet (Pierre), Parisien, hérétique supplicié à Paris, I, 226.
— (N.), secrétaire du duc de Guise, I, 262.
Millambourg (N., sgr de), capitaine catholique, VI, 232.
Millau (Aveyron), III, 1, 389; IV, 186, 270 et suiv., 302, 303; VI, 22; IX, 110 et suiv.
— (Antoine d'Allègre, sgr et baron de Saint-Just et), chevalier de l'ordre, gentilhomme ordinaire de la chambre, capitaine de 50 hommes d'armes des ordonnances, IV, 180.
— (Yves d'Allègre, baron de), fils du précédent, IX, 110, 113.
Milli, peut-être Meille.
Milly (Seine-et-Oise), III, 156.
Milon, comte de Bar-sur-Seine, I, 176-179.
— (Barthélemy), hérétique supplicié à Paris, I, 207.
Mina (château de la). Voy. Saint-Georges-de-la-Mina.
Minard (Andoche), hérétique supplicié en France, I, 223.
— Voy. Mynard.
Mingre-Combes. Voy. Noire-Combe.
Minot (Charente-Inférieure), IV, 358.
Mioce (Pierre), hérétique supplicié en Flandre, I, 211.
Miolan (Savoie), IX, 153, 327.
Miolans. Voy. Chevrières.
Miquelets, III, 160.
Miquelot (N.), hérétique supplicié aux Pays-Bas, I, 213.
Mirabalais. Voy. Le Breuil.
Mirabel (Claude de), sgr dudit lieu, capitaine huguenot, I, 283, 284; III, 27, 120 et suiv., 146 et suiv., 166 et suiv., 171.

Mirabel-des-Granges (Ardèche), III, 389; IV, 55 et suiv.
Mirambeau (Charente-Inférieure), III, 186; V, 193.
— (Jacques de Pons, baron de), fils puiné de François de Pons, baron de Mirambeau, I, 260; III, 9, 82, 106; IV, 204, 356, 357, 361; V, 87, 90, 92, 158-161, 191-194, 265; VI, 347.
Miranda (le comte de la), IX, 300.
Mirande (Gers), V, 221 et suiv.
— (Pierre de), capitaine huguenot, IV, 8, 22, 23.
Mirandole (la) (Modène), II, 208.
Miraulmont (Pierre de), grand prévôt de France, VII, 370, 372.
Miraumont (Madeleine de Saint-Nectaire ou de Senneterre, veuve de Guy de Saint-Exupéry, sgr de), IV, 339, 346 et suiv.
Mirebalais (pays de), I, 260.
— (N. Vilaines de), VIII, 272 et suiv.
Mirebeau (Vienne), III, 23, 38, 79; VII, 18; VIII, 61, 227, 234.
— (Jacques Chabot, marquis de), capitaine de 50 hommes d'armes des ordonnances, mestre de camp du régiment de Champagne, gouverneur de Flavigny, IX, 54.
Mirebouc (fort de), près de Pignerol, IX, 166.
Mirepoix (Ariège), I, 181, 187.
— (Guy Ier de), sgr de Lévis, premier maréchal de la foi, I, 183.
— (Jean de Lévis, sgr de), dit le maréchal de la foi, II, 31, 58, 137; VIII, 75.
Mir-Hemzeh ou Hamzah, Abbas-Mirizi, fils et successeur de Khodavend, roi de Perse, VI, 106, 107.
Miribel. Voy. Rosans.
Mirize-Salmas-Chan, grand

16

vizir de Perse, VI, 96 et suiv., 106, 107.
Miron (Charles), évêque d'Angers, VIII, 342.
— (François), médecin du roi, IV, 195; VI, 196; VIII, 305.
— (Gabriel), conseiller au parlement de Paris, II, 212.
Misère (vallée de), à Paris, III, 337.
Miseré (garenne de), près Saint-Maixent, VII, 67.
Miserki-Bacha, II, 304.
Misery (Charles de Malain, sgr de), député du bailliage d'Auxois aux Etats de Blois, V, 160.
Missar (N.), chef des carabins de Metz, IV, 381 et suiv.
Missillac (Loire-Inférieure), IX, 178.
Miszkowski (Pierre), évêque de Plocko, IV, 201.
Mithridate, empereur de Pont. IV, 196.
Mitte. Voy. Chevrières.
Mocenigo (Giovanni), ambassadeur de Venise en France, VIII, 176.
— (Lodovico), doge de Venise, IV, 97, 268.
Mocquart. Voy. Mosquart.
Modon (Messénie), IV, 125, 127.
Modène (duché de), IX, 229.
— (Jacques de). Voy. Montlaur.
Modora (Maroc), I, 101.
Moer (fort de), à Hulst (Zélande), IX, 248 et suiv.
Moëze (Charente-Inférieure), VIII, 53.
Mogila (Jérémie), voïvode de Moldavie, IX, 216.
Mohacz (Hongrie), I, 91.
Mohammed-ben-Abou-Hassoun, fils d'Abou-Hassoun, avant-dernier représentant de la dynastie des Mérinides, I, 108-110.
Mohammed-ben-es-Soltan-El Haçen, Arsanes, bey de Tunis, IV, 131.
Mohammed-ech-Cheikh, fils de Mohammed-el-Kaïm-bi-Amer-Allah, roi du Maroc (1518-1557), I, 101, 103-109; V, 49.
Mohammed-ech-Cheikh, fils d'Ahmed-el-Mansour, roi du Maroc (1603-1608), IX, 232.
Mohammed-el-Harran, fils de Mohammed-ech-Cheikh, I, 103, 105, 107.
Mohammed-el-Kaim-bi-Amer-Allah, chérif saadien (1509-1518), I, 101.
Mohammed-el-Mesloukh, roi du Maroc (1574-1576), V, 50, 52-54, 322-326; VI, 110-123.
Mohammed-el-Ouattas, roi de Fez vers 1548, I, 101, 103, 105-107.
Mohammed-Zarer, vice-roi de Fez (?), VI, 115.
Moirans (Isère), VIII, 169.
Moïse, I, 144, 163; IX, 81, 359.
Moissac (Tarn-et-Garonne), I, 183; III, 352; VIII, 283.
Moldau (la), rivière de Bohême, V, 33.
Moldaves, V, 30 et suiv.; IX, 210, 386.
Moldavie (la), I, 95; V, 30 et suiv., 41; IX, 205, 227.
— Voy. Etienne, voïvode de Moldavie; Pierre, prince de Moldavie.
Molette (la) (Savoie), IX, 155.
Molgomzaya (Tartarie), I, 120.
Molina (N.), officier espagnol, III, 239.
Mollac (Sébastien de Rosmadec, baron de), colonel d'un régiment de gens de pied, VIII, 31; IX, 183.
Molle (Jean), dit Montalchino, hérétique supplicié à Chartres, I, 218.
Mollona, prince tributaire des souverains de la Floride, III, 246.
Moluques (îles), IV, 132; VI, 161, 303.
Monaco (Honoré Grimaldi, prince de), IX, 300.

TABLE DES MATIÈRES. 243

Monastir (Tunisie), I, 112.
Monbéqui (Tarn-et-Garonne), VIII, 282.
Monbezun (Jean de). Voy. Caussens.
Monbraguet ou Maubraguet (Charente), VII, 21, 34.
Moncada (Michel de), capitaine espagnol, IV, 110.
Moncassin (René de Lussiac, sgr de), VI, 45.
— (N., sgr de), gentilhomme de l'Agenais, II, 129.
Monceaux (Seine), IX, 297.
— (marquise de). Voy. Beaufort.
Moncelar (N., sgr de), gouverneur de Montbrison, II, 55.
Moncha (Bertrand-Raimbaud de Simiane, sgr de), I, 61.
Monchamps (Vendée), VI, 70.
Monchy. Voy. Senarpont.
Moncontour (Côtes-du-Nord), IX, 183.
— (Vienne), III, 117; IX, 461.
— (bataille de), III, 119 et suiv., 146, 150, 165, 174, 179, 303.
Moncrabeau (Lot-et-Garonne), VII, 80 et suiv.
Mondejar (Inigo-Lopez de Mendoça, marquis de), III, 226, 230, 232 et suiv., 235, 237; IX, 417.
Mondésir (N., sgr de), capitaine catholique, VII, 112.
Mondévis (Charente-Inferieure), VII, 12.
Mondon (N., sgr de), IV, 287.
Mondovi (Italie), II, 149.
Mondoucet (Claude de), résident de France aux Pays-Bas, III, 296, 299.
Mondragon (Christoval de), colonel de gens de pied espagnol, gouverneur de Zélande, I, 76; IV, 148, 150; V, 59, 61, 71; VI, 140, 141, 342; VIII, 125, 401, 403; IX, 246.
Monestier (Isère), VII, 88.
Monfarris, capitaine morisque, III, 229.
Monfies (les), troupes d'élite des Morisques, III, 234.

Monglas (Robert de Harlay, baron de), capitaine protestant, VI, 59 et suiv.; VIII, 179.
Mongonmery (Elisabeth de la Touche, comtesse de), VIII, 277 et suiv.
— (Gabriel de Lorges, comte de), arrête les conseillers du Faur et du Bourg, I, 235; blesse mortellement Henri II, 238; cède à Ivoy le commandement de Bourges, II, 77; son entrée à Rouen, 81; chargé par Condé de la défense de la Normandie, 81; sa fuite au Havre, 84; cité, 86; rentre en possession d'Avranches, 139; ses exploits aux environs de Pontorson, 140; s'empare d'Etampes, 236; appelé en Bretagne par d'Andelot, III, 13; fait passer la Loire à l'armée de d'Andelot, 21; au combat de Jazeneuil, 36; son entreprise sur la Mothe-Sainte-Héraye, 43; à la bataille de Jarnac, 48; chargé de la défense d'Angoulême, 57; son expédition en Béarn décidée, 69; son arrivée à Castres, 91; ses succès aux environs de Tarbes, 92; cité, 96; sa campagne en Béarn, 98 et suiv.; sa tête mise à prix; 113; attendu au siège de Poitiers, 114; sa venue en Saintonge annoncée, 117; sa campagne en Gascogne, 157; son retour en Béarn, 158; ses exploits en Vivarais, 164; son entreprise sur Bourg-Saint-Andéol, 169; au combat d'Arnay-le-Duc, 175 et suiv.; poursuivi par le duc de Guise, 327; il passe en Angleterre, 327; message à lui adressé en Angleterre par les Rochelais, 373; cité, IV, 1; son départ par mer pour la Rochelle, 5; représenté aux Rochelais

244 HISTOIRE UNIVERSELLE.

comme leur ennemi, 10; annonce son arrivée aux Rochelais, 15; son arrivée à la Rochelle, 22; son départ, 23; se retranche à Belle-Isle, 23, 133 et suiv.; fait introduire des poudres à la Rochelle, 27; sa descente en Normandie, 222, 225; haine que lui porte Catherine de Médicis, 238; sa campagne en Normandie, 239 et suiv.; assiégé à Domfront, 242 et suiv.; fait prisonnier, 248 et suiv.; conduit à Paris, 250; indifférence de Charles IX à la nouvelle de sa captivité, 258; son procès, 263; décapité, 264; requête des huguenots en sa faveur, 363.

Mongonmery (Jacques de Lorges, comte de), fils aîné du précédent, IV, 134, 241, 286; V, 192, 235, 261; VII, 328; VIII, 272 et suiv., 278 et suiv.
— (Hugues de). Voy. Eglinton.

Monichuisen (N.), capitaine aux Pays-Bas, VII, 258.

Monier (Claude), hérétique supplicié à Lyon, I, 215.

Monins (N., sgr de), enseigne de d'Andelot, II, 199.

Monistral. Voy. Chambonnet.

Moniz (Phœbus), ou Febo Munis, intrigant espagnol, VI, 127.

Monjoux, capitaine huguenot, IV, 219.

Monluc (Antoinette Isalguier, dame de), première femme de Monluc, I, 93 n.
— (Blaise de), ses Commentaires, I, 20; reprend Ostie, 63; ses prétentions, 301; lève des troupes, II, 24; demande de secours à lui adressée par le parlement de Toulouse, 26; son arrivée à Toulouse, 28; fait brûler le temple protestant de cette ville, 30; ses exploits près de Vergt, 45; assiège Montauban, 64; s'empare de Nérac, Casteljaloux, etc..., 90 et suiv.; ses exploits jugés par les réformés, 93; attaque Duras, 94 et suiv.; ses rigueurs contre les réformés, 128; adversaire de Piles, 130; signataire d'une ligue papiste, 137; organisateur d'une ligue royaliste en Gascogne, 213; rejoint Charles IX à Toulouse, 217; chargé officiellement par le roi de la formation d'une ligue royaliste, 219; ses exploits en Guyenne et Saintonge, 264 et suiv.; ses plaintes contre Candale, 265; son attaque de l'île de Ré, 268 et suiv.; ses aveux relatifs à l'enlèvement projeté de Jeanne d'Albret, 295; cité à faux, III, 8; ses dépêches au chancelier de l'Hospital, 9; veut empêcher d'Acier de passer la Dordogne, 30; ses promesses de secours faites aux habitants de Chabanais (Charente), 81; adversaire de Mongonmery, 92; son arrivée à Saint-Sever, 98; rival de Damville, 99; à la défense d'Agen, 157; ses exploits en Gascogne, 203; son entrevue avec Dominique de Gourgues, 249; plainte contre lui, 275; près de Castelsarrazin, 385; son arrivée au camp de la Rochelle, IV, 7; négociation de la reddition de la Rochelle, 35; communication à lui faite par le roi de Navarre, V, 133; son rôle dans l'insurrection des Croquants, IX, 124.

Monluc (Charles de), sgr de Caupène, petit-fils du précédent, VI, 221; IX, 71.
— (Fabian de), dernier fils de Blaise de Monluc, II, 265; III, 122 et suiv.
— (Jean de), évêque de Valence, frère de Blaise de Monluc, I, 278, 283, 318, 332, 354; II,

38; III, 361, 362; IV, 64, 67, 69, 71, 181, 183; V, 276; IX, 287.
Monluc (Pierre-Bertrand de), dit le capitaine Peyrot, second fils de Blaise de Monluc, II, 130, 295, 327 et suiv.
— Voy. Balagny.
Monmarin (N., sgr de), VII, 164-166; IX, 170.
Monmartin. Voy. Montmartin.
Monneau (Jean), capitaine huguenot, VI, 78 et suiv.
Monneins (François de), capitaine huguenot, III, 306, 332.
Monnet (Samuel), capitaine de la garnison de Beaune[1], IX, 51.
Monnières (Loire-Inférieure), VII, 331.
Monnoye (porte de la), à Genève, IX, 375.
— (tour de la), à Genève, IX, 377 et suiv.
Monpazier (Dordogne), V, 228.
Mons (Hainaut), III, 292, 293, 374, 392; IV, 40, 77, 79-86, 148, 156, 163, 164.
Monsay (Claude de), gouverneur de Dun-sur-Meuse, VIII, 352.
— (Drôme), VII, 90.
Monségur (Gironde), VII, 37, 43, 44, 68 et suiv., 77.
Monsieur (paix de) (6 mai 1576), V, 26, 76 et suiv., 134 et suiv., 170.
Mont (Antoine du). Voy. Artigue (ou mieux Lartigue).
— Voy. Demonte.
Monta (Espagne), III, 240.
Montacheux (Picardie), IX, 136.
Montagnac (Hérault), IX, 452.
— (N., sgr de), capitaine huguenot, V, 367.
Montaigne (Michel de), l'auteur des *Essais*, VII, 61, 315; VIII, 329.
Montaigu (Vendée), V, 379; VI, 1-8, 30-34, 46, 47, 69, 70, 76 et suiv., 156, 157, 180, 247;
VII, 11, 26, 331, 338, 342, 370-373, 377.
Montaigu (château de) (Vienne), V, 119.
— (guerre de) ou des Amoureux, V, 386; VI, 1 et suiv.
— (Jean de Balsac, sgr de) et de Chastres, chevalier de l'ordre, II, 259, 269; IV, 231, 296; V, 88, 89, 116.
Montaigut (Tarn-et-Garonne), I, 180.
Montal (N., sgr de), lieutenant de roi en Basse-Auvergne, IV, 347 et suiv.
Montalchino. Voy. Molle (Jean).
Montalcino (Toscane), I, 58, 127.
Montaldo (Ottavio), capitaine italien, III, 112.
Montalembert. Voy. Essé, Vaux.
Montalquier (François-Philibert, sgr de), capitaine des gardes de Lesdiguières, gouverneur d'Embrun, IX, 161.
Montamat (Cantal), V, 374.
— (Bernard d'Astarac, baron de), lieutenant général de Jeanne d'Albret en Béarn, III, 10, 91, 324.
Montanus, hérésiarque du IIe s., I, 143.
Montaré (Jean de Marconnay, sgr de), capitaine catholique, lieutenant de roi en Bourbonnais, II, 260; III, 151.
Montargis (Loiret), II, 283; III, 82, 86; V, 18, 21; VII, 182, 183, 190; IX, 128.
Montataire (Jean de Madaillan, sgr de), gouverneur de Thouars, VIII, 160.
— (Louis de Madaillan, sgr de), capitaine catholique, gouverneur des Cévennes, II, 266 et suiv.
Montauban (Tarn-et-Garonne), I, 174, 184; II, 64, 91, 95, 96; III, 1, 44, 91, 159, 269, 319, 370, 385-389; IV, 13,

---

1. Abbé Gaudelot, *Histoire de Beaune*, 1772, in-4°, p. 140.

34, 35, 44, 63, 166, 170, 184-186, 188, 308, 333 et suiv., 339, 340, 345, 346; V, 249, 298, 362 et suiv., 369, 370; VI, 169, 205; VII, 39, 345; VIII, 282-287, 304, 305; IX, 85.
Montauban (Gaspard de), sgr de Villar, Saint-André, Jarjayes, gouverneur de Serres, la Mure, Gap, IV, 60.
— (le capitaine), IV, 38, 39.
— (régiment de), IV, 341.
— Voy. Goust, Laujardière, Sault.
Montaubert (Pompée de Carnazet, sgr de), III, 324.
Montauroux (Var), VIII, 306.
Montausier (François de Sainte-Maure, baron de), VII, 154 et suiv.
Montaut-Bénac. Voy. La Roque.
Montauto (Bartolomeo), capitaine italien, IX, 400.
Montauzé (Dordogne), II, 94.
Montauzier (Charente), III, 186.
Montbar. Voy. Thermes.
Montbarot (René de Marec, sgr de), gouverneur de Rennes, VIII, 27, 28, 30.
Montbartier (Tarn-et-Garonne), VIII, 282.
— (Bernard d'Astorg, sgr de), gentilhomme bigourdan, V, 358 n.
— (N. d'Astorg, sgr de), gentilhomme au service du roi de Navarre, fils du précédent, V, 358.
Montbazin (Guillaume de la Vergne, sgr de), VI, 25.
Montbazon (Hercule de Rohan, duc de), pair de France, VIII, 63; IX, 471.
Montbel (Jacqueline de). Voy. Coligny.
Montbéliard (Doubs), III, 113; VII, 173, 175, 193, 194.
— (Frédéric de). Voy. Würtemberg.
Montbernard. Voy. Avantigny.
Montberon (Agnès de), femme de Claude Chapt de Rastignac, V, 375 n.
Montberon (Gabriel de Montmorency, baron de), 3e fils du connétable Anne de Montmorency, II, 110, 115, 120.
— (René de). Voy. Thors.
— Voy. Chalendray-Auxances (Jacques de Montberon, sgr d').
Montbeton (Tarn-et-Garonne), VIII, 282, 305.
— Voy. Saint-Paul.
Montbonnot - Saint - Martin (Isère), VIII, 169.
Montbrison (Loire), II, 55; III, 172; IX, 2, 45.
Montbrun (Charles du Puy, sgr de), capitaine huguenot, I, 261, 283, 285-288; II, 47, 48, 58, 62, 71, 257; III, 27, 120 et suiv., 146, 147, 168-172, 392; IV, 59-61, 205 et suiv., 220, 270-282, 349; VIII, 313.
— (Jean du Puy, sgr de), capitaine protestant, fils du précédent, VI, 66 n.
— (le capitaine), capitaine huguenot, VI, 66.
Montcalm. Voy. Saint-Véran.
Montcaut (Blaise de Laurière, baron de Sainte - Colombe et de), gentilhomme de la chambre du roi, mestre de camp, gouverneur de Layrac, VI, 21.
— (Jean de), capitaine huguenot de Montauban, II, 92, 93.
Montcavrel (Pierre de Monchy, sgr de), capitaine catholique, III, 54.
Montceaux-lès-Provins (Seine-et-Marne), II, 9.
Montchrestien (Antoine de), VII, 253.
Montclar (Antoine, vicomte de), gentilhomme huguenot, II, 259, 269-271; III, 44, 160.
— (N., vicomte de), fils du précédent, capitaine catholique, V, 249, 250.

Montclar (N., vicomtesse de), femme d'Antoine, VII, 106-107.

Mont-de-Marrast (Carbon de Marrast, sgr de), capitaine gascon, V, 12.

Mont-de-Marsan (Landes), II, 218; III, 99; VI, 153, 187 et suiv.

Montdidier (Somme), II, 187.

Montdragon. Voy. Mondragon.

Monte (Camillo Bourbon del), capitaine italien dans l'armée espagnole en Flandre, VI, 342.

— (Fabian del), neveu du pape Jules III, III, 70, 112.

— (Pedro-Guidalotti del), grand maître de l'ordre de Malte, II, 308 et suiv.

— (Giovanni-Maria del). Voy. Jules III.

Montecalvo (Piémont), I, 60.

Monteforte (Italie, prov. de Naples), 1, 63.

Monteil (Giraud-Adhémar de), fils aîné du comte de Grignan, capitaine huguenot, VII, 90.

Monteil-Aymar. Voy. Montélimar.

Monteils (Tarn-et-Garonne), VIII, 304, 305.

Montejan (François d'Acigné, sgr de), capitaine huguenot, I, 261; III, 13, 15, 53.

Montélimar (Drôme), I, 174, 283, 284; II, 213; IV, 60; VI, 280 et suiv.; VII, 91-98.

— (vice-sénéchal de). Voy. Colas.

Monte-Marciano (Hercule Sfondrate, duc de), général des troupes du pape pour la Ligue, VIII, 243.

Montemayor (Portugal, prov. de Beira), VI, 131.

— (Pedro de), gentilhomme de l'archiduc Charles, IX, 448.

Montendre (Charente-Inférieure), VI, 34.

— (François de la Rochefoucauld, baron de), capitaine huguenot, IV, 339.

Montenegro (Don Pedro de), capitaine au service d'Espagne, IX, 447.

— (Hieronimo Carafa, marquis de), capitaine italien aux Pays-Bas, VIII, 400; IX, 135 et suiv.

Montereau-Faut-Yonne (Seine-et-Marne), II, 232, 352; VIII, 56, 57, 66.

Monterud (Innocent Tripier, sgr de), lieutenant de roi à Bourges, II, 15, 16, 275.

Montes-Claros (Maroc), V, 234.

Montesquiou (Joseph-François, baron de), sénéchal de Béarn, III, 52.

— Voy. Sainte-Colombe.

Montezuma II, empereur du Mexique, I, 115.

Montfaucon (Haute-Loire), III, 150, 151.

— (colline et gibet de), III, 318, 335; VIII, 71, 198.

— (Meuse), VII, 366.

Montferrand (Puy-de-Dôme), II, 273.

— (château de), près Castelnaudary, I, 180.

— (château de) (Gironde), V, 212.

— (Charles de), capitaine catholique, maire et gouverneur de Bordeaux, II, 92; III, 39, 350; IV, 308; V, 185 et suiv.

— Voy. Langoiran.

Montferrat (marquisat de), I, 128; VIII, 94; IX, 168, 411.

— (duc de). Voy. Mantoue.

Montferrier (Aimar de Saint-Bonnet, sgr de), 3e fils d'Antoine de Saint-Bonnet, sgr de Toiras, VII, 53; IX, 161 et suiv.

Montflanquin (Lot-et-Garonne), IV, 308 et suiv.; VII, 76.

Montfort (Dordogne), VII, 38.

— (Ille-et-Vilaine), IX, 190.

— (seigneurie de), appartenant au prince d'Orange, III, 213.

Montfort (Amaury de), fils de Simon de Montfort, I, 181, 188.
— (Guy de), fils puiné de Simon de Montfort, I, 174, 186.
— (Simon de), I, 176, 178-187, 192.
— Voy. Monteforte.
Montfort-l'Amaury (Seine-et-Oise), III, 328; IV, 231.
Montfrin (Gard), V, 296.
Montguyon (Charente-Inférieure), III, 186; V, 87-294.
— (Louis de la Rochefoucauld, sgr de Montendre et de), capitaine huguenot, IV, 204, 218, 339; V, 276.
Monthieu (Charente-Inférieure), VII, 135.
Montholon (François II de), garde des sceaux, VII, 305, 318 et suiv.
Monthou (château de) (Haute-Savoie), VIII, 360, 365.
Mont-Hulin (le) (Pas-de-Calais), IX, 299.
Monti (Innocenzio di), cardinal italien, I, 31.
Montignac (Languedoc), II, 66.
Montignac-le-Comte (Dordogne), VII, 37, 38.
Montigné (N., sgr de), capitaine du roi de Navarre, IX, 113, 136 et suiv.
Montigny (Charles de la Grange, sgr de Vèvre, d'Humbligny et de), capitaine catholique, IV, 12, 37, 42, 291; VI, 59 et suiv.
— (François de la Grange, sgr de), fils du précédent, maréchal de France, VII, 145, 148 et suiv., 155 et suiv., 159; VIII, 21, 24, 45, 162, 184 et suiv., 261 et suiv., 281; IX, 32 et suiv., 105 (?), 142.
— (Emmanuel de Lalaing, sgr de), marquis de Renty. Voy. Renty.
— (Floris de Montmorency, sgr de), frère du comte de Horn, II, 182, 343, 351.
Montigny (Louis de Rochechouart, sgr de), chevalier de l'ordre du roi, fils ainé de François de Rochechouart, V, 349; IX, 105.
Montillet (N., sgr de), capitaine ligueur, IX, 49 et suiv.
Montivilliers (Seine-Inférieure), V, 110; IX, 21.
Montjoie, près Toulouse (Haute-Garonne), I, 179.
Montlar (Ponce de), pendant la guerre des Albigeois, I, 185.
Montlaur (Jacques de Modène, baron de), VI, 28 et suiv., 281.
— (Louis de Modène, baron de), fils du précédent, VII, 100.
Montluel (Ain), IX, 45, 46.
Montlouet (François d'Angennes, sgr de), conseiller du roi en ses conseils d'Etat et privé, capitaine de 50 hommes d'armes des ordonnances, maréchal de camp des armées de S. M., VII, 190.
Montmajeur-lez-Arles. Voy. Grimaldi (Dominique).
Montmartin (Jean du Mas, sgr de), gouverneur de Vitré, VII, 346; IX, 188.
Montmartre, à Paris, II, 249; VII, 215; VIII, 200.
Montmaur (Antoine du Buisson, sgr de). Voy. Buisson.
Montmayeur. Voy. Brandis.
Montmédy (Meuse), I, 43, 126, 333; IX, 41.
Montmeillan (Savoie), VIII, 318; IX, 214, 330 et suiv., 333, 334, 350.
Montmeyan (le chevalier), faussement identifié à la place de Montmoyen. Voy. Montmoyen.
Montmoreau (Charente), VII, 162.
Montmorency (Anne de), grand maitre et connétable de France; s'empare de Metz, I,

42; victorieux à Doullens, 47; sa retraite, 48; prend Mariembourg, Bouvines, 49; à la bataille de Renty, 51; rassemble une armée à Attigny, 66; s'efforce de secourir Saint-Quentin, 67; fait prisonnier à la bataille de Saint-Quentin, 69; aux conférences de Cercamp, 79; sa conduite à la mort d'Henry II, 240; disgracié par Catherine de Médicis, 241, 244, 245, 247; s'attire la haine des Guises lors de la conjuration d'Amboise, 273; à l'assemblée de Fontainebleau, 278; impliqué dans la conspiration contre les Guises, 280; son message à Condé et à Antoine de Bourbon, 281; mandé à la cour par Catherine de Médicis, 297; informé de la mort du vidame de Chartres et de celle de François II, 298, 299; occupe Orléans, 299; ses remontrances à la cour, 300; aux Etats généraux d'Orléans, 304; promoteur de l'accord entre Guise et Condé, 309; dominé par les Guises, II, 4; fait brûler les prêches protestants de Paris, 5; va au-devant de Guise à son arrivée à Paris, 9; sa défection blâmée par Coligny, 12; fait partie du triumvirat, 39; s'empare de Tours, 42; part de Blois avec le gros de l'armée royale, 77; s'empare avec Guise du fort Sainte-Catherine à Rouen, 82; mesures de rigueur prises par lui après la prise de Rouen, 88; chargé de négocier la paix avec Condé, 103; à la bataille de Dreux, 107-110, 116, 117; blessé, il remet le commandement de l'armée à Guise, 119; présent à la conférence de l'Ile-aux-Bœufs, 146; cité dans les considérants de l'édit d'Amboise, 186; au siège du Havre, 198; son acte d'hommage au roi Charles IX, 203; rappel de sa conduite à Bordeaux, en 1548, 206; message des réformés à son adresse, 229; opposé à la rentrée du roi de Meaux à Paris, 233; prend part aux conférences avec les réformés, 234; ses préparatifs pour la défense de Paris, 237; ses conférences avec Condé à la Chapelle-Saint-Denis, 238; son plan de campagne, 239; à la bataille de Saint-Denis, 241 et suiv.; sa mort, 249; ses conséquences, 250; faveur témoignée par lui au comte de Caudale, 265; allusion à sa conduite à Bordeaux, V, 95.

Montmorency (Antoinette de la Mark, duchesse de), V, 195, 196, 199.

— (François, duc de), fils aîné du connétable, grand maître et maréchal de France; fait prisonnier à Thérouanne, I, 45; Diane de France, sa femme, 245; chargé de conduire des prisonniers du bois de Vincennes à Amboise au moment de la conjuration, 263; accusé de conspirer avec son père contre les Guises, 280; s'empare de Dieppe, II, 89; au siège du Havre, 198; gouverneur de l'Ile-de-France, il refuse l'entrée de son gouvernement au cardinal de Lorraine et à sa suite, 215; ennemi des Guises, 224; ses négociations avec les réformés, 232-234; à la bataille de Saint-Denis, 242; chargé d'une enquête sur les massacres de Rouen, III, 276; sévit contre l'émeute causée par l'enlèvement de la croix de Gastines, 279; négociateur d'un traité d'alliance entre l'Angleterre et la France,

250 HISTOIRE UNIVERSELLE.

289; son éloge par Charles IX, 302; quitte Paris avant la Saint-Barthélemy, 304; prétendue charge à lui donnée par le roi lors de la Saint-Barthélemy, 312; dévouement d'un de ses serviteurs, 318; déclare par lettres vouloir venger Coligny, 341; son absence de Paris lors de la Saint-Barthélemy sauve ses frères, IV, 46; ses plaintes contre le gouvernement, 212; réclame la charge de lieutenant général pour le duc d'Alençon, 214, 215; mêlé à la conspiration de La Mole et Coconas, 229; arrêté avec Artus de Cossé, 233; sa délivrance, IV, 376; son frère Méru, V, 130.

Montmorency (Henry de), comte de Damville (Dampville, Danville, d'Anville), puis duc de Montmorency, frère puîné de François, duc de Montmorency, maréchal et connétable de France; cause indirecte de la fuite de la cour du prince de Condé, I, 277; chargé d'accompagner Marie Stuart à son retour en Ecosse, I, 308; présent à l'entrevue de Château-Gaillard, II, 34; mêlé aux négociations de la cour avec Condé, 103; à la bataille de Dreux, 103 et suiv.; fait prisonnier le prince de Condé, 113; présent à la conférence de l'Ile-aux-Bœufs, 146; succède au connétable dans le gouvernement de Languedoc, 195; chargé de la répression des massacres de Pamiers, 205, 206; plaintes adressées au roi contre lui, 213; à la bataille de Saint-Denis, 243; succès remportés sur lui par Mongommery, III, 92; sa rivalité avec Monluc, 98; se prépare à assiéger Mazères, 100; siège et capitulation de Mazères, 158; ses forces à Toulouse, 159; en marche sur la Loire, 171; chargé de punir les auteurs des massacres d'Orange, 277; réponse à lui faite par Coligny, 302, 303; visite l'amiral à la veille de la Saint-Barthélemy, 309; sa campagne en Languedoc, 390 et suiv.; IV, 46 et suiv.; siège et capitulation de Sommières, 51; ses ordonnances contre les réformés, 58; chargé de négocier avec les réformés du Midi, 186; ses exploits en Languedoc, 222, 226, 227; son médecin soudoyé pour l'empoisonner, 238; ses lettres à Catherine de Médicis et au parlement de Toulouse, 260; la révolte en Languedoc, 270 et suiv.; adversaire du duc d'Uzès en Vivarais, 284; ses députés à l'assemblée des réformés à Millau, 302; son voyage à la cour, 358 et suiv.; promoteur de l'assemblée de Nîmes et de la création d'un tiers parti en Languedoc, 359-364; pressé de se rendre aux Etats de Blois, V, 116; ses plaintes au roi, 117-118; s'allie au roi de Navarre, 131; ses messages aux Etats de Blois, 146, 147; retour à Blois des ambassadeurs envoyés auprès de lui, 176; son entente avec le roi de Navarre et Condé, 179; ses lettres à la cour, 190; ses négociations en Savoie, 195; ses conférences avec les huguenots à Pézenas, 196, 197 et suiv., 204; avertissement que lui donne d'Aubigné, 203 et suiv., 207 et suiv.; gagné au parti du roi, 208; impressions produite à Agen par sa conduite, 237; sa femme chassée de Montpellier, 295; son frère Guillaume de Montmorency-Thoré lui succède comme chef des réformés du Midi, 295; assiège Montpellier, 296 et suiv.; attaqué par Châtillon, 300, 301; informé de la conclusion de la paix à Bergerac, 302; son opposition à l'exécution de l'édit de paix en Languedoc, 351; ses échecs, 352, 353; fait tuer le gouverneur de Beaucaire, 354; aidé par les divisions des réformés, VI, 24; assiège Villemagne, 25; se repent de sa défection, 279; uni de nouveau aux réformés, il assiège Remoulins, VII, 171; envoie des troupes au siège de Vilemur, VIII, 285; au siège de Rochefort, IX, 37; adversaire de Charles de Savoie, duc de Nemours, 45.

Montmorency (Jules de), dit le chevalier de Montmorency, chevalier de Malte, IX, 335.

— (maison de), I, 62, 240, 242, 276, 280, 331; III, 340, 349, 357; IV, 202, 212; V, 131, 203.

— (Charles de), sgr de Méru, puis duc de Damville, frère des précédents. Voy. Méru.

— (Diane d'Angoulême, duchesse de). Voy. Angoulême.

— (Gabriel de), baron de Montberon, 3ᵉ fils du connétable de Montmorency. Voy. Montberon.

— (Guillaume de), sgr de Thoré, 5ᵉ fils d'Anne de Montmorency, frère des précédents. Voy. Thoré.

— (Jeanne de). Voy. La Trémoille.

— (Pierre de). Voy. Fosseux.

— Voy. Bouteville.

— Voy. Montigny.

Montmorency-Fosseux (Françoise de), maîtresse du roi de Navarre, V, 383.

Montmorency-Laval. Voy. Bois-Dauphin.

Montmorency - Nivelle. Voy. Hornes.

Montmorillon (Vienne), II, 96; VIII, 227, 233.

Montmorin. Voy. Saint-Hérem.

Montmoyen (Edme Régnier, baron de), frère du président du Latrecey, gouverneur de Beaune, IX, 47 et suiv.

Montoi (Hiéronimo de), capitaine espagnol, IX, 442 et suiv.

Montoison (Antoine de Clermont, baron de), colonel de gens d'armes, VIII, 286; IX, 46.

Montolieu (château de), près Limoux, I, 190.

Montpellier (Hérault), I, 186, 203, 283; II, 67, 69, 70, 195, 213, 258; III, 30, 162-163; IV, 47, 227; V, 177, 196, 294-298, 303, 339, 353; VI, 22, 25.

Montpensier (Puy-de-Dôme), I, 188.

— (Catherine-Marie de Lorraine, duchesse de), fille du duc François de Guise, seconde femme de Louis II de Montpensier, VIII, 197; IX, 18.

— (François de Bourbon, prince dauphin d'Auvergne, puis duc de), fils de Louis II de Bourbon, duc de Montpensier, I, 298; II, 203; III, 14, 121, 199, 201; IV, 226, 271 et suiv.; V, 136 et suiv.; VI, 199, 200, 292, 334, 341, 347; VII, 108, 170, 194, 218; VIII, 46, 161, 164, 185 et suiv., 296, 346.

— (Henry de Bourbon, prince des Dombes, puis duc de), fils du précédent, VIII, 60, 290 et suiv., 296, 303; IX, 140 et suiv., 336, 352, 353, 363, 366.

— (Jacqueline de Longwy, duchesse de), première femme de Louis II de Montpensier, I, 290, 311.

— (Louis II de Bourbon, duc

de), pair de France, fait prisonnier à la bataille de Saint-Quentin, I, 69; présent à la Mercuriale des Augustins, 233; défenseur de Brouage, 266; son fils, 298; s'empare d'Angers, II, 21, 22; de Rochefort-sur-Loire, 22; ses exploits en Anjou, 41; s'empare de Saumur, de Loudun, de Chinon, 42, 43; occupe la Rochelle, 46; à Bergerac, 92; cité, 93, 94; à la bataille de Vergt, 95; son départ pour la Rochelle, 97; établit le comte de Lauzun gouverneur de Bergerac, 128; cité, 186; fait hommage à Charles IX, 203; sa conduite à la Rochelle rappelée, 206; plaintes au roi contre lui, 222; tente d'empêcher le passage de la Loire par d'Andelot, III, 14; ordres par lui donnés à Martigues, 15; adversaire de d'Andelot, 21; sa campagne contre d'Acier, 31; poursuivi par les princes, 33; à la bataille de Jarnac, 50 et suiv.; au combat de Saint-Clair (Vienne), 117; à Moncontour, 121 et suiv.; nommé gouverneur de Bretagne, 140; sa fille, 285; sa visite à Coligny, 309; son attitude lors de la Saint-Barthélemy, 324; sa fille, la duchesse de Bouillon, 360; au siège de la Rochelle, IV, 7; envoyé en Bretagne, 135, 250 et suiv.; rappelé à la cour, 254; s'empare de Melle (Deux-Sèvres), 285; ses négociations avec Chouppes, 287; ses cruautés à Melle, 289; assiège Fontenay-le-Comte, 290 et suiv.; fait pendre le ministre du Moulin, 295; averti des projets de jonction des capitaines huguenots, 296; au siège de Lusignan, 311 et suiv.; à Jazeneuil, 317; articles passés entre lui et les habitants de Lusignan, 329-331; refus qui lui est fait d'occuper Angoulême, 389; à Champigny (Deux-Sèvres), V, 131; aux Etats de Blois, 136 et suiv., 180, 184; s'empare de Boutteville (Charente), 212; de Tonnay-Charente, 213; occupe Rochefort, 214; investit Marans, 215 et suiv.; aux conférences de Bergerac, 219, 225; son message aux Rochelais, 264; s'empare de Brouage, 290; mission par lui confiée à La Noue auprès de Damville, 302; au siège de Montaigu, VI, 76 et suiv.; cause de la rupture du projet de mariage du duc d'Anjou et d'Elisabeth d'Angleterre, 133; sa mort rappelée, 199.

Montpeyroux (Gilles de Roquefeuil, sgr de Cabanes et de), capitaine catholique, IV, 49.

Montpezat (Gard), IV, 47.

— (Henri de Lettes, sgr des Prez, marquis de), second fils de Melchior de Montpezat, IX, 145 et suiv.

— (Melchior de Lettes, sgr des Prez et de), capitaine catholique, I, 292; II, 43; III, 102 et suiv., 351; IX, 145 n.

Montpezat[-sous-Bauzon] (Jean Trémolet, baron de), capitaine huguenot, IV, 48.

Montpollus (Angleterre), I, 222.

Montréal (Aude), I, 175, 190, 191; III, 161.

— (Jean de Balazuc, sgr de), VI, 28; VII, 100.

— (Guillaume de Balazuc, sgr de Sanilhac, puis de), après la mort de son père Jean de Balazuc, VII, 93.

— (Gutterio de), capitaine portugais, I, 103, 104.

Montrescu (porte de), IX, 129, 138, 143.

Montreuil-Bellay (Maine-et-Loire), II, 256; VIII, 137.

Montreuil-Bonnin (Vienne), III, 101, 104; VIII, 60, 61, 227, 232, 240.
Montrevault (Maine-et-Loire), VI, 227.
Montrevel (Antoine de la Baume, comte de), VIII, 98.
Montrichard (Loir-et-Cher), II, 120.
Montrouge (Seine), II, 102; VIII, 66, 171, 173.
Monts (N., sgr de), capitaine des gardes, IV, 12.
— Voy. Saint-Pal-de-Mons.
Mont-Saint-Gérard (le), fort de Bude, IX, 390.
Mont-Saint-Jean, près Beaune (Côte-d'Or), III, 173.
Mont-Saint-Michel (le) (Manche), IV, 351; VIII, 272 et suiv.
Montsalez ou Montsalès (Jacques Balaguier, sgr de), gentilhomme de la chambre, capitaine catholique, II, 119, 260, 265; III, 30, 36, 50, 53; V, 245.
Montserni (N., sgr de), capitaine huguenot, IV, 319 et suiv.
Montserrier. Voy. Montsérye.
Montsérye (Jean-François de), l'un des quarante-cinq, assassin du duc de Guise, VII, 389.
— (Bernard de), frère cadet du précédent, VIII, 75.
Montsoreau (Maine-et-Loire), VII, 130.
— (Charles de Chambes, comte de), chambellan du duc d'Anjou, III, 344; VI, 192 et suiv.; VII, 159.
— (Françoise de Maridor, comtesse de), femme de Charles, comte de Montsoreau, VI, 192.
— (Jean de Chambes, sgr de), colonel de chevau-légers, III, 178; IV, 289.
Montvaillant (Etienne), capitaine huguenot, II, 66; IV, 51.
Montvaillant (Jean de Belcastel, sgr de), chef des religionnaires du Bas-Languedoc, III, 29.
Mookerheyde (duché de Clèves), V, 66.
Moquar. Voy. Mosquart.
Mora (Antonio), navigateur portugais, I, 117.
— (Christophe de), ambassadeur de Philippe II, en Portugal, VI, 126, 129, 314; IX, 417, 418.
Morainville (Jean de Dreux, sgr de), en Normandie, gentilhomme ordinaire de la chambre, III, 176; V, 260.
Moraise (N., sgr de), capitaine huguenot, VIII, 261 et suiv.
Morat (N., sgr de), capitaine gascon, II, 284.
— (Aga), renégat italien à Chypre, VIII, 375.
Morataha, sgr de Tesciara, gouverneur de Tripoli, I, 342.
Moravie, I, 194; VIII, 105; IX, 388.
Mordelaise (porte et tour), à Rennes, VIII, 28.
Moreau (Macé), libraire hérétique supplicié à Troyes, I, 215.
Morée (la), IV, 115 et suiv.; V, 41, 44; IX, 401.
— (le sangiac de), IV, 115 et suiv.
Morel (François), dit de Collonges, ministre protestant, I, 235, 312.
— (Jean), hérétique supplicié à Paris, frère du précédent, I, 226.
— (N.), précepteur de d'Aubigné, I, 226.
Morestel (Isère), IX, 175.
Moret (Seine-et-Marne), IV, 231.
— (le capitaine), catholique, V, 186.
Morette (Louis de Solier, sgr de),

écuyer du duc de Savoie, IX, 167, 315.
Morette (Urbain de Solier, comte de), II, 261 ; III, 57.
Moretto, capitaine calabrais, gouverneur de Candie, III, 225.
Morges (Jura), VII, 229.
— (Abel de Bérenger, sgr de), gouverneur de Barraux, Grenoble, maréchal de camp, fils du suivant, IX, 161 et suiv., 170, 327.
— (Géraud de Bérenger, sgr de), capitaine de 50 hommes d'armes, IV, 278, 279.
Moric, près Saint-Michel-en-l'Herm (Vendée), III, 184, 201.
Moris (N.), capitaine espagnol, III, 236.
Morisson (Jean), sgr de Moureilles, maire de la Rochelle, IV, 9, 33.
Morlaas (Bernard de), ministre réformé, conseiller du roi de Navarre, VIII, 333-335, 340 ; IX, 78, 79, 282.
Morlaise (porte et tour). Voy. Mordelaise.
Morlaix (Finistère), IX, 177.
Mormori (Jean), ingénieur défenseur de Famagouste, IV, 99.
Mornac (Charente-Inférieure), V, 269 ; VI, 233 ; VII, 12, 22.
Mornas (Vaucluse), II, 58.
Mornay. Voy Buhy et Plessis-Mornay.
Morogues. Voy. Landes.
Morone (Jean), évêque de Novarre et de Modène, cardinal, II, 153, 296, 325 ; IV, 95.
Morosini (Jean-François), cardinal, légat en France, VII, 396, 400.
Morsan (Bernard-Prévost, sgr de), président au parlement de Normandie, III, 276.
Mortagne (Orne), II, 140.
Mortagne-sur-Sèvre (Vendée), III, 186 ; VI, 70 ; VIII, 237.
Mortemart (Gaspard de Rochechouart, marquis de), fils de René de Rochechouart, VIII, 240 et suiv.
— (René de Rochechouart, sgr de), et de Monpipeau, chevalier des deux ordres du roi, conseiller au conseil d'Etat et au conseil privé, capitaine de 50 hommes d'armes des ordonnances du roi, III, 77, 102 ; IV, 250, 322 et suiv.; VI, 76 et suiv.; VII, 152 et suiv.
Mortier (N.), maître de l'artillerie de Maurice de Nassau, IX, 445 et suiv.
— (N.), page de l'archiduc Albert, IX, 448.
— Voy. L'Isle.
Mortiers (N., sgr des), VII, 352.
— (N., Bouchet, sgr des), lieutenant général du présidial de la Rochelle (?), IV, 9, 20.
Morton (Jacques), hérétique supplicié en Angleterre, I, 208.
— (Jacques Douglas, comte de), vice-roi d'Ecosse, I, 356 ; II, 357, 363 ; IV, 144-146.
Morvic. Voy. Norwich.
Morvillier (Jean de), chancelier de France, II, 234, 277 ; III, 295, 342, 366 ; IV, 90, 224 ; V, 157.
Morvilliers (Louis de Lannoy, sgr de), gouverneur de Boulogne-sur-Mer, I, 78 ; II, 80 ; III, 65, 211.
Moscou, IV, 148.
Moscovie, I, 120, 122, 360 ; II, 177 et suiv., 337 ; III, 254 ; IV, 106 ; V, 319.
— Voy. Basile, Basilowitch, Boris Godounoff, Ivan.
Moscovites, I, 122, 360 ; II, 177 et suiv., 333 et suiv.; IV, 147 ; V, 364, 365.
Moselle (la), affluent du Rhin, IV, 370.
Mosquart ou Moquar (le capi-

taine), huguenot, VI, 7, 78 et suiv.
Mosquita (Perrot), capitaine portugais, II, 308 et suiv.
Mota, (El), près Aden, VII, 241.
— (Gaillard Ier de), évêque de Bazas, I, 177.
Mothe-Freslon (château de la), paroisse de Champ-Saint-Père (Vendée), VIII, 15.
Mothe-Montravel (la) (Dordogne), VII, 77, 82.
Mothe-Puy-Taillé (la), près Moncoutour (Vienne), III, 123.
Mothe-Saint-Héraye (la) (Deux-Sèvres), III, 43; VII, 18.
Motier. Voy. La Fayette.
Motril (Espagne, prov. de Grenade), III, 231.
Motte-Achard (la) (Vendée), V, 211.
Motte-Chalançon (la) (Drôme), IV, 276-277.
Motte - Saint - Eloi (la), près Saint-Maixent (Deux-Sèvres), VII, 120, 123, 125, 155 n.
Motte d'Arrajahan (la). Voy. Khandok er-Riban.
Motterie (le capitaine), huguenot, IV, 292.
Mottil. Voy. Motril.
Moucheron (Balthazar de Boulai, sgr de), navigateur normand, IX, 244, 264.
Mouchy (Antoine de). Voy. Démocharès.
Moucy, Moussy (Philippe de Bouteiller, sgr de), IX, 125.
Moulart (Mathieu), évêque d'Arras, VIII, 302, 404; IX, 133, 144.
Moulin (Claude du), ministre réformé, IV, 295, 373; IX, 302.
— (N., des Landes, sgr du), II, 194.
Moulin-Cornet (le), faubourg de Poitiers, IV, 338.
Moulinet (Louis du), évêque de Sécz, VIII, 342.

Moulins (Allier), II, 8, 222; V, 18.
— (petits Etats de), II, 222.
Moulins (pont des), à Paris, III, 323.
— (porte des), à la Rochelle, IV, 19.
Moureilles (Vendée), III, 190 et suiv.
Mouron. Voy. Marols.
Mousche. Voy. Muss.
Mouscron (Ferdinand de la Barre, sgr de), VI, 137.
Moussidun. Voy. Henry (Jacques), Maisonneuve.
Moussy. Voy. Moucy.
Moustarde (Thomas), hérétique de Valenciennes supplicié, I, 227.
Moustiers (Balthazar de). Voy. Gargas.
Moutiers (Savoie), IX, 328, 334.
Mouvans. Voy. Mauvans.
Mouy (Isaac de Vaudray, sgr de), maréchal de camp de Henri III, V, 209 et suiv.; VI, 6, 51, 55, 76 et suiv.; VII, 191; VIII, 186 et suiv.
— (Louis de Vaudray, sgr de), capitaine huguenot, I, 70; II, 78, 102, 109, 117, 118, 140, 257, 284-287; III, 65-68, 72, 73, 117, 120 et suiv., 129, 133, 134, 211.
— Voy. Riberpré.
Moyse, près Brouage (Charente-Inférieure), V, 278, 286.
— esclave turc, VIII, 363.
Mozambique, I, 100, 116.
Mozé. Voy. Mauzé.
Muelant (Pierre de), hérétique supplicié en Flandre, III, 258.
Muelen (Louis), hérétique supplicié en Flandre, III, 258.
Muelerc (Ghylhene de), hérétique supplicié aux Pays-Bas, I, 218.
Mulet (Romain), procureur général au parlement de Bordeaux, III, 350, 351.

Mulhouse (Alsace - Lorraine), IX, 299.
Mulla (bastion de), à Nicosie, III, 220.
Mullenen (Béat - Louis de), avoyer de Berne, IV, 367.
— (Jean-Albrecht de), neveu du précédent, IV, 367, 368.
Muller (Lazare), capitaine de lansquenets, IV, 154.
Mulugan, sur le golfe Persique, VII, 240.
Mumen-Belek, lieutenant de Mahomet, roi de Sus, I, 104, 106, 204.
Munius (Jérôme), professeur de langue hébraïque à Valence, IV, 94.
Munoz (Alfonso), capitaine espagnol, IV, 158.
Munster (prov. de) (Irlande), IX, 239.
— (Westphalie), IX, 430.
— (évêque de). Voy. Ratzfeld (Bernard de).
Muphtis, dignitaires de la religion musulmane, I, 336 ; III, 361.
Murano. Voy. Medrano.
Murat[-l'Arabe] (Jacques de Scorailles-Claviers, sgr de) et de Châteauneuf, capitaine catholique, III, 132.
Murcie (prov. de) (Espagne), VII, 246.
— (gouverneur de). Voy. Velez (Luis Fassardo, marquis de).
Mure (la) (Isère), II, 135 ; VI, 150.
Mures (Jean de Bourrelon, sgr de), gouverneur d'Embrun, IX, 170.
Muret (Haute-Garonne), I, 182, 183.
— (Marc-Antoine), poète, IV, 91.
Muron. Voy. Marols.
Murrat. Voy. Murat.
Murray (André), capitaine écossais, IX, 444.
— (Jacques Stuart, comte de), fils naturel de Jacques V et frère de Marie Stuart, I, 355 et suiv.; II, 355, 356, 360, 362 ; III, 249-254 ; IV, 138.
Murs (Vaucluse), VI, 67-69.
Musafer, capitaine turc, III, 220.
Musaphat, bacha, III, 224.
Musnier (Arnaud), hérétique supplicié en France, I, 223.
— (Paul), hérétique d'Orléans, supplicié, I, 218.
Muss (Nicolas), interprète allemand de Coligny, III, 316.
Mussidan (Dordogne), II, 129, 130 ; III, 56, 59, 60.
Mustapha-Lala-Pacha, I, 95-99, 304, 309-311, 325, 335, 336 ; III, 216, 218 et suiv.; IV, 94 et suiv., 102 ; VI, 99-102.
Mustapha-Manu-Chiar, géorgien, VI, 104, 105, 107 ; VIII, 375.
Musulmans, VI, 121.
Mutonis (Jean), moine jacobin protestant, II, 195, 289.
Muxica (Antoine de), IV, 85.
Muy (Var), VIII, 320.
Mylez (Thomas), hérétique supplicié à Douvres, I, 222.
Mynard (Antoine), président au parlement de Paris, I, 232, 234, 254.

N

Naarden (Hollande, prov. de Hollande septentrionale), IV, 153.
Nabin (?) (Croatie), VIII, 107.
Nackshivan (Arménie russe), VI, 108, 297.
Nacsivan. Voy. Nackshivan.
Nadafdi, capitaine hongrois, IX, 216.
Nadlac. Voy. Nagy-Lak.
Nagy-Lak (Hongrie, comitat de Czanade), IX, 209.
Nahum (le livre de), I, 138, 147.
Nail (Nicolas), hérétique supplicié en France, I, 217.
Nalliers (Vendée), III, 191.

Naman, personnage biblique, VIII, 340.
Namur (Belgique, prov. de Namur), I, 50; V, 335, 337, 338; VI, 135, 139, 337, 339.
— (Jean de), hérétique supplicié aux Pays-Bas, II, 182.
Nançay (Gaspard de la Chastre, sgr de), capitaine des gardes, III, 308, 309, 335.
Nancray (Loiret), V, 19.
Nancy (Meurthe-et-Moselle), II, 210; IV, 188; VII, 197 et suiv., 221, 302, 382.
Nantais (pays), III, 57.
Nantaise (porte), à Montaigu, VII, 373.
Nantel (Jean), caporal du capitaine Cabanes, IV, 4.
Nantes (Loire-Inférieure), I, 259; III, 14, 110, 345; IV, 176; V, 262; VI, 2, 6, 47, 76, 84, 222, 226, 318; VII, 25, 86, 231, 328-332, 350; VIII, 27, 59-61, 230, 234; IX, 40, 176, 180 et suiv., 273.
— (édit de), IX, 292, 294, 303, 450 et suiv.
— (évêque de). Voy. Bec (Philippe du).
Nanteuil (Gaspard de Schomberg, comte de), capitaine ligueur, VIII, 91.
Nantouillet (Antoine du Prat, sgr de), prévôt de Paris, IV, 179.
Naples, I, 34, 220; II, 169, 289, 298, 325; V, 44; VI, 271, 307; VIII, 376; IX, 200, 238, 311, 319, 411, 467.
— (vice-roi de). Voy. Manrique.
Napolitains (proscrits), I, 126; II, 321, 338; VIII, 317; IX, 63, 155 et suiv., 253, 377.
Narbonnais (Château-), à Toulouse, I, 185, 187.
Narbonne (Aude), I, 174, 181, 184; II, 214; III, 237; IV, 55, 284; V, 200, 205; VI, 281.
— (archevêque de). Voy. Vigor.

Narilla (Al Partal de), chef des Maurisques révoltés, III, 227, 235.
Narva (Russie), I, 122; II, 178.
Nassau (fort de), à Hulst, IX, 248 et suiv.
— (Adolphe, comte de), frère cadet de Guillaume d'Orange, III, 257.
— (Albert de), III, 210.
— (Frédéric-Henri de), frère de Maurice de Nassau, VI, 354; VIII, 405; IX, 442 et suiv.
— (Guillaume de), cousin de Maurice de Nassau, VI, 340, 360, 370; VII, 256; VIII, 390, 391, 407, 408; IX, 243, 313, 425.
— (Henri de), frère de Guillaume d'Orange, III, 63; IV, 84; V, 66.
— (Henri de), oncle de Guillaume d'Orange, I, 55.
— (Jean, comte de), grand-père du prince d'Orange, I, 51, 55 n.
— (Justin de), fils naturel du prince Guillaume d'Orange, vice-amiral des Pays-Bas, VI, 359; VII, 271.
— (Louis de), IX, 233 et suiv., 445.
— (Ludovic de), frère du prince Guillaume d'Orange, II, 342, 354; III, 63, 64, 120 et suiv., 168-170, 175 et suiv., 209, 210, 255, 269, 282, 288; IV, 77 et suiv., 188, 194, 203, 220; V, 66.
— (Maurice de), fils de Guillaume le Taciturne; don à lui fait par son père, VI, 324; élu capitaine général à la mort de son père, 355; son éloge, 369; son cousin Guillaume de Nassau, 370; pouvoirs analogues aux siens donnés au comte de Leicester aux Pays-Bas, VII, 254; s'empare d'Axel, 260; nommé gouverneur des Pays-Bas, 268; en Brabant, 270; à Os-

17

tende, 271 ; reste seul chef aux Pays-Bas à la suite du départ du comte de Leicester, 274 ; son lieutenant le comte de Hohenloo, 277 ; cité, VIII, 121 ; dans l'ile de Walcheren, 122 ; reconnu par les Etats et l'Angleterre commandeur et capitaine général des Provinces-Unies, 122-123 ; assiège Gertruydenberg, 129 et suiv. ; reprend le château de Lobbes (prov. de Liège), 131 ; au siège de Bréda, 393 et suiv. ; ses exploits en Westphalie et Brabant, 396, 397 ; s'empare de Zutphen, 398 ; de Deventer, 399 ; défenseur de Knodsenbourg, 400 ; s'empare d'Hulst et de Nimègue, 401 ; son projet de jonction avec le duc de Bouillon, IX, 43 ; soutenu par Henri IV, 201-202 ; s'avance vers la Gueldre et la Frise, 241 ; projet d'assassinat formé contre lui, 242 ; assiège Groningue, 242 et suiv. ; nouvelle tentative de meurtre contre lui, 244 ; son entreprise sur Bruges, 245 ; assiège Grolle, 246 ; défenseur d'Hulst, 248 et suiv. ; sa victoire à Tournehout, 251 et suiv. ; s'empare d'Alpen et de Rhinberg, 257 ; de Meurs et de Grolle, 258 ; de Bredevoort, 259 ; d'Enschede, 260 ; d'Oldensaal, 261 ; de Lingen, 262 ; nouvelle tentative de meurtre contre lui, 263 ; son dessein sur Rhinberg, 265 ; flatteries à lui adressées par Philippe II, 270 ; ses délégués auprès de don Sébastien de Portugal, 408 ; sa campagne contre Mendoza, amiral d'Aragon, 435 et suiv. ; messages à lui adressés d'Allemagne, 428 ; au camp de Doesbourg, 430 ; retranché à Bommel, 434 ; assiège les forts de Crèvecœur et de Saint-André, 436 ; cité, 438 ; sa campagne en Flandre, 438 ; assiège Nieuport, 439 ; sa victoire à Nieuport, 440 et suiv. ; sa retraite à Ostende, 448 ; à Flessinghe, 449 ; ses propositions à Henri IV, 466.

Nassau (Philippe de), gouverneur de Nimègue, fils de Guillaume le Taciturne et frère de Maurice de Nassau, V, 332 ; VIII, 225, 404, 405 ; IX, 41, 246.

Nassau-Dietz (Ernest-Casimir, comte de), IX, 246, 438, 440 et suiv.

Nasser (Moulay), frère de N., roi de Fez, I, 102.

— (Moulay), fils de Mohammed-el-Ouattas, I, 107.

— (Moulay En-), fils de Ahmed-el-Aaredj, I, 105, 107, 108, 109.

— (Moulay En-), fils de Abdallah - el - Ghalib - bi - Allah, frère de Mohammed-el-Mesloukh, mort en 1596, V, 53 ; IX, 232.

Nasser-ben-Abou-Hassoun, fils d'Abou-Hassoun, I, 108.

Nassuran. Voy. Serap-Chan.

Nathan, personnage biblique, VII, 345.

Naupacte. Voy. Lépante.

Navailles (Jean d'Andouins, sgr de), capitaine catholique, II, 32.

— Voy. Peyre.

Navarin (Grèce), IV, 104, 127.

Navarre (la), I, 244, 256 ; II, 294 ; III, 293 ; V, 176 ; VI, 202.

— (chancelier de). Voy. Calignon.

— (cour de), VI, 175.

— (maison de), V, 351.

— (régiment de), IX, 134, 289.

— (Catherine de Bourbon, princesse de). Voy. Bourbon.

— (le capitaine), capitaine huguenot, V, 192 ; VII, 34.

Navarre espagnole (la), V, 176; VI, 165.
Navarreins (Basses-Pyrénées), III, 92-94, 98.
Navarro (Pedro). Voy. Pedro Navarro.
Navières (N., sgr de), capitaine au service du duc de Bouillon, VIII, 350.
Navillières (Pierre), hérétique limousin supplicié à Lyon, I, 216.
Nawe (Jean), secrétaire de Marie Stuart, VII, 252.
Nazara (duc de), espagnol, IX, 416.
Nazareth (Lot-et-Garonne), IV, 339; VI, 185.
Neel (Guillaume), hérétique supplicié en Normandie, I, 218.
Neerporth (Pays-Bas), VII, 261.
Nègrepelisse(Tarn-et-Garonne), III, 387.
— (Louis de Vèze-Carmain, comte de), capitaine catholique, II, 137, 266; III, 91.
Nègrepont (île de), autrefois Eubie, III, 216; IV, 125.
— (Jean d'Eguerra, bailli de). Voy. Eguerra.
Négy (Haute-Savoie), VII, 89.
Néhémie (livre de), I, 138, 147.
Nemethi ou Nesmet (François), capitaine turc, II, 164.
Nemours (Seine-et-Marne), II, 8; VIII, 216.
— (traité de), VI, 242.
— (Charles-Emmanuel de Savoie, duc de), fils de Jacques de Savoie, duc de Nemours, VII, 190, 303, 393; VIII, 186 et suiv., 195, 245, 250, 312, 320, 339, 344-345; IX, 2, 3, 9, 11, 12, 44, 45, 102, 103, 164.
— (Henri de Savoie, marquis de Saint-Sorlin, puis duc de), après la mort de son frère Charles en 1595, VIII, 94, 169; IX, 9, 102, 197, 308, 336, 339, 372.
— (Jacques de Savoie, duc de), I, 51, 52, 59, 60, 266, 321; II, 70-74, 133-138, 150, 224, 231, 242; III, 23, 64, 80; VII, 116.
Nemours (Anne d'Este, duchesse de). Voy. Guise.
Nérac (Lot-et-Garonne), II, 90, 221; V, 96, 369; VI, 44, 45, 147, 152, 182 et suiv., 190, 276 et suiv.; VII, 47; IX, 305.
Nerestang (Robert de Lignerac, sgr de), lieutenant au gouvernement d'Auvergne, IX, 335.
Neret (Denis), échevin de Paris, IX, 14 et suiv.
Nermont (évêché de Bâle), IV, 368.
Néro (Sébastien), barbier portugais, IX, 410.
Néron (Eure-et-Loir), II, 106.
— empereur romain, I, 228.
Nérondes (Cher), IV, 44.
Nerva ou Narva (Finlande), IV, 147.
Nesde (Pierre Pidoux, sgr de), capitaine huguenot, VI, 7, 16 et suiv., 78 et suiv.; VII, 299; VIII, 236 et suiv.
Nesle (Somme), I, 44, 76.
— (porte de), à Paris, II, 208; III, 327.
— (tour de), à Paris, VIII, 171.
— (Guy de Laval, marquis de), comte de Joigny et de Maillé, vicomte de Brosse, VIII, 64, 193.
Nesmet. Voy. Nemethi.
Nester (fleuve). Voy. Dniester.
Nestré. Voy. Aytré.
Neubourg (Louis de Vieux-Pont, baron du), III, 40; VI, 80. Voy. Vieux-Pont.
Neuchèze. Voy. Batresse.
Neufchâtel (comté de), en Suisse, IX, 299.
— (suisses de), II, 60.
Neufchâtel-en-Bray (Seine-Inférieure), VIII, 155, 258, 265.
Neufville. Voy. Alincourt, Magnac, Villeroy.
Neufvy (Oise), III, 144.
— (Bertrand de Melet de

Fayolles, sgr de), capitaine huguenot, VII, 137, 143, 159, 295.
Neufvy (François de Melet de Fayolles, sgr de), capitaine protestant, frère du précédent, VII, 54 et suiv., 66 et suiv.; VIII, 166 et suiv.
— (Magdeleine de Melet de Fayolles, sgr de), capitaine catholique, VII, 137.
Neuilly (Étienne de), président de la cour des aides de Paris, III, 334; VII, 394; VIII, 25.
Neuman (Jean), hérétique supplicié en Angleterre, I, 219.
Neustadt (Moravie), II, 166.
Neuve (porte), à Paris, VII, 215.
Neuville (la) (Eure-et-Loir), II, 114.
Neuvy (Jean des Barres, sgr de), III, 51.
— (Marie de Barbançon, dame de), femme de Jean des Barres, sgr de Neuvy, III, 151.
Neuvy-sur-Loire (Nièvre), VII, 180.
Neux, « boutefeu » des troupes du prince Maurice de Nassau, VIII, 128.
Nevers (Nièvre), II, 8, 141.
— (évêques de). Voy. Guillaume de Saint-Lazare et Spifame.
— (porte de), à la Charité, III, 67, 84.
— (François Ier de Clèves, duc de), I, 43, 48, 49, 52, 53, 59, 60, 68, 70, 71, 76, 77.
— (François II de Clèves, duc de), fils du précédent, II, 98, 99, 116 et suiv.
— (Henriette de Clèves, duchesse de), fille de François, duc de Nevers, femme de Louis de Gonzague, prince de Mantoue, duc de Nevers, II, 262.
— (Hervé, comte de), au commencement du XIIIe siècle, I, 175, 178.

Nevers (Louis de Gonzague, prince de Mantoue, duc de), lors de la prise d'armes de 1567, II, 259; ses exploits en Mâconnais, 261 et suiv.; blessé à Donzy, 262, 263; rencontre de ses troupes et de celles de Condé, 281; sa visite à Coligny à la veille de la Saint-Barthélemy, III, 309; son rôle à la veille de la Saint-Barthélemy, 311-314; ordonne le massacre des huguenots à la Charité, 344; devant la Rochelle, IV, 7; blessé au siège de cette ville, 18; cité, 27; son hôtel à Paris, 180; fait partie de la suite du duc d'Anjou, roi de Pologne, 194; son entrée à Cracovie, 201; aux États de Blois, V, 136 et suiv., 149, 157; surprend Marseille, VI, 197; aux conférences de Saint-Brice, VII, 60; sa réponse au roi de Navarre, 64; reçoit les ambassadeurs suisses, 184, 185; à la tête de l'armée royale en Poitou, 328, 338, 341; s'empare de Mauléon, 368, 369; de Montaigu, 369-375; assiège la Garnache, 376 et suiv.; informé de l'assassinat du duc de Guise, 399; devant la Garnache, VIII, 11 et suiv.; mandé auprès de Henri III, 13, 14; obtient la capitulation de la Garnache, 16; cité, 24; passe au service de Henri IV, 218; au combat d'Aumale, 257 et suiv.; sa mission à Rome, 344, 366; ses négociations à Mantoue, 376; chargé de la défense de la Picardie, IX, 65; envoie des secours à Cambrai, 73; cité, 82; sa mort, 102; son ambassade à Rome rappelée, 198.
Nevil. Voy. Westmoreland.
Newbury, Nubrie (Angleterre, canton de Berks), I, 222.

TABLE DES MATIÈRES. 261

Newenaar. Voy. Meurs.
Nice (Alpes-Maritimes), VIII, 308, 320.
— (comte de), VIII, 319.
Nicée (symbole de), I, 148; II, 154.
Nicelli (Petro-Francisco), lieutenant de la compagnie du duc de Parme, VIII, 400.
Nicolas (M.), curé d'Anvers, supplicié, I, 204.
— hérétique supplicié en Hainaut, I, 213.
Nicolas l'Ecrivain, hérétique supplicié en Artois, I, 206.
Nicolay (Antoine de), premier président de la cour des comptes, V, 145 et suiv.
Nicolon (près Aden), VII, 241.
Nicopoli (Bulgarie), IX, 218, 227, 388.
Nicosie (Chypre), III, 219 et suiv.; IV, 98.
Nieme (Corneille), ministre réformé, supplicié aux Pays-Bas, III, 257.
Nienoort (Wigboldt de Tuwsum, sgr de), capitaine au service des Pays-Bas, VI, 324 et suiv., 358.
Niesbet (Hugues), capitaine écossais aux Pays-Bas, IX, 441.
Nieul, près la Rochelle (Charente-Inférieure), IV, 7.
Nieullay (fort de), près Calais, I, 73.
Nieulles-Saintes. Voy. Rioux.
Nieuport (Belgique, prov. de la Flandre occidentale), VI, 349, 370; VII, 274; IX, 439 et suiv.
Nievembœgeli (Hollande, prov. de Frise), VI, 360.
Niguele (Espagne), III, 230.
Nil (le), fleuve d'Egypte, I, 100 et suiv.
Nimègue (prov. de Gueldre, Hollande), IV, 152; VI, 360; VII, 255, 256; VIII, 391, 396, 399, 401-402.
Nîmes (Gard), I, 186, 216; II, 138, 195, 213, 258; III, 29, 152 et suiv., 164, 167, 363, 389-391; IV, 35, 47, 48, 52, 57, 166, 168, 170, 183, 222, 359; V, 296; VI, 24, 25; IX, 375.
Ninive (Assyrie), IV, 109.
Ninove (Belgique, prov. de Flandre orientale), VI, 342.
Niocastro ou Passeva (Morée), IX, 401.
Niort (Deux-Sèvres), III, 22, 39, 42, 75 et suiv., 129, 130, 133, 134, 137, 187, 199, 379; IV, 254, 357, 377; V, 129, 130; VI, 221, 321; VII, 15, 17, 19, 40, 67, 162, 294, 336; VIII, 1 et suiv., 33, 137, 240; IX, 376.
Nischanzin, fonctionnaire turc exerçant les fonctions de chancelier, VI, 100.
Nise (François), hérétique supplicié aux Pays-Bas, III, 258.
Nivaudière (N., sgr de), VI, 30, 34, 35, 38, 40, 85 et suiv., 214.
Nivelles (Belgique, prov. de Brabant méridional), VI, 143.
Nivernais (prov. du), III, 173; IX, 322.
— (forges de), IX, 322.
Nivet (Sanctin), hérétique de Meaux, supplicié, I, 213.
Noailles (François de), évêque de Dax, III, 361; IV, 67 n., 124.
— (Gilles de), frère et coadjuteur de François de Noailles, IV, 67, 69.
Noarion, colonel italien, IX, 224.
Nocle. Voy. Beauvais-la-Nocle.
Nœgeli (N.), avoyer de Berne, IV, 368.
— (Benoît), fils du précédent, officier dans l'armée impériale en Hongrie, IV, 368.
Nogaret (Antoinette de), femme de Guyot de la Valette, sgr de Cornusson, V, 352 n.
— Voy. La Valette, Saint-Pierre-de-Nogaret.

Nogaro (Gers), VII, 354, 355.
Nogent-sur-Seine (Aube), II, 255.
Nograde (voïvode de), en Hongrie, IX, 203.
Noircarmes (Philippe de Sainte-Aldegonde, sgr de), commandeur d'Alcantara, grand bailli et capitaine de Saint-Omer, capitaine général du Hainaut, II, 347, 350, 352; IV, 79.
— Voy. Selles.
Noire-Combe, Mingre-Combe, (Ain, comm. de Forens), IX, 346.
Noirmoutiers (île de), VII, 337, 342.
— (Charlotte de Beaune-Semblançay, dame de). Voy. Beaune-Semblançay.
Noisay (château de) (Indre-et-Loire), I, 265-267.
— (N., Raunay, sgr de), capitaine au service du roi de Navarre, I, 266, 268.
Noisy (Seine), V, 94.
Noizé (N., sgr de), capitaine huguenot, VII, 289; VIII, 64.
Nombres (livre des), I, 138, 146.
Nombre-de-Dios (Mexique), I, 115; VII, 247.
Nompar. Voy. Lauzun.
Nonancourt (Eure), VIII, 181, 183.
Nonnains (abbaye des) (Seine-Inférieure), VIII, 265.
Nontron (Dordogne), III, 69.
Noord-Holland (pays et prov. de), V, 61.
Norfolk (Rogier de), hérétique supplicié en Ecosse, I, 211.
— (Thomas Howard, duc de), III, 252-254; IV, 141, 142; VI, 133; VII, 251.
Normand (François), dit Puygrelier, maire d'Angoulême, VII, 306 et suiv., 310.
— (N.), frère du précédent, VII, 310.
— ou Le Normand (Jacques Brethin, sgr du Courdault, dit le capitaine), II, 286; III, 191, 377, 382; IV, 12, 15, 204.
Normandie, départ de colons pour le Brésil, I, 118; supplice d'Alexandre Canus, originaire de cette province, 206; prédiction de l'hérétique Constantin relative à cette province, 209; patrie des hérétiques Guillaume Neel et Denis le Vair, 218; martyrs de la réforme originaires de cette province, 223, 225, 226; organisation du parti réformé, 261; mission de l'amiral de Coligny, 273; débuts de la réforme, 289; guerre religieuse, II, 75; succès de la réforme, 80; François de Civile, député de cette province aux synodes protestants, 88; départ de Coligny d'Orléans pour cette province, 121; troupes expédiées par le duc de Guise contre Coligny, 122; mission de Poltrot de Méré, 131; succès des réformés, 139 et suiv., 183; secours à eux envoyés, 235; difficultés des communications avec Paris, 237; envoi de troupes de secours aux réformés de l'Orléanais, III, 89; la Saint-Barthélemy, 349; expédition de Mongommery, IV, 222; prise d'armes des huguenots, 225, 226; guerre civile, 238 et suiv.; départ de troupes pour le Poitou, 285; conduite de Fervaques dans cette province, 388; citée, V, 104; prêches interdits, 110; traversée par d'Aubigné, 118; accepte sans restriction la rupture de « l'édit de Monsieur », 170; observe le traité de Bergerac, 368; formation d'une armée de secours pour Oléron, VII, 25; séjour d'Aymar de Chastes, 66; manœu-

TABLE DES MATIÈRES. 263

vres du comte de Soissons, 130; insuccès du duc d'Epernon, 227; campagne du duc de Montpensier, VIII, 46; objectif du duc de Mayenne, 55; levées de troupes pour le roi, 67; objectif de Henri IV, 153; nouvelles qu'il y reçoit, 181; prise de Caudebec et Harfleur, 219; menacée par le duc de Mayenne, 225; hostilités dont elle est le théâtre, 271 et suiv.; citée, 280.

Normandie (gouvernement de), V, 7.
— (gouverneur de). Voy. La Mark (Henri-Robert de).
— (N., sgr de), capitaine huguenot, V, 226.

Normands, II, 100; III, 62, 327; VI, 322; VIII, 251 et suiv.

Norris (Edouard), gouverneur d'Ostende, VIII, 398.
— (Henri de), capitaine anglais, frère de Jean Norris, VIII, 294.
— (Jean), colonel général de l'infanterie anglaise au service des Etats généraux aux Pays-Bas, VI, 325, 339-341; VII, 254, 267, 274; VIII, 294 n., 399; IX, 239 et suiv.

Nort (Odet de), ministre réformé, III, 383; IV, 24; V, 112, 161; VII, 14.

Northumberland (John Dudley, comte de), I, 40.
— (Thomas de Percy, comte de), III, 253, 254; VI, 133.

Norwège, II, 363.

Norwich (Angleterre, comté de Norfolk), I, 203; III, 264.

Norys (Thomas), hérétique supplicié à Norwich (Angleterre), I, 203.

Nostradamus (Michel de Nostredame, dit), célèbre astrologue, II, 137; IV, 109, 272.
— (Michel), dit le Jeune, fils de Michel Nostradamus, IV, 272.

Notre-Dame (église), à Aix, VIII, 310.
— (église), à Paris, I, 205; III, 302; IX, 18.
— (pont), à Paris, VII, 212 et suiv.
— (temple de), à Pontoise, VIII, 68.

Notre-Dame-de-Cléry (Loiret), VII, 387.

Notre-Dame-de-Halle, près Bruxelles (Belgique), IX, 268.

Notre-Dame-de-la-Garde, à Marseille, IX, 116.

Notre-Dame-de-la-Gorge (Dauphiné), IX, 332.

Notre-Dame-de-la-Rose, vaisseau de l'*Invincible Armada*, VIII, 118.

Nouan-sur-Loire (Loir-et-Cher), VI, 264.

Noue (fort de la), à la Rochelle, III, 381.

Noussière (N., sgr de), lieutenant criminel, à Poitiers, VIII, 31.

Nouvelle-Zemble (la), IX, 245.

Nova (Battista de), capitaine espagnol, IX, 442 et suiv.

Novigrad (Hongrie, comitat de Gran), VIII, 370, 373.

Novogorod-Véliki (Russie), I, 121; V, 76.

Noyelles. Voy. Bours.

Noyen-sur-Seine (Seine-et-Marne), IV, 387; VII, 395.

Noyers (Yonne), III, 2, 5, 6, 26, 147.

Noyon (Oise), I, 72; VIII, 222 et suiv.; IX, 9.

Nuaillé (Charente-Inférieure), III, 182; IV, 297, 332; V, 219; VII, 53, 125; VIII, 60, 240.

Nubrie. Voy. peut-être Newbury.

Nueil (N., sgr de), capitaine huguenot, VII, 202, 203.

Nuits (Côte-d'Or), V, 17; IX, 52.

Numidie, I, 103, 105.

Nunez (Vasco). Voy. Balboa.

Nüremberg (Allemagne), I, 28; IX, 399.
Nutzel (Charles), agent de l'empereur aux Pays-Bas, IX, 256, 430.
Nuys (électorat de Cologne), VI, 295, 296; VII, 256-262.
Nyir-Bator (Hongrie, comitat de Szabolcs), II, 165.
Nyon (Suisse, canton de Vaud), VII, 229.
Nyons (Drôme), IV, 205, 207; V, 79.

O

O (François d'), sgr de Fresnes, Maillebois, gouverneur de Paris et de l'Ile-de-France, lieutenant général en Normandie, IV, 382 et suiv.; VII, 208, 219; VIII, 45, 80 et suiv., 152, 164, 211, 220, 264, 314, 333 et suiv.; IX, 18, 61, 288.
O (René d'), sgr de Fresnes, VI, 255.
O. Voy. Manon.
O-Arad (Hongrie, comitat d'Arad), IX, 209.
Oarcez (Martin de), capitaine espagnol aux Pays-Bas, V, 62.
Oatacides ou Beni-Oatas (dynastie des), au Maroc, I, 101.
Oatazènes (les). Voy. Oatacides (les).
Observantins, religieux embarqués sur l'*Invincible Armada*, VII, 243.
Ochali. Voy. Ulucialli.
Oder, fleuve d'Allemagne, IV, 199.
Odescalco (Paolo), évêque de Penna, IV, 112 et suiv.
Odevous (N.), réformé, conseil donné par lui à Henri IV, IX, 361.
O'Donnel, noble irlandais, VIII, 389.
Odoux. Voy. Audou.
Œcolampade (Jean), I, 195.
Ogilvy, IV, 139.
Ognier (Robert), l'un des quatre martyrs de Lille, I, 222, 223.
— (Baudichon), fils ainé du précédent, I, 222, 223.
— (Martin), second fils de Robert et de N., sa femme, I, 222, 223.
— (N.), femme de Robert, I, 222, 223.
Oignon (Artus de la Fontaine, baron d'), chevalier de l'ordre du roi, maître d'hôtel ordinaire de Henri III, V, 137.
Oims. Voy. Wemys.
Oiré (tour d'). Voy. Tour-d'Oiré (la).
Oiron (Deux-Sèvres), III, 22.
— Voy. Roannez.
Oise (rivière), VIII, 69, 211; IX, 100, 105.
Oiseau (François), ministre réformé, IX, 84.
Oisel (Henri Clutin, sgr d'), ambassadeur en Allemagne, II, 97, 144, 291.
Oison (la porte), à Sancerre, IV, 39, 41.
Oldcastel (Jean), martyr albigeois, I, 203.
Oldehorne (Frise), VI, 235.
Oldenbourg (Allemagne), IX, 430.
— (Antoine, comte d'), I, 357, 358.
— (Christophe, comte d'), I, 357.
— (Jean-Maurice d'), troisième fils de Christian III, roi de Danemark, I, 358.
Oldensaal (Hollande, prov. d'Over-Yssel), IX, 260-261.
Oldenziel. Voy. Oldensaal.
Oléron (île d'), III, 93, 181, 197; IV, 353; V, 256, 266, 274 et suiv., 287; VI, 234, 275; VII, 12, 22 et suiv., 31, 50 et suiv., 344; IX, 148, 452.
Olias, médecin de Tolède appelé auprès de Philippe II, IX, 414.

Olika (Nicolas-Christophe Radziwil, duc d'), IV, 71.
Olivarès (Henri de Guzman, comte d'), vice-roi de Naples, VIII, 317 et suiv., 365; IX, 168.
Olivença (Espagne, prov. d'Estramadure), autrefois en Portugal, VI, 129.
Olivet (Loiret, arr. et cant. d'Orléans), II, 123, 142.
Olivier (François), chancelier de France, I, 230, 242, 269; IX, 286.
Ollivier (Antoine), peintre originaire de Hainaut, IV, 77.
Olotocara, chef sauvage au Brésil, III, 247, 248.
Olstoc (Christophe), contrôleur de la marine anglaise, IV, 22.
Ombrie (Italie), II, 322; IV, 128.
Omédès (Jean), grand maître de l'ordre de Malte, I, 113, 114.
Ommelandes (pays plat) de Groningue (Hollande), VI, 137, 325..
O'Neil (Hugues), neveu et successeur de Jean O'Neil, II, 364; III, 249; VIII, 389; IX, 239.
— (Jean), roi d'Irlande, II, 363, 364.
Onoux. Voy. Aunoux.
Onvizze (?), rivière de Croatie, IX, 107.
Onzain (Loir-et-Cher), II, 145.
Oom d'Anvers, hérétique supplicié en Flandre, II, 182.
Oosterport (Hollande, prov. de Groningue), IX, 242.
Ootmarsum (Hollande, prov. d'Over-Yssel), VIII, 103, 408; IX, 261.
Oporto, Porto (Portugal), VI, 311, 312.
Oppède (Jean de Maynier, baron d'), premier président au parlement de Provence, I, 210, 229.
Oppenheim (Fosserus d'), ministre réformé aux Pays-Bas, VII, 262.
Opslach (Hollande, prov. de Groningue), VIII, 399.
Oraison (Antoine d'), vicomte de Cadenet, gentilhomme de la chambre, capitaine de gens d'armes, II, 110, 118.
— (François de Cadenet, vicomte d'), capitaine huguenot, IV, 284.
Orange (Vaucluse), II, 51-54, 56, 58, 60, 135, 213; III, 171, 276; V, 205, 221, 362.
— (Guillaume de Nassau, prince d'), dit le Taciturne; son grand-père, I, 55; négociateur de la paix entre l'Angleterre et la France, 80; otage de l'Espagne lors de la paix de Cateau-Cambrésis, 128; ses plaintes à Philippe II contre le cardinal Granvelle, II, 339; son rôle dans la révolte des Pays-Bas, 344-346, 349; déclaré criminel de lèse-majesté, 354; passe en Picardie, III, 61; le cardinal de Lorraine s'oppose à ses menées, 62; rejoint le duc de Deux-Ponts à Jussy, 63; cité, 64; au combat de la Roche-Abeille, 71 et suiv.; gagne Montbéliard, 113; lève des troupes en Allemagne, 208, 209; son hésitation à entrer en France ou en Luxembourg, 210; passe la Meuse pour attaquer le duc d'Albe, 211 et suiv.; compris dans le traité de Saint-Germain, 269; secours demandés en son nom en France, 274; épouse Charlotte de Bourbon, ex-abbesse de Jouarre, 285-286; ses rapports avec Monsieur, 299; en lutte avec le duc d'Albe, IV, 79 et suiv.; s'empare de Ruremonde, 82; de Louvain, Termonde, Oudenarde, 83; sa rencontre avec le duc d'Albe sous les murs de Pé-

266 HISTOIRE UNIVERSELLE.

ronne, près Mons, 84; son échec à Frameries, 85; ses succès en Hainaut, 148; son passage à Malines, 149; devant Haarlem, 155; devant Amsterdam, 160; ses négociations avec Catherine de Médicis, 187; son premier conseiller, Philippe de Sainte-Aldegonde, V, 64; met à profit la révolte des Espagnols à Anvers, 67; cité, 69; troupes françaises à son service, 70; s'empare de Crimpen, 71; passe en Hollande, 72; accord entre lui et les Flamands, 74; bulle de Grégoire XIII contre lui, 312; ambassade des Rochelais vers lui, 317; troupes françaises à son service, 329; succès de ses partisans, 330 et suiv.; détention de son fils Philippe en Espagne, 332; rival de don Juan d'Autriche, 334; son entrevue avec le prince de Condé à Anvers, VI, 92; proclamé gouverneur de Brabant, 136; nommé lieutenant général de Mathias, archiduc d'Autriche, 138; défection dans son parti, 140; ses rapports avec le duc d'Anjou, 191; son assassinat mentionné, 203; projets de Salcède contre lui, dévoilés, 289; donations par lui faites à son fils Maurice, 324; son message au duc d'Anjou, 330; offre sa démission de gouverneur général, 332; rejoint en Flandre par le duc d'Anjou, 333 et suiv.; attentat contre lui, 335, 336; en marche sur Bruges, 338; averti de l'entreprise du duc d'Anjou sur Anvers, 343; son rôle pendant cette journée, 345; essai de réconciliation entre le duc d'Anjou et lui, 346-347; attentats contre lui, 348; fortifie Ostende, 349; se retire en Zélande, 350; assassiné, 353, 354, son éloge, 369; son assassinat rappelé, VIII, 74.

Orange (Louise de Coligny, princesse d'), 4ᵉ femme du prince d'Orange, III, 319, 320; VI, 354.

— (évêque d'). Voy. La Chambre (Philippe de).

— (principauté d'), III, 213.

Orbais (Nicolas de la Croix, abbé d'), chargé de mission en Suisse, II, 210.

Orbassano (Piémont), IX, 168.

Orbitello (Italie, prov. de Toscane), IX, 338, 411, 467.

Orcan, fils de Bajazet et petit-fils de Soliman Iᵉʳ, I, 337.

Orcières. Voy. Champoléon.

Ordam (Frise), VI, 358.

Ordep (N., baron d'), VIII, 371; IX, 213, 214, 220, 221, 225, 226, 391.

Ordingen (Etats prussiens), VI, 295.

Oreille (pont d'), en Dauphiné, IV, 278, 279.

Orejon (Roderigo), gouverneur de Valenciennes, V, 329.

Orgiva (Espagne, prov. de Grenade), III, 230, 232, 236, 240.

Oriol (N., sgr d'), capitaine protestant, III, 136.

Orléanais, II, 121.

Orléans (Loiret), patrie de l'hérétique Paul Musnier, I, 218; objectif d'une entreprise des Bourbons, 280; arrivée de François II, 290; promulgation de l'édit de 1560, 291; réception du roi de Navarre et du prince de Condé, 293; occupé par le connétable de Montmorency, 299; réunion des Etats généraux, 303 et suiv.; mort du marquis de Beaupréau, 307; prise d'armes des protestants, II, 13 et suiv.; menées du prince de Condé, 15; occupé par les protestants, 16; lettres envoyées par les protestants de cette ville aux églises de France, 18; transformation en arsenal du couvent des Cordeliers, 20; reliquaires envoyés à la monnaie, 22; décret du parlement de Paris enjoignant de courir sus aux protestants de cette ville, 23; départ du vicomte d'Arpajon, 24; députation du baron de Lanta dans cette ville par les religionnaires de Toulouse, 25; délibération des chefs du parti réformé, 35; objectif du prince de Condé, 37; fortifié par les réformés, 42; retraite de Duras et du comte de la Rochefoucauld, 45; départ de Poncenat pour Lyon, 50; envoi de troupes au siège de Bourges, 75; objectif des troupes royales après la prise de Bourges, 79, 90 et suiv.; objectif de l'armée de Duras, 96; trophées de la bataille de Dreux dirigés sur cette ville, 120; objectif du duc de Guise, 121 et suiv.; assiégé par le duc de Guise, 123 et suiv.; réception de nouvelles de la guerre de Gascogne, 128, 131; continuation du siège, 139 et suiv.; entrevue sous ses murs de Catherine de Médicis et de Condé, 146; conférences entre protestants et catholiques, 147; arrivée de Coligny, 183; condamnés à mort, réhabilités, 194; mission de la Noue, 236; repris aux catholiques par la Noue, 236; difficultés des communications avec Paris, 237; retour des troupes du comte de la Rochefoucauld, 254; ses troupes au siège de Blois, 274; massacre des réformés, III, 3, 85 et suiv., 88; curieux accouchement d'une femme de cette ville, 90; mort de l'amirale de Coligny, 280; massacres des réformés rappelés, 298; la Saint-Barthélemy, 343; conditions imposées aux huguenots convertis, 353; chaire d'hébreu occupée par Béroalde, 395; passage de Henri d'Anjou, roi de Pologne, IV, 176; manœuvres de Crillon, Brichanteau, Martinengo autour de cette ville, 19; escarmouche aux portes de la ville entre une petite troupe menée par d'Aubigné et un parti de catholiques, 21; conférence entre Villeroy, don Juan d'Autriche et le cardinal Aldobrandini, 116; accepte la « rupture » du traité de Monsieur, 170; les Etats tenus dans cette ville en 1560 rappelés, 124, 149; avis des députés de cette ville aux Etats de Blois, 182; cité, 269; maison de d'Aubigné près cette ville, 371; objectif des ligueurs, VI, 265; opération chirurgicale qu'y subit d'Aubigné, VII, 21; lettre du gouverneur aux ligueurs de la ville, 216; se déclare pour la Ligue, 227; lettre du duc de Guise à son gouverneur, 228; cité, 249; arrivée de Rossieux, secrétaire du duc de Mayenne, 395; mission du chevalier Breton, capitaine piémontais, VIII, 23; menacé par le maréchal d'Aumont, 24; son exemple suivi par Angers, 26; expulsion de M. d'Entragues, 42; sa cavalerie attaque le roi de Navarre, 62; expulsion du maréchal d'Aumont, 64; cité, 65; ville natale de Pierre Barrière, 354; sa soumission à Henri IV, IX, 3, 7; passage de Henri IV, 272.

Orléans (forêt d'), V, 23.
— (Louis d'), avocat ligueur, V, 196, 200.
— Voy. Condé, Longueville, Saint-Pol.

Ormuz, sur le golfe Persique,

I, 116; VII, 240; VIII, 111 et suiv.
Ornano (Alfonso Corso d'), fils de Sampiero Corso, II, 293; IV, 307 et suiv.; VI, 281; VII, 89 et suiv., 171 et suiv.; VIII, 217, 317, 320; IX, 10 et suiv., 46, 135 et suiv., 164.
— (Vannina d'), femme de Sampiero Corso, II, 291, 292.
Oroffan, bacha de Bude, II, 299, 300, 302.
Orose (N. d'Urfé, sgr d'), capitaine protestant, III, 27.
Orpierre (Hautes-Alpes), I, 286; II, 62; IV, 61, 206.
Ors (Charente-Inférieure, comm. du Château-d'Oléron), VII, 57 et suiv., 112.
Orsini (famille des), I, 61, 62; IX, 300.
Orsino (Giordano), chef des troupes françaises en Corse, I, 58.
Orsoy (Prusse), VII, 263; IX, 424, 426.
Ort (Jean-François de l'). Voy. Sérignan.
Orthe (Adrien d'Aspremont, vicomte d'). I, 301; III, 354; V, 252, 253.
Orthez (Basses-Pyrénées), III, 93 et suiv., 363.
Orves (Jean de), hérétique supplicié en France, I, 227.
Osarin, chef moresque, VI, 113 et suiv.
Osasco, Auzasque (Italie, prov. de Turin), IX, 166.
Osée (le livre d'), I, 138, 147.
Osman pacha, gouverneur de Géorgie, V, 320 et suiv.; VI, 97, 296 et suiv.; VII, 233.
Osorio (Alvarez), gouverneur de la Fère, IX, 100, 105.
— (Alvarez de Manriquez, comte), capitaine espagnol, III, 256.
Osphane, lieutenant de M. de Faudoas, VII, 361.
Ossat (Arnaud d'), cardinal, IX, 60, 230.

Ossonville. Voy. Haussonville.
Ossun (Pierre, baron d'), gentilhomme de la chambre, maréchal de camp, II, 118, 120.
Ossuna (Pedro Giron, duc d'), marquis de Pennafiel, VI, 126, 129, 307.
Ostende (Belgique, prov. de Flandre occidentale), IV, 92; VI, 349; VII, 269, 271, 272; VIII, 397, 398; IX, 447 et suiv.
— (Jean d'), dit Tromken, hérétique supplicié aux Pays-Bas, I, 216.
Osterland (pays d'), en Saxe, VII, 264.
Ostfrise (N., comte d'), capitaine de reitres, à Ivry, VIII, 192.
Ostie (Italie, États romains), I, 63, 64; IV, 128.
Oswald, fils du comte de Berghen, VII, 257.
Otella (Sébastien d'), capitaine espagnol aux Pays-Bas, IX, 447.
Otho (Arnauld), albigeois à la conférence de Montréal en 1206, I, 175.
Othon, empereur romain, VII, 161.
Othon-Henri de Bavière, électeur palatin, I, 124.
Otrante, Hydronte (Apulie), III, 219.
Otteuil (Mathieu d'), capitaine de troupes espagnoles aux Pays-Bas, IX, 447.
Ottignies (François Richardot, sgr de Lombecke et d'), capitaine de troupes espagnoles aux Pays-Bas, IX, 446.
Ottomans, I, 335; IX, 386.
Ouarti. Voy. Warty.
Ouches (Deux-Sèvres, comm. de Bougon), VI, 78.
— (N., sgr des), capitaine huguenot, VI, 79 et suiv., 214 et suiv., 251 et suiv.; VII, 34.

TABLE DES MATIÈRES.

Oudenarde (Belgique, prov. de Flandre orientale), VI, 337.
Oudenborg (Belgique, prov. de Flandre occidentale), VIII, 397; IX, 439 et suiv.
Oudewater (Hollande, prov. d'Over-Yssel), V, 70.
Oully (Claude de la Jaille, baron d'), IV, 239 et suiv.
Oulières (les) (Vendée), VI, 80.
Ourches (Rostaing d'Eurre, sgr d'), IV, 281.
Outina, cacique de Floride, II, 329.
Outreau (Pas-de-Calais) (traité d'), I, 39.
Ovates (Suisse), VIII, 98, 99.
Over-Yssel (Hollande), IX, 254, 261.
Oxford (Angleterre), I, 207.
Oynfils. Voy. Wingfield.
Ozillac (Charente-Inférieure), III, 186.

P

Pacheco (Pedro), ou Pedro de Pas, capitaine espagnol, VI, 342.
Pachine. Voy. Pozzallo.
Pacota (Dacie), II, 165, 166.
Padilla (Antonio de), capitaine espagnol, VIII, 400.
— (Christophe de), hérétique supplicié à Valladolid, I, 348.
— (Pedro de), maréchal de camp espagnol, III, 236; VI, 361.
Padoue (Italie), IX, 197, 199, 407, 408.
Paffo (évêque de). Voy. Contarini (Francesco).
Pagès (Hérail). Voy. Porcairès.
Paglia (Antonio della), dit Aonius Palearius, érudit supplicié à Rome, II, 326.
Paigna (ordre del), ordre espagnol, VII, 244.
Paillerie (Guillaume Pelletier, dit), capitaine catholique, III, 79, 81.
Paillez (le capitaine), capitaine huguenot, VI, 87 et suiv.
Paintre (Jean), hérétique supplicié en Angleterre, I, 208.
Palais (île du), à Paris, III, 287.
Palaiseau (Seine-et-Oise), II, 105; V, 85; VII, 218.
— (Jacques de Harville, sgr de), V, 269.
Palatinat (le), IV, 108.
— (maréchal du). Voy. Falkenrod (Wolfgang).
Palatin (comte). Voy. Frédéric III, Frédéric IV, Louis VI, Othon-Henri.
Palearius (Aonius). Voy. Paglia.
Palencia (Espagne, prov. de Vieille-Castille), II, 173.
Palerme (Sicile), IV, 124.
Palestrina (Etats de l'Eglise), autrefois Préneste, I, 63.
Palet (porte du), à Angoulême, V, 88.
Palfi, capitaine italien au siège de Javarin, IX, 387.
Paliano (Jean Carafa, comte de Montorio et duc de), neveu de Paul IV, frère du cardinal Carafa, I, 63, 64.
Palisse (la) (Charente-Inférieure), V, 271.
Palissy (Bernard), VIII, 151.
Pallant. Voy. Cullembourg.
Pallavicini (César-Sforza), capitaine italien, I, 93, 94, 99.
Palluau (Henry de Buade, sgr et baron de), VIII, 13 et suiv.
Palma-Cayet (Pierre-Victor), ministre protestant, historiographe de France, IX, 79.
Palmer (Asken), hérétique supplicié en Angleterre, I, 222.
— (Julius), hérétique supplicié en Angleterre, I, 222.
Palmier (Nicolas de). Voy. Mauroy.
Palotta, près Javarin (Hongrie), II, 300; VIII, 369; IX, 388.
Palus (Ursin), gouverneur de la

tour de Bourges, III, 154 et suiv., 181.
Palus (Guillaume), frère du précédent, III, 154 et suiv., 345, 346.
Palustre (Jean), maire de Poitiers, VIII, 31.
Pamiers (Ariège), I, 174, 181; II, 205, 226, 227.
— (Augustins de), II, 226.
— (évêque de), en 1207, I, 175. (Erreur de d'Aubigné, la création de l'évêché de Pamiers ne datant que de la fin du xiiie siècle.)
Pampelune (Espagne), I, 34, 35; II, 172; VI, 165.
Pampron. Voy. Pamproux.
Pamproux (Deux-Sèvres), III, 35.
Panama (Amérique), I, 114.
Panat (Jean de Castelpers, vicomte de), capitaine protestant, III, 28, 388.
Panerte (Hongrie), IX, 209.
Panier (Paris), hérétique supplicié à Salins, I, 218.
— (Pierre), capitaine de Maurice de Nassau, IX, 443 et suiv.
Panigarola (Francesco), cordelier, évêque d'Asti, I, 164; VIII, 196.
Panissaut (N., sgr de), capitaine huguenot, IV, 309, 310.
Panne (Pierre), d'Ypres, assassin du prince Maurice, IX, 263.
Pannonie (prov. de), I, 91, 98, 99, 345; II, 299.
Panssières (N., sgr de), capitaine huguenot, III, 146.
Pantaléon, confident du roi Sébastien de Portugal, IX, 407.
Pantan (Jacques), hérétique supplicié en Flandre, III, 257.
Pantellaria. Voy. Pentellaria.
Papa (Hongrie), VIII, 371, 373; IX, 385, 388, 394.
Pape (le), souverain ecclésiastique, I, 143, 144; II, 290.
Pape. Voy. Saint-Auban.
Paphos. Voy. Baffo.
Papper (Elisabeth), hérétique suppliciée à Strafford, I, 222.
Parabère (Jean de Beaudéan, sgr de), frère du suivant, gouverneur de Niort et lieutenant de roi en Poitou, V, 355; VII, 150 et suiv.; VIII, 2, 6 et suiv., 209 et suiv.; 213 et suiv., 217, 219 et suiv., 223 et suiv., 232, 236 et suiv., IX, 30 et suiv., 40, 303.
— (Pierre de Beaudéan, sgr de), gouverneur de Beaucaire, V, 353-355.
Paraclet (Jeanne Chabot, abbesse du). Voy. Chabot (Jeanne).
Paralipomènes, livres de l'Ancien Testament, I, 138, 147.
Parasol (le capitaine), huguenot, III, 136 et suiv.
Parc (Guy du). Voy. Ingrande.
Pardaillan (François de Ségur, sgr, puis baron de), frère de Jean de Ségur, baron de Pardaillan, III, 327, 373; V, 196, 199-201, 207, 235; VI, 176, 286.
— (Jean de Ségur, baron de), capitaine au service du roi de Navarre, II, 253, 284; III, 312, 324.
— (Le Bruch de), capitaine huguenot, II, 93, 130.
Pardiac (Bernard de Léaumont, baron de), cité à tort t. III, p. 97, pour Pordiac. Voy. ce mot.
Pardo (Joan de), capitaine espagnol, IX, 447.
— (Pierre de), capitaine espagnol, IV, 125.
Pardieu (Valentin de). Voy. La Mothe.
Paré (Ambroise), chirurgien, III, 307.
Parent (le moulin), près Poitiers, III, 104.
Parenteau (le secrétaire), II, 89.

Pariolo, soldat de la compagnie de d'Aubigné, VII, 58.

Paris, consterné à la nouvelle de la défaite de Saint-Quentin, I, 70; synode des églises réformées de 1559, 146; arrivée de Simon de Montfort, 186; supplice d'hérétiques, 206; placards luthériens affichés sur les murs, 207; supplice d'hérétiques, 207, 208, 212, 213, 215; entrée du roi Henri II, 213; assemblées d'hérétiques découvertes, 225, 226, 235; voyage du roi de Navarre décidé, 244; faits monstrueux dont sont accusés les réformés, 248; prétendu complot de Robert Stuart, 254, 255; exécutions et supplices, 255, 276; entreprise projetée du parti réformé sur cette ville, 280; tumulte de Saint-Médard, 322; passage de Marie Stuart à son retour en Ecosse, 355; départ de Condé, II, 10; arrivée du duc de Guise, 10; marche de Charles IX vers cette ville, 14; arrivée de Condé en vue de cette ville; 15; prêches réformés, 17; entrée de Charles IX, 18; préparatifs de siège par les réformés, 97 et suiv.; objectif des réformés, 100, 101; plan du siège, 102 et suiv.; marche d'une armée de secours sur cette ville, 104; levée du siège, 104 et suiv.; enseignes prises à Dreux envoyées dans cette ville, 119; supplice de Poltrot de Méré, 144; séjour d'Ignace de Loyola, 173; établissement des Jésuites, 176; proscription du culte réformé dans la ville et la vicomté, 187; ordonnance de majorité du roi envoyée de Rouen, 202; arrivée de Charles IX et de Catherine de Médicis, 204; livré aux factions politiques, 204; duel de Chastellier et de Charry, 208; départ de Charles IX pour Bayonne, 209; chant du *Te Deum* en l'honneur de la paix avec l'Angleterre, 210; entrée du cardinal de Lorraine et du duc d'Aumale, 215; leur départ, 217; conférence religieuse entre Simon Vigor, Claude de Saintes, Jean de L'Espine et Hugues Sureau, 225; arrivée de Charles IX, 231, 232; le cardinal de Lorraine ne l'y suit pas, 233; influence exercée par les Guises, 233; menacé par les réformés, 234; entrée des troupes de secours commandées par Strozzi, 239; ses faubourgs théâtre de la bataille de Saint-Denis, 248; objectif du prince de Condé, 280; émoi causé par l'assemblée des réformés de Montargis, III, 87; exécution d'hérétiques, 278; séjour du duc d'Anjou et de Catherine de Médicis, 286; retour de la cour de Saint-Cloud, 287; arrivée de Jeanne d'Albret, 288; conclusion du mariage de Henri de Navarre, 288; mort de Jeanne d'Albret, 290; arrivée de Coligny, 296; arrivée du roi de Navarre et du prince de Condé, 300; la Saint-Barthélemy, 313 et suiv.; abjuration imposée aux réformés, 358; massacres faits dans cette ville blâmés par les Rochelais, 368; entrevue de La Noue et de Gondi, 374, 375; voyage du comte de Worcester, IV, 5; arrivée du cardinal des Ursins, 90; cité dans la paix de la Rochelle, 172; entrée de Henri, roi de Pologne, 176; réception des ambassadeurs polonais, 178; départ d'ambassadeurs pour la Pologne, 182;

rappel des voyages de Jeanne d'Albret en cette ville, 191; départ de Fervaques, 244; projet d'y amener Mongonmery prisonnier, 248; entrée de Matignon avec son prisonnier Mongonmery, 250; passage de députés rochelais envoyés à Lyon, 303; retour des députés réformés envoyés en Allemagne, 361; requête des huguenots touchant les massacres commis en cette ville, 362; fuite du roi de Navarre, V, 7 et suiv.; cité, 21; mouvements de troupes catholiques entre cette ville et Etampes, 22; conclusion du traité de Monsieur, 78; imposition infligée à cette ville, 80, 81; expulsion de ministres réformés, 94; conférence du duc de Guise, de don Juan d'Autriche et du cardinal Aldobrandini, 116; voyage de d'Aubigné, 118; publication de lettres-patentes pour la convocation des Etats de Blois, 135; commissaires envoyés de cette ville pour la vente des biens des réformés de Saintonge, 267; droits enlevés aux protestants dans cette ville et sa banlieue, 339; processions organisées par Henri III dans les rues de cette ville, 344; incendie du couvent des Cordeliers, 350; cité, 351; nouvelle de la prise de la Fère par Condé, VI, 50; cité, 71, 95; départ de Marguerite, reine de Navarre, 170; objectif du duc de Guise, 199; publication de l'Edit de juillet 1585 mentionnée, 265; ses faubourgs, retraite de huguenots, 266; exécution de Salcède, 290; projet d'entrevue de Henri III et de Monsieur, 292; retour des Français prisonniers à Anvers, 348; arrivée de Catherine de Médicis, VII, 68; manœuvres du duc de Guise, 125; crédit du duc de Joyeuse, 133; journée des Barricades, 207 et suiv.; entrée du duc de Guise, 210; entrée des Suisses commandés par Biron, 212; départ de Henri III, 215; au pouvoir du duc de Guise, 216 et suiv.; requête de ses députés au roi, 219; triomphe de la Ligue, 226; criminels mis en liberté, 302; entrée du duc de Mayenne, VIII, 25; après l'assassinat des Guises, 35 et suiv.; menacé par les royalistes, 50; convocation des Etats de la Ligue, 55; retour du duc de Mayenne, 57; nouvelles qui y sont apportées du duc de Soissons, 58; nouvelles de l'arrivée des Espagnols, 60; objectif du roi de Navarre, 65; lassitude des ligueurs, 66; assiégé par Henri III, 70 et suiv.; cité, 86; émotion causée par la mort de Henri III, 88 et suiv.; les Seize, 150; enthousiasme excité par la campagne de Mayenne contre Henri IV, 156; message de Mayenne, 164; prise de ses faubourgs par Henri IV, 170 et suiv.; arrivée de Mayenne, 180; assiégé par Henri IV, 194 et suiv.; son approvisionnement empêché, 216; mouvement en faveur de Henri IV, 218; son exemple suivi à Poitiers, 236; le comte de Brissac nommé gouverneur, 241; accentuation du mouvement favorable à Henri IV, 243 et suiv.; exécutions, 247; exécutions du duc de Mayenne rappelées, 262; retraite du duc de Parme de devant cette ville, 269; état des esprits, 269; intelligences qu'y entretient Henri IV, 270; Etats de la Ligue, 296 et suiv.; pamphlets, 328; son message à Henri IV, 330; manœuvres du tiers parti, 338; incline vers Henri IV, 339; nouvelles de cette ville apportées à Henri IV, 342; cité dans la paix de Meaux, 413 et suiv.; États de la Ligue, IX, 1; émotion causée par la prise de Fécamp, 3; États de la Ligue jugés par Henri IV, 5; siège de cette ville par Henri IV, 11; sa soumission à Henri IV, 12 et suiv.; cité, 29, 38; ministres réformés de cette ville, 86; cité, 99; séjour du comte du Bouchage, 103; cité, 107, 125; émotion causée par la prise d'Amiens, 131 et suiv.; séjour de Brocardo Baronio, 199; exercice de la religion réformée, 291; ratification du traité de Vervins, 299; cité, 302; passage du duc de Savoie, 308, 309; séjour du duc de Savoie, 319; préparatif de la guerre de Savoie, 322; le bourreau de Paris, 368; méfaits commis par les Irlandais réfugiés, 384; retour de M. de Buzenval, ambassadeur aux Pays-Bas, 385; compris dans l'édit de Nantes, 452, 453; cité, 459, 468; travaux d'embellissements sous Henri IV, 470; assassinat de Henri IV, 471 et suiv.

Paris (l'Arsenal, à), III, 323.
— (couvent des Augustins, à), I, 233.
— (quai des Augustins, à), II, 208; VIII, 171.
— (boulevard des Célestins, à), IX, 15.
— (chambre des comptes de), VIII, 413.
— (le Châtelet, à), I, 322; VII, 212 et suiv.; IX, 17, 19.
— (collège de Clermont, à), II, 174; IX, 25.
— (hôtel de Cluny, à), II, 216.

Paris (tour de la Conciergerie, au palais, à), IV, 250.
— (évêques de). Voy. Du Bellay, Gondy, Violle.
— (rue de la Ferronnerie, à), IX, 471.
— (couvent des Filles-Repenties, à), VII, 210.
— (rue des Marais-Saint-Germain, à), I, 248, 249; VIII, 171.
— (le Marché-Neuf, à), VII, 214.
— (parlement de), assemblée de ses chambres en Mercuriale, I, 231 et suiv.; cité dans l'édit de janvier (1562), 362; se déclare contre Condé, II, 10; manifeste de Condé lui est communiqué, 18; sa réponse à ce manifeste, 20; ses ordonnances pour une prise d'armes et pour l'expulsion des réformés d'Orléans, 22, 23; son adhésion aux mouvements catholiques, 137, 138; déclare les Jésuites justiciables du concile de Trente, 175; son arrêt favorable aux Jésuites, 176; enregistre l'édit d'Amboise, 193; réhabilite plusieurs condamnés à mort, 193; opposé à la déclaration de majorité de Charles IX, 202 et suiv.; informé des desseins de Coligny à son arrivée à Paris, 217; son premier président aux petits États de Moulins, 223; pression exercée par le peuple sur ses délibérations, III, 278; requête des huguenots du midi contre ses ordonnances, IV, 184; chambre mi-partie accordée aux huguenots par la paix de Monsieur, V, 77; difficulté pour la réception des membres huguenots, 110; sa députation à Chartres vers Henri III, VII, 220; cité, 287; violences de Jean Bussy-le-Clerc, VIII, 148; son arrêt

contre les arrêts rendus par les parlements de Tours et de Châlons, 243, 250; se prononce contre l'élection d'un roi étranger, IX, 13; son arrêt contre les Jésuites, 25; enregistrement de l'édit de Nantes, 294; sa déclaration à Henri IV sur son mariage, 305; complot de quelques-uns de ses présidents, 357; cité, 459.
Paris (le Pont-au-Change, à), VII, 212 et suiv.
— (le Pré-aux-Clercs, à), VIII, 73, 76.
— (prévôt de). Voy. Nantouillet.
— (faubourg Saint-Marceau, à), I, 322.
— (hôtel de Soissons, à), VII, 210.
— (université de), I, 330; II, 10, 174.
— (vicomté de), V, 122, 134.
— (porte de), à la Charité, III, 84.
— (Mathieu), chroniqueur anglais, I, 170.
Parisiens, III, 305; IV, 197; V, 80 et suiv., 84, 158; VI, 65; VII, 211, 326; VIII, 24, 47, 50, 203, 213 et suiv., 226, 356.
Parizari, gouverneur de Canise, IX, 394.
Parlements de France (les), I, 243; II, 191.
Parme (Italie), I, 32; III, 208.
— (Alexandre Farnèse, prince, puis duc de), fils d'Octavio, assiège Navarin, IV, 127; lève des troupes en Italie, V, 313; nommé gouverneur des Pays-Bas, 313; ses prétentions au trône de Portugal, 314; rejoint aux Pays-Bas par des troupes italiennes venues de France, VI, 93; à la tête d'une armée aux Pays-Bas, 140; ses premiers succès, 294; ses entreprises sur Bruxelles et Flessinghe, 324; nomme Verdugo colonel de son armée à la place de Renneberg, 326; en Artois, 327; assiège Cambrai, 328 et suiv.; s'empare de Tournai, 331, 332; à Namur, 335; s'empare d'Oudenarde, 337; ses lettres aux Etats sur l'attentat commis contre le prince d'Orange, 337; sa rencontre avec le duc d'Anjou sous les murs de Gand, 339 et suiv.; ses exploits en Flandre, 342; s'empare de Furnes, Nieuport, Dixmuyden, 349; de Bergues-Saint-Vinox, Ypres, Gand, Bruges, 350 et suiv.; sa responsabilité dans l'assassinat du prince d'Orange, 354; s'empare de Dendermonde et de Wilworde, 355; assiège Anvers, 356; s'empare de Bruxelles, 358; continue le siège d'Anvers, 358 et suiv.; entre à Anvers, 362, 363; son entretien avec La Noue à Anvers, 363; secours par lui envoyés au duc de Guise, VII, 169; ordonne des feux de joie en l'honneur de la journée des Barricades, 233; mort de son père, 238; faveurs de Philippe II, 238; son rôle dans l'organisation de l'*Invincible Armada*, 242; son entrée triomphale à Anvers, 253; se jette dans Bois-le-Duc, 255; s'empare de Grave, de Meghem, de Venloo, 258, 259; assiège et prend Nuys, 259-262; s'empare d'Alpen, 263; reçoit des présents de Sixte-Quint, 263; envoie des troupes en Westphalie, 264, 265; s'empare du château de Wouwe, 266; s'empare de Deventer, 267; au siège de l'Ecluse, 268 et suiv.; fait occuper Blanckenberg, 269; son entreprise sur Crèvecœur, 270; siège et capitulation de l'Ecluse, 270 et

suiv.; sa politique et sa tactique aux Pays-Bas, 274; fait assiéger Bonn, 277; protection par lui accordée aux négociateurs espagnols envoyés à Bourbourg, 278; tente de faire action commune avec l'*Armada*, VIII, 117; rendu responsable du désastre de l'*Invincible Armada*, 120; ses préparatifs en Flandre, 121; à Dunkerque, 125; fait assiéger Tertolen en Zélande, 126; assiège Wachtendook dans la Gueldre, 127; devant Berg-op-Zoom, 127, 128; à Bréda, 130; ses préparatifs pour passer en France, 131; jugé par les Jésuites, 131; ses envieux, 132; à Spa, 132; ses dévotions, 133; allié de Mayenne, 182; appelé à la défense de Paris, 203; en marche sur Paris, 204; sa rencontre avec les troupes d'Henri IV, 207 et suiv.; assiège Corbeil, 212 et suiv.; décide son retour aux Pays-Bas, 214; rejoint par Mayenne, 215; poursuivi par Henri IV, 216 et suiv.; harcèle le prince d'Anhalt, 242, 243; sa victoire à Aumale, 256 et suiv.; fait livrer à Henri IV le siège de Rouen, 265; assiège Caudebec, 266; poursuivi par Henri IV, 267 et suiv.; regagne la frontière, 270; sa mort mentionnée, 271, 302; son absence des Pays-Bas mise à profit par l'Angleterre, 366; cité, 393; son entreprise sur Bréda, 395-398; au siège de Knodsenbourg, 399-401; sa mort, 404; son successeur comme gouverneur aux Pays-Bas, IX, 240; sa mort rappelée, 460.

Parme (Marguerite d'Autriche, duchesse de), fille naturelle de Charles-Quint, femme d'Alexandre de Médicis, puis d'Octave Farnèse, duc de Parme, gouvernante des Pays-Bas, I, 30, 346; II, 338-346, 351-354; III, 208, 259; V, 313; VI, 335.

Parme (Octave Farnèse, duc de), I, 32, 128, 346; VII, 238, 263.

— (Renuccio Farnèse, duc de), fils d'Alexandre Farnèse, IX, 300.

Parmen (Laurent), hérétique supplicié à Strafford, I, 222.

Parmentier (Philippe), hérétique supplicié à Paris, I, 226.

Parmenyon (don), capitaine espagnol au service du duc de Savoie, IX, 157.

Parnaw. Voy. Pernau.

Parpaille (Jean Perrin dit), capitaine du château d'Orange, II, 53.

Parry (Guillaume), prétendu complice de Marie Stuart, VI, 134.

Partal, de Narilla, chef de bande espagnol, III, 235.

Parthenay (Deux-Sèvres), III, 22, 105, 123, 129, 132; V, 85; VII, 333, 334; VIII, 32.

— Voy. Queray, Soubise.

Parthie, I, 112.

Pas (les), aux îles de Marennes, II, 267 et suiv.

— (Jean de). Voy. Fouquières.

— (Pedro de). Voy. Pacheco.

Pascal (Jean). Voy. Colombier.

Pascaligo (Antonio), capitaine de navire italien, IV, 119.

Paschal (Jean-Louis), hérétique brûlé à Rome, I, 227.

Pas-d'Asne (fort du), à Groningue, IX, 243.

Pas-de-la-Cluse (Savoie), VIII, 97, 101, 102, 360, 361; IX, 324.

Pas-des-Anes, à l'embouchure de la Gironde, V, 259.

Pas-du-Loup (fort du), près Brouage, V, 279, 281.

Pasquelon (le capitaine), huguenot, III, 394; IV, 38.

Pasquet (le capitaine), huguenot, IV, 306 et suiv.
Pasquier (Charles Alleman, sgr de), capitaine protestant, lieutenant au gouvernement de Gap, III, 28.
— (Étienne), avocat au parlement de Paris, II, 175; VII, 315.
Pasquières (N., vicomte de), lieutenant de Lesdiguières, IX, 156.
Pasquins faits à Rome, V, 47; VI, 309.
Passac (le capitaine), catholique, III, 108.
Passage (Aymar de Poisieu, sgr de Saint-Georges-d'Espéranche et du), colonel des légionnaires du Dauphiné, gouverneur de la citadelle de Lyon, lieutenant général au gouvernement de Saluces, VI, 198; VIII, 307.
Passagents, nom donné aux Vaudois, I, 169.
Passau (assemblée d'Albigeois, à), I, 169.
— (paix de), I, 54.
Passeva. Voy. Niocastro.
Passy (abbé de). Voy. Spifame (Jacques).
Pasté, capitaine huguenot, II, 77.
Pastei (tour de) (Ecosse), IV, 143.
Pastoureau (Claude d'Escoliers, sgr de), VIII, 56.
Pastrana (Ruy Gomez de Silva, prince d'Eboli, duc de), VIII, 132.
Pastureau. Voy. La Roche-Cartault.
Patan (Indoustan), VIII, 110.
Pataréniens, nom donné aux Albigeois, I, 169.
Pataudière. Voy. La Pataudière.
Paterna (Espagne, prov. de Grenade), III, 233.
Pati (Stanislas), palatin de Vitepsck, II, 333.
Patience (fort de), près Assenède aux Pays-Bas, IX, 438.
Patingham (Patrice), hérétique supplicié en Angleterre, I, 220.
Pato, près Mélinde (Zanguebar), VII, 241.
Paton (N.), colonel écossais, VII, 269, 270.
Patras (Grèce), II, 314.
Patriarche ou Prêche (maison du), près l'église Saint-Médard, à Paris, I, 322; II, 5.
Patris (Guillaume de), abbé de la Grâce, à Murs (Vaucluse), VI, 69.
Patry. Voy. Fallandre.
Pau (Basses-Pyrénées), I, 240; II, 294, 295; III, 93, 94, 98; IV, 209; V, 212, 382; VII, 47; VIII, 385.
Pauillac (N., sgr de), capitaine catholique, IV, 28.
Paul (saint), I, 138, 142, 147, 164.
Paul III, pape, I, 27, 32, 83, 84, 88, 89; II, 153.
Paul IV, pape, I, 55 et suiv., 61, 62, 65, 80, 90, 128, 340; II, 151, 173, 174.
Paul-Emile. Voy. Fiesque.
Paulée (fort de la), à Marans (Charente-Inférieure), VII, 56.
Paulin (Bertrand de Rabastens, vicomte de), capitaine huguenot, II, 258, 269; III, 44, 164, 388; IV, 51, 185, 305 et suiv.; V, 298 et suiv.; VII, 75.
— Voy. La Garde.
Paulo (Antoine de), président de chambre au parlement de Toulouse, II, 29.
Pavanes (Jacques), hérétique de Boulogne supplicié, I, 205.
Pavée (François). Voy. Servas.
Pavie (Raymond de Beccarie de). Voy. Fourquevaux.
Payan (Jean), ministre réformé de l'église de Montpellier, V, 196; VI, 23.

TABLE DES MATIÈRES. 277

Pays-Bas, levée de troupes au nom de la reine de Hongrie, sœur de Charles-Quint, I, 42; supplices d'hérétiques, 213, 216, 218, 222, 226; sous le gouvernement de Marguerite de Parme, 181; allusion aux guerres dont ils devaient être le théâtre, 220; levées de troupes pour la France, 276; voyage du duc d'Albe, 289; son arrivée, 338; premiers actes de son administration, 354; départ de Marguerite de Parme, 354; répercussion de leurs guerres religieuses en Espagne, III, 228; exploits de Ludovic de Nassau, 255 et suiv.; les inquisiteurs, 264; insolence et cruautés du duc d'Albe, 266; l'amiral de Coligny presse le roi de France d'y faire la guerre à l'Espagne, 294; exactions du duc d'Albe, IV, 72 et suiv.; menées de Ludovic de Nassau, 203; troubles et hostilités, V, 58 et suiv.; départ du duc d'Albe, 65; don Juan d'Autriche nommé gouverneur, 316; cités, VI, 52; députés envoyés au duc d'Anjou, 94; continuation des hostilités, 135 et suiv.; négociations entamées par Henri III, 283; séjour du duc d'Anjou, 284, 289, 291 et suiv.; campagne du duc d'Anjou et continuation des hostilités, 323-363; cités, 366; jugement porté par Henri IV sur la guerre faite en ces pays, 371; appellent Charles de Mansfeld, VII, 224; les affaires de France en détournent l'attention de Philippe II, 233; soulèvement à l'approche de l'*Invincible Armada*, 246; soutenus par l'Angleterre, 248; arrivée du comte de Leicester, 256; discrédit de ce dernier, 265; cités, 341; bruits du départ du duc de Parme, VIII, 120; exploits du comte de Leicester, 121 et suiv.; manifestation contre l'Espagne, 124; secours envoyés de là au duc de Mayenne, 182, 186; campagne du duc de Parme en France, 215; envoi de troupes au siège de Rouen, 250; l'archiduc Ernest nommé gouverneur, 403; mission donnée par Henri IV au duc de Bouillon, 118; cités, 144, 236; continuation des hostilités sous l'archiduc Ernest, 241 et suiv.; exil de Balthazar de Moucheron, 244; accord impossible avec l'Espagne, 246, 247; négociations avec ce pays, 256, 262; troupes demandées à l'empereur pour faire la guerre dans ce pays, 263; députation projetée en Espagne, 268; troupes espagnoles se rendant dans ces pays par le marquisat de Saluces, 341; l'entretien d'un ambassadeur de France y est sollicité, 385; nouvelles hostilités, 424 et suiv.; intervention de l'Allemagne, 433; recensement des pensionnaires détenus par les Espagnols, 450; projets d'union avec la France, 466 et suiv.

Pays-Bas (Etats généraux des), VI, 322, 327, 347, 355; IX, 96, 262, 266, 432 et suiv.

— (vice-amiral des). Voy. Wackeu.

Péager (N.), marchand de chevaux à Genève, IX, 380.

Peccais (fort et salines de) (Gard), II, 67, 69; V, 348; VI, 43, 93, 146.

Pecus, hérétique supplicié en Angleterre, I, 203.

Pedoue (N., sgr de), capitaine huguenot, VIII, 283 et suiv.

Pedro (Dom), capitaine de l'un

des vaisseaux de l'*Invincible Armada*, VIII, 117.
Pedro Navarro, capitaine espagnol au service de France, I, 35.
Péguillon (François de Beaucaire de). Voy. Beaucaire.
Peintures (les) (Gironde), VII, 138.
Peixoto de Silva (Pedro), gouverneur des Açores, VI, 318.
Pékin (Chine), I, 119.
Pélage, hérétique, I, 141.
Pélagiens, I, 150.
Peldorat ou Pendorat (Gironde), VII, 41.
Pelet (Gaspard de). Voy. Verune.
Pelezozi. Voy. Pelsœcz.
Pelham (N.), capitaine anglais, II, 200.
Pélissonnière (N., sgr de la ou de), capitaine catholique, VI, 32, 71.
Pelletier (Frémin), hérétique supplicié à Bruxelles, III, 257.
— (Jacques), curé de Saint-Jacques-de-la-Boucherie, ligueur, VIII, 196.
— (Jean), grand maître du collège de Navarre, V, 162.
Pellevé (Nicolas de), archevêque de Sens, de Reims, évêque d'Amiens, cardinal, I, 354; IV, 87, 88; VIII, 299; IX, 291.
Péloponèse (le), IV, 114.
Peloquin (Denis), hérétique de Blois, brûlé à Villefranche, en Lyonnais, I, 217.
— (Etienne), hérétique supplicié à Blois, I, 213.
Peloux. Voy. La Motte.
Pelsœcz ou Plessnitz (Hongrie, comitat de Gomer), II, 301.
Pelvoisin. Voy. Pallavicini.
Pembroke (Guillaume, comte de), grand maître d'Angleterre, III, 252, 253.
Peney (château de), près Genève, I, 207.

Pénitents-Blancs (confrérie des), V, 343, 348.
Penna (évêque de). Voy. Odescalco.
Pennafiel (marquis de). Voy. Ossuna.
Penne (Lot-et-Garonne), I, 182, 226; II, 91; IX, 124.
Peñon-de-Velez (Maroc, prov. de Fez), I, 107, 108; II, 169, 170, 294, 296.
Pentellaria, île de la Méditerranée, IX, 404.
Penthièvre (duchesse de). Voy. Mercœur.
Pepoli (Jean-Baptiste, comte de), gentilhomme italien, VI, 305, 306; VIII, 108.
Péra, faubourg de Constantinople, IX, 390.
Pérai, capitaine huguenot, VI, 216.
Perche (prov. du), II, 140, 237; III, 83; IV, 226; IX, 87, 88, 98.
Percontant (N., sgr de), capitaine commandant au Mont-Saint-Michel, IV, 351.
Percy (André), frère du comte de Northumberland, IV, 142.
— Voy. Northumberland.
Perdrier. Voy. Bobigny, Mézières.
Péré (Charente-Inférieure), V, 194.
Perea (Laurent), capitaine au service d'Espagne, IV, 73, 158.
Pereira (Petro), amiral portugais, VII, 241.
Pereni (Gabriel), gentilhomme hongrois, II, 164.
Peretti (Francesco), neveu de Sixte-Quint, VI, 308.
— (Felice). Voy. Sixte-Quint.
Pereyra (Henriquez de), gouverneur de Cascaës (Portugal), VI, 130, 310.
Perez (Alonzo), prêtre de Valence, supplicié à Valladolid, I, 348.
— (Alvaro). Voy. Tavora.

TABLE DES MATIÈRES.

Perez (Antonio), ministre de Philippe II, V, 336; VIII, 378-384 ; IX, 417.
— (Rodrigue), capitaine espagnol, IV, 158.
Peria-Concona (princesse), fille de Thamasp Ier, roi de Perse, V, 319.
Péricard (Jean, conseiller et secrétaire des finances du roi, secrétaire particulier du duc de Guise, IV, 388; VII, 394.
— (le capitaine), catholique, VI, 80 et suiv.
Périer, massacreur lors de la Saint-Barthélemy, III, 337.
— capitaine catholique, V, 224.
Périers, capitaine huguenot, VI, 256.
Pérignac (N. de Pons, sgr de), capitaine huguenot, II, 267 ; III, 10.
Périgord, I, 260; III, 80, 131, 147; IV, 308, 333; V, 89, 225 et suiv., 386; VII, 134, 156, 162; IX, 87, 88, 120.
— (collège de), à Toulouse, II, 26, 28.
Périgourdins, II, 284; IV, 308 et suiv.; VI, 213 et suiv., 277.
Périgueux (Dordogne), II, 93, 221 ; III, 31 ; IV, 339, 343 et suiv., 353 ; V, 79, 87, 88, 212 ; VI, 213; VII, 38, 45 ; IX, 121 et suiv., 147.
— (évêque de). Voy. Bourdeille (François de).
— (gouverneur de). Voy. André (Jacques).
Pernanbuco (prov. de) (Brésil), I, 115.
Pernau (Livonie), I, 360; II, 334.
Péronne (Somme), II, 187 ; V, 85, 96, 97 et suiv., 347; VI, 93; VIII, 223, 367.
— (ligue de), V, 96 et suiv., 347 ; VI, 93.
— près Binch (Belgique), IV, 83.
Pérou (le), I, 115.

Pérouse, près de Suze (Italie), IX, 165, 166, 169.
— (Franciosino de), capitaine italien tué à Moncontour, III, 128.
Perpignan (Pyrénées-Orientales), IX, 468.
— (Guy de). Voy. Guy de Perpignan.
Perraudière (N., sgr de), capitaine catholique, VI, 255 et suiv.
Perrault (François de Fayn, baron de), capitaine huguenot, II, 37.
— (Jean de Fayn, sgr de) et de Jonas, baron de Vezenobre, sénéchal de Beaucaire et de Nimes, lieutenant général en Bresse, IV, 220.
Perregrin de la Grange, hérétique supplicié en Flandre, II, 339.
Perrenot. Voy. Champagny et Granvelle.
Perreuse (Nicolas-Hector de), prévôt des marchands de Paris, VII, 216, 226.
Perrier (Claude du). Voy. Boisguérin.
Perrière (la) (Savoie), VIII, 360.
— (faubourg de la), à Grenoble, VIII, 313.
Perrin (Jean-Paul), ministre protestant, auteur de l'*Histoire des Vaudois*, I, 170.
Perron (Jacques Davy, cardinal du), I, 18 ; VII, 320 ; VIII, 334, 335, 342 ; IX, 60, 80, 84, 230, 302, 318.
Perrot (Denis), victime de la Saint-Barthélemy, III, 324.
Pers (Deux-Sèvres), VII, 17.
Persagny (N., sgr de), capitaine huguenot, VI, 50, 52.
Perse, I, 90, 96, 113, 337 ; V, 44, 319, 320 et suiv.; VI, 102 et suiv., 106, 296 et suiv.; VII, 223 et suiv.; IX, 386, 395.
— (Sophi de). Voy. Thamasp Ier.

Perses, I, 96; V, 321, 322, 364, 365; VI, 96 et suiv., 104.

Persigny (Antoine de Chaumont-Guitry, sgr de), VIII, 154.

Persique (golfe), VII, 240 et suiv.; IX, 237.

Pertau (Ali), pacha turc, I, 335, 336; II, 304-306; IV, 95, 103, 111 et suiv.

Perucelli (N.), ministre réformé de l'église de Paris, I, 312.

Pescaire (François-Ferdinand d'Avalos, marquis del Vasto et de), vice-roi de Sicile, I, 61. — Voy. Avalos et Vasto.

Pascareneis (Cosme de), auteur d'une entreprise sur Leyde, VIII, 273.

Pesché (Mercure de Saint-Chamans, sgr et baron de), capitaine de 50 hommes d'armes des ordonnances, bailli et gouverneur de Château-Thierry, IX, 145 et suiv.[1].

Pescherai (Louis du Val, sgr de), lieutenant de La Bourdaizière à Chartres, VIII, 219.

Pesth (Hongrie), IX, 203, 391.

Petit-Bourbon (palais du), à Paris, III, 303.

Petit-Châtelet (le), près Blaye (Gironde), VI, 30, 31, 34, 38, 40.

Petite-Pierre (prince de la). Voy. Lutzestein.

Petit-Feuillant (le). Voy. Bernard (le père).

Petit-Palais (le) (Gironde), VII, 162.

Petit (Philippe), hérétique supplicié à Meaux, I, 212.

Petosse (Vendée), III, 195; IV, 252.

Petrinia (Croatie), VIII, 370; IX, 222.

Petripeki, maréchal de camp allemand, IX, 226.

Petrucci (Achille), capitaine italien, III, 317.

Pexo (Antonio), navigateur portugais, I, 217.

Peyrac (N. du), bourgeois de Lyon, III, 346.

Peyraud (Ardèche), III, 29; IV, 221.

Peyre (Lozère, comm. de Saint-Sauveur-de-Peyre), VII, 106.

— (Henri de Navailles, sgr d'Arbus et de), gouverneur de Pau, III, 98.

Peyre-Marchastel (François de Cardaillac de), dit le baron de Peyre, II, 95.

— (Geoffroy-Astorg-Aldebert de Cardaillac, sgr de) et de Toiras, capitaine huguenot, frère du précédent, II, 66, 95.

Peyrelongue (N., sgr de), capitaine huguenot, IV, 291, 294.

Peyrolles (Bouches-du-Rhône), VIII, 319.

Peyrot. Voy. Monluc (Pierre-Bertrand de).

Peyrusse. Voy. Boissezon, Escars, Merville.

Peyrusse-d'Escars (Charles II de), évêque de Langres, V, 136 et suiv.

Peytes (N., sgr de), témoin de l'assassinat des Guises, VII, 389.

Pézenas (Hérault), II, 66; IV, 227; V, 196, 200 et suiv., 303, 351, 353; VI, 279.

Pezou, boucher de Paris, III, 334, 337.

Pfiffer (Louis), colonel suisse, III, 122 et suiv.; VII, 228.

Phelippon, sergent catholique, VII, 30.

Philémon (épître à), I, 138, 147.

Philibert-Emmanuel, duc de Savoie, IV, 268, 269.

Philibert (François). Voy. Montalquier.

---

1. Il doit s'agir à cette page non de Mercure, mais de son fils Antoine de Saint-Chamans, baron de Pesché après la mort de son père.

Philibert (N.), menuisier, hérétique supplicié aux Pays-Bas, I, 216.
Philippe, roi de Macédoine, I, 11.
Philippe-Auguste, roi de France, I, 169, 182, 184, 186, 187, 235.
Philippe II, roi d'Espagne; son mariage avec Marie Tudor, I, 40; succède à son père, 54; attaque la France sur la frontière des Pays-Bas, 66 et suiv.; célèbre la victoire de Saint-Quentin, 70; fait assiéger Saint-Quentin, 71; mécontente les Allemands de son armée, 73; sa conduite à l'égard des Français faits prisonniers à Saint-Quentin, 73; cité, 80; *imprimatur* accordé par lui au compte-rendu du concile de Trente, 87; conditions à lui faites par le traité de Cateau-Cambrésis, 126-128; derniers conseils à lui donnés par son père, 130; préparatifs de son mariage avec Elisabeth de Valois, 237; son mariage par procuration à Paris, 239; prié par la cour de France d'accepter la protection du roi de Navarre, 246; refuse de recevoir ce dernier, 256; approuve l'entreprise du vice-roi de Sicile sur Tripoli, 341; son départ des Pays-Bas pour l'Espagne, 347; présent à un autodafé à Séville, 349; son retour en Espagne signalé par des autodafés, 350; cité, 352; ses promesses au roi de Navarre, II, 5; promesse par lui faite à Charles IX d'une armée de secours, 76; sollicité par les ligues catholiques de France, 138; part qu'il prend aux guerres religieuses de France, 150; son accord avec Elisabeth d'Angleterre, 151; soutenu par le pape dans la question de Navarre, 204, 205; son entrevue à Bayonne avec Charles IX annoncée, 209; représenté au baptême de Henri de Lorraine à Bar-le-Duc, 211; fait passer le duc d'Albe en Flandre, 288 et suiv.; son intervention en Italie, dans l'affaire de Pitigliano, 290; projet de réunion à ses Etats de la Navarre et du Béarn, 294; arrêt porté par lui contre le capitaine Pierre de Monluc après sa tentative sur Madère, 295; sa conduite à l'égard de l'amiral Garcia de Toledo, 324 et suiv.; requête à lui adressée des Pays-Bas contre le cardinal Granvelle, 340; ordonne le maintien de l'Inquisition aux Pays-Bas, 341; nouvelle requête à lui adressée des Pays-Bas, 343; émoi causé par son attitude menaçante, 344; ses préparatifs de guerre, 346; promesses faites par lui au comte d'Egmont, 349; mort de son fils don Carlos, III, 206 et suiv.; approuve les rigueurs de l'Inquisition aux Pays-Bas, 208; mission de l'empereur Maximilien auprès de lui pour obtenir le rappel du duc d'Albe des Pays-Bas, 209; négociation de son mariage avec Anne d'Autriche, 214; allié de Venise contre les Turcs, 218; instructions données par lui à André Doria et à l'amiral Garcia de Toledo, 222; fait le partage des territoires enlevés aux Maures, 235; convoque les Etats de Grenade, 237; ses édits relatifs aux mariages entre Espagnols et Maures, 238, 239; ses négociations avec les Maures, 242; lettre à lui adressée par le comte d'Egmont, 258; fait abattre la statue du duc d'Al-

be à Anvers, 267; jugé par Coligny, 293; ligué avec le pape et les Vénitiens contre les Turcs, 96 et suiv., 106, 120, 129; son expédition contre l'Afrique, 130; projet de Marie Stuart de se réfugier auprès de lui, 141; intrigues de Catherine de Médicis contre lui, 187; ambassade vénitienne auprès de lui, V, 55 et suiv.; cité dans les remontrances des députés de Paris aux Etats de Blois, 165; cité dans le discours du duc de Montpensier aux mêmes Etats, 181; convoite le Portugal, 313; ses droits sur le Portugal, 315; son avis sur l'expédition de Sébastien au Maroc, 326; contraint de subir les exigences de l' « Union de Bruxelles », 331; lettres à lui adressées par don Juan d'Autriche, 336; cité, 337; ses agissements en France, 342; son entente avec Maximilien, VI, 101; approuve le départ de volontaires espagnols pour l'Afrique, 110; appuie l'élection du cardinal Henri de Portugal comme roi de Portugal, 122; ses desseins sur le Portugal, 124, 125; message à lui adressé par les Etats d'Almeria, 127; sa réponse, 128; intervient en Portugal, 129; sa politique aux Pays-Bas, 137-140; cité, 161; appuie la Ligue en France, 174; ses négociations avec le roi de Navarre interrompues par la mort du duc d'Anjou, 190; sa politique contrecarrée par la France en Portugal, 284; ses prétendues négociations avec le roi de Navarre, 286; combattu aux Pays-Bas par le duc d'Anjou, 291, 292; soutenu par les Jésuites, 303; ambassade japonaise à lui envoyée, 304; son intervention en Portugal, 309; bruit de sa maladie, 311; son entrée en Portugal, 312 et suiv.; son entrée à Lisbonne, 315; s'empare des Açores, 316, 321, 323; déclaré déchu de sa « seigneurie des Pays-Bas » par les Etats de Flandre, 330; pouvoirs donnés par lui au duc de Parme, 335; cité, 363; cité, VII, 204; sa politique à l'égard de la Ligue, 231 et suiv.; ses faveurs au duc de Parme, 238; son *Invincible Armada*, 242; sa politique en Portugal, 244; cité, 248; héritier sans conditions de Marie Stuart, 250; le duc de Parme desservi auprès de lui par les Jésuites, 274; ses représentants aux conférences de Bourbourg, 278; métaux et objets précieux à lui envoyés des Indes, VIII, 111; son intervention en France, 150; ses instructions au duc de Parme pendant sa campagne en France, 243; opposé à l'élection de Henri IV, 245; ses offres aux Etats de la Ligue, 300; réaction en France contre son influence, 302; ennemi de Henri IV, 336; son projet de monarchie universelle, 366; sa liaison avec la princesse d'Eboli, 378; sa politique en Aragon après la conquête de Grenade, 379 et suiv.; ses poursuites contre Antonio Perez, 379 et suiv.; occupe Sarragosse, 386-388; secours par lui envoyés en Irlande, 389; ses menaces contre la ville d'Aix-la-Chapelle, 393; message à son adresse de la ville de Groningue, 402; haines soulevées contre lui à Gertruydenberg, 402; promesses faites par ses agents à Lyon, IX, 9 et suiv.; en guerre avec Henri IV, 41 et suiv.; ses agents à Marseille,

114; cité, 197; ses relations avec Rome, 200; son intervention dans la querelle du pape et de César d'Este, 229; traité de Vervins entre lui et la France, 231; sa souveraineté absolue en Espagne, 232; ses négociations avec Amurath, 236 et suiv.; nomme l'archiduc Ernest gouverneur des Pays-Bas, 241; refus de Maurice de Nassau d'entrer en négociations avec lui, 246; ses ouvertures de paix aux Pays-Bas, 256; donne le gouvernement de Frise à Frédéric, comte de Berg, 258; ses nouvelles propositions de paix aux Pays-Bas, 262; mariage de sa fille avec l'archiduc Albert, 266 et suiv.; cité, 269; rappel de la paix de Vervins entre lui et la France, 299 et suiv.; instances faites par lui pour obtenir la conversion de Catherine de Bourbon, 302; cité, 405; sa mort, 412 et suiv., 460.
Philippe III, roi d'Espagne, fils de Philippe II, VIII, 91; IX, 269, 319, 333, 355, 356, 358, 362, 365, 370, 383, 395, 402, 411 et suiv., 450.
Philippe IV le Bel, roi de France, VI, 309.
Philippe VI, roi de France, IV, 189.
Philippiens (épître aux), de saint Paul, I, 138, 147.
Philippin (don), fils naturel d'Emmanuel-Philibert, duc de Savoie, IX, 159 et suiv.
Philippine (fort de), près Rameken aux Pays-Bas, IX, 438.
Philippines (îles), IV, 132; VI, 161; VIII, 239.
Philippopoli (Roumélie), IX, 386.
Philon, nom désignant l'archevêque de Lyon Pierre d'Espinac, dans un pasquil attribué à Henri III, VII, 209.

Philpot (Jean), hérétique supplicié en Angleterre, I, 221.
Piali, gendre du sultan Sélim, capitan-pacha, III, 216, 218 et suiv., 344; IV, 113.
Pibrac (Guy du Faur, sgr de), conseiller au parlement de Toulouse, ambassadeur de France au concile de Trente, II, 159, 160, 162; III, 341, 364, 365; IV, 195, 200-202, 267; V, 359, 363 et suiv.
Pic (Jean), hérétique supplicié à Tournai, II, 338.
Picard (le docteur), assiste des hérétiques suppliciés à Meaux, I, 282.
— (N.), gouverneur de Bonne (Savoie), IX, 374.
Picardie (prov. de), dévastations des Impériaux, I, 44; exploits du duc de Vendôme, 44, 45; retraite des troupes françaises, 78; concentration de ces troupes, 79; hérésie vaudoise, 169; son gouvernement, 246; organisation des réformés, 261; desseins des Bourbons sur cette province, 280; concentration de troupes réformées, III, 2; assemblées royalistes, 2; persécutions contre les réformés, 6; mission du maréchal de Cossé, 8; objectif du prince d'Orange, 61; exil du sieur de Jonquières, V, 3; son gouvernement refusé à Condé, 85; dévastations des reitres, 96; citée, 104; agissements des Jésuites, 109; traversée par d'Aubigné, 118; remontrances du prince de Condé à la cour touchant cette province, 134; ses députés à Blois, 170; débuts de la Ligue, 190; son gouvernement, 368; prise de la Fère par Condé, VI, 48 et suiv.; départ de Condé, 51; hostilités, 52; départ de Condé rappelé, 91; progrès de la Ligue, 197, 198; menacée par les

Allemands auxiliaires des réformés, VII, 132; levée de troupes pour Henri III, VIII, 66; citée, 82; message de Henri IV, 153; retraite du duc de Mayenne, 164; prise de la Fère par le marquis de Maignelay, 170; progrès de l'armée royale, 222; jonction du duc de Parme et du duc de Mayenne, 262; mouvement en faveur de Henri IV, IX, 22; siège de Laon par Henri IV, 30; théâtre des hostilités entre la France et l'Espagne, 41 et suiv., 62, 65 et suiv., 69 et suiv.; émoi causé par la prise d'Amiens par les Espagnols, 131 et suiv.; objectif du cardinal Albert d'Autriche, 139; cession de villes frontières à la France, 299.
Picardie (régiment de), II, 101, 239; VI, 54 et suiv.; VII, 121, 144 et suiv., 155 et suiv.; VIII, 47, 52 et suiv.; IX, 137 et suiv.
Picards, II, 98; III, 106; IV, 59; V, 182; VII, 19 et suiv., 224.
— (nom donné aux Vaudois), I, 169.
Picart (le capitaine), réformé, VI, 231.
Piccaut (Jean), hérétique supplicié à Angers, I, 226.
Piccolomini (famille des), VIII, 108.
— (Scipion), à Moncontour capitaine italien, III, 128.
Picène. Voy. Ancône.
Pichery ou Puichairie (Pierre Donadieu, sgr de), capitaine royaliste, gouverneur du château d'Angers, VIII, 26, 292 et suiv.
Picot, pétardier tué à la tentative d'escalade de Genève, IX, 378, 379.
Picpus (abbaye de), à Paris, V, 343.

Picq (le capitaine), réformé, IV, 292.
Picquigny (Charles d'Ailly, sgr de), vidame d'Amiens, II, 245, 247.
— (Philibert-Emmanuel d'Ailly, sgr de), vidame d'Amiens, VI, 328.
Pie IV (Jean-Ange de Médicis, pape sous le nom de), I, 90, 310, 325, 341, 342; II, 122, 145, 149-157, 160, 161, 175, 205, 290, 291, 311, 318, 324; V, 47; VI, 302.
Pie V (Michel-Ghisilieri, dit le cardinal Alexandrin, pape sous le nom de), II, 325, 326, 332; III, 205 et suiv., 214, 217, 218, 222, 261, 266, 288, 290; IV, 95, 97, 120-122; V, 29, 47; VI, 302.
Piedferrat, capitaine huguenot, VII, 43.
— Voy. Puy-Ferrier.
Piedgros. Voy. Cheylard (Pierre de Sauvain, sgr de Piedgros, puis du).
Pié-Gris (lieu dit), près Moncontour (Vienne), III, 124.
Piémont, I, 59, 64, 173, 224, 229; II, 148, 208, 276; IV, 123; VI, 93; IX, 152, 166, 364, 469.
— (régiment de), II, 228; III, 2; IV, 380 et suiv.
— (troupes de), I, 284.
Piémontais, II, 104, 113, 134; III, 183; V, 497; VII, 229, 273; VIII, 104, 317; IX, 157, 317, 333 et suiv.
Piennes (Charles de Halwin, sgr de), gouverneur de Picardie, II, 118; IV, 383 et suiv.; IX, 99.
— (Florimond de Halwin, marquis de), VII, 157, 159.
Pierins (N.), ministre réformé, II, 147.
Pierre (saint), I, 138, 147, 162.
Pierre, frère d'Ivan, voïvode de la Valachie transalpine, puis

voïvode lui-même, I, 93, 94 ; V, 32-34, 37, 39 ; IX, 205.
Pierre Ier, roi de Portugal, V, 315.
Pierre II, roi d'Aragon, I, 174, 178, 179 et suiv.
Pierre III, roi d'Aragon, IV, 196.
Pierre II de Corbeil, archevêque de Sens (1200-1222), I, 176.
Pierre (la) (Haute-Savoie), VIII, 360.
— (le capitaine), VII, 258.
— (N.), curé de Douai, supplicié dans cette ville comme hérétique, I, 207.
— (N.), lieutenant général de la Rochelle, V, 113.
Pierrebuffière. Voy. Chambret, Genissac.
Pierre-Châtel (Ain), IV, 347.
Pierrefitte (N., sgr de), serviteur du roi de Navarre, VIII, 11.
Pierregourde (François de Barjac, sgr de), capitaine réformé, III, 28, 32 ; IV, 272, 283, 284.
Pierrelatte (Drôme), II, 53 ; III, 171.
Pierre-Levée, près Poitiers, III, 104.
Pierrelongue (Drôme), VII, 88.
Pierre-Menue. Voy. Saint-Pierre d'Oléron.
Pierrepont (Somme), I, 79.
Pierre-Scize ou Pierre-Encize (château de), près Lyon, IX, 3.
Pigarreau, près Châtellerault (Vienne), VIII, 18.
Pigeons voyageurs, IV, 159.
Pigenat (François), docteur de Sorbonne, curé de Saint-Nicolas-des-Champs, ligueur, VIII, 246.
Pignerol (Piémont), I, 127, 196 ; IV, 269 ; VIII, 93 ; IX, 165, 166.
Pignon-de-Velez. Voy. Penon-de-Velez (le).
Pikes (N.), hérétique supplicié en Angleterre, I, 224.
Piles (Armand de Clermont, sgr de), capitaine huguenot, II, 128-130, 253, 282, 284 ; III, 10, 34, 44, 45, 57, 60, 72 et suiv., 108, 120 et suiv., 129, 135 et suiv., 142, 160, 176 et suiv., 306, 312, 325.
Piles (l'un des fils de), VII, 112.
— (les deux fils de), VIII, 263 et suiv.
Pillard (Claude), capitaine huguenot, IV, 38 n., 39.
Pimentel (N.), noble portugais partisan du faux don Sébastien, IX, 407.
Pimereul (N. Charton, baron de), fils de Benoît Charton, sieur de Chassay, capitaine espagnol tué à la bataille de Nieuport, IX, 446.
Pin (porte du), à Agen, V, 120 ; IX, 150.
— (Jacques Lallier, sgr du), capitaine huguenot, VII, 377.
Pinart (Claude Ier), secrétaire d'Etat, IV, 26 ; VIII, 221.
— (Claude II), sgr de Cramailles, vicomte de Comblisy, marquis de Louvois, VIII, 221, 222.
Pinchat (Suisse, cant. de Vaud), VIII, 99, 100.
Pineau (François), receveur général du Poitou, II, 44.
— (Guillaume), maire de la Rochelle, frère du précédent, II, 46, 206.
Pinheiro (Antonio de), évêque de Leiria, VI, 313.
Pins (N., sgr de), mestre de camp catholique, II, 31.
Piolène ou Piolenc (Vaucluse), II, 60.
Piombino (N., prince de), général des galères de Florence, III, 244.
— (S. de), en 1599, IX, 300.
Pievena (Cesare), capitaine italien, III, 221.
Pipet (château de) (Isère), III, 170, 171 ; VIII, 345 ; IX, 46, 47.

Pipet (Claude Béranger du Guast, sgr de), II, 269; III, 171 [1].
— (François du Terrail, sgr de Bernins et de), gouverneur de Vienne, II, 71 [2].
Pique-Mouche. Voy. La Vallée-Pique-Mouche.
Piqueri (Jean), hérétique supplicié à Meaux, I, 212.
— (Pierre), hérétique supplicié à Meaux, I, 212.
Pirmil (Loire-Inférieure), VI, 6, 7.
Piron (Jean), colonel de gens de pied au service du prince Maurice, IX, 249 et suiv., 440.
Pisany (Charente-Inférieure), III, 186.
Pisany (Jean de Vivonne, sgr de Saint-Gouard, marquis de), ambassadeur à Madrid et à Rome, VII, 232; VIII, 344.
Pise (Italie), VI, 304.
Pistarius (Jean), hérétique supplicié aux Pays-Bas, I, 204.
Pithiviers, Pluviers (Loiret), II, 99, 121, 254; V, 21, 22, 24; VIII, 64.
Pitigliano (Jean-François Orsino, comte de), I, 56; II, 290.
— (Nicolas Orsino, sgr de), fils du précédent, II, 290.
Pixendorf (Jean Ruber), capitaine hongrois, II, 164.
Plainpalais (faubourg de), à Genève, IX, 376.
Plaisance (Italie), I, 214; VII, 238.
— (duc de). Voy. Parme.
— (évêque de). Voy. Sega (Philippe de).
Plan (le capitaine) ou La Plaine, capitaine catholique, III, 17.
Plassac (Charente-Inférieure), III, 205.
— (Jean de Pons, sgr du Langon de Lorignac et de), gouverneur de Pons, fils de Jacques de Pons, sgr de Mirambeau, IV, 218, 357; VII, 13, 21, 24, 25, 27, 30.
Platin (gué du), en Zélande, IV, 150.
Plessis (Charles d'Albiac, dit du), ministre réformé, II, 21.
— (Jean de Carbonnières, sgr du), capitaine huguenot, VI, 82 n.
— (N., sgr du), capitaine catholique, VII, 112 et suiv.
— Voy. Richelieu.
Plessis-Bertrand (le) (Bretagne), IX, 186, 196.
Plessis-Chivré (François de Chivré, sgr du Plessis, dit), V, 226.
Plessis-de-Cherre (N., demoiselle du), II, 21.
Plessis-des-Tournelles (le) (Seine-et-Oise), VIII, 48.
Plessis-Gesté (Mathurin de la Brunetière, sgr du), capitaine protestant, VII, 116, 117, 377; VIII, 12.
Plessis-le-Cosme (Pierre Le Cornu, sgr du), ligueur breton, VIII, 290 et suiv.; IX, 272, 292.
Plessis-lès-Tours (Indre-et-Loire), VII, 151 n.; VIII, 39 et suiv.
Plessis-Mornay (Philippe de Mornay, sgr du Plessis-Marly, dit du), I, 257; IV, 385 et suiv.; VI, 212; VII, 336 et suiv.; VIII, 39, 185 et suiv.; IX, 97, 277 et suiv., 318.
Plétamberg ou Plettemberg, colonel bavarois, VII, 265; IX, 226.
Plettemberg. Voy. Plétamberg.
Pleys (Antoine du). Voy. Lecques.

---

1. Ce Pipet est-il justement identifié avec Claude Béranger? Ne serait-ce pas F. du Terrail, sieur de Bernins et de Pipet, t. II, p. 71?
2. Ne serait-ce pas lui qui serait désigné sous le nom de Pipet, t. II, p. 269, t. III, p. 171, et non pas Claude de Béranger?

Plomb (Manche), III, 299.
Plomeaux, nom donné aux Vaudois, I, 169.
Plocko (évêque de). Voy. Miszkowski (Pierre).
Plumaudan (N., sgr de), capitaine ligueur en Bretagne, IX, 184.
Plume (la) (Lot-et-Garonne), VI, 44, 45, 276.
Pluvault (Jean de Rochefort, sgr de), père de René de Rochefort, sgr de la Croisette, VII, 159 n.
— (Joachim de Rochefort, sgr de), II, 49, 282; IV, 281.
— (N. de Rochefort, sgr de), tué à Coutras, VII, 159.
— Voy. Châteauneuf (Antoinette de).
Pluviers. Voy. Pithiviers.
— (N., sgr de), hérétique supplicié à Angers, I, 226.
Plymouth (Angleterre, comté de Devon), II, 62, 264; VIII, 116; IX, 233.
Pô (le), fleuve, VI, 306; IX, 168, 363.
Podocatare (bastion de), à Nicosie (Chypre), III, 220, 221.
— (Hercule de), capitaine vénitien, III, 221.
Podolie (la), V, 33.
Podtliz (N., baron de), VIII, 391.
Poesle (Henri), hérétique supplicié à Paris, I, 207.
Poët ou Poet (Louis Marcel-Blayn, baron du), sgr de Baris, capitaine huguenot, † 1598, II, 134; III, 166 et suiv.; VI, 280; VII, 93 et suiv.; IX, 156, 168, 171, 172.
Poët-Laval (Drôme), VII, 88.
Poggiano (Giulio), prédicateur italien chargé de prononcer à Rome l'oraison funèbre du duc de Guise, II, 145.
Poggio-Bracciolini (Jean-François). Voy. Le Pogge.
Poinot (N.), ministre réformé à Monségur, VII, 72.

Pointe-Caseron (la). Voy. La Pointe-d'Aveyron.
Pointe-d'Aveyron (la) (Tarn-et-Garonne), III, 386.
Pointer (Jeanne), hérétique suppliciée en Angleterre, I, 221.
Pointet (Jean), hérétique savoyard supplicié à Paris, I, 206.
Poirier (le), près Aumale (Loire-Inférieure), VIII, 257.
— (le capitaine), huguenot, VI, 216 et suiv.; VII, 28.
Poisieu. Voy. Saint-Georges-d'Espéranche.
Poisle (N.), conseiller au parlement de Paris, IV, 263.
Poissy (Seine-et-Oise), II, 239, 243; V, 12, 13; VIII, 67, 70.
— (colloque de), I, 309 et suiv., 329 et suiv., 333; II, 3, 23; III, 215; IV, 364; IX, 285, 286.
Poitevin (Maixent). Voy. La Bidollière.
Poitevine (tour), à Lusignan, IV, 325.
Poitevins, II, 288; III, 53, 103, 104, 141, 182, 188, 201, 327, 368, 382; IV, 290, 302, 339 et suiv.; V, 132; VI, 88, 156; VII, 154, 369; IX, 145.
Poitiers, patrie de l'hérétique Jean Vernou, I, 220; émeutes en 1559, 249; sa défense confiée à Charles de la Rochefoucauld, lors de la conjuration d'Amboise, 266; tentative projetée sur cette ville par les princes de Bourbon, 280; marche du maréchal de Thermes sur cette ville, 282; défendue par Montpezat contre le roi de Navarre et le prince de Condé, 292; massacre de réformés, II, 8; prise et reprise de cette ville, 41 et suiv.; menacée par le comte de la Rochefoucauld, 254; retraite du duc d'Anjou, III, 37; départ du duc d'An-

jou, 38; retraite du comte du Lude après le siège de Niort, 79; émotion causée par la prise de Lusignan par Coligny, 81; entrée du duc de Guise, 101; assiégé par Coligny, 103 et suiv.; levée du siège, 109 et suiv.; la Saint-Barthélemy, 350; entreprise de Jean de la Haye sur cette ville, IV, 261; réclame la destruction du château de Lusignan, 332; assiégé par Jean de la Haye, 334 et suiv.; nouvelle entreprise de celui-ci, 337 et suiv.; arrivée de la Trémoïlle, V, 191; cité, 269; séjour du duc de Mayenne, 278; publication de l'édit de Bergerac, 338; Grands-Jours, VI, 4; cité, 7; sa situation comparée à celle de Cahors, 10; cité, 78; retraite du maréchal de Biron, VII, 57; passage de l'armée du duc de Joyeuse, 134; troupes entretenues pour sa défense, 333; rappel du siège de cette ville par les réformés en 1569, VIII, 31; soulèvement des ligueurs, 31 et suiv.; refuse l'entrée de la ville à Henri III, 32, 47; son union avec Nantes, 61; cité, 149; exploits de sa garnison, 227, 232; bloqué par les troupes de Henri IV, 235 et suiv.; sortie de sa garnison, 240 et suiv.; prédictions du franciscain Jean Portais, 326; sa reddition à Henri IV, IX, 38 et suiv.; refuse de payer les droits fiscaux votés par l'assemblée de Rouen, 119, 124, 365.

Poitiers (Adhémar de), I, 185.
— (Diane de), I, 66, 214, 231, 241, 245.
— (comte de). Voy. Aymar.
— (évêque de). Voy. Saint-Belin.

Poitou, exécutions d'hérétiques, I, 207, 223-226; organisation du parti réformé, 260; mission du comte de la Rochefoucauld, II, 41; troupes concentrées par lui, 253; exploits du comte du Lude contre les réformés, 264; succès de Sainte-Hermine, capitaine réformé, 269; guerres religieuses, III, 20 et suiv.; retraite des troupes réformées après Jarnac, 56; campagne de d'Andelot, 58; objectif de Coligny, 103; sa noblesse pressée par lui de prendre les armes, 114; cité, 135; hostilités, 178; expédition navale du baron de la Garde sur les côtes de cette province, 180; campagne de Puy-Gaillard et Puyviaud, 187, 188; la Saint-Barthélemy, 350; formation du tiers parti, IV, 29; agitation des réformés, 216; mission de Maurevert et Saint-Martin, 237; campagne du duc de Montpensier, 250 et suiv.; poursuite des hostilités après la mort de Charles IX, 259; exploits du duc de Montpensier, 285 et suiv.; désire la paix, 304; séjour du comte du Lude, 352; secours envoyés de cette province aux catholiques à l'île de Ré, 355; association de catholiques, 360; requête des huguenots de cette province, 363; entièrement au pouvoir des catholiques, 367; nouvelle de la prise de Marans par les huguenots, V, 25; exploits de Landreau, 119; voyage du duc de Mayenne et de d'Aubigné, 128; campagne des régiments de Lorges, Mouy et Bourry, 209; échecs des réformés, 217; séjour du duc de Mayenne, 219; troupes de cette province commandées par le duc de Rohan, 294; départ de troupes pour le Limousin, 376; entreprise de d'Aubigné sur

Montaigu, 379 ; mission de d'Aubigné, 386 ; prise d'armes des huguenots, VI, 3 ; échec des ligueurs, 7, 9 ; cité, 18 ; la Ligue dans cette province, 32 ; cité, 64 ; hostilités dont cette province est le théâtre en 1580, 69 et suiv. ; prise d'armes des réformés, 199 ; continuation des hostilités, 212 et suiv. ; progrès de la Ligue, 221 ; objectif des troupes protestantes venant d'Angers, 262 ; passage de d'Aubigné, 272 ; retraite de La Boulaye, 273 ; état de cette province en 1585, 275 ; puissance des catholiques, 365 ; « misérable état » des réformés, VII, 7 et suiv. ; concentration de troupes, 11 ; défections dans le parti réformé, 12 ; prise d'armes des réformés, 13 et suiv., 22 et suiv. ; objectif du roi de Navarre, 47 ; abaissement du parti réformé, 53 ; exploits de Lavardin, 66 ; envoi du duc de Joyeuse, 107 ; relèvement du parti réformé, 108 et suiv. ; siège de Fontenay par le roi de Navarre, 111 ; agissements des réformés, 115 et suiv. ; premier « voyage » du duc de Joyeuse, 117 et suiv. ; concentration de troupes réformées, 133 ; second « voyage » du duc de Joyeuse, 134 et suiv. ; conduite du roi de Navarre après Coutras, 161 ; voyage projeté de Henri III, 207 ; requête de la Ligue au roi touchant cette province, 221 ; cité, 288 ; demande de secours adressée au duc de la Trémoïlle, 295 ; pouvoirs donnés au duc d'Epernon, 306 ; campagne du duc de Mercœur, 328 ; arrivée du roi de Navarre, 331 ; son départ pour la Rochelle, 334 ; prise de Mauléon par le duc de Nevers, 368 et suiv. ; campagne du prince de Dombes, VIII, 60 ; instances de sa noblesse auprès de Henri IV pour obtenir congé de rentrer chez elle, 152 ; hostilités, 227 et suiv. ; reddition de Poitiers à Henri IV, IX, 35 et suiv. ; entièrement soumis à Henri IV, 40 ; synode de Saint-Maixent, 83 ; ses députés à l'assemblée générale demandée par les protestants des églises réformées, 87 et suiv., 98 ; menacé par les Croquants, 121 ; troubles, 365 ; passage de Henri IV, 461.

Poitou (prévôt de), IX, 304.

Poix (Jean), hérétique supplicié en Artois, I, 207.

Pojet ou Poyet (N., sgr de ou du), colonel protestant, II, 199 ; III, 191, 194, 197, 199, 201, 211 ; IV, 82, 134 ; V, 60.

Polavek (Hongrie), VII, 373.

Polignac (Haute-Loire), VII, 100.

Poligny (Jacques de Poligny, sgr de la Fare et de), lieutenant de Lesdiguières, gouverneur de Gap, VII, 87.

Politiques (le parti des), IV, 211, 214.

Pollet (faubourg du), à Dieppe, VIII, 163.

Polleville. Voy. Polveiller.

Pollinge (Haute-Savoie), VIII, 365.

Polo (Marco), navigateur vénitien, I, 120.

Pologne, séjour de Georges Martinuzzi, I, 92 ; persécution d'hérétiques, 173, 193 ; son protectorat sur Revel, en Livonie, 361 ; retour de Henri d'Anjou mentionné, 72 ; en guerre avec la Moscovie, 177 et suiv. ; élection du duc d'Anjou comme roi mentionnée, 250 ; en guerre contre les Turcs, 300 ; en guerre

19

avec la Moscovie, 337 ; politique de Charles IX, III, 357 ; négociations de Jean de Monluc, 361 ; mission de Bazin, 363 ; élection du duc d'Anjou comme roi, IV, 64 et suiv.; prières ordonnées à Rome pour l'élection d'un roi catholique en ce pays, 86 ; promesses faites à l'empereur pour la guerre contre les Turcs, 107 ; ses armements contre la Moscovie, 182 ; intrigues de Catherine de Médicis en faveur de son fils Henri, 188 ; projet d'un voyage de Catherine de Médicis, 258 ; message de Catherine de Médicis à la mort de Charles IX, 262 ; difficultés opposées au retour de Henri, roi de Pologne, en France, 266 ; allusion au séjour de Henri d'Anjou, 364 ; sentiments de Henri d'Anjou à son départ pour la Pologne, 365 ; événements qui suivent le départ de Henri d'Anjou, V, 26 et suiv.; alliée du vaïvode de Valachie, 31 ; refuse de s'allier à la Moldavie contre les Turcs, 32 ; rachète ses prisonniers à la Turquie, 41 ; prétentions d'Ivan IV, tsar de Moscovie, au trône de ce pays, 75 ; allusion aux efforts faits par Henri, duc d'Anjou, pour pacifier la France avant son départ pour ce pays, 140 ; allusion au sacre de ce dernier, 175 ; anecdote relative au roi Ladislas, 311 ; menées secrètes de Maximilien II, 319 ; négociations de Pibrac rappelées, 363 ; son protectorat sur Dantzick, VI, 144 ; voyage du sieur de Balagny mentionné, 328 ; retour de Henri III mentionné, VIII, 92 ; négociations du pape Clément VIII, 377 ; comprise dans le traité de Vervins, IX, 299.

Polonais, II, 334 ; IV, 66, 67, 181, 214 ; IX, 205 et suiv.

Polotsk (Russie, prov. de Vitebsk), II, 177 et suiv., 333.

Poltrot (Jean de), sgr de Méré, assassin du duc de Guise, II, 131, 142-145, 204.

Polus (Fabrice), astronome, IV, 94.

— (Renaud Pole, dit), cardinal et légat apostolique en Angleterre, I, 40, 41, 84, 224, 230.

Polvareil, moine augustin de Pamiers, II, 227.

Polweiler (Nicolas, baron de), colonel au service d'Espagne, I, 73.

Pomenic (N., sgr de), mêlé à une entreprise des réformés sur Nantes, III, 110.

Poméranie, IX, 469.

Poméraniens (gentilshommes) servant en France, V, 20.

— servant contre les Turcs, IX, 226.

Pommiers (Philippe de Grillet, sgr de), enseigne de la compagnie du duc de Retz, VI, 1 et suiv.

— (Le Gascon de). Voy. Le Gascon de Pommiers.

Pompadour (Geoffroy de), gouverneur du Limousin, III, 46, n.

— (Jean, vicomte de), capitaine catholique, III, 46, 59.

— (Louis de), gouverneur du Limousin pour la Ligue, IX, 145 et suiv.

Ponat (Antoine de), conseiller au parlement de Grenoble, appelé à tort Jean ; le gouvernement de Grenoble lui est confié par des Adrets, II, 55.

Ponce de Léon (Jean), hérétique supplicié à Séville, I, 349 ; III, 243.

Poncenat (François de Boucé, sgr de Poncenat-Changy, baron de Lespinasse, dit le capitaine), capitaine huguenot,

TABLE DES MATIÈRES. 291

II, 48, 50, 55, 72, 259 et suiv., 266, 269 et suiv., 273.
Poncet (Maurice, dit le chevalier), théologien, député du tiers état aux Etats de Blois, IV, 191-193; V, 257.
Poncher (Etienne), garde des sceaux, I, 230.
Poucin (Ain), IX, 323.
Pond (Henry), hérétique supplicié en Angleterre, I, 224.
Ponlevain. Voy. Pontlevin.
Pons (Charente-Inférieure), III, 25 et suiv., 33, 202, 203; IV, 350; V, 290, 292; VI, 1, 34, 36, 37, 40; VII, 13.
— (maison de), à Oléron, VII, 28.
— (François, sire de), III, 9.
— (Antoine, sire de), comte de Marennes, lieutenant de roi en Saintonge, fils du précédent, II, 267; III, 26.
— (Claude d'Argy, sgr de), guidon de la compagnie du marquis de Villars, VI, 85.
— Voy. Mirambeau, Plassac, Vigean.
Ponsonas (Jean Borel, sgr de), lieutenant de des Adrets, IV, 283 et suiv.; VI, 66.
— (N. Borel de), avocat général au parlement, I, 285.
Ponsu (N., commandeur du), IX, 401.
Pont (Le) (Charente-Inférieure), II, 45, 268; IV, 218; V, 119; VI, 35; VII, 36.
— (Antoine Berengier, dit le capitaine), huguenot, IV, 53, 54.
— (Charles de Quellenec, baron du), en Bretagne, vicomte du Fou, marié en 1566 à Catherine, fille et unique héritière de Jean de Parthenay, baron de Soubise, III, 322.
— (N., du), ministre calviniste au Brésil, I, 118.
— (le marquis du). Voy. Pont-à-Mousson.

Pontac (Thomas de). Voy. Pontac d'Escassefort.
Pontac d'Escassefort (Thomas de), député de Bordeaux aux Etats de Blois, VIII, 33.
Pont-Achard (Vienne), III, 106.
Pont-à-Joubert (Vienne), I, 105, 109.
Pont-à-Mousson (Meurthe-et-Moselle), II, 280.
— (Henri de Lorraine, marquis du), VII, 228.
Pontard (François), sgr de Trueil-Charays, dit Truchard, maire de la Rochelle, II, 252.
Pont-au-Change (le), à Paris, IX, 27.
Pont-Audemer (Eure), V, 110; VIII, 266; IX, 21.
Pontavert (Aisne), VIII, 217.
Pontavez. Voy. Pontevez.
Pontcarré (Geoffroy Camus, sgr de Torcy et de), premier président du parlement de Provence, conseiller au conseil d'Etat, VII, 45, 46, 108.
Pontcharra (Isère), VIII, 318; IX, 157.
Pont-Courlay (N., du Vergier, sgr de), capitaine catholique, frère de Louis du Vergier, sgr de la Rochejacquelein, VIII, 7.
Pont-d'Ain (Ain), IX, 323.
Pont-d'Arle sur le Rhône en Savoie, IX, 346, 347.
Pont-de-l'Arche (Eure), II, 32; VIII, 154, 251, 264, 266, 272.
Pont-de-Mille (N., sgr de), capitaine huguenot, VII, 21.
Pont-de-Tablate, près de Durcal (Espagne), III, 232, 233.
Pontdormy. Voy. Créquy.
Ponte (Nicolò di), ambassadeur vénitien à Rome, IV, 129; V, 55.
Pont-en-Royans (Isère), IV, 271.
Ponte-Stura (Italie, prov. de Montferrat), I, 60.
Pontevez. Voy. Buons, Carces, Flassans.

Pontgibaud (Mme de). Voy. Lude (comtesse du).
Ponthieu (Guillaume, comte de), I, 179.
Pontillaut (Louis de l'Isle, sgr de), enseigne de la compagnie de Montmorency-Thoré, IV, 385.
Pontivy. Voy. Rohan (René de).
Pont-l'Abbé (Charente-Inférieure), III, 197; IV, 350.
Pontlevin (N., sgr de), capitaine huguenot, IV, 218; V, 269, 270.
Pont-Neuf (le), à Cahors, VI, 10.
— à Paris, IX, 384.
Pontoise (Seine-et-Oise), VIII, 67 et suiv., 152, 180; IX, 12.
Pontorson (Manche), II, 140; VIII, 276 et suiv.
Pontpretin (N., sgr de), capitaine huguenot, VII, 352.
Pont-Remy (Somme), VII, 168.
Pont-Rousseau (Loire-Inférieure), VI, 87; VII, 328, 331.
Pont-Saint-Esprit (le) (Gard), II, 54; III, 348; V, 117, 118. 208; VII, 223.
Pont-Saint-Julien. Voy. Saint-Julien (Charente-Inférieure).
Pont-Saint-Thomas (le) (Dordogne), III, 131.
Ponts-de-Cé (les) (Maine-et-Loire), II, 21; III, 14, 198; VI, 256, 262; VII, 338; VIII, 38; IX, 292.
Pont-sur-Yonne (Aube), II, 254, 255.
Poole (Hirth), hérétique supplicié en Angleterre, I, 221.
Poortvliet (Hollande, prov. de Zélande), V, 59.
Popham (John), attorney général d'Angleterre, VII, 250.
Popincourt (prêche de), à Paris, I, 322; II, 5.
Poppelsdorf (Prusse), VII, 275.
Poqueyra (Espagne), III, 232, 233.
Porcairez (Hérail Pagès, sgr de), V, 299; VI, 23.
Porcellet (Tanneguy de), II, 64.

Porcien (Antoine de Croy, prince de), marquis de Reynel, comte d'Eu, pair de France, fils du suivant, II, 41, 102, 110, 140, 216, 228; III, 322; IV, 299.
— (Charles de Croy, comte de Seneghem, baron de Montcornet et comte de), III, 322.
— (Françoise d'Amboise, veuve de René de Clermont, femme de Charles de Croy, comte de), III, 322, n.
— (princesse de). Voy. Clèves (Catherine de).
Pordiac (Bernard de Bassabat de Vicmont, baron de), III, 97.
Porporato (Gaspard), gouverneur de Pignerol, IX, 166.
Porquerez. Voy. Porcairez, Porcellet.
Porson (Antoine), hérétique supplicié en Angleterre, I, 209.
Port (le capitaine), huguenot, IV, 288.
Portais ou Protaise (Jean), franciscain, prédicateur ligueur à Poitiers, VIII, 326.
Portault. Voy. Chastellier-Portault.
Port-de-Piles (Vienne), III, 112; VII, 8.
Porte ottomane (la), IX, 392, n.
Porte-Glaives (grand maître de l'ordre des). Voy. Furstemberg (Guillaume de).
Porte-Neuve (la), à Genève, IX, 377 et suiv.
— à Paris, IX, 14, 17.
Porte-Royale (la), à Marseille, IX, 114 et suiv.
Portereau (le), faubourg d'Orléans (Loiret), II, 142.
Porteur (Jean), hérétique supplicié en Angleterre, I, 209.
Port-Louis (Morbihan). Voy. Blavet.
Port-Neuf (le fort du), à la Rochelle, IV, 1, 8.
Porto (évêque de). Voy. Silva.
Porto-Carrero (Fernando Tello

de), capitaine espagnol, III, 233; IX, 129 et suiv.
Porto-Ercole (Italie), I, 58; IX, 338, 467.
Porto-Fino (Ligurie), IX, 339.
Porto-Junco ou Porto-Guaglia (Céphalonie), IV, 126.
Porto-Rico (île de), II, 330.
Porto-Vecchio (Corse), II, 168.
Port-Sainte-Marie (Lot-et-Garonne), III, 157; VI, 44, 276.
Portugais, I, 35, 114-119; II, 170, 327; V, 56-57; VI, 112 et suiv.; VIII, 109 et suiv., 388; IX, 409 et suiv.
Portugal, I, 194, 216, 351; II, 153, 169, 173, 328; IV, 92; V, 313, 327; VI, 110, 121, 125 et suiv., 160, 161, 167, 284, 293, 303, 309 et suiv.; VII, 239-244, 277; VIII, 115, 379; IX, 404, 409.
— (Emmanuel Ier, prince de), vice-roi des Indes, IX, 233.
— (Henry de Bourgogne, comte de), père d'Alphonse le Conquérant, V, 315.
— (Jean de), évêque de Guarda (prov. de Beira, Portugal), VI, 313.
— Voy. Antonio, Isabelle, Marie, Vimioso.
Portus (François), professeur de grec à Genève, III, 365.
Posnanie, IV, 200.
— (évêque de). Voy. Conarski.
Poson, Posum. Voy. Presbourg.
Posquières, aujourd'hui Vauvert. Voy. ce mot.
Possoa, confident de don Sébastien, IX, 407.
Pot (Guillaume). Voy. Chemaux.
Potard (Eugénie), de Sancerre, suppliciée, IV, 45.
— (Jean), criminel exécuté à Sancerre, IV, 45.
Poten (Anne), hérétique suppliciée en Angleterre, I, 221.

Poten (Antoine), secrétaire d'Etat, VIII, 418.
Potier (Nicolas), président au parlement de Paris, IX, 370.
Potrincourt (régiment de), VIII, 262.
Pottei (Jean), hérétique supplicié en Angleterre, I, 219.
Poudenx (Charles de), gentilhomme landais, V, 12.
Pouillé (N., sgr de), capitaine huguenot, III, 72, 73.
Pouilly (Nièvre), III, 85.
Poulain ou Le Bobe (Robert), archevêque de Rouen de 1208 à 1221, I, 176.
Poulias. Voy. Fraignées.
Poulies (rue des), à Paris, III, 305.
Pouliot (Etienne), hérétique supplicié à Annonay, I, 212.
Poullitre, capitaine huguenot, IV, 208.
Pourceau (Jean), hérétique supplicié en Flandre, I, 220.
Pousaire, capitaine royaliste, IX, 36.
Pouvert (N.), lieutenant d'Hercule de Saint-Aignan-des-Marests, II, 22.
Pouy (N., sgr du), guidon de la compagnie du duc d'Epernon, VIII, 310.
Pouzanges-la-Ville (Vendée), VI, 75.
Pouzin (le) (Ardèche), III, 167, 168, 170, 389; IV, 55, 226, 272, 284.
Poyanne (Bertrand de Baylens, baron de), sénéchal des Lannes, gouverneur de Dax, V, 247, 250 et suiv.; VI, 188 et suiv.
Poyet (René), hérétique supplicié en France, I, 216.
Pozzalo (Malte ou Sicile), II, 320.
Prabaud (Gaspard de Bonne, sgr de), lieutenant de Lesdiguières, IX, 171.
Pracomtal. Voy. Ancone.

Prade (Joan di), capitaine espagnol, IX, 443.
Pra-del-Torn, dans la vallée d'Angrogna, près Villar-Pellice (Italie, prov. de Turin, arr. de Pignerol), I, 197, 199.
Pragelas (Piémont), I, 173; VIII, 92; IX, 157.
Prague (Bohême), VII, 237; IX, 386, 399.
— (Jérôme de), I, 194, 203.
Pralis. Voy. Piali.
Praslin (Charles de Choiseul, marquis de), VIII, 349 et suiv.; IX, 368.
Pré (le capitaine), huguenot, IV, 384 et suiv.; VI, 59 et suiv.
— (Léonard du), limousin, hérétique supplicié, I, 213.
Pré-aux-Clercs (le), à Paris, VIII, 73, 76.
Préaux (Hector de), sgr de Chastillon, capitaine de gens de pied huguenot, gouverneur de Châtellerault, IV, 384 et suiv. (?); VII, 299, 371 et suiv.; VIII, 4, 10, 18, 231; IX, 304.
Pregadi (conseil des), à Venise, IX, 408.
Prehavet, sergent de la garnison de Comper, IX, 191 et suiv.
Preissac (Prix de), sgr de Cadeillan, et de Maravat, capitaine huguenot, VII, 83.
Pré-l'Abbesse (le), faubourg de Poitiers et de Saintes, III, 107, 200.
Presbourg, Poson, Posun (Hongrie) (diète de), convoquée par Rodolphe II, VII, 237; VIII, 105.
Pressac. Voy. Preissac.
Pressia (Claude d'Andelot, baron de), gentilhomme de Bresse, capitaine au service du duc de Savoie, VIII, 98.
Pressigny (faubourg de), à Angers, VI, 255.

Pressigny-le-Grand (Indre-et-Loire), V, 128.
Pressy (baron de). Voy. Pressiac.
Preston (le colonel), écossais, VI, 332.
Preud'homme (René), hérétique supplicié à Angers, I, 226.
Preuilly (Vienne), III, 145 et suiv.
— (Jean Chasteigner, dit le baron de), puis le baron de la Rochepozay. Voy. La Rochepozay.
Prévost. Voy. Charbonnières, Charry, Morsan.
Prez (Gérard des), capitaine au service de Maurice de Nassau, VIII, 393.
— (Melchior des). Voy. Montpezat.
Prie (N., sgr de), vers 1553, I, 47.
— (Marc de). Voy. Varembon.
Prime-Rose (la), vaisseau amiral du comte de Mongonmery, IV, 22.
Pringy (Haute-Savoie), VIII, 360.
Prins-Albert (Belgique, prov. de Flandre occidentale), IX, 439.
Prinsay (Innocent de), gentilhomme de la Marche, V, 371 et suiv., 380; VI, 4.
— Voy. Villiers-Prinsay.
Prisbach (Wolfang), de Cracovie, écrivain réformé, III, 365.
Prises (N., sgr des), ambassadeur de Guyenne en Allemagne, IV, 361.
Privas (Ardèche), II, 263; III, 169, 389; IV, 56, 272.
— (vicomte de). Voy. Chambaud.
Probio (don), capitaine au service du duc de Savoie, IX, 158.
Protaise. Voy. Portais.
Prouski (Alexandre), fils du palatin de Kiew, IV, 72.

Proux, Croux, Crocq (Creuse) (Auvergne), IV, 296.

Provanes. Voy. Valfrenières.

Provençal (le capitaine), capitaine huguenot, IV, 17.

Provençaux, II, 66, 275, 284; III, 31, 34, 38, 44, 104, 130; IV, 206; V, 189; VI, 66 et suiv.; VII, 94.

Provence, les Vaudois, I, 168, 173; exploits de Simon de Montfort, 186; martyrs de la Réforme originaires de ce pays, 226; organisation du parti réformé, 264; exploits des réformés, 282 et suiv.; campagne de Mauvans, 288; plaintes et doléances à la cour, 322; haines soulevées contre La Mothe-Gondrin, II, 50; guerre religieuse, 56 et suiv., 131; Antoine de Crussol, duc d'Uzès, chargé de la pacifier, 135; secours envoyés aux catholiques de Paris, 239; levées de troupes par les réformés, 257; articles de la paix de Longjumeau relatifs à cette province, 364; levées de troupes par les réformés, III, 26, 27; comprise dans le traité de Saint-Germain, 268; massacre de réformés, 348 et suiv.; requête des huguenots à Charles IX, IV, 186; intrigues de La Molle, 232; campagne du maréchal de Retz, 283; retour d'Allemagne des députés de cette province, 361; villes cédées aux huguenots par le traité de Monsieur, V, 79; manœuvres du sieur de Luynes, 117; reprise des hostilités, 118; accepte l'annulation du traité de Monsieur, 170; conséquences du traité de Bergerac, 339; voyage de Catherine de Médicis, 366; mission de Constans, 386; passage de troupes italiennes, VI, 93; son gouvernement confié à La Valette, VII, 85; concentration des forces catholiques pour secourir Montélimar, 92; allusions anticipées au voyage du duc d'Epernon, 107, 314; convoitée par le duc de Savoie, VIII, 94; expédition du duc d'Epernon, 166, 168, 283, 284, 304 et suiv.; campagne du duc de Savoie, 317; campagne de Lesdiguières, 319; citée, 330, 354; ses affaires réglées par Henri IV, IX, 59; députés huguenots aux assemblées réformées, 87, 88; citée, 114; campagne de Lesdiguières, 151 et suiv.; campagne du duc d'Epernon, 164; campagne du duc de Savoie, 167; départ des troupes du duc de Savoie, 168; citée, 182; campagne du duc de Guise, 322; campagne du comte de Fuentès, 331; comprise dans l'édit de Nantes, 452.

Provinces-Unies. Voy. Pays-Bas.

Provins (Seine-et-Marne), VIII, 411.

Prunay-le-Gillon (Eure-et-Loir), VII, 185.

— [-le-Gillon] (Claude de Billy, sgr de), chevalier de l'ordre du roi, capitaine de cinquante hommes d'armes, III, 54.

Pruneaux (N. des Sorbiers, sgr des), l'ainé, III, 306.

— (Roch des Sorbiers, sgr des), VI, 142, 355.

Prunes (Etienne Chevalier, sgr des), général des finances de Poitou, II, 43; III, 324.

Prusse (province de), IV, 106.

Psaumes (le livre des), I, 138, 147.

Publiar (le). Voy. Puybelliard.

Pucci (Pandolfo), auteur d'un complot contre le duc de Florence, I, 340.

Puech (le). Voy. Puy-Sainte-Réparade (le).

Puerto-Réal (Espagne, prov. de Cadix), IX, 233.
Puicalvère. Voy. Puycalvel.
Puicelcy (Tarn), I, 180.
Puichairie. Voy. Pichery, Puchairie.
Puidival (N., sgr de), capitaine huguenot, VII, 112.
Puigrelier. Voy. Normand.
Puilboreau (Charente-Inférieure), III, 378.
Puis (Nicolas du), hérétique supplicié en Flandre, II, 339.
Puividart. Voy. Puy-Vidal.
Puntal (fort de), dans l'île de Calis en Andalousie, IX, 234.
Purgatorio Soima (traité dit del), livre vaudois, I, 171.
Puritains (les), d'Ecosse, IX, 423.
Purpurato (Alexandre), capitaine italien, II, 261.
Puta, nom donné à Saint-Quentin-de-Confolens. Voy. ce mot.
Puy (le) (Haute-Loire), IV, 220; VII, 99, 100.
— (évêque du). Voy. Saint-Nectaire (Antoine de).
— Voy. Beiquet, Montbrun.
Puybelliard (Vendée), IX, 36.
Puybeton (Foucault de Gontaut, sgr de), dit le baron de Biron, frère cadet du maréchal de Biron, capitaine protestant, III, 128.
Puybusque. Voy. La Landelle.
Puycalvel (François de Chateauverdun, sgr de), capitaine huguenot, IV, 306 et suiv.
Puy du Fou (Gilbert de), sgr de Combronde, VIII, 242.
— (N. de), frère du précédent, VIII, 242.
Puyferrier ou Pied-Ferrat (N., sgr de), capitaine catholique, VIII, 166 et suiv.
Puygaillard (Jean de Léaumont, sgr de), baron de Brou et Morée, maréchal de camp, gentilhomme de la Chambre, II, 21; III, 16, 18, 19, 57, 76, 79, 178 et suiv., 183, 184, 187 et suiv., 201 et suiv.; IV, 3, 28, 203, 251 et suiv., 288, 290, 314 et suiv.; V, 25, 262, 270 et suiv., 283, 284, 288, 289, 292; VI, 60 et suiv.
Puygaillard (Gilles de Léaumont de), frère du précédent, IV, 3.
— (Emeric de Léaumont, baron de), frère des précédents, VII, 360 et suiv.
Puy-Greffier (Tanneguy du Bouchet, sgr de), dit Saint-Cyr, capitaine huguenot, II, 121; III, 8; VII, 55.
Puyguillon (Jacques de la Marthonnie, sgr de), capitaine huguenot, VIII, 19.
Puylaurens (Tarn), I, 174; III, 91, 387; IV, 340.
Puy-Liboreau. Voy. Puilboreau.
Puy-Michel (N., sgr de), gentilhomme provençal huguenot, IX, 303.
Puymirol (Lot-et-Garonne), V, 224.
Puy-Morin (N., sgr de), VIII, 60, 231, 233.
Puy-Notre-Dame (Maine-et-Loire), VI, 78.
Puy-Sainte-Réparade (le), dit le Puech (Basses-Alpes), VIII, 319.
Puysseguin (Gironde), VII, 162.
Puy-Vatan (N., sgr de), capitaine catholique, III, 123 et suiv., 136.
Puyviault[1] (Christophe Claveau, sgr de), capitaine huguenot, II, 253, 282; III, 8, 25, 46, 47, 49 et suiv., 52, 55, 76 et suiv., 178, 184, 188 et suiv., 201, 322.
Puy-Vidal (Gabriel de Lomagne, sgr de), capitaine huguenot, IV, 319 et suiv.
Pyrénées, VI, 165; IX, 232.

---

1. Vendée, paroisse de Saint-Sulpice.

Q

Quarante-cinq (les), gentilshommes de la garde de Henri III, VII, 387 et suiv.
Quasy (le capitaine), défenseur de Castillon, VII, 74, 76.
Queiras, Keiras (vallée de) (Hautes-Alpes), VII, 90; IX, 166.
Quejarre. Voy. Guejarras.
Quellenec. Voy. Pont (Charles de Quellenec, baron de).
Quélus. Voy. Caylus.
Quequaire (Chrestien de), hérétique supplicié en Flandre, I, 227.
Querais ou Queray (Artus de Parthenay, sgr du), capitaine huguenot, IV, 327 et suiv.; V, 290.
Quercy (province du), I, 177, 220; II, 239, 258; III, 91, 338, 388; IV, 209, 333; V, 221, 255, 370; VI, 10; VIII, 281 et suiv.; IX, 120.
— (sénéchal de). Voy. Vésins.
Quergrois. Voy. Kergroix.
Queriers (le capitaine), lieutenant du sieur du Gohas, IV, 39, 182.
Quesnoy (le) (Nord), I, 48; III, 212.
Quiétins. Voy. Théatins.
Quillebœuf (Eure), V, 110.
Quimper (Finistère), IX, 188.
Quinones. Voy. Luna.
Quin-Sai (Chine), I, 120.
Quint, capitaine dauphinois, I, 283.
Quintin (Jean), professeur de droit canon, I, 306.
Quiqueran. Voy. Ventabren.
Quirini (Jean-Antoine), capitaine vénitien, IV, 102.
— (Jérôme), capitaine vénitien, IV, 94.
— (Vincent), capitaine vénitien, IV, 112 et suiv., 117.
Quirino (bastion de), à Chypre, III, 220.
Quirino (Marc), capitaine de galères vénitien, III, 217 et suiv.
Quitry ou Guitry (Antoine de Chaumont, sgr de), III, 12.
— (Jean de Chaumont, sgr de), fils du précédent, chambellan du duc d'Anjou, capitaine du roi de Navarre, lieutenant général des armées du roi, IV, 75, 77-78, 222-225, 231; V, 226, 235; VI, 50; VII, 175; VIII, 87, 155, 364 et suiv.
Quixada (Luis de), capitaine espagnol, lieutenant de don Juan d'Autriche, III, 230, 232.

R

Raab (Hongrie), II, 166, 300; VIII, 370, 372; IX, 386 et suiv., 395-398.
Rabadan, roi d'Alger, V, 54.
Rabaine. Voy. Tousche.
Rabastens (Tarn), I, 180; III, 91, 388; VIII, 282.
— Voy. Paulin.
Rabodanges (François de), III, 13; IV, 247.
Racan (Claude de Bueil, sgr de), maréchal de camp, VIII, 292 et suiv.
— (Louis de Bueil, sgr de), III, 394.
Racine. Voy. Villegomblain.
Raconis, Raconigi (Piémont), IX, 171.
— (N., sgr de), en Savoie, I, 199; VII, 229.
Racziane. Voy. Radomski.
Radcliffe (Thomas). Voy. Sussex.
Radomski. Voy. Criski.
Radziwil (Nicolas de), palatin de Vilna, II, 333.
Raert (Jean de), amiral hollandais, IX, 424.
Raevels-Petit (Belgique, prov. d'Anvers), IX, 251.
Raffin (Antoinette de), fille de François de Raffin, sgr d'Azay-le-Rideau, femme de Guy

de Saint-Gelais, sgr de Lanssac, III, 114.
Ragazzoni (Jacopo), vénitien, IV, 97.
— (N.), évêque de Famagouste, III, 225.
Ragny (François de la Magdeleine, marquis de), capitaine catholique, IV, 11; IX, 24.
Ragonasco (Charles), capitaine italien, défenseur de Famagouste, IV, 102.
Raguereaux (les petits), dans l'île d'Oléron, VII, 27.
Raguier. Voy. Esternay.
Raguse (Dalmatie), III, 225; IX, 238.
Raillard (le capitaine), gouverneur de l'Isle-Dieu, IV, 135.
Raimond. Voy. Armagh.
Raiser (Jean), hérétique supplicié en Flandre, I, 227.
Raissac-sur-Lampy (Aude), I, 190.
Raju, roi de Ceylan, VIII, 110.
Raleigh (Thomas), navigateur anglais, IX, 233.
— (Walter), navigateur anglais, frère du précédent, IX, 233 et suiv., 422.
Rambouillet (Seine-et-Oise), V, 339.
— (Charles d'Angennes, cardinal de), évêque du Mans, II, 212; VIII, 342.
— (Jacques d'Angennes, sgr de), II, 97, 206, 227.
— (François d'Angennes, sgr de), III, 12, 74.
— (Nicolas d'Angennes, sgr de), chevalier des ordres du roi, capitaine de 100 hommes d'armes des ordonnances, IV, 91, 182; V, 367; VIII, 292 et suiv.
Ramefort (Onuphre d'Espagne, baron de), colonel de gens de pied, VII, 95.
Ramisson, capitaine huguenot, VII, 166.
Ramix, chef maure, III, 231 et suiv.

Rammekens (île de Walcheren), V, 61, 64; IX, 438.
Ramsay (Alexandre de), gentilhomme écossais, IV, 143.
Ramus (Pierre La Ramée, dit), humaniste, III, 330.
Rancé (N., sgr de), dit Contenan, capitaine champenois, gouverneur du duc d'Aumale, colonel des légionnaires de Champagne, II, 283, 285; III, 123 et suiv.; IV, 380 et suiv.; IX, 332.
Ranché. Voy. Renchère.
Ranchivag, capitaine souabe, IX, 226.
Rancogne (N., sgr de), capitaine huguenot, VI, 50, 55.
Randan (la forêt de), en Auvergne, II, 270.
— (Charles de la Rochefoucauld, comte de), colonel de l'infanterie française, II, 93, 94.
— (Jean-Louis de la Rochefoucauld, comte de), gouverneur d'Auvergne pour la Ligue, fils du précédent, VIII, 194, 281, 312; IX, 110, 113.
Ranques (Antoine de), capitaine huguenot, V, 249; VI, 234; VII, 26; VIII, 3.
Rantzau (Daniel de), capitaine danois, II, 335 et suiv.
— (Henri, comte de), homme d'Etat et savant danois, gouverneur du Holstein et du Sleswig, VII, 267.
Rape (fort de la), à Hulst, IX, 247 et suiv.
Rapin (Nicolas), poète, VIII, 245.
— (Philibert de), gentilhomme du prince de Condé, gouverneur de Montauban, II, 259, 270; III, 159.
Rascas (François de), capitaine huguenot, IV, 306 et suiv.
Rasciens (les), auj. les Serbes, IX, 204.
Rases (le capitaine des), capitaine huguenot, V, 279, 280.

Rassenghien (Maximilien Vilain, sgr de), VI, 137.
Rassi ou Roy (le capitaine), capitaine catholique, IV, 41.
Rastignac (Claude Chapt de), père de Messillac (Raymond Chapt de Rastignac, sgr de), V, 375; IX, 145.
Rat ou Le Rat (Pierre), président au présidial de Poitiers, V, 147, 162, 168.
Raton (le capitaine), capitaine huguenot, gouverneur de Vitré, VII, 346 et suiv.
Ratzfeld (Bernard), évêque de Munster, II, 179.
Raucourt (Ardennes), VII, 201, 202.
Raunay. Voy. Noisay.
Rauper (Georges), hérétique supplicié en Angleterre, I, 220.
Ravaillac (François), assassin de Henri IV, IX, 471 et suiv.
Ravardière (N., sgr de), capitaine royaliste, VIII, 272 et suiv., 278, 279; IX, 179.
Ravet (Jean), cordelier, hérétique supplicié en France, I, 223.
Ravilli. Voy. Rosso (Giulio Riviglio).
Raymond, archevêque d'Armagh (Irlande), VIII, 389.
Raymond II, dit Trencavel, fils de Raymond Roger, vicomte de Béziers, I, 190, 191.
Raymond III, vicomte de Turenne, I, 177.
Raymond V, comte de Toulouse, I, 174, 176, 179-181.
Raymond VI, comte de Toulouse, I, 174 n., 182, 185, 186, 188.
Raymond VII, comte de Toulouse, I, 182, 184-190.
— Roger, vicomte de Béziers, I, 174, 178, 179.
Razats (les), surnom donné aux adversaires des Carcistes ou partisans du comte de Carces, IV, 283.
Razengues (Gers), VII, 354.
Ré (île de), II, 264, 268 et suiv.; III, 374; IV, 352; V, 112, 211, 256-258, 260, 266, 280; VI, 71.
Réale (la), galère prise par les Rochellois, IX, 182.
Réalmont (Tarn), I, 191; III, 387, 388.
Réalville (Tarn-et-Garonne), IV, 340, 341.
Réaux (Antoine de Moret, sgr des), conseiller du roi de Navarre, VII, 196.
Rebecque. Voy. Constant.
Rebeirou. Voy. Riberou.
Rebezies (François), hérétique de Condom supplicié, I, 225.
Rebours (Mathieu), hérétique supplicié à Romans, I, 227, 284.
Réchicourt-le-Château (ancien dép. de la Meurthe), Archecour, IV, 381.
Rechignevoisin. Voy. Guron.
Reclainville (Jean d'Allonville, sgr de), gouverneur de Chartres pour la Ligue, VIII, 52, 54.
Recourt. Voy. Licques.
Redde (Thomas), hérétique supplicié à Douvres, I, 222.
Redern (Melchior), gouverneur de Varadin, IX, 390.
Redon (Ille-et-Vilaine), VIII, 28; IX, 179.
— (Thomas), carme de Bretagne, hérétique supplicié à Montpellier, I, 203.
Rees (fort de) (duché de Clèves), VIII, 392; IX, 426, 429, 433, 434.
Reffuge (Jean du), sgr et baron de Gallardon, gendre de Mongonmery, dit Barrache, IV, 225, 239 et suiv.
Régale. Voy. Revel.
Regennes (les) (Yonne), III, 83-84.
Reiden (évêché de Munster), III, 260.

Reilen (Hector), capitaine de lansquenets, III, 191.
Reims (Marne), I, 213, 246; II, 234; IV, 371; IX, 9, 24, 40.
Reine (porte de la), à Limoges, V, 376.
Reiran. Voy. Tocmaser.
Reis. Voy. Dragut.
Reisberg (N.), colonel allemand, I, 43.
Reit-diep (Hollande, prov. de Groningue), VI, 325.
Reitres, II, 99, 101, 107, 274 et suiv.; VI, 149; VIII, 186 et suiv., 207.
Reivan. Voy. Erivan.
Remi (Hector), hérétique supplicié à Douai, I, 209.
Remichon (Michel), curé de Bossière (Belgique, prov. de Namur), IX, 242.
Remilly (Ardennes), VII, 201.
Remoiville (Meuse), VII, 364.
Remoulins (Gard), VII, 171.
Renard (Florent). Voy. Saint-Julien.
Renassé ou Renazé (N.), secrétaire du sieur de la Fin, IX, 363, 364.
Renaudière, soldat huguenot, VIII, 4.
Renaux (Jean des), hérétique supplicié.
Rence. Voy. Rance.
Renchère ou Ranché (N., sgr de), capitaine catholique, IV, 27.
René-le-Duc. Voy. Arnay-le-Duc.
Renier (Etienne), docteur en théologie, hérétique supplicié à Vienne, I, 206.
Reniès. Voy. Reyniès.
Rennebourg (Georges de Lalaing, comte de), baron de Ville, gouverneur de Frise, V, 331; VI, 323-326. Voy. Hoogstraeten.
Rennes (Ile-et-Vilaine), V, 188, 339; VIII, 28-30, 58-59; IX, 184, 187, 189, 190, 196.
— (parlement de), II, 32.

Renolière (N., sgr de), capitaine huguenot, dit le jeune Renolière, IV, 293.
Renouard (Jean de Bailleul, baron de Messei, sgr de), chevalier de l'ordre du roi, gouverneur de Caen, II, 89, 122, 139.
Renty (la bataille de), I, 49-51, 53.
— (Emmanuel de Lalaing, sgr de Montigny, marquis de), par son mariage avec Anne de Croy-Renty, gouverneur et grand bailli de Hainaut, VI, 140, 331, 332; VII, 271; VIII, 126, 213, 367.
— (Jacques, baron de), II, 244; III, 61, 84, 155, 163, 181, 211; IV, 79, 80.
— Voy. Landelles.
Réole (la) (Gironde), V, 130, 185 et suiv., 221, 238, 355-357; VI, 276; VII, 40-42.
— (porte de la), à Monségur, VII, 71.
Requesens (Louis de), grand maître de l'ordre d'Alcantara, gouverneur des Pays-Bas, III, 236, 237, 267; IV, 116 et suiv.; V, 65 et suiv., 71, 109.
Resat, capitaine huguenot, II, 129.
Resi (Carlo, comte), gentilhomme de la maison de l'archiduc Albert, IX, 448.
— (le capitaine). Voy. Roussieu.
Resnier. Voy. Reyniès.
Retail (N., sgr du), capitaine catholique, IV, 289, 324 et suiv.
Rethel (Ardennes), IV, 382.
Rethelois (Charles de Gonzague, duc de), IX, 73 et suiv.
Retimo (Crète), IV, 103.
Retourtour (Ardèche), VII, 193.
Retz (pays de), près Nantes, VIII, 228.
— (Albert de Gondy, comte et baron, puis duc de), général des galères, pair et maréchal

de France, chevalier des deux ordres du roi, conseiller au conseil d'Etat, capitaine de 200 hommes d'armes des ordonnances, III, 129, 304, 309, 311, 314, 329, 375; IV, 4, 7, 9, 14, 16, 34, 135, 188, 194, 224, 283, 284, 364, 380 et suiv.; VI, 33, 73, 74, 78, 157; VII, 26, 60.

Retz (Claude-Catherine de Clermont, dame de), femme d'Albert de Gondy, duc de Retz, III, 129 n.; IV, 290; VI, 73.

Reu (Guillaume de), hérétique supplicié à Angers, I, 213.

Revel (gouvernement d'Esthonie), I, 122, 360, 361; II, 178, 334; III, 254.

Revol (Louis), secrétaire d'Etat, VII, 389; VIII, 141; IX, 7.

Reynaud (Jehan de). Voy. Allins.

Reynel (Antoine de Clermont, marquis de), III, 65, 125 et suiv., 163, 175 et suiv., 322.
— (Louis d'Amboise, marquis de), fils du précédent, VII, 127.

Reyner, théologien catholique, I, 170.

Reyniès (Jean de la Tour, sgr de), capitaine protestant, gouverneur de Castres, III, 337 et suiv., 384 et suiv.; VIII, 283 et suiv.

Rharbia (El) (pays de l'ouest au Maroc), I, 102.

Rheyde (fort de), en Westphalie, VIII, 391.

Rhin (le), II, 302; IV, 82, 377; VII, 257, 258, 276; VIII, 392, 396, 397, 400, 404; IX, 257, 261, 425.
— (porte du), à Rhinberg, IX, 427.
— Voy. Mannheim.

Rhinberg (électorat de Cologne), VII, 259, 263; VIII, 392, 406; IX, 246, 257, 258, 265, 426, 427.

Rhingrave (Frédéric de Salm, comte), après la mort de son frère Jean-Philippe, III, 125; IV, 80, 384 et suiv.

Rhingrave (Jean-Philippe de Salm, dit le comte), I, 70; II, 76, 121, 198; III, 45, 121 et suiv., 125, 128.

Rhodes (île de), I, 90; III, 219.
— (sangiac de), IV, 115 et suiv.
— (Guillaume Pot de). Voy. Chemaux.

Rhône (le), I, 176; II, 58, 64, 65, 135, 211; III, 136, 165 et suiv., 347; IV, 212; VI, 149; VII, 98; VIII, 305, 306; IX, 12, 46, 145 et suiv., 365, 375.
— (pont du), à Lyon, IX, 11.

Rhuber. Voy. Ruber.

Rianni (N. du), de Troyes, prédicateur de la Ligue, V, 109.

Rians (Var), VIII, 315.

Riario (Alessandro), légat du pape en Espagne, VI, 309.
— (N.), capitaine de chevau-légers italiens, IX, 158.

Ribar (Hongrie, comitat de Soli), VII, 237.

Ribaut (Jacques), frère du suivant, II, 331.
— (Jean), navigateur, II, 328, 331; III, 244.

Ribauts, nom donné aux Vaudois, I, 169.

Ribera (Jacques de), auteur catholique, I, 170.
— (N.), prisonnier chrétien des Turcs, II, 309.

Ribérac (Dordogne), III, 32.

Riberou, Rebeirou (Charente-Inférieure), II, 267; V, 268.

Ribonde (taillis de), dans l'Orléanais, III, 89.

Ricardie (Mathieu), hérétique supplicié en Angleterre, I, 224.

Ricarville (Guy de), gouverneur de Dieppe, II, 33, 90.

Riccio (David), II, 355 et suiv.

Ricoy (Georges de Créquy, sgr de), IX, 58 et suiv.

Richard II, roi d'Angleterre, I, 193.

302   HiSTOIRE UNIVERSELLE.

Richard. Voy. Belligny.
Richardot (Jean), neveu de François Richardot, IX, 118.
— Voy. Grusset-Richardot, Ottignies.
Riche (église de la), à Tours, II, 7.
Richelieu (Antoine du Plessis, sgr de), dit le *Moine de Richelieu*, I, 275; II, 43, 127, 275; III, 79; IV, 251; V, 180, 225.
— (François du Plessis de), chevalier des ordres du roi, grand prévôt de l'hôtel, VII, 394; VIII, 175.
Richer (Noël), capitaine au service du duc de Bouillon, VIII, 351.
— (Pierre), ministre calviniste au Brésil, I, 118.
Richteren (Hollande, prov. de Drenthe), VI, 360.
Ridlei (Nicolas), évêque anglais, hérétique supplicié, I, 220.
Ridolfi (Robert), agent du roi d'Espagne en Écosse, IV, 142.
Rié (île de) (Vendée), IX, 40.
Rieux (Oise), VI, 48.
— (Denis de), hérétique de Meaux supplicié, I, 206.
— (François de la Jugie, sgr de), gouverneur de Narbonne, IV, 259, 260; V, 205.
— (François de Coligny, sgr de), VI, 231; VII, 35, 36.
— Voy. Asserac, Châteauneuf, Haucourt, Sourdéac.
Riez (Basses-Alpes), IV, 284.
Riga (Russie), I, 122.
Rigale (château de) (Hongrie), I, 94.
Rigaut (Robert?), mestre de camp de l'armée protestante, VIII, 212 et suiv.
Rimbault (Deux-Sèvres), VII, 15, 16.
Rimenant. Voy. Rymenam.
Rio (Lodovico del), arrêté dans les états de Brabant, V, 73.
Rio-de-Janeiro, rivière de Genèvre (Brésil), I, 115.

Riom (Puy-de-Dôme), II, 273; IX, 110.
Riou (Thibault Rouault, sgr de), gouverneur d'Hesdin, I, 47.
— (N., sgr du), capitaine huguenot, VI, 256.
Rioux (Jacques de Beaumont, sgr de), lieutenant du maréchal de Matignon, gouverneur de Taillebourg, VI, 228-230, 234.
Ripaille (Haute-Savoie), VII, 229; VIII, 97, 98.
Ripperda (Wyboldt van), capitaine frison, IV, 154, 164.
Riquel (Antonio), capitaine espagnol, IX, 448.
Risbank (fort de), près Calais, I, 73.
Risoire, capitaine flamand, VIII, 131.
Riswar ou Korvar (Hongrie), II, 299.
Rivail (Guillaume de Blanieu du), gouverneur de Tallard, lieutenant de Lesdiguières, IX, 153.
Rival. Voy. Rivail.
Rivalta (Italie, prov. de Lombardie), IX, 169.
Rive (porte de la), à Genève, IX, 378, 379.
Rives (N., sieur de), écuyer du roi de Navarre, VII, 152 et suiv.
Riviglio Rosso. Voy. Rosso.
Ro (Michel de), hérétique supplicié en Flandres, III, 258.
Roannez (Claude Gouffier, marquis de Boisy, sgr d'Oiron, duc de), grand écuyer de France, II, 204; III, 22.
Robert d'Auvergne, évêque de Clermont de 1195 à 1227, I, 176.
Robert, duc de Bourgogne, V, 315.
Robert II, dit le Pieux, roi de France, V, 314, 315.
Robert (Jean), capitaine huguenot, VI, 10, 12 et suiv.

Robert (Nicolas), hérétique supplicié à Romans, I, 227, 285.
— (Pierre), avocat au parlement de Paris, I, 295.
Robertet (Florimond), sgr de Fresne, II, 29, 39, 192, 237, 238.
Robillac (Michel), hérétique supplicié à Tournai, II, 338.
Robin (porte), à Jametz (Ardennes), VII, 367.
Robinière (N., sgr de), capitaine huguenot, VII, 377.
Robles (Gaspard de), sgr de Billy, gouverneur de Groningue, IV, 151 ; V, 330 ; VI, 360.
Roboam, roi d'Israël, V, 83.
Rocasio (bastion de), à Nicosie, III, 220.
Roccasparvera, Roques-Sparvière (Italie, prov. et circ. de Cuneo), IX, 349.
Roc-de-Mars, place entre Thionville et Trèves, I, 42.
Roch de Brabant, hérétique supplicié en Espagne, I, 210.
Roche (la) (Haute-Savoie), VIII, 360 ; IX, 377.
— (Ille-et-Vilaine), IX, 185.
— faubourg de Poitiers, III, 104.
Rochebonne (Pierre de Châteauneuf ?, sgr de), capitaine de gens d'armes, II, 226.
Roche-Chalais (la) (Dordogne), VII, 138.
Rochechouart (Aymeric de), évêque de Sisteron, I, 323.
— Voy. Chandenier, Faudoas, Montigny, Mortemart.
Rochefort (Charente-Inférieure), II, 22 ; III, 184, 186 ; IV, 248, 286 ; V, 214, 260, 266 ; VI, 248, 249 ; IX, 37, 271, 272, 292.
— (île de), VII, 14.
— (Antoine de Silly, comte de), II, 115.
— Voy. Pluvault, La Croisette, Rochepot.
Rochegude (Charles de Barjac, sgr de) et de la Baume, gouverneur du Bas-Vivarais pour les protestants, IV, 272, 283-284.
Roche-l'Abeille (la) (Haute-Vienne) (combat de), III, 46, 70 et suiv.
Rochelle (la) (Charente-Inférieure), sa soumission au roi, II, 44-45 ; entrée du duc de Montpensier et insolences qu'il y commet, 46 ; citée, 97 ; dispositions de l'édit d'Amboise relatives à cette ville, 187 ; rappel de la conduite du duc de Montpensier, 206 ; saisie par les protestants, 252 ; renforce ses fortifications, 264 ; menacée par Monluc et le comte du Lude, 269 ; sujet de plaintes des catholiques, III, 1 ; prélude du soulèvement de cette ville, 3 ; son artillerie au siège de Niort, 22 ; présentée comme retraite possible des princes, 56 ; départ de Chastellier-Portault pour Plymouth, 62 ; départ de La Noue pour Niort, 79 ; arrivée des princes, 130 ; séjour de Jeanne d'Albret et du comte de la Rochefoucauld, 131 ; retour et mort de Mouy, 134 ; arrivée du maréchal de Cossé envoyé par le roi auprès de Jeanne d'Albret, 143 ; menacée par le comte du Lude, 178 et suiv. ; par le baron de la Garde et Landereau, 180 ; coup de main manqué de La Rivière-Puytaillé sur cette ville, 181 ; résiste au blocus organisé par les catholiques, 182, 183 ; retraite de La Noue sous les murs de la ville, 187 ; retour de Gourgues de la Floride, 249 ; donnée comme ville de sûreté aux réformés, 269 ; conférences entre le maréchal de Cossé et Coligny, 274 et suiv. ; second mariage

de Coligny, 281; citée, 341; refuge des réformés après la Saint-Barthélemy, 357; projets de la cour sur cette ville, 367 et suiv.; le capitaine des Essarts-Montalembert s'empare de galères génoises, 374; mission de conciliation donnée par le roi à La Noue, 375; assiégée par l'armée royale, 377 et suiv.; continuation du siège, IV, 1, 35; capitulation de la ville, 35; reste l'espoir des Sancerrois assiégés, 46; la paix, dite de la Rochelle, 165 et suiv.; entrée de Biron, 175; la paix de la Rochelle étendue à Sancerre, 181; non acceptée en Guyenne et en Languedoc, 183; entreprise sur cette ville confiée par la reine-mère à Biron, 203; arrivée de capitaines huguenots, 204; nouvelles apportées de Béarn, 211; son siège rappelé, 230; grief fait à Mongonmery du secours apporté à cette ville, 263, 264; messages de Catherine de Médicis, 295; retraite de La Noue après le siège de Marans, 298; sauf-conduit donné par Henri III aux députés de cette ville venus à Lyon, 303; assignée comme résidence aux ministres de Lusignan, 330; citée, 333; projet d'une entreprise sur cette ville par Jean de la Haye, 335, 336; retour de La Noue, 350, 351; séjour du duc de Rohan, 353; proposition de paix de Henri III, 356; ambassade de la Hunauldaye, 357; retour d'Allemagne de ses députés, 361; retour de ses députés de la cour, 367; abandonnée par La Noue, 375; messages du duc d'Alençon, V, 25; prises de ses vaisseaux sur les Espagnols, 29; citée, 31; entrée du roi de Navarre, 86, 87; entrée du prince de Condé, 89; mission de La Boissière-Brisson, 91; rétablissement du culte catholique, 92; succès de la mission de La Boissière-Brisson, 111; débarquement de Condé,112; délivrance de prisonniers, 114; entreprise sur la ville découverte, 117; voyage du prince de Genevois, 119; objectif de Méru, 130; arrivée de Mirambeau et de l'évêque d'Autun, 160, 161; message de Condé, 193; divisions au sujet de l'élection d'un maire, 210; départ d'un corps de troupes pour les Sables-d'Olonne, 210, 211; objectif de Montpensier, 215; rivalité de Seré et de La Popelinière, 216; organise une armée navale, 217; élisent Clermont d'Amboise pour amiral, 256, 257; arrivée d'un navire d'Embden, 258; émotion causée par le retour de Lanssac, 260; envoi de secours à Brouage, 261; armements et délibérations, 262; informée des préparatifs de Lanssac contre Brouage, 263; ses demandes de secours en Hollande, 264; son peu de sympathie pour Brouage, 266; discrédit de Clermont, 275-278; départ de secours pour Brouage, 279; mort de Manducage, 279; seconde mollement Condé contre Lanssac, 280; reproches de Condé, 286; arrivée des défenseurs de Brouage, 289, 290; départ de Condé, 291; divisions lors de la prise d'armes du roi de Navarre (1579), VI, 5; échauffourée entre ses troupes et les habitants de Montaigu, 71; ravitaille les assiégeants de Brouage, 233; citée, 267; reste isolée en Poitou, 365; arrivée du duc de Rohan,

VII, 10; son ravitaillement empêché par Mayenne, 12; agissements de Saint-Gelais et de La Boulaye, 12, 13; arrivée de Condé, 22; promesse du comte de Laval de s'y rendre, 24; ses communications avec Oléron interrompues, 29; arrivée du comte de Laval, 31; organisation d'une entreprise sur Brouage, 48, 49; envoi d'artillerie à Marans, 55; départ de d'Aubigné prisonnier sur parole de Saint-Luc, 58, 59; crédit du roi de Navarre, 64, 65; son départ de Bergerac pour cette ville, 71; envoi de secours à Castillon, 78; départ par mer du roi de Navarre, 109; citée, 111; nouvelles apportées du comte de Soissons et de Conti, 130; retour du roi de Navarre, 134; retraite des habitants de Marans, 290; le roi de Navarre y envoie les dix enseignes prises à Cluseau, 300; départ du roi de Navarre, 331; son retour, 334; préparatifs d'une expédition des réformés en Bretagne, 336, 337, 342; assemblée des réformés, 342 et suiv.; impression causée par le mémoire du roi de Navarre aux Etats de Blois, 381; émoi causé par la maladie du roi de Navarre, VIII, 15; citée à propos de l'affaire de Croix-Chapeau, 72; rappel de l'assemblée des réformés, 218; influence du ministre Rottan, 78, 79; citée, 84, 87, 88, 98; mention du siège de cette ville, 221; retraite du parti huguenot après la Saint-Barthélemy, 295; ses privilèges, 365.

Rochelle (édit de la), IV, 165 et suiv., 213; V, 75.

— ou Rochette, près Zerbi, en Afrique, I, 343.

Rochelles (les frères), soldats huguenots à la prise de Ménerbes, VI, 64.

Rochelois (les), déconcertés par les menées de leur maire Pineau, II, 206; Goulaine délégué par eux pour commander à Marennes, 267; leur haine contre les Poitevins, III, 188; leur entreprise sur Oléron, 197; leurs craintes à l'approche de la flotte royale commandée par Strozzi, 289, 290; informés de la Saint-Barthélemy, 368; lettres à eux adressées par Biron, par le roi de Navarre, par le roi, par Monsieur, 371, 372; leurs messages à l'étranger, 373; demande à eux faite par le sieur de Sérignac, 387; informés de la mission de l'abbé de Gadagne, IV, 2; Charles IX demande l'intervention d'Elisabeth auprès d'eux, 4, 5; harangués au nom du roi par l'abbé de Gadagne, 10; refusent de traiter avec les assiégeants, 12; conseillent à Mongonmery de s'emparer de Belle-Isle, 133; s'emparent du bâtiment d'un corsaire lucquois, 204; informés des succès de Montbrun en Dauphiné, 205; se défient de Jean de la Haye, 261; contre-coup qu'ils éprouvent des succès du duc de Montpensier en Poitou, 286; menacés par la garnison de Marans, 290; assiègent Nuaillé, 297; leur message à Henri III à Lyon, 302; leurs pourparlers avec Jean de la Haye, 334; pressent La Noue de reprendre Saint-Jean-d'Angle, 350; menacés par le comte du Lude, 352; en désaccord avec leurs coreligionnaires de l'île de Ré, 353; menacés par Landreau, 354; faits prisonniers à la Fonds, 356; essayent de s'emparer du baron de la Garde, 377-378 ; engagement de leur flotte avec deux vaisseaux basques, 378 ; leur entreprise sur Marans, V, 24 ; capturent des navires portugais, 56, 57 ; réception par eux faite au roi de Navarre, 86, 87 ; maltraités par les catholiques à Fontenay-le-Comte, 90 ; refusent de recevoir le prince de Condé, 92 ; prennent les armes, 130, 131 ; leurs remontrances à Henri III, 132, 134 ; leur projet de secourir Concarneau, 188 ; mécontents de Condé, 209 ; leur rivalité avec les habitants de l'île de Ré, 211 ; le capitaine La Maison-Blanche, leur adversaire, 214 ; menacés sur mer par Lanssac, 215 ; leurs forces dans Marans, 216 ; effrayés à la nouvelle de l'approche de la flotte de Lanssac, 256, 259 ; leur antipathie pour la noblesse, 272 ; leur exemple proposé aux défenseurs de Brouage, 283 ; leur tentative pour ravitailler Brouage, 286, 287 ; leur accueil aux défenseurs de Brouage, 291 ; leur message au prince d'Orange, 317 ; cités, VI, 1 ; observent la paix, 3 ; au siège de Brouage, 231 et suiv. ; reprennent les armes en 1586, VII, 14 ; leur entente avec le roi de Navarre, 108, 109 ; leur artillerie au siège de Chizé-sur-Boutonne, 110 ; spectateurs de la défaite de leurs coreligionnaires à Croix-Chapeau, sous les murs de la Rochelle, 123 ; souvenir de leur séjour à Marans, 290 ; leurs efforts pour secourir Marans, 292-294 ; à la prise de Marans, 299 ; cités, VIII, 240 ; à la défense de Blaye, IX, 148 ; s'emparent de la galère La Reale, 182.

Rocheloises (les), leur courage, IV, 49.
Rochemaure (Ardèche), II, 61.
Rochemorte (Louis Bouchereau, sgr de), capitaine protestant, VI, 243 et suiv., 252, 253.
Roche-Posay (la) (Vienne), III, 145 et suiv.
Rochepot (Antoine de Silly, comte de la), chambellan du duc d'Anjou, V, 114, 287, 288 ; VI, 142, 328, 340 et suiv. ; VIII, 292 et suiv. ; IX, 37.
Rochereuil ou Rocherou (faubourg de), à Poitiers, III, 107 ; VII, 333.
Rocherou. Voy. Rochereuil.
Roches (les) (Isère), VIII, 321.
Roches-Baritaut (Philippe de Châteaubriand, sgr des), capitaine catholique, III, 102 et suiv. ; IV, 251 et suiv., 289, 290, 293 ; V, 25, 119, 211, 216, 219 ; VI, 7, 76 et suiv., 222 et suiv.
Rocheservière (Vendée), VIII, 229.
Rochester (comté de Kent, Angleterre), I, 221.
Rochette (la) (Savoie), IX, 153.
— (Charles de), conseiller d'Etat du duc de Savoie, IX, 373.
Rockendolf. Voy. Roggendorf.
Rocroy (Ardennes), VIII, 132, 164 et suiv., 195.
Roddier-Charry. Voy. Vésins (Jean de).
Roderic, roi des Goths, VIII, 387.
— Voy. Baylen.
Rodolphe II, empereur d'Allemagne, V, 303 ; VI, 137, 236 ; VII, 237 ; VIII, 91, 93, 104, 271, 369, 402 ; IX, 205, 256, 262, 263, 266, 269, 299, 355-358, 386, 395, 399, 430, 431.
Rodondo (le comte de), compagnon en Afrique de Sébastien de Portugal, IX, 410.
Rodriguès (Simon), compagnon d'Ignace de Loyola, II, 173.

Rodulf (Pierre). Voy. Limans.
Rœsse (Philibert de), gouverneur de Livron, IV, 273, 276.
Rœulx (Belgique, prov. du Hainaut), VI, 143.
— (Jean de Croy, comte de), IV, 79 et suiv., 148.
Roger, valet de chambre de Henri III, IV, 303.
— fils du roi d'Aragon, I, 182.
— (Jean), hérétique supplicié en Angleterre, I, 219.
Roger-Raymond, comte de Foix. Voy. Foix.
Rogers (John), maitre des requêtes de la cour d'Angleterre, VII, 278.
— (William), colonel anglais, VII, 274.
Roggendorf (Christophe, comte de), capitaine allemand, II, 76.
Rohan (maison de), VI, 168; VII, 348.
— (Françoise de), dame de la Garnache, duchesse de Loudun, II, 224 ; V, 119 ; VII, 116, 117, 376.
— (Henri Ier, duc de), IX, 135 et suiv.
— (René de), capitaine d'une compagnie d'ordonnances, I, 44.
— (René de Rohan, sgr de Pontivy, puis de Frontenay après la mort de son frère Jean de Rohan, sgr de Frontenay, puis duc de), III, 196, 202 ; IV, 216, 286, 287, 312, 321, 353, 356 ; V, 24, 86, 118, 131, 255, 260, 267, 294 ; VI, 224 et suiv., 251 et suiv., 265 ; VII, 10, 14, 116.
— Voy. Frontenay, Léon, Montbazon, Rothelin.
Rohelburg (ducs de), V, 75.
Roi. Voy. Rassi.
Roinette (fort de la), dans l'électorat de Cologne, VIII, 392.
Rois (le livre des), I, 138, 147.
Rojas (Michel), beau-père d'Aben-Humeya, roi des Morisques, III, 231.
Rojas (Vincent), cousin du précédent, III, 239.
Roland (Nicolas), échevin de Paris, VII, 225.
Rolet ou Roulet. Voy. Rollet.
Roli, à la bataille de Coutras, VII, 150 et suiv.
Rollet, Rolet, Roulet (peut-être Pierre Le Blanc, sgr du), gouverneur de la Veere, capitaine au service du duc d'Orange, plus tard gouverneur de Louviers, V, 59 ; VIII, 154, 208 et suiv.
Rolliers (Gaspard de). Voy. Manès.
Rols-Hausen. Voy. Roltzhausen.
Roltzhausen (Frédéric de), maréchal de Hesse, II, 98, 122 ; III, 209.
Rom (Deux-Sèvres), VII, 17.
Romagné. Voy. Salbert (Jean).
Romain (Catherine), victime de l'autodafé de Valladolid, I, 348.
Romaine (église), I, 84, 118.
Romains, V, 152, 153, 155 ; VII, 34 ; VIII, 322.
— (épitre aux), I, 138.
— (roi des), I, 104.
Romans (Drôme), I, 284 ; II, 54, 71 ; IV, 301, 336.
Rome (ville de), prise par le connétable de Bourbon, I, 37; assiégée par le duc d'Albe, 62, 63 ; entrée du duc de Paliano, 63, 64 ; voyage des comtes Raymond VI et VII de Toulouse, 179, 185 ; supplices d'hérétiques, 211, 224, 227 ; troubles à la mort de Paul IV, 340 ; citée, II, 14 ; arrivée de la nouvelle de la bataille de Dreux, 119 ; oraison funèbre du duc de Guise, 145 ; départ des membres du concile de Trente, 152, 153 ; l'ambassadeur de France Arnaud du Mortier, 159-161 ;

308 HISTOIRE UNIVERSELLE.

voyage de Loyola et de ses compagnons, 173, 176 ; troubles sous le pontificat de Pie IV, 318 ; hérétique supplicié, 326 ; envoi des drapeaux pris aux réformés à Jarnac, III, 54 ; comparée à Grenade, 229 ; départ de Nicolas Morton pour l'Angleterre, 253, 254 ; élection de Grégoire XIII, 288 ; transfert prétendu de la tête de Coligny, 318 ; jubilé publié pour célébrer la Saint-Barthélemy et la victoire de Lépante, IV, 86 ; réception de Colonna porteur de la nouvelle de la victoire de Lépante, 87, 120 ; mission de Nicolas d'Angennes, seigneur de Rambouillet, 91 ; captivité du maure Amida, 132 ; mission de Ridolfi, agent de Philippe II, 142 ; mission de Paul de Foix, 182 ; venue d'une ambassade japonaise, 304, 305 ; diverses exécutions, 308 ; placards diffamatoires à l'adresse de Sixte-Quint, 309 ; citée, 310 ; envoyé du duc de Lorraine, VII, 177 ; citée, 208 ; réjouissances en l'honneur de la Ligue, 230 ; levée de troupes pour la Ligue, 231 ; citée, 384 ; impression causée par l'assassinat du duc de Guise, 400 ; gouvernement de Sixte-Quint, VIII, 108 et suiv.; mort de Sixte-Quint, 201, 202 ; partisans de Henri III, 376 ; service funèbre en l'honneur du duc de Parme, 404 ; mission du duc de Nevers, IX, 198 ; exécution de trois anglais, 199 ; séjour de Baronius, neveu du cardinal, 199 ; cérémonie de l'absolution de Henri IV, 230, 231 ; déclarations des agents de Philippe II, 236 ; séjour des Juifs, 290, 291 ; départ du cardinal Aldobrandini pour la France, 340 ; projet de voyage de dom Sébastien, 406.
Rome (cour de), I, 82, 83, 89, 124, 163, 321, 351 ; II, 204, 359 ; III, 252, 253, 288 ; IV, 130 ; V, 55 ; VI, 125, 283 ; VII, 177, 209 ; VIII, 94, 249, 333, 338, 366, 387 ; IX, 8, 24, 60, 81, 82, 199 et suiv., 228, 288, 293, 294, 299, 301, 306, 319, 359, 383, 456, 467, 469.
— (évêques de), II, 155.
Romegas (Mathurin de Lescout, sgr de), chevalier de Malte, IV, 117 et suiv.
Romegoux (Guy Acarie, sgr de), capitaine huguenot, III, 10, 115, 116, 198.
— (le capitaine), neveu du précédent, IX, 188.
Romero (Juan ou Julian), mestre de camp espagnol, III, 261 ; IV, 79, 85, 92, 155 ; V, 64 ; VII, 202, 203.
Romette (Hautes-Alpes), II, 136.
Romorantin (Loir-et-Cher), IV, 375 ; V, 230.
— (édit de), I, 274, 309.
Rompsay (Charente-Inférieure), III, 378, 380 ; IV, 30.
Romyeu (Benoît), hérétique supplicié en Dauphiné, I, 224.
Roncas (N., marquis de), conseiller du duc de Savoie, IX, 321, 363.
Rondeel, faubourg de Steenwick, IX, 255.
Rongnat. Voy. Roynac.
Ronsard (Gilles de), sgr de Glatigny, maréchal de camp sous les ordres du prince de Conti, neveu du suivant, VIII, 292 et suiv.
— (Pierre de), poète, II, 42, 220 ; IV, 178.
Roquebrune (Alpes-Maritimes), VIII, 306.
Roquecourbe (Tarn), III, 388.
— (Antoine de Martin, sgr de), IV, 304, 306, 307.
Roquefeuil. Voy. Montpeyroux.

TABLE DES MATIÈRES. 309

Roquefort (cant. de Jégun, Gers), VII, 359.
— Voy. Sarraziet.
Roquelaure (Antoine de), fils du suivant, maréchal de France, V, 8, 10, 206, 235, 351 ; VI, 11 et suiv.; VIII, 73.
— (Géraud de), VI, 11 n.
Roquemaure (Tarn), I, 181.
Roquemorel (N., sgr de), capitaine français aux Açores, VI, 317.
Roques (Guillaume). Voy. Clausonne.
Roques-Sparvière. Voy. Roccasparvera.
Roque-Taillade (René de Lanssac, sgr de), capitaine au service du roi de Navarre, sénéchal d'Albret, V, 187.
Rosampoul (François de Carné, sgr de), gouverneur de Morlaix pour la Ligue, IX, 177.
Rosans (Jean-Antoine d'Yze, sgr de) et de Miribel, gentilhomme de la chambre, gouverneur d'Exilles, IX, 156, 162.
Rose (Guillaume IV), évêque de Senlis, VIII, 196 et suiv.
— (Reynold), capitaine moscovite, IV, 147.
Rosemberg (Guillaume-Ursin de), grand burgrave de Bohême, ambassadeur de l'empereur en Pologne, IV, 68.
Rosendaal (Belgique, prov. de Brabant), VIII, 397.
Rosier (Hugues Sureau du), ministre protestant, II, 225 ; III, 359, 360 ; VIII, 151.
Rosiers-sur-Loire (les) (Maine-et-Loire), III, 14 ; VI, 252, 262.
Rosmadec. Voy. Mollac.
Rosne (Chrétien de Savigny, baron de), capitaine ligueur, VII, 201-203 ; VIII, 23, 49, 186 et suiv., 269 ; IX, 55 et suiv., 62 et suiv., 69 et suiv., 72 et suiv., 249.
Rosny (Seine-et-Oise), VIII, 291.

Rosny. Voy. Sully.
Ross (Jean), hérétique supplicié en Angleterre, I, 221.
— (évêque de). Voy. Lesley (Jean).
Rosseleo (Antoine), faussement indiqué comme évêque de Curzola, lequel était Benedetto Lauretani, IV, 105.
Rossem (Hollande), VIII, 391 ; IX, 436.
Rossen (Martin). Voy. Clèves.
Rossieux (Denis de), gentilhomme ligueur, secrétaire du duc de Mayenne, VII, 395 ; VIII, 22, 24.
Rossignol (château de), dans les Ardennes, I, 77.
Rossillon. Voy. Savignac.
Rosso (Giulio-Riviglio), capitaine de Bayeux, au nom du duc de Ferrare, II, 139.
— (Gaseran). Voy. Roz (Garzenaro).
Rostaing. Voy. Thieux.
Rostin. Voy. Rostaing.
Rostock (grand-duché de Mecklembourg), II, 335 ; V, 75.
Roswan (Etienne), vaïvode de Moldavie, IX, 216.
Rothe (J.), hérétique supplicié à Strafford, I, 222.
Rothelin (Jacqueline de Rohan, marquise de), III, 4.
Rothes (André Leslie, 4e comte de), I, 212 ; II, 356.
Rothuse (le comte de). Voy. Rothes (André Leslie, 4e comte de).
Rottau (Jean-Baptiste), ministre huguenot, VIII, 334, 335 ; IX, 78, 84, 282.
Rotterdam (Hollande), IV, 75.
Rouald. Voy. Rouault.
Rouane (prison de), à Lyon, III, 347.
Rouault. Voy. Gamaches, Landreau, Rousselière (La).
Rouchelle (N.), capitaine huguenot, IV, 208.
Roucy (Aisne), IV, 382.

Roucy (Josué de la Rochefoucauld, comte de), VIII, 162.
Rouen (Seine-Inférieure), I, 209, 210, 276, 289; II, 8, 32, 33, 75 et suiv., 79-84, 88, 89, 202, 349; III, 3, 276; V, 94, 339; VI, 71; VII, 286; VIII, 153, 154, 193, 235, 242, 243, 250 et suiv., 269, 335; IX, 20, 21, 118 et suiv., 128, 149.
— (archevêque de). Voy. Poulain ou Le Bobe (Robert II).
— (parlement de), II, 32, 88, 203; V, 77.
Rouergue (le), II, 258, 266; III, 28, 30, 91, 163, 387, 388; IV, 209; V, 298; VI, 8, 10.
Rouerguois, VIII, 285 et suiv.
Rouet ou de l'Isle-Rouhet (François de la Beraudière, sgr de), lieutenant de la compagnie de la Trémoïlle, III, 102 et suiv.
Rouffiac (N.), défenseur de la Rochelle, IV, 20.
Rouge (la mer), I, 100; VII, 240; VIII, 109.
— (la tour ou maison), tour défendant la ville d'Alkmaar, V, 60.
Rouhaut. Voy. Rouault.
Rouillac (Jacques Goth, marquis de), beau-frère du duc d'Epernon, VII, 308 et suiv.
Rouillard (Jacques), conseiller au parlement et chanoine de Notre-Dame, III, 330.
Rouillart (N.), secrétaire du duc d'Epernon, VII, 308 et suiv.
Rouillé (Vienne), III, 35.
Roumanie, II, 297.
— (pacha de), V, 311, 312; VII, 237.
Roumélie (Beglierbey de), IX, 203 et suiv.
Rousseau (Marin), hérétique supplicié à Paris, I, 226.
— (Nicolas), hérétique supplicié à Dijon, I, 223.
— (Pierre du), hérétique angevin supplicié, I, 223.
Rousselière (peut-être René Rouault, sgr de la), frère de Charles Rouault, sgr de Landreau, capitaine catholique, VI, 251 et suiv.
Rousset (Albert de Rousset, sgr de Prunières et de), capitaine catholique, chevalier de l'ordre du roi, gouverneur de Gap, III, 167 et suiv.
— (Louis de Rousset, sgr de), fils du précédent, VII, 87.
Roussieu (Guillaume Bouvard, sgr de), II, 59.
Roussillon (comté de), III, 160.
— (édit de), II, 229, 364.
Roussines (Rigal de Scorailles, sgr de), capitaine catholique, V, 207.
Roussoy (Robert de Halwin, sgr du), dit le jeune Piennes, frère puîné de Florimond d'Halwin, marquis de Piennes, VII, 157, 159.
Rouvray (le capitaine), IV, 78; VIII, 235.
— (Philippe de Boulainvilliers, baron de), II, 82; III, 70, 73, 120 et suiv., 131, 174 et suiv., 324.
Roux (Pierre), hérétique supplicié aux Pays-Bas, I, 216.
Rovere (Francesco della). Voy. Sixte IV.
Roveroort, à l'embouchure du Rhin, VI, 296.
Rovigo (Lombardie), II, 289.
Rovinham (Arnaud II de), évêque d'Agen de 1209 à 1228, I, 177.
Roxelane, épouse de Soliman II, I, 95-98, 335.
Roy (Etienne), hérétique supplicié en France, I, 218.
Royan (Charente-Inférieure), IV, 25, 218; V, 119, 261, 262; VI, 37; VII, 12, 21; VIII, 228.
— (N., demoiselle de), III, 332.
Roye (Somme), I, 44, 187; II, 231.
— (Charles de Roye, comte de), I, 290 n.

Roye (Madeleine de Mailly, dame de), femme de Charles, comte de Roye, mère d'Eléonore de Roye, princesse de Condé, I, 282, 290 ; II, 17.
— (Eléonore de). Voy. Condé.
Roynac, Rongnat (Drôme), IV, 220.
Roysers-Weerd (Pays-Bas), VII, 259.
Roz (Garzenaro), chevalier de Malte espagnol, II, 308.
Rozières (N., sgr de), capitaine protestant, VI, 59 et suiv.
Rozoni (N.), capitaine italien au service du prince d'Orange, IV, 163.
Rozoy-en-Brie(Seine-et-Marne), VIII, 411, 414.
Rozoy-sur-Serre (Aisne), VIII, 414.
Rozrazewki (Jérôme), évêque de Cujavie, ambassadeur de Pologne auprès de Henri III, V, 26.
Ru (Tardif du). Voy. Tardif du Ru.
Ruau. Voy. Vallière.
Rubempré (André de Bourbon, sgr de), IV, 242 et suiv.; V, 147, 174, 175.
Ruber ou Rhuber (N.), lieutenant de Lazare Schwendi, II, 299.
Rubis (Claude de), historien lyonnais, I, 170.
Rubrica (Espagne), III, 241.
Rudon (N., sgr de), capitaine huguenot d'Auvergne, V, 232.
Ruette, Sretete (Belgique, prov. de Luxembourg), IX, 41.
Ruffec (Charente), V, 25 ; VII, 134.
— (Philippe de Volvire, baron de), lieutenant de roi en Saintonge et en Angoumois, II, 254 ; III, 77, 101 ; IV, 350, 389 ; V, 205.
Ruggieri (Cosme), astrologue florentin, favori de Catherine de Médicis, IV, 232.

Ruitenborg (Hollande, prov. d'Over-Yssel), VI, 360.
Rulle (Jean de Lestang, sgr de), en Saintonge, capitaine catholique, VII, 20.
Rumail (Jean), hérétique supplicié à Bruxelles, III, 257.
Rumesnil (Louis de Mailly, sgr de) ou de Remilly, gouverneur de Donchery-en-Argonne, puis de Maubert-Fontaine, VIII, 350 et suiv.; IX, 127.
— Voy. Remilly.
Rupereux (Seine-et-Marne), VI, 71.
Ruremonde (Hollande, prov. de Gueldre), III, 208 ; IV, 82 ; VI, 139.
Rusigny (Daniel de Logan, sgr de), capitaine huguenot, VII, 377.
Russel (Guillaume), marquis de Bedford, gouverneur de Flessingue, VII, 269 ; VIII, 121, 122.
Russie, I, 120 et suiv., 333.
Rustan, grand vizir, I, 95-98, 334.
Rustenburg (Hollande, prov. de Brabant septentrional), IV, 160.
Rusworm (Christophe Hermann de), maréchal de camp allemand, IX, 396.
Ruth (le livre de), I, 138, 146.
Ruthwen (Alexandre), frère de John, comte de Gowrie, gentilhomme écossais, IX, 419.
— (Robert), partisan de Marie Stuart, IV, 146.
Rutte. Voy. Rœulx.
Ruychaver (Nicolas), gouverneur d'Alkmaar pour le prince d'Orange, V, 60.
Ruysbrouck (Claude de Beersele, dit de Withem, sgr de), capitaine au service d'Espagne aux Pays-Bas, V, 330.
Ruyter (Herman), agent secret du prince d'Orange, IV, 73.
Ruzé (Martin). Voy. Beaulieu.

Rye. Voy. Treffort, Varax, Varambon.
Rymenam (Belgique, prov. d'Anvers), VI, 346.

S

Saa (dom François de), membre du conseil de régence en Portugal, VI, 110.
Sablé (Sarthe), VIII, 178.
Sables-d'Olonne (les) (Vendée), III, 182; IV, 134, 352; V, 209.
Sablonceaux (N., abbé de), capitaine huguenot, III, 10.
Sablonnière. Voy. La Sablonnière.
Sabolska (Hongrie), VIII, 373.
Sabres (Landes), V, 250.
Sacchini (Camillo), capitaine italien aux Pays-Bas, IX, 258.
Sackam. Voy. Zakany.
Saconnex (cant. de Genève, Suisse), VIII, 99.
Sacremore (Charles de Birague, dit le capitaine), fils bâtard du chancelier de Birague, VI, 193, 267, 269; VII, 71.
Sadeel. Voy. La Roche-Chandieu.
Saffatello (Francesco), capitaine italien en France, III, 128.
Sagonne (Jean Babou, comte de), gentilhomme de la chambre du roi, chambellan du duc d'Alençon, capitaine et gouverneur de Brest, VII, 52, 53, 375, 376; VIII, 72 et suiv., 157.
Sagonte (Espagne), II, 173.
Sahune (Drôme), IV, 207.
Saïd, roi de Fez, ascendant des Oatacides (1471), I, 101.
Sailly (Benjamin de Coligny, sgr de), VII, 35-36.
Saint-Agnant (Charente-Inférieure), V, 265, 267, 273; VI, 234, 249.
Saint-Agne, capitaine huguenot, V, 232.
Saint-Agrève (Ardèche), II, 263; VI, 27 et suiv.; VII, 98.

Saint-Aignan (Loir-et-Cher), II, 120.
— (Claude de Beauvilliers, comte de), IV, 12; V, 232; VI, 328, 346.
— (N. Coiffard, bailli de) (?), frère naturel du comte d'Aran (?), I, 249, 263.
— Voy. Marets ou du Marais (Hercule de Saint-Aignan, sgr des).
Saint-Airan. Voy. Saint-Hérem.
Saint-Aldegonde (Philippe de Marnix, sgr de), IV, 155, 159; V, 64; VI, 143, 144, 333, 352, 357 et suiv.; IX, 242.
Saint-Alvère (Dordogne), dénommé faussement Saint-André par d'Aubigné, II, 92-93.
Saint-Amand-les-Eaux (Nord), II, 350.
Saint-Amant, capitaine huguenot, VII, 138; IX, 146 et suiv.
Saint-Ambroise (Gard), III, 164; IV, 57.
Saint-Andéol (Gabriel de Varadier, sgr de), capitaine catholique, gouverneur de Bourg-Saint-Andéol, III, 169.
Saint-Andol. Voy. Saint-Andéol.
Saint-André (Gironde), VI, 38.
— Senderemie (Hongrie), II, 165.
— (abbaye de), en Provence, I, 288.
— (corps de garde dit de), à Fontenay-le-Comte, VII, 113.
— (fort), près Rossem, dans l'île de Bommel, IX, 436, 445.
— (porte), à Sancerre, IV, 39, 40.
— (tour), à Péronne, IV, 83.
— (David Beatoun, cardinal de), légat du pape en Écosse en 1546, I, 211, 212.
— (François de), président au parlement de Paris, I, 232, 236, 248.
— (Jacques d'Albon, sgr de),

maréchal de France, I, 70, 80, 242, 282, 304; II, 39, 43-44, 99, 101, 107, 112, 116, 119.
Saint-André (Jean d'Agoult de Montauban, sgr de), frère de François d'Agoult de Montauban, comte de Sault, capitaine réformé, II, 247.
— Voy. Saint-Alvère.
Saint-André (le), galion espagnol, IX, 234.
Saint-André-de-l'Eure (Eure), VIII, 183.
Saint-André-de-Rosans (Hautes-Alpes), IV, 277.
Saint - André - d'Oleirargues (Edouard d'Albert, sgr de), III, 152.
Saint-Ange (château) du Bourg de Malte, II, 307, 314.
Saint-Angel (Charles de Rochefort, baron de), capitaine au service du duc de Savoie, IX, 323, 334, 369.
Saint-Antoine, hors Paris, VIII, 199; IX, 297.
— (le petit), à Paris, VIII, 203.
— (porte), à Paris, III, 306; IV, 178; VII, 210; VIII, 200.
— (rue), à Paris, I, 237; VII, 214.
Saint-Antonin (Tarn-et-Garonne), I, 174, 180; III, 91; IV, 47.
Saint-Arem. Voy. Santarem.
Saint-Arnoult (Seine-et-Oise), II, 105.
Saint-Astier (Dordogne), III, 31-32.
— (Jean de). Voy. Bories.
Saint-Auban (Jacques Pape, sgr de), fils du suivant, III, 141, 196; IV, 206, 208; VI, 64, 66, 149; VII, 174.
— (Gaspard Pape, sgr de), capitaine protestant, I, 283.
Saint - Aubin - des - Ormeaux (Vendée), VII, 374, 375.
Saint-Aubin-des-Ponts-de-Cé (Maine-et-Loire), VI, 228.
Saint-Aulaire, Saint-Aulari (Germain Beaupoil, sgr de), capitaine catholique, VII, 30.
Saint-Aulari. Voy. peut-être Saint-Aulaire.
Saint - Aurens. Voy. Saint-Orens.
Saint - Aurenx. Voy. Saint-Orens.
Saint-Ausone (Charente, comm. d'Angoulême), III, 24, 25.
Saint-Auviers (la demoiselle de) près Domfront, VIII, 273.
Saint-Barthélemy (la), I, 132, 133; III, 194, 313 et suiv., 351, 361, 363, 367; IV, 4, 29, 57, 65, 86, 89, 198, 220, 256, 273, 363; V, 5, 77, 78, 86; VI, 202, 336, 365; VII, 63, 91, 380; VIII, 78; IX, 287, 295.
— complice de René Bianchi, parfumeur de Catherine de Médicis, dans l'empoisonnement supposé de Jeanne d'Albret, III, 291; IV, 299.
Saint-Belin (Geoffroy de), évêque de Poitiers, VIII, 31.
Saint-Benoit (Vienne), III, 104.
— (Mathurin Charretier, sgr de). Voy. Charretier.
Saint-Benoit-sur-Mer (Vendée), V, 211; VI, 72.
Saint-Bernard (mont), IX, 333.
Saint-Bertrand-de-Comminges (Haute-Garonne), VII, 356 et suiv.
Saint - Blancard (Armand de Gontaut-Biron, sgr de), fils du maréchal de Biron, VI, 346.
— (Jean de), frère du maréchal de Biron, IX, 369.
Saint-Bonnet (Aimar de). Voy. Montferrier.
— (François de Bermond, sgr de). Voy. Toiras.
— (Henri de Chapponay, sgr de), contrôleur général des finances (?), IX, 161 et suiv.
— (Catherine de Joignac, dame de), femme de Léonard de Peyrusse d'Escars, sgr de Saint-Bonnet, III, 128 n.

Saint-Bonnet (Léonard de Peyrusse d'Escars, sgr de), capitaine réformé, III, 128.
Saint-Bonnet-le-Château (Loire), VII, 193; IX, 45.
Saint-Brès. Voy. Crès (le).
Saint-Brice (château de), près Cognac (Charente), VII, 59.
— (conférences de) entre Catherine de Médicis et le roi de Navarre au château de Saint-Brice, VII, 49 et suiv.
Saint-Brieuc (Côtes-du-Nord), IX, 176.
Saint-Calais (Sarthe), II, 42, 140.
Saint-Chamarand (N. de Peyronnenc, sgr de), sénéchal d'Agenais, IX, 150.
Saint-Chamond (Christophe de Saint-Priest, sgr de), capitaine catholique, gouverneur du Vivarais, II, 70, 132, 133, 270, 273; IV, 283.
— Voy. Chevrières.
Saint-Champ. Voy. Santo-Campo.
Saint-Chastier. Voy. Saint-Astier.
Saint-Chaumont. Voy. Saint-Chamond, Saint-Romain.
Saint-Christofle, capitaine protestant, VII, 155 et suiv.
Saint-Christol (Ardèche), IV, 53.
Saint-Christophe-du-Ligneron (Vendée), VIII, 16.
Saint-Cibardeau, près Angoulême (Charente), V, 269.
Saint-Cire (Haute-Marne), II, 98.
Saint-Clair, près Moncontour (Vienne), III, 117 et suiv.
Saint-Clar. Voy. Sengla (Pierre).
Saint-Cloud (Seine), II, 15, 232; III, 286, 287; IV, 223; VIII, 66, 72, 165, 336.
Saint-Cosme (Nicolas Calvière, sgr de), capitaine protestant, V, 296, 299.
Saint-Cricq (N. de), sgr d'Arance, V, 221, 222.

Saint-Cybard (Charles Bouchard d'Aubeterre, abbé de), VII, 167.
Saint-Cyprien (faubourg), à Poitiers, III, 107.
— (porte), à Poitiers, IV, 337.
Saint-Cyr (Tanneguy du Bouchet de Puygreffier, sgr de), capitaine huguenot, I, 260, 265; II, 146, 253; III, 120 et suiv., 127, 128.
Saint-Denis (Seine), I, 302; II, 100, 215, 232, 234, 237, 239; VIII, 198, 201, 226, 319, 342; IX, 16, 18, 353.
— (abbaye de), IX, 82, 475.
— (bataille de), II, 241 et suiv.; IV, 279.
— (faubourg), à Paris, VIII, 200.
— (hôpital), à Paris, IX, 15.
— (porte), à Paris, IX, 15, 17, 19.
— Voy. Hertré, Villeluisant.
Saint-Denis-Isle-d'Oléron (Charente-Inférieure), III, 197; VII, 33.
Saint-Denis-l'Aréopagite, IV, 301.
Saint-Denis-le-Chosson (Ain), VIII, 314; IX, 323.
Saint-Dizant (N., sgr de), capitaine huguenot, VI, 274.
Saint-Domingue (île), I, 115; VII, 247.
Saint-Dominique, I, 188.
Saint-Dyé-sur-Loire (Loir-et-Cher), VI, 263, 264, 266, 269.
Saint-Elme (fort), à Malte, II, 307 et suiv.
Saint-Esprit (île du), à l'embouchure de la Charente, V, 275.
— (le gouvernement du), l'un des gouvernements du Brésil, I, 115.
— (confrérie du), fondée en Bourgogne par Gaspard de Saulx-Tavannes, gouverneur de cette province, II, 211; III, 2; VI, 195.
— (ordre et chevaliers du), V, 343, 344; VII, 318 et suiv.

TABLE DES MATIÈRES.   315

Saint-Etienne (Loire), II, 132; III, 172; IV, 59.
— (chapitre), à Toulouse, II, 24.
— (ordre de), fondé par le grand-duc de Toscane, I, 346; II, 169 et suiv.
— apôtre, I, 212.
— (Claude Sublet, abbé de), aumônier de la reine Elisabeth de Valois, II, 294.
— (Gilles de Machecou, sgr de), gentilhomme poitevin, capitaine huguenot, gouverneur de Fontenay et de Tonnay-Charente, fils de Jean de Machecou, sgr de Vieillevigne, III, 189, 191 et suiv., 201, 370, 372; IV, 252 et suiv., 290, 294; VI, 33, 78 et suiv.; VII, 109, 136, 297.
Saint-Eustache (croix), à Paris, IX, 15.
— (curé de). Voy. Benoist.
Saint-Fal. Voy. Saint-Phal.
Saint-Faron (abbaye) de Meaux, VIII, 413.
Saint-Félix (Germain de), capitaine aux ordres de Damville, III, 160; IV, 307.
Saint-Ferme (Gironde), VI, 218; VII, 37.
Saint-Ferréol (Gard), IV, 284.
— (N. du Renc, sgr de), gentilhomme de l'Albigeois, capitaine catholique, VII, 80.
Saint-Firmin. Voy. Saint-Julien.
Saint-Florent (abbaye de), près Saumur (Maine-et-Loire), III, 39.
Saint-Florien (Porte), à Cracovie, IV, 201.
Saint-Forgeux (Bertrand d'Albon, sgr de), capitaine catholique, IX, 10.
Saint-Fort (Charente-Inférieure), V, 259.
— (peut-être François de la Tour, sgr de), en Saintonge, II, 267.
— (peut-être René de la Tour, sgr de), fils du précédent, VII, 159.

Saint-Franc. Voy. Vaulserre.
Saint-Front (église), à Périgueux, IV, 343.
Saint-Fronton. Voy. Fronton.
Saint-Fulgent (Vendée), VI, 70, 76.
Saint-Gall (Suisse), IX, 299.
Saint-Gauché (porte), à Montélimar, VII, 92.
Saint-Gaudens (Haute-Garonne), III, 92; V, 249.
— (N., sgr de), complice de l'assassinat du duc de Guise, VII, 389.
Saint-Gelais (Deux-Sèvres), VII, 17.
— (Jean de), évêque d'Uzès, I, 319.
— (Louis de Lusignan, sgr de), capitaine protestant, gouverneur de Brouage, maréchal de camp, IV, 312 et suiv., 356; V, 128 et suiv., 219; VI, 213 et suiv., 218, 219, 224 et suiv., 233 et suiv., 251 et suiv., 266 et suiv.; VII, 12, 14, 49 et suiv., 111, 121; VIII, 1 et suiv., 64, 236; IX, 38, 39.
— (N. de), tué à la bataille de Saint-Quentin, I, 69.
— (Urbain de), bâtard de Lanssac, évêque de Comminges, VI, 187; VII, 356; VIII, 35.
— Voy. Lanssac, Uzès.
Saint-Généroux (Deux-Sèvres), III, 128.
Saint-Gengoux-le-Royal (Saône-et-Loire), II, 260.
Saint-Geniès-de-Malgoires (Gard), III, 29, 391; IV, 48.
Saint-Genis (Pierre-Jacques de Marsanne, sgr de), capitaine catholique, VII, 94 et suiv.
Saint-Georges (Ardennes), VII, 366.
— (Charente), V, 119.
— (cimetière), à Saint-Lô, IV, 240.
— (étendard de), à Sarragosse, VIII, 386.

Saint-Georges (fort), dans une ile du Danube, IX, 211.
— (galère), de Malte, IX, 401.
— (place et faubourg), à Toulouse, II, 28, 30.
— (Joachim de). Voy. Vérac.
— (N., sgr de), capitaine réformé, VII, 377 ; IX, 37, 42, 43.
— Voy. Passage.
Saint-Georges-de-la-Mina (Guinée), I, 116 ; V, 36 ; VI, 125.
Saint - Georges - de - Montaigu (Vendée), VI, 7, 69, 80, 88 ; VII, 330, 373.
Saint-Géran (Philibert de la Guiche, sgr de), lieutenant du roi en Auvergne, III, 85.
Saint-Gérard (fort du mont), à Bude, IX, 390.
Saint-Germain. Voy. San-Germano-Chisone.
— (Julien de), chanoine théologal de Paris, V, 162.
— (N., sgr de), VIII, 160.
Saint - Germain - de - Confolens (Charente), VIII, 166 ; cité à tort, semble-t-il, pour Saint-Germain-les-Belles, IX, 145.
Saint-Germain-de-Lusignan. Voy. Lusignan.
Saint-Germain-des-Prés (abbaye), à Paris, VIII, 172.
— (faubourg), à Paris, I, 235, 262 ; III, 325 ; VIII, 171 et suiv., 200.
Saint-Germain-en-Laye (Seine-et-Oise), I, 244, 319, 324, 370 ; IV, 215, 222 et suiv., 229 et suiv., 373 ; V, 8 ; VI, 171 ; IX, 24.
— (édit de pacification, dit de) (8 août 1570), III, 268 ; IX, 286.
Saint - Germain - l'Auxerrois (cloître), III, 305.
— (église), III, 315.
Saint-Germain-Laval (Loire), IX, 45.
Saint-Germain-les-Belles (Haute-Vienne), IX, 145.
Saint-Gervais (Vendée), VII, 341.

Saint-Gervais, ligueur de Paris, VIII, 246.
Saint-Ghislain. Voy. Saint-Guilain.
Saint-Gilles (Gard), II, 67, 150.
— (église), à Valence (?), I, 176.
Saint-Gla. Voy. Senglar.
Saint-Gondon (Loiret), III, 7.
Saint-Gouard (Jean de Vivonne, sgr de). Voy. Pisany.
Saint-Gravé (N. Brossay, sgr de), capitaine réformé, III, 13.
Saint-Grégoire, I, 327, 331.
Saint-Guilain (Hainaut autrichien), VI, 142.
Saint-Heran. Voy. Saint-Hérem.
Saint-Hérem (François de Montmorin, sgr de), gouverneur d'Auvergne, I, 70.
— (Gaspard de Montmorin, comte de), capitaine des ordonnances, lieutenant de roi en Auvergne, fils du précédent, II, 117, 270 ; III, 131, 147, 349 ; V, 147, 162.
— (Jean de Montmorin, sgr de), frère du précédent, IX, 110.
Saint-Hermine. Voy. Sainte-Hermine.
Saint-Hilaire (porte), à Rouen, II, 82 et suiv.
Saint-Honoré (faubourg), à Paris, II, 232 ; IV, 224 ; VIII, 200.
— (porte), à Paris, VII, 211, 215 ; IX, 15.
— (rue), à Paris, IX, 472.
Saint-Hubert (abbaye) (Belgique, prov. de Liège), III, 211.
Saint-Innocent (cloître), à Paris, VII, 212 et suiv. ; IX, 471.
Saint-Jacques (commandeur de l'ordre de). Voy. Abd-el-Kérim.
— (faubourg), à Paris, VIII, 66, 171 et suiv., 200.
— (grand maître de l'ordre de). Voy. Requesens (Louis de).
— (hôpital), à Paris, IX, 15.
— (rue), à Paris, I, 225.

Saint-Jacques (soldats déguisés en pèlerins de), attaquent Poitiers, IV, 335.
— trompette de Diego de la Gasca, gouverneur d'Adra, III, 232.
Saint-Jame. Voy. Sainte-Gemme.
Saint-James (Manche), VIII, 272 et suiv.
Saint-Jean (chapitre), à Toulouse, II, 24.
— (faubourg), à Blois, II, 275.
— (île), l'une des îles Vierges, au nord des Antilles, VII, 247.
— (place), à Lyon, III, 347.
— (porte), à Chartres, II, 284.
— (porte), à Niort, V, 129.
— (porte), à Orléans, II, 16.
— (tour ou fort), à Marseille, VII, 84; IX, 116.
— soldat sous les ordres de Louis Bouchereau de Rochemorte, capitaine protestant, VI, 244 et suiv.
— (Jean de Chateaubriand, sgr de), III, 174 et suiv.; V, 219; VIII, 185 et suiv.
— (François de Mongommery, dit), abbé commandataire de Saint-Jean-les-Falaise, puis capitaine huguenot, frère cadet de Gabriel de Mongommery, III, 169, 282.
Saint-Jean-Baptiste (fête de), II, 313; IV, 377; VI, 109; IX, 412.
Saint-Jean-Bou. Voy. Saint-Gengoux-le-Royal.
Saint-Jean-d'Angély (Charente-Inférieure), pris par les troupes royales, II, 45; entreprise de François de la Rochefoucauld, 45; levée du siège par celui-ci, 96; rencontre de Monluc avec le comte du Lude, 269; soldats de cette ville à Pons, III, 26; abandonné par La Chastaigneraie, 26; entreprise du duc d'Anjou, 56; sa défense confiée à Piles, 129; assiégé par le duc d'Anjou, 135 et suiv., 179; Guttinières, son gouverneur, 184; rappel du siège fait par le duc d'Anjou, 198; retraite des troupes de La Rivière-Puytaillé, 199; les troupes de sa garnison à Cognac, 199; objectif de Puygaillard, 201; rencontre de Puygaillard et des réformés près de cette ville, 202; échec des réformés devant cette ville, IV, 298; cédé au prince de Condé par la paix de Monsieur, 5, 79; prise de possession de cette ville par ce prince, 89, 90; son arrivée dans la ville, 162; nouvelles qui y parviennent du baron de Mirambeau, 191; passage du duc de Montpensier près de cette ville, 215; mouvements de sa garnison, 269; passage du prince de Condé, 291; maintenu en la possession de ce prince, 340; maladie de d'Aubigné, VII, 1; cité, 34; son gouverneur Jean de Rochebeaucourt, sgr de Sainte-Mesme, 35, 36; départ de troupes pour Blaye, 37; passage de Condé, 47, 48; siège mis par le comte du Lude, 74, 75; sortie de sa garnison, 218; demande de secours adressée à cette ville par les défenseurs de Taillebourg, 229; retraite du comte de Laval sur cette ville, 273; épidémie, 274; peste et famine, VII, 7; attaqué par le duc de Mayenne, 9, 10; ses communications coupées par le duc de Mayenne, 12; concentration des troupes de d'Aubigné, 15; pris par les réformés, 22; dégagé par Condé, 26; menacé par le duc de Mayenne, 36; passage de troupes réformées, 57; séjour de Condé, 135; retraite de Saint-Etienne sur cette ville, 136; mort du prince de Con-

dé, 205, 206; passage du roi de Navarre, 300 : entrevue de d'Aubigné avec le roi de Navarre, 336; nouvelle de l'assassinat des Guise, 399; séjour de d'Aubigné, VIII, 2; lieu d'origine du capitaine La Fayolle, 168; relations de sa garnison avec celle de Poitiers, 240.

Saint-Jean-d'Angle (Charente-Inférieure), IV, 218, 350; VI, 232.

Saint-Jean-de-Blaignac, Saint-Jean de Branne (Gironde), III, 203; VI, 273.

Saint-Jean-de-Branne. Voy. Saint-Jean-de-Blaignac.

Saint-Jean-de-Jérusalem (chevaliers de), II, 169, 296.

Saint-Jean-de-Ligoure, capitaine catholique, VII, 149 et suiv.; VIII, 10, 44, 209.

Saint-Jean-de-Liversay (Charente-Inférieure), V, 216; VII, 53, 289.

Saint-Jean-de-Losne (Côte-d'Or), IX, 49.

Saint-Jean-de-Maurienne (Savoie), IX, 151-153.

Saint-Jean-de-Porte (navire), l'un des navires de l'*Armada*, VIII, 117.

Saint-Jean-des-Choux (Bas-Rhin), III, 65.

Saint-Jean des Roches, capitaine réformé, III, 51.

Saint-Jean-en-Grève (place), à Paris, VII, 212 et suiv.

Saint Jean l'Évangéliste, I, 135, 328.

Saint-Jeoire (Haute-Savoie), VIII, 103 et suiv.

Saint-Jérôme (église), à Madrid, IX, 416, 418.

— (Pères de) ou Hiérosolymites, V, 343.

Saint-Jeurs, Saint-Jurs, Saint-Just (Marc-Antoine de Castellane, sgr de), fils incestueux de Honoré et Blanche de Castellane, chevalier des ordres du roi, gouverneur de Seyne et de Riez, IX, 157, 161 et suiv.

Saint-Joseph, VIII, 133.

Saint-Jouan (Ferdinand de), victime de l'autodafé de Séville, I, 350.

Saint-Jul. Voy. Saint-Just (Ardèche).

Saint-Julien (Bouches-du-Rhône), IX, 114.

— (Charente-Inférieure), III, 141; V, 215; VI, 75; VII, 9.

— (fort), près de Cascaës, sur le Tage, VI, 130, 310.

— (porte), à Bordeaux, VIII, 33.

— (Florent Renard ou Reynard, sgr d'Avançon, de la Frette, de Saint-Firmin, de), secrétaire de Lesdiguières, président de la Chambre des comptes de Dauphiné, VIII, 314.

Saint-Julien-Boutières (Ardèche), IV, 52.

Saint-Julien-de-Peyrolas (Gard), III, 164.

Saint-Jurs. Voy. Saint-Jeurs.

Saint-Just (Ardèche), III, 164.

— (Charente-Inférieure), II, 267; V, 267; VI, 235.

— (Hérault), III, 164.

— (faubourg), à Lyon, II, 133 et suiv.

— (monastère de), en Espagne, I, 54.

— Voy. Saint-Jeurs.

Saint-Just-près-Brioude (Haute-Loire), IX, 110.

Saint-Justin (Landes), VI, 188.

Saint-Juvin (Ardennes), VII, 366 et suiv.

Saint-Ladre (faubourg), à Poitiers, II, 44; III, 104.

— (le camp), près Sancerre, IV, 42.

Saint-Lary (Jeanne de), mère du duc d'Epernon, VI, 169.

— Voy. Bellegarde, La Vallette, Thermes.

Saint-Laurent (faubourg), à Grenoble, VIII, 313.

— (fête de), VII, 307.

TABLE DES MATIÈRES.

Saint-Laurent (Jean d'Avaugour, sgr de), comte de Vertus, capitaine ligueur, puis gouverneur de Moncontour, VI, 222 et suiv.; VII, 329, 347; VIII, 31, 59; IX, 176, 179, 183 et suiv.
Saint-Laurent-de-la-Prée (Charente-Inférieure), III, 181.
Saint-Laurent-des-Eaux (Loir-et-Cher), IV, 176.
Saint-Laurent-du-Pape (Ardèche), II, 61; IV, 282.
Saint-Lazare (Cher), IV, 40.
Saint-Léger, près Genève, IX, 379.
— (Jacques, baron de), capitaine protestant, VII, 140.
— (N. de), capitaine huguenot, III, 328.
— ou Saint-Liger, capitaine français au siège de Mahomette, IX, 403.
Saint-Légier. Voy. Boisrond, Haucourt.
Saint-Léonard (Loir-et-Cher), III, 3, 85.
— (faubourg), à la Garnache (Vendée), VII, 378; VIII, 12.
— (seigneur de). Voy. Manrique.
Saint-Leu (Seine-et-Marne), V, 339.
Saint-Liévain (porte), à Gand, VI, 340.
Saint-Lô (Manche), II, 139; IV, 225, 240, 243, 248 et suiv.; V, 94; VII, 373.
Saint-Louis-des-Français (église), à Rome, IV, 87.
Saint-Loup, lieutenant de Strozzi, capitaine de gens de pied, II, 254; III, 74.
Saint-Luc (Charles d'Espinay de), commandeur d'Arleux, IX, 403.
— (François d'Espinay, sgr de), mignon de Henri III, grand maître de l'artillerie, IV, 272, 383 et suiv.; VI, 72-74, 231 et suiv., 274, 329, 341; VII, 14 et suiv., 24-31, 49-53, 57, 58, 123, 151 et suiv., 231,
336, 344; VIII, 200 et suiv., 234; IX, 30 et suiv., 37, 137, 191.
Saint-Macaire (Gironde), II, 90; III, 158; V, 238, 246, 355; VI, 180.
Saint-Magne (Gironde), VII, 80.
Saint-Maixent (Deux-Sèvres), III, 24, 79, 101, 105, 187; IV, 6; VII, 18, 61, 67, 111, 120-123; VIII, 11, 137; IX, 83.
Saint-Malin ou Saint-Malines (N., sgr de), complice de l'assassinat des Guise, VII, 389.
Saint-Malo (Ille-et-Vilaine), IX, 23, 185, 273.
Saint-Mandé (Charente-Inférieure), VI, 214 et suiv.; VII, 17.
Saint-Marc (N., sgr de), capitaine ligueur, IX, 110.
Saint-Marceau (faubourg), à Paris, I, 322; II, 102, 103; VIII, 171, 200.
Saint-Marcel (cardinal de). Voy. Urbain VII.
Saint-Marcellin (Isère), II, 54, 259; VIII, 320, 345.
Saint-Mars. Voy. La Motte-Saint-Mars.
Saint-Marsault (Deux-Sèvres), VII, 128.
Saint-Martial (collège), à Toulouse, II, 26.
Saint-Martin (île de Ré), IV, 353; V, 257, 281, 294.
— près Babotska (Hongrie), IX, 246.
— (Seine-et-Oise), VIII, 216.
— (digue de), en Hollande, V, 59.
— (faubourg), à Paris, VI, 52; VIII, 200.
— (fête), VIII, 371.
— (porte), à Montélimar, VII, 91-94.
— (porte), à Paris, IV, 177.
— (Antoine d'Urre de Cornillan d'Oncien, dit Des Portes de), capitaine catholique, che-

valier de l'ordre et ambassadeur en Savoie, VII, 96.
Saint-Martin, dit le Huguenot, IV, 237.
— (Laurent du Bois, sgr de), complice de La Molle, IV, 228 et suiv.
— Voy. Leclerc-Saint-Martin.
Saint-Martin-Bourses (N., sgr de), III, 312.
Saint-Martin d'Angluse (le capitaine), capitaine gascon, V, 8, 11.
Saint-Martin-de-Chassenon (Vendée), VI, 223.
Saint-Martin-de-Nigelles (Jean de Brichanteau, sgr de), premier arquebusier du roi, III, 378.
— (Pierre de Brichanteau, sgr de), III, 325.
Saint-Martin-de-Valamas (Ardèche), II, 264; VI, 29.
Saint-Martin-la-Coudre (Jean Bouchard d'Aubeterre, sgr de), II, 253; VII, 300.
Saint-Mathieu (le), galion espagnol, IX, 234.
Saint-Mathurin (Maine-et-Loire), III, 14, 15; VI, 253.
Saint-Maur (abbaye de), près Paris, V, 11; VI, 252, 262; VIII, 336; IX, 369.
Saint-Maurice (Tarn-et-Garonne), VIII, 282.
Saint-Maxire (Deux-Sèvres), VI, 223.
Saint-Médard (paroisse de), à Paris, I, 322.
Saint-Megrin (Paul Estuer de Caussade, sgr de), III, 10, 79, 187; V, 171; VIII, 304.
Saint-Mesme (Jean de la Rochebeaucourt, sgr de), capitaine huguenot, III, 25, 196, 332; V, 89, 193; VI, 35, 36, 229, 250, 273, 274.
Saint-Mesmin (Loiret), II, 146.
— Voy. Luillier (Nicolas).

Saint-Michel (île), l'une des Açores, VI, 317; VIII, 111.
— (bailli de). Voy. Saint-Mihiel.
— (faubourg), à Paris, VIII, 200.
— (fête), III, 351.
— (fort), à Malte, II, 307 et suiv., 314.
— (fort des Dames de), à Fontenay-le-Comte, VII, 114.
— (ordre et chevaliers de), III, 366; V, 344, 345.
— (pont), à Paris, II, 208; III, 53; VII, 242 et suiv.
— (porte), à Chartres, II, 284.
— (porte), à Paris, III, 339.
Saint-Michel-de-Maurienne (Savoie), IX, 152.
Saint-Michel-en-l'Herm (Vendée), V, 211, 257.
— (abbaye de), au diocèse de Luçon, III, 43.
Saint-Mihiel (bailli de). Voy. Haussonville.
Saint-Montant (Ardèche), III, 164.
Saint-Nazaire (Aude), V, 353.
— (Loire-Inférieure), VII, 335, 336.
— (église), à Béziers, I, 177[1].
Saint-Nectaire (Antoine de), évêque du Puy, II, 270; V, 147, 176, 177.
Saint-Nicaise (Claude de Guise, abbé de). Voy. Guise.
Saint-Nicolas (comm. de Maillé, Vendée), VII, 67.
— (porte), à Fontenay-le-Comte, VII, 113.
— (porte), à la Rochelle, III, 381; IV, 34.
— (rocher), près l'île d'Oléron, VII, 27, 29, 57.
Saint-Nicolas-de-la-Grave (Tarn-et-Garonne), V, 250.
Saint-Nizier (Loire), VIII, 22.
— (quartier), à Lyon, VIII, 22.
Saint-Omer. Voy. Saô-Thomé.
Saint-Offange (Amaury de), sgr de la Houssaye, ligueur bre-

---

1. Ne serait-ce pas une erreur de d'Aubigné? L'église Saint-Nazaire est à Carcassonne.

ton, gouverneur de Rochefort, IX, 271, 272.
Saint-Offange (François de), sgr de Hurtault, frère d'Amaury de Saint-Offange, sgr de la Houssaye, ligueur breton, VI, 248; IX, 271 n., 292.
Saint-Orens (couvent de), à Toulouse, II, 27.
— (François de Cassagnet de Tilladet, sgr de), sénéchal du Bazadois, II, 265; III, 385; V, 133, 247; VI, 44, 45.
Saint-Orin. Voy. Saint-Orens.
Saint-Ouen (Indre-et-Loire), VIII, 41.
— (Seine), II, 237-239, 243 et suiv.
— (porte), à Rouen, VIII, 265.
— (N., sgr de), capitaine huguenot, VII, 74, 83.
Saint-Ozani. Voy. Saint-Ausone.
Saint-Pal-de-Mons (Haute-Loire), IV, 59.
Saint-Paterne (porte), à Orléans, VIII, 24.
Saint-Paul (Belgique, prov. de Flandre orientale), VIII, 406.
— (Bouches-du-Rhône), VIII, 319.
— apôtre, I, 328; IX, 81, 360.
— (Antoine de), fils d'Antoine de Saint-Paul, sgr de Villiers-Templon, dit le maréchal de Saint-Paul, VII, 164, 182, 187 et suiv., 214 et suiv., 328, 366; VIII, 23, 204, 288; IX, 22, 107.
— (François de), ministre réformé de Dieppe, pasteur en Dauphiné, I, 312.
— (Thomas de), hérétique de Soissons supplicié à Paris, I, 215.
— ou Saint-Pol (le capitaine), capitaine de la garnison de Beaune, IX, 51.
Saint-Paul-de-Damiate (Tarn), III, 387.
Saint-Paulet (N., sgr de), complice de l'assassinat des Guise, VII, 389.
Saint-Pé (faubourg), à Orthez, III, 95.
Saint-Phal (Anne de Vaudray, sgr de), capitaine catholique, bailli et gouverneur de Troyes, III, 345; V, 16.
Saint-Philibert-de-Grandlieu (Loire-Inférieure), VI, 226, 227.
Saint-Philippe (château), à Cadix, IX, 235.
Saint-Philippe (le), galion espagnol, IX, 234.
Saint-Pierre (chaire de), I, 163; II, 137.
— (domaine de), I, 32.
— (église cathédrale), à Montpellier, II, 258.
— apôtre, V, 363.
Saint-Pierre-Avez (Hautes-Alpes), VII, 91.
Saint-Pierre-d'Albigny (Savoie), IX, 153.
Saint-Pierre-de-Nogaret (Lot-et-Garonne), V, 247.
Saint-Pierre-d'Oléron (île d'Oléron) ou Pierre-Menue, III, 197; V, 275; VII, 24.
Saint-Point (Guillaume de), capitaine catholique, II, 49, 73.
Saint-Pol (comté de), I, 128.
— (François d'Orléans, comte de), IX, 65 et suiv., 131 et suiv., 336.
— (Gautier de Châtillon, comte de) pendant la guerre des Albigeois, I, 178, 184.
Saint-Pompain (François de Liniers, sgr de), gouverneur de Maillezais, VII, 67, 120, 123, 124, 288 et suiv.; VIII, 10.
Saint-Pompoint. Voy. Saint-Pompain.
Saint-Pons (N.), médecin de Marguerite de Valois, V, 6.
Saint-Pont. Voy. Saint-Point.
Saint-Priest (Seine-et-Oise), IV, 223.
— (Jean Guignard, sgr d'Ar-

bonne et de), valet de chambre du roi, VII, 388.
Saint-Priest. Voy. Saint-Romain.
Saint-Pris, Saint-Prix. Voy. Saint-Priest.
Saint-Privat (Ardèche), III, 164.
Saint-Quentin (Aisne), I, 48, 65 et suiv., 67, 71, 73, 76, 126; III, 259; VIII, 222.
— (bataille de), I, 65 et suiv.
— (porte et faubourg), à la Fère, VI, 51, 55 et suiv.
— (N., sgr de), gentilhomme normand, VIII, 276 et suiv.
Saint - Quentin - Chaspinhac (Haute-Loire), IV, 59.
Saint-Rambert (Ain), IX, 323.
Saint-Ravi (N., sgr de), capitaine huguenot, IV, 48.
Saint-Remi, cité à tort pour Saint-Romain (Jean de Saint-Priest, sgr de). Voy. ce nom.
Saint-Richer (N., sgr de), gentilhomme saintongeais, capitaine huguenot, III, 185.
Saint-Rirand (Jean de Damas, sgr de), gouverneur de Beaune, IX, 47.
Saint-Romain (Claude du Fay, dame de), épouse de Jean de Saint-Priest, sgr de Saint-Romain, III, 27.
— (François de), hérétique espagnol supplicié, I, 210.
— (Jean de Saint-Priest, sgr de), ancien archevêque d'Aix, chef du parti réformé en Languedoc, III, 27, 29, 154, 171, 332; IV, 55, 185, 222, 272, 283; V, 295, 299.
Saint-Roman (N. de), VII, 333, 334.
Saint - Romans - de - Malegarde (Vaucluse), IV, 275.
Saint-Salvy (Gabriel de Lomagne, sgr de), frère de Terride, II, 96.
Saint-Satur (Cher), III, 40; IV, 36.

Saint-Sauveur (église), à Blois, V, 179 et suiv.; VII, 316, 326.
— (Claude de Joyeuse, sgr de), frère du duc Anne de Joyeuse, VII, 155 et suiv., 158; IX, 103.
Saint-Sébastien (Espagne), II, 219; VI, 182 et suiv.; IX, 468.
— (passage), près la Rochelle, V, 264.
— (porte Capène aujourd'hui), à Rome, IV, 121.
Saint-Seigne. Voy. Saint-Seine-sur-Vingeanne.
Saint-Seine-en-Bache (Côte-d'Or), II, 99.
Saint - Seine - sur - Vingeanne (Côte-d'Or), II, 281; IX, 54.
Saint-Sergue (N., sgr de), capitaine au service du duc de Savoie, VIII, 359.
— Voy. Bellegarde.
Saint-Sernin (église), à Toulouse, II, 28.
Saint-Sever (Landes), III, 98; V, 254.
Saint-Séverin (Bernard de). Voy. Somma.
— (Ferdinand de), prince de Salerne, capitaine protestant, III, 139[1].
— Voy. San-Severino.
« Saint-Sey », près Montpellier (Hérault), V, 301.
Saint-Sibard. Voy. Saint-Cybard.
Saint-Sigismond (Vendée), VII, 67.
Saint-Silvie. Voy. Saint-Sivier.
Saint-Simon (abbaye de), près Talcy, II, 38, 40.
Saint-Siriac. Voy. Saint-Suliac.
Saint-Sivier (N. de), gouverneur de Carmagnole, VIII, 95.
Saint-Sorlin. Voy. Nemours.
Saint-Sorlin-de-Cossac (Charente-Inférieure), II, 267 et suiv.
Saint-Sornin (faubourg), à Poitiers, III, 108; IV, 337.

---

1. Fausse identification de ce personnage avec Saint-Surin.

Saint-Sornin (N., sgr de), II, 116.
Saint - Sornin - de - Marennes (Charente-Inférieure), VI, 235; VII, 24.
Saint-Stanislas (église), à Cracovie, IV, 201.
Saint-Suliac, Saint-Siriac (Ille-et-Vilaine), IX, 185.
Saint-Sulpice (Armand d'Ebrard, sgr de), IV, 19.
— (Jean d'Ebrard, sgr de), II, 234, 294; IV, 216, 227, 260, 383 et suiv.
Saint - Sulpice - d'Arnoult (?) (Charente-Inférieure), III, 55.
Saint-Surin (Charente), II, 267; V, 193.
— (Charles de la Motte, sgr de), capitaine huguenot, VI, 212 et suiv., 224 et suiv., 234 et suiv.; VII, 139; IX, 132.
— (Claude de la Mothe, sgr de), III, 106, 139 et suiv.
— (le jeune), enseigne de son frère Charles, IX, 132.
Saint-Symphorien (faubourg), à Tours, VIII, 42.
Saint - Taurins. Voy. Saint-Orens.
Saint-Thibaut (port), près Sancerre, III, 6, 41; IV, 40, 43.
Saint-Thomas (le), galion espagnol, IX, 234.
— (le), galion portugais, VIII, 377, 388.
Saint-Thomas (N., sgr de), gouverneur de Saint - Laurent (Ardèche), IV, 282.
Saint-Trond (Belgique, prov. de Limbourg), II, 341.
Saint-Tropez (Var), IX, 114.
Saint-Valéry-sur-Somme (Somme), II, 365.
Saint-Vallier-sur-Rhône (Drôme), III, 348.
Saint-Véran (François de Montcalm, sgr de), capitaine huguenot, II, 64.
Saint-Victor (faubourg), à Paris, II, 102; VIII, 171, 200.
— (fort), à Marseille, VII, 85; IX, 116.

Saint - Vidal (Antoine de la Tour, baron de), gouverneur du Gévaudan, puis sénéchal du Velay, IV, 58 et suiv., 283; VII, 105.
Saint-Vidard. Voy. Saint-Vidal.
Saint-Vincent (cap), I, 118.
Saint-Vital. Voy. Saint-Vidal.
Saint-Voy (Haute-Loire), IV, 58 et suiv.; VII, 99.
Saint-Waast (Jean Sarrazin, abbé de). Voy. Sarrazin.
Saint-Yrieix. Voy. Jarrige.
Saint-Yrieix-la-Perche (Haute-Vienne), III, 70; IX, 120, 145 et suiv.
Sainte-Adresse (faubourg de), au Havre, II, 198.
Sainte-Andruce. Voy. Andruse.
Sainte-Anne (île), près l'île Schoonhowen (Pays-Bas), V, 71.
Sainte - Bazeille (Lot - et - Garonne), VII, 40, 44, 72.
Sainte-Bazille. Voy. Sainte-Bazeille.
Sainte-Catherine (collège), à Toulouse, II, 26.
— (fort), près de Genève, VIII, 99 n.; IX, 328 et suiv., 331, 335, 336.
— (fort), à Haarlem, IV, 162.
— (fort), à Malte, II, 309.
— (fort), à Rouen, II, 80, 82; VIII, 251 et suiv.
— (temple), à Haarlem, IV, 164.
— (N., sgr de), capitaine ligueur, VI, 218 et suiv.
Sainte-Cécile (cardinal de). Voy. Grégoire XIV.
Sainte-Chapelle (trésoriers et chanoines de la), à Paris, VIII, 414.
Sainte-Claire (abbaye de), à Saint-Ausone (Charente), III, 25.
Sainte-Colombe (fort), à Vienne (Isère), VIII, 345; IX, 45.
— (porte), à Haarlem, IV, 155.
— (Antoine de Montesquiou,

sgr d'Aydie et de), III, 93, 96, 97.
Sainte-Colombe (Bernard de Montesquiou, sgr de), frère du précédent, III, 378; IV, 27, 245; V, 22 et suiv., 235.
— (Joseph de Montesquiou, sgr de), mort au siège de Rouen, frère des précédents, II, 84.
— Voy. Montcaut (Blaise de Laurière, sgr de).
Sainte-Croix (cardinal de). Voy. Marcel II.
— (marquis de). Voy. Santa-Cruz.
— (Prosper de), dit le cardinal de Sainte-Croix, IV, 88.
Sainte-Elisabeth (ordre de), fondé aux Pays-Bas par Corneille Adriausen de Dordrecht, cordelier, VI, 144, 145.
Sainte-Foy (Charles de Chabot, sgr de), II, 45.
Sainte-Foy-de-Longas (Dordogne), II, 129; IV, 309.
Sainte-Foy-la-Grande (Gironde), VII, 48, 50, 79 et suiv.
— (assemblée de) en 1594, IX, 85, 123, 200, 274, 303.
Sainte-Gemme (Lancelot du Bouchet, sgr de), gouverneur de Poitiers au nom du prince de Condé, II, 43 et suiv.; IV, 315.
— (N., baron de), peut-être le fils du précédent, VIII, 239 et suiv.
Sainte-Gemme-la-Plaine (Vendée), II, 190 et suiv.
Sainte-Geneviève (abbaye de), à Paris, II, 207.
Sainte-Gertrude. Voy. Gertruydenberg.
Sainte-Gudule. Voy. Torres (Fr. de).
Sainte-Hélène (Savoie), IX, 155.
Sainte-Hermine (Joachim de), sgr du Fa, II, 94, 252, 269.
Sainte-Janine. Voy. Saint-James (Manche).
Sainte-Loumoye. Voy. Sainte-Néomaye.
Sainte-Marie (village qui serait situé dans le Gard), III, 164.
Sainte-Marie-du-Mont (Manche), III, 12.
— (Jacques de), sgr d'Agneaux, capitaine normand, lieutenant du prince de Condé à Caen, gouverneur de Granville et de Saint-Lô, I, 261; V, 111; VI, 197.
— (N. de), capitaine normand, frère du précédent, I, 261.
Sainte-Marie-et-Blaise (Ardennes), III, 211.
Sainte-Marthe (Gaucher, dit Scévole de), contrôleur général des finances en Poitou, VIII, 32; IX, 39, 40.
Sainte-Maure. Voy. Montausier.
Sainte-Menehould (Marne), IV, 381; VII, 223.
Sainte-Nappe (fort), à Famagouste, IV, 99 et suiv.
Sainte-Néomaye, Sainte-Onomoye, Sainte-Loumoye (Deux-Sèvres), VIII, 11.
Sainte-Placine (Deux-Sèvres), VIII, 2.
Sainte-Réparade. Voy. Puy-Sainte-Réparade (le).
Sainte-Souline (Joseph Doyneau, sgr de), capitaine du château de Lusignau, III, 36; IV, 261, 337; VI, 317 et suiv.
Sainte-Terre. Voy. Senectaire.
Sainte-Ursule (temple), à Haarlem, IV, 164.
Saintes (Charente-Inférieure), I, 45, 46, 95, 97, 162, 268; III, 9, 55-58, 116, 131, 198-202, 298; VI, 37, 231; VII, 25, 33-35, 50, 57, 136, 143, 162, 312.
— (Claude de), évêque d'Evreux, I, 164; II, 225; VII, 317.
Saintonge, martyrs de la Réforme originaires de cette province, I, 223, 225, 226; organisation du parti réformé,

260; envoi du comte de la Rochefoucauld par Condé, II, 41; concentration de troupes réformées, 253; commission donnée à Monluc pour aller faire la guerre dans cette province, 265; mission donnée par le roi au sieur de Cornusson, 266; Antoine de Pons, comte de Marennes, lieutenant de roi, 267; prise d'armes des protestants, III, 9; guerre religieuse, 20 et suiv.; organisation de la résistance par les réformés après Jarnac, 56; voyage de la reine de Navarre cité, 92; gentilshommes réformés pressés de prendre les armes, 114; hostilités dans cette province, 143, 152, 178 et suiv.; exploits de La Rivière-Puytaillé, 184; suite des hostilités, 184 et suiv., 196 et suiv.; répercussion de la Saint-Barthélemy, 350; levées de troupes pour la Rochelle, IV, 29; exploits du capitaine Etienne Ferrier, 207; succès des réformés, 218; campagne de La Noue, 251; poursuite des hostilités après la mort de Charles IX, 259; tentative de jonction avec La Noue de plusieurs capitaines réformés, 296; arrivée de La Garenne, 333, 334; alarmée par l'arrivée des reitres de l'armée royale en Poitou, 348; arrivée des reitres, 350; citée, 356; requête des huguenots, 363; nouvelle des hostilités en Poitou, V, 119; départ de La Noue pour Marmande, 171; exploits du duc de Mayenne, 212; préparatifs contre Condé, 255; le duc de Rohan évacue cette province, 294; passage de troupes de cette province vers Limoges, 376; mission de d'Aubigné, 386; préparatifs de guerre des réformés, VI, 213; citée, 228; campagne de d'Aubigné, 272; citée, 275; départ de Matignon pour Nérac, 276; misérable état des réformés, VII, 7 et suiv.; départ des troupes du duc de Mayenne, 10; attitude des réformés, 12; leur prise d'armes, 13 et suiv.; relèvement du parti huguenot, 22 et suiv.; exploit de d'Aubigné, 57 et suiv.; appel lancé aux catholiques par le duc de Joyeuse, 134; le roi de Navarre s'éloigne imprudemment de cette province, 161; son administration confiée à d'Epernon, 306; départ de d'Epernon pour la Provence, VIII, 306; retour de d'Epernon, 312; citée à propos des demandes des huguenots, 87, 88, 98; menacée par les Croquants, 121.

Saintongeais, II, 288; III, 202, 368; IV, 302, 339; V, 132; VI, 273; VII, 13, 20, 154, 300; IX, 145.

Saints-Innocents (cimetière des), à Paris, II, 216; III, 279, 335.

— (fête des), VIII, 8.

Saix (le) (Hautes-Alpes), IV, 276.

Saixac. Voy. Raissac-sur-Lampy.

Sala (comte de), IX, 300.

— (Jacques-Marie), évêque de Viviers, I, 286.

Salagnac (Armand de Gontaut, baron de), VI, 11; VII, 73.

— (Jean de Gontaut, baron de), fils du précédent, V, 361; VI, 11 et suiv., 213; VII, 71, 73, 82, 145, 150 et suiv., 299; VIII, 200 et suiv., 335.

— (François de Gontaut-Biron de), fils du précédent, IX, 369.

Salah-Reïs, beglierbey d'Alger, I, 107, 108, 112, 113.

Salamanque (Espagne, prov. de Léon), II, 173.

Salarais. Voy. Salah-Reïs.

Salassa, Chalasse (Italie, prov.

de Turin, arr. d'Ivrée), VIII, 317.
Salavas (Ardèche), III, 171; IV, 57.
— (baron de). Voy. Merle.
Salazar (André de), capitaine espagnol, IV, 131.
Salbert (Jean), écuyer, sgr de Villiers, dit ensuite de Romagné, ancien maire de la Rochelle, III, 383; IV, 3; V, 266.
Salcède (Nicolas de), sgr d'Auvilliers, VI, 289, 290, 338; VII, 220; IX, 48.
— (Pierre de), capitaine italien, père du précédent. II, 218, 222; III, 331.
Salé (Maroc), V, 54, 323 et suiv.
Salenove (N., comte de), maréchal de camp dans l'armée du duc de Savoie, VIII, 99.
Salerne. Voy. Sallerm.
Salet, lieutenant de Lesdiguières, IX, 153.
Salettes (Henri de), aumônier de Henri IV, fils du suivant, VIII, 335, 340.
— (Jean de), premier président du conseil de Béarn, VIII, 333.
Salève (le mont) (Haute-Savoie), VIII, 358.
Salignac. Voy. Salagnac et Savignac.
Salinas (Sancho Sarmiento di y Villandrado), colonel espagnol de cavalerie légère au service du duc de Savoie, IX, 152, 157.
Salines (les), port de Chypre, III, 219.
Salins (Jura), I, 218.
Salique (la loi), V, 365; VI, 122.
Salis (Rodolphe), gentilhomme hongrois, II, 164.
Salisbury (Angleterre, cant. de Wilts), I, 221.
— cité pour Shrewsbury. Voy. ce mot.
Sallason. Voy. Castelnau-le-Lez.
Sallazar. Voy. Salazar.

Salle ou Halle. Voy. Salé.
Sallerm (Arnault de), capitaine gascon, VI, 170; VIII, 230.
Salles (Etienne de Bar, sgr de), VII, 94 et suiv.
Salm (Eccius, comte de) en 1565, gouverneur de Raab, II, 166, 300.
— Voy. Andelot.
Salm-Reifferscheidt (le comte de) en 1600, IX, 446.
Salmas (Perse), VII, 234.
Salmastre (Perse), VII, 234.
Salmeron (Alphonse), de Tolède, l'un des premiers compagnons d'Ignace de Loyola, II, 173.
Salmonée ou Salmonaye (N.), fille huguenote, VII, 350 et suiv.
Salmonette (duc de), IX, 300.
Salneuve. Voy. Sarrazin.
Salobrenna ou Pocaire (Espagne, prov. de Grenade), III, 235, 241.
Salomon (les Cantiques de), I, 138, 147.
Salon (Bouches-du-Rhône), IX, 167.
Salones (Jeanne de), hérétique suppliciée en Flandre, I, 227.
Salsavie, Xaxava. Voy. Seksaoua (Maroc).
Saluces (marquisat de), I, 126; VIII, 93-96; IX, 167 et suiv., 307 et suiv., 312, 314 et suiv., 319, 326, 341 et suiv., 349.
— (Piémont), VII, 83.
— (Frédéric, marquis de) au xive siècle, VIII, 93.
— (Jacques de). Voy. Cardé.
— (Jean-François de Carmagnole, dit de), fils naturel de Jean-Louis, marquis de Saluces, IV, 291.
— (Marguerite de). Voy. Bellegarde.
Salvagnac (Tarn), VII, 106, 107.
Salvez de Cumara (don Ruy), amiral portugais, VII, 240.
Salviati (Antonio-Maria), car-

dinal, III, 280; VI, 306; VIII, 109.
Salviati (Bernardo), VI, 285.
— (Francesco), chevalier de Malte, I, 345.
— Voy. Talcy.
Salvoyson (Jacques de), gouverneur de Casal, I, 64.
Samblanceau (pointe et fort de), en face de la Rochelle, IV, 354; V, 258.
Sambok, près Bude (Hongrie), IX, 220.
Sambuco (Curtieto del), chef de bandits italien, VI, 306.
Sampayo (le P.), dominicain ou cordelier portugais, IX, 409, 410.
Sampeio. Voy. Sampayo.
Sampiero Corso, colonel général des Corses en France, II, 167-169, 291-293.
Samson, capitaine huguenot, IV, 291.
Samuel (Livre de), I, 146.
Samuel (Robert), hérétique supplicié en Angleterre, I, 220.
San-Agostino (massacre dit de), en Floride, II, 331.
San Angelo in Capoccia (Italie, prov. de Rome), I, 64.
Sancazam (Perse), VI, 300; VII, 234.
Sancerre (Cher), I, 207; III, 1, 6, 40 et suiv., 146, 154, 357, 392 et suiv.; IV, 15, 36 et suiv., 180 et suiv., 205, 326; IX, 452.
— (Louis de Bueil, comte de), I, 265, 266, 301.
— (Louis de Bueil, bâtard de), fils légitimé du précédent, I, 265, 266, 301.
Sancerrois, III, 393.
Sancho Ier, roi de Portugal, V, 315.
Sancta-Maria-de-Minerva (église), I, 218.
Sancti Quatuor Coronati (cardinal des). Voy. Innocent IX.
Sanctorio (Jules-Antoine), archevêque de San-Severino, dit le cardinal de San-Severino, IX, 230.
Sancy (Nicolas de Harlay, sgr de), chevalier de l'ordre du roi, conseiller en ses conseils, colonel général des Suisses, gouverneur de Châlons, VII, 367; VIII, 56, 66, 96, 153, 334, 356, 363, 364; IX, 79, 118.
Sande (don Alvaro di), capitaine au service de l'empereur, I, 342, 345; II, 318, 323.
Sandoval. Voy. Denia.
Sandricourt (Louis de Rouvroy-Saint-Simon, sgr de), VI, 329.
San-Fiorenzo (Corse), I, 58.
San-Germano-Chisone (Italie, prov. de Turin, arr. de Pignerol), I, 196.
San-Giorgio (Piémont), IX, 168.
Sanglo (Claude di). Voy. La Sengle.
Sangosse, capitaine catholique, VII, 42.
Sangre (Ceccho de), capitaine italien au siège de Ham, IX, 63, 64.
Sanguignais (la) (Deux-Sèvres), VII, 17.
Sanguinet, village sur les bords de l'étang de Cazan (Landes), V, 251.
Sanilhac. Voy. Montréal (Guillaume de Balazuc, sgr de Sanilhac, puis de).
San-Jago (Piémont), près Vulpiano, I, 56, 59.
Sannazar (dom Juan), capitaine espagnol au siège de Mahomette, IX, 403.
Sannon (Jean-Baptiste), capitaine milanais, IX, 58.
Sanocki. Voy. Fulstyn.
San-Polo-de'-Cavalieri, au nord de Tivoli (Italie, prov. de Rome), I, 64.
Sansac (Jean Prevost, baron de), capitaine catholique, fils du suivant, VII, 152 et suiv.; 159, 160.
— (Louis Prevost, sgr de), gou-

verneur de François II, capitaine catholique, I, 303; II, 186; III, 84 et suiv., 147 et suiv.

San-Severino (cardinal de). Voy. Sanctorio (Jules-Antoine).

— (Giovanni-Galeazzo de), comte de Gayasso, dit le comte de Gayasse, chevalier de l'ordre du roi, maréchal de camp, VIII, 21, 22, 172.

Santa-Cruz (Alvarez de Bazan, marquis de), amiral espagnol, IV, 112 et suiv.; VI, 127, 314, 319, 322, 323; VII, 248.

Santa-Fiore (Mario Sforza de), marquis de Valmontone, lieutenant de roi en Siennois, I, 56; II, 261.

Santa-Hermandad. Voy. Inquisition.

Sant'Angelo in Capoccia (Italie, prov. de Rome), I, 64.

Santaren (Espagne, prov. d'Estramadure), VI, 129, 314.

Santen (Clèves), IX, 426.

Santo-Campo (tour de), à Famagouste, IV, 99.

Sanxay, Sençai (Vienne), III, 101.

Sanzay (Deux-Sèvres), III, 36; IV, 313; VII, 12, 26, 110.

— (René de), colonel de l'arrière-ban, capitaine de Nantes, III, 178; IV, 251 et suiv., 311.

Saône (la), rivière, IX, 53.

— (pont de la), à Lyon, IX, 10.

Saornianus (Hieronymus), évêque de Sebenico, II, 296.

Saô-Thomé, Saint-Omer, île du golfe de Guinée, colonie portugaise, VI, 125, 303.

Sapena (Gaspard), colonel au service de l'archiduc aux Pays-Bas, IX, 442 et suiv.

Saphin (Maroc), V, 328.

Sapience (livre de), I, 138.

Sapin (Jean-Baptiste), conseiller au parlement de Paris, II, 88, 193.

Sappata, capitaine espagnol, IV, 85.

Saqueney (N., sgr de), gentilhomme bressan, IX, 389.

Saravia (Gaspard), capitaine espagnol, III, 230.

Sarbellon. Voy. Serbelloni.

Sardaigne, II, 5, 289; III, 361; IX, 338.

— (régiment de), II, 289; III, 255, 263; IV, 117 et suiv.

Sariac (N., sgr de), l'un des assassins du duc de Guise, VII, 389.

Sarlabous. Voy. Sarlaboz.

Sarlaboz (Corbeyran de Cardillac, sgr de), mestre de camp, gouverneur du Havre, II, 258 n.; III, 317.

— (Raymond de Cardillac, sgr de), colonel de gens de pied, gouverneur d'Aigues-Mortes, frère cadet du précédent, II, 258; III, 122.

Sarlat (Dordogne), II, 91; VII, 38.

Sarmiento (Jean Salazar de), capitaine espagnol, IV, 80.

Sarniguet (N. de Comes, sgr de), capitaine catholique gascon, III, 197.

Sarragosse (Espagne), VIII, 379-388; IX, 232.

— (André Bobadilla, évêque de), VIII, 381.

— (Salmedino de). Voy. Cerdano.

Sarraziet (N. de la Salles-Bordes, baron de), puis marquis de Roquefort, capitaine protestant, IV, 210.

Sarrazin (Jean), abbé de Saint-Waast, VI, 335.

— (N.), gouverneur de Vézelay pour les réformés, III, 148 et suiv.

— (Théophile), sgr de Salneuve, secrétaire du prince de Condé, conseiller à la Cour des comptes de Montpellier, VII, 173, 222.

Sarred, Sarret (le capitaine). Voy. Vic-Sarred (Dominique de).

Sarriou ou Sarrien (N., sgr de), gentilhomme ordinaire de la chambre du roi, mestre de camp de l'armée royale, IV, 37, 41, 226, 252 et suiv., 320 et suiv., 328, 352.

Sarry (Saône-et-Loire), II, 276.

Sarteano (Italie, prov. de Sienne, arr. de Montepulciano), I, 58.

Sarthe (la), rivière, III, 20.

Sartoire (Nicolas), hérétique de Piémont supplicié, I, 224.

Sarzay (N., sgr de), VI, 255 et suiv.

Sas (fort du), près Ypres, VI, 350.

Sateano. Voy. Sarteano.

Satire Ménippée (la), IX, 1.

Satouriana, cacique de la Floride, II, 329; III, 246.

Saturion. Voy. Satouriana.

Saube (Catherine), hérétique suppliciée à Montpellier, I, 203.

Saugeon. Voy. Saujon.

Saujon (Charente-Inférieure), II, 267; V, 268; VI, 233; VII, 33.

— (Denys de Campet, baron de), capitaine huguenot, II, 266; III, 379; IV, 25, 29, 204, 218; V, 262, 268 et suiv.

Saül, VIII, 131.

Saulais-Hautbois. Voy. Hautbois.

Saules (Nicolas des Gallards, sgr de), ministre réformé, I, 312.

Saulnier (le capitaine), capitaine de la garnison de Beaune, IX, 51.

Sault (Vaucluse), VII, 87.

— (François d'Agoult de Montauban et de Montlaur, comte de), lieutenant général à Lyon, II, 117, 234, 245, 247.

— (François-Louis d'Agoult, comte de), chevalier des deux ordres du roi, gentilhomme de la chambre, capitaine de 50 hommes d'armes des ordonnances, II, 234, 247; VI, 281; VII, 92.

Sault. Voy. Saux.

Saultray (François de Daillon, baron de), frère puîné du comte du Lude, III, 102 et suiv.; VII, 159 et suiv., 344.

Saulx-Tavannes (Gaspard de), gouverneur de Bourgogne, II, 47, 48; III, 5.

— (Jean de), fils cadet du précédent, VII, 69 et suiv.

Saumeray (Eure-et-Loir), VI, 269, 271.

Saumonards (pointe des), à Oléron, V, 275; VII, 31.

Saumur (Maine-et-Loire), I, 266; II, 21, 42, 222; III, 14, 15, 21, 38, 103, 344; IV, 377; V, 16, 24, 262; VII, 131, 338; VIII, 145; IX, 87, 95-97, 274, 276 et suiv., 318.

Saunoi (le colonel). Voy. Sonay (Thierry).

Saureau (Denis), hérétique supplicié à Angers, I, 213.

Saut (N. du), capitaine français aux Pays-Bas, IX, 444 et suiv.

— (N. du), capitaine sous les ordres du duc de Bouillon, VIII, 351 et suiv.

Sautel, capitaine catholique en Vivarais, VI, 28 et suiv.

Sautray. Voy. Saultray.

Sauttée (N.), martyr albigeois, I, 202.

Sauvage (Méry Marie, dit le capitaine), capitaine huguenot de la Rochelle, III, 383; IV, 17.

Sauvain (Antoine ou Pierre de). Voy. Cheylard.

Sauvat, capitaine français faisant partie de l'expédition des Açores, VI, 317.

Sauve (seigneurie de) (Gard), III, 29.

— (Charlotte de Beaune-Semblançay, dame de), femme du suivant. Voy. Beaune-Semblançay.

Sauve (Simon de Fizes, baron de), IV, 300 n.
Saux (Jacques du), exécuté à la Rochelle, IV, 14.
— ou Sault (le capitaine), exécuté à Toulouse, II, 26, 28.
Sauxais (Vienne), VIII, 241.
Savaillan, capitaine catholique, IV, 21.
Savary. Voy. Brèves, Lancosme.
Save (la), affluent du Danube, II, 166, 302; IX, 202.
Saveilles (Jean de Rochefaton, sgr de), VIII, 234.
Saverdun (Ariège), I, 181.
Saverne (Bas-Rhin), III, 65.
— (conférences de) entre les Guise et le duc de Wurtemberg, I, 344.
Saveuse (Charles de), de la maison de Tiercelin, VIII, 52 et suiv.
Savigliano (Piémont), II, 149; VIII, 93.
Savignac (Alain de), capitaine huguenot, VII, 131, 133.
— (Jacques de Lambès, sgr de), gentilhomme de Comminges, II, 30; III, 114.
— (N. de Lambès, dit le Jeune), frère du précédent, II, 28.
— ou Salignac de Thouars (le capitaine), dit Rossillon, capitaine catholique, II, 92.
Savigny (Chrestien de). Voy. Rosne.
Savoie, I, 192, 196, 206, 208; II, 55; III, 294; IV, 362; V, 195; VII, 89, 172, 230; VIII, 92; IX, 12, 45, 153, 168, 323.
— (chancelier de). Voy. Touzaine.
— (commandeur de). Voy. Chambéry.
— (ducs de). Voy. Emmanuel-Philibert, Humbert, Thomas.
— (maison de), I, 196; V, 314; IX, 351.
— (paix de) (17 janvier 1601) entre la France et la Savoie, IX, 337, 345 et suiv., 355.
— (Marguerite de), mariée à François de Gonzague, duc de Mantoue, IX, 314.
Savoie. Voy. Cypierre, Genevois, Luzerne, Mayenne, Nemours, Tende, Villars.
Savonarole (Jérôme), I, 204.
Savone (Italie), prov. de Gênes, IX, 339.
Savonnières (Louise de), dame de la Bretesche, seconde femme de René de Villequier, VI, 252.
Savoyards, VII, 89; VIII, 309, 317, 364, 365; IX, 166.
Savra (golfe de) (golfe Persique?), IX, 237.
Saxe (reitres de), IX, 226.
— (Auguste le Pieux, duc de), 2e fils de Henri de Saxe, I, 257; II, 180, 251, 297, 298; III, 62; IV, 199; V, 75; VI, 294.
— (Catherine de Mecklembourg, duchesse de), femme de Henri, duc de Saxe, I, 257 n.
— (Christian Ier, électeur de), VI, 237.
— (Frédéric, duc de), dit le Sage, I, 82, 195.
— (Henri, duc de), I, 257 n.
— (Jean-Frédéric de), dit le Magnanime, ancien électeur de Saxe, I, 27; II, 297.
— (Jean-Frédéric de), fils du précédent, I, 297, 298.
— (Jean-Guillaume de), frère du précédent, II, 297.
— (Maurice de), fils aîné de Henri de Saxe, I, 28, 29, 42.
Saxe-Lauenbourg (Frédéric de), chanoine de Cologne, VI, 294.
Saxe-Weimar (Jean-Guillaume, duc de), fils de Jean-Frédéric de Saxe le Magnanime, I, 79, 297.
Say (Jean de Frotté, sgr de), gentilhomme normand, IV, 225 n.
— (Jeanne Le Coutelier, dame

de), femme du précédent, IV, 225 n.
Say (René de Frotté, sgr de Couterne, de Vieux-Pont et de), fils des précédents, IV, 225, 241 et suiv.
Scaliger (Joseph-Juste), fils du suivant, III, 319.
— (Jules-César), I, 5.
Scamachie (Géorgie), V, 321; VI, 97, 108.
Scanderberg. Voy. Castriot.
Scaremberg (N.), secrétaire des Etats de Brabant, V, 73.
Scarles (Georges), hérétique supplicié à Londres, I, 222.
Sceaux (Seine), II, 102.
Sceluva. Voy. Sluna.
Scépuse (comte de). Voy. Zapolia (Jean).
Schaaf (N.), gouverneur de Rhimberg, IX, 426 et suiv.
Schal (Philippe), maître de l'ordre des Porte-Glaives, en Livonie, I, 360.
Schauenburg (Bernard de), IV, 151.
— (Juste, comte de), beau-frère de Ludovic de Nassau, III, 262.
Scheenk (Martin), sgr de Tautenburg, capitaine hollandais au service d'Espagne, du prince d'Orange, de l'électeur de Cologne, VI, 296; VII, 255-260, 263, 275-278; VIII, 127, 390-391, 401.
Schelandre (Robert de Thin, sgr de Soumazan, baron de), gouverneur de Jamets, VII, 163 et suiv., 365.
Schenk (fort de) (Pays-Bas), IX, 425.
Scherer (Georges), hérétique supplicié en Allemagne, I, 205.
Scheterden (Nicolas), hérétique supplicié en Angleterre, I, 219.
Schetz (Antoine-Gaspard). Voy. Grobbendonck.
Schiatée. Voy. Kutaieh.
Schirvan (province de) (Géorgie), V, 321; VI, 96 et suiv., 103, 107.
Schiuch. Voy. Schut.
« Schlenhorst » (abbaye de), aux Pays-Bas, IX, 431.
Schmalkalde (ligue de), I, 26.
Schomberg (Françoise de). Voy. Lude (Françoise de Schomberg, dame du).
— (Gaspard de), comte de Nanteuil, colonel allemand au service de France, gouverneur de la Marche, fils du suivant, II, 21; III, 62, 66, 121 et suiv., 212 et suiv., 289; IV, 187 et suiv., 194, 198 n.; IX, 135 et suiv., 277 et suiv.
— (Théodoric de), capitaine de reîtres aux ordres de Casimir de Bavière, II, 280; III, 210; VIII, 193.
— (Wofgang de), IX, 135 n., 277 n.
— Voy. Schauenbourg.
Schoonhoven, près Amsterdam, IV, 151; V, 70.
Schouppes. Voy. Chouppes.
Schuch (Wolfgang), hérétique allemand supplicié, I, 205.
Schuilenburg (Hollande, prov. de Frise), VI, 360; IX, 429.
Schut (île de), sur le Danube, où se trouve Komorn, VIII, 372.
Schutembourg (Jacques), capitaine hongrois, II, 164.
Schwartzburg (Gunther, comte de), général danois, II, 178, 180.
Schwartzenbourg (Adolphe, baron de), colonel allemand, IX, 214, 387-391, 394.
— (Gauthier de), un des quatre comtes de l'Empire, seigneur de la Thuringe, époux de Catherine de Nassau, VII, 201 et suiv.
Schwendi (Lazare), capitaine allemand, II, 164 et suiv., 299, 301, 306.
Schwole (Guillaume de), hérétique supplicié à Malines, I, 206.

Sciarra (Marc de), chef de bandits italiens, VI, 306.
— Voy. Martinengo.
Scilurus, roi des Scythes, V, 204.
Scitie (*la*), galère de la flotte de Lansac, V, 261, 273, 280, 285; VI, 234.
Scoiski. Voy. Sniski.
Scorailles (Rigal de). Voy. Roussines.
Scott (Gautier). Voy. Buccleugh.
Scotti (le comte Alberto), capitaine italien tué au siège de Nicosie, III, 222.
Scowemburg. Voy. Schauenburg.
Scrbabourg. Voy. Shrewsbury.
Scuhendius. Voy. Schwendi.
Seau (René du), hérétique saintongeais supplicié, I, 226.
Seba (le chevalier de), capitaine italien, IX, 403.
Sébalde. Voy. Sicklinger.
Sebaste. Voy. Sivar.
Sébastien, roi de Portugal, V, 56, 57, 314-315, 323-326, 328; VI, 94, 109 et suiv., 120, 122; IX, 404 et suiv.
Sebenico (Illyrie) (évêque de). Voy. Saornianus (Hieronymus).
Sebou (le), fleuve du Maroc, I, 107.
Secenat (Maurice), hérétique supplicié à Nimes, I, 216.
Sechi (Géorgie), VI, 97.
Secondigny. Voy. Cossé (Artus de).
Sedan (Ardennes), III, 360; IV, 229; V, 10; VI, 61; VII, 132, 165, 176, 195-196, 201 et suiv., 223, 365; VIII, 346 et suiv., 350 et suiv.; IX, 87, 88, 127, 300.
— Voy. Bouillon et La Mark.
Sées (évêque de). Voy. Moulinet.
Seczin (?) (Hongrie, comitat de Somogy), VIII, 374.
Sega (Francesco), de Rovigo, hérétique supplicié à Venise, II, 289.
Sega (Philippe de), évêque de Plaisance, cardinal, nonce du pape, VI, 309; VIII, 196 et suiv., 299, 302.
Segesd (Hongrie, comitat de Somogy), VIII, 374.
Segni, Segna, Segova (Etats romains), I, 63.
Segonzac (Charente), III, 57.
Segova. Voy. Segni.
Seguenville (N., sgr de), lieutenant du sieur de Faudoas, VII, 361.
Séguier (Louis), député de Paris aux Etats de Blois, V, 162.
— (Pierre), sgr de Sorel, président au parlement de Paris, I, 234; II, 212, 223.
— Voy. Villiers.
Séguin (Bernard), hérétique de la Réole supplicié à Lyon, I, 216.
Séguinière (la) (Maine-et-Loire), VIII, 61, 227, 229.
Ségur. Voy. Pardaillan.
Seigneurie (la), titre donné au doge de Venise, IV, 268; — à la ville de Berne, 368, 369.
Seinder, prince de Géorgie. Voy. Manuchiar.
Seine (la), fleuve, II, 99, 151, 256; IV, 387; VII, 178; VIII, 193, 251, 355; IX, 15.
— (la), rivière de Floride, III, 245.
Seize (les), chefs des seize quartiers de Paris sous la Ligue, VIII, 150, 172, 175, 176, 180, 197 et suiv., 243, 246 et suiv., 271, 339.
Séjournan (Jeanne), hérétique suppliciée à Langres, femme de Jean Taffignon, I, 213.
Seksaoua, Xaxava, Salsavie (Maroc), I, 102.
Sélim Ier, sultan, I, 90.
Sélim II, sultan, fils de Soliman II, I, 95, 98, 99, 334-337; II, 249, 289, 299, 304-306; III, 215, 361; IV, 70,

107, 113, 119; V, 31-36, 41, 43 et suiv., 52 et suiv., 317 et suiv.
Selles (abbaye de). Peut-être Celles-sur-Belle (Deux-Sèvres) (abbaye de), IV, 287.
— (Jean de Noircarmes, baron de), VI, 140.
Selles-sur-Cher (Loir-et-Cher), II, 120; VIII, 281.
Selongey (Côte-d'Or), III, 66.
Selu. Voy. Sebou.
Selvago (Raphaël), chevalier de Malte, II, 311 et suiv.
Semblançay (Renaud II de Beaune de). Voy. Beaune-Semblançay.
Semé (Anne), fille du suivant, III, 179.
— (N.), défenseur de Saint-Jean-d'Angély, III, 179.
Sèmes. Voy. Celles-sur-Belle.
Semple, Sympel (Guillaume), capitaine écossais, commandant à Lierre, près d'Anvers, VI, 338.
Senarpont (Jean de Monchy, seigneur de), capitaine commandant à Corbie, lieutenant du roi en Picardie, I, 78, 280.
Senas (Balthazar de Jarente, sgr de) fils des suivants, II, 259.
— (François de Jarente, baron de), capitaine huguenot, II, 55, 61-63, 72, 257, 259.
— (Marie de Castellane, dame de), femme de François de Jarente, baron de Senas, II, 55.
Sençai. Voy. Sanxay.
Senderenic. Voy. Saint-André.
Senecey (Claude de Bauffremont, baron de), lieutenant général de Bourgogne, gouverneur d'Auxonne, VII, 322 et suiv.; IX, 198.
— (Nicolas de Bauffremont, baron de), grand prévôt de l'hôtel, V, 149.
Senectaire. Voy. Saint-Nectaire.

Sénégas (Charles de Durand, baron de), gouverneur de Puylaurens, colonel de gens de pied, III, 95.
Sénèque, le philosophe, I, 6; V, 82; IX, 456.
Senevières ou Cènevières (Antoine de Gourdon, sgr de). Voy. Gourdon.
Sengla ou Saint-Clar (Pierre), garde de la monnaie de Montpellier, capitaine huguenot, gouverneur de Sommières, IV, 48.
Senglar, Saint-Gla (Jean-Almaric, sgr de), V, 297.
Senguillet. Voy. Sanguinet.
Senicourt (René de). Voy. Sesseval.
Senillac. Voy. Montréal.
Senlis (Oise), II, 8; III, 349; V, 10, 339; VIII, 46 et suiv., 56, 67, 71, 410; IX, 19, 353.
— (évêque de). Voy. Rose.
Senneterre (Madeleine de). Voy. Miraumont.
Sens (Yonne), II, 7, 210, 255; III, 3; VIII, 194; IX, 23.
— (archevêque de). Voy. Pierre II de Corbeil.
Sensac (N., sgr de), capitaine catholique, V, 267.
Sense d'Olia, probablement Olizy (la cense d') (Meuse, arr. de Montmédy, cant. de Stenay), VII, 362.
Sentiers (N., sgr des), capitaine huguenot, VII, 155.
Sepmes (Indre-et-Loire), faussement appelée Celle-sur-Belle (Deux-Sèvres), III, 113; VII, 329.
Sepulveda (Jean Ginès de), historien espagnol, IV, 136 et suiv.
Serain (Jean de la Borde, sgr de). Voy. La Borde.
Serap-Chan, gouverneur persan de Nassivan, V, 320.
Séraphin (N.), hérétique supplicié à Langres, I, 213.

Séraphon (Archambaud), hérétique supplicié à Dijon, I, 223.
Serbelloni (Fabricio), lieutenant général du Saint-Siège dans le Comtat, II, 51, 61.
— (Gabriel), chevalier de Malte italien, grand prieur de Hongrie, gouverneur de Tunis pour l'Espagne, IV, 131, 132 ; V, 42 et suiv.
Serdar, capitaine turc, IX, 222.
Séré. Voy. Céré.
Serebern, capitaine moscovite, II, 333.
Sérido (le capitaine Palluel, dit Fravo), capitaine huguenot, III, 136 et suiv.; V, 237.
Sérignac (Jean-Giraud de Lomagne, vicomte de), puis de Terride après la mort de son frère ainé, II, 259, 269; III, 387, 388 ; IV, 305 et suiv.; V, 79, 198; VI, 12 et suiv., 153.
Serignan (Vaucluse), I, 175 ; II, 52, 53, 135.
— (Jean-François de l'Ort, sgr de), capitaine catholique, V, 198.
Sérigné (Charente-Inférieure), VII, 298.
Serillac (François de Faudoas, sgr de), maître de camp des bandes françaises du roi, IV, 11, 15 ; V, 219 ; VI, 54 et suiv., 204 ; VII, 74.
Serillac-Montréal, pour Senillac-Montréal. Voy. Belin, Montréal.
Serin (Georges, comte de), gouverneur de Canisa, fils du suivant, VIII, 105, 369, 374 ; IX, 214.
— ou Zrin (Nicolas, comte de), capitaine impérial, II, 302 ; VIII, 105.
Serley (Antoine), Anglais, ambassadeur du roi de Perse à Rome, IX, 395.
Sérom (Jean), curé de Vaulx-en-Dauphiné, IV, 208, 209.
Serona (Espagne, prov. d'Almeria), III, 240.

Serpon (N.), ministre réformé, III, 336.
— (Pierre), hérétique languedocien supplicié à Chartres, I, 218.
Serre (Hercule du), gouverneur de la vallée de Mairia, en Savoie, IX, 161 et suiv.
Serres (Hautes-Alpes), IV, 206 ; V, 79.
— (Vaucluse, comm. de Carpentras), II, 60.
— (Jean de), historien protestant, frère d'Olivier de Serres, I, 7 ; III, 168 ; VI, 23-24 ; VIII, 335 ; IX, 78, 282.
— (Olivier de). Voy. Pradel.
Serrouette. Voy. Sorhoette.
Servan. Voy. Schirvan.
Servas (François Pavée, sgr de), receveur des tailles et finances à Nimes, capitaine huguenot, III, 29, 153.
Servet (Michel), I, 152.
Sessa (Gonzalo-Fernandez de Cordova, duc de), III, 230, 236, 240 et suiv.; IX, 340.
Sessac. Voy. Cessac.
Sesseval (François de Senicourt, sgr de), gouverneur de Beauvais, VII, 70 ; IX, 65 et suiv.
— (René de Senicourt, sgr de), capitaine au service du duc d'Anjou, VI, 337, 339, 343, 346.
Sessons (tour de), près Saint-Brieuc, IX, 176.
Sestis. Voy. Franget.
Sétuval (Estramadure), VI, 130, 131.
Seudre (la), rivière de la Charente-Inférieure, V, 262.
Seugne (Gironde), V, 194.
Seuret (?), près Lusignan (Vienne), IV, 343.
Seurre (Côte-d'Or), IX, 50 n., 101.
— (Michel de), chevalier de Malte, grand prieur de Champagne, chambellan du roi, capitaine de gens d'armes, I, 355; II, 217 ; IV, 7.

Seurre. Voy. Usure.
Sève (Jean), « échevin et pennon » de Lyon, IX, 10.
Sevenbergen. Voy. Zevenbergen.
Séville (Espagne), I, 348 et suiv.; VI, 318, 319.
— (archevêque de). Voy. Valdès (Fernando).
— Voy. Civile.
Sèvre (la), rivière du Poitou, VI, 223; VII, 17, 331.
Sévrie (N., sgr de), gouverneur de la Garnache, IX, 36, 37.
Sey. Voy. Say.
Seymer (Jean de), maître de la garde-robe du duc d'Anjou, V, 114, 316.
Seymour (Edouard). Voy. Somerset.
Seyne-sur-Mer (la), Cenne (Var), IV, 283; V, 79.
Seyssel (Ain), VII, 172; IX, 347.
— (Claude de), chroniqueur, I, 170.
Sézanne, près du Mont-Genèvre, en Lombardie, IX, 165.
Sfocard (Georges), hérétique écossais supplicié, I, 211.
Sfondrate (Hercule). Voy. Monte-Marciano.
— (Nicolas). Voy. Grégoire XIV.
Sforza (César). Voy. Pallavicini, I, 99.
— (Mario). Voy. Santa-Fiore.
Shannon (le), fleuve d'Irlande, VIII, 119.
Shrewsbury (Georges Talbot, comte de), grand sénéchal d'Angleterre, III, 252; IV, 142; VII, 252.
Sibbrand (Arent), hérétique supplicié à Bruxelles, III, 258.
Sibinie. Voy. Sebenico.
Sichen-lez-Diest (Belgique, prov. de Brabant), VI, 141, 349.
Sicile, I, 112, 113, 342; II, 167, 306, 352; III, 298; VI, 307; IX, 319, 406.

Sicile (vice-roi de). Voy. La Cerda, Vega.
— (Jérôme de), capitaine, défenseur de Famagouste, IV, 102.
Siciliens, I, 113, 126.
Sicklinger (Jean-Sébalde, sgr de), colonel de l'infanterie de Casimir de Bavière, II, 280.
Siclowesh, Cicloueste (Hongrie), II, 301.
Sicorso di Spagna, pamphlet italien contre les Espagnols, V, 47.
Sicules ou Szeklers (les), peuple de la Transylvanie, IX, 210.
Sidi-er-Rahal, elféqui du Maroc, I, 104-105.
Sidney (Henry), grand échanson d'Edouard VI, ambassadeur en France et en Ecosse, gouverneur d'Irlande, II, 363.
— (Philippe), gouverneur de Flessinghe, VII, 254, 264, 269; VIII, 121.
— (Robert), capitaine aux Pays-Bas, IX, 251 et suiv.
Sidonia. Voy. Medina-Sidonia.
Siemaca (Demétrius), I, 121.
Sienne (Italie), I, 58, 339.
— (Callocio de). Voy. Callocio.
Siennois, I, 56, 58, 127, 339.
Sigale-Pacha, IX, 218, 222, 225.
Sigismond, empereur d'Allemagne, I, 194; II, 178.
Sigismond Ier, roi de Pologne, I, 92.
Sigismond II Auguste, roi de Pologne, I, 95, 128, 336; II, 180, 296; III, 362; IV, 65, 200; V, 28, 75.
Sigismond III, roi de Pologne, IV, 65; IX, 228, 256, 262.
Signes (Var), I, 323.
Sigogne, près la Jarrie (Charente-Inférieure), III, 372.
Sigogne-Pacha. Voy. Tuighum.
Sigongnes (Charles-Timoléon de Beauxoncles, sgr de), vice-amiral de Normandie, gouverneur de Dieppe, VI, 268; VIII, 192.
Sigueth. Voy. Szigeth.

Siklo, Sire (Hongrie, comitat d'Arad), IX, 209.
Silésie, IX, 212.
Sillery (Nicolas Brûlart, marquis de), sgr de Puysieux, chancelier de France, VI, 237; VII, 108; IX, 307, 318, 321, 351, 365.
Silly. Voy. Gilly-sur-Loire, La Rocheguyon, La Rochepot, Rochefort.
Siloc (porte de), à Mahomette, IX, 403.
Silva (Arias de), évêque de Porto, VI, 116, 120.
— (Emmanuel de). Voy. Torres-Vedras.
— (Ferdinand Tellez de), amiral espagnol, VI, 322.
— (Ruy Gomez de), secrétaire de Charles-Quint et de Philippe II, VIII, 378 n.
Silvestre Aldobrandini, père de Clément VIII, VIII, 377.
Simiane. Voy. Albigny, Gordes, Moncha.
Simiers (Jacques de), officier du duc d'Anjou, VII, 211 n.
— (Louise de l'Hospital, demoiselle de Vitry, dame de). Voy. Vitry.
Simon-Chan, officier persan, VI, 99.
Simonetta (Fabio), religieux de l'ordre des Frères Humiliés, IV, 122.
— (Giovanni), historien italien, II, 153 n.
— (Ludovico), évêque de Pesaro, cardinal et légat, II, 153, 154.
Simonius. Voy. Simonsen.
Simonsen (Simon), ministre réformé exécuté à Haarlem, IV, 164.
Simphalle. Voy. Saint-Phal.
Simson (Cutbert), hérétique supplicié en Angleterre, I, 224.
— (Jean), hérétique supplicié en Angleterre, I, 219.
Sinam, bacha d'Esclavonie, I, 112 et suiv.; V, 44 et suiv.;
VI, 100 et suiv.; VIII, 368 et suiv.; IX, 204, 207 et suiv., 217 et suiv., 226, 237.
Sipierre. Voy. Cypierre.
Siradie (palatin de). Voy. Laski (Albert).
Sire. Voy. Siklo (?).
Sisseck (Croatie), VIII, 368; IX, 222.
Sisteron (Basses-Alpes), II, 57, 61, 62, 257; VIII, 317.
— (évêque de). Voy. Rochechouart (Aimeric de).
Sivas, ancienne Sébaste (Anatolie), VI, 102.
Sivard, lieutenant de d'Humières à la prise de Corbie, VIII, 224.
Sixte IV (Francesco della Rovere, pape sous le nom de), I, 349.
Sixte-Quint (Felice Peretti, pape sous le nom de), VI, 240, 301 et suiv., 305 et suiv., 308; VII, 177, 230, 238, 259, 263, 384, 398; VIII, 91, 93, 95, 108 et suiv., 139, 195, 201 et suiv., 376.
Slade (Jean), hérétique supplicié en Angleterre, I, 224.
Slavonie. Voy. Esclavonie.
Sleidan (Jean Philipson, dit), historien de la Réforme, I, 7, 25.
Sluna (la), Sceluva, rivière de Hongrie, II, 305.
Slykenburg (Hollande, prov. de Frise), VI, 360.
Smil (?), sur le Dniester, IX, 218.
Smit (Christophe), hérétique supplicié à Anvers, II, 339.
— (Robert), hérétique anglais supplicié, I, 220.
Smith (Thomas), plénipotentiaire anglais envoyé en France pour la signature du traité de Troyes (11 avril 1564), II, 209.
Smithfield (Angleterre, comté de Stafford), I, 203.
Smolensk (Russie), II, 333.

TABLE DES MATIÈRES. 337

Smyth (Richard), hérétique anglais supplicié, I, 220.
Snaeskerke (Belgique, prov. de Flandre occidentale), IX, 439, 441.
Snatère, capitaine espagnol, gouverneur de Rhimberg, IX, 257.
Sneeck (Hollande, prov. de Frise), IV, 151.
Sniski, beau-frère de Jean, czar de Russie, II, 333.
Snode (Agnès), hérétique suppliciée en Angleterre, I, 221.
Soalle (Jeanne), hérétique suppliciée en Angleterre, I, 221.
Sobolle (Roger de Comminge, sgr de), VII, 309; VIII, 167.
Socotora (île de), à l'entrée de la mer Rouge, VIII, 377.
Sodome, I, 86.
Soest, Soust (Hollande, prov. d'Utrecht), VII, 258.
Soete (Juste de). Voy. Villers.
Sofia (Bulgarie), IX, 217.
Soignies (Belgique, prov. de Hainaut), VI, 143.
Soima. Voy. *Purgatorio Soima* (traité dit *del*).
Soissons (Aisne), I, 215, 218; II, 215; III, 212; VII, 209, 210; IX, 9, 101, 108, 125.
— (hôtel de), à Paris, VII, 210.
— (Charles de Bourbon, comte de), frère de Henri de Bourbon, prince de Condé, VII, 129 et suiv., 141 et suiv., 352; VIII, 58 et suiv., 153, 156, 164, 251 et suiv., 314, 332; IX, 31 et suiv., 317, 335, 336.
Soldat (le). Voy. Soudet (Gironde).
Soleure (Suisse), VIII, 185 et suiv.; IX, 351.
Soliman II, sultan, fils de Sélim Ier, I, 90-99, 107, 111, 112, 334-339, 342; II, 166, 167, 221, 296 et suiv., 301-304, 306, 319; III, 215.
Soliman, frère d'Amurath III, fils de Sélim II, V, 317.

Soliman, petit-fils de Soliman II, seigneur de l'île de Zerbi, I, 342.
Solms (Ernest, comte de), IX, 246.
— (Frédéric de), IX, 444.
— (Georges-Evérard, comte de), VIII, 126, 400, 405; IV, 248 et suiv., 251 et suiv., 261, 433.
Sologne (la), II, 120, 142; VI, 263, 272; VIII, 284.
Solre, Sore (Philippe de Croÿ, comte de), conseiller du Conseil de l'archiduc aux Pays-Bas, IX, 269.
Soltcamp (Hollande, prov. de Groningue). Voy. Zoutkamp.
Solymos (Hongrie, comitat d'Arad), IX, 209.
Some (la), en Floride, III, 246.
Somers (John), plénipotentiaire anglais envoyé en France pour la signature du traité de Troyes, II, 209.
Somerset (Edouard Seymour, duc de), I, 38.
— (Guillaume de). Voy. Worcester.
Somma (Italie, prov. de Milan), IX, 363.
— (Bernard de Saint-Séverin, duc de), colonel général de l'infanterie italienne en France, III, 140 et suiv.
Sommaterne (faubourg de), à Albe-Royale, IX, 396.
Somme (la), rivière, VIII, 262; IX, 135, 142.
Sommerive (Charles-Emmanuel, comte de), fils du duc de Mayenne, IX, 30 et suiv.
— (Honoré de Savoie, comte de), puis de Tende, fils de Claude de Savoie, comte de Tende, II, 51, 56, 57, 62, 63, 67, 68; III, 3, 5, 348, 354.
Sommières (Gard), III, 390, 392; IV, 47 et suiv.; V, 295, 300; VI, 22, 24.
Somogy (Hongrie), VIII, 373.
Sonay (Thierry ou Théodore

22

de), colonel au service des Pays-Bas, VI, 325; VII, 274.
Sondebuy. Voy. Sundewit.
Sonnaz (Donat Gerbaix, sgr de), capitaine dauphinois, VIII, 103, 316, 365; IX, 376 et suiv.
Sonzier, Sonzy (Suisse, cant. de Vaud), VIII, 100.
Sonzy. Voy. peut-être Sonzier.
Sophis (les), en Perse, V, 364, 365.
Soppolo (Dalmatie), IV, 104, 120.
Soranzo (Jacopo), amiral vénitien, IV, 123.
— (Giovanni), ambassadeur vénitien auprès du roi d'Espagne, IV, 129.
Sorbai (N., sgr de), capitaine catholique, VII, 42.
Sorbiers (Des). Voy. Pruneaux.
Sorbon (Ardennes), VIII, 73.
Sorbonne (la), I, 37, 88; II, 153, 163, 174 et suiv.; IV, 190; VIII, 35 et suiv., 195, 218, 325; IX, 18, 79, 288.
— (docteur de). Voy. Hector.
Sorciers, nom donné aux Vaudois, I, 169.
Sore (comte de). Voy. Solre.
Sores (Jacques de), sgr de Flocques, amiral des Rochelois, III, 180, 264; IV, 92; V, 56, 57.
Sorèze (Tarn), VI, 42, 44.
— (N., sgr de), capitaine huguenot, II, 57.
Sorges (Maine-et-Loire), III, 15; VI, 260.
— probablement Sorgues.
Sorgues (Vaucluse), II, 60; VII, 86.
Sorhoette, Serouette (Jean de), sgr de Pommerieux, gouverneur de Partenay sous Henri IV, V, 186 et suiv.
Sorlin (N.), chirurgien de Henri III, VII, 308 et suiv.
Sorluz (N., sgr de), capitaine périgourdin, colonel de gens de pied au service du roi de Navarre, VII, 15, 17, 19, 54 et suiv., 66, 67.
Sorret (Jean), hérétique supplicié à Bruxelles, III, 258.
Sossinio. Voy. Sucinio.
Sostrate. Voy. Cléostrata.
Souabe (la), IX, 212.
Soubcelles (Anselme de), gentilhomme du roi de Navarre, I, 249, 263, 274.
— (N. de), frère du précédent, I, 249, 263, 274.
Soubiran (Pierre de), capitaine huguenot, gentilhomme ordinaire de la chambre du roi de Navarre, III, 9; VII, 299.
Soubise (Charente-Inférieure), IV, 285; VI, 232, 274; VII, 12, 22, 24.
— (dame de). Voy. Aubeterre (Antoinette Bouchard d').
— (Jean Larchevêque de Parthenay, baron de), II, 41, 47, 56, 63, 74, 131, 133 et suiv., 138, 253; III, 8, 48, 53, 72, 112, 186 et suiv., 191, 200 et suiv.
Soubran. Voy. Soubiran.
Soubreroche (Jacques Faure de Chypre, sgr de), capitaine huguenot, VII, 94 et suiv.
Souburg (Oost-) (Hollande, prov. de Zélande), IV, 76.
Soucelles. Voy. Soubcelles.
Souchet (N.), beau-frère du maire d'Angoulême, VII, 309 et suiv.
Soudet, Soldat (Gironde), III, 115.
Souette (François), hérétique supplicié en Flandre, II, 339.
Souillac (Lot), III, 388.
Souillaux, près Lusignan (Vienne), IV, 331.
Soulas, capitaine huguenot, VII, 377.
Soulegré. Voy. Zuleger.
Souppes (Seine-et-Marne), V, 18.
Sourches (François du Bouchet, sgr des), sous-lieutenant de la compagnie du duc de Mont-

pensier, peut-être cité à tort pour Lourches, III, 16 et suiv.
Sourcil (le capitaine), capitaine huguenot, VI, 87.
Sourdéac (René de Rieux, sgr de), dit le Jeune Châteauneuf, gouverneur de Brest, chevalier des ordres du roi, VI, 222 et suiv.; IX, 176.
Sourdiac. Voy. Sourdéac.
Sourdis (François d'Escoubleau, sgr de), gouverneur de Chartres, VIII, 51, 221.
— (François IV d'Escoubleau de), archevêque de Bordeaux, cardinal, IX, 339.
— (Henri d'Escoubleau de), évêque de Maillezais, VIII, 342.
— (Isabeau Babou, dame de), femme de François d'Escoubleau de Sourdis. Voy. Babou.
Sourzac. Voy. Soussac.
Soussac (Gironde), VII, 162.
Soust. Voy. peut-être Soest.
Southampton (Henry Wriothesley, 3e comte de), IX, 421.
— (Robert Cobham, comte de), IV, 142.
Souvonthan (Thomas), hérétique supplicié en Angleterre, I, 224.
Souvré (Gilles de), marquis de Courtenvaux, maréchal de France, VII, 139, 140, 145.
Souvy (Théodore de), dit Cornelius, cité à tort pour Guillaume de la Mark, sgr de Lumay, V, 62.
Souza (Emmanuel de), capitaine espagnol, VIII, 111.
Soyon (N., sgr de), hérétique supplicié, I, 227.
Spa (Belgique, prov. de Liège), V, 334; VIII, 132, 401.
Spaarndam (Hollande, prov. de Hollande septentrionale), IV, 154.
Speléo (Andrea), capitaine vénitien, III, 221.
Spenser (Alile), hérétique suppliciée en Angleterre, I, 221.

Spenser (David). Voy. Wormeston.
— (Jean), hérétique supplicié à Glocester, I, 221.
— (N.), hérétique supplicié à Montpollus (Angleterre), I, 222.
— (Richard), hérétique supplicié en Angleterre, I, 208.
Spicer (N.), hérétique supplicié à Salisbury, I, 221.
Spiere (Guillaume de), hérétique supplicié aux Pays-Bas, III, 258.
Spierink (Josse), hérétique supplicié aux Pays-Bas, III, 258.
Spifame (Jacques), abbé de Passy, évêque de Nevers, puis plus tard agent de Condé en Allemagne, I, 273, 332; II, 97.
Spinola (Andrea), cardinal, VI, 306.
— ou Spinula (Francesco), prêtre milanais supplicié comme hérétique à Venise, II, 289.
— Voy. Spinoza.
« Spinole » (abbaye de), aux environs de Valenciennes, IV, 82.
Spinosa (N.), membre du Conseil d'Aragon, VIII, 387.
Spinoza, Spinola (Gonzalez-Hernando de), capitaine espagnol aux Pays-Bas, IX, 447 et suiv.
Spinula. Voy. Spinola.
Spire (diète de), III, 214; IX, 265.
Spitdorft. Voy. Stridthorst.
Sponde (Henry de), érudit, évêque de Pamiers, VIII, 335.
Spontin (château de), sur le Bocq, prov. de Namur, VI, 139.
Sretette. Voy. Ruette.
Staenbach (Jacques de), capitaine au service du prince d'Orange, IV, 155.
Stafford (Edward, lord), amiral anglais, VIII, 164.
Stanley (Edward), capitaine anglais, IV, 142; VII, 264.

340 HISTOIRE UNIVERSELLE.

Stanley (Guillaume), capitaine anglais, VII, 267.
— (Thomas), partisan de Marie Stuart, IV, 142.
Starace (Jean-Vincent), intendant espagnol des vivres au royaume de Naples, VI, 307.
Staremberg (Richard), capitaine autrichien, IX, 307.
Staveren (Hollande, prov. de Frisel, IV, 152 ; VI, 325.
Steembach. Voy. Staenbach.
Steemberghen. Voy. Steenbergen.
Steenbergen (Hollande, prov. de Brabant), VI, 135 ; VIII, 393, 397.
Steenwercke (N. de), hérétique supplicié en Flandre, I, 227.
Steenwick (Hollande, prov. d'Over-Yssel), IV, 151 et suiv.; VI, 323 et suiv., 342 ; VIII, 402 ; IX, 254 et suiv.
Stein (N.), Stinc, colonel de reîtres, IV, 379, 386.
Stekzize. Voy. Stenczicz.
Stelhoof (fort de), près Gertruidenberg, VIII, 405.
Stella (François-Martin), ambassadeur des Etats des Pays-Bas à Groningue, V, 330.
Stenay (Meuse), I, 42 ; VIII, 346 et suiv.
Stenczicz (Pologne), V, 27.
Stenden (Gustonne), hérétique supplicié à Brenestad (Angleterre), I, 222.
Stenjitsa. Voy. Stenczicz.
Stenon. Voy. Sten-Sture.
Sten-Sture, régent de Suède, I, 123 et suiv.; II, 337.
Stenwart (Artus), capitaine écossais, IX, 441.
Stere (Guillaume), hérétique supplicié en Angleterre, I, 220.
Stettin (Prusse), III, 255.
Steuter (Robert), hérétique supplicié en Angleterre, I, 220.
Stinc. Voy. Stein.
Stirling (Ecosse), I, 353 ; II, 359 ; III, 251, 253 ; IV, 138, 144-146.

Stoblon (Thadée de Bachy, sgr de), capitaine huguenot, général des Razats de Provence, IV, 284.
Stockholm (Suède), II, 336, 337 ; III, 298.
Stoken (porte de), à Bonn, VII, 275.
Storius. Voy. Story.
Story, Storius (Jean), inquisiteur aux Pays-Bas, III, 264.
Strachen (Jean), capitaine écossais aux Pays-Bas, IX, 441.
Strada (Isabelle de), hérétique suppliciée à Valladolid, I, 348.
Straelen (Antoine van), bourgmestre d'Anvers, II, 349 ; VI, 334.
Strafford (Angleterre, comté de Warwick), I, 222.
Strasbourg (Alsace-Lorraine), I, 42, 82, 195 ; II, 98, 138 ; III, 59, 63, 65, 213 ; IV, 237, 259, 367, 369 et suiv.
— (évêque de), I, 169.
Stribos (Gérard), navigateur hollandais, IX, 443 et suiv.
Stridthorst, Strithorst, Spitdorft, capitaine au service de Maurice de Nassau, IX, 443 et suiv.
Strigonie, nom latin de Gran (Hongrie), I, 99, 334 ; II, 300, 301 ; VIII, 370 ; IX, 388.
Strocca (Francesco), capitaine italien défenseur de Famagouste, IV, 102.
Strozzi (famille des), VI, 285.
— (Laurent), évêque d'Albi, II, 31, 137 ; V, 369.
— (Philippe), sgr d'Epernay et de Bressuire, fils du suivant, colonel général de l'infanterie au siège d'Orléans, II, 141 ; ses démêlés avec d'Andelot, 207 ; son arrivée à Paris avant la bataille de Saint-Denis, 239 ; à la bataille de Saint-Denis, 242 ; cité, 254, 277 ; son départ pour la Hongrie, 301 ; au combat de la Roche-Abeille, III, 73 et suiv.; com-

mandant de la flotte royale devant la Rochelle, 289; son projet d'expédition à Flessinghe, 300; conseils donnés par lui à Montpezat, chargé par la cour de faire exécuter les massacres en Guyenne, 351; consulté par les Rochelais, 368; opposé au massacre des huguenots à Bordeaux, 370; au siège de la Rochelle, 377; ses négociations avec les assiégés, IV, 9; otage de La Noue, 13; blessé au siège de la Rochelle, 19; sa conduite pendant le siège, 25, 32; au combat de Dormans, 380 et suiv.; ses négociations à la Rochelle rappelées, V, 92; son arrivée au camp du duc de Mayenne, 213 et suiv.; à l'attaque du Treuil-des-Filles, en Saintonge, 218; négociateur de la reddition de Brouage, 288 et suiv.; sa mission auprès du roi de Navarre, 369; VI, 116; son entrevue avec le comte de Vimioso, 162; agent de Catherine de Médicis, 286; sa mort aux Açores, 321.

Strozzi (Pierre), colonel général de l'infanterie italienne, maréchal de France, I, 57, 62, 63, 77.

Stuart (Alexandre), parent et partisan de Marie Stuart, IV, 146.
— (Guillaume), colonel écossais aux Pays-Bas, VI, 144; VII, 269.
— (Henry). Voy. Darnley.
— (Jacques). Voy. Murray.
— (Mathieu). Voy. Lennox.
— (Robert), sgr de Vézines, capitaine écossais, I, 254, 263, 274; II, 245; III, 53.
— Voy. Marie Stuart.

Stuart de Gaulier (Alexandre), IV, 146.

Stuckley (Thomas), sénéchal d'Irlande, puis capitaine et aventurier au service du pape et de Sébastien, roi de Portugal (c'est lui qui est désigné, je crois, dans d'Aubigné sous le nom de comte d'Irlande), V, 327; VI, 113 et suiv., 120, 132.

Stuhlweissembourg ou Albe Royale, Alba Regia (comitat du même nom, Hongrie), I, 92; II, 166; VIII, 369; IX, 396 et suiv.

Styrie, VIII, 368; IX, 216.
— (gouverneur de). Voy. Leucowitz.

Su. Voy. Sud.

Suaço ou Cuaço (Arevalo de), capitaine espagnol, III, 242.

Suarez (Garcias), capitaine espagnol aux Pays-Bas, V, 62.
— (Laurent). Voy. Feria.

Suau. Voy. Bouillargues.

Sublérac (N., sgr de), capitaine huguenot, IV, 53.

Sucinio (île de), sur les côtes du Morbihan, VI, 168.

Sud, Su, Zur (mer du), 000.

Sudbourg. Voy. Souburg.

Suderland. Voy. Sutherland.

Sudermanie (Charles, duc de), 3e fils de Gustave Wasa, II, 336.

Sueco. Voy. Suède.

Suède, I, 123, 124; II, 177, 178, 332 et suiv.; III, 254; IX, 299.
— (rois de). Voy. Eric XIV, Gustave Ier Wasa, Jean III.

Suédois, II, 334.

Suel-Aga, amiral turc, I, 344.

Suève. Voy. Souabe.

Suèvres (Loir-et-Cher), VI, 263 et suiv.

Suffolk. Voy. Jane Grey.

Suges (le capitaine), sous les ordres de Lesdiguières, IX, 162.

Sugny (N., sgr de), capitaine royaliste, IX, 73.

Suisse, I, 71, 258; II, 33, 290; III, 129, 294, 333, 357, 364 et suiv., 389; IV, 214, 366; VII,

228 ; IX, 197, 299, 319, 322, 329, 351, 469.

Suisses, licenciés après la bataille de Renty, I, 53 ; renvoyés de Piémont en France par le maréchal de Brissac, 64 ; leurs doctrines religieuses, 334 ; dans les troupes du duc de Guise, II, 36 ; sous les ordres de Poncenat, 48 ; au service du baron des Adrets, 60, 72 ; au service du prince de Martigues et du maréchal de Saint-André, 101 ; à la bataille de Dreux, 107, 115 ; leurs enseignes envoyées à Orléans après la bataille de Dreux, 120 ; secours envoyés aux catholiques, 148 ; au service du roi de France, 210, 228, 229 ; troupes suisses menacées par les réformés, 231 ; Suisses de l'armée royale à Meaux, 232 ; à Paris, 239 ; à la bataille de Saint-Denis, 242 ; sous les ordres du duc de Nevers, 262 ; plaintes des réformés contre les Suisses retenus au service du roi après la paix, III, 2 ; sous les ordres du duc d'Anjou à Poitiers, 34 ; Suisses de l'armée royale à Loudun, 39 ; au combat de la Roche-Abeille, 71 et suiv. ; dans l'armée du duc d'Anjou, 119 ; leur usage de baiser la terre avant de combattre, 120 ; à la bataille de Moncontour, 122 et suiv. ; au combat d'Arnay-le-Duc, 173 et suiv. ; obligés vis-à-vis de l'Empire à la défense de la Bourgogne, 210 ; au service du duc d'Albe, 274 ; cités dans un « discours » de Coligny, 294 ; un de leurs compatriotes parmi les défenseurs de Coligny, 315 ; à Paris, lors de la Saint-Barthélemy, 328 ; au siège de la Rochelle, IV, 30 et suiv. ; en Dauphiné, 277 et suiv. ; sous les ordres du maréchal de Retz en Provence, 283 ; protègent Henri III dans son voyage en Dauphiné, 301 ; dans la garde du roi, 377 ; levée faite par le roi dans leurs pays, 389 ; à la bataille de Mookerheyde (Pays-Bas), V, 67 ; levée dans leur pays par le roi de France, 80 ; en garnison à Blois, 126 ; dans l'armée du duc d'Alençon, 229 ; au camp de Brouage, 278, 284 ; au service personnel du roi de Navarre, 365 ; sous les ordres du duc de Mayenne, VI, 149 ; cités, 161 ; sous les murs d'Anvers, 344 ; dans l'armée de Mayenne, VII, 8 et suiv. ; au siège d'Oléron, 28 ; au service de Matignon et de Mayenne, 37 ; sous les ordres de Tavannes, 69 ; leurs massacres à Monségur, 72 ; au siège de Castillon, 77 ; au siège de Montélimar, 94 ; à Gien, 170 ; battus en Dauphiné par le duc de la Valette, 172 ; la révolte des Suisses de l'armée allemande en 1587, 180 et suiv. ; ils apaisent la révolte des lansquenets, 183 ; leur ambassade auprès de Henri III, 184 et suiv. ; auprès du roi de Navarre, 185 ; se séparent de l'armée allemande d'invasion, 185 et suiv. ; battus à Auneau par le duc de Guise, 188 et suiv. ; auxiliaires de la Ligue, 197 ; à la journée des Barricades, 212 et suiv. ; circonvenus par les agents de Condé, 222 ; cités dans la *Lettre de Bassompierre*, 226 ; enrôlés au nom du roi de Navarre par Sancy, 367 ; à l'assassinat des Guises, 394 ; au siège de la Garnache, VIII, 12 ; auprès de Henri III, 24 ; défenseurs de Tours contre le duc de Mayenne, 43 ; mandés par Henri III à Poissy, 66 ; au

TABLE DES MATIÈRES. 343

siège de Paris, 72 et suiv.; cités, 82; leur serment exigé de Henri IV, 83; leur arrivée auprès de Henri IV, 87; leurs rapports avec la Savoie, 92, 93; enrôlés au nom de Henri III, 96 et suiv.; en marche sur Compiègne, 153; au combat d'Arques, 157 et suiv.; leurs remontrances à Henri IV, 164; au siège de Paris, 207; au siège de Corbie, 224; à Houdan, 225; au siège de Rouen, 250 et suiv.; levée faite par Sancy rappelée, 356; au service du duc de Savoie, 357; levée faite par le vice-roi de Milan, IX, 9; en garnison à Lyon, 12; au service du duc de Nemours, 44 et suiv.; à la prise de Beaune, 51; en garnison à Boves, 132; au siège d'Amiens, 142 et suiv.; au service du duc de Savoie, 155 et suiv.; au service du vice-roi de Milan, 197; aux ordres de Lesdiguières en Savoie, 328; levée demandée par l'ambassadeur d'Espagne en Suisse, 329; aux ordres de Lesdiguières, 334; leurs ambassadeurs à l'audience d'arrivée en France de Marie de Médicis, 340; alliés de Henri IV, 373; à la bataille de Nieuport, 443 et suiv.; favorisent les projets de Henri IV, 469.
Sujercène. Voy. Swierczcowski.
Sully (Maximilien de Béthune, sgr de Rosny, duc de), V, 381; VI, 264-265; VII, 77, 192; IX, 96, 303, 310, 313 et suiv.; 322, 330, 333, 342 et suiv., 365 et suiv., 458, 466.
— (Simon Ier de), archevêque de Bourges de 1218 à 1232, I, 189.
Sully-sur-Loire (Loiret), II, 127.
Sults (comte de). Voy. Hulst.
Sumachie. Voy. Scamachie.
Sumatra (île de), I, 117.

Sumatra (roi de), VIII, 110.
Sund (détroit du), VII, 268.
Sundewit (Slesvig), II, 180.
Superantis (Giovanni), ambassadeur vénitien en Espagne, V, 55 et suiv.
Sureau. Voy. Rosier.
Suresnes (Seine), VIII, 302 et suiv.
— (Claude Gobé, sgr de), capitaine catholique, IV, 243.
Surgères (Charente-Inférieure), III, 371; V, 86, 92.
Suriano (Michel), ambassadeur vénitien en France et à Rome, III, 218.
Surimeau (N., sgr de), gentilhomme poitevin, capitaine réformé, III, 76; VI, 217.
Surineau (Constant d'Aubigné, baron de), fils d'Agrippa d'Aubigné, IX, 454.
Sursambre (?) (port de), en Flandre, VIII, 406.
Sury (Cher), IV, 37.
Sus, Suez ou Tarudan (Maroc), I, 101, 103, 105, 109; V, 44, 325; IX, 401.
— (Antoine-Gabriel de), capitaine béarnais, catholique, puis réformé, VII, 355 et suiv.
Sussex (Thomas Radcliffe, comte de), III, 252, 253; V, 139.
Sutanton. Voy. Southampton.
Sutherland (Georges Gordon, comte de), gentilhomme écossais, I, 357.
— (John Gordon, comte de), I, 356; II, 356.
Suze (Piémont), VII, 90; IX, 165 et suiv., 169, 308.
— (François de la Baume, comte de), I, 287; II, 51, 59 et suiv., 67; VI, 281; VII, 93 et suiv.
— (Rostaing de la Baume, comte de), fils du précédent, IV, 34; VI, 281; VII, 93 et suiv.
Suze-la-Rousse (Drôme), VIII, 316.
Swierczcowzki, chef de Cosaques, V, 33 et suiv., 40.
Swol. Voy. Zvolle.

Sympel. Voy. Semple.
Syracuse (Sicile), II, 320.
Syrie, I, 98; IV, 102; V, 44; VIII, 340.
Szatmar (Hongrie, comitat du même nom), II, 165, 299, 306.
Szeklers. Voy. Sicules.
Szigeth, Ziget (Hongrie, comitat de Raab), I, 99; II, 165, 301, 302, 304; IV, 113; V, 31; IX, 214, 388.
Szolnok, Zalnode (Hongrie, comitat de Hevès), I, 94.

T

Tabarière (N., sgr de), gentilhomme poitevin, VI, 4.
Tacali, chef de bandes morisques, III, 234.
Tachard (Martin), ministre réformé, II, 206 et suiv., 227.
Tacite, historien romain, VII, 4, 40; IX, 133.
Taciturne (Guillaume de Nassau, prince d'Orange, dit le). Voy. Orange.
Tadon (faubourg de), à la Rochelle, III, 375; IV, 17, 19, 24, 32.
— (porte de), à la Rochelle, III, 381.
Taffignon (Jean), hérétique supplicié à Langres, I, 213.
Tafilet, Taphilette, Tastilet (oasis de) (Maroc), I, 103, 105, 108; V, 53.
Tagaris, capitaine morisque, III, 229.
Tagen (N. de Lupiac, sgr de), lieutenant général d'Angoumois, Saintonge et Aunis, VII, 312, 314.
Tagliaretto (Italie, prov. de Turin, comm. de Pinasca), I, 197.
Taillaret. Voy. Tagliaretto.
Taillebois (N.), docteur régent de l'Université d'Orléans, III, 344.
Taillebourg (Charente-Inférieure), III, 10, 138, 143; VI, 228 et suiv., 231; VII, 36, 136; IX, 279.
Taillevis (Raphaël de). Voy. La Mézière.
Tailor (Guillaume), martyr albigeois, I, 203.
Talant (Côte-d'Or), IX, 54.
Talbot (Georges). Voy. Shrewsbury.
Talcy (Jean Salviati, sgr de), II, 40; VI, 271, 285.
— Voy. Saint-Simon.
Tallard. Voy. Clermont-Tallard.
Tallemand (N.), défenseur de la Rochelle, IV, 20.
Talmont (Charente-Inférieure), II, 269; IV, 218; V, 257, 259, 261; VI, 183, 184.
— (Vendée), IV, 252; V, 119; VII, 109, 342, 376.
— Voy. Longchamp.
Taman, Tamanis (Géorgie), VI, 108.
Tamaraca (Brésil), I, 115.
Tamber (Gaspard), hérétique supplicié en Allemagne, I, 205.
Tancarville (Seine-Inférieure), II, 80.
Tanchon (Jean), prévôt de Paris, III, 337.
Tancy. Voy. Tenezinski.
Tandenay, Fontenay (Cher), IV, 37.
Tanger (Maroc), V, 325, 326; VI, 110 et suiv., 121, 123.
Tankerfeld (Georges), hérétique supplicié en Angleterre, I, 220.
Tanlay (Yonne), III, 5, 82.
— (François de Coligny, sgr de), VII, 36.
Tanneguy du Chastel, vicomte de la Bellière, favori de Charles VII, I, 303.
Tanse. Voy. Tence.
Taphilette. Voy. Tafilet.
Taprobaniens, habitants de Ceylan, II, 218.
Tarascon (Bouches-du-Rhône), I, 174; II, 64, 136; V, 353.
— (Viguierat-de-) (Bouches-du-Rhône), VII, 317.

Tarazon. Voy. Terrasson.
Tarbes (Hautes-Pyrénées), III, 92, 94.
Tarcé (N., sgr de), colonel huguenot, III, 126 et suiv.
Tardière (la) (Vendée), IX, 38.
Tardif (Georges), hérétique supplicié à Paris, I, 225.
Tardif du Ru (Jean), conseiller au Châtelet, VIII, 246 et suiv.
Tarentaise (pays de), IX, 152, 326, 327.
— (archevêque de). Voy. Berliet (François).
Targon (Gironde), VII, 41.
Tarn (le), rivière, III, 159; IV, 342; VIII, 287.
Taroca (Edouard de Menésès, comte de), maréchal de camp portugais, V, 325; VI, 114 et suiv.; IX, 410.
Tarot. Voy. Tharot.
Taroudant, Tarudan. Voy. Sus.
Tartares, I, 119, 120; II, 178, 304, 305, 333; VI, 97, 297 et suiv.; VIII, 371 et suiv.; IX, 205, 216, 222, 225, 386, 394 et suiv., 397.
Tartarie, I, 119 et suiv.; IX, 245.
Tartasse (la porte de la), à Genève, IX, 377, 378.
Tarudente. Voy. Taroudant.
Tassilette. Voy. Tafilet.
Tassis. Voy. Taxis.
Tata, Totis (comitat de Komaron, Hongrie), VIII, 370.
— Voy. Tatar.
Tatar (Roumélie), IX, 386.
Taubith ou Tobith, colonel allemand partisan des Guises, VII, 224; VIII, 94.
Taulbourg. Voy. Tolsbourg.
Taupinamboux, peuplade sauvage, II, 218.
Tauran (Guiraud), hérétique du Quercy supplicié à Chambéry, I, 220.
Tauris (Perse), I, 91; VI, 108, 298, 299; VII, 233.
Taurus, chaîne de montagne, I, 91.

Tauvenay (Robert), capitaine protestant, VI, 220.
Tavannes (Gaspard de Saulx, sgr de), I, 52; II, 70-73, 104; III, 8, 9, 117, 122 et suiv., 309, 311, 314; IV, 363.
— (Guillaume de Saulx, comte de), VIII, 191 et suiv.; IX, 51, 52, 56 et suiv.
— Voy. Lugny.
Taverna (Gian-Francesco), ambassadeur du duc de Milan à la cour de France, I, 68.
Taverny (N.), lieutenant de la connétablie ou de la maréchaussée tué à la Saint-Barthélemy, III, 340.
Tavora (Álvaro Perez de), capitaine portugais, VI, 113 et suiv., 120.
— (Christophe de), capitaine portugais, frère du précédent, VI, 120.
Taxis (Jean-Baptiste de), capitaine espagnol aux Pays-Bas, puis ambassadeur en France, IV, 161; V, 333; VI, 352, 362; VII, 254, 256, 267; IX, 329, 383.
— (Philippe de), capitaine espagnol aux Pays-Bas, IX, 448.
— (Pierre de), capitaine espagnol aux Pays-Bas, IV, 84.
Taylor (Roland), hérétique supplicié en Angleterre, I, 219.
Taza, à mi-chemin entre Fez et Tlemcen, sur la grande route Algérie-Maroc, dans la vallée supérieure de l'oued Imraoun, affluent de droite de l'oued Sebou, V, 54.
Tecmas, Tekmases, Thamas, Thumas. Voy. Thamasp Ier.
Tébinie, Thenien (château de), en Hongrie, V, 35.
Teil (Guillaume de Vesc, sgr du), bailli de Largentière, VII, 96.
— (Laurent de Vesc, sgr du), fils du précédent, VII, 96.
— (N., sgr du), dit des Teilles,

capitaine huguenot, IV, 313 et suiv.

« Tekemhof » (électorat de Cologne), VIII, 392.

Tekmases. Voy. Tecmas.

Tellez de Silva. Voy. Silva (Ferdinand Tellez de).

Temesech-Aga, capitaine turc, IX, 203.

Temeswar (Hongrie), I, 94; IX, 203, 205, 220, 222.

— (bacha ou gouverneur de), II, 165, 304; VIII, 373; IX, 209, 219.

Temier (le capitaine), capitaine huguenot, IV, 134.

Temir-Capi (Géorgie), V, 322; VI, 97, 108.

Temosena (mosquée de), au Maroc, VI, 111.

Tempel (Olivier de). Voy. Corbeke.

Temple (le), à Paris, IX, 15, 17.

Templeuve (Belgique, prov. de Hainaut), VI, 141.

Temps (le capitaine du), VI, 61 et suiv.

Tenare (détroit de), près du cap Matapan, IV, 125.

Tence, Tanse (Haute-Loire), IV, 59.

Tende (col de), IX, 168.

— (Claude de Savoie, comte de), I, 47, 288, 323; II, 56.

— Voy. Villars.

Tendilla (François de Mendoza, comte de), III, 227.

Tenessai. Voy. Thenissey.

Tenezinski, Tensin, Tancy (Jean-Baptiste, comte de), gentilhomme polonais, IV, 71, 266.

Tenlay. Voy. Tanlay.

Ténot (N.), capitaine des gardes du duc de Bouillon, VIII, 348, 351 et suiv.

Tensin. Voy. Tenezinski.

Tenye (N., sgr de), colonel de gens de pied, IX, 184.

Tercère (île de), l'une des Açores, VI, 125, 173, 191, 314, 323; VIII, 388.

Ter-Goès (Zélande), IV, 149; V, 149.

Tergowisch. Voy. Tirgovischtea.

Terheiden (Hollande, prov. du Brabant septentrional), VIII, 397.

Terkale (Hebrand), navigateur hollandais, IX, 244.

Termonde ou Dendermonde (Belgique, prov. de la Flandre orientale), IV, 83, 148; V, 329; VI, 340, 346, 348, 355.

Ternier (Haute-Savoie), VIII, 98, 99, 102.

Terrail. Voy. Pipet.

Terra-Nova (Charles d'Aragon, duc de), vice-roi de Milan, IX, 9, 197.

Terrasson (Dordogne), IV, 339.

Terraube (Gers), II, 91.

Terrefort (N., sgr de), capitaine huguenot, IV, 312 et suiv.

Terride (château de), dans la Lomagne, III, 388; IV, 61.

— (pont de), en Armagnac, VII, 360.

— (Antoine de Lomagne, baron de), capitaine catholique, II, 24, 26, 28, 96, 137, 260; III, 30, 69, 92, 94, 96, 98, 387.

— (Géraud de Lomagne, vicomte de), frère d'Antoine de Lomagne, baron de Terride. Voy. Serignac.

Terrière (Anne de). Voy. Chappes.

Ter-Tolen (île et ville de) (Zélande), VI, 135; VIII, 126.

Terzki (N., comte de), défenseur d'Agria contre les Turcs, IX, 223.

Tesan (N., sgr de), capitaine huguenot, V, 367.

Tesciara (Morataha, sgr de), gouverneur de Tripoli, I, 342.

Tessier. Voy. La Court.

Teste-de-More (fort de la), à Marseille, IX, 116.

Testwod (Robert), hérétique supplicié en Angleterre, I, 209.

Tétouan (Maroc), V, 328.

Teupolo. Voy. Tiépolo.

Texeda (N.), capitaine espagnol, V, 62.
Texier (Guillaume). Voy. Fraignées.
Teynie, près Nicopolis, IX, 218.
Teza (Maroc, prov. de Fez), V, 54.
Thamasp Ier, roi de Perse, I, 96, 99, 337, 338; III, 229; IV, 120; V, 318, 319.
Thamasp, frère de Emir-Chan, roi de Perse, VII, 235.
Tharot (N., Cantarac, sgr de), capitaine catholique, III, 148.
Thas (Balthazar), sergent-major tué au siège d'Anvers, VI, 345.
« Thatan » ou « Theodota » (Hongrie), II, 300.
Théatins (les), ordre religieux, II, 173.
Théâtre d'Agriculture (le), d'Olivier de Serres, IV, 55.
Thedise, légat du pape dans le midi au moment de la guerre des Albigeois, I, 179-181.
Theiss (la), affluent du Danube, II, 164, 165.
Théligny (fort de), à Anvers, VI, 356.
— (Charles de), gentilhomme du Rouergue, capitaine réformé, II, 276; III, 4, 72, 79, 110, 120 et suiv., 164, 276, 311, 313, 321, 337, 341, 375; IV, 9; VI, 354.
— (Louise de Coligny, dame de), épouse de Charles de Théligny, puis du prince d'Orange, VI, 354.
— (Odet de la Noue, sgr de), fils de François de la Noue, VI, 353, 357.
Thémines (Pons de Lauzières, sgr de), lieutenant de roi en Quercy, VIII, 284 et suiv.; 304 et suiv.; IX, 369.
Thenien (château de). Voy. Tehinie.
Thenissey (Antoine de Gellans, baron de), lieutenant de Villars au combat de Fontaine-Française, IX, 56 et suiv.

Thenon (Edme de Hautefort, sgr de), capitaine ligueur, VII, 394.
Théodose, empereur romain, V, 312.
Theodota. Voy. Thatan.
Théophile (le), mémoire adressé à Catherine de Médicis par les réformés, I, 275.
Thermes ou Banya (Hongrie), II, 299.
— (César-Auguste de Saint-Lary, baron de), grand écuyer de France, grand prieur d'Auvergne, VII, 366; IX, 135 et suiv.
— (Paul de la Barthe, sgr de), maréchal de France, I, 58, 77, 78, 266, 282, 292, 301; II, 28.
— Voy. Bellegarde.
Thérouanne (Pas-de-Calais, I, 46, 126; IX, 117.
Thessaloniciens (épître aux), de saint Paul, I, 138, 147.
Thevalle (Jean de), sgr d'Aviré, gouverneur de Metz, IV, 229.
Thévenin (Jacques), maire de la Rochelle, V, 92, 266; VI, 5, 6.
Theys (Pierre de). Voy. La Cloche.
Theza. Voy. Taza.
Thezan (Aude), V, 352.
Thianges (François Damas, baron de), IX, 49, 56 et suiv.
— (Léonard Damas, sgr de), VI, 346.
Thibaudière. Voy. La Thibaudière.
Thiébert (N.), capitaine catholique, sergent-major de la garnison de Brouage, VI, 234.
Thielman (Bernard), capitaine suisse, IV, 368; VII, 180.
Thier (N. du), capitaine protestant, fils naturel de Jean du Thier, secrétaire d'Etat, VIII, 279-280.
Thierry (Claude), hérétique supplicié en France en 1549, I, 214.

Thierry (N.), capitaine catholique, VI, 28 et suiv.
— (N.), échevin de Lyon, IX, 10.
Thieux (Tristan de Rostaing, sgr de), II, 119, 142; III, 83; IV, 37.
Thin (Robert de). Voy. Schelandre.
Thionville (Moselle), I, 75 et suiv., 333; II, 338, 352.
Thiré (Vendée), III, 184.
Thiviers (Dordogne), III, 80; IV, 345.
Thizy (Rhône), IX, 2, 44.
Thoissey (Ain), IX, 2.
Tholmond (Thomas), hérétique supplicié à Bruxelles, III, 258.
Tholuis. Voy. Tolhuys.
Thomas, comte de Savoie (1189-1233), I, 184.
— (N.), chirurgien de l'amiral de Coligny, III, 316.
— (N.), hérétique supplicié à Glocester, I, 221.
Thomassin (Philippe de), capitaine de 50 hommes d'armes des ordonnances, gouverneur de Châlons, V, 290, 292; VII, 349.
Thouon (Haute-Savoie), VII, 229; VIII, 97, 98, 357, 363, 364; IX, 374.
Thoras. Voy. Toiras.
Thoré (Guillaume de Montmorency, sgr de), 5e fils d'Anne de Montmorency, connétable de France, pourvu de l'état du sieur de Montberon, son frère, II, 120; au combat de Moncontour, III, 122 et suiv.; sa visite à Coligny à la veille de la Saint-Barthélemy, 309; à la tête du parti des politiques, IV, 212; mort de son serviteur Scévole de Ventabren, 214-215; son rôle dans la conjuration La Molle et Coconat, 223, 229, 230; sa fuite en Allemagne, 237; correspond avec Damville, 260; à la tête d'une armée de reîtres, 374; il entre en France, 379 et suiv.; à la bataille de Dormans, 384 et suiv., victime d'une tentative d'empoisonnement, V, 25; fait prisonnier par Luynes, 117; chef du parti réformé en Languedoc, 295; à Nimes, 296; à Mauguio (Hérault), 299; informé de la paix de Bergerac, 302.
Thorigny (Odet de Goyon, comte de), fils du maréchal de Matignon, VII, 37, 122; VIII, 261 et suiv., 276; IX, 53.
— Voy. Matignon.
Thorp (N.), hérétique supplicié en Angleterre en 1400, I, 202.
Thors (Charente-Inférieure), VII, 12, 20.
— (René de Montbron, sgr de), capitaine huguenot, III, 196; VII, 20-21.
Thou (Christophe de), premier président du parlement de Paris, I, 170, 234, 254, 295; II, 145, 202, 223, 277, 341; IV, 228 et suiv.
— (Jacques-Auguste de), président au parlement, historien, fils du précédent, I, 4, 5, 234; III, 328; V, 347; VII, 315; IX, 277 et suiv.
— (Nicolas de), évêque de Chartres, VIII, 342; IX, 9.
Thouars (Deux-Sèvres), II, 222; III, 43, 132; IV, 312; V, 16; VI, 251; VII, 369; VIII, 17, 242.
— (ducs de), leur sépulture, VI, 81.
— (Claude de la Trémoïlle, duc de), VI, 228, 233, 248 et suiv., 265; VII, 34, 135 et suiv., 138, 140 et suiv., 148 et suiv., 295 et suiv.; VIII, 15, 17, 43, 190 et suiv., 236, 267; IX, 57 et suiv., 77, 277 et suiv.
— (Louis de la Trémoïlle, duc de), V, 191, 217.
Thrith (Jean), hérétique supplicié à Londres, I, 206.

Thuisseau. Voy. Babou.
Thumas. Voy. Tecmas.
Thury (marquis de). Voy. Fosseux.
Thuvry (Georges de), officier au service de l'Empire, IV, 107.
Tialet (le capitaine). Voy. Tieret.
Tibisque. Voy. Theiss.
Tieffenbach (Christophe), ambassadeur impérial à Constantinople, gouverneur de Cassovie, II, 299; VIII, 373; IX, 202 et suiv., 221, 223.
Tielbruch (Dithmarschen), I, 358.
Tiene (César de), capitaine vénitien, III, 222.
Tiepolo (N.), ambassadeur vénitien en Espagne, IV, 124.
— (N.), capitaine italien défenseur de Famagouste, IV, 99, 101, 102.
Tiercelin (François d'Appelvoisin, sgr de), VII, 25 et suiv., 31, 33 et suiv., 144, 147, 156, 159.
— Voy. La Roche-du-Maine.
Tieret ou Tialet (le capitaine), défenseur de l'abbaye de Bonnefoy, en Vivarais, contre les troupes de Damville, III, 100.
Tierra (Jean-Jacques de), capitaine italien en Hongrie, IX, 223.
Tiers-Parti (le), VIII, 331, 337 et suiv.; IX, 81, 353.
Tiéville (Jean), hérétique supplicié en Flandre, II, 339.
Tiffardière (Jean Chevalleau, sgr de), IV, 316 et suiv.; VI, 270; VII, 111, 121, 122.
Tiffauges (Vendée), VIII, 61.
Tiflis (Géorgie), V, 320; VI, 99, 103, 105.
Tigné (Maine-et-Loire), IX, 38.
Tignonville (Loiret), V, 21.
— (Lancelot du Monceau, sgr de), maître d'hôtel de Jeanne d'Albret, V, 86.
— (Marguerite de Selves, dame de), femme du précédent, V, 86.
Tigny (Aisne), V, 339.

Tigre (le), Tiritiri, fleuve, IX, 237.
Tigre (le), pamphlet, I, 276.
Tijola (Espagne, prov. d'Almeria), III, 240.
Tilbourg (Hollande, prov. du Brabant septentrional), VI, 326.
Tilladet. Voy. Saint-Orens.
Tille (la), rivière de Bourgogne, II, 99.
Tilleman (Gilles), hérétique de Bruxelles supplicié, I, 209.
Tillemont, Tirlemont (Belgique, prov. de Brabant), VI, 141, 338; VIII, 397.
Tillerolles. Voy. Le Fèvre.
Tillet (bois de), près Crespy-en-Valois, IX, 125.
— (N. du), V, 14.
Tilleul (N. du Touchet, sgr du), capitaine huguenot, IV, 242 et suiv., 351.
Tilly (Jean Tzerklaes, comte de), capitaine allemand, IX, 396 et suiv.
Timmerman (Antoine), dominicain, VI, 336.
Timothée (épître à), de saint Paul, I, 138, 147; IX, 85.
Tiovie. Voy. Kiew.
Tiphardière. Voy. Tiffardière.
Tiraqueau (André), lieutenant général de Fontenay-le-Comte, VII, 3.
— (N.), carme déchaussé, peut-être l'un des fils du précédent, VII, 3.
Tirawlei, Tireavulei (baronnie de) (comté de Mayo, Irlande), VIII, 119.
Tireavulei. Voy. Tirawlei.
Tire-Oen, Tiron (N., comte de), gentilhomme irlandais, IX, 240, 420, 423.
Tirgovischtea (Istrie), IX, 211.
Tiritiri. Voy. Tigre (le).
Tirlemont. Voy. Tillemont.
Tiron. Voy. Tire-Oen.
Tisi. Voy. Thizy.
Tison. Voy. Argence.

Tite (*épitre à*), de saint Paul, I, 138, 147.
Tivoli (Italie), I, 63.
Tixola. Voy. Tijola.
Tlemcen (Algérie), I, 107; V, 52, 53.
— (vice-roi de). Voy. Haradin-Barberousse.
Tobie (*livre de*), I, 138.
Tobith. Voy. Taubith.
Toc (Juan), capitaine espagnol, IX, 157.
Tochomaqui, chef géorgien, VI, 105.
Tockembourg. Voy. Toggenbourg (le).
Tocmaser, gouverneur d'Erivan, V, 320.
Todias (N., sgr de), lieutenant de la compagnie de Guy de Saint-Gelais de Lansac, II, 266; III, 10.
Toecker (N.), colonel au service du prince d'Orange, gouverneur de Diest, VI, 348.
Toggenbourg (le) (Suisse, cant. de Saint-Gall), IX, 299.
Toiras (François de Bermond de Saint-Bonnet, sgr de), capitaine huguenot, III, 28.
— Voy. Montferrier.
Toison d'Or (ordre de la), VII, 253.
Tokay (Hongrie), II, 164, 306.
Tolède (Espagne), I, 114; II, 173; VI, 304; IX, 200, 269.
— (amiral de). Voy. Catalogne.
— (évêque de). Voy. Loaiza (don Garcia).
— (César de), neveu du duc d'Albe, I, 60.
— (Fadrique de), fils du duc d'Albe, IV, 79 et suiv., 85, 149, 152 et suiv., 159, 163, 164; V, 61, 65.
— (Frédéric de), fils de Garcia de Toledo, II, 315.
— (Garcia de), amiral espagnol, II, 169, 311 et suiv., 315; III, 222; IV, 110.
— (Garcia de), capitaine espagnol tué à Nieuport, IX, 447.
Tolède (Hernando de), fils naturel du duc d'Albe, IV, 149, 157; V, 169.
— (Marcos de), capitaine d'arquebusiers dans l'armée du duc d'Albe, IV, 162.
— (Rodrigue de), IV, 157.
— Voy. Albe.
Tolhuys (Hollande, prov. de Gueldre), IX, 432.
Tollet (Pierre de), abbé de Pleinpied, V, 147, 176.
Tolsbourg, Taulbourg (Finlande), I, 122.
Tomar (Portugal), VI, 312 et suiv.
Tomassin. Voy. Thomassin.
Tombelaine (château de), dans le Cotentin, VIII, 275, 277.
Tomiczki (Jean de), castellan de Gnesen en Pologne, IV, 71, 72.
— (Nicolas de), fils du précédent, IV, 72.
Tomkins (Thomas), hérétique supplicié en Angleterre, I, 219.
Tongerloo (Belgique, prov. d'Anvers), VI, 349.
Tonnay-Boutonne (Charente-Inférieure), IV, 350.
Tonnay-Charente (Charente-Inférieure), III, 57; IV, 218, 251, 285; V, 194, 213; VI, 249, 250; VII, 12, 56, 123.
Tonneins (Lot-et-Garonne), V, 171, 247; VI, 19, 21, 24.
Tonneliers (rue des), à Beaune, IX, 51.
Tora (Pierre), hérétique albigeois supplicié en Allemagne, I, 203.
Torcy (Jean Blosset, baron de), IV, 37.
— Voy. Pontcarré.
Torda (Transylvanie), IV, 107.
Torefa. Voy. Dorpat.
Torfou (Maine-et-Loire), VIII, 61.
Torigné. Voy. Thorigny.
Torigny. Voy. Thorigny.

TABLE DES MATIÈRES. 351

Torneille. Voy. Torrellas.
Tornésien (N.), hérétique supplicié à Paris, I, 207.
Torpate. Voy. Dorpat.
Torreis (Diégo de), capitaine espagnol, IX, 447.
Torrellas, Torneille (Giannetto), capitaine italien, défenseur de l'île de Gozzo, II, 308.
Torres (Francisco de), capitaine de la Roquette de Sainte-Gudule, V, 59.
Torres-Vedras (Emmanuel de Silva, comte de), VI, 315 et suiv., 323.
Tors. Voy. Thors.
Torterue. Voy. Vallée.
Tortona (N.), capitaine italien, IV, 114.
Toscane, I, 127; IX, 300.
Tosti (Evangelista). Voy. Evangelista (Evangelista Tosti, dit le capitaine).
Toth-Varad (comitat de Varad, Hongrie), IX, 209.
Totis (Hongrie), IX, 213, 355.
Totvaragde. Voy. Toth-Varad.
Touart (Guillaume), hérétique supplicié aux Pays-Bas, III, 258.
Touchet (du). Voy. Tilleul.
Toué (le), affluent de la Loire, III, 132.
Touffou. Voy. Chasteigner.
Toul (Meurthe-et-Moselle), I, 42, 333; IX, 300.
Toullot (Charles de), sgr de la Boblinaye, capitaine catholique, VII, 295 et suiv.; IX, 184, 186.
Toulon (Var), VIII, 307; IX, 114, 339.
Toulousains, I, 184; III, 99; V, 182.
Toulouse (Haute-Garonne), I, 174, 179, 184-190, 206, 216, 249; II, 23-25, 28, 64, 96, 136, 195, 207, 217; III, 158 et suiv., 159, 269, 352 et suiv., 388; IV, 47, 172, 342, 346; V, 197 et suiv., 223;
VII, 77, 106 et suiv.; VIII, 34, 281 et suiv.; IX, 102.
Toulouse (évêque de). Voy. Foulques.
— (parlement de), II, 25 et suiv., 29, 194, 207, 223, 227; III, 45; IV, 171, 184, 260; V, 205; VIII, 149.
— (comte de), neveu de Raymond V, I, 176, 183.
— (comtes de). Voy. Raymond VI, Raymond VII.
— Voy. Tourout.
Touquin (« terrier » de), élévation de terrain près de Castillon (Gironde), VII, 75.
Tour (la), près Saint-Germain-les-Belles (Haute-Vienne), IX, 145.
Touraine, I, 260; II, 42; IV, 286, 287, 311; V, 76, 128; VII, 129, 306; VIII, 281; IX, 87, 88, 98.
Tourangeaux, VII, 369.
Touranne. Voy. Bourjac.
Tour-Carbonnière, près Fort-Peccais, cant. d'Aigues-Mortes (Gard), II, 69.
Tour-de-Mornac (la), dans l'île d'Alvert (Charente-Inférieure), VI, 233.
Tour-d'Oiré (la) (Vienne), V, 372; VI, 30; VIII, 231.
Tour-du-Pont (la), près Castel-Delfino (Italie, prov. de Saluces), IX, 348.
Tour-du-Pré. Voy. Pra-del-Torn.
Tourelles (les), tours des fortifications d'Orléans, II, 125, 126.
Tour-Etoile (la), fort de Nimes, III, 152.
Tournai (Belgique), I, 204; II, 182, 338, 347; IV, 78, 80; VI, 331, 332; VII, 273; VIII, 406.
Tournaisis (pays de), VI, 327 et suiv., 335.
Tournecoupe (N.), capitaine huguenot, IV, 285, 289.
Tournehout, Turnhout (Bel-

gique, prov. d'Anvers), VI, 326; VIII, 398, 403; IX, 251 et suiv.
Tournelles (palais des), à Paris, I, 239.
Tournemine (Noël), hérétique supplicié en Flandre, II, 339.
— Voy. La Hunauldaye.
Tournésien (N.), hérétique supplicié en Hainaut, II, 182.
Tournon (Ardèche), III, 348.
— (Claudine de la Tour, dame de), femme de Just II de Tournon, comte de Roussillon, VII, 193 n.
— (François de), cardinal, I, 242, 304, 314-316.
— (Just II de), frère du précédent, VII, 193 n.
— (Just-Louis, comte de), bailli du Vivarais et sénéchal d'Auvergne, 3ᵉ fils du précédent, VI, 29, 281; VII, 192, 193.
Tournon-d'Agenais (Lot-et-Garonne), III, 384.
Tourout, Toulouse (Belgique, prov. de la Flandre occidentale), IV, 341, 356.
Tourrettes (Jean de Villeneuve, baron de), capitaine huguenot, IV, 208.
Tour-Rouge (la), fort d'Alkmaar, V, 60, 63.
Tours, patrie de l'hérétique Jean Caillou, I, 225; défendue par le bâtard de Sancerre, 225; évasion de prisonniers, 274; préparatifs pour l'entrée de François II, 275; massacre de réformés, II, 7; au pouvoir des réformés, 19; expédition de munitions à Orléans, 20; prise par le connétable de Montmorency, 42; massacre de réformés, 212; passage de Charles IX, 222; second passage de Charles IX, III, 137; la Saint-Barthélemy, 298, 344; patrie de Pierre et François de Tourtay, complices de La Molle et Coconat, IV, 228; fabrication de poudre pour le siège de Lusignan, 318; séjour du duc d'Alençon, VI, 94; objectif du duc de Mercœur, VII, 131; conférences de Mercœur et de Joyeuse, 133; retraite de Henri III et de membres du parlement de Paris, VIII, 32, 37; départ de courriers pour le roi de Navarre, 30; menacée par Mayenne, 42; séjour de Henri III, 46, 51; départ pour cette ville du roi de Navarre, 54; éloignement du duc de Mayenne, 55; excès des « ligués », 57; arrivée du roi de Navarre, 61; installation du parlement de Paris, 90; conclusion d'une « trêve » entre Henri III et le roi de Navarre, 133 et suiv.; arrivée de Henri IV, 176; objectif simulé de Henri IV, 219; captivité du jeune duc de Guise, 235; arrêt du parlement contre les bulles du pape, 243, 248; séjour du parlement de Paris, IX, 19, 20; accord de Henri III et du roi de Navarre mentionné, 76, 77; desseins des huguenots sur cette ville, 279; séjour du parlement de Paris, 281, 293, 459.
Tourtay (Pierre et François de), complices de La Molle et Coconat, IV, 228 et suiv.
Toury (Eure-et-Loir), II, 34.
Tous-les-Saints (baie de), nom de l'un des gouvernements du Brésil, I, 115.
Tout-nuds (les), Français prisonniers aux Pays-Bas, en 1573, IV, 80.
Touverac (François Goullart, baron de), capitaine huguenot, VI, 271; VII, 313.
Touvois (Loire-Inférieure), I, 9.
Touzaine (François d'Arconat, comte de), chancelier de Savoie, IX, 315, 319, 341 et suiv., 355.

TABLE DES MATIÈRES. 353

Touzins, nom donné aux Vaudois, I, 169.
Toverac. Voy. Touverac.
Tovimaki (Georges), capitaine russe, II, 333.
Tramontins, nom donné aux Vaudois, I, 169.
Tranchard (Gironde), VII, 73, 74.
Tranche (la) (Vendée), V, 256, 257.
Trans (Germain-Gaston de Foix, marquis de), II, 213; VII, 80 et suiv.
— Voy. Foix.
Transylvanie, VI, 101; IX, 221, 223, 386, 393.
— (Jean-Étienne, prince de), IV, 107.
— (voïvode de). Voy. Zapolya (Jean).
Traunsdorf (Bavière), VII, 275.
Travecy (Aisne), IX, 100, 104.
Traves (Celse de Choiseul, sgr de), III, 355.
Traynel (François de l'Isle, sgr de), puis de Marivaux après la mort de son frère Claude de l'Isle, sgr de Marivaux, VIII, 215 et suiv.
Trébizonde (bacha de), VI, 299, 300.
Tréfort (Joachim de Rye, marquis de), lieutenant pour le duc de Savoie en Bresse et en Bugey, IX, 45, 168, 174, 175.
Tréfumel (N., sgr de), capitaine de chevau-légers catholique, VIII, 295.
Trehuic (N., marquis de), capitaine au service d'Espagne aux Pays-Bas, IX, 251.
Treille (la) (Maine-et-Loire), VIII, 61.
— (porte de la), à Genève, IX, 378.
— (M. La), Écossais mêlé à l'entreprise de Mongonmery sur le Mont-Saint-Michel, VIII, 272 et suiv.
Treize (les), hérétiques anglais suppliciés à Londres, I, 222.

Trelon (Louis de Blois, sgr de), grand maître de l'artillerie du roi d'Espagne, V, 335, 337.
Tremblade (la) (Charente-Inférieure), II, 267.
Tremblecourt (Louis de Beauvau, sgr de), capitaine ligueur, VIII, 67, 69; IX, 42, 43, 48.
Trémelet ou Trumelet, Turmelet (N., sgr de), capitaine de Villefranche-sur-Meuse, IX, 73, 126 et suiv.
Trémereuc (N., sgr de), capitaine ligueur, IX, 184, 185.
Tremezen. Voy. Tlemcen (Algérie).
Trencavel. Voy. Raymond II.
Trente (Tyrol), I, 83, 84, 227; II, 162.
— (concile de), I, 26, 30, 31, 81, 84-89, 133, 138, 325 et suiv.; II, 122, 151-163, 175, 205, 209 et suiv., 215, 290, 341; III, 2; IV, 91; V, 123; VII, 197, 224, 281, 307.
Tréon (Eure-et-Loir), II, 107, 119.
Tressins ou Treskins, défenseur d'Agria, IX, 223, 224.
Treuil-des-Filles (Charente-Inférieure, arr. et cant. de la Rochelle, comm. de Lagard), V, 217 et suiv.
Trêve (porte de la) au Mont-Saint-Michel, VIII, 272.
Trèves (Allemagne), III, 214; IV, 82; VI, 354, 355; IX, 265.
Trevico (N., marquis de), capitaine savoyard, VIII, 318.
Trévise (Italie, prov. de Milan), II, 289.
Triac (Charente), III, 48 et suiv.
Trieste (Illyrie), VI, 306.
— (Philippe), supplicié à Bruxelles, III, 257.
Trigalet (Jean), hérétique du Languedoc supplicié à Autun, I, 220.
Trinité (cimetière de la), à Paris, V, 77.

Trion. Voy. Tréon.
Tripied. Voy. Monterud.
Tripoli, I, 113, 341 et suiv.; IV, 96.
— (bacha de), V, 42; VI, 299.
— (bastion de), à Nicosie, III, 220.
— (le comte de), tué à Nicosie, III, 223.
Trizay (Charente-Inférieure), VII, 12.
Trockmorton (Nicolas), ambassadeur d'Angleterre en France, II, 201, 209.
Trois-Epées (hôtellerie des), à Limoges, V, 376, 380.
Trolle (Gustave), archevêque d'Upsal, I, 123.
— Voy. Trono.
Tromken. Voy. Ostende (Jean d').
Trompette (le château), à Bordeaux, III, 115.
Trono, Trolle (Francesco), capitaine vénitien, IV, 104.
Troquemarton. Voy. Trockmorton.
Troubles (le conseil des), en Flandre, III, 264.
Trouilhas (N.), avocat au parlement de Paris, I, 248.
Trouverac. Voy. Touverac.
Troyenne (porte), à Nicosie, III, 221.
Troyes (Aube), I, 215; II, 8, 210; III, 3, 310, 345; V, 109; VII, 170; VIII, 25; IX, 22, 53.
— (traité de) entre la France et l'Angleterre (11 avril 1564), II, 209; VIII, 298, 300.
— (Jean de), abbé de Gâtines, II, 88, 193.
Truchard. Voy. Pontard.
Truchon (Jean), président au parlement de Grenoble, II, 223.
Truchsess (Charles), frère de l'archevêque de Cologne, VI, 295.
— (Gebhart), archevêque de Cologne, VI, 283, 293-295; VII, 224, 258, 276, 277; VIII, 398.
Trucil-Charays. Voy. Pontard.
Trumelet. Voy. Trémelet.
Trye-Château (Oise), VIII, 269.
T'Seractz (Jérôme), lieutenant de Guillaume le Taciturne, IV, 155, 162, 163.
Tudela (Navarre espagnole), I, 182.
Tudor. Voy. Marie Tudor.
Tuighun, pacha turc, I, 99.
Tuileries (palais des), à Paris, IV, 178; VII, 118, 214; VIII, 200.
Tulepole. Voy. Turopolie.
Tulette (Drôme), II, 60.
Tulle (Corrèze), IV, 346; VI, 219 et suiv., 224; VII, 38.
Tunis, IV, 131; V, 41 et suiv.; VI, 109.
— (roi de), I, 112; III, 237, 244.
Turcomans, VI, 108; VII, 234.
Turcs, sous le règne de Soliman II, I, 90 et suiv.; alliés du roi de Fez, 106-108; leurs alliances en Europe, 125; allusion à leur religion, 166; vainqueurs de Jean-André Doria, 344; leurs campagnes en Hongrie, II, 165 et suiv.; leurs exploits sur les côtes de Sicile, 167; présentés à Charles IX à Bordeaux, 218; esclaves de cette nationalité au service de Sampiero Corso, 292; armements préparés par eux contre l'empereur Maximilien, 298; leurs campagnes en Hongrie, 298, 299, 302-306; leur arrivée devant Malte, 308, 309; victoire de Charles de Mansfeld sur eux mentionnée, 353, 354; cités, III, 234; secourent les Morisques, 237, 238; leur boisson favorite, 247; inventeurs du mousquet, IV, 80; projet de ligue contre eux entre la France et Rome, 86; au siège de Famagouste, 94 et suiv.; leurs incursions en

Dalmatie, 95; leurs pertes à la bataille de Lépante, 119; en guerre avec la Valachie et la Moldavie, V, 31-35; essaient de reprendre Tunis aux Espagnols, 45 et suiv.; leurs exploits au Maroc, 52 et suiv.; rappel de leur défaite par don Juan d'Autriche, 110; leur victoire sur les Polonais, 311, 312; chassés du Maroc, 324; leur discipline, 364, 365; refoulés en Croatie, VII, 238; envahissent la Croatie, VIII, 105; leurs exploits dans ce pays, 367 et suiv.; leur campagne en Hongrie, 368 et suiv.; désastre de leur flotte à l'entrée du Danube, 374; au siège de Hatuan, IX, 202 et suiv.; prise de plusieurs de leurs navires sur le Danube, 205; en guerre avec le prince de Transylvanie, 209; leur campagne en Valachie, 210 et suiv.; battus par le comte de Mansfeld, 213 et suiv.; exploits d'une jeune fille contre eux, 217; au siège de Clissa, 219; au siège de Lippe, 220; défenseurs de Hatuan, 221; au siège d'Agria, 223; battus sur le Danube, 225; favorisés par les dissensions des Bathori, 228; méprise de Marie de Médicis à leur sujet, 339; attaqués dans l'île de Chio, 400; dans la Morée, 401; en guerre avec le roi de Fez, 402; défenseurs de Mahomette, 403; menacés par Henri IV, 470.

Turenne (Corrèze), IV, 347; VII, 38.

— (François de la Tour, vicomte de), I, 69.

— (Henri de la Tour, vicomte de), puis duc de Bouillon, fils du précédent, compromis dans la conspiration des Politiques, IV, 212, 223, 230, 333; marche au secours de Montauban, 339; ses exploits en Languedoc et au siège de Réalville, 339 et suiv.; rejoint par La Noue en Limousin, 343; son arrivée à Périgueux, 345; son retour à Montauban, 345; rejoint le duc d'Alençon, 375; son désaccord avec Bussy, 389, 390; son différend avec Langoiran, V, 88; s'empare de Figeac, Brive, Calvinet, 221; ses aventures à Bergerac, 223, 224; en désaccord avec les capitaines catholiques dévoués au roi de Navarre, 235; se jette dans Villeneuve-d'Agen, 237; mandé aux conférences de Bergerac, 255; rejoint le roi de Navarre à Montguyon, 294; s'empare de Fleurance (Gers) avec le roi de Navarre, 357; à Agen et aux conférences de Nérac, 358; son duel avec Condé, 360; avec le vicomte de Duras, 360, 361; sa conduite avec le capitaine Montagnac, 367, 368; invité à une entreprise sur Limoges, 376; au siège de Figeac, 376; ses relations avec Xaincte, fille d'honneur de Marguerite, reine de Navarre, 383; consulté par le roi de Navarre, 384; sa mission en Gascogne, 386; ses troupes au siège de Cahors, VI, 13 et suiv.; nommé lieutenant général du roi de Navarre en Albigeois, Lauraguais et Bas-Languedoc, 42 et suiv.; cité, 91; sa mission à Coutras, 146; chargé de faire exécuter en Languedoc l'édit de Fleix, 148; chargé par le roi de Navarre de s'entendre avec les députés du Dauphiné, 153; ses missions en Angleterre et en Allemagne mentionnées, 176; son discours à l'assemblée de Guitres, 207 et suiv.;

s'empare de Tulle, 249 et suiv.; invité à aller prendre la direction du siège de Brouage, 250; au siège de Cambrai, 328; s'empare de Luzier (Dordogne), VII, 37; de Saint-Ferme (Gironde), 37; chargé par le roi de Navarre de la défense de la Gascogne, 48; ses conférences avec Catherine de Médicis à Fontenay-le-Comte, 65; ses desseins sur Castillon (Gironde), 77, 78; il s'en empare, 82; sa campagne en Touraine, 129-131; sa rivalité avec Condé, 135; à la veille de la bataille de Coutras, 141; à Coutras, 148 et suiv.; expose au roi de Navarre un projet sur la Bretagne, 335; recueille les troupes de Favas vaincu à Jegun, 355; au siège de Paris, VIII, 206 et suiv.; sa mission en Allemagne, 242; au siège de Rouen, 250 et suiv.; discrédité auprès du baron de Salignac, 335; son mariage avec la duchesse de Bouillon, 345; s'empare de Stenay, 346; le défend contre le duc de Lorraine, 348, 349; assiège Dun-sur-Meuse, 351; entre dans le Luxembourg, IX, 41; bat les troupes du prince de Mansfeld à Virton, 42; assiège Ham et Doullens, 63-65; sa faveur auprès de Henri IV, 77; cité, 108; chargé de négocier aux Pays-Bas, 118; « assemblée » de docteurs protestants entretenue par lui à Paris, 199; au traité de Châtellerault, 280; ses représentants auprès des protestants français, 304.
Turenne. Voy. Raymond III.
Turgier. Voy. Turgis.
Turgis (Jean), de Montargis, complice de Jacques du Lyon, sgr de Grandfief, IV, 204.
Turin (Piémont), I, 199; II, 355; IV, 335; IX, 169, 320, 325, 326, 364.
Turin (Philibert de), conseiller au parlement de Paris, IX, 370.
Turlupins, nom donné aux Vaudois, I, 169.
Turmelet. Voy. Trémelet.
Turmine (Richard), martyr albigeois, I, 203.
Turnèbe (Adrien), érudit français, I, 5.
Turopolie, Tulepole (île de), en Croatie, VIII, 368.
Turquie, I, 84, 332 et suiv.; II, 163, 165; III, 287, 293 et suiv.; IV, 129, 191; V, 304, 317 et suiv.; VI, 296 et suiv.; VII, 233 et suiv., 240 et suiv., 323; IX, 8, 203 et suiv., 236, 270, 395.
Turtrie (N., sgr de), gentilhomme de la maison du baron d'Hervaux, VI, 30, 37, 38, 41.
Turtura (île), près de Candie, IV, 103.
Tusculum, auj. Frascati (Italie, prov. de Rome), I, 64.
Tusquan (Jean), hérétique supplicié en Flandre, II, 339.
Tuston (Jean), hérétique supplicié en Angleterre, I, 221.
Tuttye (Jacques), hérétique supplicié en Angleterre, I, 220.
Tyler (Thomas), hérétique supplicié en Angleterre, I, 224.
Tymme, Thymme (Valachie), V, 35.
Tyndal (Guillaume), hérétique anglais supplicié à Wilword en Brabant, I, 207.
Tyrol, VIII, 126; IX, 212.
Tyroliens, IX, 215.
Tzerklaes. Voy. Tilly.

U

Uchanski (Jacob), archevêque de Gnesen, IV, 201.
Udine, Utina (Frioul), II, 330.
Ugijar, Yniqua (Espagne, prov. de Grenade), III, 233.
Ulea (Finlande), II, 337.

Uliet, gouverneur de Westerloo, VI, 348.
Ulli (d'). Voy. Deuilly.
Ulloa (Fernando Lopez d'), chevalier de Malte, I, 112.
Ulster (comté d') (Irlande), VIII, 389 ; IX, 239, 240.
Ulucciali (Ali, dit) ou Ochali, rénégat calabrais, I, 99 ; II, 310 et suiv.; III, 219 ; IV, 104, 113 et suiv., 125, 127 ; V, 43 et suiv.
Uluzalis. Voy. Ulucciali.
Uneh (Jean), hérétique supplicié en Angleterre, I, 220.
Union (parti de l'), VIII, 26, 28, 37, 148, 322.
Université de Paris, II, 9.
Unton (Henri), ambassadeur d'Angleterre en France, VIII, 257 et suiv.
Upsal (archevêque d'). Voy. Trolle.
Urbain VII (Jean-Baptiste Castagna, cardinal de Saint-Marcel, pape sous le nom d'), VIII, 376 ; IX, 198, 460.
Urban, gouverneur du château de Montaigu, VI, 2 et suiv.
Urbin (duché d'), IV, 128.
— (Francesco-Maria II, duc d'), VIII, 376 ; IX, 300.
— (Guid' Ubaldo II, duc d'), I, 128.
Urches. Voy. Ourches.
Ureña (Alphonse, comte d'), III, 242.
Urfé (Anne, marquis de Baugé, comte d'), V, 299.
— (Jacques d'), bailli du Forez, II, 270, 273 ; III, 172.
— (Jacques II d'), marquis d'Urfé et de Baugé, VIII, 316.
Uriage (Isère), VII, 89.
Urinca (bastion d'), à Jamets, VII, 368.
Urre (Antoine d'). Voy. Saint-Martin.
Ursins (Fabio des Ursins, dit le cardinal des), IV, 86, 90, 91.
— (Horace des), tué à Lépante, IV, 120.

Ursins (Jean des), comte de Pitigliano, colonel italien, I, 56 ; II, 290 ; III, 105.
— (Nicolas des), II, 290.
— (Paul Jourdain des). Voy. Bracciano.
— (Virginio des). Voy. Bracciano.
Ussac (N., sgr d'), dit Jurignat, gouverneur de la Réole pour le roi de Navarre, V, 356, 357, 360.
Usseau (Vienne), VII, 128.
Ussel (N., baron d'), IX, 116.
Usson (Puy-de-Dôme), IX, 306.
— (Jean de Rabaine, sgr d'), capitaine huguenot, IV, 218 ; VI, 36, 41.
Usure, Seurre (Mayenne, comm. de Bonchamp, cant. de Craon), VIII, 292.
Utina. Voy. Udine.
Utrecht (Hollande), III, 263 ; IV, 152 ; VI, 136 ; VIII, 122, 123, 127.
Uveters (Mathieu), hérétique supplicié en Angleterre, I, 224.
Uza (Louis de Luz, vicomte d'), sénéchal de Bazadois, lieutenant de l'amiral de France, II, 127 ; IV, 34.
Uzeda (Espagne, prov. de Nouvelle-Castille), VI, 126.
Uzerche (abbé d'). Voy. Caumont (Geoffroy de).
Uzès (Gard), II, 135, 195 ; III, 391 ; IV, 48.
— (évêque d'). Voy. Saint-Gelais (Jean de).
— (Antoine de Crussol, duc d'), fils de Charles de Crussol, frère de Beaudiné et d'Acier, I, 289, 323 ; II, 135, 136 ; IV, 7, 176.
— (Françoise de Clermont-Tallart, dame d'), épouse de Jacques de Crussol, duc d'Uzès, V, 202.
— (Jacques de Crussol, sgr d'Acier, puis duc d'). Voy. Acier.

V

Vaarsel, Wierzel (Hollande, prov. du Brabant septentrional), VI, 349.
Vacaresse ou Vacheresse (Gabriel d'Hèbles, sgr de), capitaine huguenot, gouverneur de Saint-Affrique, IV, 58; V, 298.
Vacerones. Voy. Valserine.
Vachères (Jacques de Gramont, sgr de), capitaine protestant, VII, 93 et suiv.
Vacheresse. Voy. Vacaresse.
Vacherie (la) (Charente), IV, 288, 289, 316, 318 et suiv.
Vacherolles. Voy. Chambaud.
Vachonnière (N., sgr de), capitaine huguenot, gouverneur de Casteljaloux, III, 47; V, 172, 186, 238 et suiv., 242, 244, 247.
— (lieutenant du sieur de). Voy. Aubigné (Agrippa d').
Vadri. Voy. Vendy.
Vaez de Vega. Voy. Vega.
Vagnas (Ardèche), IV, 57.
Vagnone (Juan), capitaine espagnol au siège de Malte, II, 308 et suiv.
Vaillac (Louis de Genouillac, comte de), gentilhomme ordinaire de la chambre du Roi, gouverneur du château Trompette, à Bordeaux, III, 115; IV, 308; V, 192, 193.
— (Louis II Ricard de Gourdon de Genouillac de), évêque de Tulle, III, 188 et suiv.
Vailly-sur-Aisne, Veilli (Aisne), IX, 125.
Vaires (Seine-et-Marne), VIII, 204.
Vaise (porte de), à Lyon, II, 134.
— (rue de), à Lyon, IX, 44.
Vaison (Vaucluse), I, 285.
Vaisseaux (Ardèche), IV, 282, 283.
Vaisserie (Antoine de). Voy. La Meausse.

Val (du). Voy. Faye, Mandreville, Pescherai.
Valachie, I, 99; IV, 107; V, 30 et suiv., 44; IX, 210 et suiv., 216.
— (despotes, hospodars? de), I, 95.
— (palatin de), V, 33, 34, 37.
— (Michel, voïvode de), IX, 388, 393.
— (voïvodes de). Voy. Pierre, Alexandre, Michel.
Valachie transalpine (voïvode de), V, 32.
Valade (Jacques Guiton, sgr de). Voy. Guiton.
Valairaud (plaine de la), près Luçon, III, 192.
Valais, VIII, 96; IX, 299.
Valaques, V, 34 et suiv.
Valassins, Valesseins, près Marmande (Lot-et-Garonne), V, 174, 239, 243.
Valavoire (Antoine de Valavoire, sgr de), gouverneur de Granne (Drôme) et de Saint-Maximin, III, 168; VI, 66.
— (Scipion de), III, 28, 111.
— (N. de), tué à la Saint-Barthélemy, III, 324.
Valdès (Fernando), archevêque de Séville, grand inquisiteur, I, 348.
— (Garcia de), capitaine espagnol, IV, 77.
— (Pedro de), Baldis, capitaine espagnol, VI, 314; VIII, 116.
Val-d'Isère (N., baron de), IX, 374, 380.
Valdo, chef des Vaudois, I, 168 et suiv.
Valençay (Jean d'Estampes, sgr de), chevalier de l'ordre, capitaine de 50 hommes d'armes, VII, 390.
Valence (Drôme), I, 176, 227, 283-285; II, 50-51, 54, 61, 135, 213, 218; III, 348; IV, 54-55, 60, 220, 301; VI, 150-151; VII, 92, 98, 99.
— (Espagne), I, 126; VII, 246.
— Voy. Perez (Alonzo).
Valenciennes (Nord), I, 210,

TABLE DES MATIÈRES.

215, 227; II, 347, 349; IV, 76, 78, 82; V, 329; VI, 136, 330, 342.
Valentinien, empereur, I, 228.
Valentinois (sénéchal du). Voy. Bourjac.
Valenville (N., sgr de), capitaine huguenot, V, 230.
Valérien, empereur, I, 228.
Valeton (Nicolas), hérétique supplicié à Paris, I, 207.
Valette (Jean). Voy. La Marzelle.
Valfrenières ou Valfenières (René de Provanes, sgr de), capitaine huguenot, II, 82, 198, 244, 248; III, 60.
Valier (Gaspard de), chevalier de Malte, dit le commandeur de Chambéry, I, 113.
Valinano (Alexandre), visiteur général des Jésuites, au Japon, VI, 304 et suiv.
Valins (maison dite des), à Orléans, II, 142.
Valiraux (N., sgr de), colonel de gens de pied protestant, VII, 145, 377.
Val-Jouy (le). Voy. Vaujoli.
Valladolid (Espagne, prov. de Léon), I, 348; IV, 136.
Valle (Bartholomeo), hérétique supplicié à Bruxelles, III, 257.
Valléry (château de) (Yonne), II, 230.
Vallières. Voy. Vilpion.
Valloire. Voy. Valor.
Valloize (la). Voy. Vallouise.
Vallon (Ardèche), IV, 57.
Vallouise (Hautes-Alpes), I, 172.
Valmonde (N.), capitaine espagnol, II, 331.
Valmontone. Voy. Santa-Fiore.
« Valnebègue » (Livonie), I, 122.
Valognes (Manche), IV, 225.
Valois (maison de), I, 6; IV, 162; VII, 5.
— (Henri de), grand prieur de France, fils naturel de Henri II, VIII, 21.
— Voy. Alençon, Angoulême, Auvergne, Charles IX, Henri III (François de Valois).

Valor, Valloire (Espagne, prov. de Grenade), III, 235.
— Voy. Aben-Yahuar.
Valouse. Voy. Baron.
Valperga (Alexandre, comte de), VIII, 103.
Valréas, Vauréas, Vaurias, I, 285; II, 58, 59, 62; IV, 207.
Valsergues (René de). Voy. Ceré.
Valserine, Vacerones, rivière de l'Ain, IX, 346.
Valteline (la), IX, 201.
Van (Arménie), VII, 234.
— (pacha de). Voy. Cigala.
Van Berghen (Robert II), VI, 135.
Van den Walle (Melchior), valet du collège des Jésuites à Douai, IX, 263.
Van der Aa (N.), capitaine des gardes de Maurice de Nassau, IX, 437, 444 et suiv.
Van Diemen (N.), dame d'Amsterdam décapitée, III, 263.
Van Enden (Cornélius), colonel allemand, V, 337, 338.
Van Ens (Hermann), capitaine au service des Pays-Bas, IX, 255.
Vandré (N., sgr de), VI, 222; IX, 136.
Vanegas (Alphonse Habis de), descendant de l'ancien roi de Grenade Aben Alma, III, 231.
Vanpoule (Nicolas), hérétique supplicié en Flandre, I, 211.
Vantabrun. Voy. Ventabren.
Vantebran. Voy. Ventabren.
Vanteuil (N., vicomte de), VIII, 289.
Vanture. Voy. Ventura.
Vanves (Seine), VIII, 66.
Vaquer (Pierre), évêque de Majorque en 1560, I, 344.
Vaques. Voy. Vacaresse.
Var (le), rivière, VIII, 320.
Varade (le Père), recteur du collège des Jésuites de Paris, VIII, 355.
Varadier. Voy. Saint-Andeol.
Varadin. Voy. Gross-Wardein, IX, 390.

Varages (Var), I, 323.
Varagle (Geoffroy), ministre de la vallée d'Angrogne, brûlé en Piémont, I, 224.
Varaize (Charente-Inférieure), VII, 10.
Varambon (Marc de Rye, marquis de), gouverneur de Gueldre, VI, 138; VII, 174; VIII, 392, 401; IX, 117, 251.
Varax (N. de Rye, comte de), frère de Varambon, IX, 251 et suiv.
— (N. de Rye, comte de), lieutenant de roi en 1488, I, 172.
Vardes (Pierre du Bec, sgr de), frère du seigneur de Bourry, capitaine huguenot, puis catholique, II, 245.
Varenne (N.), hérétique suppliciée en Angleterre, I, 219.
Vargas (Alonzo de), commandant des troupes de Castille, VIII, 386.
— (Juan de), ambassadeur d'Espagne à Paris, VI, 95.
— (Louis Perès de), gouverneur de la Goulette, I, 212.
Varilles (Ariège), I, 184.
Varlut (François), de Tournai, hérétique supplicié, II, 182.
Varro (N.), capitaine général des troupes de Genève, VIII, 102.
Varsovie (Pologne), IV, 67.
Vasa (Erik Johansson), gentilhomme suédois.
— (Gustaf Eriksson), roi de Suède sous le nom de Gustave I*er*, fils du précédent. Voy. Gustave I*er*.
Vasili IV, prince de Moscovie, V, 75.
Vasquez (Christophe), gouverneur de Zutphen, V, 330.
Vassé (Antoine Groignet, sgr de), III, 22 n.
— (Jean Groignet, sgr de), gouverneur du Maine, fils du précédent, III, 22; IV, 247.
— Voy. Classé.
Vassignac ou Bassignac (N., sgr de), capitaine huguenot, V, 368.

Vassy (massacre de), II, 6, 143; III, 298.
Vasto (Ferdinand d'Avalos, marquis del), puis de Pescaire, I, 61.
— Voy. Avalos.
Vatan (N., sgr de), capitaine huguenot, III, 123 et suiv., 136.
— Voy. Puy-Vatan.
Vaubecourt (Jean de Nettancourt, baron de), gentilhomme lorrain, IX, 73, 386 et suiv., 390 et suiv., 396 et suiv.
Vaucelles (Nord), VI, 328.
— (trêve de), I, 125.
— (François de), sgr de Cordouan, capitaine de l'armée royale, VIII, 223.
Vaud (pays de), I, 259; VII, 89, 173, 229.
Vaudémont (François de Lorraine, duc de), VII, 196.
— (Louise de), reine de France, VII, 86 n.
— (Nicolas de Lorraine, comte de), II, 78; IV, 371; VII, 117.
Vauderay. Voy. Vendrest.
Vaudizière (N., sgr de), capitaine huguenot, VI, 52.
Vaudois, I, 26, 167 et suiv., 173 et suiv., 198, 235; IV, 208.
Vaudoré (Charles de la Forest-Montpensier, sgr de), gouverneur de Parthenay, VII, 154.
Vaudorne (N., sgr de), capitaine huguenot, III, 383.
Vaudray. Voy. Mouy et Saint-Phal.
Vaugirard (Seine), II, 102; VIII, 72, 171.
Vaugrenant (Philippe Baillet, sgr de), gouverneur de Saint-Jean-de-Losne, IX, 49.
Vaujoli, Val-Jouy (le) (Eure-et-Loir, comm. de Courville), II, 284.
Vaulserre (Aubert de Corbeau, sgr de Saint-Franc et de), capitaine au service de la Savoie, gouverneur des Echelles, VIII, 321.

TABLE DES MATIÈRES. 361

Vaurias, Vauréas. Voy. Valréas.
Vauvert (Gard), autrefois Pasquières, I, 186.
Vauvilliers. Voy. Bezancourt.
Vaux (Jean de Montalembert, sgr de), IV, 24 ; VII, 20, 138, 148 et suiv., 153, 159.
— (N. de), ministre protestant, IX, 282.
Vay (le grand et le petit), lagunes à l'embouchure de la rivière d'Ourc, dans la baie de la Hogue, III, 12 ; IV, 239.
Veden (Hollande, prov. du Brabant septentrional), III, 255, 260 ; VIII, 407, 408.
Vedouze (N., sgr de), lieutenant de Lesdiguières, IX, 153.
Veer (François de), maréchal de camp au service des États, VIII, 394, 398, 400, 406 ; IX, 233 et suiv., 251 et suiv., 435, 443 et suiv.
Veere, Camperveer (Hollande, prov. de Zélande), IV, 150 ; V, 59 ; VI, 324 ; VIII, 122.
Véga (Jean de), vice-roi de Sicile, I, 111 et suiv.
Vega (Tristan Vaez de), capitaine du fort Saint-Julien, près Cascaës (Portugal), VI, 130.
Veigy-Foncenex (Haute-Savoie), VIII, 357.
Veilli. Voy. Vailly-sur-Aisne.
Veirac (Jean de), évêque de Limoges, I, 177.
Velasco (don Ferdinand de), connétable de Castille, IX, 43, 53 et suiv.
— (Jean Rodrigue de), confident de Philippe II, IX, 415 et suiv.
— (Pedro de), capitaine espagnol, IX, 447 et suiv.
Velasque (Jeanne de), hérétique suppliciée en Espagne, I, 348.
— (Louis), capitaine aux Pays-Bas, IX, 441.
Velasquez (Sébastien), capitaine espagnol, IX, 447.
Velay (prov. du), IV, 54, 59.
Velez (le Penon de). Voy. Penon-de-Velez (le).

Velez (Luis Fassardo, marquis de), gouverneur du royaume de Murcie, III, 230, 233-235, 238, 240.
Vellin. Voy. Fellin.
Velluire (Vendée), V, 216.
Venaissin (le comtat), I, 174, 285 ; II, 54, 58 ; VI, 65, 67, 69 ; VIII, 139, 144.
Venceslas, général des reitres de Saxe, IX, 226.
Vendegies. Voy. Goingnies.
Vendôme (Loir-et-Cher), I, 240, 243 ; VIII, 37, 174 ; IX, 276.
— (bastion de), à la Fère, VI, 56 et suiv.
— (Alexandre de Bourbon-), grand prieur de France, fils naturel de Henri IV et de Gabrielle d'Estrées, IX, 297.
— (Antoine de Bourbon, duc de). Voy. Bourbon.
— (le cardinal de). Voy. Bourbon.
— (César, duc de), IX, 31, 58 et suiv., 142, 297, 311.
— (François de), vidame de Chartres, I, 60, 243, 271, 280, 282, 295, 298-299.
Vendômois (pays de), I, 223, 264 ; II, 42, 208 ; V, 122 ; VI, 268 ; VIII, 38, 39 ; IX, 87, 88, 98.
— (régiment de), VI, 251.
Vendrest (Seine-et-Marne), II, 16.
Vendy, Vadri (René d'Aspremont, sgr de), VII, 367.
Venério. Voy. Veniero.
Venero (Antonio de), de Bilbao, caissier d'Anastro, banquier d'Anvers, VI, 336.
Veneur (Jacques), hérétique supplicié en Lorraine, I, 211.
Veniero (Sebastiano), général vénitien, IV, 94, 114 et suiv., 120, 123.
Venise, I, 83, 128, 221 ; II, 176, 289 ; III, 217 ; IV, 96 et suiv., 104, 123 et suiv., 128 et suiv.; 182, 200, 267 ; V, 55, 318 ; VI, 101 ; VIII, 93 ; IX, 197,

239, 294, 299, 382, 406, 466 et suiv.
Venisse. Voy. Venaissin.
Vénitiens, I, 114; II, 326; III, 215 et suiv.; IV, 94, 103, 110 et suiv., 120, 123; V, 41; VIII, 374 et suiv.
Venloo (Hollande, prov. de Limbourg), VII, 257, 259, 261; VIII, 397; IX, 256, 424.
Venot (Florent), hérétique supplicié à Paris, I, 214.
Ventabren (Jean Gaucher de Quiqueran, sgr de), capitaine catholique, II, 59, 65.
— (Scévole de Quiqueran, sgr de), IV, 214-225.
Ventadour (Gilbert de Lévis, comte, puis duc de), pair de France, gouverneur du Limousin, IV, 53; VI, 328.
— (Anne de Lévis, duc de), fils du précédent, IX, 145 et suiv., 339.
Ventavon (Henri de Moustiers, sgr de), père du capitaine Gargas, IV, 206 n.
Venterol, Veteral (Basses-Alpes), VII, 87.
Ventura, Vanture (Vincent), capitaine espagnol, II, 317 et suiv.
Vêpres siciliennes, IV, 196.
Vérac (Jean de Nesmond, sgr de), gentilhomme ordinaire de la reine mère, IV, 139, 144.
— (Joachim de Saint-Georges, sgr de), baron de Couhé, capitaine huguenot, III, 26, 80, 173 et suiv.; IV, 357.
Verbas, Worweis (la), affluent de la Save, VIII, 107.
Verbelais (N. de Saint-Nectaire, sgr de), capitaine huguenot, gouverneur d'Aurillac, frère d'Antoine de Saint-Nectaire, évêque du Puy, II, 259 et suiv.
Verceil. Voy. Vercelli.
Vercelli (Italie), I, 127.
— (abbaye Saint-Christophe de), IV, 122.
— (évêque de). Voy. Bonhomme (Jean-François).

Vercelli, Versel (Hieronymo de), gouverneur de Cavour, IX, 174.
Vercoiran (François de Massues, sgr de), beau-frère de Montbrun, IV, 278.
Verde (la), étendard turc, IX, 210.
Verdigny (Cher), IV, 37.
Verdugo (François de), capitaine espagnol, gouverneur de Frise, V, 62; VI, 326, 335, 340 et suiv., 352, 360; VIII, 124, 390, 393, 401 et suiv., 408; IX, 63, 242.
— (Dorothée de Mansfeld, dame de), femme de François de Verdugo, IX, 447 n.
— (Christoval de), fils des précédents, IX, 447.
Verdun (Meuse), I, 42, 333; III, 362; VII, 164, 169; IX, 300.
Verdun-sur-Garonne (Tarn-et-Garonne), I, 183.
Verduzan (Odet de Biran, sgr de), sénéchal de Bazadois, II, 266; III, 385.
Verfeil (Tarn-et-Garonne), IV, 62.
Vergano (Scipion), ingénieur vénitien, III, 381; IV, 21.
Vergara (N.), médecin de Philippe II, IX, 414.
Verger (gué du), sur la Marne, près Dormans, IV, 384.
Verger-Beaulieu (N., sgr de ou du), capitaine huguenot, IV, 27.
Vergerio (Pietro-Paolo), di Capodistria, protonotaire apostolique, nonce du pape, I, 83.
Verger-Malaguet (N., sgr du), capitaine, IX, 193 et suiv.
Vergeroux (le) (Charente-Inférieure), III, 181.
Vergier. Voy. La Roche-Jacquelein.
Verglat (N., sgr de), capitaine huguenot, IV, 307 et suiv.
Vergt, Vers (Dordogne), II, 45, 92, 95.
Verluisant. Voy. Vireluisant.

Vermeil (Mathieu), victime de Villegagnon en Amérique, I, 223.
— (Pierre). Voy. Martyr.
Verne (Jacques), maire de Dijon, IX, 48.
— Voy. La Verne.
Verneuil (Eure), IX, 21.
— (Henriette de Balsac, marquise de), IX, 306, 372.
— (N. de Pons, sgr de), gouverneur de Pons, III, 34.
Vernode. Voy. Fayolle.
Vernon (Eure), VIII, 193.
— (Jean), hérétique de Poitiers, supplicié à Chambéry, I, 220.
Vers. Voy. Vergt.
Versailles. Voy. Loménie.
Versecz, Warsocz (Hongrie, comitat de Temeswar), IX, 203, 209.
Versel. Voy. Vercelli.
Versetz ou Verschitz. Voy. Versecz.
Versoix (fort de), sur le lac de Genève, VIII, 357-359.
Versonnez (Haute-Savoie), IX, 345.
Versoris (Pierre le Tourneur, dit), avocat au Parlement de Paris, II, 175 ; V, 148 et suiv., 150 et suiv., 157, 162, 181.
Vert (N. Gazeau, sgr du), capitaine catholique, VIII, 5.
Verthamon (Jean), ancien consul de Limoges, V, 372 et suiv.
Vertbois. Voy. Boisvert.
Vertbuisson (N., sgr de), capitaine huguenot, III, 181.
Verteuil-d'Agénais (Lot-et-Garonne), I, 292.
Verteuil-sur-Charente (Charente), III, 8.
Vertus (Charles d'Avaugour, comte de), VIII, 59.
Vervins (Aisne), IX, 175, 299.
— (traité de), IX, 231, 299, 307, 322, 373.
Vesc. Voy. Comps et Teil.
Vesins (Jean de), sgr de Roddier-Charry, gouverneur de Cahors, VI, 10 et suiv.
— (Jean de Levezou de Luzançon de), sénéchal du Quercy, VII, 41.
Vesins (Antoine de Levezou de Luzançon de), frère du précédent, lieutenant de Monluc en Guyenne, III, 338, 384 ; IV, 341 ; VII, 41 n.
Vesoul (Haute-Saône), IX, 42, 52, 53.
Vespasien, empereur romain, VI, 310.
Veszprim (Hongrie), II, 300 ; VIII, 369 ; IX, 203, 388.
Veteral. Voy. Venterol.
Veuve (pays dit de la), prov. voisine de la Géorgie, VI, 105.
Vevey (Suisse), VII, 229.
Vey (le). Voy. Vay (le).
Vezambèque. Voy. Wesenberg.
Vèze. Voy. Vaise.
Vezelay (Yonne), III, 67, 85, 147 et suiv.
Vezère (la), rivière, affluent de la Dordogne, II, 92 ; VII, 38.
Vézines. Voy. Stuart (Robert).
Viane. Voy. Brederode.
Vianen (prov. de Hollande méridionale), II, 350.
Vibrac (N., sgr de), III, 201.
Vic (Méry de), conseiller d'Etat, IX, 276 et suiv., 322, 329, 351.
Vicegrado (Hongrie), IX, 205, 216.
Vicence (Italie), I, 83.
Vic-Fezensac (Gers), VI, 18, 221 ; VII, 354.
Vichy (Allier), II, 270 ; V, 17 ; VIII, 312.
Vicomtes (les), capitaines protestants désignés sous ce nom et qui sont : les vicomtes de Bruniquel, de Paulin, de Monclar, de Montaigu, de Caumont, de Sérignac, de Rapin, II, 269 et suiv., 274 et suiv., 284 et suiv. ; III, 114.
Vicovaro (Italie, Etats romains), I, 64.
Vicques (dame de), surprise au Mont-Saint-Michel, VIII, 273.
— (Louis de la Moricière, sgr de), dit de l'Isle-Manière,

capitaine ligueur, IV, 351; VIII, 274 et suiv., 278.

Vic-Sarret (Dominique de), sgr d'Ermenonville, dit le capitaine Sarret, gouverneur de Calais et d'Amiens, vice-amiral de France, VIII, 183 et suiv., 201 et suiv., 226; IX, 16, 142 et suiv.

Victor-Amédée de Savoie, fils du duc Charles-Emmanuel Ier, VIII, 97 et suiv., 317, 365.

Vidourle (la), rivière de Languedoc, IV, 47.

Vie (la), petit fleuve côtier de Vendée, VIII, 15.

Vieille-du-Temple (rue), à Paris, I, 254.

Vieille-Vigne (Loire-Inférieure), VI, 2.

Vieillevigne (Jean de la Lande ou de Machecou, sgr de), gentilhomme du Poitou, III, 370 n.; VI, 33.

Vieilleville (François de Scépeaux, sgr de), comte de Durtal, maréchal de France, I, 77, 266; II, 121, 194, 210, 212, 229, 232, 234; III, 3.

Vielard (N.), président du parlement de Rouen, IV, 263 et suiv.

Vienne (Autriche), II, 296, 298, 299; III, 61; IV, 267; IX, 469.
— (Isère), I, 206, 284; II, 67, 70, 72; III, 348; VIII, 169, 320, 345; IX, 2, 44 et suiv.
— (archevêché de), I, 185.
— (archevêques de). Voy. Marillac (Charles de), Villars (Pierre IV de).
— (faubourg de), à Blois, VII, 317.
— (la), rivière, III, 114; VII, 8, 120, 128; VIII, 234.
— (pont de), à Lyon, IX, 44.
— Voy. Arques, Chevreaulx, Clervaut.

Viennois (sénéchal de). Voy. Maugiron (Laurent de).

Vierendeel (Adrien), colonel orangiste, VI, 345.

Vieux (Jean des). Voy. Brion.

Vieux-Pont (N. de), fils de Louis de Vieux-Pont, baron du Neubourg, tué au siège de Sancerre à vingt-cinq ans en 1573, III, 40, 41.

Vieuxport. Voy. Porto-Vecchio.

Vif (Isère), IV, 207.

Vigean (le) (Vienne), IX, 36.
— (François du Fou, sgr de la Grousselière et du), gouverneur de Lusignan, III, 371 et suiv.
— (Gédéon de Pons, baron du), tué à Anvers, VI, 346.

Viglius (Ulric), président des États du Brabant, V, 73.

Vignacourt (Somme), IX, 140 et suiv.

Vignau (le). Voy. Vigean (le) (Vienne).
— (N., sgr du), VII, 352.

Vignaucourt (Adolphe de), grand maître de l'ordre de Malte, IX, 400, 402 et suiv.

Vignay (le) (Seine-et-Oise, cant. de Milly), III, 9.

Vignier (Nicolas), historien, I, 170.

Vignolles (François de), sgr de Casaubon, VI, 23, 58 et suiv., 214 et suiv.
— (Bertrand de), marquis de Vignolles, fils du précédent, VI, 221; VII, 142, 146, 155, 377; VIII, 12 et suiv., 185 et suiv., 288; IX, 106 et suiv.

Vigon (Piémont), IX, 171, 172, 174.

Vigor (Simon), archevêque de Narbonne, II, 225.

Vihiers (Maine-et-Loire), VI, 82.

« Vilagasmar » (Hongrie, comitat de Temès), IX, 212.

Vilagos (Hongrie, comitat d'Arad), IX, 209.

Vilain (Maximilien). Voy. Rassenghien.

Vilaine (la), rivière, VII, 335; IX, 178.

Villaines (Deux-Sèvres), VII, 18, 19.

Villandrade (le chevalier), à la

TABLE DES MATIÈRES.   365

bataille de Lépante, IV, 111 et suiv.
Villandry (Balthazar Le Breton, sgr de), capitaine huguenot, III, 284.
Villanova (Piémont), I, 127.
— (Baptiste de), capitaine espagnol, IX, 447.
Villard-Dizier (Savoie, comm. de Chamoux), IX, 153.
Villaroel (Garcias de), gouverneur de Caçorla, III, 233 n.
— (Jean de), capitaine espagnol, fils du précédent, III, 233.
Villar-Pellice (Italie, prov. de Turin, arr. de Pignerol), I, 197.
Villars (André-Baptiste de Brancas, sgr de), VII, 302.
— (Georges de Brancas, sgr de), gouverneur du Havre, VIII, 251 et suiv.; IX, 21.
— (Claude de Savoie, comte de Tende et de). Voy. Tende.
— (Honorat de Savoie, marquis de), puis comte de Tende et de Sommerive, frère puîné de Claude de Savoie, comte de Tende, amiral de France, I, 292 n.; II, 43; III, 122, 275, 309; IV, 61 et suiv.; V, 119, 246 et suiv.; VII, 358, 361; IX, 65 et suiv., 75.
— (Louis de), capitaine espagnol, IX, 442.
— (Pierre IV de), archevêque de Vienne, V, 147, 174-175, 220, 225 ; VI, 282.
— (marquise de). Voy. Mayenne.
— Voy. Villar-Pellice.
Villaviciosa (Portugal), VI, 131.
Ville (baron de). Voy. Rennebourg.
Villebœuf (le capitaine), catholique, III, 88-89.
Villebois-Lavalette (Charente), VII, 36 ; VIII, 167.
Villebon (Jean d'Estouteville, sgr de), prévôt de Paris, bailli de Rouen, lieutenant général en Picardie, I, 78 ; II, 32, 80.
Villecler. Voy. Villequier.
Villefranche-de-Belvès (Dordogne), V, 225 et suiv., 228.

Villefranche-du-Queyran (Lot-et-Garonne), V, 234.
Villefranche-sur-Mer (Alpes-Maritimes), IX, 169, 171.
Villefranche-sur-Meuse (Meuse), IX, 126 et suiv.
Villegagnon (Nicolas Durand, sgr de), chevalier de l'ordre de Saint-Jean de Jérusalem, I, 117 et suiv., 223.
Villegodon (faubourg de), à Castres, IV, 304.
Villegomblain (François Racine, sgr de), II, 142 ; VI, 270, 271.
— (N. de), VII, 159.
Villejuif (Seine), II, 102.
Villeluisant ou Vireluisant (Louis Hurault, sgr de Saint-Denis et de), neveu du chancelier de Cheverny, VI, 254 et suiv.; VII, 11, 17, 18, 112, 288, 291.
Villemagne (Hérault), VI, 25 et suiv.
Villemain (N., sgr de), VIII, 65.
Ville-Maréchal (Seine-et-Marne), III, 156.
Villemongis-Briquemaut (N. de Beauvais, sgr de), frère de François de Briquemaut, I, 270.
Villemont (château de), dans les Ardennes, I, 77.
Villemor (Guillaume Bertrand, sgr de), fils du chancelier Bertrand, III, 330.
Villemur (Haute-Garonne), I, 174; III, 387; IV, 342; VIII, 281 et suiv.; IX, 103.
Villeneuve (N. de Cormont, sgr de), fils d'Antoine de Cormont, sgr des Bordes, colonel d'arquebusiers, VII, 185, 189 et suiv.
— (N., sgr de), capitaine français aux Pays-Bas, VI, 346, 350.
— (N., sgr de), lieutenant de Joyeuse, II, 69 ; IV, 51.
— (Scipion de), sgr d'Espinousse? capitaine huguenot, V, 211, 279.
— Voy. Arcs.

Villeneuve-de-Berg (Ardèche), III, 171, 389; IV, 55 et suiv.
Villeneuve-la-Comtesse (Charente-Inférieure), II, 269; VII, 12.
Villeneuve-lès-Avignon (Gard), II, 8, 289.
Villeneuve-sur-Lot (Lot-et-Garonne), V, 91, 221, 235-236, 351.
Villenosse (N., sgr de), gentilhomme champenois, capitaine huguenot, II, 260-261.
Villeparisis (Seine-et-Marne), I, 226.
— Voy. Oisel (Henri de Clutin, sgr d').
Villequier (René de), favori de Henri III, gouverneur de Paris et de l'Île-de-France, III, 123 et suiv., 281; IV, 9, 35, 194; V, 307 et suiv., 310 et suiv.; VI, 192, 252 n.; VIII, 25.
— Voy. Bourbon-Montpensier (Françoise de), La Guerche, Savonnières.
Villeral (N., marquis de), gentilhomme portugais, VI, 130.
Villermac (N., sgr de), capitaine huguenot, VI, 216 et suiv., 235 et suiv.
Villeroy (pont de), entre Nemours et Paris, VIII, 216.
— (Nicolas de Neufville, sgr de), secrétaire d'Etat, III, 302; IV, 33, 35, 227, 260, 269; V, 116; VI, 373; VII, 286, 304, 305; IX, 12, 314, 315, 365, 466.
Villers (Josse de Zoète, sgr de), maréchal de camp au service des Etats, VI, 143; VIII, 121, 122, 130, 131.
— (Regnault de Gournay, sgr de), bailli de Nancy, mestre de camp d'infanterie, VII, 177.
Villers-Cotterets (Aisne), IV, 183; IX, 126.
Villers-[en-Artois] (Jean de Montigny, sgr de), capitaine orangiste, V, 330.
Villers-Houdan (François de Monceaux, sgr de), gouverneur de Dieppe, IX, 56 et suiv.
Ville-Serin (N., sgr de), capitaine catholique, VII, 329, 339 et suiv.
Villette (la), près Paris, II, 242; VIII, 344.
Villiers (Antoine Séguier, sgr de), dit le président de Villiers, président au parlement de Paris, ambassadeur de France à Venise, IX, 329.
— (Jean de Damas, sgr de), lieutenant du duc de Mayenne, IX, 48.
— (Joachim du Bouchet, sgr de), capitaine huguenot, VII, 369.
— (N., sgr de), supplicié à Bruxelles, III, 257.
— (N., sgr de), lieutenant du baron d'Hervaux, gouverneur de Blaye, VI, 30 et suiv., 35, 37, 38.
— Voy. La Rivière-Puytaillé, Salbert.
Villiers-Boivin. Voy. Vihiers.
Villiers-de-l'Isle-Adam. Voy. La Graffinière.
Villiers-Prinçai (Philippe de), receveur général des tailles de Niort, VIII, 5.
Villiers-Saint-Paul (Claude de), frère d'Antoine de Saint-Paul, maréchal de la Ligue, VIII, 289; IX, 106.
Vilna (palatin de). Voy. Radziwil.
Vilpion (N. de Vallières, sgr de), capitaine protestant, III, 257.
Vilvorde (Belgique, prov. du Brabant méridional), I, 207, 213; VI, 143, 346, 355; VII, 276; IX, 246.
Vimioso ou Virmioso (Alphonse de Portugal, comte de), V, 326.
— (Francisco de Portugal, comte de), connétable de Portugal, VI, 117 et suiv., 123, 130 et suiv., 160, 163 et suiv., 166-168, 313, 318, 321.

Vimory (Loiret), VII, 181 et suiv.
Vinai, agent de Maugiron en Dauphiné, I, 284.
Vinceguerre, Vinciguerra. Voy. Arço.
Vincennes (Seine), II, 18, 277; IV, 234, 254; VIII, 56.
— (bois de), I, 249, 263, 277; IV, 224; V, 2; VII, 169; VIII, 180.
Vincent (N.), ministre réformé de la Rochelle, IV, 20.
Vincenzo (N.), colonel de gens de pied italien, gouverneur de Vienne pour le duc de Nemours, IX, 46, 47.
Vinçobres. Voy. Vinsobres.
Vindiciae contra tyrannos, pamphlet d'Hubert Languet, I, 256.
Vindocin (Jérôme), jacobin hérétique supplicié à Paris, I, 208.
Vingeanne (la), rivière, affluent de la Saône, IX, 54.
Vins (Hubert de la Garde, sgr de), capitaine catholique, neveu de Carces, IV, 11, 34, 283, 284; VII, 84.
Vinsobres (Drôme), IV, 207.
Violle (Jacques), conseiller au Parlement de Paris, I, 295.
— (Guillaume), abbé de Ham en Picardie, conseiller au Parlement de Paris, évêque de Paris, I, 234.
Vire (Calvados), II, 140.
Vireluisant. Voy. Villeluisant.
Viret (Pierre), ministre réformé, I, 312; II, 49; III, 81.
Vireton, Virton (Luxembourg), I, 43; IX, 41, 42, 63.
Virieu (Isère), IV, 205.
— (Jean de Fay, sgr de), baron de Malleval, capitaine huguenot, puis catholique, III, 27, 120 et suiv.
— (Louise de Varey, dame de), femme de Jean de Fay, sgr de Virieu, III, 27 n.
Virmioso. Voy. Vimioso.

Viroes (Marie), hérétique suppliciée à Séville, I, 350.
Virolet (N.), capitaine de gens de pied protestant, III, 378.
Visit. Voy. Wiska.
Viske. Voy. Wiska.
Vissambourg. Voy. Weissembourg.
Vitelli (Chiapino), marquis de Cetona. Voy. Cetona.
— (Vincenzo), capitaine italien, II, 321.
Vitellius, empereur romain, VI, 310.
Vitepsk (Russie), II, 333.
Viterbe (Italie), VI, 305; IX, 212.
— (Tarn), III, 387.
« Viterve », près Tokay (Hongrie, comitat de Zemplen), II, 306.
« Vitham », près Tokay (Hongrie, comitat de Zemplen), II, 306.
Vitré (Ille-et-Vilaine), III, 22; VII, 346 et suiv., 349; VIII, 29, 59, 296.
— (N., sgr de), tué à Coutras, VII, 152.
Vitrezez. Voy. Guitres (Gironde).
Vitry (François de l'Hospital, sgr de), IV, 37.
— (Louis de l'Hospital, marquis de), gouverneur de Meaux, fils du précédent, IV, 37; VIII, 259 et suiv., 271, 298, 339, 340, 355, 409 et suiv.; IX, 17, 57 et suiv., 335, 367.
— (Louise de l'Hospital, demoiselle de), fille d'honneur de Catherine de Médicis, épousa plus tard Jacques de Simiers, V, 128; VII, 211.
— (Nicolas de l'Hospital, duc de), maréchal de France, fils de Louis de l'Hospital, marquis de Vitry, VIII, 418.
Vitry-en-Perthois (Marne), IV, 188.
Vitry-le-François (Marne) (?), VII, 169.
Vitteaux (Guillaume Duprat,

baron de), frère d'Antoine Duprat, sgr de Nantouillet, et fils d'Antoine Duprat, prévôt de Paris, IV, 179, 180.
Vivalde (comte de), VIII, 103.
— (N., sgr de), fils du précédent, VIII, 104.
Vivans (Geoffroy de), capitaine huguenot, IV, 296, 308, 309, 344; V, 226; VII, 139.
Vivarais (le pays de), I, 208, 212; II, 263; III, 28, 170, 389; IV, 52, 54, 55, 220, 284; V, 233, 234, 386; VII, 91, 94 et suiv., 191, 193; VIII, 169; IX, 88.
Vivier (Gilet), hérétique supplicié à Valenciennes, I, 215.
— (N. du), chevalier de Malte, IX, 401 et suiv.
Viviers (Ardèche), III, 348.
— (évêque de). Voy. Sala (Jacques-Marie).
Vivonne (Diane de), fille de François de Vivonne, sgr de la Châtaigneraye, et de Philippe de Beaupoil, dame de la Force, III, 331.
— Voy. Espannes, La Chastaigneraie, Pisany.
Vizes (Antoine de), capitaine ligueur, VII, 203.
Vizille (Isère), VII, 172.
Vizzegrad. Voy. Vicegrado.
Voez (Henri), Augustin de Brabant supplicié comme hérétique, I, 204.
Voisins. Voy. Ambres.
Volcertan (Frédéric), capitaine livonien, I, 122.
Volmar (Livonie), I, 360.
Volpiano (Piémont), I, 59 et suiv.
Volvire (Philippe de). Voy. Ruffec.
Volx, Voulx (Basses-Alpes), IV, 208, 209.
Voorn. Voy. Vuren.
« Vorzen » (Hongrie), IX, 216.
Vosembuch (Thierry de), capitaine au service de Casimir de Bavière, II, 280.
Vouillé (Vienne), VIII, 3.
Voulte (la) (Ardèche), III, 167, 168, 170.
Voulx. Voy. Volx.
Voupart, près Castillon (Gironde), VII, 75.
Vouvant (Vendée), III, 188 et suiv.; VII, 62, 295 et suiv.
Vouzay (N. Lallemand, sgr de), maître des requêtes de l'hôtel, I, 262.
Vright (Richard), hérétique supplicié en Angleterre, I, 220.
Vrignais, Vrignez (N., sgr de), capitaine huguenot, VI, 7, 33, 78.
Vulenfort, Vulfenfort, Wilvenfort (comte de), I, 51.
Vuren, Voorn (fort de), au confluent de la Meuse et du Wahal, IV, 74; IX, 434 et suiv.

W

Wachtendonck (Prusse), VII, 259; VIII, 127, 128.
Wacken (Antoine de Bourgogne, sgr de), vice-amiral des Pays-Bas, IX, 449.
Wade (Jean), hérétique supplicié en Angleterre, I, 219.
Wadelincourt (Ardennes), VII, 201.
Wahal, affluent du Rhin, IV, 152; VII, 258; VIII, 396; IX, 434.
Walace (Adam), hérétique supplicié à Edimbourg, I, 215.
Walcheren (île de), aux Pays-Bas, II, 348; V, 58, 61, 62, 64; VII, 265; VIII, 121 et suiv., 125.
Walcourt (Belgique, prov. de Namur), VI, 143.
Waldeck (N., comte de), colonel de reîtres, II, 99.
Wal-Facset (Hongrie, comitat de Temès), IX, 209.
Wallons, III, 122 et suiv., 209, 261; V, 67; VII, 262, 273; VIII, 187 et suiv., 267, 406; IX, 13, 16, 214, 253, 389, 438, 442 et suiv.

Walop (Henry), « maréchal » d'Angleterre en Irlande, IX, 239.
Walsingham (sir Francis de), ambassadeur d'Angleterre en France, III, 289.
Walsum (duché de Clèves), IX, 424, 433.
Want (Jean), hérétique supplicié en Angleterre, I, 221.
Warberg (Suède), II, 337.
Warcoin (Tournésis), VI, 335.
Waren (Jean), hérétique supplicié en Angleterre, I, 219.
Warminckousen (Jean), défenseur de Werl en Westphalie, VII, 257.
Warmont (Jean de Duyvenvoorde, sgr de), amiral hollandais, IX, 233 et suiv., 439.
Warsocz. Voy. Versecz.
Wartbourg (Silésie), II, 334.
Warty (Jean de), chevalier de l'ordre du roi, III, 371; IV, 24, 25; V, 117.
Warty-la-Bretonnière (Joachim de), sgr de Croismare, vicomte de Crenelles, I, 46.
Warwick (Ambroise Dudley, comte de), grand maître de l'artillerie en Angleterre, II, 89, 197 et suiv.
Watelet (Thomas de), hérétique supplicié à Francimont, II, 182.
Waterlez (Pierre et Philippe), hérétiques suppliciés à Bruxelles, III, 257.
Watteville (Nicolas de), baron de Châteauvilain, VIII, 103, 356.
Watz (Thomas), hérétique supplicié en Angleterre, I, 219.
Wayer (Isaac-Théodore), conseiller de Jean-Casimir de Bavière, V, 93, 94.
Wedde (Hollande, prov. de Groningue), VIII, 407, 408.
Weden. Voy. Veden.
Weer (Horace), capitaine au service des Etats, IX, 443 et suiv.
Weissembourg, autrefois Alba-Julia, IX, 212, 371, 372, 393.
Well (Hollande, prov. de Luxembourg), VII, 259.
Wemys (Jacques Colwill de), capitaine écossais, VII, 124.
Wenceslas IV, empereur d'Allemagne, I, 193.
Wendelmut (N.), Hollandaise suppliciée en Allemagne, I, 205.
Wenden ou Fellin (Finlande), I, 360.
Wenlin. Voy. Wenden ou Fellin.
Went (Jean), hérétique supplicié en Angleterre, I, 221.
Wentworth (Thomas, lord), capitaine de Calais, I, 74.
Werantz (Antoine), évêque d'Agria, II, 299.
Werdrickt (Antoine), hérétique supplicié aux Pays-Bas, I, 226.
— (Gilles), hérétique supplicié aux Pays-Bas, frère du précédent, I, 226.
Wère (la), rivière du comté de Durham (Angleterre), VIII, 121.
Werl (Westphalie), VII, 257.
Wernher (Jean), capitaine hongrois, II, 164.
Werth, Bert (duché de Clèves), VII, 264.
Wesel (Prusse), VII, 264; VIII, 390; IX, 427.
Wesemale. Voy. Grobbendonck.
Wesembeck (Mathieu de), professeur de droit à Wittemberg, I, 170.
Wesemberg (Finlande), I, 122.
Westendorp (le docteur), chef du parti espagnol en Frise, V, 331.
Westerburg (N., comte de), à la bataille de Moncontour, III, 121 et suiv.
Westerloo (Belgique, prov. d'Anvers), VI, 348; VIII, 402, 403.
Westminster (Angleterre), VII, 251; IX, 421 et suiv.

24

Westmoreland (Charles Névil, comte de), III, 253.
Westphale (Jean), docteur protestataire contre les décrets du concile de Trente, II, 155.
Westphalie, II, 179; VII, 275; VIII, 396, 397; IX, 139, 425, 426, 428, 430.
Wezel (Jean de), hérétique supplicié en Allemagne, I, 204.
White (Guillaume), hérétique supplicié en Angleterre, I, 203.
Whygth (Raulin), hérétique supplicié en Angleterre, I, 219.
Wibania (Hongrie), II, 165.
Wibesma (Mattheus), gouverneur de Leeuwarden, VI, 135.
Wiclef (Jean), hérésiarque, I, 26, 193, 202.
Wie (Henriette), hérétique suppliciée à Londres, I, 222.
Wierzel. Voy. Vaarsel.
Wigand (Jean), docteur protestataire contre les décrets du concile de Trente, II, 155.
Wighman (Jean), colonel allemand, VII, 275.
Wight (île de), en Angleterre, VIII, 120.
Wihitz (Croatie), VIII, 367.
Willebroeck (Belgique, prov. d'Anvers), VI, 326.
Willems (Roger), capitaine anglais, VII, 269; VIII, 252 et suiv.
Wilton (Arthur, baron Grey de). Voy. Grey de Wilton.
Winchester (Etienne Gardiner, évêque de), I, 209.
Windsor (Angleterre), II, 209.
Wingelen (Philippe), hérétique supplicié à Bruxelles, III, 257.
Wingfield, Voingfield, Oinfilz (N.), capitaine anglais, VIII, 290 et suiv.
Winocbergues. Voy. Bergues-Saint-Winoc.
Winsum (Hollande, prov. de Frise), VI, 325.
Wipkul, capitaine d'une galère de Dordrecht, IX, 450.
Wiska (Hongrie), IX, 205.

Wist (Edmond), hérétique supplicié à Strafford, I, 222.
Wistentein (Livonie), I, 360; V, 75.
Witcoq (Damian), hérétique supplicié en Flandre, I, 220.
Wited (Thomas), ministre protestant supplicié en Angleterre, I, 224.
Witepsk. Voy. Vitepsk.
Withem (château de), au pays de Clèves, III, 210.
Withem. Voy. Ruysbrouck.
Witle (Thomas), hérétique supplicié en Angleterre, I, 221.
Wittemberg (Lambert de), capitaine de l'armée espagnole aux Pays-Bas, IV, 158.
Wladislas Ier, roi de Hongrie et de Pologne, V, 311.
Wladislas II, roi de Hongrie, I, 91.
Wladislavie (évêque de). Voy. Karnkowski.
Wœnia (Isabelle de), hérétique suppliciée à Séville, I, 350.
Wolcart (Corneille), hérétique supplicié aux Pays-Bas, I, 216.
Wolf (Jean de), d'Audenarde, hérétique supplicié, II, 182.
Wolff (Christophe), capitaine anglais aux Pays-Bas, VIII, 392.
Wolffendorf (Christophe), capitaine allemand sous les ordres de Casimir de Bavière, II, 280.
Wolmar (Jacques), auteur de la conjuration de Leyde, VII, 273.
Wonter (N.), hérétique supplicié aux Pays-Bas, II, 182.
Worcester (Guillaume de Somerset, comte de), IV, 5.
Workington (Angleterre, cant. de Cumberland), III, 251.
Workum (Hollande, prov. de Frise), VII, 256.
Wormeston (David Spencer de), partisan de Marie Stuart, IV, 146.
Worms (Allemagne), VI, 143.

Worweis. Voy. peut-être Verbas (la).
Woum (Hollande, prov. du Brabant septentrional), VI, 135, 349; VII, 266.
Woybel (Mathieu), hérétique supplicié, I, 205.
Würtemberg (duché de), IV, 108.
— (Christophe, duc de), I, 333; II, 97, 144.
— (Frédéric de Montbéliard, duc de) (1593-1608), VI, 237; IX, 299.
Wurtzbourg (Bavière), II, 181.
— (évêque de). Voy. Zobel (Melchior).
Wye (Henri), hérétique supplicié à Strafford, I, 222.
— (Henriette). Voy. Wie.

X

Xaincte, femme de chambre de Marguerite de Navarre, V, 383.
Xanten ou Santen (duché de Clèves), IX, 428.
Xaxava. Voy. Seksaoua.
Xerès (Espagne, prov. d'Andalousie), IX, 234.
Ximeno (Jaime), vice-roi d'Aragon, VIII, 383, 386.

Y

Yahia-ben-Tafouf, caïd de la région atlantique dans l'arrière-pays de Safi ou de Mazagan (Abda ou Dukhaler), I, 102.
Yahuar. Voy. Aben-Yahuar.
Yayay-ben-Tafuf. Voy. Yahia-ben-Tafouf.
Yemau. Voy. Hagetmau.
Yeu (ile d'), sur la côte du département de la Vendée, IV, 133, 135.
Yévrette (l'), Lorette, rivière du Berry, III, 146.
Yllanes (Etienne des), capitaine espagnol aux Pays-Bas, IV, 158.

Yniqua. Voy. Ugijar.
Ynovie. Voy. Ivan.
Yolet (Pierre de Malras, sgr de), capitaine huguenot, II, 260; III, 316; IV, 185, 364; V, 298 et suiv.; VI, 20.
Yonge (N., dame d'), hérétique suppliciée en Angleterre, I, 203.
Yonne, rivière, II, 99; VII, 179.
York (Angleterre), III, 251; VI, 133.
Ypres (Belgique, prov. de Flandre occidentale), I, 213; II, 344; VI, 350, 351; IX, 263.
— (évêque de). Voy. Balduini.
Yssanick (fort d'), près d'Assenède (Belgique, prov. de la Flandre occidentale), IX, 438.
Yssel, rivière des Pays-Bas, VII, 263; IX, 258, 428.
Ysseloort (Hollande), IX, 258.
Yvaut. Peut-être Inor (Meuse), IX, 349.
Yverny (Madeleine Briçonnet, femme de Thibaud de Longuejoue, sgr d'), III, 329.
Yvetot (Seine-Inférieure), VIII, 267, 268.
Yvoi (Jean de Hangest, sgr d'), capitaine protestant, II, 41, 77, 79; III, 59.
Yvoire (Haute-Savoie), VIII, 97.
Yvoix (Ardennes), I, 216, 333; IX, 41.
Yvon. Voy. Ivan, voïvode de Valachie.
Yvoy, auj. Carignan (Ardennes), I, 43.
Yze. Voy. Rosans.

Z

Zabathka (?) (Hongrie), II, 301.
Zabol (Hongrie), IX, 203.
Zacharie, prétendu roi d'Afrique, I, 110.
Zacharie (livre de), I, 138, 147.
Zagiwa, affluent de la Theiss, IX, 202.
Zaguer (El-). Voy. Aben-Yahuar.

Zakany, Sacham (Hongrie, comitat de Somogy), II, 305.
Zalnode. Voy. Szolnok.
Zamet (Sébastien), IX, 297.
Zamoyski (Jean), palatin et chancelier de Pologne, IV, 73; IX, 216.
Zaneo, Zeno (Hiéronymo), capitaine vénitien à Chypre, III, 217, 225; IV, 95.
Zangir ou Ziangir le Bossu, frère d'Amurat III, III, 1, 95; V, 317.
Zanhaga (Sahara), V, 52.
Zanneti (Giulio), hérétique supplicié à Rome, II, 326.
Zanoguerra (Francesco), capitaine tué au siège de Malte, II, 315.
Zante (île de), IV, 104.
Zanthen (N.), capitaine aux Pays-Bas, IX, 255.
Zappa (Phœbo), capitaine italien tué à Nicosie, III, 223.
Zara-Vecchia (Dalmatie), III, 219.
Zarniewich (Jérémie), capitaine au service du voïvode de Moldavie, V, 36.
Zatmar. Voy. Szatmar.
Zborowski (Jean), palatin de Pologne, IV, 72, 182.
Zeigli (?), chancelier d'Angleterre (?), I, 193.
Zélandais, V, 59, 65, 338; VI, 360-362; IX, 234, 440 et suiv.
Zélande, I, 213; V, 74, 329; VI, 330, 356 et suiv.; VII, 268, 272, 273; VIII, 121; IX, 246, 263, 268.
— (amiral de). Voy. Beauvoir.
Zendjan (Perse), V, 322.
Zeno (Antonio), navigateur vénitien, I, 114.
Zénon l'Isaurien, empereur d'Orient, 1, 228.

Zerbi ou Gerbi, ou Djerba, ancienne Meninx, île de la Méditerranée, au sud de Gabès, I, 112.
Zérence, peut-être Csenger (Hongrie, comitat de Szatmar), II, 165.
Zériga, chef moscovite, I, 122.
Zermor (François), navigateur portugais, I, 117.
Zidan (Moulay), fils d'Ahmed-el-Aaredj, I, 107-109.
Ziériksée (Hollande, prov. de Zélande), I, 213; V, 71, 72; IX, 251.
— (amiral de). Voy. Dorp.
Zigeth. Voy. Szigeth.
Ziska (Jean), chef des Hussites, I, 26, 194.
Zlata-Baba, idole des populations slaves, I, 120.
Zobel (Melchior), évêque de Wuzbourg, II, 180, 297, 298.
Zoete. Voy. Villers.
Zorgue. Voy. Csurgo aux errata.
Zoutkamp, Soltcamp (Hollande, prov. de Groningue), VIII, 393, 399.
Zozime (saint), pape, 1, 138.
Zrin ou Serin. Voy. Serin.
Zuleger (Wenceslas), conseiller de Jean-Casimir de Bavière, comte palatin, II, 251.
Zulpich (Prusse), VII, 257.
Zurich (Suisse), I, 195; IV, 93.
Zutphen (Hollande, prov. de Gueldre), III, 263; IV, 76-153; V, 330; VI, 352; VII, 264, 267; VIII, 398 et suiv.; IX, 258, 425.
— (Henri), hérétique supplicié, I, 204.
Zwingle (Ulrich), réformateur suisse, I, 195.
Zwoll (Hollande, prov. d'Over-Yssel), IV, 151, 152; VI, 139.

ADDITIONS ET CORRECTIONS.

Aduard, Auvard (Hollande, prov. de Groningue), VI, 325.
Aimakik, *lisez* Ainakik.
Aldobrandini (Silvestre), père du pape Clément VIII et du cardinal Jean Aldobrandini, VIII, 377.
Angrogna (vallée d'), en Piémont, I, 196, 199, 207, 351; II, 63; VIII, 92.
Angrogne (vallée d'), en Savoie, *lisez* Angrogna, en Piémont.
Arbonne. Voy. Saint-Priest.
Aunoux (Antoine de Saint-Jean, sgr d'), *ajoutez* III, 76, 79, 105, 106.
Ayala. Voy. Dayelle (Victoire).
Barmesan, Bremesan (Piémont), IX, 171.
Berlaimont (Charles de), *ajoutez* V, 333.
— (Floris de), *lisez* (Florent de) et *ajoutez* V, 333, 337.
— (Gilles de), frère..., *lisez* Berlaimont (Gilles de), fils...
Boringe (Suisse, cant. de Genève), VIII, 364.
Bossière (Belgique, prov. de Namur), IX, 242.
Brau (fort de). Voy. Brault.
Brault (fort du) (Charente-Inférieure), et *au lieu de* 208, *lisez* 298.
Canad. Voy. Csanad.
Catteville (Jacques de Malderrée, sgr de), de Dieppe, III, 49.
Celles-sur-Belle (Deux-Sèvres) (abbaye de), IV, 287.
Charbonnière (comm. d'Aviernoz, Haute-Savoie), *lisez* Charbonnières (Savoie).
Chatel (Tanneguy du), vicomte de la Bellière, favori de Charles VII, I, 303.
Cher (le), rivière, *ajoutez* III, 146.
Clervant, *lisez* Clervaut.
Coligny (Louise de), *ajoutez* III, 319, 320.
Comberonde, *lisez* Combronde (Gilbert du Puydufou, sgr de), VIII, 242.
Conflans (Isère), *lisez* Conflans (Savoie).
Confolens (Haute-Vienne), *lisez* Confolens (Charente).
Crocq, Croux, Proux (Creuse), IV, 296.
Croix-Chapeaux, *lisez* Croix-Chapeau.

Csanad (Hongrie, comitat de Csanad), IX, 209.
Csurgo (Hongrie, comitat de Somogy), II, 305.
Demonte (Italie, prov. et circ. de Cuneo), IX, 349.
Dendermonde (Belgique, prov. de Flandre orientale), *ajoutez* IV, 83, 148; V, 329.
Dorpat, Torefa (Livonie), I, 122.
Échillais (François Goumard, sgr d'), V, 278.
Fayn. Voy. Perrault, Saint-Romain, Virieu, *lisez* Fayn. Voy. Perrault.
Gardiner (Étienne), évêque de Winchester, I, 209.
Gascongnoles (Jean). Voy. Taillevis, *lisez* voy. La Taillée (Jean).
Gertruydemberg (Hollande, prov. du Brabant septentrional), *ajoutez* III, 211.
Gilly-sur-Loire (Saône-et-Loire), III, 65 et suiv.
Gran. Voy. Strigonie.
Grillet. Voy. Pommiers.
Groslot (Jérôme), *ajoutez* I, 297.
Gross Wardein (Hongrie, comitat de Bihar), IX, 390.
Grusset-Richardot (Jean), *ajoutez* IX, 118.
Guillet. Voy. Grillet.
Guimenières (N. Béjarres, sgr de), capitaine protestant, frère de N. de Béjarres, sgr de la Lourie, III, 372; IV, 17; VI, 88. Voy. La Guesmenière (Jean Béjarry, sgr de).
Guitre, *lisez* Guitres.
Inor (Meuse), Yvaut, IX, 349.
La Rochepot (Antoine de Silly, comte de), baron de Montmirail, chevalier des ordres du Roi, chambellan du duc d'Anjou, V, 114, 287, 288; VI, 142, 328, 340 et suiv.; VIII, 292 et suiv.; IX, 37.
La Rousselière (René Rouault, sgr de la), frère de Charles Rouault, sgr de Landreau, capitaine catholique, VI, 251 et suiv.
Lorette. Voy. Yévrette (l').
Neuvy (Jean des Barres, sgr de), *lisez* Neuvy[-le-Barrois] (Jean des Barres, sgr de).
Olizy (la cense d'), pour Sense d'Olia (Meuse, arr. de Montmédy, cant. de Stenay), VII, 362.
Pleuvant (p. 90, col. 2, ligne 13), *lisez* Pluvault.
Serom (Jean), curé de Volx (Basses-Alpes), IV, 208, 209, *lisez* Serom (Jean), curé de Vaulx-en-Dauphiné, IV, 208, 209.

Nogent-le-Rotrou, imprimerie DAUPELEY-GOUVERNEUR.

Ouvrages publiés par la Société de l'Histoire de France *depuis sa fondation en* 1834.

In-octavo à 9 francs le volume, 7 francs pour les Membres de la Société.

Ouvrages épuisés.

L'Ystoire de li Normant. 1 vol.
Lettres de Mazarin. 1 vol.
Villehardouin. 1 vol.
Histoire des Ducs de Normandie. 1 vol.
Grégoire de Tours. Histoire ecclésiast. des Francs. 4 vol.
Beaumanoir. Coutumes de Beauvoisis. 2 vol.
Mémoires de Coligny-Saligny. 1 vol.
Mémoires et Lettres de Marguerite de Valois. 1 vol.
Comptes de l'argenterie des rois de France. 1 vol.
Mémoires de Daniel de Cosnac. 2 vol.
Journal d'un Bourgeois de Paris sous François Iᵉʳ. 1 v.
Chroniques des comtes d'Anjou. 1 vol.
Lettres de Marguerite d'Angoulême. 2 vol.
Joinville. Hist. de saint Louis. 1 vol.
Chronique des quatre premiers Valois. 1 vol.
Chronique de Guillaume de Nangis. 2 vol.
Mém. de P. de Fenin. 1 vol.
Œuvres de Suger. 1 vol.
Histoire de Bayart. 1 vol.

Ouvrages épuisés en partie.

Œuvres d'Éginhard. 2 vol.
Barbier. Journal du règne de Louis XV. 4 vol.
Mémoires de Ph. de Commynes. 3 vol.
Registres de l'Hôtel de Ville pendant la Fronde. 3 vol.
Procès de Jeanne d'Arc. 5 vol.
Choix de Mazarinades. 2 vol.
Histoire de Charles VII et de Louis XI, par Th. Basin. 4 vol.
Grégoire de Tours. Œuvres diverses. 4 vol.
Chron. de Monstrelet. 6 vol.
Chron. de J. de Wavrin. 3 vol.
Journal et Mémoires du marquis d'Argenson. 9 vol.
Œuvres de Brantôme. 11 v.
Commentaires et Lettres de Blaise de Monluc. 5 vol.
Mém. de Bassompierre. 4 vol.
Bibliographie des Mazarinades. 3 vol.

Ouvrages non épuisés.

Orderic Vital. 5 vol.

Correspondance de Maximilien et de Marguerite. 2 vol.
Richer. Hist. des Francs. 2 v.
Le Nain de Tillemont. Vie de saint Louis. 6 vol.
Mém. de Mathieu Molé. 4 v.
Miracles de S. Benoît. 1 vol.
Mém. de Beauvais-Nangis. 1 v.
Chronique de Mathieu d'Escouchy. 3 vol.
Choix de pièces inédites relatives au règne de Charles VI. 2 vol.
Comptes de l'hôtel des Rois de France. 1 vol.
Rouleaux des morts. 1 vol.
Mém. et corresp. de Mᵐᵉ du Plessis-Mornay. 2 vol.
Chron. des églises d'Anjou. 1 v.
Introduction aux chroniques des comtes d'Anjou. 1 vol.
Chroniques de J. Froissart. T. I à XI. 13 vol.
Chroniques d'Ernoul et de Bernard le Trésorier. 1 v.
Annales de S.-Bertin et de S.-Vaast d'Arras. 1 vol.
Histoire de Béarn et de Navarre. 1 vol.
Chroniques de Saint-Martial de Limoges. 1 vol.
Nouveau recueil de comptes de l'argenterie. 1 vol.
Chanson de la croisade contre les Albigeois. 2 vol.
Chronique du duc Louis II de Bourbon. 1 vol.
Chronique de J. Le Fèvre de Saint-Remy. 2 vol.
Récits d'un ménestrel de Reims au XIIIᵉ siècle. 1 v.
Lettres d'Ant. de Bourbon et de Jeanne d'Albret. 1 vol.
Mém. de La Huguerye. 3 vol.
Anecdotes et apologues d'Étienne de Bourbon. 1 vol.
Extraits des auteurs grecs concern. la géographie et l'hist. des Gaules. 6 vol.
Mémoires de N. Goulas. 3 vol.
Gestes des évêques de Cambrai. 1 vol.
Les Établissements de saint Louis. 4 vol.
Chron. normande du XIVᵉ s. 1 v.
Relation de Spanheim. 1 vol.
Œuvres de Rigord et de Guillaume le Breton. 2 v.
Mém. d'Ol. de La Marche. 4 vol.
Lettres de Louis XI. T. I à X.
Mémoires de Villars. 6 vol.
Notices et documents, 1884. 1 v.

Journal de Nic. de Baye. 2 v.
La Règle du Temple. 1 vol.
Hist. univ. d'Agr. d'Aubigné. 10 vol.
Le Jouvencel. 2 vol.
Chroniques de Louis XII, par Jean d'Auton. 4 vol.
Chron. d'A. de Richemont. 1 v.
Chronographia regum Francorum. 3 vol.
L'Histoire de Guillaume le Maréchal. 3 vol.
Mémoires de Du Plessis-Besançon. 1 vol.
Éphéméride de La Huguerye. 1 vol.
Hist. de Gaston IV, comte de Foix. 2 vol.
Mémoires de Gourville. 2 vol.
Journal de J. de Roye. 2 vol.
Chron. de Richard Lescot. 1 v.
Brantôme, sa vie et ses écrits. 1 vol.
Journal de J. Barrillon. 2 v.
Lettres de Charles VIII. 5 v.
Mém. du chev. de Quincy. 3 v.
Chron. de Morosini. 4 vol.
Doc. sur l'Inquisition. 2 vol.
Mém. du vicomte de Turenne. 1 vol.
Chron. de Perceval de Cagny. 1 vol.
Journal de J. Vallier. T. I à III.
Mém. de Saint-Hilaire. T. I à III.
Journal de Fauquembergui. T. I.
Chron. de Jean le Bel. 2 v.
Mémoriaux du Conseil de 1661. 3 v.
Chron. de Gilles Le Muisit. 1 vol.
Rapports et notices sur les Mém. du card. de Richelieu. T. I.
Mémoires de Souvigny. 3 vol.
Mém. du card. de Richelieu. T. I et II.
Mémoires de M. et G. du Bellay. T. I.

SOUS PRESSE :

Mém. du maréchal d'Estrées.
Mém. du maréchal de Turenne. T. I.
Mém. de M. et G. du Bellay. T. II.
Lettres de Louis XI. T. XI.
Grandes Chron. de France. T. I.
Mém. de Florange. T. I.

ANNUAIRES, BULLETINS ET ANNUAIRES-BULLETINS (1834-1908).

In-18 et in-8°, à 2 et 5 francs.

(Pour la liste détaillée, voir à la fin de l'Annuaire-Bulletin de chaque année.)

Nogent-le-Rotrou, imprimerie Daupeley-Gouverneur.

www.ingramcontent.com/pod-product-compliance
Lightning Source LLC
Chambersburg PA
CBHW060606170426
43201CB00009B/916